Die Aufsicht über die Finanzmärkte in den USA

Frankfurter wirtschaftsrechtliche Studien

Herausgegeben von
Theodor Baums, Andreas Cahn, Brigitte Haar, Katja Langenbucher,
Tobias Tröger, Manfred Wandt, Peter von Wilmowsky

Band 103

PL ACADEMIC RESEARCH

Jenny W. Gesley

Die Aufsicht über die Finanzmärkte in den USA

Nationale Entwicklungen und internationale Vorgaben

PL ACADEMIC RESEARCH

Bibliografische Information der Deutschen Nationalbibliothek
Die Deutsche Nationalbibliothek verzeichnet diese Publikation in der Deutschen Nationalbibliografie; detaillierte bibliografische Daten sind im Internet über http://dnb.d-nb.de abrufbar.

Zugl.: Frankfurt (Main), Univ., Diss., 2015

D 30
ISSN 0723-0427
ISBN 978-3-631-67240-2 (Print)
E-ISBN 978-3-653-06802-3 (E-Book)
DOI 10.3726/978-3-653-06802-3

PL Academic Research ist ein Imprint der Peter Lang GmbH.

Peter Lang – Frankfurt am Main · Bern · Bruxelles · New York · Oxford · Warszawa · Wien

Diese Publikation wurde begutachtet.

www.peterlang.com

Vorwort

Die Arbeit lag im Sommersemester 2015 der rechtswissenschaftlichen Fakultät der Johann Wolfgang Goethe-Universität, Frankfurt am Main, als Dissertation vor. Gesetzgebung und Literatur konnten bis Oktober 2014 berücksichtigt werden. Für die Veröffentlichung wurden die Verweise in den Fußnoten und im Literaturverzeichnis aktualisiert. Nachweise in den Fußnoten für englischsprachige Literatur, Gerichtsentscheidungen, Gesetzgebung und Verwaltungserlasse sind nach den Vorgaben des „The Bluebook: A Uniform System of Citation" zitiert.

Meinem Doktorvater, Prof. Dr. Dr. h. c. Helmut Siekmann, danke ich für die Betreuung meiner Arbeit und die Förderung an seinem Lehrstuhl als wissenschaftliche Mitarbeiterin. Für seine Unterstützung während dieser Zeit und darüber hinaus bin ich ihm zu großem Dank verpflichtet.

Für die zügige und wohlwollende Erstellung des Zweitgutachtens bin ich Prof. Dr. Dres. h.c. Theodor Baums sehr verbunden. Zudem bedanke ich mich bei den Herausgebern der Schriftenreihe Frankfurter wirtschaftsrechtliche Studien für die Aufnahme meiner Arbeit.

Weiterhin bedanke ich mich bei den Stiftern des Baker & McKenzie-Preises, deren Auszeichnung meiner Arbeit eine große Ehre darstellt und bei der Veröffentlichung geholfen hat.

Dank gebührt meinen Eltern, die mich immer unterstützt und an mich geglaubt haben. Schließlich bedanke ich mich bei meinem Mann für seine Unterstützung und die Geduld, die er für mich und meine Arbeit aufgebracht hat.

Washington, DC 2016

Inhaltsüberblick

Inhaltsverzeichnis

Abkürzungsverzeichnis

ABA	American Bankers Association
ABS	Asset-backed securities
ALI	American Law Institute
AMA	Advanced Measurement Approaches
Am. Banker	American Banker
Am. Econ. Rev.	American Economic Review
Am. J. Int'l L.	American Journal of International Law
Am. Soc'y Int'l Proc.	Proceedings of the American Society of International Law at Its Annual Meeting
ANPR	Advanced Notice of Proposed Rulemaking
AOCI	Accumulated Other Comprehensive Income
APA	Administrative Procedure Act
ATM	Automatic Teller Machine
ATRR	Allocated transfer risk reserve
AVR	Archiv des Völkerrechts
BaFin	Bundesanstalt für Finanzdienstleistungsaufsicht
Banking & Fin. Services Pol'y Rep.	Banking & Financial Services Policy Report
Banking L.J.	Banking Law Journal
Bankr. E.D.N.Y.	United States Bankruptcy Court of the Eastern District of New York
BCBS	Basel Committee on Banking Supervision
BCCI	Bank of Credit and Commerce International
BCG	Boston Consulting Group
BHC Act	Bank Holding Company Act of 1956
BHCs	Bank Holding Companies
BIS	Bank for International Settlement
BIZ	Bank für Internationalen Zahlungsausgleich
BoE	Bank of England
BOPEC/F-M	Bank subsidiaries' condition, Other subsidiaries' condition, Parent company's condition, Earnings of the BHC, Capital of the BHC, Financial composite rating, Management composite rating

B.R.	Bankruptcy Reporter
Brit. Y.B. Int'l L.	British Yearbook of International Law
Brook. J. Int'l L.	Brooklyn Journal of International Law
Bus. Law.	Business Lawyer
Cal. Civ. Code	California Civil Code
Cal. L. Rev.	California Law Review
CAMELS	Capital adequacy, Asset quality, Management, Earnings, Liquidity, Sensitivity to market risk
Cath. U. L. Rev.	Catholic University Law Review
CBCTs	Customer-bank communication terminals
CEA	Commodity Exchange Act
CEBA	Competitive Equality Banking Act of 1987
Cent. L. J.	Central Law Journal
CEO	Chief Executive Officer
cert. denied	certiorari denied
CFMA	Commodity Futures Modernization Act of 2000
CFO	Chief Financial Officer
CFPB	Consumer Financial Protection Bureau
C.F.R.	Code of Federal Regulations
CFTC	Commodity Futures Trading Commission
CFTCA	Commodity Futures Trading Commission Act
ch.	Chapter
Chi. J. Int'l L.	Chicago Journal of International Law
Cir.	Circuit
Colum. Bus. L. Rev.	Columbia Business Law Review
Colum. J. Transnat'l L.	Columbia Journal of Transnational Law
Colum. L. Rev.	Columbia Law Review
Comptroller	Comptroller of the Currency
Cong.	Congress
Consumer Fin. L. Q. Rep.	Consumer Finance Law Quarterly Report
Cornell L. Rev.	Cornell Law Review
CP-1	Erstes Konsultationspapier zu Basel II
CP-2	Zweites Konsultationspapier zu Basel II
CP-3	Drittes Konsultationspapier zu Basel II

CRA	Community Reinvestment Act
CRS	Congressional Research Service
CSBS	Conference of State Bank Supervisors
CSE	Consolidated Supervised Entities
DBLA	Domestic Building and Loan Association
D.C. Cir.	U.S. Court of Appeals for the District of Columbia Circuit
D.D.C.	U.S. District Court for the District of Columbia
Dep't. St. Bull.	Department of State Bulletin
ders.	derselbe
dies.	dieselbe/dieselben
Dick. J. Int'l L.	Dickinson Journal of International Law
DIDMCA	Depository Institutions Deregulation and Monetary Control Act of 1980
Dodd-Frank Act	Dodd-Frank Wall Street Reform and Consumer Protection Act
D-SIBs	Domestic Systemically Important Banks
DStR	Deutsches Steuerrecht
Duke L. J.	Duke Law Journal
D.Utah	United States District Court for the District of Utah
DVBl	Deutsches Verwaltungsblatt
EAEG	Einlagensicherungs- und Anlegerentschädigungsgesetz
EBK	Eidgenössische Bankenkommission
Econ. Perspect.	Economic Perspectives, Federal Reserve Bank of Chicago
Econ. Pol.	Economic Policy
EdW	Entschädigungseinrichtung der Wertpapierhandelsunternehmen
E.I.A.	Energy Information Administration
EJIL	European Journal of International Law
Energy L.J.	Energy Law Journal
EPA 2005	Energy Policy Act of 2005
ESMA	European Securities Market Authority
et seq.	et sequentes (folgende)
EU	Europäische Union

F.2d	Federal Reporter, Second Series
F.3d	Federal Reporter, Third Series
FAM	U.S. Department of State Foreign Affairs Manual
FBO	Foreign Banking Organization
FBSEA	Foreign Bank Supervision Enhancement Act of 1991
FDA	Food and Drug Administration
FDIA	Federal Deposit Insurance Act of 1950
FDIC	Federal Deposit Insurance Corporation
FDIC Banking Rev.	FDIC Banking Review
FDICIA	Federal Deposit Insurance Corporation Improvement Act of 1991
Fed. Reg.	Federal Register
Fed. Res. Bull.	Federal Reserve Bulletin
Fed. Reserve Bank Kansas City Econ. Rev.	Economic Review, Federal Reserve Bank of Kansas City
Fed. Reserve Bank Richmond Econ. Rev.	Economic Review, Federal Reserve Bank of Richmond
Fed. Sec. L. Rep. (CCH)	CCH Federal Securities Law Reporter
FERC	Federal Energy Regulatory Commission
FFIEC	Federal Financial Institutions Examination Council
FHCs	Financial Holding Companies
FINRA	Financial Industry Regulatory Authority
FIRIRCA	Financial Institutions Regulatory and Interest Rate Control Act
FIRREA	Financial Institutions Reform, Recovery and Enforcement Act of 1989
First Bank	Bank of the United States
FOIA	Freedom of Information Act
FOMC	Federal Open Markets Committee
Fordham Int'l L.J.	Fordham International Law Journal
Fordham Urb. L.J	Fordham Urban Law Journal
FRB	Board of Governors of the Federal Reserve System
FRBNY	Federal Reserve Bank of New York
FSAP	Financial Sector Assessment Program

FSB	Financial Stability Board
FSI	Financial Stability Institute
FSLIC	Federal Savings and Loan Insurance Corporation
FSOC	Financial Stability Oversight Council
F.Supp.	Federal Supplement
FTC	Federal Trade Commission
G7	Group of Seven
G8	Group of Eight
G10	Group of Ten
G20	Group of Twenty
GAB	General Agreements to Borrow
GAO	U.S. Government Accountability Office
GB	Großbritannien
General Banking Act of 1838	An Act to authorize the business of banking
Geo. L. J	Georgetown Law Journal
Geo. Wash. L. Rev.	George Washington Law Review
GFMA	Global Financial Markets Association
GLB Act	Gramm-Leach-Bliley Act
GEM Committee	Growth and Emerging Markets Committee
G-SIBs	Global Systemically Important Banks
GYIL	German Yearbook of International Law
Harv. Bus. L. Rev.	Harvard Business Law Review
Harv. J. L. & Pub. Pol'y	Harvard Journal of Law & Public Policy
Harv. L. Rev.	Harvard Law Review
HLA	Higher Loss Absorbency Requirements
HOLA	Home Owners' Loan Act
HQLA	High quality liquid assets
H.R.	House Bill
H.R. REP.	House Report
IAA	Investment Advisers Act
IBA	International Banking Act of 1978
IBFs	International banking facilities
ICA	Investment Company Act
ICERC	Interagency Country Exposure Review Committee
ICH	International Conference on Harmonization

IFDP	International Finance and Discussion Papers
IGH	Internationaler Gerichtshof
IJBM	International Journal of Bank Marketing
ILSA	International Lending Supervision Act
Independent Treasury Act of 1840	An Act to provide for the collection, safe-keeping, transfer, and disbursement of the public revenue
Ind. J. Global Legal Stud.	Indiana Journal of Global Legal Studies
Int'l & Comp. L.Q.	International and Comparative Law Quarterly
Int'l Fin. L. Rev.	International Financial Law Review
Int'l Law.	International Lawyer
Int'l Org.	International Organization
IOSCO	International Organization of Securities Commissions
IRB	Internal Ratings-Based Approach
IRS	Internal Revenue Service
i.V.m.	in Verbindung mit
IWF	Internationaler Währungsfond
J. Comp. Corp. L. & Sec. Reg.	Journal of Comparative Corporate Law and Securities Regulation
J. Corp. L.	Journal of Corporation Law
J. Econ. Hist.	Journal of Economic History
J.F.C.	Journal of Financial Crime
J. Int'l Econ. L.	Journal of International Economic Law
J.L. & Econ.	Journal of Law and Economics
J. Legal Analysis	Journal of Legal Analysis
J. Polit. Econ.	Journal of Political Economy
JZ	JuristenZeitung
Kansas Blue Sky Law 1911	An Act to provide for the regulation and supervision of investment companies and providing penalties for the violation therof
KMUs	Kleine und mittlere Unternehmen
Law & Contemp. Probs.	Law and Contemporary Problems
LCR	Liquidity Coverage Ratio

Legal Tender Act of 1862	An Act To authorize the issue of United States notes, and for the redemption or funding thereof, and for funding the floating debt of the United States
Lewis & Clark L. Rev.	Lewis & Clark Law Review
LISCC	Large Institution Supervision Coordinating Committee
MAB	Mexiko, Argentinien, Brasilien
MBS	Mortgage Backed Securities
McFadden Act	McFadden Branch Banking Act
McGill L. J.	McGill Law Journal
MHCs	Mutual Holding Companies
Mich. J. Int'l L.	Michigan Journal of International Law
Minn.	Minnesota Reports
Minn. J. Int'l L.	Minnesota Journal of International Law
Minn. L. Rev.	Minnesota Law Review
MMoU	Multilateral Memorandum of Understanding
MoU	Memorandum of Understanding
MSRB	Municipal Securities Rulemaking Board
m.w.N.	mit weiteren Nachweisen
N.A.	National Association
NAFTA	North American Free Trade Agreement
NASAA	North American Securities Administrators Association, Inc.
NASD	National Association of Securities Dealers
NASDR	NASD Regulation, Inc.
NBFC	Nonbank Financial Company
N. C. Banking Inst.	North Carolina Banking Institute
N.C.J. Int'l L. & Com. Reg.	North Carolina Journal of International Law & Comparative Regulation
NCUA	National Credit Union Administration
N.D. Ga.	United States District Court for the Northern District of Georgia
NFA	National Futures Association
NIRA	National Industrial Recovery Act of 1933
NMS	National Market System
Nordic J. Int'l L.	Nordic Journal of International Law
NPR	Notice of Proposed Rulemaking

NSFR	Net Stable Funding Ratio
NSMIA	National Securities Markets Improvement Act
N.W.	North Western Reports
Nw. J. Int'l L. & Bus.	Northwestern Journal of International Law & Business
Nw. U. L. Rev.	Northwestern University Law Review
NYIL	Netherlands Yearbook of International Law
N.Y. Laws	Laws of New York (Session Laws)
N.Y. Real Prop. Law	New York Code Real Property
NYSE	New York Stock Exchange
N.Y.U. J. Int'l L. & Pol.	New York University Journal of International Law and Politics
N.Y.U. L. Rev	New York University Law Review
NZG	Neue Zeitschrift für Gesellschaftsrecht
ÖBA	Österreichisches Bank-Archiv
OCC	Office of the Comptroller of the Currency
OCFI	Office of Complex Financial Institutions
Ohio St.	Ohio State Reports
OIA	Office of International Affairs
OPEC	Organization of the Petroleum Exporting Countries
Or. L. Rev.	Oregon Law Review
OTC	Over-the-Counter
OTS	Office of Thrift Supervision
o.V.	ohne Verfasser
para.	Paragraph
PCA	Prompt Corrective Action
PCAOB	Public Company Accounting Oversight Board
Pepp. L. Rev.	Pepperdine Law Review
Pub. L. No.	Public Law Number
PUHCA	Public Utility Holding Company Act of 1935
PUHCA 2005	Public Utility Holding Company Act of 2005
QTL	Qualified Thrift Lender
RBOC	Reserve Bank Organization Committee

RdC	Recueil des Cours de l'Académie de Droit International de la Haye. Collected Courses of the Hague Academy of International Law
Remedies Act	Securities Enforcement Remedies and Penny Stock Reform Act
RFI/C (D)	Risk management, Financial condition, Impact Component, Composite rating, Depository Institutions Component
Riegle-Neal Act	Riegle-Neal Interstate Banking and Branching Efficiency Act of 1994
RTCRRIA	Resolution Trust Corporation Refinancing, Restructuring, and Improvement Act of 1991
RUSA	Revised Uniform Securities Act
SA	Securities Act of 1933
Safety Fund Act of 1829	An Act to create a fund for the benefit of certain moneyed corporations, - and for other purposes
SBSAs	Security-based swap agreements
S. Cal. L. Rev.	Southern California Law Review
S. Cal. L. Rev. Postscript	Southern California Law Review Postscript
S. Ct.	Supreme Court Reporter
S.D.N.Y.	U.S. District Court for the Southern District of New York
SEA	Securities Exchange Act of 1934
SEC	Securities and Exchange Commission
Second Bank	Second Bank of the United States
Second Bank Act	An Act: To incorporate the subscribers of the Bank of the United States, 3 Stat. 266 (1811–1823)
Sec. Reg. & L. Rep.	Securities Regulation & Law Report
Seton Hall L. Rev.	Seton Hall Law Review
SHCs	Securities Holding Companies
SIB	Systemically Important Bank
SIBHCs	Supervised Investment Bank Holding Companies
SIFI	Systemically Important Financial Institution
SIPA	Securities Investor Protection Act of 1970
SIPC	Securities Investor Protection Corporation
S&L	Savings and Loan Associations

SLUSA	Securities Litigation Uniform Standards Act
SOX	Sarbanes Oxley Act of 2002
SPVs	Special Purpose Vehicles
S. REP.	Senate Report
S. RES.	Senate Resolution
SR letter	Supervision and Regulation Letter
SRO	Self-Regulatory Organization
Stan. J.L. Bus. & Fin.	Stanford Journal of Law, Business & Finance
Stan. L. Rev.	Stanford Law Review
Stat.	United States Statutes at Large
St. Louis U. L. J.	Saint Louis University Law Journal
Sup. Ct. Rev.	Supreme Court Review
Tex. Int'l L. J.	Texas International Law Journal
Tex. L. Rev.	Texas Law Review
TIA	Trust Indenture Act
Transnat'l L. & Contemp. Probs.	Transnational Law & Contemporary Problems
UCC	Uniform Commercial Code
U.C. Davis Bus. L. J.	UC Davis Business Law Journal
U. Chi. L. Rev.	University of Chicago Law Review
U. Cin. L. Rev.	University of Cincinnati Law Review
UFIRS	Uniform Financial Institutions Rating System
UMKC L. Rev.	UMKC Law Review
U. Pa. J. Bus. L.	University of Pennsylvania Journal of Business Law
U. Pa. L. Rev.	University of Pennsylvania Law Review
U.S.	United States Reports (nur bei Gerichtsentscheidungen)
U.S.C.	United States Code
U.S.C.C.A.N.	United States Code Congressional and Administrative News
USDA	United States Department of Agriculture
U. Tol. L. Rev.	Toledo Law Review
Va. J. Int'l L.	Virginia Journal of International Law
Va. L. Rev.	Virginia Law Review
Vand. J. Transnat'l L.	Vanderbilt Journal of Transnational Law

VaR	Value-at-Risk
VSWG	Vierteljahrschrift für Sozial- und Wirtschaftsgeschichte
VVDStRL	Veröffentlichungen der Vereinigung der Deutschen Staatsrechtslehrer
Washburn L.J.	Washburn Law Journal
Wash. & Lee L. Rev.	Washington and Lee Law Review
Wash. Terr.	Washington Territory Reports
Wash. U. L.Q.	Washington University Law Quarterly
Wash. U. L. Rev.	Washington University Law Review
W. D. Wash.	U.S. District Court for the Western District of Washington
WL	Westlaw
WM	Wertpapier-Mitteilungen
W. Va. L. Rev.	West Virginia Law Rev
Yale L. J.	Yale Law Journal
ZaöRV	Zeitschrift für ausländisches öffentliches Recht und Völkerrecht
ZBB	Zeitschrift für Bankrecht und Bankwirtschaft
ZSR	Zeitschrift für schweizerisches Recht
ZVglRWiss	Zeitschrift für Vergleichende Rechtswissenschaft

Entscheidungsregister

Abrahamson v. Fleschner	568 F.2d 862 (2d Cir. 1976)
Alabama Power Company v. United States Environmental Protection Agency	40 F.3d 450 (D.C. Cir. 1994)
Allied Structural Steel Company v. Spannaus	438 U.S. 234 (1978)
American Banana Company v. United Fruit Company	213 U.S. 347 (1909)
American Insurance Association v. Garamendi	539 U.S. 396 (2003)
Appleton v. First National Bank of Ohio	62 F.3d 791 (6th Cir. 1995)
Austin Municipal Securities, Inc. v. NASD	757 F.2d 676 (5th Cir. 1985)
B. Altman & Company v. United States	224 U.S. 583 (1912)
Baker, Watts & Co. v. Saxon	261 F. Supp. 247 (D.D.C. 1966)
Barbara v. New York Stock Exchange, Inc.	99 F.3d 49 (2d Cir.1996)
Bersch v. Drexel Firestone, Inc.	519 F.2d 974 (2d Cir. 1975), cert. denied, 423 U.S. 1018 (1975)
Bi-Metallic Investment Company v. State Board of Equalization	239 U.S. 441 (1915)
Butz v. Economou	438 U.S. 478 (1978)
Calder v. Bull	3 U.S. 386 (1798)
Carpenter v. Longan	83 U.S. 271 (1872)
Chevron, U.S.A., Inc. v. Natural Resources Defense Council, Inc.	467 U.S. 837 (1984)
Chew Heong v. United States	112 U.S. 536 (1884)
Chiarella v. United States	445 U.S. 222 (1980)
Chubb & Son, Inc. v. Asian Airlines	214 F.3d 301 (2d Cir. 2000)
Clemente Global Growth Fund, Inc. v. Pickens	705 F.Supp. 958 (S.D.N.Y. 1989)
Conference of State Bank Supervisors v. Conover	715 F.2d 604 (D.C. Cir. 1983), cert. denied, 466 U.S. 927 (1984)
Continental Grain (Australia) Pty. Ltd. v. Pacific Oilseeds, Inc.	592 F.2d 409 (8th Cir.1979)
Continental Marketing Corporation v. Securities and Exchange Commission	387 F.2d 466 (10th Cir.1967)
Craig v. Morrison	29 U.S. 410 (1830)
Credit Suisse First Boston Corporation v. Grunwald	400 F.3d 1119 (9th Cir. 2005)
Cunningham v. Neagle	135 U.S. 1 (1890)

D'Alesso v. New York Stock Exchange, Inc.	258 F.3d. 93 (2d Cir. 2001)
Defenders of Wildlife v. Gutierrez	532 F.3d 913 (D.C. Cir. 2008)
De Geofroy v. Riggs	133 U.S. 258 (1890)
Detroit Edison Company v. Federal Energy Regulatory Commission	334 F.3d 48 (D.C. Cir. 2003)
DL Capital Group, LLC v. Nasdaq Stock Market, Inc.	409 F.3d 93 (2d Cir. 2005)
Ernst & Ernst v. Hochfelder	425 U.S. 185 (1976)
Federal Insurance Deposit Corporation v. Bank of Coushatta	930 F.2d 1122 (5th Cir. 1991)
Feller v. Indymac Mortgage Services	2010 WL 342187 (W. D. Wash. Jan. 26, 2010)
Field v. Clark	143 U.S. 649 (1892)
Foster v. Neilson	27 U.S. 253 (1829)
Free Enterprise Fund v. Public Company Accounting Oversight Board	561 U.S. 477, 130 S.Ct. 3138 (2010)
Georgia Association of Independent Insurance Agents, Inc. v. Saxon	260 F.Supp. 802 (N.D. Ga. 1966)
Goldstein v. Securities and Exchange Commission	451 F.3d 873 (D.C. Cir. 2006)
Great Rivers Co-op. of Southeastern Iowa v. Farmland Industries, Inc.	198 F.3d 685 (8th Cir. 1999)
Grunenthal GmbH v. Hotz	712 F.2d 421 (9th Cir.1983)
Heckler v. Chaney	470 U.S. 821 (1985)
Hilton v. Guyot	159 U.S. 113 (1895)
Hou Ching Chow v. Attorney General	362 F.Supp. 1288 (D.D.C.1973)
In re Bernard L. Madoff Investment Securities LLC	654 F.3d 229 (2d Cir. 2011)
In re Brentwood Securities, Inc.	925 F.2d 325 (9th Cir. 1991)
In re Investors Center, Inc.	129 B.R. 339 (Bankr. E.D.N.Y. 1991)
In re NYSE Specialists Securities Litigation	503 F.3d 89 (2d Cir. 2007)
In re Old Naples Securities, Inc.	223 F.3d 1296 (11th Cir. 2000)
In re Primeline Securities Corporation	295 F.3d 1100 (10th Cir. 2002)
In re Stratton Oakmont, Inc.	2003 WL 22698876 (S.D.N.Y. 2003)
In the Matter of Carlson Capital, L.P.	Exchange Act Release 62982, 99 S.E.C. Docket 1477 (Sept. 23, 2010)
In the Matter of the New York Stock Exchange	10 S.E.C. 270 (1941)
Industrial Union Department v. American Petroleum Institute	448 U.S. 607 (1980)
Itoba Ltd. v. Lep Group PLC	54 F.3d 118 (2d Cir. 1995)
Jablon v. Dean Witter & Co.	614 F.2d 677 (9th Cir. 1980)

Juillard v. Greenman	110 U.S. 421 (1884)
Kauthar SDN BHD v. Sterberg	149 F.3d 659 (7th Cir.1998)
Landgraf v. USI Film Products	511 U.S. 244 (1994)
Leasco Data Processing Equipment Corporation v. Maxwell	468 F.2d 1326 (2d Cir. 1972)
Legal Tender Cases (Knox v. Lee, Parker v. Davis)	79 U.S. 457 (1871)
Marine Bank v. Weaver	455 U.S. 551 (1982)
McCulloch v. Maryland	17 U.S. 316 (1819)
Merrill Lynch, Pierce, Fenner & Smith, Inc. v. Ware	414 U.S. 117 (1973)
Morrison v. National Australia Bank (NAB)	547 F.3d 167 (2d Cir. 2008)
Morrison v. National Australia Bank (NAB)	561 U.S. 247, 130 S.Ct. 2869 (2010)
Morrison v. Olson	487 U.S. 654 (1988)
Motor Vehicle Manufacturers Association v. State Farm Mutual Automobile Insurance Company	463 U.S. 29 (1983)
Myers v. United States	272 U.S. 52 (1926)
Osborn v. Bank of the United States	22 U.S. 738 (1824)
Pacific Investment Management Company LLC v. Mayer Brown LLP	603 F.3d 144 (2d Cir. 2010)
Panama Refining Company v. Ryan	293 U.S. 388 (1935)
Peugh v. Davis	96 U.S. 332 (1877)
Pfeiffer v. Wm. Wrigley Jr. Company	755 F.2d 554 (7th Cir. 1985)
Psimenos v. E.F. Hutton & Company, Inc.	722 F.2d 1041 (2d Cir.1983)
Romero v. International Terminal Operating Co.	358 U.S. 354 (1959)
Schoenbaum v. Firstbrook	405 F.2d 200 (2d Cir. 1968)
Securities and Exchange Commission v. Ambassador Church Finance/Development Group, Inc.	679 F.2d 608 (6th Cir.1982)
Securities Exchange Commission v. Capital Gains Research Bureau, Inc.	375 U.S. 180 (1963)
Securities and Exchange Commission v. F.O. Baroff Co., Inc.	497 F.2d 280 (2d Cir. 1974)
Securities and Exchange Commission v. Glenn W. Turner Enterprises, Inc.	474 F.2d 476 (9th Cir.1973)
Securities and Exchange Commission v. Haffenden-Rimar Intern., Inc.	496 F.2d 1192 (4th Cir. 1974)
Securities and Exchange Commission v. Howatt	525 F.2d 226 (1st Cir. 1975)

Securities and Exchange Commission v. Kasser	548 F.2d 109 (3rd Cir. 1977), cert. denied, 431 U.S. 938 (1977)
Securities and Exchange Commission v. Koscot Interplanetary, Inc.	497 F.2d 473 (5th Cir.1974)
Securities and Exchange Commission v. Madoff	2009 Fed. Sec. L. Rep. (CCH) ¶ 95070 (S.D.N.Y. Feb. 9, 2009)
Securities and Exchange Commission v. Nicholson	Litigation Release No. 20911, 95 S.E.C. Docket 774 (Feb. 25, 2009)
Securities and Exchange Commission v. Packer, Wilbur & Co., Inc.	498 F.2d 978 (2d Cir. 1974)
Securities and Exchange Commission v. Securities Investor Protection Corporation	872 F.Supp.2d 1 (D.D.C. 2012)
Securities and Exchange Commission v. W.J. Howey Co. (SEC v. Howey)	328 U.S. 293 (1946)
Securities Industry Association v. Board of Governors of the Federal Reserve System	839 F.2d 47 (2d Cir. 1988), cert. denied, 486 U.S. 1059 (1988)
Securities Industry Association v. Board of Governors of the Federal Reserve System	900 F.2d 360 (D.C. Cir. 1990)
Securities Investor Protection Corporation v. Associated Underwriters, Inc.	423 F.Supp. 168 (D.Utah 1975)
Securities Investor Protection Corporation v. Barbour	421 U.S. 412 (1975)
Securities Investor Protection Corporation v. Morgan, Kennedy & Co.	533 F.2d 1314 (2d Cir. 1976)
Sparta Surgical Corporation v. National Association of Securities Dealers	159 F.3d 1209 (9th Cir. 1998)
Standard Investment Chartered, Inc. v. National Association of Securities Dealers	637 F.3d 112 (2d Cir. 2011), cert. denied, 132 S.Ct. 193 (2012)
State of Colorado ex rel. State Banking Board v. First National Bank of Fort Collins	540 F.2d 497 (10th Cir. 1976)
State v. Robbins	185 Minn. 202; 240 N.W. 456 (1932)
Steel Company v. Citizens for a Better Environment	523 U.S. 83 (1998)
Tannenbaum v. Zeller	552 F.2d 402 (2d Cir. 1977)
Tcherepnin v. Knight	389 U.S. 332 (1967)
Touche Ross & Co. v. Securities and Exchange Commission	609 F.2d 570 (2d Cir. 1979)
TSC Industries, Inc. v. Northway, Inc.	426 U.S. 438 (1976)
Tucker v. Alexandroff	183 U.S. 424 (1902)

Union Pacific R. Company v. Laramie Stock Yards Company	231 U.S. 190 (1913)
United States Telecom Association v. Federal Communications Commission	359 F.3d 554 (D.C. Cir. 2004)
United States v. Belmont	301 U.S. 324 (1937)
United States v. Ballin	144 U.S. 1 (1892)
United States v. Brashier	548 F.2d 1315 (9th Cir. 1976)
United States v. Brown	381 U.S. 437 (1965)
United States v. Heth	7 U.S. 399 (1806)
United States v. Lee	106 U.S. 196 (1882)
United States v. O'Hagan	521 U.S. 642 (1997)
United States v. Rajaratnam	802 F. Supp. 2d 491 (S.D.N.Y. 2011)
United States v. Security Industrial Bank	459 U.S. 70 (1982)
Usery v. Turner Elkhorn Mining Company	428 U.S. 1 (1976)
Veazie Bank v. Fenno	75 U.S. 533 (1869)
Watts v. United States	1 Wash. Terr. 288 (1870)
Webster v. Doe	486 U.S. 592 (1988)
Weinberger v. Rossi	456 U.S. 25 (1982)
Weissman v. National Association of Securities Dealers	468 F.3d 1306 (11th Cir. 2006)
Weissman v. National Association of Securities Dealers	500 F.3d 1293 (11th Cir. 2007)
Whitman v. American Trucking Associations	531 U.S. 457 (2001)
Wilson v. Girard	354 U.S. 524 (1957)
Yassini v. Crosland	618 F.2d 1356 (9th Cir.1980)
Zandford v. National Association of Securities Dealers	30 F.Supp.2d 1 (D.D.C. 1998)
Zhang v. Slattery	55 F.3d 732 (2d Cir. 1995)
Zoelsch v. Arthur Andersen & Co.	824 F.2d 27 (D.C. Cir. 1987)

Gesetzesverzeichnis

Act of June 30, 1874	Ch. 343, 18 Stat. 123 (1873–1874)
Administrative Procedure Act	Pub. L. No. 79–404, 60 Stat. 237 (1946)
An Act Regulating the reports of national banking associations	15 Stat. 326 (1859–1869)
An Act to abolish the office of bank commissioner, and for other purposes	1843 N.Y. Laws, ch. 218, p. 299
An Act To amend an act entitled „An act to provide internal revenue to support the government, to pay interest on the public debt, and for other purposes," approved June thirtieth, eighteen hundred and sixty-four	13 Stat. 469 (1861–1865)
An Act To amend the Act approved December twenty-third, nineteen hundred and thirteen, known as the Federal Reserve Act	Pub. L. No. 65-25, 40 Stat. 232 (1917)
An Act To amend the National Bank Act and the Federal Reserve Act with respect to the reserves required to be maintained by member banks	Pub. L. No. 86-114, 73 Stat. 263 (1959)
An Act To incorporate the subscribers to the Bank of the United States (First Bank)	1 Stat. 191 (1789–1799)
An Act: To incorporate the subscribers of the Bank of the United States (Second Bank Act)	3 Stat. 266 (1811–1823)
An Act To make certain amendments to sections 4, 13, 14, 15, and 15B of the Securities Exchange Act of 1934	Pub. L. No. 98-38, 97 Stat. 205 (1983)
An Act to organize a Bank Department	1851 N.Y. Laws, ch. 164, p. 309
An Act to provide for the regulation and supervision of investment companies and providing penalties for the violation therof (Kansas Blue Sky Law 1911)	1911 Kan. Sess. Laws 210
An Act Transferring the duties of commissioner of loans to the Bank of the United States, and abolishing the office of commissioner of loans	3 Stat. 360 (1811–1823)
Bank Holding Company Act Amendments of 1970	Pub. L. No. 91-607, 84 Stat. 1760 (1970–1971)

Bank Holding Company Act of 1956	Pub. L. No. 84-511, 70 Stat. 133 (1956)
Banking Act of 1933 (Glass-Steagall Act)	Pub. L No. 73-66, 48 Stat. 162 (1933-1934)
Banking Act of 1935	Pub. L. No. 74-305, 49 Stat. 684 (1935-1936)
Bretton Woods Agreements Act	Pub. L. No. 79-171, 59 Stat. 512 (1945)
Bretton Woods Agreements Act Amendments of 1977	Pub. L. No. 95-435, 92 Stat. 1051 (1978)
Case-Zablocki Act	Pub. L. No. 92-403, 86 Stat. 619 (1972)
Commodity Exchange Act	Pub. L. No. 74-675, 49 Stat. 1491 (1935-1936)
Commodity Futures Modernization Act	Pub. L. No. 106-554, Appendix E, 114 Stat. 2763, 2763A–365 (2000)
Commodity Futures Trading Commission Act	Pub. L. No. 93-463, 88 Stat. 1389 (1974)
Community Reinvestment Act of 1977	Pub. L. No. 95-128, Title VIII, 91 Stat. 1111, 1147 (1977)
Competitive Equality Banking Act of 1987	Pub. L. No. 100-86, 101 Stat. 552 (1987)
Depository Institutions Deregulation and Monetary Control Act of 1980	Pub. L. No. 96-221, 94 Stat 132 (1980)
Dodd-Frank Wall Street Reform and Consumer Protection Act	Pub. L. No. 111-203, 124 Stat. 1376 (2010)
Emergency Economic Stabilization Act of 2008	Pub. L. No. 110-343, 122 Stat. 3765 (2008)
Energy Policy Act of 2005	Pub. L. No. 109-58, 119 Stat. 594 (2005)
Federal Deposit Insurance Act	Pub. L. No. 81-797, 64 Stat. 873 (1950 – 1951)
Federal Deposit Insurance Corporation Improvement Act of 1991	Pub. L. No. 102-242, 105 Stat. 2236 (1991)
Federal Deposit Insurance Reform Conforming Amendments Act of 2005	Pub. L. No. 109-173, 119 Stat. 3601 (2006)
Federal Reserve Act	Pub. L. No. 63-43, 38 Stat. 251 (1913-1915)
Financial Institutions Reform, Recovery, and Enforcement Act of 1989	Pub. L. No. 101-73, 103 Stat. 183 (1989)
Financial Institutions Regulatory and Interest Rate Control Act	Pub. L. No. 95-630, 92 Stat. 3641 (1978)
Financial Services Regulatory Relief Act of 2006	Pub. L. No. 109-351, 120 Stat. 1966 (2006)
Foreign Bank Supervision Enhancement Act of 1991	Pub. L. No. 102-242, Title II, Subtitle A; 105 Stat. 2236 (1991)
Foreign Corrupt Practices Act of 1977	Pub. L. No. 95-213, 91 Stat. 1494 (1977)
Freedom of Information Act	Pub. L. No. 89-487, 80 Stat. 250 (1966)

Futures Trading Act of 1982	Pub. L. No. 97-444; 96 Stat. 2294 (1982)
Garn-St Germain Depository Institutions Act of 1982	Pub. L. No. 97-320, 96 Stat. 1469 (1982)
General Appropriation Act	Pub. L. No. 66-231, 41 Stat. 631 (1920)
General Banking Act of 1838 (An Act to authorize the business of banking)	1838 N.Y. Laws, ch. 260, p. 245
Gramm-Leach-Bliley Act	Pub. L. No. 106-102, 113 Stat. 1338 (1999)
Home Owners' Loan Act	Pub. L. No. 73-43, 48 Stat. 128 (1933-1934)
Independent Treasury Act of 1840 (An Act to provide for the collection, safekeeping, transfer, and disbursement of the public revenue)	5 Stat. 385 (1836-1846)
Insider Trading and Securities Fraud Enforcement Act of 1988	Pub. L. No. 100-704, 102 Stat. 4677 (1988)
International Banking Act of 1978	Pub. L. No. 95-369, 92 Stat. 607 (1978)
International Lending Supervision Act	Pub. L. No. 98-181, Title IX, 97 Stat. 1153, 1278 (1983)
International Securities Enforcement Cooperation Act of 1990	Pub. L. No. 101-550, 104 Stat. 2713 (1990)
Interstate Commerce Act	Pub. L. No. 66-152, 41 Stat. 456 (1920)
Investment Advisers Act of 1940	Pub. L. No. 76-768, Title II, 54 Stat. 847 (1939–1941)
Investment Adviser Examination Improvement Act of 2013	H.R. 1627, 113th Cong. (1st Sess. 2013)
Investment Company Act of 1940	Pub. L. No. 76-768, 54 Stat. 789 (1939-1941)
Legal Tender Act of 1862 (An Act To authorize the issue of United States notes, and for the redemption or funding thereof, and for funding the floating debt of the United States)	12 Stat. 345 (1855-1863)
Market Reform Act of 1990	Pub. L. No. 101-432; 104 Stat. 963 (1990)
McFadden Branch Banking Act	Pub. L. No. 69-639, 44 Stat. 1224 (1925-1926)
National Bank Act of 1864	13 Stat. 99 (1864)
National Currency Act of 1863	37 Cong., ch. 58, 12 Stat. 665 (1855-1863)
National Industrial Recovery Act of 1933	Pub. L. No. 73-67, 48 Stat. 195 (1933)
National Securities Markets Improvement Act	Pub. L. No. 104-290, 110 Stat. 3416 (1996)
North American Free Trade Agreement Implementation Act	Pub. L. No. 103-182, 107 Stat. 2057 (1993)

Over-the-Counter Market Act (Maloney Act)	Pub. L. No. 75-719, 52 Stat. 1070 (1938)
Public Utility Holding Company Act of 1935	Pub. L. No. 74-333, 49 Stat. 838 (1935-1936)
Public Utility Holding Company Act of 2005	Pub. L. No. 109-58, Title XII, Subtitle F, 119 Stat. 972 (2005)
Resolution Trust Corporation Refinancing, Restructuring, and Improvement Act of 1991	Pub. L. No. 102-233, 105 Stat. 1761 (1991)
Riegle-Neal Interstate Banking and Branching Efficiency Act of 1994	Pub. L. No. 103-328, 108 Stat. 2338 (1994)
Safety Fund Act of 1829 (An Act to create a fund for the benefit of certain moneyed corporations, - and for other purposes)	1829 N.Y. Laws, ch. 94, p. 167
Sarbanes Oxley Act of 2002	Pub. L. No. 107-204, 116 Stat. 745 (2001–2002)
Securities Act of 1933	Pub. L. No. 73-22, 48 Stat. 74 (1933-1934)
Securities Acts Amendments of 1975	Pub. L. No. 94-29, 89 Stat. 97 (1975)
Securities Acts Amendments of 1982	Pub. L. No. 97-303; 96 Stat. 1409 (1982)
Securities Enforcement Remedies and Penny Stock Reform Act	Pub. L. No. 101-429, 104 Stat. 931 (1990)
Securities Exchange Act of 1934	Pub. L. No. 73-290, 48 Stat. 881 (1933-1934)
Securities Investor Protection Act of 1970	Pub. L. No. 91-598; 84 Stat. 1636 (1970-1971)
Securities Litigation Uniform Standards Act	Pub. L. No. 105-353, 112 Stat. 3227 (1998)
Small Business Job Protection Act	Pub. L. No. 104-188, 110 Stat. 175 (1995)
Swap Jurisdiction Certainty Act	H.R. 1256, 113th Cong. (1st Sess.)
Trust Indenture Act	Pub. L. No. 76-253, 53 Stat. 1149 (1939)
United States Financial Policy Committee For Fair Capital Standards Act	H.R. 2043, 108th Cong. (1st Sess.)

Verwaltungserlasse

3 Fed. Reg. 213 (Jan. 26, 1938)	Rules for the Regulation of Short-Selling
39 Fed. Reg. 44416 (Dec. 24, 1974)	Interpretive Ruling on CBCTs
41 Fed. Reg. 56530 (Dec. 28, 1976)	Short Sales of Securities
50 Fed. Reg. 16057 (April 24, 1985)	Establishment of Minimum and Appropriate Levels of Capital
51 Fed. Reg. 3976 (Jan. 31, 1986)	FRB's Proposed Rule on Risk-Based Capital
52 Fed. Reg. 5119 (Feb. 19, 1987)	Proposed Adjusted Capital Measure
52 Fed. Reg. 5135 (Feb. 19, 1987)	US-UK Accord on Primary Capital and Capital Adequacy Assessment
53 Fed. Reg. 46963 (Nov. 21, 1988)	SEC Policy Statement on the Regulation of International Securities Markets
54 Fed. Reg. 4168 (Jan. 27, 1989)	OCC Final Rule on Risk-Based Capital Guidelines (Basel I)
54 Fed. Reg. 4186 (Jan. 27, 1989)	FRB Final Rule on Minimum Capital Ratios (Basel I)
54 Fed. Reg. 11500 (March 21, 1989)	FDIC Final Rule on Risk-Based Capital Ratios (Basel I)
55 Fed. Reg. 38797 (Sept. 21, 1990)	Amendment of OCC Capital Regulation to Include a Leverage Ratio
56 Fed. Reg. 33841 (July 24, 1991)	Recommendations of the Administrative Conference of the United States
58 Fed. Reg. 68735 (Dec. 29, 1993)	FRB's Final Rule on Risk Weight for Multifamily Housing Loans
59 Fed. Reg. 1548 (Jan. 11, 1994)	Report to Congress Regarding Differences in Capital and Accounting Standards Among the Federal Banking Agencies
59 Fed. Reg. 3779 (Jan. 27, 1994)	FDIC's Final Rule on Risk Weight for Multifamily Housing Loans
59 Fed. Reg. 10946 (March 9, 1994)	OCC's Final Rule on Risk Weight for Multifamily Housing Loans
59 Fed. Reg. 64561 (Dec. 15, 1994)	Final Joint Rule to Implement Section 305(b) FDICIA
60 Fed. Reg. 32738 (June 23, 1995)	SEC Rules of Practice
61 Fed. Reg. 47358 (Sept. 6, 1996)	Implementation of Basel Market Risk Capital Rule
61 Fed. Reg. 67021 (Dec. 19, 1996)	Uniform Financial Institutions Rating System (CAMELS)

61 Fed. Reg. 68750 (Dec. 30, 1996)	Order Increasing Revenue Limit on Bank-ineligible Activities for Section 20 Subsidiaries to 25 Percent
63 Fed. Reg. 46518 (Sept. 1, 1998)	Unrealized Holding Gains on Certain Equity Securities
67 Fed. Reg. 57276 (Sept. 9, 2002)	Certification of Disclosure in Companies' Quarterly and Annual Reports
68 Fed. Reg. 18788 (April 16, 2003)	Standards Relating to Listed Company Audit Committees
68 Fed. Reg. 45900 (Aug. 4, 2003)	Joint ANPR on Basel II
69 Fed. Reg. 34428 (June 21, 2004)	Alternative Net Capital Requirements for Broker-Dealers That Are Part of Consolidated Supervised Entities
69 Fed. Reg. 43996 (July 23, 2004)	Proposal to Change BHC Rating System
69 Fed. Reg. 70444 (Dec. 06, 2004)	Revision of BHC Rating System
69 Fed. Reg. 72054 (Dec. 10, 2004)	Registration Under the Advisers Act of Certain Hedge Fund Advisers
71 Fed. Reg. 3550 (Jan. 23, 2006)	In the Matter of the Application of the Nasdaq Stock Market LLC for Registration as a National Securities Exchange
71 Fed. Reg. 55830 (Sept. 25, 2006)	Joint NPR to Implement Basel II for Large, Internationally Active Banks
71 Fed. Reg. 77446 (Dec. 26, 2006)	Joint NPR on Basel IA
71 Fed. Reg. 77518 (Dec. 26, 2006)	Joint NPR; Extension of Comment Period
72 Fed. Reg. 16934 (April 5, 2007)	Termination of a Foreign Private Issuer's Registration and Duty to File Reports
72 Fed. Reg. 36348 (July 3, 2007)	Regulation SHO and Rule 10a–1
72 Fed. Reg. 42169 (Aug. 1, 2007)	Order Approving the Consolidation of the Regulatory Functions of NASD and NYSE Regulation
72 Fed. Reg. 56514 (Oct. 3, 2007)	Definition of Terms and Exemptions Relating to the „Broker" Exemption for Banks
72 Fed. Reg. 69288 (Dec. 7, 2007)	Joint Final Rule on Basel II
73 Fed. Reg. 43982 (July 29, 2008)	Joint NPR Implementing the Basel II Standardized Risk-Based Capital Framework
74 Fed. Reg. 38266 (July 31, 2009)	Amendments to Regulation SHO, Exchange Act Release No. 60388
75 Fed. Reg. 13656 (March 22, 2010)	Interagency Policy Statement on Funding and Liquidity Risk Management
75 Fed. Reg. 57252 (Sept. 20, 2010)	Designated Transfer Date for Transfer of OTS Competencies

76 Fed. Reg. 1890 (Jan. 11, 2011)	Joint NPR on Risk-Based Capital Guidelines - Market Risk (Basel 2.5)
76 Fed. Reg. 8265 (Feb. 14, 2011)	Conformance Period for Entities Engaged in Prohibited Proprietary Trading
76 Fed. Reg. 37572 (June 27, 2011)	Broker-Dealer Reports
76 Fed. Reg. 37620 (June 28, 2011)	Basel II, Implementation of Collins Amendment
76 Fed. Reg. 42950 (July 19, 2011)	Rules Implementing Amendments to the IAA
76 Fed. Reg. 67323 (Nov. 1, 2011)	Final Rule on Resolution Plans
76 Fed. Reg. 68846 (Nov. 7, 2011)	Joint Proposed Rule on Prohibitions and Restrictions on Proprietary Trading
76 Fed. Reg. 71127 (Nov. 16, 2011)	Private Fund Systemic Risk Reporting
76 Fed. Reg. 74631 (Dec. 1, 2011)	Final Rule on Capital Plans for Large BHCs
76 Fed. Reg. 79379 (Dec. 21, 2011)	Joint Amended NPR on Market Risk Capital Rules (Basel 2.5)
77 Fed. Reg. 8331 (Feb. 14, 2012)	CFTC's Adoption of Joint Proposed Rule on Prohibitions and Restrictions on Proprietary Trading
77 Fed. Reg. 21637 (April 11, 2012)	Final Rule and Interpretive Guidance on Nonbank-SIFIs
77 Fed. Reg. 27456 (May 10, 2012)	Effective Date of Section 716 Dodd-Frank Act
77 Fed. Reg. 30596 (May 23, 2012)	Joint Final Rules on Further Definition of Swap Dealer, Security-Based Swap Dealer, Major Swap Participant, Major Security-Based Swap Participant and Eligible Contract Participant
77 Fed. Reg. 32881 (June 4, 2012)	Supervised Securities Holding Company Registration
77 Fed. Reg. 39057 (June 29, 2012)	Rules of Practice for Adjudication Proceedings
77 Fed. Reg. 48208 (Aug. 13, 2012)	Joint Final Rule on Further Definition of Swap, Security-Based Swap and Security-Based Swap Agreement; Mixed Swaps; Security-Based Swap Agreement Recordkeeping
77 Fed. Reg. 52792 (Aug. 30, 2012)	Joint Proposed Rule on Implementation of Basel III
77 Fed. Reg. 52888 (Aug. 30, 2012)	Joint Proposed Rule on Regulatory Capital Rules
77 Fed. Reg. 52978 (Aug. 30, 2012)	Joint Proposed Rule on Regulatory Capital Rules

77 Fed. Reg. 53059 (Aug. 30, 2012)	Joint Final Rule on Risk-Based Capital Standards - Market Risk (Basel 2.5)
77 Fed. Reg. 76628 (Dec. 28, 2012)	Proposed Enhanced Prudential Standards and Early Remediation Requirements for FBOs
78 Fed. Reg. 13294 (Feb. 27, 2013)	Extension of Comment Period for Proposed FBO rule
78 Fed. Reg. 14848 (March 7, 2013)	Duties of Brokers, Dealers, and Investment Advisers
78 Fed. Reg. 20755 (April 5, 2013)	Final Rule to Define "predominately engaged in financial activities" and "significant" nonbank financial company and bank holding company
78 Fed. Reg. 30967 (May 23, 2013)	Proposed Rules on Cross-Border Security-Based Swap Activities
78 Fed. Reg. 42863 (July 18, 2013)	Rescission of Supervised Investment Bank Holding Company Rules
78 Fed. Reg. 43785 (July 22, 2013)	Exemptive Order Regarding Compliance With Certain Swap Regulations
78 Fed. Reg. 45291 (July 26, 2013)	Interpretive Guidance And Policy Statement Regarding Compliance With Certain Swap Regulations
78 Fed. Reg. 51101 (Aug. 20, 2013)	NPR on a Supplementary Leverage Ratio for Top-tier G-SIBs and Their Subsidiaries
78 Fed. Reg. 62017 (Oct. 11, 2013)	Final Joint Rule on Risk-based and Leverage Capital Requirements (Basel III)
78 Fed. Reg. 71817 (Nov. 29, 2013)	Joint Proposed Rule on a Liquidity Coverage Ratio (LCR)
79 Fed. Reg. 1521 (Jan. 8, 2014)	SEC Final Rule on Removal of Certain References to Credit Ratings Under the SEA
79 Fed. Reg. 5535 (Jan. 31, 2014)	Final Joint Rules to Implement Section 619 Dodd-Frank Act (Volcker Rule)
79 Fed. Reg. 5807 (Jan. 31, 2014)	CFTC's Final Rule to Implement Section 619 Dodd-Frank Act (Volcker Rule)
79 Fed. Reg. 17240 (March 27, 2014)	Final Rule on Enhanced Prudential Standards for BHCs and FBOs
79 Fed. Reg. 20754 (April 14, 2014)	FDIC Final Rule on Revised Risk-based and Leverage Capital Requirements (Basel III)

79 Fed. Reg. 24528 (May 1, 2014)	Final Joint Rule on a Supplementary Leverage Ratio for Large, Interconnected U.S. Banking Organizations
79 Fed. Reg. 24596 (May 1, 2014)	Proposed Revisions to the Supplementary Leverage Ratio
79 Fed. Reg. 27801 (May 15, 2014)	Proposed Rule Regarding Concentration Limits on Large Financial Companies
79 Fed. Reg. 57725 (Sep. 26, 2014)	Final Rule on Revisions to the Supplementary Leverage Ratio
79 Fed. Reg. 61439 (Oct. 10, 2014)	Joint Final Rule on a Liquidity Coverage Ratio (LCR)

A. Einleitung

Der Finanzmarkt in den USA zählte schon immer zu den größten und wichtigsten Finanzplätzen der Welt. Laut der jährlichen Statistik der U.S.-Statistikbehörde (*U.S. Census Bureau*) betrug die Marktkapitalisierung aller Unternehmen, die im Jahre 2010 an Börsen in den USA gelistet waren, $ 17.139 Milliarden.[1] Dies machte den Finanzmarkt in den USA damit zum größten Markt der Welt. Daher ist es nicht weiter verwunderlich, dass ausländische Akteure auf den U.S.-Finanzmarkt drängen. Diese müssen sich folglich mit nationalen Gesetzen und dem nationalen System vertraut machen. Gleichzeitig streben inländische Akteure ins Ausland. Grenzüberschreitende Tätigkeiten werden damit zur Norm und führen zu einer Verflechtung und einer gegenseitigen Abhängigkeit der Märkte.[2] Der nationale Gesetzgeber und die Aufsichtsbehörden in den USA müssen diese Entwicklungen bei der Ausübung ihrer Kompetenzen miteinbeziehen. Jedoch verbreitet sich nicht nur Wachstum weltweit. Auch Risiken werden grenzüberschreitend geteilt. Dies wurde immer wieder durch den Ausbruch von internationalen Krisen, nicht zuletzt durch den Ausbruch der Finanzkrise im Jahre 2007, deutlich. Als Reaktion auf diese letzte Finanzkrise nahmen die USA die radikalste Reform ihres nationalen Aufsichtssystems seit der Weltwirtschaftskrise der 1930er in Angriff. Auch international haben Krisen zu Reformen geführt, die wiederum die nationalen Regelungen beeinflussen.

Methodischer Ausgangspunkt der Untersuchung sind die Entstehung und Entwicklung des Aufsichtssystems in den USA im Bereich der Banken- und Wertpapieraufsicht. Es wird erläutert, inwiefern nationale Entwicklungen und internationale Vorgaben einen Einfluss auf die Entstehung des heutigen Systems hatten oder umgekehrt. Dabei ist anzumerken, dass die Begriffe Aufsicht und Regulierung von Finanzmärkten oft synonym verwendet werden, da beide häufig in einem gemeinsamen Kontext auftreten und sich gegenseitig ergänzen. Regulierung und Aufsicht sind jedoch grundsätzlich verschieden. In der vorliegenden Arbeit werden die Begriffe daher wie folgt verwendet. „Regulierung" umfasst die Gesetze, Verordnungen, normkonkretisierenden Verwaltungsvorschriften und sonstige Regeln, die auf den Finanzmärkten gelten. „Aufsicht" hingegen wird in dieser Arbeit verstanden, als die Umsetzung der Regulierung und die Kontrolle der Einhaltung der erlassenen Regeln zur Erhaltung der Sicherheit und Stabilität von Finanzinstitutionen und Finanzmärkten.

Die Darstellung der jetzigen Aufsichtsstrukturen in den USA und ihre historische Entwicklung sind als Ausgangspunkt für das Verständnis des Zusammenwirkens

1 *U.S. Census Bureau*, Statistical Abstract of the United States: 2012, Section 30, International Statistics, S. 870, Table 1397.

2 Zu der Globalisierung der Finanzmärkte siehe *Deutscher Bundestag*, Schlussbericht der Enquete-Kommission: Globalisierung der Weltwirtschaft – Herausforderungen und Antworten, BT-Drs. 14/9200, S. 61–118.

von nationalen Regelungen und internationalen Vorgaben zwingend. Die Entwicklung internationaler Vorgaben ist noch immer von nationalen Akteuren und Präferenzen geprägt und beeinflusst. Ein Äquivalent für den nationalen Gesetzgeber oder die nationalen Aufsichtsbehörden auf internationaler Ebene gibt es nicht. Die Untersuchung beginnt daher unter Punkt B, nach einem Überblick über das bestehende Bankenaufsichtssystem in den USA (Abschnitt I), mit einer Darstellung der Entstehung des Aufsichtssystems bis hin zu den jüngsten Reformen im Jahre 2010 (Abschnitt II). Dabei werden Faktoren identifiziert, die die Entwicklung beeinflusst haben, und die Regelungen kritisch beleuchtet. Teil B schließt in Abschnitt III mit einer Betrachtung der Aufsicht über grenzüberschreitende Aktivitäten von U.S.-Banken im Ausland und ausländischen Banken in den USA, sowie der Beeinflussung der nationalen Gesetzgebung durch internationale Krisen ab. Teil C stellt diese Überlegungen in entsprechender Weise für die Wertpapieraufsicht in den USA dar. Abschnitt III von Teil C beschäftigt sich mit der Extraterritorialität der Wertpapiergesetzgebung der USA als eine mögliche Reaktion auf die Internationalisierung der Finanzmärkte. Im weiteren Verlauf dieser Untersuchung geht Teil D abschließend auf die internationalen Vorgaben für die Finanzaufsicht am Beispiel des „Baseler Ausschusses für Bankenaufsicht" (BCBS) und der „International Organization of Securities Commissions" (IOSCO) ein (Abschnitt I). Im Zuge der historischen Entwicklung und der Betrachtung der Entstehung der Dokumente in diesen Gremien, wird insbesondere auf die Rolle der USA eingegangen (Abschnitt II). Dabei zeigt sich, dass die Handlungen der USA der entscheidende Faktor für das Zustandekommen einer Einigung bei der ersten Baseler Eigenkapitalvereinbarung (Basel I) waren. In diesem Zusammenhang ist insbesondere von Bedeutung, welche Rechtsnatur diese internationalen Vereinbarungen nach Völkerrecht und U.S.-Recht haben, und inwieweit die U:S.-Aufsichtsbehörden befugt sind, die Vorgaben national umsetzen (Abschnitt III). Nach dieser Betrachtung wird die Umsetzung und Anwendung der internationalen Vorgaben in den USA dargestellt (Abschnitt IV). Abschnitt V geht auf eventuelle Probleme ein, die sich im U.S.-Verfassungs- und Verwaltungsrecht durch die zunehmende Kooperation zwischen Behörden bei der Standardsetzung auf internationaler Ebene stellen, und schlägt Lösungen vor. Die Arbeit schließt mit einer Zusammenfassung und Schlussbemerkungen in Teil E ab.

Die Untersuchung der Aufsicht über die Finanzmärkte in den USA erfolgt unter Ausschluss der Versicherungsmärkte. Die Kompetenz für die Versicherungsaufsicht in den USA liegt bei den einzelnen U.S.-Staaten und ist folglich nicht einheitlich ausgestaltet. Ein so vielfältiges System würde den Rahmen dieser Darstellung sprengen und bietet sich auch nicht für einen Vergleich mit internationalen Regelungen an. Ziel der vorliegenden Untersuchung ist zum einen eine umfassende faktische Betrachtung und normative Analyse der bundesrechtlichen Entwicklung der Aufsichtssysteme für den Bank- und Wertpapiersektor in den USA von ihrer Entstehung bis hin zu den jüngsten umfassenden Reformen durch den *Dodd-Frank Wall Street*

Reform and Consumer Protection Act (Dodd-Frank Act)[3] im Jahre 2010 und zum anderen der Entwicklung und Umsetzung der internationalen Vorgaben für die Finanzmärkte. Erst dieser historische Ansatz ermöglicht es, das jetzige komplexe System zu verstehen. Beschreibungen des U.S.-Bankwesens auf Deutsch sind zwar vorhanden.[4] Jedoch gibt es zum einen keine aktuellen Untersuchungen, die die umfangreichen Änderungen durch den *Dodd-Frank Act* analysieren. Zum anderen beschäftigen sich viele dieser Arbeiten mit einem Spezialthema des U.S.-Bankenwesens. Nur einige Arbeiten beziehen auch die Aufsicht über die Wertpapiermärkte ein. Am wichtigsten für die vorliegende Arbeit ist jedoch, dass die wechselseitigen Einflüsse von internationalen und nationalen Regelungen nicht in die Betrachtung miteinbezogen werden. Diese Lücke soll in der vorliegenden Arbeit durch eine Beschreibung und Analyse der internationalen Vorgaben im Finanzbereich und deren Anwendung und Umsetzung in den USA geschlossen werden.

3 Dodd-Frank Wall Street Reform and Consumer Protection Act, Pub. L. No. 111–203, 124 Stat. 1376 (2010) (kodifiziert in verschiedenen Sections des United States Code (U.S.C.)).

4 Siehe *Hew*, Entwicklungstendenzen im amerikanischen Bankensystem, 1976; *Deak*, Mechanismus der Bankenaufsicht in den Vereinigten Staaten, ÖBA 25 (1977), S. 34–46; *Möschel*, Das Trennsystem in der U.S.-amerikanischen Bankwirtschaft, 1978; *Morschbach*, Struktur des Bankwesens in den USA, 1981; *Bauer*, Das Recht der internationalen Bankenaufsicht – Bankauslandniederlassungen im Aufsichtsrecht der USA und der Bundesrepublik Deutschland, 1985; *Baums*, Verbindungen von Banken und Unternehmen im amerikanischen Wirtschaftsrecht, 1992. *Müller*, Bankenzulassung und-aufsicht in der Europäischen Union und in den Vereinigten Staaten von Amerika, 1996.

B. Bankenaufsicht in den USA

Das heutige amerikanische Bankenaufsichtssystem besteht aus einer Vielzahl von Aufsichtsbehörden, mit sich teilweise überschneidenden Kompetenzen, und ist hoch komplex. Es entwickelte sich als eine Reaktion auf zahlreiche Ereignisse, Krisen, und Skandale und beruht auf Kompromissen zwischen verschiedenen Akteuren des Bankgewerbes und diverser staatlicher Einrichtungen.[5] Diese Entwicklung wird im Folgenden beleuchtet. Jede Änderung der Aufsichtsregeln muss vor dem Hintergrund von zwei großen zentralen Themen gesehen werden: "Zentralisierungsabneigung" und "Stabilitätsüberlegungen".[6] Die historische Gesetzgebung im Bankenbereich kann als reaktiv beschrieben werden. Die globale Finanzkrise, die im Jahre 2007 begann, hat jedoch gezeigt, dass dieser Ansatz überdacht werden muss, insbesondere in einem sich immer schneller entwickelnden System. Die Reformbestrebungen im Bereich der Bankaufsicht sind zwar immer noch reaktiv, jedoch wurde auch versucht, Mechanismen einzubauen, die vorausschauend sind. Der nachfolgende Teil beschreibt diese Entwicklung und analysiert sie.

I. Überblick über das bestehende System von Finanzinstitutionen und Aufsichtseinrichtungen

Die USA haben ein sogenanntes duales Bankensystem (*dual banking system*). Der Begriff „duales Bankensystem" bezieht sich dabei auf die parallel bestehende Zuständigkeit von Bundes- und einzelstaatlichen Behörden, Banken die Erlaubnis zur Aufnahme des Bankgeschäfts zu erteilen und sie im Folgenden zu regulieren, indem sie Ausführungsverordnungen und andere Vorschriften für sie erlassen, und sie zu beaufsichtigen. Es verschafft den Banken aber auch das Privileg, zwischen den beiden Systemen hin und her zu wechseln.[7] Das duale Bankensystem ist zum einen eine Ausprägung der Abneigung gegenüber Zentralisierung jeglicher Kompetenz und Macht, die in den USA in jedem Bereich zu finden ist.[8] Zum anderen spiegelt sich in dem dualen System aber auch die föderale Struktur der USA mit ihren 50 Bundesstaaten wieder. Das Anliegen, individuelle Freiheit zu garantieren und die staatliche Macht zu beschränken, welches insbesondere in *Article* I, *Section* 8 und

---

5 *Markham*, Banking Regulation: Its History and Future, 4 N.C. Bank. Inst. 221 (2000).

6 *Pollard/Daly*, Banking Law in the United States, 3. Auflage 2011, § 2.02, 2–2.

7 Das Recht ihre Zulassungs- und damit Aufsichtsbehörde zu wechseln war ursprünglich dazu gedacht, das einzelstaatliche System zu ersetzen und erlaubte es State Banks, sich in eine National Bank umzuwandeln. Ab 1935 konnte eine State Bank dies nur noch tun, wenn es der Staat ihrer Zulassung ausdrücklich erlaubte. Siehe *Kenneth E. Scott*, The Dual Banking System: A Model of Competition in Regulation, 30 Stan. L. Rev. 1, 9–10 (1977).

8 *Pollard/Daly*, § 2.02, 2–2.

im *Amendment* X[9] der U.S.-Verfassung kodifiziert wurde, ist wiederum eng mit dem Föderalismus verbunden.[10] Die U.S.-Verfassung teilt die Zuständigkeiten folglich zwischen dem Bund und den einzelnen Staaten auf. Soweit die U.S.-Verfassung dem Kongress Kompetenzen nicht ausdrücklich zugewiesen hat (*enumerated powers*),[11] oder sie zur Aufgabenerfüllung notwendig sind (*necessary and proper to carry into execution the powers conferred on it*),[12] stehen sie den Einzelstaaten (oder dem Volk) zu.[13] Die genaue Abgrenzung zwischen Bundeskompetenzen und Kompetenzen der Einzelstaaten ist jedoch bis heute nicht abschließend geklärt. Die Bundeskompetenzen werden je nach Zusammensetzung des *Supreme Court* von diesem mal extensiver, mal begrenzter interpretiert.[14]

Ursprünglich gab es in den USA nur die Erlaubniserteilung zur Aufnahme des Bankgeschäfts durch die Vergabe von Bankzulassungen nach einzelstaatlichem Recht. Diese Systeme entwickelten sich schon nach dem Ende des amerikanischen Unabhängigkeitskrieges. Ein bundesrechtliches System entstand erst im Jahre 1863 durch den *National Currency Act*.[15] Ziel war es, die einzelstaatlichen Systeme durch ein bundesrechtliches System für die Zulassung von und Aufsicht über Banken abzulösen. Dieser Versuch schlug, aufgrund mehrerer im Folgenden zu untersuchender Gründe, fehl, und das heutzutage bestehende duale System entstand. Duales System bedeutet jedoch nicht, dass es auch nur zwei Aufsichtsbehörden für Banken gibt. Das System ist weitaus komplexer, und eine Bank hat viele Möglichkeiten, ihre Aufsichtsbehörde zu bestimmen. Die Aufsichtsbehörde der jeweiligen Bank bestimmt sich zum einen danach, um was für eine Art von Institution es sich handelt, und zum anderen danach, ob die Bank sich für eine Bankzulassung (üblicherweise bezeichnet als „*charter*")[16] nach Bundes- oder Einzelstaatsrecht entschieden hat (*National Banks* und *State Banks*). Weiterhin ist von Bedeutung, ob die Bank Mitglied im *Federal Reserve System* ist (*Member* und *Non-Member Banks*).[17] Eine weitere Unterscheidung wird danach vorgenommen, ob die Bank Mitglied der Einlagensicherung bei der *Federal Deposit Insurance Corporation* (FDIC) ist oder nicht. Insgesamt gibt es

9 Amendment X lautet: „The powers not delegated to the United States by the Constitution, nor prohibited by it to the states, are reserved to the states respectively, or to the people." Ein „amendment" ist eine Ergänzung zu einem bestehenden Dokument.

10 *Trute*, ZaöRV 49 (1989), S. 191 (193).

11 U.S. CONST. art. I, § 8. *Tribe*, American Constitutional Law, 2000, S. 795.

12 U.S. CONST. art. I, § 8, cl. 18.

13 U.S. CONST., amend. X: „The powers not delegated to the United States by the Constitution, nor prohibited by it to the States, are reserved to the States respectively, or to the people.".

14 *Trute*, S. 205.

15 Zum National Currency Act ausführlicher auf Seite 46.

16 *Board of Governors of the Federal Reserve System*, Federal Reserve System: Purposes and Functions, 9. Auflage 2005, S. 60 [Im Folgenden bezeichnet als *FRB*, Purposes and Functions].

17 *Hoffmann*, Das Ende des amerikanischen Trennbankensystems, WM 2000, S. 1773.

daher fünf verschiedene Aufsichtsbehörden mit teilweise sich überschneidenden Kompetenzen.

1. Arten von Finanzinstitutionen

Je nach Art der Finanzinstitution sind in den USA unterschiedliche Behörden für deren Aufsicht zuständig. Man unterscheidet zum einen nach der Art der Bank zwischen *Savings Banks* und *Savings and Loan Associations* (gemeinschaftlich bezeichnet als *Thrifts*),[18] *Credit Unions, Investment Banks, Commercial Banks* und *Trust Companies*, und zum anderen je nach Behörde, welche dem Institut die Erlaubnis zum Bankgeschäft erteilt, zwischen *National Banks* und *State Banks.*

a. Thrifts

Thrifts ist, wie bereits erwähnt, der Oberbegriff für *Savings Banks* und *Savings and Loan Associations (S&L).* Zwischen *Savings Banks* und *Savings and Loan Associations* wird rechtlich bis auf den Bereich der *Mutual Savings Banks* nicht differenziert, so dass sich alle weiteren Angaben, es sei denn es ist gesondert vermerkt, auf beide Institutionen beziehen. Der Name *Thrift* ist der Tatsache geschuldet, dass es diesen Institutionen ursprünglich nur erlaubt war, Spar- und Terminkonten anzubieten.[19] Ihr erlaubtes Bankgeschäft beschränkt sich heutzutage auf das Spargeschäft und die Darlehens- und Kreditvergabe, dort insbesondere auf grundpfandrechtlich gesicherte Darlehen zur Finanzierung von Wohnungseigentum (*residential mortgage*[20]

---

18 *Pollard/Daly*, § 3.04, 3–10.

19 „Thrift" wird mit Sparsamkeit übersetzt.

20 Als **Exkurs** ist anzumerken, dass der Begriff „*mortgage*" meist als „Hypothek" übersetzt wird. „*Mortgages*" sind aber teilweise rechtlich anders ausgestaltet als die deutsche Hypothek, so dass die Bezeichnung irreführend sein kann. Wie auch in Deutschland anstelle einer Hypothek heutzutage öfter eine Grundschuld verwendet wird, wird zur Finanzierung von Wohnungseigentum in den USA teilweise auch auf alternative rechtliche Konstrukte zur traditionellen „*mortgage*" zurückgegriffen (beispielsweise ein „*deed of trust*"). Eine U.S.-bundesrechtliche Legaldefinition von „*mortgage*" gibt es jedoch nicht. Das Sachenrecht ist je nach U.S.-Bundesstaat abweichend geregelt, so dass keine allgemeine Aussage in Bezug auf die einzelstaatlichen Gesetze getroffen werden kann. „*Mortgage*" wird allgemein definiert als jede Abtretung eines Rechts an einem Grundstück, welche die Parteien zu dem Zeitpunkt als Sicherheit für die Erbringung einer Verbindlichkeit, meist eine Geldzahlung, bezwecken. Siehe *Nelson/Whitman*, Real Estate Finance Law, 5. Auflage 2007, S. 1. Sie ist damit grundsätzlich ein akzessorisches Sicherungsinstrument. (So auch die in § 9 -203(g) UCC kodifizierte Regel). Siehe Carpenter v. Longan, 83 U.S. 271, 275 (1872); Restatement (Third) of Property (Mortgages): Transfer of Mortgages and Obligations Secured by Mortgages § 5.4 (1997). Die Parteien können die Akzessorietät durch ausdrückliche Vereinbarung abbedingen. Die „*mortgage*" ist durchsetzbar unabhängig davon, ob eine natürliche Person persönlich für die Erfüllung der

loans).[21] Immobiliengeschäfte und Immobilienfinanzierung waren gemäß dem *National Bank Act of 1984*[22] und den meisten einzelstaatlichen Bankgesetzen für *Commercial Banks* hingegen entweder ganz verboten oder nur in Ausnahmesituationen erlaubt.[23]

Savings Banks gibt es ungefähr seit 1800. Die ersten *Savings and Loan Associations* entstanden um 1880 in Ohio.[24] *Savings and Loan Associations* sind entweder genossenschaftlich (ca. 80 Prozent) oder in Form einer Aktiengesellschaft (20 Prozent) organisiert.[25]

Thrifts wurden mit dem Zweck geschaffen, die arbeitende Bevölkerung zum Sparen anzuregen. Heutzutage bieten sie nicht nur Spar- und Terminkonten an, sondern haben sich hinsichtlich ihrer Produktpalette den *Commercial Banks* angenähert. Um ihre Zulassung als *Thrift* nicht zu verlieren, müssen sie sicherstellen, dass mindestens 65 Prozent ihres Kreditportfolios im Immobilienfinanzierungsbereich angelegt ist. Dies bezeichnet man als den „*qualified thrift lender*" (QTL) Test.[26] Eine

---

Verbindlichkeit haftet (beispielsweise in Kalifornien, Cal. Civ. Code, § 2928). Siehe *Böning*, Grundpfandrechte in Deutschland und den USA, 2011, S. 47. Üblicherweise wird jedoch eine (beschränkte) persönliche Haftung vereinbart. Ist keine persönliche Haftung vereinbart, so bezeichnet man dies als „*non-recourse mortgage*". Dem Gläubiger verbleibt dann bei Nichterfüllung nur die Möglichkeit der gerichtlichen Zwangsvollstreckung in das Grundstück (siehe beispielsweise N.Y. Real Prop. Law, § 249). Die zu sichernde Forderung und eine eventuelle persönliche Haftung werden meist in einem zusätzlichen Schuldschein (*promissory note*) erfasst. Dies stellt ein Zahlungsversprechen dar. Für eine ausführliche Erklärung zu „*mortgages*" siehe Restatement (Third) of Property (Mortgages): The Mortgage Concept § 1.1 (1997). Ein „*deed of trust*" hingegen wird definiert als eine Urkunde, welche ein Eigentumsrecht an einem Grundstück als Sicherheit für einen Kredit an einen Treuhänder vermittelt, bis der Kreditnehmer den Kredit zurückgezahlt hat. Siehe *Garner* (Hrsg.), Black's Law Dictionary, 9. Auflage 2009, S. 476. Auch ein „*deed of trust*" ist ein akzessorisches Sicherungsmittel. Im Unterschied zur "*mortgage*" kann der Kreditgeber bei Ausfall des Kreditnehmers jedoch ohne Einschaltung des Gerichts durch den Treuhänder eine private Versteigerung betreiben. Anzumerken ist abschließend, dass das Recht in den USA keinen sachenrechtlichen Typenzwang wie das deutsche Recht kennt. Siehe *Böning*, S. 40. Fehler im Bestellvorgang führen daher nicht zur Unwirksamkeit, wenn der Parteiwille zur Bestellung einer „*mortgage*" eindeutig erkennbar ist. In solchen Fällen kann aus Billigkeitserwägungen die Umdeutung in eine „*equitable mortgage*" vorgenommen werden. Siehe Peugh v. Davis, 96 U. S. 332, 336 (1877).

21 12 U.S.C. § 1464(a) (2012).

22 National Bank Act of 1864, § 28, 13 Stat. 99, 107 (1864) (aktuelle Version des National Bank Act of 1864 kodifiziert in 12 U.S.C. § 21 et seq. (2012)).

23 *Markham*, A Financial History of the United States, Vol. 1, 2002, S. 371.

24 *Morschbach*, Struktur des Bankwesens in den USA, 1981, S. 155.

25 *Morschbach*, S. 155.

26 Der Kongress hat den QTL-Test als Teil des „Competitive Equality Banking Act of 1987" (CEBA), Pub. L. No. 100-86, 101 Stat. 552 (1987) (kodifiziert in verschiedenen Sections von 12 U.S.C.), eingeführt. Damals betrug die Grenze noch 60 Prozent. Die aktuelle Legaldefinition für QTL ist in 12 U.S.C. § 1467a(m)(1) (2012) zu finden. Um sich als

Zulassung als *Thrift* hat gewisse im Folgenden noch näher zu beschreibende Vorteile im Gegensatz zu der Behandlung als *Commercial Bank*. Das gesetzgeberische Ziel der dazu erlassenen Gesetze bestand darin, den Kauf eines Eigenheims zu fördern.[27] Dies ist bis heute der Schwerpunkt der *Thrifts* geblieben. *Thrifts*, die den QTL-Test nicht bestehen, hatten nach der alten Regelung in *Section* 10 *Home Owners' Loan Act* (HOLA)[28] die Möglichkeit, sich innerhalb von einem Jahr zu rehabilitieren und Sanktionen zu vermeiden. Schlug dies fehl, so mussten sie gewisse Beschränkungen ihres Bankgeschäfts hinnehmen.[29] Weitere Konsequenz des Nichtbestehens des QTL-Tests ist, dass die Holdinggesellschaft der *Thrift* sich innerhalb eines Jahres als Bankholdinggesellschaft registrieren muss und demnach den Einschränkungen des *Bank Holding Company Act*[30] unterfällt.

Der *Dodd-Frank Act* hat die Konsequenzen für *Thrifts*, die den QTL-Test nicht bestehen, verschärft. Gemäß *Section* 624 *Dodd-Frank Act* unterfällt die *Thrift* dann **automatisch** den vorab erwähnten Einschränkungen und auch Vollstreckungsmaßnahmen.[31] Neu ist zudem, dass die *Thrift* bei Nichterfüllung des QTL-Tests keine Dividenden mehr auszahlen darf, mit Ausnahme der Dividenden, die eine *National Bank* auszahlen darf, solche die notwendig sind, um die Verpflichtungen zu erfüllen, die eine eventuelle Holdinggesellschaft der *Thrift* hat, und solche, die gesondert von sowohl dem *Office of the Comptroller of the Currency* (OCC), als auch vom *Board of Governors of the Federal Reserve System* (FRB oder Federal Reserve Board) bewilligt wurden. Konsequenz des Nichtbestehens des QTL-Tests ist weiterhin, dass die *Thrift* so behandelt wird, als ob sie *Section* 5 HOLA[32] verletzt hätte und demnach den von *Section* 5(d) HOLA[33] autorisierten Vollstreckungsmaßnahmen unterfällt.[34] Diese Vollstreckungsmaßnahmen sind die in *Section* 8 *Federal Deposit Insurance Act* (FDIA)[35] niedergelegten Maßnahmen. Dies bedeutet, dass das OCC die Einhaltung

---

QTL zu qualifizieren, kann die Savings Bank auch alternativ die Voraussetzungen des „Internal Revenue Service (IRS) Tax Code Domestic Building and Loan Association (DBLA) Tests" erfüllen. Der DBLA-Test ist kodifiziert in 26 U.S.C. § 7701(a)(19) (2012) und die Verordnungen der IRS dazu in 26 C.F.R. § 301.7701-13A (2014).

27 *Kenneth E. Scott*, Never Again – The Savings and Loan Bailout Bill, 1990, S. 12.

28 Home Owners' Loan Act, Pub. L. No. 73-43, 48 Stat. 128 (1933–1934), kodifiziert in der aktuellen Fassung in 12 U.S.C. § 1461 et seq. (2012).

29 Die Thrift war nach Ablauf der einjährigen Schonfrist hinsichtlich der erlaubten Aktivitäten, der Eröffnung von Zweigniederlassungen und der Beschränkungen für die Auszahlung von Dividenden an die Vorgaben für National Banks gebunden.

30 Bank Holding Company Act of 1956, Pub. L. No. 84-511, 70 Stat. 133 (1956).

31 Kodifiziert in 12 U.S.C. § 1467a(m)(3)(A) (2012).

32 Kodifiziert in 12 U.S.C. § 1464 (2012).

33 Kodifiziert in 12 U.S.C. § 1464(d) (2012).

34 12 U.S.C. § 1467a(m)(3)(B)(i)(IV) (2012).

35 Federal Deposit Insurance Act, Pub. L. No. 81-797, 64 Stat. 873 (1950 – 1951) (aktuelle Version kodifiziert in 12 U.S.C. § 1811 et seq. (2012)). Durch den FDIA von 1950 wurden frühere Gesetze zur Einlagensicherung überarbeitet und in einem Gesetz konsolidiert.

des QTL-Tests durch die Ankündigung von förmlichen Vollstreckungsmaßnahmen erzwingen kann.

Als Ausgleich für die Beschränkung, denen *Thrifts* unterliegen, können (oder konnten) sie viele Vorzüge gegenüber *Commercial Banks* in Anspruch nehmen. Ursprünglich waren die Bestimmungen der auf sie anwendbaren Gesetze zur Gründung von Zweigniederlassungen liberaler als diejenigen für *Commercial Banks*. Zudem unterlagen sie weniger Beschränkungen für ihre Holdinggesellschaften und für die Tochtergesellschaften. Ein weiterer Vorteil war die steuerliche Begünstigung. Diese Vorteile haben aber mit der Zeit an Bedeutung verloren, insbesondere wurde die steuerliche Sonderbehandlung schon durch *Section* 1616 des *Small Business Job Protection Act*[36] am 20. August 1996 abgeschafft.[37] Die Vorteile bei der Gründung von Zweigniederlassungen wurden mit dem *Riegle-Neal Interstate Banking and Branching Efficiency Act of 1994* (Riegle-Neal Act)[38] abgeschwächt, da den Einzelstaaten das Wahlrecht (*Opt-In*) eingeräumt wurde, *Commercial Banks* zu erlauben, grenzüberschreitend Zweigniederlassungen zu eröffnen. Der *Dodd-Frank Act* hebt nun durch *Section* 613 auch das *Opt-in* für die Einzelstaaten auf und gleicht die Regeln für die Eröffnung von Zweigniederlassungen für *Thrifts* mit den *Commercial Banks* an. Somit ist auch dieser Vorteil weggefallen.

Eventuell werden auch die Vorteile für *Thrift*-Holdinggesellschaften und ihre Tochtergesellschaften komplett wegfallen, da der *Dodd-Frank Act* die Aufsicht über *Thrift*-Holdinggesellschaften an das *Federal Reserve Board* übertragen hat. Dieses ist unter anderem für die Aufsicht über Bankholdinggesellschaften zuständig und wird eventuell die Vorgaben anpassen, soweit dies nicht ohnehin schon vom *Dodd-Frank Act* vorgegeben ist. Da nunmehr fast alle Vorteile über kurz oder lang nicht mehr vorhanden sein werden, werden sich viele *Thrifts* überlegen einen Antrag beim OCC auf Erlaubnis zur Umwandlung in eine *National Bank*,[39] oder bei einer der einzelstaatlichen Bankaufsichtsbehörden als *State Commercial Bank* zu stellen. Dann würden auch die Beschränkungen durch die Erfüllung des QTL-Tests entfallen. Laut einer Statistik der FDIC gab es im Jahre 2012 insgesamt nur noch 990 *Savings Institutions*, die Mitglieder in der Einlagensicherung waren, im Jahre 2013 nur noch 936 *Savings Institutions*, und im Jahre 2014 nur noch 867 *Savings Institutions*.[40] *Commercial Banks*, die FDIC-Mitglied waren, gab es dagegen 6.113 im

36 Small Business Job Protection Act, Pub. L. No. 104-188, 110 Stat. 175 (1995).

37 *FDIC Staff*, A Unified Federal Charter for Banks and Savings Associations, 10 FDIC Banking Rev., No. 1 (1997), S. 1.

38 Riegle-Neal Interstate Banking and Branching Efficiency Act of 1994, Pub. L. No. 103-328, 108 Stat. 2338 (1994).

39 12 U.S.C. § 1464(i)(5) (2012); 12 C.F.R. § 5.24 (2014).

40 *FDIC*, Table SI02, Changes in Number of Institutions FDIC-Insured Savings Institutions, US and Other Areas, Year-to-Date Activity,1984 –2014, online verfügbar unter http://www2.fdic.gov/hsob/SelectRpt.asp?EntryTyp=20, zuletzt geprüft am 16.02.2016.

Jahre 2012, 5.881 im Jahre 2013 und 5.646 im Jahre 2014.[41] Im Vergleich zum Vorjahr wandelten sich im Jahre 2012 30 *Savings Institutions* in eine *Commercial Bank* um, während dies umgekehrt nur eine einzige *Commercial Bank* tat. Im Jahre 2013 wandelten sich 16 *Savings Institutions* in eine Commercial Bank. Umgekehrt tat dies keine *Commercial Bank*. 2014 gab es ebenfalls keine Umwandlung einer *Commercial Bank* in eine *Savings Institution*, aber 26 Umwandlungen von *Savings Institutions* zu *Commercial Banks*.[42] Erwähnenswert ist in diesem Zusammenhang jedoch, dass der *Dodd-Frank Act* auch einige Änderungen für die Erlaubnis zum Wechsel der Bankzulassung (*charter conversion*) gebracht hat, so dass die Erlaubnis dazu nicht mehr zu jedem Zeitpunkt erteilt werden kann. Eine *Thrift* kann demnach nur in eine *Commercial Bank* umgewandelt werden, wenn sie zu dem Zeitpunkt nicht Adressat einer auf Unterlassung gerichteten einstweiligen Verfügung (*cease and desist order*), oder einer anderen formellen Vollstreckungsanordnung ist, das heißt, wenn sie sich nicht in finanziellen Schwierigkeiten befindet.[43]

b. Credit Unions

Credit Unions entstanden 1919 nach deutschem Vorbild. Sie sind genossenschaftlich organisiert und nicht gewinnorientiert ausgerichtet.[44] Eine *Credit Union* wird definiert als eine Gruppe von Personen, die ein gemeinsames Interesse verbindet und die ihre Spargelder zusammenlegen, um sich aus diesem Fond gegenseitig Kredite einzuräumen.[45] Als hauptsächliches gemeinsames Interesse ist dabei der gleiche Arbeitgeber zu nennen.[46] *Credit Unions* können frei wählen, ob sie eine Erlaubnis auf Zulassung zum Bankgeschäft nach einzelstaatlichem oder bundesstaatlichem Recht beantragen. Entscheiden sie sich für Bundesrecht (*Federal Credit Union*), so sind sie damit auch automatisch Mitglied in der Einlagensicherung bei der *National Credit Union Administration* (NCUA),[47] ansonsten nur auf Antrag.[48]

---

41 *FDIC,* Table CB02, Changes in Number of Institutions FDIC-Insured Commercial Banks, US and Other Areas, Year-to-Date Activity, 1934 – 2014, online verfügbar unter https://www2.fdic.gov/hsob/SelectRpt.asp?EntryTyp=10&Header=1, zuletzt geprüft am 16.02.2016.

42 *FDIC,* Table SI02, Changes in Number of Institutions FDIC-Insured Savings Institutions, US and Other Areas, Year-to-Date Activity,1984 –2014, online verfügbar unter http://www2.fdic.gov/hsob/SelectRpt.asp?EntryTyp=20, zuletzt geprüft am 16.02.2016.

43 Dodd-Frank Act, § 612.

44 *Morschbach,* S. 164 f..

45 12 U.S.C. § 1759(b) (2012).

46 *Morschbach,* S. 165.

47 Das NCUA ist eine unabhängige Bundesbehörde mit einem 7-köpfigen Board, das die Aufsicht über Credit Unions, die eine bundesrechtliche Zulassung beantragen, wahrnimmt; siehe *Morschbach,* S. 55.

48 12 U.S.C. § 1781(a) (2012).

c. *Investment Banks, Commercial Banks und Trust Companies*

Unter *Investment Banks* verstand man zunächst nur solche Banken, die sich auf das Wertpapiergeschäft spezialisiert hatten. *Commercial Banks* hingegen waren ursprünglich nur im Bereich der kurzfristigen Einlagen- und Kreditgeschäfte, sowie der Versorgung der Wirtschaft mit Zahlungsmitteln tätig.[49] *Trust Companies* waren anfänglich nur auf die persönliche Vermögensverwaltung fokussiert, nahmen aber ab 1850 auch Geschäfte im Wertpapierbereich auf.[50] Heutzutage gibt es diese strikte Trennung nicht mehr, so dass die Grenzen zwischen den einzelnen Bankarten verschwimmen. *Commercial Banks* gründeten Investment-Abteilungen und wurden auch im Treuhandbereich tätig. Ebenso drangen die *Trust Companies* und *Investment Banks* immer mehr in das traditionelle Bankgeschäft der *Commercial Banks* vor. *Trust Companies* sind als eigene Gruppe mittlerweile ganz verschwunden. Es gibt zwar immer noch Institute, die den Begriff *Trust* im Namen tragen, aber dies beruht nur auf der Tatsache, dass sie als *Trust Company* gegründet wurden. Eine Angleichung der Rechtsvorschriften mit den *Commercial Banks*, hat die *Trust Companies* als eigene Gruppe unnötig werden lassen.[51]

Bei den *Commercial Banks* handelt es sich hauptsächlich um Aktiengesellschaften, deren Hauptaufgabe daher darin besteht, einen Gewinn für ihre Aktionäre zu erwirtschaften. Sie nehmen insbesondere das Einlagen- und Kreditgeschäft wahr. Der Großteil der Bankaufsicht konzentriert sich auf die *Commercial Banks*.

Auch wenn dies anders erscheint, so unterfallen auch *Investment Banks* der Aufsicht. Bevor die Finanzkrise im Jahre 2007 begann, unterlagen Investmentbanken-Holdinggesellschaften (*Investment Bank Holding Companies*) einer freiwilligen Aufsicht durch die *Securities and Exchange Commission* (SEC).[52] Dieses Aufsichtsprogramm, genannt *Consolidated Supervised Entities* (CSE) *Program*, wurde 2004 eingeführt[53] und war dem Aufsichtssystem für Bankholdinggesellschaften des FRB nachgebildet.[54] Die rechtliche Grundlage für das CSE-Programm bildete *Section* 231 *Gramm-Leach-Bliley Act*.[55] Darin wurden bestimmte Broker-Dealer-Holdinggesellschaften dazu ermächtigt,

---

49 *Baums*, Reform des amerikanischen Bankrechts, ZBB 1991, S. 73 (75).

50 *Morschbach*, S. 18.

51 *Morschbach*, S. 19.

52 *Coffee/Sale*, Redesigning the SEC: Does the Treasury Have a Better Idea?, 95 Va. L. Rev. 707, 738 (2009).

53 Alternative Net Capital Requirements for Broker-Dealers That Are Part of Consolidated Supervised Entities, 69 Fed. Reg. 34428 (June 21, 2004). Es war anwendbar, wenn die Holdinggesellschaft einen Broker-Dealer besaß oder kontrollierte, welcher mehr als $ 1 Milliarde voraussichtliches Nettokapital verwaltete.

54 *U.S. Gov't Accountability Office*, GAO-09-739, Financial Markets Regulation: Financial Crisis Highlights Need to Improve Oversight of Leverage at Financial Institutions and across System (2009), S. 41, online verfügbar unter www.gao.gov/assets/300/292757.pdf, zuletzt geprüft am 16.02.2016.

55 Gramm-Leach-Bliley Act, Pub. L. No. 106-102, 113 Stat. 1338 (1999). § 231 lautete: "[...] An investment bank holding company [...] may elect to become supervised by

sich bei der SEC als „*supervised investment bank holding companies*" (SIBHCs) zu registrieren.

Das freiwillige Aufsichtssystem wurde ursprünglich von den Investmentbanken selbst angeregt. Die EU-Richtlinie 2002/87/EG vom 16. Dezember 2002[56] enthielt in Artikel 18 eine Ausnahme für ausländische Finanzkonglomerate, die in einem Maß beaufsichtigt werden, das dem in der Richtlinie festgelegten Umfang gleichwertig war. Die U.S.-Investmentbanken warben daher bei der SEC für ein gleichwertiges System, um von dieser Ausnahme profitieren zu können. Da die SEC diese Kompetenz schon lange gewünscht hatte, nahm sie die Chance war. Insgesamt wurden jedoch nur fünf Investmentbanken im Rahmen des CSE-Programmes von der SEC beaufsichtigt. Dies waren Bear Stearns, Lehman Brothers, Merrill Lynch, Goldman Sachs, und Morgan Stanley. Citigroup Inc. und JP Morgan Chase waren zwar Teil des CSE-Programmes, jedoch hatten sie als primäre Aufsichtsbehörde das *Federal Reserve Board*. Die SEC übte im Rahmen des CSE-Programmes nur die direkte Aufsicht über Investmentbanken aus, die nicht schon anderweitig der Aufsicht unterlagen.[57]

Das CSE-Programm wurde im Zuge der Finanzkrise im Jahre 2008 eingestellt. Die rechtliche Basis dafür lieferte *Section* 617(a)(1) *Dodd-Frank Act*. Einer der Gründe für die Einstellung war, dass die Möglichkeit nach Belieben der Aufsicht beizutreten, oder wieder auszutreten (*opt-in* und *opt-out*), das System ineffizient machte.[58] Zudem ermöglichte die Teilnahme am CSE-Programm den Investmentbanken von einer Ausnahme zur traditionellen Nettokapitalregel der SEC Gebrauch zu machen, so dass der Anteil des Fremdkapitals an der Bilanzsumme (*Leverage*) anwachsen konnte.[59] Die Investmentbanken, die sich dieser freiwilligen Aufsicht durch die SEC unterworfen hatten, wurden im Zuge der Finanzkrise restrukturiert und unterfallen nunmehr als Bankholdinggesellschaften der Aufsicht durch das *Federal*

---

filing with the Commission a notice of intention to become supervised, pursuant to subparagraph (B) of this paragraph. [...] A supervised investment bank holding company that is supervised pursuant to paragraph (1) may [...] elect not to be supervised by the Commission by filing a written notice of withdrawal from Commission supervision. [...]". § 231 wurde in § 17(i) Securities Exchange Act kodifiziert.

56 Richtlinie 2002/87/EG des europäischen Parlaments und des Rates vom 16. Dezember 2002 über die zusätzliche Beaufsichtigung der Kreditinstitute, Versicherungsunternehmen und Wertpapierfirmen eines Finanzkonglomerats, Abl. EU Nr. L 35, S. 1.

57 *Office of Inspector General, SEC*, SEC's Oversight of Bear Stearns and Related Entities: The Consolidated Entity Program, Report No. 446-A, 25. September 2008, S. v.

58 *U.S. Gov't Accountability Office*, GAO-09-739, S. 42; *SEC*, Pressemitteilung 2008-230, Chairman Cox Announces End of Consolidated Supervised Entities Program, 26. September 2008, online verfügbar unter http://www.sec.gov/news/press/2008/2008-230.htm, zuletzt geprüft am 16.02.2016.

59 Dies scheint auch bei der Finanzkrise und dem Zusammenbruch der großen Investmentbanken eine Rolle gespielt zu haben. Das CSE-Programm wirkte demnach deregulatorisch, auch wenn die SEC mit dem CSE-Programm genau das Gegenteil erreichen und die Aufsichtslücke schließen wollte. Siehe *Coffee/Sale*, S. 707 (737).

Reserve Board.[60] Reine *Investment Banks* sind damit fast vollkommen als Gruppe verschwunden.

Die nachfolgenden Erwägungen zur Bankenaufsicht beschränken sich daher, falls nicht ausdrücklich erwähnt, auf die sogenannten *Commercial Banks.*

d. *State und Nationally Chartered Banks*

Die Banken können bei ihrer Gründung frei darüber entscheiden, ob sie eine Bankzulassung nach einzel- oder nach bundesstaatlichem Recht (*state charter* oder *national charter*) bevorzugen. Die Vor- und Nachteile sind vielschichtig und werden im weiteren Verlauf der Abhandlung durch einen historischen Überblick deutlich gemacht. Wichtig erscheint, hervorzuheben, dass es dabei nicht darauf ankommt, welche Art von Bankgeschäften die Banken betreiben wollen. Ob eine Tätigkeit in den Katalog der für Banken zulässigen Tätigkeiten fällt, erlangt erst **nach** der Entscheidung für eine Bankzulassung wieder Bedeutung.

Als *State Banks* bezeichnet man *Commercial Banks,* die von einer einzelstaatlichen Behörde die Erlaubnis erhalten haben, Bankgeschäfte zu betreiben.[61] *National Banks* hingegen sind die *Commercial Banks,* die die Erlaubnis durch das OCC erhalten haben.[62] Auch *Savings Banks* haben die Wahl zwischen einer *state charter* oder einer *national charter.* Je nach Wahl werden sie danach bezeichnet als *Federal Savings Association* oder als *State Savings Association.*[63] Ebenso besteht diese Wahlmöglichkeit, wie schon erwähnt, für *Credit Unions.*

2. Aufsichtseinrichtungen

Als Folge des komplexen Finanzsystems, mit unterschiedlichen Arten von Banken und Zulassungsmöglichkeiten, gestaltet sich die Bankenaufsicht als Zusammenspiel von mehreren Bundes- und einzelstaatlichen Behörden. Die Hauptakteure sind das FRB, das OCC, die FDIC und die einzelstaatlichen Aufsichtsbehörden.[64] Mit

---

60 Dies nur insoweit, als sie nicht verkauft wurden, oder Insolvenz angemeldet haben. Bear Stearns wurde an JP Morgan Chase verkauft, Lehman Brothers hat Insolvenz gemäß Chapter 11 U.S.C angemeldet, und Merrill Lynch wurde an Bank of America verkauft. Nur die verbliebenen zwei Investmentbanken (Goldman Sachs und Morgan Stanley) wählten eine Restrukturierung in eine Bankholdinggesellschaft. Siehe *U.S. Gov't Accountability Office,* GAO-09-739, S. 42, Fn. 69.

61 12 U.S.C. § 1813(a)(2) (2012).

62 Im Gesetz werden „National Banks" auch bezeichnet als „National Associations". „National Banks" müssen in ihrem Firmennamen die Bezeichnung „National" führen. Siehe 12 U.S.C. § 22 (2012). State Banks, die sich in eine National Bank umwandeln und ihren Namen beibehalten wollen, wählen daher den Zusatz „National Association" oder abgekürzt „N.A.". Siehe *Deak,* Mechanismus der Bankenaufsicht in den Vereinigten Staaten, ÖBA 25 (1977), S. 34 (35).

63 12 U.S.C. § 1813(b) (2012).

64 12 U.S.C. §§ 1, 241, 264 (2012).

dem Erlass des *Dodd-Frank Act* im Jahre 2010, wurde zudem eine Aufsichtsbehörde für systemische Risiken geschaffen, welche die makroprudentielle Aufsicht wahrnimmt.[65] Zuständig ist hier der *Financial Stability Oversight Council* (FSOC).[66] Der FSOC arbeitet mit den mikroprudentiellen Aufsichtsbehörden zusammen, um eine allumfassende und effektive Aufsicht zu garantieren. Bis zum Erlass des *Dodd-Frank Act* gab es zudem das *Office of Thrift Supervision* (OTS), welches für die Aufsicht über *Thrifts* und *Thrift*-Holdinggesellschaften zuständig war. Diese Zuständigkeiten sind nun auf das FRB, das OCC und die FDIC übertragen worden. Das OTS wurde abgeschafft.[67] Hinsichtlich der Wertpapieraktivitäten von Banken hat die SEC unter bestimmten Voraussetzungen auch Aufsichtskompetenzen.[68] Der *Dodd-Frank Act* schaffte jedoch, wie bereits erwähnt, die Einzelbefugnisse der SEC zur Aufsicht über *Investment Bank Holding Companies* ab.[69]

Aufgrund der sich teilweise überschneidenden Zuständigkeiten im Aufsichtsbereich, wurden Übereinkommen zwischen den einzelnen auf Bundesebene bestehenden Aufsichtsbehörden getroffen, um unnötige Doppelprüfungen zu vermeiden.[70] Das OCC konzentriert sich auf *National Banks*, das FRB auf *State Member Banks* und die FDIC auf *State Non-Member Banks*, die FDIC-Mitglied sind. *State Non-Member Banks*, die nicht Mitglied bei der FDIC sind, werden ausschließlich von den einzelstaatlichen Behörden beaufsichtigt.[71]

Auch wenn die primäre Aufsichtsbehörde der Bank eine Bundesaufsichtsbehörde ist, so unterliegt die Bank eventuell trotzdem in einigen speziellen Bereichen der Aufsicht der einzelstaatlichen Aufsichtsbehörden. Die Vorgaben von einzelstaatlichen Gesetzen sind weiterhin oder zusätzlich in den folgenden Fällen zu beachten: Einzelstaatliche Vorschriften sind anwendbar, wenn eine Auslegung ergibt, dass sie nicht von den bundesgesetzlichen Gesetzen verdrängt werden. Zudem sind sie auch im Falle einer Verdrängung anwendbar, wenn das Bundesgesetz ausdrücklich auf einzelstaatliches Recht verweist und es damit für anwendbar erklärt.[72]

Ein weiterer Versuch, die Arbeit der Aufsichtsbehörden auf Bundesebene zu koordinieren, wurde durch die Schaffung des *Federal Financial Institutions Examination*

---

65 Als „makroprudentielle Aufsicht“ wird die Aufsicht bezeichnet, die sich auf die Risiken für die Stabilität des Finanzsystems als Ganzes konzentriert.

66 Mehr dazu auf Seite 23.

67 Dodd-Frank Act, §§ 312, 313, kodifiziert in 12 U.S.C. §§ 5412, 5413 (2012).

68 15 U.S.C. § 78c(a)(4) (2012); 17 C.F.R. §§ 240, 247 (2014); *Baums*, ZBB 1991, S. 73 (81).

69 Die SEC erließ dazu im Juli 2013 eine endgültige Vorschrift (final rule) im Federal Register. Siehe Rescission of supervised investment bank holding company rules, 78 Fed. Reg. 42863 (July 18, 2013).

70 *Robertson*, The Comptroller and Bank Supervision, 1995, S. 184.

71 *Comptroller of the Currency*, Interagency Examination Coordination Guidelines, Banking Bulletin 1993-38, 25. Juni 1993, S. 3, online verfügbar unter http://www.occ.gov/static/news-issuances/bulletins/pre-1994/banking-bulletins/bb-1993-38.pdf, zuletzt geprüft am 16.02.2016; *Robertson*, S. 2.

72 *Pollard/Daly*, § 4.03, 4–4 f..

Council (FFIEC) vorgenommen.[73] Unter Bundesaufsichtbehörden im Sinne dieses Gesetzes versteht man das OCC, das FRB, die FDIC, die NCUA und das durch den *Dodd-Frank Act* neugegründete *Consumer Financial Protection Bureau* (CFPB).[74] Ziel des FFIEC ist es, einheitliche Prüfungsprinzipien und -standards aufzustellen und Empfehlungen abzugeben, um Einheitlichkeit in der Aufsicht über Finanzinstitutionen mit bundesrechtlicher Bankzulassung zu garantieren.[75] Hervorzuheben ist, dass es sich dabei nur um unverbindliche Empfehlungen handelt. Obwohl man erwogen hatte, den FFIEC mit weitergehenden Kompetenzen auszustatten, wurde dieser Vorschlag am Ende verworfen.[76]

a. *Federal Reserve System*

Das *Federal Reserve System* ist die Zentralbank der USA und wurde durch den *Federal Reserve Act*[77] im Jahre 1913 gegründet. Es besteht aus einem zentralen siebenköpfigen *Board of Governors of the Federal Reserve System* mit Sitz in Washington, D.C., und zwölf regionalen *Federal Reserve Banks*.[78] Die zwölf *Federal Reserve Banks* sind jeweils für einen bestimmten Bezirk (*district*) in den USA zuständig sind, welcher nicht mit den einzelstaatlichen Grenzen übereinstimmt.[79]

Die Anzahl der Bezirke, deren geographischen Grenzen, sowie die Wahl der Stadt, in welcher eine für diesen Bezirk zuständige *Federal Reserve Bank* angesiedelt werden sollte, wurde durch das *Reserve Bank Organization Committee* (RBOC) getroffen. Das RBOC wurde durch *Section* 2 des *Federal Reserve Act* gegründet und bestand aus dem *Secretary of the Treasury*, dem *Secretary of Agriculture* und dem *Comptroller of the Currency*.[80] Es wurde damit beauftragt, zwischen acht und zwölf Bezirke (*Federal Reserve districts*) zu bestimmen. Die Kriterien dafür sind nur sehr vage im *Federal Reserve Act* dargelegt. Die Einteilung sollte das Komitee insbesondere auf der Grundlage von Zweckmäßigkeit und dem üblichen Geschäftsverkehr

---

73 Gegründet durch Title X des Financial Institutions Regulatory and Interest Rate Control Act, Pub. L. No. 95-630, 92 Stat. 3641 (1978). Title X wird gesondert bezeichnet als "Federal Financial Institutions Examination Council Act of 1978".

74 12 U.S.C. § 3302(1) (2012). Diese Bestimmung wurde zuletzt geändert durch Dodd-Frank Act, § 1091, wobei „OTS" gestrichen wurde und „CFPB" neu eingefügt wurde. Diese Änderung ist noch nicht in den U.S.C. eingearbeitet worden.

75 Financial Institutions Regulatory and Interest Rate Control Act, Title X, § 1002; *Müller*, Bankenzulassung und -aufsicht in der Europäischen Union und in den Vereinigten Staaten von Amerika, 1996, S. 99.

76 Dazu ausführlicher auf Seite 68.

77 Federal Reserve Act, Pub. L. No. 63-43, 38 Stat. 251 (1913–1915).

78 Federal Reserve Act, § 2 und § 10; *Pollard/Daly*, § 4.05, 4–9.

79 Die Bezirke sind Boston, New York, Philadelphia, Cleveland, Richmond, Atlanta, Chicago, St. Louis, Minneapolis, Kansas City, Dallas und San Francisco.

80 Dies waren Secretary of the Treasury William G.McAdoo, Secretary of Agriculture David F. Houston und Comptroller of the Currency John Skelton Williams.

treffen.[81] Frist dafür war laut Gesetz „sobald wie möglich" (*as soon as practicable*). Nach Durchführung einer Befragung der 7.471 *National Banks* und der Besichtigung der infrage kommenden Städte mit anschließenden Anhörungen, veröffentlichte das RBOC im April 1914 seine Entscheidung.[82] Diese Entscheidung legte die heute bestehende Aufteilung fest.

Das *Federal Reserve Board* ist eine weisungsunabhängige Aufsichtsbehörde (*independent regulatory agency*).[83] Es teilt sich die Zuständigkeit für die Aufsicht über bestimmte Finanzinstitutionen und Aktivitäten mit den *Federal Reserve Banks*.[84] Zudem bieten sie den Einlagenkreditinstituten und dem Bund bestimmte Serviceleistungen an, wie den Zugang zum sogenannten „*discount window*"[85] zur Deckung von kurzfristigen Liquiditätslücken.[86]

Bis zum Erlass des *Dodd-Frank Act* war das *Federal Reserve Board* zudem für den Verbraucherschutz zuständig, indem es darauf achtete, dass Verbraucher von Banken fair behandelt und mit ausreichend Informationen versorgt wurden.[87] Dazu konnte es sowohl Verordnungen erlassen als auch die Einhaltung der Gesetze überprüfen und bei Nichteinhaltung Maßnahmen ergreifen. Der *Dodd-Frank Act* hat die meisten dieser Aufgaben im Bereich des Verbraucherschutzes, insbesondere den Verordnungserlass, auf das CFPB übertragen.[88] Das FRB behält jedoch Kompetenzen im Aufsichtsbereich und bei der Überprüfung der Einhaltung von Verbraucherschutzgesetzen für kleinere Einlagenkreditinstituten mit Gesamtaktiva in Höhe von weniger als $ 10 Milliarden bei.[89]

---

81 Federal Reserve Act, § 2: "[...] the districts shall be apportioned with due regard to the convenience and customary course of business and shall not necessarily be coterminous with any State or States."

82 *Reserve Bank Organization Committee*, Decision of the Reserve Bank Organization Committee determining the Federal Reserve Districts and the location of Federal Reserve Banks under Federal Reserve Act approved December 23, 1913, April 2, 1914 with Statement of the Committee in relation thereto, April 10, 1914, online verfügbar unter http://fraser.stlouisfed.org/docs/historical/Misc/ReserveBankDecision1914.pdf, zuletzt geprüft am 16.02.2016.

83 44 U.S.C. § 3502(5) (2012).

84 12 U.S.C. § 248(a) (2012) und 12 U.S.C. § 248(k) (2012) i.V.m. 12 C.F.R. § 265.11 (2014).

85 Das Diskontfenster (discount window) des Federal Reserve System bezeichnet Kredite, welche berechtigten Einlagenkreditinstituten direkt, meist kurzfristig für eine Nacht, zur Verfügung gestellt werden, um Liquiditätsengpässe zu überwinden. Das Diskontfenster erhielt seinen Namen, weil die Banker in den Anfangsjahren des Federal Reserve Systems noch tatsächlich zu einem Kassenschalter (bank teller window) gingen, um dort den Kredit zu beantragen. Siehe *FRB*, Purposes and Functions, S. 112.

86 Regulation A, kodifiziert in 12 C.F.R. § 201 (2014).

87 Ursprünglich kodifiziert in Regulation Z, 12 C.F.R. § 226 (2014).

88 Dodd-Frank Act, § 1061(b)(1), kodifiziert in 12 U.S.C. § 5581(b)(1) (2012). Das CFPB hat die Regulation Z neu erlassen und in 12 C.F.R. § 1026 (2014) kodifiziert.

89 Dodd-Frank Act, § 1026(d), kodifiziert in 12 U.S.C. § 5516(d) (2012).

Ist eine Bank Mitglied im *Federal Reserve System* (*Member Bank*),[90] so unterliegt sie der Aufsicht durch das FRB. *National Banks* sind verpflichtet, Mitglied im *Federal Reserve System* zu werden,[91] während dies *State Banks* freigestellt ist.[92] Insgesamt waren Ende des Jahres 2012 nur ungefähr 34 Prozent aller Banken Mitglied im *Federal Reserve System.*[93] Mitglied wird eine Bank, indem sie Aktien der *Federal Reserve Bank*, in deren Bezirk sie Aufnahme erwünscht, zeichnet.[94] Auf bundesstaatlicher Ebene (*National Member Banks*) teilt sich das FRB die Zuständigkeit für Aufsicht und Regulierung mit dem OCC und der FDIC; auf einzelstaatlicher Ebene (*State Member Banks*) mit den Bankaufsichtsbehörden der Einzelstaaten und mehrheitlich auch mit der FDIC. Aufgrund einer innerbehördlichen Absprache konzentriert sich das FRB bei der Aufsicht, wie bereits erwähnt, auf die *State Member Banks.*[95] Dies stellt auch den (mehr oder weniger erfolgreichen) Versuch dar, mehr Banken dazu zu bewegen, einen Antrag auf Erlaubnis der Zulassung als oder Umwandlung in eine *National Bank* zu stellen, da der Gedanke, von dem OCC beaufsichtigt zu werden, für die meisten *State Banks* sehr abschreckend wirkte.[96]

In der Praxis hat das FRB die Durchführung der Aufsicht auf die zwölf *Federal Reserve Banks* übertragen.[97] Innerhalb des FRB wurde zur Koordinierung und Kontrolle die *Division of Banking Supervision and Regulation* gegründet.[98]

Der Bankaufsicht unterfallen nicht nur reine Banken, sondern auch Unternehmen, die Anteile an Banken halten, sogenannte Bankholdinggesellschaften (*Bank Holding Companies* (BHCs)). Diese wurden durch den *Bank Holding Company Act of 1956* (BHC Act)[99] in die Aufsicht durch das FRB miteinbezogen. Der *BHC Act*

---

90 „National Member Bank" und „State Member Bank" sind legaldefiniert in 12 U.S.C. § 1813(d) (2012).

91 12 U.S.C. § 222 (2012): "[...] **Every national bank** in any State **shall**, upon commencing business or within ninety days after admission into the Union of the State in which it is located, **become a member bank** of the Federal Reserve System [...]." [mit eigener Hervorhebung].

92 12 U.S.C. § 321 (2012): "**Any bank incorporated by special law of any State**, [...], desiring to become a member of the Federal Reserve System, **may make application to the Board of Governors of the Federal Reserve System**, under such rules and regulations as it may prescribe [...]." [mit eigener Hervorhebung].

93 Zahlenmäßig entspricht dies 2.003 Banken mit 58.074 Zweigniederlassungen. Nur 850 davon waren State Member Banks; vgl. *Board of Governors of the Federal Reserve System*, 100th Annual Report 2013, S. 46 f. [Im Folgenden bezeichnet als *FRB*, Annual Report 2013].

94 Für National Banks ist dies kodifiziert in 12 U.S.C. § 282 (2012) und für State Banks in 12 U.S.C. § 323 (2012); *Pollard/Daly*, § 4.05, 4–9.

95 Siehe Nachweis in Fn. 71.

96 *Robertson*, S. 184.

97 12 U.S.C. § 248(k) (2012), 12 C.F.R. § 265.11 (2014).

98 12 U.S.C. § 248(k) (2012), 12 C.F.R. § 265.7. (2014).

99 Bank Holding Company Act of 1956, Pub. L. No. 84-511, 70 Stat. 133 (1956); kodifiziert in 12 U.S.C. § 1841 et seq. (2012).

definiert den Begriff der *Bank Holding Company* in *Section* 1841 als jede Gesellschaft, die Kontrolle über eine Bank ausübt. „Kontrolle" hat die Gesellschaft wiederum, indem sie direkt oder indirekt oder durch Vertreter mehr als 25 Prozent einer Bank hält, kontrolliert, oder das Stimmrecht einer entsprechenden Anzahl von Aktien innehat.[100] Das *Federal Reserve Board* hat das alleinige Aufsichtsrecht über BHCs. Dabei ist unerheblich, ob es sich bei der Bank der Holdinggesellschaft um eine *National Bank, State Member Bank* oder *State Non-Member Bank* handelt.[101] Bei der Aufsicht über Holdinggesellschaften fungiert das FRB als sogenannter *„umbrella supervisor"*.[102] Die im Bank-, Wertpapier-, Warentermin- oder Versicherungsbereich zuständige funktionelle Aufsichtsbehörde[103] bleibt weitergehend für die Aufsicht über die Institution zuständig, deren Aktien die Holding hält oder kontrolliert.

Das FRB ist weiterhin verantwortlich für die Aufsicht über Finanzholdinggesellschaften (*Financial Holding Companies* (FHCs)). FHCs sind BHCs, die bestimmte gesetzliche Voraussetzungen erfüllen.[104] Um als FHC eingestuft zu werden, geben sie eine Erklärung beim FRB ab, dass sie fortan als FHC behandelt werden

---

100 12 U.S.C. § 1841(a)(2012): "[...] "bank holding company" means any company which has control over any bank [...]. Any company **has control** over a bank or over any company if - the company directly or indirectly or acting through one or more other persons owns, controls, or has power to vote 25 per centum or more of any class of voting securities of the bank or company; [...]."

101 12 U.S.C. § 1841(a)(1) (2012): "[...] "bank holding company" means any company which has control over **any** bank [...]." Der Begriff der "Bank" wird in 12 U.S.C. § 1841(c)(1) (2012) definiert: "[...] the term "bank" means any of the following:
(A) An insured bank as defined in section 3(h) of the Federal Deposit Insurance Act [12 U.S.C. § 1813 (h)].
(B) An institution organized under the laws of the United States, [...] **which both–**
(i) accepts demand deposits or deposits that the depositor may withdraw by check or similar means for payment to third parties or others; **and**
(ii) is engaged in the business of making commercial loans. [mit eigener Hervorhebung]. Ausnahmen zu dieser Definition sind in 12 U.S.C. § 1841(c)(2) (2012) aufgelistet. Ausgenommen vom Begriff der „Bank" sind insbesondere ausländische Banken.

102 Die Bezeichnung des FRB als „umbrella supervisor" wurde erstmalig im Gramm-Leach-Bliley Act, § 307, 15 U.S.C. § 6716 (2012), kodifiziert. Zur Entstehung des Begriffs „umbrella supervisor" siehe *Greenlee*, Historical Review of "Umbrella Supervision" by the Board of Governors of the Federal Reserve System, Federal Reserve Bank of Cleveland, Working Paper 08-07, 2008.

103 Funktionelle Aufsicht bedeutet, dass sich die Aufsichtsbehörde nach Art der vorgenommenen Aktivität bestimmt. Bankaktivitäten werden demnach von den Bankaufsichtsbehörden, Wertpapieraktivitäten von den Wertpapieraufsichtsbehörden, Versicherungsaktivitäten von den einzelstaatlichen Versicherungsbehörden und Waren-und Termingeschäfte von der Commodities Futures Trading Commission beaufsichtigt. Siehe *Greenlee*, S. 20.

104 12 U.S.C. §§ 1841(p), 1843(l)(1) (2012).

wollen, und dass ihre Nichtbank-Tochtergesellschaft die gesetzlich vorgeschriebenen Voraussetzungen (gute Eigenkapitalausstattung (*well capitalized*),[105] gute Unternehmensführung (*well managed*)[106] und zumindest eine zufriedenstellende Bewertung (*satisfactory*) bei der letzten *Community Reinvestment Act*[107] (CRA)-Untersuchung[108]) erfüllt. Diese Wahlmöglichkeit wurde durch den im Jahre 1999 erlassenen *Gramm-Leach-Bliley Act* eingeführt, welcher den *BHC Act* und den sogenannten „*Glass-Steagall Act*"[109] abänderte. Als FHC ist es der BHC erlaubt, Finanzaktivitäten vorzunehmen, welche einem Einlagenkreditinstitut verboten sind.[110] Es ist ihr zudem erlaubt, eine sehr begrenzte Anzahl an Nicht-Finanzaktivitäten zu betreiben.[111] Der *Dodd-Frank Act* hat die Anforderungen für die Umwandlung in eine FHC verschärft, so dass nun auch die BHC selbst eine gute Eigenkapitalausstattung nachweisen muss.[112]

Seit dem Inkrafttreten des *Dodd-Frank Act* nimmt das FRB zudem die Aufsicht über Gesellschaften wahr, die Anteile an einer *Savings Association* halten oder kontrollieren (sogenannte „*Thrift*-Holdinggesellschaften").[113]

Neu eingeführt durch den *Dodd-Frank Act* ist zudem die Aufsichtskompetenz des FRB über *Securities Holding Companies* (SHCs).[114] Das Aufsichtsprogramm des FRB setzt das CSE-Programm der SEC fort.[115] Die SHCs werden vom FRB wie BHCs beaufsichtigt, mit der Ausnahme, dass die Beschränkungen für Nichtbankaktivitäten keine Anwendung finden.[116]

---

105 12 U.S.C. § 1843(l)(A), 12 C.F.R. § 225.2(r)(2)(i) (2014).

106 12 U.S.C. § 1841(o)(9) (2012), 12 C.F.R. § 225.2(s)(1) (2014).

107 Community Reinvestment Act of 1977, Pub. L. No. 95-128, Title VIII, 91 Stat. 1111, 1147 (1977), kodifiziert in 12 U.S.C. § 2901 et seq. (2012).

108 12 U.S.C. § 2906(b)(2) (2012), 12 C.F.R. § 25.28 (2014).

109 Banking Act of 1933, Pub. L No. 73-66, 48 Stat. 162 (1933–1934). Zum Glass-Stegall-Act ausführlich auf Seite 83.

110 BHC Act, § 4(k), kodifiziert in 12 U.S.C. § 1843(k) (2012).

111 BHC Act, § 4(n), kodifiziert in 12 U.S.C. § 1843(n) (2012); 12 U.S.C. §§ 1843(k)(1)(B), (j)(1)(A) und (j)(2)(A) (2012).

112 Dodd-Frank Act, § 606, kodifiziert in 12 U.S.C. § 1843(l)(1) (2012).

113 12 U.S.C. § 1467(a)(3) (2012) macht jedoch eine Ausnahme für Thrift-Holdinggesellschaften, die nur eine Thrift kontrollieren, welche die Voraussetzungen des QTL-Tests erfüllt (jetzt kodifiziert in 12 U.S.C. § 1476(c)(3)). Dies gilt jedoch nur für nach dem Gramm-Leach-Bliley Act (Pub. L. No. 106-102, 113 Stat. 1338 (1999)) „grandfathered" Thrift-Holdinggesellschaften (Bestandschutz). Der GLB Act verbot nur neue Verbindungen von Thrift-Holdinggesellschaften und Nicht-Banken/Nicht-Thrifts. Die von der Ausnahme betroffenen Thrift-Holdinggesellschaften unterfallen nicht den Eigenkapitalanforderungen der Federal Reserve.

114 Dodd-Frank Act, § 618, kodifiziert in 12 U.S.C. § 1850a (2012).

115 Supervised Securities Holding Company Registration, 77 Fed. Reg. 32881 (June 4, 2012). Die Ausführungsverordnungen des FRB sind in Regulation OO, 12 C.F.R. § 241 (2014), kodifiziert.

116 12 U.S.C. § 1850a(e)(2) (2012).

Schließlich beaufsichtigt das FRB auch bundesrechtlich zugelassene ausländische Banken, die in den USA tätig sind,[117] ausländische Niederlassungen von *Member Banks*,[118] Gesellschaften durch die amerikanische Banken ihre internationalen Bankaktivitäten organisieren (sogenannte *Edge and Agreement Corporations*),[119] einzelstaatlich zugelassene Zweigniederlassungen, *agencies* und Repräsentanzen von ausländischen Banken[120] und bankfremde Aktivitäten von ausländischen Banken.[121]

b. *Office of the Comptroller of the Currency (OCC)*

Das *Office of the Comptroller of the Currency* (OCC) ist die älteste Bundesaufsichtsbehörde in den USA. Es ist ein Teil des U.S.-Finanzministeriums (*Department of the Treasury*) und gehört damit zur Exekutive. Trotz dieser formellen Zugehörigkeit zum Finanzministerium, wird das OCC, ebenso wie das FRB, als weisungsunabhängige Aufsichtsbehörde (*independent regulatory agency*) eingeordnet.[122]

Das OCC erteilt die Erlaubnis zur Aufnahme des Bankgeschäfts für *National Banks*,[123] nimmt die Aufsicht über *National Banks* wahr[124] und genehmigt Zweigniederlassungen von bereits bestehenden Banken.[125] Weiterhin hat es Befugnisse im Bereich der Bankfusionen und Konsolidierungen.[126] Schließlich erlässt es auch Verordnungen und andere Regeln für *National Banks* und interpretiert diese.[127]

Das Amt des *Comptroller of the Currency* (Comptroller) als Leiter des OCC wurde durch den *National Currency Act of 1863*[128] eingerichtet.[129] Obwohl der *Comptroller*, laut Gesetz, seine Arbeit „nach Weisung des Finanzministers“[130] zu verrichten hat, genießt er in der Praxis mehr Autonomie, als jede andere Abteilung der Exekutive. Der Finanzminister hat keinen Einfluss auf die Entscheidungen des *Comptroller*s.[131] Die Unabhängigkeit wird auch dadurch gefördert, dass das OCC durch Gelder der

---

117 12 U.S.C. § 3105(c) (2012), 12 U.S.C. § 3107(c) (2012).

118 12 U.S.C. § 602 (2012).

119 12 U.S.C. Chapter 6, 12 U.S.C. § 615 (2012); 12 C.F.R. § 211 et seq. (2014) (Regulation K).

120 12 U.S.C. § 3105(c) (2012), 12 U.S.C. § 3107(c) (2012).

121 12 U.S.C. § 3106 (2012). Zu der Aufsicht über grenzüberschreitende Aktivitäten ausführlicher auf Seite 87.

122 44 U.S.C. § 3502(5) (2012).

123 12 U.S.C. §§ 26, 27 (2012).

124 12 U.S.C. §§ 481, 1820(d) (2012).

125 12 U.S.C. § 36 (2012).

126 12 U.S.C. § 215 et seq. (2012).

127 12 U.S.C. § 93a (2012); *Robertson*, S. 1.

128 National Currency Act of 1863, 37 Cong., ch. 58, 12 Stat. 665 (1855–1863).

129 Jetzt kodifiziert in 12 U.S.C. § 1(b) (2012).

130 12 U.S.C. § 1(b)(1)(2012): "[...] The comptroller of the currency shall perform the duties [...] under the general direction of the Secretary of the Treasury.".

131 *Robertson*, S. 171; *Carnell/Macey/Miller*, The Law of Banking and Financial Institutions, 4. Auflage 2009, S. 61–62.

National Banks finanziert wird.[132] Somit ist es nicht darauf angewiesen, dass der Kongress im Haushalt Geld für das OCC veranlagt. Einzige Kontrolle ist damit ein jährlicher Bericht des *Comptroller* an den Kongress.[133] Da die Entscheidungsbefugnis beim *Comptroller* alleine liegt und nicht bei einem Direktorium oder einer Kommission, spielt die Persönlichkeit des Amtsinhabers eine große Rolle in Bezug auf die Art und Weise, wie *National Banks* beaufsichtigt werden.[134]

Seit dem Erlass des *Dodd-Frank Act* nimmt das OCC zudem die Aufsicht über *Federal Savings Associations* wahr.[135]

c. Federal Deposit Insurance Corporation (FDIC)

Die *Federal Deposit Insurance Corporation* (FDIC) wurde durch den *Banking Act of 1933*[136] gegründet.[137] Obwohl die FDIC hauptsächlich für die Einlagensicherung und damit eher für den Schutz der Anleger zuständig ist, nimmt sie trotzdem, oder gerade deswegen, weitreichende Kompetenzen im Bereich des Regelerlasses, der Aufsicht und der Durchsetzung von Regeln wahr, um Versicherungsfälle möglichst zu vermeiden.[138] Die FDIC ist ebenfalls eine weisungsunabhängige Aufsichtsbehörde (*independent regulatory agency*).[139] Die FDIC wird von einem fünfköpfigen *Board of Directors* geleitet, dem auch der *Comptroller of the Currency* sowie, seit dem Erlass des *Dodd-Frank Act*, der Direktor des CFPB angehören. Die weiteren drei Mitglieder werden vom Präsidenten mit Zustimmung des Senates ernannt, wobei eine Person Erfahrung im Bankaufsichtsbereich haben sollte.[140]

Um die aufsichtsrechtlichen, versicherungsrechtlichen und Abwicklungsrisiken im Blick zu behalten, welche von den größten und systemrelevanten Finanzinstitutionen ausgehen, wurde innerhalb der FDIC das *Office of Complex Financial Institutions* (OCFI) eingerichtet. Es nimmt insbesondere die erweiterten Aufgaben wahr, die der FDIC durch den *Dodd-Frank Act* im Bereich der Abwicklung zugewiesen wurden.[141]

National Banks sind nach ihrer Zulassung durch das OCC verpflichtet, eine Zertifizierung durch die FDIC zu erlangen, während es *State Banks* theoretisch freisteht,

---

132 12 U.S.C. § 16 (2012).
133 12 U.S.C. § 14 (2012); *Robertson*, S. 171.
134 *Robertson*, S. 171 f..
135 Dodd-Frank Act, § 312(b)(2)(B), kodifiziert in 12 U.S.C. § 5412(b)(2)(B) (2012).
136 Banking Act of 1933, Pub. L. No. 73-66, 48 Stat. 162 (1933–1934).
137 Mehr zur Geschichte der FDIC auf Seite 87. Der FDIA ist in seiner aktuellen Fassung in 12 U.S.C. § 1811 et seq. (2012) kodifiziert.
138 *Pollard/Daly*, § 4.07, 4–12.
139 44 U.S.C. § 3502(5) (2012).
140 12 U.S.C. § 1812(a)(1) (2012).
141 *FFIEC*, Annual Report 2012, S. 27, online verfügbar unter http://www.ffiec.gov/PDF/annrpt12.pdf, zuletzt geprüft am 16.02.2016.

ob sie der Einlagensicherung beitreten möchten oder nicht.[142] Die FDIC prüft dabei die finanzielle Vorgeschichte und den jetzigen Zustand der Bank, die Adäquanz der Kapitalstruktur, die zukünftigen Gewinnerwartungen, das Management, das Risiko für den Einlagensicherungsfond durch die Aufnahme der Bank, den Nutzen und den Bedarf (!) der betreffenden Gemeinde, sowie, ob die Befugnisse des Einlagenkreditinstituts im Einklang mit dem *Federal Deposit Insurance Act* stehen.[143]

Der *Financial Institutions Reform, Recovery and Enforcement Act of 1989* (FIRREA)[144] schaffte die vormals für die Einlagensicherung von *Federal Savings and Loan Associations* zuständige *Federal Savings and Loan Insurance Corporation* (FSLIC) ab[145] und übertrug die Einlagensicherung für diese Institute an die FDIC.[146]

Wie bereits gesehen, bestehen Überschneidungen bei der Aufsichts- und Prüfungszuständigkeit zwischen den bundesrechtlichen Behörden.[147] Um Doppelprüfungen zu vermeiden, beschränkt sich die FDIC daher bei ihrer Aufsicht auf *State Banks*, die nicht Mitglied im *Federal Reserve System* sind (sogenannte *State Non-Member Banks*).[148] Nicht zu vergessen ist dabei, dass die Aufsicht über *Non-Member State Banks* ansonsten hauptsächlich von den einzelstaatlichen Aufsichtsbehörden wahrgenommen wird. Die Rolle der Einzelstaaten in der Bankaufsicht ist durch die Existenz der FDIC jedoch reduziert worden, da die FDIC Mindeststandards setzen kann.[149] Stellt die FDIC bei ihren Prüfungen einen Gesetzesverstoß oder unseriöse Geschäftspraktiken fest, so kann sie entweder eine auf Unterlassung gerichtete einstweilige Verfügung erlassen (sogenannte *cease and desist order*), oder ein Verfahren zur Beendigung des Versicherungsschutzes (*termination of insurance proceeding*) einleiten.[150]

Der *Dodd-Frank Act* hat zudem die Kompetenzen für die Aufsicht über *State Savings Associations* an die FDIC übertragen.[151]

d. Financial Stability Oversight Council (FSOC)

Der *Financial Stability Oversight Council* (FSOC) wurde durch den *Dodd-Frank Act* im Jahre 2010 geschaffen und agiert als makroprudentielle Aufsichtsbehörde. Seine Aufgabe ist es zu prüfen, ob gewisse Praktiken eine Bedrohung für das Finanzsystem und die Wirtschaft der USA darstellen, sowie Bedrohungen zu erkennen und

142 Mehr dazu auf Seite 61.
143 12 U.S.C. § 1816 (2012).
144 Financial Institutions Reform, Recovery, and Enforcement Act of 1989 (FIRREA), Pub. L. No. 101-73, 103 Stat. 183 (1989).
145 FIRREA, § 401.
146 FIRREA, § 205.
147 Siehe dazu Seite 15.
148 *FRB*, Purposes and Functions, S. 60; *Müller*, S. 96.
149 *Brown*, The Dual Banking System in the United States, 1968, S. 27.
150 *Morschbach*, S. 51.
151 Dodd-Frank Act, § 312(b)(2)(C), kodifiziert in 12 U.S.C. § 5412(b)(2)(C) (2012).

rechtzeitig entsprechende Maßnahmen zu ergreifen.[152] Dabei soll er Praktiken und Verhaltensweisen, die dazu führen können, dass systemische Bankholdinggesellschaften oder Nichtbankfinanzinstitute in Not geraten, oder die zu deren Zusammenbruch führen, besondere Beachtung schenken.[153] Eine tiefergehende Analyse der Aufsichtskompetenzen des FSOC erfolgt im weiteren Verlauf der Arbeit.[154]

e. Consumer Financial Protection Bureau (CFPB)

Der *Dodd-Frank Act* schuf zudem eine Verbraucherschutzbehörde, das *Consumer Financial Protection Bureau.*[155] Das CFPB ist eine weisungsunabhängige Aufsichtsbehörde (*independent regulatory agency*),[156] die bei dem *Federal Reserve System* angesiedelt wurde[157] und von diesem finanziell unterstützt wird.[158] In dieser neuen Behörde wurden die ehemals über sieben Behörden verteilten Befugnisse im Bereich der Bankaufsicht über größere Einlagenkreditinstitute[159] zur Wahrung des Verbraucherschutzes konsolidiert.[160] Die Aufgabenübertragung fand am 21. Juli 2011 statt.[161]

Das CFPB wurde durch den *Dodd-Frank Act* ermächtigt, versicherte Einlagenkreditinstitute mit Gesamtaktiva in Höhe von mehr als $ 10 Milliarden und ihre Konzerngesellschaften, sowie bestimmte Nichtbanken unabhängig von deren Größe, zu beaufsichtigen, Verordnungen für sie zu erlassen und sie zu untersuchen, um sicherzustellen, dass Verbraucherfinanzprodukte und Verbraucherdienstleistungen mit den Vorgaben der bundesrechtlichen Verbraucherschutzgesetze im Finanzbereich übereinstimmen.[162] Autohändler, die Verbraucherkredite vertreiben, wurden jedoch im Gesetz ausdrücklich von der weitreichenden Kompetenz des

---

152 *Ropiequet/Naveja/Hirsh,* An Introduction to the Dodd-Frank Act - The New Regulatory Structure for Consumer Finance Emerges, 9 Banking & Fin. Services Pol'y Rep. 1, 2 (Aug. 2010).

153 Dodd-Frank Act, § 112(a)(1)(A), kodifiziert in 12 U.S.C. § 5322(a)(1)(A) (2012).

154 Ausführlicher zum FSOC auf Seite 73.

155 Dodd-Frank Act, Title X.

156 44 U.S.C. § 3502(5) (2012).

157 Dodd-Frank Act, §§ 1011 (a), 1012(c), kodifiziert in 12 U.S.C. §§ 5491(a), 5492(c) (2012).

158 Dodd-Frank Act, § 1017, kodifiziert in 12 U.S.C. § 5497 (2012).

159 „Größere Einlagenkreditinstitute" sind gemäß Dodd-Frank Act, § 1025, kodifiziert in12 U.S.C. § 5515, Einlagenkreditinstitute mit Aktiva über $ 10 Milliarden.

160 Gemäß Dodd-Frank Act, § 1061(a)(2) (kodifiziert in 12 U.S.C. § 5581(a)(2) (2012)) sind die ursprünglich zuständigen Behörden, von denen die Kompetenzen auf das CFPB übertragen werden, das FRB (und je nach Kontext jede Federal Reserve Bank), die FDIC, die Federal Trade Commission (FTC), die NCUA, das OCC, das OTS und das Department of Housing and Urban Development sowie die Leiter dieser Behörden.

161 Designated Transfer Date for Transfer of OTS Competencies, 75 Fed. Reg. 57252 (Sept. 20, 2010).

162 Dodd-Frank Act, § 1025, kodifiziert in 12 U.S.C. § 5515 (2012).

CFPBs ausgenommen.[163] Dies erscheint besonders deswegen kritisch, da die Anzahl der neuen Autokredite im zweiten Quartal (Q2) von 2014 ein Gesamtvolumen von $101 Milliarden hatte, wobei die gesamte private Verschuldungsquote $11,63 Billionen betrug.[164]

Für kleinere Einlagenkreditinstitute mit Aktiva unter $ 10 Milliarden verbleibt die Aufsichtskompetenz für den Verbraucherschutz bei der jeweils zuständigen Bankaufsichtsbehörde. Das CFPB hat lediglich einige ausgewählte Kompetenzen zur Aufsicht über diese Institute. Das CFPB kann beispielsweise an den Kontrollen der Bankaufsichtsbehörden teilnehmen,[165] und hat ein Recht auf Zugang zu Berichten.[166] Die Unterscheidung nach Aktivagröße soll kleinere Institute vor höheren Kosten für die Einhaltung der Vorschriften schützen. Zudem wurden insbesondere große Einlagenkreditinstitute für die Probleme der im Jahre 2007 begonnenen Finanzkrise verantwortlich gemacht, so dass größerer Wert auf eine verstärkte Kontrolle dieser Institute gelegt wurde.[167] Das CFPB soll sich bei allen Maßnahmen mit den anderen Bankaufsichtsbehörden koordinieren, um die aufseherische Belastung für die betroffenen Institute zu minimieren.[168]

Positiv ist zu bewerten, dass die Aufsichtsregeln im Verbraucherschutzbereich für Nichtbanken denjenigen für Einlagenkreditinstitute angepasst wurden. So soll das Problem der „*Regulatory Arbitrage*" vermieden werden. Von *Regulatory Arbitrage* spricht man immer dann, wenn beaufsichtigte Institute Lücken im Aufsichtssystem oder die Konkurrenz zwischen verschiedenen Aufsichtsbehörden zum Zwecke einer Lockerung oder einer Umgehung der Aufsichtsregeln ausnutzen.[169] Eine Angleichung der Vorschriften nimmt den Einlagenkreditinstituten den Anreiz, Aktivitäten zu Nichtbanken auszulagern.

Der *Dodd-Frank Act* ermächtigte das CFPB zudem, Vorschriften zur Durchführung der bundesrechtlichen Verbraucherschutzgesetze im Finanzbereich zu erlassen. Dabei handelt es sich um insgesamt 19 Gesetze.[170] Die Kompetenz zum Erlass von Verordnungen zur Durchführung von einigen wenigen Verbraucherschutzgesetzen

---

163 Dodd-Frank Act, § 1029. kodifiziert in 12 U.S.C. § 5519 (2012).

164 *Federal Reserve Bank of New York,* Quarterly Report on Household Debt and Credit (August 2014), S. 1, online verfügbar unter https://www.newyorkfed.org/medialibrary/interactives/householdcredit/data/pdf/HHDC_2014Q2.pdf, zuletzt geprüft am 16.02.2016.

165 Dodd-Frank Act, § 1026(c)(1), kodifiziert 12 U.S.C. § 5516(c)(1) (2012).

166 Dodd-Frank Act, § 1026(c)(2), kodifiziert in 12 U.S.C. § 5516(c)(2) (2012).

167 *Carpenter, Cong. Research Serv.*, CRS R42572, The Consumer Financial Protection Bureau (CFPB): A Legal Analysis (2014), S. 10. Online verfügbar unter http://fas.org/sgp/crs/misc/R42572.pdf, zuletzt geprüft am 16.02.2016.

168 Dodd-Frank Act, § 1025(b)(2), kodifiziert in 12 U.S.C. § 5515(b)(2) (2012).

169 *Carpenter*, S. 17.

170 Eine abschließende Auflistung findet sich in Dodd-Frank Act, § 1002(12), kodifiziert in 12 U.S.C. § 5481(12) (2012).

im Finanzbereich, wie beispielsweise der *Community Reinvestment Act*,[171] ist bei den bundesrechtlichen Bankaufsichtsbehörden verblieben. Die Durchsetzung der Gesetze und Verordnungen im Bereich des Verbraucherschutzes gegen die beaufsichtigten Institute ist ebenfalls auf das CFPB übergegangen.[172] Die Durchsetzung kann entweder gerichtlich, oder im Wege eines Verwaltungsverfahrens erfolgen.[173] Da der *Dodd-Frank Act* die Details des Verwaltungsverfahrens nicht bestimmt, hat das CFPB am 29. Juni 2012 endgültige Vorschriften (*final rules*) zur Umsetzung des Verfahrens erlassen. Dabei hat es sich an den Vorschriften und der langjährigen Erfahrung der Bankaufsichtsbehörden auf Bundesebene, sowie an den Vorschriften der SEC und der *Federal Trade Commission* (FTC), orientiert.[174]

Anzumerken ist zum Schluss jedoch, dass, obwohl dem CFPB weitreichende Kompetenzen im Bereich des Verbraucherschutzes zugestanden wurden, eine Kontrollmöglichkeit vom Gesetzgeber eingebaut wurde. Gemäß *Section* 1023(a) *Dodd-Frank Act*[175] hat der FSOC auf Antrag eines FSOC-Mitglieds die Möglichkeit, alle Verordnungen des CFPB endgültig außer Kraft zu setzen oder vorübergehend auszusetzen, falls die betreffende Verordnung die Sicherheit oder Stabilität des U.S.-Bankensystems oder des gesamten U.S.-Finanzsystems gefährdet.[176] Da eine solche Vetokompetenz im Aufsichtsbereich bisher einzigartig ist und der FSOC ein solches Veto bisher auch nicht ausgeübt hat, wird abzuwarten sein, ob, wie oft und in welchen Fällen dies ausgeübt werden wird.[177] Das Vetorecht scheint eingebaut worden zu sein, da nicht jeder mit einer Behörde mit so weitreichenden Kompetenzen einverstanden war. Die Gründung einer unabhängigen Verbraucherschutzbehörde war von Anfang an starker Kritik ausgesetzt.[178] Es ist zu hoffen, dass die Möglichkeit eines solchen Vetos die Kompetenzen des CFPB nicht untergraben wird.

---

171 Community Reinvestment Act of 1977, Pub. L. No. 95-128, Title VIII, 91 Stat. 1111, 1147 (1977), kodifiziert in 12 U.S.C. § 2901 et seq. (2012).

172 Dodd-Frank Act, §§ 1025(c), 1054, 1061(b); jetzt kodifiziert in 12 U.S.C. §§ 5515(c), 5564, 5581(b) (2012).

173 Dodd-Frank Act, §§ 1053, 1054; jetzt kodifiziert in 12 U.S.C. §§ 5563, 5564 (2012).

174 Rules of Practice for Adjudication Proceedings, 77 Fed. Reg. 39057 (June 29, 2012) (to be codified at 12 C.F.R. Part 1071, 1080, 1081, et al. (2014)).

175 Kodifiziert in 12 U.S.C. § 5513(a) (2012).

176 12 U.S.C. § 5513(a)(1) (2012): "On the petition of a member agency of the Council, the Council may set aside a final regulation prescribed by the Bureau, or any provision thereof, if the Council decides, in accordance with subsection (c), that the regulation or provision would put the safety and soundness of the United States banking system or the stability of the financial system of the United States at risk.".

177 *Carpenter*, S. 22.

178 Siehe für viele die Berichterstattung in der New York Times, *Wyatt/Protess*, Foes Revise Plan to Curb New Agency, N.Y. Times, 6. Mai 2011, S. B1.

f. Einzelstaatliche Behörden

Wie bereits erwähnt, werden alle *State Non-Member Banks*, die nicht Mitglied bei der FDIC sind, ausschließlich von den einzelstaatlichen Behörden beaufsichtigt. Je nach Bundesstaat ist die Aufsicht unterschiedlich ausgestaltet. Die Variationen in den verschiedenen Bankaufsichtssystemen der U.S.-Staaten und der damit einhergehenden erlaubten Bankaktivitäten sind mannigfaltig und wären auch ohne die parallel bestehenden bundesrechtlichen Regelungen komplex und verwirrend.[179] Zum Teil wird die Bankaufsicht auch nicht von einer eigenen Behörde wahrgenommen, sondern es gibt eine Allfinanzaufsichtsbehörde, die für Banken, Versicherungen und Wertpapiere zuständig ist, oder die Bankaufsicht ist beim Wirtschaftsministerium angesiedelt.[180] Selbst wenn die Gesetze in verschiedenen U.S.-Bundesstaaten den gleichen Wortlaut vorweisen, so variiert die Interpretation des Gesetzestextes je nach Behörde, die ihn umsetzt.[181] Der Versuch einer Harmonisierung der Systeme, durch den Erlass eines *Model State Banking Code* im Jahre 1950, blieb ohne Erfolg. Zwar änderten einige Bundesstaaten ihre Gesetze daraufhin ab, jedoch wurde er von keinem Bundestaat im Ganzen umgesetzt.[182] Eine Darstellung der verschiedenen Bankaufsichtssysteme in den Einzelstaaten, würde daher den Rahmen der vorliegenden Abhandlung sprengen. Auf einige Gemeinsamkeiten und die Anfänge der Aufsicht in den Einzelstaaten wird jedoch im weiteren Verlauf der Untersuchung, bei der Darstellung der historischen Entwicklung der Bankaufsicht in den USA, einzugehen sein. Nur so kann die Entwicklung des dualen Systems verstanden und in den Gesamtkontext eingeordnet werden.

3. Aufsichtsziele

Ziel der Bankaufsicht ist es, zu garantieren, dass Banken Verbraucherschutzgesetze beachten und dafür zu sorgen, dass die den Banken anvertrauten Vermögenswerte nicht gefährdet werden und die Bankgeschäfte ordnungsgemäß durchführt werden (als „*safety and soundness*“ bezeichnetes Prinzip).[183] Um die Qualität der Bankaktiva zu überprüfen, wird unter anderem nachvollzogen, ob die Bank alle anwendbaren Gesetze, Verordnungen und Regeln befolgt. Wird eine Missachtung festgestellt, so ergreift die Aufsichtsbehörde Maßnahmen.[184]

---

179 *Hackley*, Our Baffling Banking System, 52 Va. L. Rev. 565, 580 (1966).

180 So zum Beispiel in Minnesota, wo das Wirtschaftsministerium (Department of Commerce) auch für die Banken- und Versicherungsaufsicht zuständig ist. Washington, D.C. hingegen hat beispielsweise eine Allfinanzaufsichtsbehörde für Banken, Versicherungen und Wertpapiere.

181 *Kenneth E. Scott*, 30 Stan. L. Rev. 1, 20 (1977).

182 *Kenneth E. Scott*, 30 Stan. L. Rev. 1, 36 (1977).

183 12 U.S.C. § 1818 (2012).

184 *Brown*, S. 41.

Anzumerken ist, dass es keine Legaldefinition von *safety and soundness* gibt. Den Aufsichtsbehörden wird bei der Definition dieses unbestimmten Rechtsbegriffs ein Beurteilungsspielraum zugestanden. Lediglich an einigen Stellen im Gesetz sind Beispiele genannt, die *unsafe and unsound* sind. Dies ist der Fall bei der Nichteinhaltung von Mindesteigenkapitalanforderungen, welche den Verlust der Einlagensicherung bei der FDIC zu Folge haben kann.[185] Aber auch beim Eintreten eines solchen Falles, wird den Aufsichtsbehörden hinsichtlich der Rechtsfolgen Ermessen (*discretion*) eingeräumt.

Zur Durchsetzung der Aufsichtsziele setzen die Bankaufsichtsbehörden in den USA insbesondere auf Vor-Ort-Kontrollen. Sie ermöglichen eine Überprüfung der Angemessenheit und Zuverlässigkeit des bankinternen Systems zum Risikomanagement und sollen Defizite frühzeitig aufdecken. Gründliche Vor-Ort-Kontrollen der Einlagenkreditinstitute durch die jeweils zuständige Aufsichtsbehörde finden zwingend mindestens einmal pro Jahr statt.[186] Dieser Zeitrahmen gilt nicht, wenn das betreffende Institut in dem Jahr bereits von der FDIC überprüft wurde.[187] Falls einschlägig, so reicht eventuell auch eine Kontrolle durch eine einzelstaatliche Aufsichtsbehörde aus.[188] Der Zeitrahmen wird dagegen auf 18 Monate erweitert, wenn es sich um ein kleineres Einlagenkreditinstitut mit Aktiva unter $ 500.000.000 handelt, welches kumulativ als weitere Voraussetzungen eine gute Kapitalisierung und ein gutes „CAMELS-Rating" der Bankaufsichtsbehörden aufweist.[189]

Das sogenannte CAMELS-Rating wird von den Bankaufsichtsbehörden benutzt, um eine Bank zu kategorisieren.[190] CAMELS ist eine Abkürzung, die für *Capital adequacy* (angemessene Eigenkapitalausstattung), *Asset quality* (Qualität der Aktiva), *Management*, *Earnings* (Ertragslage), *Liquidity* (Liquidität) und *Sensitivity to market risk* (risikobehaftete Anlagen) steht.[191] Der Bank wird dabei eine Kategorie zwischen A1 und A5 zugeteilt, wobei Kategorie 5 die schlechteste Wertung darstellt.[192]

---

185 12 U.S.C. § 3907(b)(1) (2012), der auf 12 U.S.C. § 1818 (2012) verweist, lautet: "Failure of a banking institution to maintain capital at or above its minimum level [...] **may be deemed** by the appropriate Federal banking agency, **in its discretion**, to constitute **an unsafe and unsound practice** within the meaning of section 1818 of this title." [mit eigener Hervorhebung].

186 12 U.S.C. § 1820(d)(1) (2012).

187 12 U.S.C. § 1820(d)(2) (2012).

188 12 U.S.C. § 1820(d)(3) (2012).

189 12 U.S.C. § 1820(d)(4) (2012).

190 Der offizielle Name ist Uniform Financial Institutions Rating System (UFIRS). Der Federal Financial Institutions Examination Council (FFIEC) hat das System zur Kategorisierung von Banken im Jahre 1979 eingeführt und 1996 überarbeitet. 1996 wurde das Kriterium „Sensitivity to market risk" eingeführt. Siehe Uniform Financial Institutions Rating System (CAMELS), 61 Fed. Reg. 67021 (Dec. 19, 1996).

191 *FRB*, Purposes and Functions, S. 63.

192 61 Fed. Reg. 67021, 67022.

Für Bankholdinggesellschaften (BHCs) war das ursprüngliche äquivalente Ratingsystem „BOPEC/F-M“, welches vom *Federal Reserve Board* im Jahre 1979 eingeführt wurde. BOPEC/F-M stand für B = *Bank subsidiaries' condition* (Zustand der Banktochtergesellschaft(en)), O = *Other subsidiaries' condition* (Zustand der Nichtbanken-Tochtergesellschaft(en)), P = *Parent company's condition* (Zustand der Muttergesellschaft), E = *Earnings of the BHC* (konsolidierte Ertragslage der BHC), C = *Capital of the BHC* (konsolidierte Finanzposition der BHC), F = *Financial composite rating* (zusammenfassende Bonitätsbewertung) und M = *Management composite rating.* (zusammenfassende Managementbewertung).[193] Dieses System wurde ab Januar 2005 durch das „RFI/C (D)“ Rating ersetzt, um die gesteigerte Bedeutung, die die *Federal Reserve Board* bei der Beaufsichtigung von BHCs auf das finanzielle Risiko und die Adäquanz des Risikomanagements legt, zu reflektieren. RFI/C (D) steht für R = *Risk management* (Risikomanagement),[194] F = *Financial condition* (Bonität),[195] I = *Impact Component* (Einfluss der Muttergesellschaft und der Nicht-Einlagenkreditinstitute auf die Tochtergesellschaft, die ein Einlagenkreditinstitut ist), C = *Composite rating* (zusammengesetztes Rating von R, F und I sowie zusätzliche Gewichtung durch den Bankaufsichtsbehörde), (D) = *Depository Institutions Component* (gewichtetes durchschnittliches CAMELS Rating der primären Aufsichtsbehörde für Tochtergesellschaften, die Einlagenkreditinstitute sind).[196]

II. Historische Entwicklung

Die Entstehung des komplexen dualen Bankensystems mit sowohl einzelstaatlicher (*state charter*) als auch bundesrechtlicher Bankzulassung (*national/federal charter*), ist nicht ohne einen gleichzeitigen Überblick über die generelle geschichtliche Entwicklung in den USA zu verstehen. Interessant ist an dieser Entwicklung vor allem, dass trotz der heutigen Präsenz von globalen Märkten, das Aufsichtssystem dennoch für den größten Teil nicht vom internationalen Wettbewerb, sondern von der nationalen Geschichte beeinflusst wurde und immer noch wird. Hier spielen insbesondere die schon erwähnte Abneigung gegenüber einer Zentralisierung der Aufsicht oder Macht generell und die Stabilitätserwägungen nach dem Ausbruch einer Krise eine Rolle. Andererseits wurde jedoch teilweise die internationale Entwicklung von den nationalen Interessen der USA beeinflusst und entwickelt. Dies zeigt sich im Zusammenhang mit der Entstehung der Baseler Eigenkapitalvereinbarungen deutlich.[197]

---

193 Proposal to change BHC Rating System, 69 Fed. Reg. 43996 (July 23, 2004).

194 Unterteilt in mehrere Unterpunkte.

195 Ebenfalls bestehend aus weiteren Unterpunkten. Diese sind Eigenkapital, Aktiva-Qualität, Ertragslage und Liquidität.

196 Revision of BHC Rating System, 69 Fed. Reg. 70444 (Dec. 06, 2004).

197 Ausführlich dazu auf Seite 211.

1. Die Anfänge des Bankenwesens in den Einzelstaaten

Die Anfänge des Bankwesens sind in der Zeit nach dem Jahre 1783 anzusiedeln; das heißt nach dem Ende des amerikanischen Unabhängigkeitskrieges. Die Einzelstaaten begannen die ersten Banken zuzulassen. Diese Banken waren hauptsächlich im Bereich der Einlagengeschäfte und kurzfristigen Darlehensvergabe tätig. Zudem druckten sie ihre eigenen Banknoten, die teilweise durch Gold- und Silbermünzen abgesichert wurden. Banknoten wurden oft im Austausch für Inhaberschuldverschreibungen ausgegeben. Aufgrund dessen, war die Bonität der Banknoten abhängig von ihrer Absicherung durch Gold- und Silbermünzen und von der Liquidität und dem Risiko im Portfolio der Bank. Zudem versuchten die Staaten den Wert ihrer Banknoten dadurch zu erhalten, dass sie die Menge der Banknoten im Umlauf begrenzten und nur an ausgewählte Kunden Darlehen vergaben.[198] Gesetze befassten sich daher hauptsächlich mit der Regelung des Banknotenmonopols und der Verhinderung von Fälschungen.[199]

2. Bankregulierung in der U.S.-Verfassung

Die U.S.-Verfassung erwähnt Banken und das Bankwesen nur am Rande. Bestimmungen, die sich speziell mit Bankregulierung oder ~aufsicht beschäftigen, sind nicht enthalten. Geld und Banken allgemein werden nur an den folgenden Stellen erwähnt: *Article* 1, *Section* 8,[200] sowie *Article* 1, *Section* 10, *Clause* 1[201]. Interessant dabei ist, dass die Regelung in *Article* 1, *Section* 8, *Clause* 5 in Verbindung mit *Article* 1, *Section* 10, *Clause* 1 ausschließlich dem Kongress das Recht erteilt, Münzen zu prägen (*coin money*), jedoch keine ausdrückliche Befugnis zum Drucken von Papiergeld aufgenommen wurde (*emit bills of credit*).[202] Es wird nur angeordnet, dass es den Einzelstaaten verboten ist, Banknoten auszugeben.[203] Hierbei ist anzumerken, dass

---

198 *Spong*, Banking Regulation, 2000, S. 16 f.. Online verfügbar unter http://www.kansascityfed.org/publicat/bankingregulation/RegsBook2000.pdf, zuletzt geprüft am 16.02.2016.

199 *Pollard/Daly*, § 2.03, 2–4.

200 "The Congress shall have the power to [...] borrow Money on the credit of the United States; To regulate Commerce with foreign Nations, and among the several States, and with the Indian Tribes; To establish [...] uniform Laws on the subject of Bankruptcies throughout the United States; To coin Money, regulate the Value thereof, and of foreign Coin, and fix the Standard of Weights and Measures; To provide for the Punishment of counterfeiting the Securities and current Coin of the United States [...]".

201 "No State shall [...] coin Money; emit Bills of Credit; make any Thing but gold and silver Coin a Tender in Payment of Debts [...]".

202 *Pollard/Daly*, § 2.03, 2–4.

203 U.S. CONST. art. I, § 10, cl. 1.

"*bills of credit*" zu dieser Zeit meist als Oberbegriff für Papiergeld benutzt wurde, welches nicht durch Gold oder Silber (*specie*)[204] abgesichert war.[205]

Die Tatsache, dass keine ausdrückliche Ermächtigung zum Drucken von Papiergeld in der U.S.-Verfassung aufgenommen wurde, heißt jedoch nicht, dass es dem Bund **nicht** erlaubt wäre Banknoten auszugeben. Zwar ist die Entstehungsgeschichte der U.S.-Verfassung in Bezug auf die Frage, ob man auch dem Bund verbieten wollte Papiergeld auszugeben, zweideutig.[206] Der *Supreme Court* entschied jedoch eindeutig, dass die Ausgabe von Papiergeld zur Finanzierung von Maßnahmen der Regierung eine von der *Necessary and Proper Clause*[207] umfasste Betätigung sei.[208] Zudem lassen auch die verschiedenen Bedeutungen, die dem Wort „*coin*" zur Zeit der Ratifizierung der U.S.-Verfassung zugeschrieben wurden, vermuten, dass dies nicht nur auf Edelmetalle bezogen wurde, sondern teilweise auch für Papier gebraucht

---

204 „Specie" bezeichnet eine Währung, die einen immanenten Wert hat. Gold- und Silbermünzen sind demnach „specie", da sie einen eigenständigen Wert haben. Papiergeld hingegen besteht nur aus Papier und Tinte. Siehe *Carnell/Macey/Miller*, S. 2.

205 Craig v. Morrison, 29 U.S. 410, 425 (1830): „[...] and 'bills of credit' signify a paper medium, intended to circulate between individuals, and between government and individuals, for the ordinary purposes of society.".

206 *Farrand* (Hrsg.), The Records of the Federal Convention of 1787, Vol. II, 1966, S. 308–311. Dort wird dargelegt, dass der Entwurf der U.S.-Verfassung für Art. 1, § 8 dem Bund ursprünglich ausdrücklich erlaubte Papiergeld auszugeben („[...] to borrow money **and emit bills on the credit of the United States**"). Nach einer Abstimmung entschied man sich jedoch dafür, den Satz nicht in dieser Version in die endgültige Fassung aufzunehmen. Die Gründe für die Streichung waren nicht einheitlich. Einige Teilnehmer der verfassungsgebenden Versammlung sahen in der Streichung ein Verbot der Ausgabe von Papiergeld. Andere Teilnehmer sahen die Ausgabe von Papiergeld von der Befugnis Kredite aufzunehmen mitumfasst und daher als zusätzlichen Satz überflüssig.

207 U.S. CONST. art. I, § 8, cl. 18: "[The Congress shall have Power...] To make all Laws which shall be necessary and proper for carrying into Execution the foregoing Powers, and all other Powers vested by this Constitution in the Government of the United States, or any Department or Officer thereof.".

208 Veazie Bank v. Fenno, 75 U.S. 533, 548 et seq. (1869): "It cannot be doubted that under the Constitution the power to provide a circulation of coin is given to Congress. And it is settled [...] that Congress may constitutionally authorize the emission of bills of credit. It is not important here, to decide whether the quality of legal tender, in payment of debts, can be constitutionally imparted to these bills; it is enough to say, that there can be no question of the power of the government to emit them; [...]. Having thus, in the exercise of undisputed constitutional powers, undertaken to provide a currency for the whole country, it cannot be questioned that Congress may, constitutionally, secure the benefit of it to the people by appropriate legislation. [...] Congress may restrain, by suitable enactments, the circulation as money of any notes not issued under its own authority. Without this power, indeed, its attempts to secure a sound and uniform currency for the country must be futile.".

wurde.[209] Spätere wichtige Entscheidungen des U.S.-*Supreme Court* bestätigten zusätzlich zu der Kompetenz des Bundes Papiergeld auszugeben, auch die Kompetenz des Bundes dieses Papiergeld zum gesetzlichen Zahlungsmittel zu erklären.[210] Die letzte in dieser Reihe von Entscheidungen klärte die Frage, ob der Kongress Papiergeld zum gesetzlichen Zahlungsmittel erklären konnte, endgültig, indem das Gericht diese Frage als „politische Frage" einordnete.[211] Damit steht es dem Gericht nicht mehr zu solche Gesetze auf ihre Verfassungsmäßigkeit hin zu überprüfen. Erst nach der Ratifizierung der U.S.-Verfassung, begann die Diskussion zur Gründung einer Zentralbank, um Kreditaufnahmen der Regierung zu erleichtern.[212]

3. Die First and Second Bank of the United States

Im Februar 1791 unterschrieb Präsident George Washington das vom U.S.-Kongress nach ausführlicher Diskussion über die Verfassungsmäßigkeit der vorgeschlagenen Bank verabschiedete Gesetz zur Gründung der *Bank of the United States* (*First*

209 *Natelson*, Paper Money and the Original Understanding of the Coinage Clause, 31 Harv. J. L. & Pub. Pol'y 1017, 1062 et seq. (2008).

210 Legal Tender Cases (Knox v. Lee, Parker v. Davis), 79 U.S. 457, 558 et seq. (1871): "These precedents [...] establish the *historical fact* that when the Constitution was adopted, the employment of bills of credit was deemed a legitimate means of meeting the exigencies of a regularly constituted government, and that the affixing to them of the quality of a legal tender was regarded as entirely discretionary with the legislature. [...] they chose to adopt the Constitution as it now stands, without any words either of grant or restriction of power, and it is our duty to construe the instrument by its words, in the light of history, of the general nature of government, and the incidents of sovereignty."; Juillard v. Greenman, 110 U.S. 421, 450 (1884): "[...] and the power to make the notes of the government a legal tender in payment of private debts being one of the powers belonging to sovereignty in other civilized nation, and not expressly withheld from Congress by the Constitution; we are irresistibly impelled to the conclusion that the impressing upon the treasury notes of the United States the quality of being legal tender in payment of private debts is an appropriate means, conducive and plainly adapted to the execution of the undoubted powers of Congress, consistent with the letter and spirit of the constitution, and therefore within the meaning of that instrument, 'necessary and proper for carrying into execution the powers vested by this constitution in the government of the United States.'".

211 Juillard v. Greenman, 110 U.S. 421, 450 (1884): "[...] the question whether at any particular time, in war or peace, the exigency is such, by reason of unusual and pressing demands on the resources of the government, or of the inadequacy of the supply of gold and silver coin to furnish the currency needed for the uses of the government and of the people, that it is, as a matter of fact, wise and expedient to resort to this means, is a **political question, to be determined by Congress when the question of exigency arises, and not a judicial question**, to be afterwards passed upon by the courts." [mit eigener Hervorhebung].

212 *Pollard/Daly*, § 2.03, 2–5.

Bank).[213] Sie wurde nach dem Vorbild der *Bank of England* (BoE) errichtet.[214] Die Bankzulassung wurde auf 20 Jahre begrenzt.[215] Ihre Aufgabe war es die Kreditaufnahme für Private und den öffentlichen Sektor zu erleichtern.[216] Die *Bank of the United States* fungierte zum einen als Geschäftsbank, übernahm andererseits auch Funktionen einer Zentralbank. Sie hatte eine anfängliche Kapitalisierung von $ 10 Millionen[217] und war damit die größte zu dieser Zeit bestehende Gesellschaft.[218] Das Gesetz verlieh dem U.S.-Präsidenten das Recht, für den Bund Aktien bis zu $ 2 Millionen zu zeichnen.[219] Die anderen achtzig Prozent der Aktien wurden von Privatpersonen gehalten. Der größte Teil der Erträge der *First Bank* wurde durch das Depositengeschäft und die Darlehensvergabe erwirtschaftet. Ihre Aufgaben als Zentralbank bestanden unter anderem darin, dass sie als primäre Hinterlegungsstelle und Fiskalagent für das Finanzministerium, sowie als Verwahrer für die Gold- und Silbervorräte der USA fungierte.[220] Zudem versorgte sie in Not geratene einzelstaatliche Banken mit Liquidität.[221]

Im Zusammenhang mit der *First Bank* wurden auch die ersten zögerlichen Anfänge einer Bankaufsicht sichtbar: Zum einen gab es eine Verpflichtung der Bank,

---

213 An Act To incorporate the subscribers to the Bank of the United States, 1 Stat. 191 (1789–1799).

214 *Pollard/Daly*, § 2.03, 2–5. Der Finanzminister Alexander Hamilton soll bei der Erarbeitung des Konzepts für eine Bank für die Vereinigten Staaten eine Kopie der Satzung der BoE immer griffbereit gehabt haben. Diese diente ihm als Referenz, jedoch übernahm er nicht alles unkritisch, sondern änderte einige wesentliche Punkte ab, um die Gemeinnützigkeit der Bank sicherzustellen. Siehe *Chernow*, Alexander Hamilton, 2004, S. 347.

215 An Act To incorporate the subscribers to the Bank of the United States, § 3: "*And be it further enacted*, That all those, who shall become subscribers to the said bank, their successors and assigns, shall be, and are hereby created and **made a corporation and body politic**, by the name and style of The President, Directors and Company, of the Bank and how long to of the United States; and **shall so continue, until the fourth day of March, one thousand eight hundred and eleven** [...]." [mit eigener Hervorhebung].

216 *Holdsworth/Dewey/National Monetary Commission*, The First and Second Banks of the United States, 1910, S. 158.

217 An Act To incorporate the subscribers to the Bank of the United States, § 1.

218 *Federal Reserve Bank of Philadelphia*, The First Bank of the United States: A Chapter in the History of Central Banking, S. 4.

219 An Act To incorporate the subscribers to the Bank of the United States, § 11: "*And be it further enacted*, That it shall be lawful for the President of the United States, at any time or times, within eighteen months after the first day of April next, **to cause a subscription** to be made to the stock of the said corporation, as part of the aforesaid capital stock of ten millions of dollars, on behalf of the United States, **to an amount not exceeding two millions of dollars**; [...]." [mit eigener Hervorhebung].

220 *Wilson*, The Power "to coin" money, 1992, S. 104.

221 *Spong*, S. 16 f..

regelmäßig Bericht über ihren Zustand an den Finanzminister zu erstatten.[222] Dies geschah jedes Mal, wenn der Finanzminister danach verlangte, jedoch nicht öfter als einmal pro Woche. In diesen Berichten wurde Auskunft gegeben über die Höhe des Stammkapitals, ausstehende Forderungen der Bank, die Höhe der Einlagen, und die gesamten Wechsel sowohl im Kassenbestand als auch im Umlauf. Diese Berichte wurden nicht öffentlich gemacht und nur auf spezielle Anfrage eines Kongressabgeordneten mitgeteilt.[223] Über die Frage, ob die Bank diese Berichte tatsächlich regelmäßig eingereicht hat, kann nur spekuliert werden.[224] Falls sie existiert haben, so sind sie höchstwahrscheinlich in einem der Feuer im Kongress in den Jahren 1814 und 1833 verbrannt.[225]

Zum anderen wurde eine Beschränkung der erlaubten Bankaktivitäten etabliert,[226] die, mit geringen Veränderungen, auch heute noch so praktiziert wird. Hier wurde erstmalig das Konzept von *safety and soundness* eingeführt.[227] Die Beschränkung der erlaubten Aktivitäten lässt wiederum den Wunsch nach Stabilität erkennen, der sich durchgängig in der weiteren Geschichte wiederholt. In der heutigen Zeit wurde dieses Thema nach der im Jahre 2007 begonnenen Finanzkrise wieder aufgegriffen und unter dem Stichwort „Volcker-Regel" (*Volcker rule*)[228] diskutiert und in der Bankenrechtsreform aufgegriffen.[229]

Die Diskussion des im Jahre 1808 eingereichten Antrags der *First Bank* auf Verlängerung ihrer Bankzulassung wurde immer weiter verschoben und erst kurz vor Ablauf im Jahre 1811 überhaupt im Kongress diskutiert. Obwohl die *First Bank* erfolgreich war und ihre Aktien sehr begehrt waren, wurde ihre 20-jährige Zulassung aufgrund einzelstaatlicher und parlamentarischer Opposition im Jahre 1811 nicht

---

222 An Act To incorporate the subscribers to the Bank of the United States, § 7, para. XVI: "The officer at the head of the treasury department of the United States, shall be furnished, from time to time, as often as he may require, not exceeding once a week, with statements of the amount of the capital stock' of the said corporation, and of the debts due to the same; of the monies deposited therein; of the notes in circulation, and of the cash in hand; and shall have a right to inspect such general accounts in the books of the bank, as shall relate to the said statements.".

223 *Robertson*, S. 24.

224 *Sumner*, A History of Banking in all the Leading Nations, Vol. I - A History of Banking in the Unites States, 1896, S. 49.

225 *Holdsworth/Dewey/National Monetary Commission*, S. 138.

226 An Act To incorporate the subscribers to the Bank of the United States, § 7, para. X. legt beispielsweise fest: „The said corporation may sell any part of the public debt whereof its stock shall be composed, but shall not be at liberty to purchase any public debt whatsoever; nor shall directly or indirectly deal or trade in any thing, except bills of exchange, gold or silver bullion, or in the sale of goods really and truly pledged for money lent and not redeemed in due time; or of goods which shall be the produce of its lands.".

227 *Pollard/Daly*, § 2.03, 2–5.

228 Benannt nach dem ehemaligen Chairman des FRB Paul A. Volcker.

229 Mehr dazu auf Seite 79.

verlängert.[230] Zum einen wurde es nicht gerne gesehen, dass ein sehr großer Teil der Aktien von Ausländern gehalten wurde.[231] Andererseits beruhte der größte Teil der Opposition auf der Furcht, dass die Macht des Bundes zu stark werden könnte und er ungerechtfertigt in Aufgabengebiete eindringen könnte, die den Einzelstaaten vorbehalten waren.[232] Auch der nachfolgende Antrag der Bank, mit der Bitte um eine befristete Verlängerung ihrer Rechtsfähigkeit zur ordnungsgemäßen Abwicklung der Geschäfte, wurde abgelehnt.[233]

Problematisch an der Nichtverlängerung des Mandates war vor allem, dass die *First Bank* eng mit dem Finanzministerium (*Department of the Treasury*) zusammengearbeitet hatte, um den Geldmarkt zu stabilisieren und das Bankensystem abzusichern. Von den zu dieser Zeit als staatliche Depotbanken fungierenden zwölf Banken,[234] stellte sie die wichtigste Bank dar. Durch ihre Zweigstellen konnten Geldmittel des Finanzministeriums schnell an in Not geratene einzelstaatliche Banken verteilt werden.[235] Das Zweigstellensystem ermöglichte es auch erst ihre Aufgabe als Fiskalagent des Bundes effektiv durchzuführen.

Durch den Niedergang der *First Bank* verlor das Bankwesen eine Institution, die aufgrund ihrer Kapitalisierung und Verbreitung von Zweigstellen im ganzen Land, einen großen Einfluss auf die einzelstaatlichen Banken, deren Geschäfte und die Ausgabe von einzelstaatlichem Papiergeld gehabt hatte. Mit ihrem Ende entfiel zunächst die Möglichkeit für den Bund die Geldpolitik zu beeinflussen und eine einheitliche und stabile Währung bereitzustellen.[236]

Geringe Steuereinnahmen, Geldschwierigkeiten und Schulden in der Zeit nach dem „Krieg von 1812“ führten im April 1816 zur Gründung einer neuen *Bank of the United States* (*Second Bank*).[237] Diese nahm im Januar 1817 ihre Geschäfte auf.[238] Ihre Aufgabe war es insbesondere die Einlösung von Papiergeld in Hartgeld (*specie*) wiederaufzunehmen.[239] Zudem sollte sie auch die einzelstaatlichen Banken dazu bringen, die Einlösung wieder aufzunehmen, da diese sie während des „Krieges von 1812“ im Jahre 1814 ausgesetzt hatten. Durch diese Maßnahmen sollte sie die

230 *Spong*, S. 16 f.
231 *Sumner*, S. 50.
232 *Pollard/Daly*, § 2.03, 2–5.
233 *Sumner*, S. 54.
234 Außer der First Bank waren dies elf einzelstaatliche Banken. Siehe *Sumner*, S. 55.
235 *Studenski/Krooss*, Financial History of the United States, 1963, S. 72 f..
236 *Studenski/Krooss*, S. 73.
237 An Act: To incorporate the subscribers of the Bank of the United States, 3 Stat. 266 (1811–1823). [Im Folgenden bezeichnet als "Second Bank Act"].
238 *Federal Reserve Bank of Philadelphia*, The Second Bank of the United States: A Chapter in the History of Central Banking, S. 5.
239 Second Bank Act, § 17: „*And be it further enacted*, That the said corporation shall not at any time suspend or refuse payment in gold and silver, of any of its notes, bills or obligations; nor of any moneys received upon deposit in said bank, or in any of its offices of discount and deposit.".

Bereitstellung einer einheitlichen und stabilen Währung fördern.[240] Eine stabile Währung wurde zu dieser Zeit immer als Papiergeld definiert, welches durch Hartgeld abgedeckt war und jederzeit in solches eingelöst werden konnte. Diese Aufgabe wurde jedoch nicht ausdrücklich in das Gründungsgesetz aufgenommen. Indem das Gesetz die Banknoten der *Second Bank* für alle Zahlungen an den Bund, das heißt auch zur Begleichung von Steuern, geeignet erklärte,[241] gab sie diesen einen einem gesetzlichen Zahlungsmittel ähnlichen Status.[242]

Die *Second Bank* ähnelte der *First Bank* in vielen Aspekten.[243] Sie wurde ebenfalls als börsennotierte Gesellschaft des Privatrechts gegründet. Das Stammkapital war jedoch höher und betrug $ 35 Millionen.[244] Das Gesetz sah vor, dass 70.000 Aktien, die $ 7 Millionen entsprachen, vom Finanzminister für den Bund gezeichnet werden sollten.[245] Die restlichen $ 28 Millionen konnten von Privatpersonen, Unternehmen und Gesellschaften gezeichnet werden.[246] Die Bankzulassung wurde ebenfalls zunächst für 20 Jahre vergeben.[247]

Die *Second Bank* fungierte wie ihre Vorgängerin als Fiskalagent für den Bund.[248] Diese Aufgaben wurden jedoch ausdrücklich im Gründungsgesetz aufgelistet und ergaben sie nicht nur aus Zweckmäßigkeitserwägungen wie bei der *First Bank*.

---

240 *Holdsworth/Dewey/National Monetary Commission*, S. 158.

241 Second Bank Act, § 14: „*And be it further enacted*, That the **bills or notes of the said corporation** originally made payable, or which shall have become payable on demand, **shall be receivable in all payments to the United States**, unless otherwise directed by act of Congress." [mit eigener Hervorhebung].

242 *Catterall*, The Second Bank of the Unites States, 1902, S. 404.

243 Selbst das Gesetz zur Gründung der Bank hatte den gleichen Namen wie das Gesetz zur Gründung der First Bank.

244 Second Bank Act, § 1.

245 Second Bank Act, § 1: "[...] Seventy thousand shares, amounting to the sum of seven millions of dollars, part of the capital of the said bank, shall be subscribed and paid for by the United States, in the manner hereinafter specified; [...]." Second Bank Act, § 6: "*And be it further enacted*, That at the opening of subscription to the capital stock of the said bank, the Secretary of the Treasury shall subscribe, or cause to be subscribed, on behalf of the United States, the said number of seventy thousand shares, amounting to seven millions of dollars as aforesaid, [...].".

246 Second Bank Act, § 1: "[...] and two hundred and eighty thousand shares, amounting to the sum of twenty-eight millions of dollars, shall be subscribed and paid for by individuals, companies, or corporations, in the manner hereinafter specified.".

247 Second Bank Act, § 7: "*And be it further enacted*, That the subscribers to the said bank of the United States of America, their successors and assigns, shall be, and **are hereby, created a corporation** and body politic, by the name and style of "The president, directors, and company, of the bank of the United States," **and shall so continue until the third day of March, in the year one thousand eight hundred and thirty-six**, [...]." [mit eigener Hervorhebung].

248 *Federal Reserve Bank of Philadelphia*, The Second Bank of the United States, S. 6; *Catterall*, S. 464.

Gemäß *Section* 16 des Gesetzes zur Gründung der *Second Bank* wurden alle Geldvorräte der Vereinigten Staaten ausnahmslos bei der *Second Bank* und in deren Zweigniederlassungen eingelagert.[249] Dies ermöglichte es ihr den Bund unter anderem bei der Kreditaufnahme am Kapitalmarkt zu unterstützen und den Zahlungsverkehr für den Bund zu regeln, wie es das Gesetz forderte.[250] Sie gab Banknoten aus, löste diese gegen Gold und Silber ein, und versuchte die einzelstaatliche Ausgabe von Banknoten zu kontrollieren und in Maßen zu halten. Diese Maßnahmen und die Möglichkeit die Banknoten der *Second Bank* in jeder ihrer Zweigstelle unabhängig von der Ausgabestelle zum Nennwert in Hartgeld einlösen zu können, sollten die Währung stabiler machen.

Zwar ermächtigte das Gesetz die *Second Bank* nicht offiziell dazu, Geldpolitik zu betreiben wie das *Federal Reserve System* heutzutage, oder damit Banken zu beaufsichtigen oder Vorschriften für diese zu erlassen. Jedoch hatte sie aufgrund ihrer Größe und Anzahl und Verbreitung von Zweigniederlassungen[251] einen großen praktischen Einfluss und setze faktisch die Geldpolitik fest.[252] Durch ihre Geschäfte sammelte die *Second Bank* eine große Anzahl an einzelstaatlichen Banknoten an. Wollte sie sie das Wachstum der Geldmenge und der Kredite abschwächen, so forderte sie die einzelstaatlichen Banken auf, die Banknoten gegen Gold und Silber einzulösen. Dadurch verringerte sie die Gold- und Silberreserven der einzelstaatlichen Banken und folglich auch deren Möglichkeiten die Geldmenge durch die Ausgabe von neuen Banknoten zu erweitern. Die Zweigstellen erhielten die Vorgabe eine solche Einlösung mindestens einmal wöchentlich zu verlangen.[253] Wollte die *Second*

---

249 Second Bank Act, § 16: „*And be it further enacted,* That the deposits of the money of the United States, in places in which the said bank and branches thereof may be established, shall be made in said bank or branches thereof, unless the Secretary of the Treasury shall at any time otherwise order and direct [...].".

250 Second Bank Act, § 15: "*And be it further enacted,* That during the continuance of this act [...] the said corporation shall give the necessary facilities for transferring the public funds from place to place, within .the United States, or the territories thereof, and for distributing the same in payment of the public creditors, without charging commissions or claiming allowance on account of difference of exchange, and shall also do and perform the several and respective duties of the commissioners of loans for the several states, or of any one or more of them, whenever required by law." Die Pflichten der Second Bank als „Commissioner of Loans" für den Bund wurden durch ein Gesetz vom 3. März 1817 genauer definiert. Siehe An Act Transferring the duties of commissioner of loans to the Bank of the United States, and abolishing the office of commissioner of loans, 3 Stat. 360 (1811–1823).

251 Die Second Bank eröffnete insgesamt 26 Zweigniederlassungen, jedoch existierten nie mehr als 25 Zweigniederlassungen gleichzeitig. Siehe *Catterall,* S. 398. Die First Bank hatte vergleichsweise nur acht Zweigniederlassungen. Siehe *Federal Reserve Bank of Philadelphia,* The Second Bank of the United States, S. 8.

252 *Todd,* The Balance of Power, 2009, S. 4.

253 Diese Praxis stieß auf großen Widerstand bei den einzelstaatlichen Banken. Siehe *Catterall,* S. 439.

Bank hingegen das Wachstum anregen, so behielt sie die einzelstaatlichen Banknoten und steigerte dadurch deren Reserven, so dass die einzelstaatlichen Banken die Möglichkeit hatten, durch den Darlehensprozess mehr Banknoten in Umlauf zu bringen.[254] Diese Maßnahmen erzeugten den gleichen Effekt, den Mindestreserveanforderungen zur Liquiditätskontrolle heutzutage erzielen.

Wie bereits erwähnt, enthielt das Gesetz zur Gründung der *Second Bank* keine Bestimmungen zu ihrer Verantwortung als Aufsichtsbehörde über einzelstaatliche Banken. Trotzdem führte sie ansatzweise eine Bankaufsicht durch, um sicherzustellen, dass die einzelstaatlichen Banken „*safe and sound*" wirtschafteten und nicht durch dubiose Geschäfte ohne die Deckung von Hartgeld eine weitere Bankenpanik in Gang setzten, oder die Währung destabilisieren konnten.[255] Schätzten die Vorstände der Bank die einzelstaatliche Bank als sicher ein, so konnte sie anstelle einer Zweigstelle der *Second Bank* die Aufgabe als Depositenbank des Bundes übernehmen.[256] Die Möglichkeit als Depositenbank des Bundes zu fungieren, war eine Aufgabe, um die die einzelstaatlichen Banken die *Second Bank* sehr beneideten, und die diese bei ihrer Gründung nur ungern und unter Druck an sie abgetreten hatten.[257] Der *Second Bank* wurde durch diese Regelung im Gesetz große Macht und großer Einfluss über die einzelstaatlichen Banken verliehen.

Zur Aufsicht der Bank über ihre Zweigstellen wurden jedoch einige Bestimmungen in das Gesetz aufgenommen. So wurde der zentralen Geschäftsstelle der Bank in Washington, D.C. gemäß *Section* 11, *Paragraph* 14 viel Spielraum gegeben Vorschriften für die Zweigstellen erlassen, soweit diese nicht gesetzeswidrig waren oder der Verfassung der Bank selbst widersprachen.[258] Um eine effektive Kontrolle

---

254 *Federal Reserve Bank of Philadelphia*, The Second Bank of the United States, S. 9 f.

255 *Catterall*, S. 113.

256 Second Bank Act, § 11, para. 14: „[...] Or instead of establishing such offices, it shall be lawful for the directors of the said corporation from time to time, to **employ any other bank or banks**, to be first approved by the Secretary of the Treasury, at any place or places **that they may deem safe and proper**, to manage and transact the business proposed as aforesaid, other than for the purposes of discount, to be managed and transacted by such offices, under such agreements, and subject to such regulations, as they shall deem just and proper." [mit eigener Hervorhebung].

257 *Holdsworth/Dewey/National Monetary Commission*, S. 181–188.

258 Second Bank Act, § 11, para. 14: "The directors of the said corporation shall establish a competent office of discount and deposit in the District of Columbia, [...] also one such office of discount and deposit in any state in which two thousand shares shall have been subscribed or may be held [...]. **And it shall be lawful for the directors of the said corporation** to establish offices of discount and deposit, wheresoever they shall think fit, within the United States or the territories thereof, and **to commit the management of the said offices, and the business thereof,** respectively to such persons, and **under such regulations as they shall deem proper**, not being contrary to law or the constitution of the bank." [mit eigener Hervorhebung].

durchzuführen, wurden die Zweigstellen daher beispielsweise verpflichtet, wöchentlich Berichte einzureichen, Monatsausweise zu erstellen und es wurden Untersuchungen (auch unangekündigt) vorgenommen.[259]

Auch das Gesetz zur Gründung der *Second Bank* enthielt, wie das Gesetz der *First Bank*, einige rudimentäre Bestimmungen zur Bankaufsicht über die *Second Bank* selbst. Gemäß *Section* 11 *Paragraph* 15 wurde, wie schon bei der *First Bank*, der Finanzminister dazu ermächtigt, die Bücher der *Second Bank* so oft wie von ihm gewünscht, jedoch nicht öfter als einmal die Woche, zu überprüfen.[260] Zusätzlich wurde jedoch eine Bestimmung in das Gesetz eingefügt, die es auch dem Kongress ermöglichte, eine gewisse Kontrolle auszuüben. Gemäß *Section* 23 konnte eine von einer der beiden Kammern des Kongresses zu diesem Zweck eingesetzte Kommission die Bücher und Vorgänge der *Second Bank* überprüfen.[261] Stellte diese Kommission eine Verletzung der durch die Bankzulassung festgelegten Rechte und Pflichten der Bank fest, oder hatte der U.S.-Präsident Grund zu der Annahme, dass die Bank die Grenzen der Zulassung missachtete, so ermächtigte das Gesetz den Kongress oder den Präsidenten dazu, ein Gericht anzurufen, welches eine *scire facias* erlassen konnte. Aufgrund der *scire facias* war die Bank gezwungen, die Gründe für ihr Handeln vor Gericht darzulegen, wenn sie ihre Zulassung nicht verlieren wollte.

Jedoch ereilte die *Second Bank* am Ende das gleiche Schicksal wie die *First Bank*. Für den Ausbruch der Bankenpanik der Jahre 1818 und 1819 wurde von vielen die *Second Bank* verantwortlich gemacht.[262] Die Bank zog weiteren Unmut auf sich, indem

---

259 *Catterall*, S. 378.

260 Second Bank Act, § 11, para. 15: "The officer at the head of the Treasury Department of the United States shall be furnished, from time to time, as often as he may require, not exceeding once a week, with statements of the amount of the capital stock of the said corporation and of the debts due to the same; of the moneys deposited therein; of the notes in circulation, and of the specie in hand; and shall have a right to inspect such general accounts in the books of the bank as shall relate to the said statement [...].".

261 Second Bank Act, § 23: "And be it further enacted, That it shall, at all times, be lawful, for a committee of either house of Congress, appointed for that purpose, to inspect the books, and to examine into the proceedings of the corporation hereby created, and to report whether the provisions of this charter have been, by the same, violated or not; and whenever any committee, as aforesaid, shall find and report, or the President of the United States shall have reason to believe that the charter has been violated, it may be lawful for Congress to direct, or the President to order a scire facias to be sued out of the circuit court of the district of Pennsylvania, in the name of the United States [...] calling on the said corporation to show cause wherefore the charter hereby granted, shall not be declared forfeited; and it shall be lawful for the said court, upon the return of the said scire facias, to examine into the truth of the alleged violation, and if such violation be made appear, then to pronounce and adjudge that the said charter is forfeited and annulled.".

262 *Catterall*, S. 61.

sie viele Grundstücke nach der Krise zwangsversteigern ließ.[263] Die Opposition der Einzelstaaten ging so weit, dass verschiedene Staaten anfingen, die Zweigniederlassungen der Bank zu besteuern. Insbesondere Maryland versuchte eine Steuer auf alle Banknoten zu erheben, die von nicht in Maryland gegründeten Banken ausgegeben wurden. Der U.S.-*Supreme Court* entschied in seiner Grundsatzentscheidung *McCulloch v. Maryland,*[264] dass die Besteuerung durch die Einzelstaaten gegen die Verfassung der Vereinigten Staaten verstoße. Zudem wurde dort zum ersten Mal die sogenannte *Implied Powers*-Lehre etabliert. Diese besagt, dass auch wenn die Verfassung dem Kongress eine Kompetenz nicht explizit zuspricht, sie dennoch implizit zur Aufgabenverwirklichung gegeben sein kann.[265] Die Kompetenz zur Bankengründung beruhe auf der Kompetenz in *Article* I, *Section* 8, *Clause* 1 der U.S.-Verfassung Steuern und Ausgaben festzulegen.[266] Die Gründung einer Bank sei ein angebrachtes Mittel (*necessary and proper*),[267] um diese Gesetzgebungskompetenzen zu verwirklichen.[268] Dieses rettete die *Second Bank* zunächst und stärkte außerdem die Kompetenzen des Bundes.[269] Diese Entscheidung wurde später in *Osborn v. Bank*

---

263 *Markham*, 4 N.C. Bank. Inst. 221, 224.

264 McCulloch v. Maryland, 17 U.S. 316 (1819).

265 17 U.S. 316, 406: "Among the enumerated powers, we do not find that of establishing a bank or creating a corporation. But there is no phrase in the instrument which, like the articles of confederation, excludes incidental or implied powers; and which requires that everything granted shall be expressly and minutely described." Siehe weiterhin 17 U.S. 316, 421: "Let the end be legitimate, let it be within the scope of the constitution, and all means which are appropriate, which are plainly adapted to that end, which are not prohibited, but consist with the letter and spirit of the constitution, are constitutional.".

266 U.S. CONST. art. I, § 8, cl. 1: "The Congress shall have Power To lay and collect Taxes, Duties, Imposts and Excises [...]." 17 U.S. 316, 407 et seq.: "Although, among the enumerated powers of government, we do not find the word 'bank' or 'incorporation', we find the great powers, to lay and collect taxes; to borrow money; to regulate commerce; to declare and conduct a war; and to raise and support armies and navies. The sword and the purse, all the external relations, and no inconsiderable portion of the industry of the nation are intrusted to its government. [...] But it may with great reason be contended, that a government, intrusted with such ample powers [...] must also be intrusted with ample means for their execution [...].".

267 U.S. CONST. art. I, § 8, cl. 18.

268 17 U.S. 316, 411–425: "But the constitution of the United States has not left the right of Congress to employ the necessary means, for the execution of the powers conferred on the government, to general reasoning. To its enumeration of powers is added, that of making "all laws which shall be necessary and proper, for carrying into execution the foregoing powers, [...] it is the most unanimous and decided opinion of this court, that the act to incorporate the Bank of the United States is a law made in pursuance of the constitution, and is part of the supreme law of the land [...].".

269 *Studenski/Krooss*, S. 85.

of the United States[270] bestätigt. Einige Staaten hielten die *Second Bank* trotz alledem weiterhin für verfassungswidrig.[271]

Die Zulassung der *Second Bank* wurde im Jahre 1836 nicht verlängert. Die Frage der Verlängerung wurde aufgrund der im Jahre 1832 stattfindenden Präsidentenwahlen zu einer politischen Frage.[272] U.S.-Präsident ANDREW JACKSON hielt die *Second Bank* in ihrer derzeitigen rechtlichen Ausgestaltung für verfassungswidrig und legte 1832 ein Veto gegen die Verlängerung der Zulassung als Bank ein.[273] Alle Versuche, einen für alle Parteien zufriedenstellenden Kompromiss zu finden, scheiterten. Die *Second Bank* setze ihre Geschäfte (nicht sehr erfolgreich) nach Ablauf ihrer bundesrechtlichen Zulassung bis zum Jahre 1841 mit einer einzelstaatlichen Zulassung aus Pennsylvania fort.[274]

Daraufhin zog sich der Bund zunächst aus dem Bankengeschäft zurück und übertrug die Verantwortung für alle Bankenfunktionen auf Bundesebene an das Finanzministerium. Der vom Kongress erlassene *Independent Treasury Act of 1840*[275] stellte sicher, dass alle noch bei den bundesstaatlichen Depositenbanken verbliebenen Einlagen abgezogen und die noch bestehenden Aufgaben der Bank als Fiskalagent auf andere Stellen übertragen wurden.[276] Das Gesetz wurde zwar ein Jahr später wieder aufgehoben, jedoch wurde im Jahre 1846 ein ähnliches Gesetz erlassen, welches das sogenannte *Sub-Treasury System* einführte.[277] Die Aufgabenverteilung zwischen Bund und Einzelstaaten blieb bis zur Entstehung des nationalen bundesrechtlichen Bankensystems fast drei Jahrzehnte später bestehen. Das *Sub-Treasury System* wurde 1914 durch das *Federal Reserve System* ersetzt, blieb rechtlich jedoch bis zum Jahre 1921 in Kraft.[278]

---

270 Osborn v. Bank of the United States, 22 U.S. 738 (1824).

271 *Catterall*, S. 164.

272 *Catterall*, S. 215 ff. und insbesondere S. 242.

273 *Catterall*, S. 196 und S. 239.

274 *Hammond*, Jackson, Biddle, and the Bank of the United States, 7 J. Econ. Hist. 1, 11–15 (1947).

275 An Act to provide for the collection, safekeeping, transfer, and disbursement of the public revenue, 5 Stat. 385 (1836–1846). (im Folgenden bezeichnet als "Independent Treasury Act of 1840").

276 Independent Treasury Act of 1840, § 15 bestimmt: "*And be it further enacted*, That the Secretary of the Treasury shall, with as much promptitude as the convenience of the public business, and the safety of the public funds will permit, withdraw the balances remaining with the present depositaries of the public moneys and confine the safekeeping, transfer, and disbursement of those moneys to the depositaries established by this act.".

277 Das Sub-Treasury System wird oft auch als "Independent Treasury System" bezeichnet. Ausführlich zum "Sub-Treasury System" siehe *Kinley/ National Monetary Commission*, The Independent Treasury of the United States and its Relations to the Banks of the Country, 1910.

278 General Appropriation Act, Pub. L. No. 66-231, 41 Stat. 631, 654 (1920): "Section 3595 of the Revised Statutes of the United States, as amended, providing for

Die *Second Bank* hat es während der 20-jährigen Laufzeit ihrer bundesrechtlichen Zulassung nicht geschafft eine einheitliche Währung bereitzustellen. Zwar tauschte die *Second Bank* anfänglich noch alle Banknoten ihrer Zweigstellen zum Nennwert um, jedoch gab sie diese Praxis im Jahre 1818 auf.[279] Dies lag auch daran, dass es kein bundesrechtliches Gesetz gab, welches den Umtausch von Banknoten in Hartgeld zu ihrem Nennwert vorschrieb. Auch in den Einzelstaaten gab es solche gesetzlichen Bestimmungen nicht oder zumindest gab es keine einheitlichen Bestimmungen.[280] Dies zeigt wie wichtig Bankenregulierung ist.

4. Die Entwicklung in den Einzelstaaten

Aufgrund einer rapiden Ausweitung der Zahl einzelstaatlicher Banken und einer Zunahme von Banknotenproblemen und Bankeninsolvenzen, begannen die Einzelstaaten Verantwortung im Bereich der Regulierung zu übernehmen. Die Anfänge beschränkten sich auf eine Kontrolle der Zulassung von Banken durch staatliche Erlaubnis der Betriebsaufnahme. Problematisch dabei war, dass die Vergabe der Bankzulassungen anfällig war für politische Vetternwirtschaft. Banker, die bereits eine Zulassung erhalten hatten, hatten ein großes Interesse daran Konkurrenten von der Geschäftsaufnahme abzuhalten und man bediente sich Korruption und Bestechung, um dieses Ziel zu erreichen.[281] Um den Zugang zum Bankwesen fairer zu gestalten, wurden sogenannte „*Free Banking Acts*" erlassen. Die Zulassung einer Bank bedurfte nun keiner gesonderten staatlichen Erlaubnis mehr. Es galten die gleichen Vorschriften wie für die Gründung von anderen Unternehmen. Dies bedeutete wiederum nicht, dass die Gründung einer Bank jeder Person ohne die Erfüllung jeglicher Voraussetzungen gestattet war.[282] Die Idee des sogenannten *Free Banking* bestand darin, dass keine Sonderregelungen und besonders strikten Vorschriften für die Zulassung von Banken bestehen sollten, sondern sie nur den Einschränkungen unterworfen waren, die auch für andere Gewerbeunternehmen galten. Ein Unternehmer, mit dem Wunsch eine Bank zu betreiben, musste keine gesonderte Erlaubnis mehr beantragen und war daher nicht mehr von dem Willen eines Politikers abhängig. Solange die

---

the appointment of an Assistant Treasurer of the United States [...] and all laws or parts of laws so far as they authorize the establishment or maintenance of offices of such Assistant Treasurers or of Subtreasuries of the United States are hereby repealed from and after July 1, 1921; and the Secretary of the Treasury is authorized and directed to discontinue from and after such date or at such earlier date or dates as he may deem advisable, such subtreasuries and the exercise of all duties and functions by such assistant treasurers or their offices.".

279 *Catterall*, S. 404 f..

280 *Holdsworth/Dewey/National Monetary Commission*, S. 191 f..

281 *Chaddock*, The Safety-Fund Banking System in NewYork State, 1829–1866, in: Dewey/Chaddock/National Monetary Commission (Hrsg.), State Banking before the Civil War and The Safety-Fund Banking System in New York State, 1829–1866, 1910, S. 242.

282 *Bodenhorn*, State Banking in Early America, 2003, S. 192.

Voraussetzungen des allgemeinen Gesetzes (*General Banking Act*) erfüllt wurden, konnte die Bank betrieben werden.

Die ersten *Free Banking Acts* wurden in Connecticut, Michigan und New York in den Jahren 1837 und 1838 erlassen und postulierten die Voraussetzungen, die man erfüllen musste um eine Bank gründen und betreiben zu dürfen.[283] Hauptsächlich waren ein gewisses Mindestkapital gefordert und die Einhaltung von anderen Organisationsvorschriften.[284] Die Gesetze erlaubten den Banken Geldnoten auszugeben, verboten aber ihre Beteiligung an wirtschaftlichen und industriellen Aktivitäten.[285] Gemäß *Section* 15 des New Yorker Gesetzes, dem *General Banking Act of 1838*,[286] mussten Banken, die nach dem Gesetz gegründet wurden, beispielsweise ein Mindesteigenkapital von $ 100.000 vorhalten.

Aus Verbraucherschutzgründen begannen die Staaten zudem ansatzweise damit, Banken zu beaufsichtigen und Banknoten- und Einlagensicherungssysteme zu schaffen. In den Jahren 1836 bis 1863 bestand die staatliche Aufsicht hauptsächlich darin, Bankbilanzen zu überprüfen. Banken selbst wurden selten einer Überprüfung unterzogen, es sei denn, dass sie der Insolvenz nahe waren, oder ein falscher Bericht den Anlass dazu gab. Die Frage, ob es überhaupt eine Bankenaufsicht gab, hing auch davon ob, ob die Einzelstaaten an den Banken beteiligt waren oder nicht und somit ein gesteigertes Interesse an einer Kontrolle bestand.[287]

5. „Einlagensicherungssysteme“

Mit der Einführung von „Einlagensicherungssystemen“[288] ging auch die Einführung einer Bankenaufsicht einher, die unserem heutigen Verständnis schon näher kommt.[289] Der Vorreiter in diesem Bereich war New York. Dort wurde 1829 der *New York Safety Fund* durch den sogenannten *Safety Fund Act of 1829*[290] eingerichtet.

---

283 *Spong*, S. 17.

284 *Spong*, S. 19.

285 *Symons*, The "Business of Banking" in Historical Perspective, 51 Geo. Wash. L. Rev. 676, 688 (1983).

286 An Act to authorize the business of banking, 1838 N.Y. Laws, ch. 260, p. 245. [Im Folgenden bezeichnet als "General Banking Act of 1838"].

287 *Robertson*, S. 24.

288 Das Wort "Einlagensicherungssystem" entspricht hier nicht unserem heutigen Verständnis und ist in einem untechnischen Sinn zu verstehen. Einlagen in dem Sinne waren noch nicht verbreitet, so dass der Fond eher eine allgemeine Versicherung zur Begleichung aller ausstehenden Verbindlichkeiten einer insolventen Bank darstellte. Das hauptsächliche Bankgeschäft zu dieser Zeit war die Ausgabe von Banknoten, so dass der Umtausch in Gold- und Silbermünzen durch den Fond sichergestellt werden sollte.

289 *Robertson*, S. 25.

290 An Act to create a fund for the benefit of certain moneyed corporations, - and for other purposes, 1829 N.Y. Laws, ch. 94, p. 167 [Im Folgenden bezeichnet als "Safety Fund Act of 1829"].

Das New Yorker Gesetz sah eine Verpflichtung jeder Bank vor, jährlich einen Prozentsatz von 0,5 Prozent ihres Kapitals über sechs Jahre in einen Sicherungsfond einzuzahlen.[291] Verbindlichkeiten einer insolventen Bank wurden aus diesem Fond bezahlt.[292] Dieses Modell übernahmen auch Vermont, Indiana, Michigan, Ohio und Iowa in den meisten Aspekten. Sowohl New York, als auch Vermont und Michigan führten eine Pflichtmitgliedschaft ein, wobei Michigan sogar so weit ging und die *Free Banks* verpflichtete einzuzahlen.[293]

New York sah im *Safety Fund Act of 1829* vor, dass jeweils drei Mitarbeiter der Aufsichtsbehörde mindestens dreimal im Jahr Vor-Ort-Untersuchungen der Banken durchführen sollten.[294] Im Jahre 1843 schaffte New York seine Kontrolleure jedoch durch eine Änderung des *General Banking Act of 1838* wieder ab.[295] Der Gesetzgeber war der Ansicht, dass sie entweder überflüssig seien, wenn man davon ausgehe, dass Banker ehrlich seien oder nichts nutzen würden, wenn die Banker unehrlich seien.[296] Trotz dieser Einstellung richtete New York im April 1851 eine permanente Bankbehörde (*New York State Banking Department*) ein.[297] Massachusetts folgte einem ähnlichen Plan und eröffnete die Bankenbehörde im Jahre 1851 wieder. Diese Behörde hatte von

291 Safety Fund Act of 1829, § 2: "For the purpose of creating and continuing the fund established, every such corporation shall [...] in every year, pay to the treasurer of this State, **a sum equal to one-half of one per cent on the capital stock** of such corporation paid in [...]." Safety Fund Act of 1829, § 4: "The said annual payments **shall continue** to be made **until** every such moneyed incorporation shall **have paid** into the treasury **three per cent** upon its capital stock [...]." [mit eigener Hervorhebung].

292 Safety Fund Act of 1829, § 10.

293 *Klebaner*, American Commercial Banking, 1990, S. 24.

294 Safety Fund Act of 1829, § 15: "Three persons, to be styled "the Bank Commissioners of the State of New York,", shall be appointed [...] whose duty [...] it shall be, once at least in every four months, to visit every moneyed corporation [...] and thoroughly to inspect the affairs of the said moneyed corporations; to examine all the books, papers, notes, bonds and other evidences of debt of said corporations; to compare the funds and property of said corporations with the statements to be made by them as hereinafter provided; to ascertain the quantity of specie the said corporations have on hand; and generally to make such other inquiries as may be necessary to ascertain the actual condition of the said corporations, and their ability to fulfill all the engagements made by them.".

295 An Act to abolish the office of bank commissioner, and for other purposes, 1843 N.Y. Laws, ch. 218, p. 299. § 6 lautet: "The office of bank commissioner is hereby abolished; provided, however, that it shall be competent for the comptroller, whenever he shall have good and sufficient reason to suspect the condition of any bank, or the correctness of its quarterly report, to appoint a special agent to examine the affairs of such bank, and who for that purpose shall have the same powers now vested by law in a bank commissioner.".

296 *Klebaner*, S. 44.

297 An Act to organize a Bank Department, 1851 N.Y. Laws, ch. 164, p. 309.

1838 bis 1843 bestanden und war aufgrund der Opposition der Kleinbanker vom Land geschlossen worden, obwohl die offizielle Begründung sich auf ein Sparprogramm des Staates berief.[298]

Der *Safety Fund Act of 1829* legte in *Section* 31 fest, dass die Banken vierteljährlich einen Bericht über ihren Zustand bei der New Yorker Bankenbehörde einreichen mussten. Mitarbeiter der Aufsichtsbehörde konnten eine Bank nur vor Ort untersuchen, wenn Unregelmäßigkeiten vermutet wurden. Eine solche Untersuchung wurde jedoch nicht sehr oft vorgenommen und auch nur nach langer Überlegung, da schon das Gerücht einer solchen Untersuchung einen Ansturm auf die Bank auslösen konnte. Der Vorsteher der Bankaufsichtsbehörde sah die Aufsichtskompetenz und insbesondere die Quartalsberichte als nutzlos an und trat daher Ende 1858 an die Legislative heran,[299] welche daraufhin die Untersuchungskompetenz wieder abschaffte. Bis 1884 blieb die Untersuchungskompetenz beschränkt auf Fälle, in denen illegale oder unseriöse Aktivitäten vermutet wurden.[300]

In den meisten anderen Staaten gab es überhaupt keine regelmäßigen Untersuchungen der Banken. Es bestand Einigkeit darüber, dass alle Bereiche des Bankwesens, außer der Ausgabe von Banknoten, für jeden zugänglich sein müssten und nicht mehr Einschränkungen unterliegen sollten, als jeder andere Handelsbetrieb. Da in den meisten Staaten ohnehin keine Aufsichtsbehörde vorhanden war, waren jegliche gesetzliche Beschränkungen ohnehin bedeutungslos, da ihre Einhaltung nicht überwacht und geahndet wurde.[301]

6. Die Einführung eines gesetzlichen Zahlungsmittels und die Entstehung der National Banks

Zur Zeit des amerikanischen Bürgerkrieges waren hauptsächlich Banknoten im Umlauf, die von den einzelstaatlichen Banken ausgegeben wurden und deren Wert

---

298 *Klebaner*, S. 44.

299 *Banking Department of the State of New York*, 1858 Annual Report of the Superintendent of the Banking Department, S. 14 f.: "There are two valid and subsisting objections to the statute in relation to an examination of any bank by the Superintendent. The first is, it confers a power utterly useless in its operative effect as to the public safety, and leaves upon the minds of the people an impression that the Superintendent can exercise some power and control over our banks [...]. But all experience teaches us that an insolvent bank never exposed that insolvency, or any danger of such a result, in its quarterly report. [...] In the second place, it is in direct contravention to the spirit and meaning [..] of our general bank law, which looks [...] to the question of securing the currency alone [...]. The whole statutory provision in relation to the examination of our banks, so far as the free banks are concerned, is a delusion and is purely a cheat of the people of the State, by making them believe that it tends to secure them from loss by those institutions.[...]".

300 *Klebaner*, S. 44.

301 *Klebaner*, S. 44 f..

stark fluktuierte. Der Bund schuf im Jahre 1862 durch den *Legal Tender Act*[302] die *United States Note*, umgangssprachlich *Greenback* genannt, um den Bürgerkrieg zu finanzieren. Der *Greenback* wurde schließlich das gesetzliche Zahlungsmittel und damit die nationale Währung. Wie im Folgenden dargelegt wird, hängt die Gründung der N*ational Banks* eng mit dem Erfolg des *Greenbacks* zusammen.

a. Der National Bank Act

Das heutige duale Bankensystem entstand im Jahre 1863, als ein unbeabsichtigtes Nebenprodukt der Entscheidung des Bundes *National Banks* einzuführen. Durch eine einheitliche Währung sollte die Finanzierung des Bürgerkrieges gewährleistet werden, so dass der Bund nicht mehr von der Großzügigkeit der Einzelstaaten abhängig war und gezwungen blieb, Zahlungen an Soldaten und Lieferanten zurückzuhalten.[303] Der Bund ging davon aus, dass die bisher einzelstaatlich zugelassenen Banken sich für eine *National Charter* entscheiden würden. Dies war jedoch nicht der Fall.

Um die einzelstaatlichen Banknoten unattraktiver zu machen, ging man daher in zwei Schritten vor. Zuerst wurde ein nationales Bankensystem etabliert. Dies wurde durch den *National Currency Act* von 1863[304] (aufgehoben und abgeändert durch die Fassung von 1864[305]) erreicht. Das Gesetz (nunmehr genannt „*National Bank Act*") sah die Einführung von *National Banks* vor.[306] Zur Umsetzung des Gesetzes und zur Aufsicht[307] über die *National Banks* schuf man eine separate Behörde innerhalb des

---

302 An Act To authorize the issue of United States notes, and for the redemption or funding thereof, and for funding the floating debt of the United States (Legal Tender Act of 1862), 12 Stat. 345 (1855–1863).

303 *Hammond*, Sovereignty and an Empty Purse, 1970, S. 244.

304 National Currency Act of 1863, ch. 58, 12 Stat. 665 (1859–1863).

305 National Currency Act of 1864, 13 Stat. 99 (1863–1865). Jetzt bekannt unter dem Namen "National Bank Act". Der Name wurde durch den Act of June 30, 1874, ch. 343, 18 Stat. 123 (1873–1874), jetzt kodifiziert in 12 U.S.C. § 38 (2012), offiziell geändert.

306 National Bank Act, § 5: "*And be it further enacted,* That associations for carrying on the business of banking may be formed by any number of persons, not less in any case than five, who shall enter into articles of association, which shall specify in general terms the object for which the association is formed, and may contain any other provisions, not inconsistent with the provisions of this act, which the association may see fit to adopt for the regulation of the business of the association and the conduct of its affairs, which said articles shall be signed by the persons uniting to form the association, and a copy of them forwarded to the comptroller of the currency, to be filed and preserved in his office.".

307 National Bank Act, § 54: "*And be it further enacted,* That the comptroller of the currency, [...] as often as shall be deemed necessary or proper, shall appoint a suitable person or persons to make an examination of the affairs of every banking association [...] and who shall have power to make a thorough examination into all the affairs of the association, and, in doing so, to examine any of the officers and

Finanzministeriums, das OCC.[308] Als Leiter dieser Behörde war der *Comptroller of the Currency* vorgesehen.[309] Der zweite Schritt bestand in der Erhebung einer Steuer in Höhe von zehn Prozent auf einzelstaatlich ausgegebene Banknoten.[310] Diese Steuer sollte einen Anreiz für neue Banken bieten, sich für eine *National Charter* zu entscheiden.[311] Der *National Bank Act* enthielt zudem eine Bestimmung, die darlegte, dass Banken nur im „Bankgeschäft" tätig sein können.[312] Die Interpretation dieses Begriffes sollte später noch zu zahlreichen Gerichtsfällen und Kontroversen führen.

Diese Schritte führten zu dem heute noch bestehenden dualen Bankenaufsichtssystem mit geteilten Zuständigkeiten zwischen den Einzelstaaten und dem Bund.

b. Gründe für das Bestehenbleiben des dualen Systems

Zunächst nahm die Zahl der einzelstaatlichen Banken aufgrund dieser Maßnahmen wie erwartet ab. Nach Einführung der Steuer auf einzelstaatlich ausgegebene Banknoten wandelten sich 922 *State Banks* in eine *National Bank* um. Ende des Jahres 1865 gab es damit insgesamt 1.601 *National Banks* und nur noch 300 *State Banks.*[313] Über die nächsten Jahre nahm die Anzahl der einzelstaatlich zugelassenen Banken jedoch wieder stetig zu. Im Jahre 1882 gab es 2.239 *National Banks* und 704 *State*

---

agents thereof on oath ; and shall make a full and detailed report of the condition of the association to the comptroller.".

308 National Bank Act, § 1: "That there shall be established in the treasury department a separate bureau, which shall be charged with the execution of this and all other laws that may be passed by congress respecting the issue and regulation of a national currency secured by United States bonds.".

309 National Bank Act, § 1: "[...]The chief officer of the said bureau shall be denominated the comptroller of the currency[...]".

310 An Act To amend an act entitled "An act to provide internal revenue to support the government, to pay interest on the public debt, and for other purposes," approved June thirtieth, eighteen hundred and sixty-four", 13 Stat. 469 (1861–1865). Dort heißt es in § 6: "*And be it further enacted,* That every national banking association, state bank; or state banking association, shall pay a **tax of ten per centum on the amount of notes of any state bank or state banking association**, paid out by them after the first day of July, eighteen hundred and sixty-six.". [mit eigener Hervorhebung]; *James*, Money and Capital Markets in Postbellum America, 1978, S. 27.

311 *Schooner/Taylor,* Convergence and Competition: The Case of Bank Regulation in Britain and the United States, 20 Mich. J. Int'l L. 595, 610 (1999).

312 National Bank Act, § 8: "*And be it further enacted,* That every association formed pursuant to the provisions of this act [...] shall transact no business except such as may be incidental to its organization and necessarily preliminary, until authorized by the comptroller of the currency to commence the **business of banking**. Such association shall have power to [...] and exercise under this act all such incidental powers as shall be necessary to **carry on the business of banking** [...]." [mit eigener Hervorhebung]. Aktuelle Fassung kodifiziert in 12 U.S.C. § 24.

313 *Klebaner,* S. 66.

Banks. Im Jahre 1900 schließlich gab es wieder mehr *State Banks* (5.000) als *National Banks* (3.731).[314] Diese Entwicklung hatte mehrere unterschiedliche Ursachen.

Eine Ursache waren die unterschiedlichen Anforderungen und Befugnisse der *National Banks* einerseits und *State Banks* andererseits. Die *National Banks* wurden oft als weniger attraktive Alternative angesehen.[315] Solange eine Bank nicht vorhatte, überregional tätig zu werden, gab es insgesamt vier Bereiche, in denen eine *state charter* attraktiver war. Vor 1900 waren *National Banks* verpflichtet ein Stammkapital von $ 50.000 in Städten mit weniger als 6.000 Einwohnern zu halten und sogar bis zu $ 200.000 in Städten mit mehr als 50.000 Einwohnern.[316] Die meisten Staaten dagegen verlangten ein Stammkapital von nur $ 10.000 oder gar kein Stammkapital.[317] Hierbei ist anzumerken, dass die Eigenkapitalquote damals nicht von der Beziehung zwischen Kernkapital und risikotragenden Aktiva abhängig war. Die Eigenkapitalquote diente nur dazu, festzustellen, ob die Bank gegründet werden durfte oder nicht.

Zusätzlich war die ursprüngliche Attraktivität einer *national charter* – das Banknotenprivileg und damit die Steuerfreiheit– dadurch gemindert, dass sich das Bankgeschäft an sich grundlegend änderte. Die Kunden gingen dazu über, ihr (geliehenes) Geld auf Konten bei der Bank zu deponieren, da insbesondere Schecks immer mehr in Mode kamen.[318] Der Fokus des Bankgeschäfts verschob sich daher von dem Drucken von Banknoten hin zum Einlagen- und Kreditgeschäft.

Unterschiede gab es auch in der Höhe des Kapitals mit dem eine Bank ihre Risiken unterlegen musste. Die Eigenkapitalanforderungen zur Unterlegung von Bankeinlagen waren für *State Banks* niedriger als für *National Banks.* Zudem waren die Barreserveanforderungen für *National Banks* erheblich strikter,[319] und sie wurden auch strikter durchgesetzt. Hinzu kam noch, dass manche Staaten eine Unterscheidung zwischen Termin- und Girokonten trafen und niedrigere Eigenkapitalreserven für Terminkonten verlangten.[320]

---

314 *Klebaner*, S. 68.

315 *Pollard/Daly*, § 2.05, 2–18.

316 National Bank Act, § 7: „[...] That no association shall be organized under this act, with a less capital than one hundred thousand dollars, nor in a city whose population exceeds fifty thousand persons, with a less capital than two hundred thousand dollars: Provided, That banks with a capital of not less than fifty thousand dollars may, with the approval of the Secretary of the Treasury, be organized in any place the population of which does not exceed six thousand inhabitants."; *Klebaner*, S. 68.

317 *Robertson*, S. 64.

318 *Robertson*, S. 64; *Brown*, S. 15.

319 National Bank Act, § 31: "[...] That **every association** in the cities hereinafter named **shall, at all times, have on hand**, in lawful money of the United States, an amount equal to **at least twenty-five per centum of the aggregate amount of its notes in circulation and its deposits**; and every other association shall, at all times, have on hand, in lawful money of the United States, an amount equal to at least fifteen per centum of the aggregate amount of its notes in circulation, and of its deposits. [...]." [mit eigener Hervorhebung].

320 *Robertson*, S. 64 f..

Zusätzlich unterlagen *National Banks* auch im Bereich der ihnen erlaubten Investitionen und im Bereich der Kreditvergabe größeren Beschränkungen als *State Banks*. Bis zum Jahre 1913 war es *National Banks* nicht erlaubt, grundpfandrechtlich abgesicherte Kredite zu vergeben oder mit Grundpfandrechten belastete Grundstücke zu halten.[321] Zudem gab es bis zum Jahre 1906 auch eine Kreditgrenze für *National Banks*. Sie konnten einem Kunden nicht mehr als zehn Prozent des eingezahlten Kapitals leihen.[322] Dadurch sollte sichergestellt werden, dass alle Bürger gleichmäßig von den Dienstleistungen der Banken profitieren konnten und nicht eine einzige Person oder Gruppe bevorzugt wurde. In der Praxis verstieß jedoch ungefähr die Hälfte der *National Banks* gegen diese Auflage, da sie ansonsten nicht konkurrenzfähig geblieben wären.[323] Hinzu kam auch noch, dass es *National Banks* verboten war, in ihre Aktien zu investieren oder diese als Sicherheit zu hinterlegen,[324] während *State Banks* und Treuhandgesellschaften (*trust companies*) nicht solchen Verboten unterlagen.[325]

Zusammenfassend kann man festhalten, dass die größeren Beschränkungen und die verstärkte Aufsicht die *National Banks*, in den Augen der meisten Banker, sehr unattraktiv machten. Eine *National Charter* gab den Banken zwar das Recht, Banknoten auszugeben und versprach mehr Prestige. Diese Überlegungen waren jedoch nur für auswärtige und überregionale Banken von Bedeutung.

c. *Aufsichtssystem gemäß dem National Bank Act*

Der *National Currency Act* des Jahres 1863 führte die Position des *Comptroller of the Currency* ein.[326] Eine seine ersten Amtshandlungen bestand darin, Änderungen zu dem ursprünglichen Gesetz vorzuschlagen, die sich dann im *National Bank Act* von 1864 niederschlugen. Wie bereits erwähnt, war der *Comptroller of the Currency* damit beauftragt, die Durchführung des Gesetzes zu überwachen.[327] Das Gesetz sah folgende Aufsichtsregeln vor:

---

321 National Bank Act, § 28: "[...] Nor shall it hold the possession of any real estate under mortgage, or hold the title and possession of any real estate purchased to secure any debts due to it [...].".

322 National Bank Act, § 29: "[...] That the **total liabilities to any association, of any person**, or of any company, corporation, or firm **for money borrowed**, including in the liabilities of a company or firm the liabilities of the several members thereof, **shall at no time exceed one tenth part of the amount of the capital stock** of such association actually paid in [...]." [mit eigener Hervorhebung].

323 *Klebaner*, S. 85.

324 National Bank Act, § 35: "[...] That no association shall make any loan or discount on the security of the shares of its own capital stock, nor be the purchaser or holder of any such shares.".

325 *Robertson*, S. 66.

326 National Currency Act, § 1.

327 Siehe dazu Seite 46.

National Banks waren gesetzlich dazu verpflichtet, vierteljährlich einen detaillierten Bericht (*call report*) einzureichen,[328] damit der *Comptroller* die Bilanz überprüfen und feststellen konnte, ob bei der Bank genügend Eigenmittel vorhanden waren. Wurde ein solcher Bericht nicht eingereicht, wurden für jeden Tag, den der Bericht verspätet war, empfindliche Geldstrafen ausgesprochen.[329] Weiterhin musste eine monatliche Erklärung über den durchschnittlichen Umlauf, Einlagen und Ähnliches abgegeben werden.[330] Schnell wurde jedoch offensichtlich, dass Banken ihre Bilanzen genau für den vierteljährlichen Zeitpunkt der Überprüfung bereinigten und die Berichte daher nicht immer aussagekräftig waren. Um diese als „*windowdressing*" bekannte Praxis zu unterbinden, änderte man im Jahre 1869 das Gesetz auf Vorschlag des *Comptrollers* HULBURD ab[331] und führte sogenannte „Überraschungsberichte" ein, die fünfmal im Jahr verlangt werden durften. Die Wahl des Zeitpunkts blieb dem *Comptroller* vorbehalten. Der Bericht musste innerhalb von fünf Tage nach Anfrage eingereicht werden und gleichzeitig in einer Zeitung in der Stadt, in der die Bank ihren Sitz hatte, veröffentlicht werden.[332] Zudem konnte die Aufsichtsbehörde Sonderberichte verlangen. Auch in Bezug auf den Sonderbericht wurde dem *Comptroller* ein Beurteilungsspielraum gegeben.[333] Zudem wurden wie

---

328 National Bank Act, § 34: "*And be it further enacted,* That every association shall make to the comptroller of the currency a report [...] which report shall exhibit in detail, and under appropriate heads, the resources and liabilities of the association before the commencement of business on the morning of the first Monday of the months of January, April, July, and October of each year and shall transmit the same to the comptroller within five days thereafter. [...]".

329 National Bank Act, § 34: "[...] And any bank failing to make and transmit such report shall be subject to a penalty of one hundred dollars for each day after five days that such report is delayed beyond that time."; *Robertson,* S. 80 f.

330 National Bank Act, § 34: "[...] In addition to the quarterly reports required by this section, every association shall, on the first Tuesday of each month, make to the comptroller of the currency a statement [...] showing the condition of the association making such statement [...] in respect to the following items and particulars, to wit: average amount of loans and discounts, specie, and other lawful money belonging to the association, deposits, and circulation. [...]".

331 An Act Regulating the reports of national banking associations, 15 Stat. 326 (1859–1869).

332 An Act Regulating the reports of national banking associations, § 1: „Every association shall make to the Comptroller of the Currency not less than five reports during each year, [...] and shall be transmitted to the Comptroller within five days after the receipt of a request or requisition therefor from him, and in the same form in which it is made to the Comptroller shall be published in a newspaper published in the place where such association is established, [...]." Die aktuelle Fassung dieser Vorschrift ist kodifiziert in 12 U.S.C. § 161 (2012). Die Veröffentlichung in einer Zeitung ist in der aktuellen Version nicht mehr enthalten.

333 An Act Regulating the reports of national banking associations, § 1: "[...] And the comptroller shall have power to call for special reports from any particular

bereits unter dem ursprünglichen Gesetz empfindliche Geldstrafen für verspätete Berichte festgelegt.[334]

Die Kontrolleure legten die Messlatte für die Überprüfung hoch an. Sie waren dazu angehalten, nicht nur die Buchhaltung zu kontrollieren, sondern darüber hinaus auch Informationen über das Management der Bank einzuholen und über die Qualität der vergebenen Kredite und gekauften Wertpapiere. Der 5. *Comptroller of the Currency* CANNON[335] ging sogar noch einen Schritt weiter und untersuchte nicht nur die Buchhaltung der Bank, sondern auch, wie die Geschäfte der Bank durch das Management geführt werden und die Qualität der vergebenen Kredite und Investmentportfolios.[336] Diese für die Zeit schon sehr hohen Standards wurden dadurch wieder relativiert und schon fast konterkariert, dass die Kontrolleure durch Beiträge der Banken bezahlt wurden, bei denen die Kontrolle durchgeführt wurden.[337] Dieses Problem tauchte auch in der im Jahre 2007 begonnenen Finanzkrise im Zusammenhang mit der Bezahlung von Kontrollen durch Ratingagenturen auf. Es sollte noch bis zur Verabschiedung des *Federal Reserve Act* dauern, bis der Kongress das bestehende Gebührensystem abschaffte.[338]

Problematisch war bei den vorgenommenen Kontrollen nicht nur die Vergütung der Kontrolleure. Es fehlte auch an einheitlichen Prinzipien und Verfahren. Die verschiedenen Kontrolleure standen selten miteinander in Kontakt und es kam erschwerend hinzu, dass jeder seine eigenen Assistenten einstellen durfte, die dem

---

association whenever in his judgment the same shall be necessary in order to a full and complete knowledge of its condition.[...]".

334 An Act Regulating the reports of national banking associations, § 1: "[...] Any association failing to make and transmit any such report shall be subject to a penalty of one hundred dollars for each day after five days that such bank shall delay to make and transmit any report as aforesaid [...].".

335 Er hatte das Amt von Mai 1884 bis März 1886 inne.

336 *Robertson*, S. 72.

337 National Bank Act, § 54: "[...] That the comptroller of the currency [...] as often as shall be deemed necessary or proper, shall appoint a suitable person or persons to make an examination of the affairs of every banking association [...] And every person appointed to make such examination shall receive for his services at the rate of five dollars for each day by him employed in such examination, and two dollars for every twenty-five miles he shall necessarily travel in the performance of his duty, **which shall be paid by the association by him examined**." [mit eigener Hervorhebung]; *White*, The Regulation and Reform of the American Banking System, 1983, S. 33 f..

338 Federal Reserve Act, § 21: "[...] The Federal Reserve Board, upon the recommendation of the Comptroller of the Currency, shall fix the salaries of all bank examiners and make report thereof to Congress. The expense of the examinations herein provided for shall be assessed by the Comptroller of the Currency upon the banks examined in proportion to assets or resources held by the banks upon the dates of examination of the various banks. [...]".

Comptroller nicht verantwortlich waren. Dies führte dazu, dass die Qualität der Kontrollen erheblich schwankte.[339]

Zudem wurden die Banken immer kreativer, schlechte Aktiva zu verstecken. Es war nicht unüblich, schlechte Aktiva zu anderen Banken, Tochtergesellschaften oder Firmen auszulagern und sich für die Zeit der Kontrolle bessere Vermögenswerte auszuleihen.[340]

Andere Regelungen beschäftigten sich mit Eigenkapitalanforderungen, Limitierung der erlaubten Bankaktivitäten, Kontrolle von Kapitalerhöhung durch den *Comptroller*, Beschränkung des Grundstückserwerbs durch Banken, Beschränkungen der Kreditvergabe an einzelne Personen oder Gesellschaften, eine Begrenzung der Zinsen, sowie zivilrechtliche Strafen für die Nichtbeachtung des *National Bank Act*.[341]

7. Der Gold Standard Act von 1900

Die Zeit kurz vor der Gründung des *Federal Reserve System* war eine Zeit, in der es wenige Beschränkungen für das Bankwesen gab. *Comptroller* Eckels[342] warb im Jahre 1896 im amerikanischen Kongress dafür, dass die Mindestkapitalanforderungen für *National Banks* in kleineren Städten gesenkt werden sollten. Dieser Vorschlag wurde von seinem Nachfolger Dawes unterstützt, so dass man ihn im *Gold Standard Act* von 1900 umsetzte. Nunmehr mussten *National Banks* in Städten mit weniger als 3000 Einwohnern nur noch ein Stammkapital von $ 25.000 aufbringen. Diese Lockerung der Anforderungen führte dazu, dass in den nächsten Jahren mehr als 2.500 neue Anträge zur Eröffnung einer Bank genehmigt wurden.[343]

8. Die Gründung des Federal Reserve System

In den Jahren 1907 und 1908 kam es aufgrund einer kurzfristigen Geldknappheit zu einer Finanzkrise. Es wurde eine Kommission (die sogenannte *National Monetary Commission*) eingesetzt, die Vorschläge für eine Einrichtung ausarbeiten sollte, die solche Krisen in Zukunft vermeiden könnte. Nach intensiver Diskussion der Vor- und Nachteile einer Zentralisierung und Verwerfung mehrerer Vorschläge wurde am 23. Dezember 1913 im Kongress der *Federal Reserve Act*[344] verabschiedet. Dieser sah als Kompromisslösung unter anderem vor, dass mehrere regionale *Federal Reserve Banks* errichtet werden sollten, sowie ein zentrales *Federal Reserve Board* in Washington, D.C.. Beide sollten ursprünglich gleichberechtigt sein.[345] Aufgrund

339 *Robertson*, S. 79.
340 *Robertson*, S. 79.
341 *Pollard/Daly*, § 2.05, 2–15 f.
342 Eckels war der 9. Comptroller of the Currency. Er war von April 1895 bis Dezember 1897 im Amt.
343 *Robertson*, S. 68.
344 Federal Reserve Act, Pub. L. No. 63-43, 38 Stat. 251 (1913–1915).
345 *Meltzer*, A History of the Federal Reserve, Vol. I, 2003, S. 68 f.

kontinuierlicher parlamentarischer Opposition einigte man sich zunächst darauf, die ursprüngliche Zulassung der *Federal Reserve Banks* zum Bankgeschäft auf 20 Jahre zu begrenzen.[346] Dies spiegelte die Praxis bei der *First Bank* und der *Second Bank* wieder. Erst der *McFadden Act* des Jahres 1927 machte die *Federal Reserve Banks* in *Section* 2(a) zu einer permanenten Einrichtung.[347]

Inhaltlich sollte der *Federal Reserve Act*, gemäß seinem vollständigen Namen,[348] unter anderem für eine „elastische Währung"[349] sorgen. Weiterhin sollte das Gesetz durch die Gründung des *Federal Reserve System* eine Stelle für Kreditinstitute schaffen, bei der sie kurzfristige Schuldverschreibungen (*commercial papers*) rediskontieren konnten (Diskontgeschäft). Bei einem solchen Diskontgeschäft kauft das *Federal Reserve System* noch nicht fällige *commercial papers* und andere Geldmarktpapiere der Geschäftsbanken an, um so der Bank kurzfristig Liquidität zu verschaffen. Dazu setzen die *Federal Reserve Banks* einen definierten Zinssatz (*discount rate*) fest, zu dem die Banken ihre Papiere verpfänden können.[350] Ein weiteres Ziel des *Federal Reserve Act* war die Schaffung einer effektiveren Bankaufsicht. Über die Jahre kamen andere Gesetze hinzu, die die ursprünglichen Befugnisse des *Federal Reserve System* präzisierten und erweiterten.

Mitgliedschaft im *Federal Reserve System* ist verpflichtend für alle *National Banks*.[351] *State Banks* können Mitglied werden, sofern sie gewisse Voraussetzungen erfüllen.[352] Jedes Mitglied verpflichtet sich, Anteile der regionalen *Federal Reserve Bank*, in deren Bezirk es ansässig ist, bis zu einem Betrag von sechs Prozent ihres

346 Federal Reserve Act, § 4: "[...] Upon the filing of such certificate with the Comptroller of the Currency as aforesaid, the said Federal reserve bank shall become a body corporate and as such, and in the name designated in such organization certificate, shall have power [...] To have succession for a period of twenty years from its organization unless it is sooner dissolved by an Act of Congress [...]".

347 McFadden Act, § 2(a): "[...] To have succession from the date of the approval of this Act, or from the date of its organization if organized-after such date of approval until such time as it be dissolved by the act of its shareholders owning two-thirds of its stock, or until its franchise becomes forfeited by reason of violation of law, or until terminated by either a general or a special Act of Congress or until its affairs be placed in the hands of a receiver and finally wound up by him.". Die aktuelle Version ist kodifiziert in 12 U.S.C. § 341 (2012). Siehe weiterhin *Meltzer*, S. 67.

348 "An Act to provide for the establishment of Federal reserve banks, to furnish an elastic currency, to afford means of rediscounting commercial paper, to establish a more effective supervision of banking in the United States, and for other purposes.".

349 Unter einer "elastischen Währung" wurde meist eine Währung verstanden, die sich der Geldnachfrage anpasst, ohne dabei Inflation zu erzeugen. Siehe *Anderson*, A Note on Elasticity of Currency, 16 Am. Econ. Rev. 47 (1926).

350 Federal Reserve Act, § 14(d), kodifiziert in 12 U.S.C. § 357 (2012). Der Zinssatz unterliegt der Kontrolle des FRB.

351 12 U.S.C. § 222 (2012).

352 12 U.S.C. § 321 (2012).

eingezahlten Kapitals und Überschusses[353] zu kaufen.[354] Im Gegensatz zu der Situation bei der *First Bank* und der *Second Bank*, hält der Bund keine Anteile an den *Federal Reserve Banks*. *Member Banks* sind Teilhaber der *Federal Reserve Banks*, jedoch bringt das Halten der Anteile an einer der regionalen *Federal Reserve Banks* nicht die gleichen Kontrollrechte und Verwendungsmöglichkeiten mit sich, wie es das Halten von Aktien normalerweise mit sich bringt. Es ist den *Member Banks* nicht erlaubt die Aktien zu verkaufen oder als Sicherheit für einen Kredit zu hinterlegen. Sie erhalten jedoch eine jährliche kumulative Dividende[355] von sechs Prozent.[356]

Der *Federal Reserve Act* legte zudem die Art und Höhe der Mindestreserven für *Member Banks* fest. Ursprünglich wurde festgelegt, dass Mitgliedsbanken einen Teil der vorgeschriebenen Reserven als Kassenbestand halten konnten.[357] Diese Regelung wurde jedoch 1917 dahingehend geändert, dass nunmehr alle Reserven der *Member Banks* in der Form von Einlagen bei der jeweiligen *Federal Reserve Bank* gehalten werden mussten.[358] 1959 erfolgte eine weitere Änderung, so dass Mindestreserven

---

353 "Kapital" und "Überschuss" werden in 12 C.F.R. § 209.4(b) (2014) definiert: „Capital stock and surplus of a member bank means the paid-in capital stock and paid-in surplus of the bank, less any deficit in the aggregate of its retained earnings, gains (losses) on available for sale securities, and foreign currency translation accounts, all as shown on the bank's most recent report of condition. Paid-in capital stock and paid-in surplus of a bank in organization means the amount which is to be paid in at the time the bank commences business. Capital stock includes common stock and preferred stock (including sinking fund preferred stock).".

354 Federal Reserve Act, § 2: "[...] every national banking association within that district shall be required within thirty days after notice from the organization committee, to subscribe to the capital stock of such Federal reserve bank in a sum equal to six per centum of the paid-up capital stock and surplus of such bank [...].". Dies wurde in 12 U.S.C. § 282 (2012) in leicht modifizierter Form kodifiziert.

355 Eine kumulative Dividende ist eine Dividende, welche gezahlt werden muss, unabhängig von den Gewinnen der Gesellschaft. Kann die Gesellschaft die Dividende zur Zeit der Fälligkeit nicht zahlen, so bleiben diesen Aktionären ihre Ansprüche darauf erhalten. Die Gesellschaft muss diese Dividenden dann in der Zukunft zahlen, eventuell mit Zinsen. Eine kumulative Dividende hat demensprechend Vorteile gegenüber einer regulären Dividende, bei die Gesellschaft entscheiden kann, ob sie gezahlt wird oder nicht.

356 Federal Reserve Act, § 7(a)(1), kodifiziert in 12 U.S.C. § 289(a)(1) (2012).

357 Federal Reserve Act, § 19: "[...] every subscribing member bank shall establish and maintain reserves as follows: (a) A bank not in a reserve or central reserve city [...] shall hold and maintain reserves equal to twelve per centum of the aggregate amount of its demand deposits and five per centum of its time deposits, as follows: **In its vaults** for a period of thirty-six months after said date five-twelfths thereof and permanently thereafter four-twelfths [...]." [mit eigener Hervorhebung].

358 *Robertson*, S. 93. Die Änderung von Federal Reserve Act, § 19 wurde durch folgendes Gesetz vorgenommen: An Act To amend the Act approved December twenty-third, nineteen hundred and thirteen, known as the Federal Reserve Act, Pub. L. No. 65-25, 40 Stat. 232 (1917). Dort legte § 10 fest: "[...] Every bank, banking

wiederum entweder bei den *Federal Reserve Banks* oder als Kassenbestand gehalten werden durften.[359] Die Höhe der Mindestreserven unterschied sich in der ursprünglichen Fassung des *Federal Reserve Act* danach, ob es sich um eine Bank in einer Stadt der regionalen *Federal Reserve Banks*, um eine Bank in einer Stadt, oder um eine Bank auf dem Land handelte.[360] Für Sichteinlagen mussten die erstgenannten Banken ursprünglich 18 Prozent halten, die anderen jeweils 15 Prozent und die letztgenannten zwölf Prozent. Für Termineinlagen galt einheitlich eine Mindestreserve von fünf Prozent.[361] Die vom FRB festgelegten Mindestreserven gelten mittlerweile für alle Banken, nicht nur für *Member Banks*.[362] Die Höhe wird heutzutage durch die in *Regulation* D enthaltene Formel festgelegt und unterscheidet nur nach Art der Einlagen.[363] Seit 2008 zahlt das *Federal Reserve System* zudem Zinsen auf die Mindestreserven, die die Banken hinterlegen müssen (*required reserves*), und auf die darüber hinaus bei den *Federal Reserve Banks* gehaltenen Überschussreserven (*excess reserves*).[364]

Interessant ist im Zusammenhang mit Mindestreserven weiterhin der Vergleich mit der *Second Bank*. Das *Federal Reserve System* übt durch die Vorgabe, dass *Member Banks* Mindestreserven beim *Federal Reserve System* halten müssen, Kontrolle aus und macht die *Member Banks* zu Gläubigern des *Federal Reserve System*. Das Verhältnis zwischen der *Second Bank* und den *State Banks* war genau umgekehrt. Die *State Banks* waren Schuldner der *Second Bank* und diese Tatsache ermöglichte es ihr, Kontrolle über die Ausgabe von Banknoten auszuüben.[365]

---

association, or trust company which is or which becomes a member of any Federal reserve bank shall establish and maintain reserve balances with its Federal reserve bank as follows [...]".

359 An Act To amend the National Bank Act and the Federal Reserve Act with respect to the reserves required to be maintained by member banks, Pub. L. No. 86-114, § 1, 73 Stat. 263 (1959). Die aktuelle Fassung ist in 12 U.S.C. § 461(c) (2012) kodifiziert.

360 *Pollard/Daly*, § 2.07, 2–20.

361 In der ursprünglichen Fassung des Federal Reserve Act kodifiziert in § 19; *Studenski/Krooss*, S. 259.

362 Die jetzigen Mindestreserveanforderungen sind kodifiziert in 12 U.S.C. § 461 (2012).

363 Regulation D, kodifiziert in 12 C.F.R. Part 204 (2014).

364 Financial Services Regulatory Relief Act of 2006, § 201, Pub. L. No. 109-351, 120 Stat. 1966, 1968 (2006), kodifiziert in 12 U.S.C. § 461(b)(12) (2012). Durch § 128 des Emergency Economic Stabilization Act, Pub. L. No. 110-343, 122 Stat. 3765, 3796 (2008), wurde das Datum des Inkrafttretens der Änderungen von 2011 auf 2008 vorverlegt, um die negativen Effekte der Finanzkrise auf Einlagenkreditinstitute abzumildern. Die Ausführungsverordnungen des FRB sind kodifiziert in 12 C.F.R. Part 204 (2014).

365 *Schur*, The Second Bank of the United States and the Inflation after the War of 1812, 68 J. Polit. Econ. 118, 127 (1960).

Dem *Federal Reserve Board* wurde die Befugnis gegeben, sowohl *Member Banks* als auch die *Federal Reserve Banks* zu beaufsichtigen.[366] In Bezug auf die regionalen *Federal Reserve Banks* verleiht das Gesetz dem FRB insbesondere die Befugnis die Bücher der Banken zu kontrollieren,[367] die Grenzen für die Bezirke neu zu bestimmen[368] und leitende Angestellte und Leiter der *Federal Reserve Banks* zu suspendieren oder zu entlassen.[369] Zudem ist es ermächtigt, ihnen die Erlaubnis zu erteilen, Zweigstellen zu eröffnen.[370]

Obwohl die Regelungen des *Federal Reserve Acts* sehr weitreichend waren, verblieb die Schwäche, dass keine verpflichtende Mitgliedschaft aller Banken eingeführt wurde. Die Vorteile einer *State Bank* wurden dadurch nur deutlicher, so dass bis heute von 6.270 FDIC-versicherten Institutionen (Stand September 2015) die Mehrzahl (4.839) eine *state charter* besitzen.[371] Dabei ist anzumerken, dass die vielfachen Vorteile, die eine *state charter* zur Zeit des *National Bank Act* mit sich brachte, heutzutage abgenommen haben.[372] Dies ist insbesondere durch eine Angleichung der Eigenkapitalanforderungen und einer Ausweitung der Kompetenz des FRB Mindestreserven für alle Banken festzulegen geschehen. Größter Vorteil einer *state charter* sind nunmehr die vergleichsweise geringen Kosten, die die Aufsicht mit sich bringt.[373]

9. Der McFadden Branch Banking Act

Im Jahre 1927 wurde der *McFadden Branch Banking Act* (Gesetz über Bankzweigniederlassungen (McFadden Act))[374] erlassen. Eine Zweigniederlassung (*branch*) war definiert als jede Geschäftsstelle einer Bank, bei der Geld eingezahlt, Schecks ausbezahlt oder Geld verliehen werden konnte.[375] Dieses Gesetz sollte die *National*

---

366 Federal Reserve Act, § 11(j) und (n), kodifiziert in 12 U.S.C. § 248(j) (2012) (für Federal Reserve Banks) und 12 U.S.C. § 248 (n) (2012) (für Einlagenkreditinstitute).

367 Federal Reserve Act, § 11(a), kodifiziert in 12 U.S.C. § 248(a) (2012).

368 Federal Reserve Act, § 11(e), kodifiziert in 12 U.S.C. § 248(e) (2012). Es dürfen dabei nur nicht mehr als zwölf Bezirke entstehen.

369 Federal Reserve Act, § 11(f), kodifiziert in 12 U.S.C. § 248 (f) (2012).

370 Federal Reserve Act, § 3; kodifiziert in 12 U.S.C. § 521 (2012).

371 *Pollard/Daly*, § 2.07, 2–20; *FDIC*, Statistics on Depository Institutions Report, Predefined Standard Report # 4, online verfügbar unter https://www2.fdic.gov/sdi/main3.asp?repdte=MostCurrent, (auf "Retrieve custom reports selections" klicken, dann "predefined standard reports" auswählen, dann "run report" für Standard Report #4 klicken) zuletzt geprüft am 16.02.2016. Zu den Mitgliederzahlen der State Banks im Federal Reserve System siehe schon auf Seite 18.

372 Dazu schon auf Seite 47.

373 *Blair/Kushmeider*, Challenges to the Dual Banking System: The Funding of Bank Supervision, 18 FDIC Banking Rev., No. 1 (2006), S. 1.

374 McFadden Branch Banking Act, Pub. L. No. 69-639, 44 Stat. 1224 (1925–1926).

375 McFadden Act, § 7(f): "The term 'branch' as used in this section shall be held to include any branch bank, branch office, branch agency, additional office, **or any**

Banks in die Lage versetzen, besser mit den *State Banks* zu konkurrieren. Bis kurz vor Erlass des Gesetzes gab es auch für die meisten *State Banks* strikte Beschränkungen für die Errichtung einer Zweigniederlassung, aber diese wurden mehr und mehr aufgehoben. Der *McFadden Act* ermöglichte *National Banks* Zweigniederlassungen zu eröffnen, wenn der Bundesstaat, in dem der Hauptsitz der Bank lag (Sitzstaat), es den dortigen *State Banks* erlaubte.[376] Jede Neueröffnung und jeder Standortwechsel einer Zweigniederlassung bedurfte der Erlaubnis des *Comptroller of the Currency*.[377] Was sich auf den ersten Blick sehr positiv für *National Banks* anhörte, war auf den zweiten Blick sehr restriktiv ausgeformt worden. Das Gesetz eröffnete nur das Recht, eine Zweigniederlassung in der Stadt, in der die Bank ihren Sitz hat, zu eröffnen, und bot keine Möglichkeit darüber hinaus, in weiteren Städten Zweigniederlassungen zu betreiben.[378] Diese für *National Banks* sehr unvorteilhafte Situation wurde durch den Erlass des *Glass Steagall Act* im Jahre 1933 geändert.[379]

Weniger bekannt ist ein Abschnitt des *McFadden Act*, der sich mit Anlagepapieren beschäftigt. Dort wurde es *National Banks* ausdrücklich erlaubt, im Emissionsgeschäft tätig zu werden.[380] Zudem wurden Beschränkungen im Bereich der Vergabe von erstrangigen grundpfandrechtlich abgesicherten Krediten[381] und zur Kreditvergabe an Individuen aufgelockert.[382] All dies sollte die Konkurrenzfähigkeit und Attraktivität

---

branch place of business located in any State or Territory of the United States or in the District of Columbia **at which deposits are received, or checks paid, or money lent**." [mit eigener Hervorhebung].

376 McFadden Act, § 7(c): A national banking association may, after the date of the approval of this Act, establish and operate new branches within the limits of the city, town, or village in which said association is situated if such establishment and operation are at the time permitted to state banks by the law of the State in question.".

377 McFadden Act, § 7(e).

378 *Pollard/Daly*, § 2.07, 2–20 f.

379 Banking Act of 1933, § 23. Zum Banking Act of 1933 (Glass-Steagall Act) siehe die Ausführungen im nächsten Abschnitt 10.

380 McFadden Act, § 2(b).

381 McFadden Act, § 16: "[...] Any national banking association may make loans secured by first lien upon improved real estate, including improved farm land, situated within its Federal reserve district or within a radius of one hundred miles of the place in which such bank is located, irrespective of district lines. A loan secured by real estate within the meaning of this section shall be in the form of an obligation or obligations secured by mortgage, trust deed, or other such instrument [...] The amount of any such loan shall not exceed 50 per centum of the actual value of the real estate offered for security, but no such loan upon such security shall be made for a longer term than five years. [...].".

382 McFadden Act, § 10: "[...] The total obligations to any national banking association of any person, copartnership, association, or corporation shall at no time exceed 10 per centum of the amount of the capital stock of such association actually paid in and unimpaired and 10 per centum of its unimpaired surplus fund. [...].**Such**

der *National Banks* steigern. Diese Anstrengungen waren jedoch nicht von Erfolg gekrönt, da einige Beschränkungen bestehen blieben.[383] Wie bereits erwähnt, hatten *State Banks* die Möglichkeit über die Grenzen des Einzelstaates hinaus Zweigstellen zu eröffnen. Weiterhin unterlagen *National* trotz der Lockerung durch den *McFadden* Act strikteren Beschränkungen für die Kreditvergabe und höheren Mindestreserve- und Eigenkapitalanforderungen.

10. Der Banking Act von 1933

Im Zuge der Weltwirtschaftskrise der 1930er Jahre kam es zu einem massenhaften Abzug privater Einlagen (sogenannter *bank run*), und infolgedessen zu immer mehr Bankschließungen. Die Bevölkerung hatte das Vertrauen in die Banken verloren. Der Zusammenbruch des Bankensystems setzte sich immer weiter fort, so dass am Ende des Jahres 1933 mehr als 4.000 Banken geschlossen, oder von einer anderen Bank übernommen worden waren. Dies bedeutete, dass nur noch die Hälfte der Banken, die es im Jahre 1921 gegeben hatte, bestand.[384] Im Jahre 1933 verabschiedete der Kongress als Reaktion auf die Weltwirtschaftskrise und um das Vertrauen in das Bankensystem wiederherzustellen, den *Banking Act of 1933,*[385] besser bekannt unter dem Namen *Glass-Steagall Act.*[386] Die unter den Namen *Glass-Steagall* bekannten Regelungen[387] stellten indes nur vier Teilabschnitte des *Banking Acts of 1933* dar, aber dafür diejenigen, die die einschneidendsten Auswirkungen auf das Bankgeschäft hatten.[388] Die Hauptregelung von *Glass-Steagall* war die Einführung der Trennung von Einlagen-/Kreditgeschäft und Wertpapiergeschäft der Banken (Trennbankensystem). Die andere wichtige Regelung des *Banking Act of 1933* zur Wiederherstellung des Vertrauens in das Bankensystem war die Gründung der FDIC.[389] Weiterhin wurde das *Federal Open Markets Committee* (FOMC) des *Federal Reserve System* begründet.

---

limitation of 10 per centum shall be subject to the following exceptions […].” [mit eigener Hervorhebung].

383 *Klebaner*, S. 135.

384 *Spong*, S. 22 f. Aufgrund der großen Anzahl von Banken waren es jedoch immer noch insgesamt 14.500 Banken.

385 Banking Act of 1933, Pub. L No. 73-66, 48 Stat. 162 (1933–1934).

386 Der Name leitet sich von den Nachnamen des Senators Carter Glass und des Kongressabgeordneten Henry B. Steagall ab, die federführend für die Verabschiedung dieser Passagen des Gesetzes waren.

387 Abschnitte 16, 20, 21 und 32.

388 *Pollard/Daly*, § 14.03, 14-6.

389 § 8 des Banking Act kreierte die FDIC, durch Hinzufügen von § 12B zum Federal Reserve Act.

a. Das Trennbankensystem

Section 16 des Gesetzes[390] beschränkte die Aktivitäten, die eine *National Bank* im Bereich des Wertpapierhandels betreiben konnte. Demnach waren der Erwerb von Gesellschaftsanteilen auf eigene Rechnung, der Eigenhandel mit Wertpapieren und das Underwriting weitestgehend verboten.[391] Die Emission von Unternehmensanleihen war den Banken explizit durch den *McFadden Act* im Jahre 1927 erlaubt worden.[392] Ausgenommen von dem Verbot waren der Erwerb von und der Handel mit Bundesanleihen und Anleihen der Einzelstaaten sowie Kommunen.[393] Erwähnenswert ist hier, dass das Verbot des Eigenhandels nicht nur für *National Banks* galt. Im *Section* 5(c) wurden die für *National Banks* anwendbaren Beschränkungen ausdrücklich für *State Member Banks* anwendbar erklärt.[394]

Section 20[395] untersagte es *Federal Reserve Member Banks*, das heißt sowohl *National Member Banks* als auch *State Member Banks*, mit Unternehmen affiliiert zu sein, die hauptsächlich (*engaged principally*) Wertpapierhandel und Wertpapieremissionen

390 48 Stat. 162, 184 (1933–1934), jetzt kodifiziert in 12 U.S.C. § 24 (2012).

391 Banking Act of 1933, § 16: "[...] The business of dealing in investment securities by the association shall be limited to purchasing and selling such securities and stock without recourse, solely upon the order, and for the account of the customers, and in no case for its own account, and the association shall not underwrite any issue of securities or stock [....] Except as hereinafter provided or otherwise permitted by law, nothing herein contained shall authorize the purchase by the association of any shares of stock of any corporation. [...].".

392 McFadden Act, § 2(a): „That the business of buying and selling investment securities shall hereafter be limited to buying and selling without recourse marketable obligations evidencing indebtedness of any person, copartnership, association, or corporation, in the form of bonds, notes and/or debentures, commonly known as investment securities [...]." Siehe Seite 81 für weitere Informationen zum McFadden Act.

393 Banking Act of 1933, § 16: "[...] The limitations and restrictions herein contained as to dealing in underwriting and purchasing for its own account, investment securities **shall not apply** to obligations of the United States, or general obligations of any state or of any political subdivision thereof (...)." [mit eigener Hervorhebung].

394 Banking Act of 1933, § 5(c), 48 Stat. 162, 165; jetzt kodifiziert in 12 U.S.C § 335 (2012): "[...] State member banks shall be subject to the same limitations and conditions with respect to the purchasing, selling, underwriting, and holding of investment securities and stock as are applicable in the case of national banks under paragraph 'Seventh' of section 5130 of the Revised Statutes, as amended. [...]".

395 Banking Act of 1933, § 20 lautete: "After one year from the date of the enactment of this Act, no member bank shall be affiliated [...] with any corporation, association, business trust, or other similar organization engaged principally in the issue, flotation, underwriting, public sale, or distribution at wholesale or retail or through syndicate participation of stocks, bonds, debentures, notes, or other securities. [...]".

betreiben.[396] Unter den Begriff „affiliierte Unternehmen" fielen laut Definition von *Section* 2(b) Tochter-, Schwester- und Muttergesellschaften. Hier wurde damit zum ersten Mal der Begriff der Bankholdinggesellschaft definiert.[397] Diese Bestimmung sollte der seit den 1920er Jahren gängigen Praxis von Banken Einhalt gebieten, Tochtergesellschaften in einer Bankholdingstruktur zu gründen, die im Investment Banking tätig waren.[398] Beim Investment Banking wird einerseits Kapitalaufnahme am Primärmarkt und andererseits Wertpapierhandel am Sekundärmarkt betrieben. Dadurch entsteht für die Bank ein Interessenskonflikt zwischen den beiden Geschäftsfeldern. Diese Vermischung wurde als anfällig für Missbrauch angesehen.[399] Das Affiliationsverbot wurde in *Section* 32[400] auf personelle Verflechtungen zwischen Geschäftsbanken und Wertpapierfirmen ausgedehnt.[401]

Schließlich sprach *Section* 21[402] ein Verbot für Personen und Wertpapierhandelsunternehmen aus, gleichzeitig Investment Banking zu betreiben und Sichteinlagen zu erhalten. Dieser Abschnitt unterstrich das Verbot in *Section* 16 nochmal aus einem anderen Blickwinkel.[403] Der Unterschied bestand jedoch darin, dass das Verbot von *Section* 21 für alle Banken und andere Kreditinstitute, die im Einlagengeschäft tätig sind, galt, während *Section* 16 zunächst nur auf *Member Banks* anwendbar war.[404]

---

396 § 20 wurde durch den Gramm-Leach Bliley Act (Pub. L. No. 106-102, 113 Stat. 1338 (1999)), § 101(a) aufgehoben.

397 Zu der restriktiven späteren Auslegung des Begriffs der BHCs und der Lösung im Bank Holding Company Act of 1956 siehe unten auf Seite 65.

398 *Pollard/Daly*, § 14.03, 14-8.

399 *Pollard/Daly*, § 2.08, 2–23.

400 Banking Act of 1933, § 32 lautete: "From and after January 1, 1934, no officer or director of any member bank shall be an officer, director, or manager of any corporation, partnership, or unincorporated association engaged primarily in the business of purchasing, selling, or negotiating securities [...]".

401 Banking Act of 1933, § 32 wurde durch Gramm-Leach-Bliley Act, § 101(b) aufgehoben.

402 Banking Act of 1933, § 21 lautete: „[...] it shall be unlawful [...] for any person, firm, corporation, association, business trust, or other similar organization, engaged in the business of issuing, underwriting, selling, or distributing, at wholesale or retail, or through syndicate participation, stocks, bonds, debentures, notes, or other securities, to engage at the same time to any extent whatever in the business of receiving deposits subject to check or to repayment upon presentation of a passbook, certificate of deposit, or other evidence of debt, or upon request of the depositor [...]".

403 *Baums*, Verbindungen von Banken und Unternehmen im amerikanischen Wirtschaftsrecht, 1992, S. 12.

404 *Möschel*, Das Trennsystem in der U.S.-amerikanischen Bankwirtschaft, 1978, S. 39.

b. Gründung der Federal Deposit Insurance Corporation (FDIC)

Die besondere Bedeutung des *Banking Act of 1933* liegt zudem in der Gründung der FDIC. Bankkunden hatten in den Jahren 1929–1933 Verluste in Höhe von $ 1.3 Milliarden hinnehmen müssen. Die Hauptaufgabe der FDIC war die Wiederherstellung des Vertrauens in das Bankensystem durch die Schaffung einer Einlagensicherung und durch eine verstärkte Aufsicht über das Bankensystem.[405] Die FDIC nahm am 1. Januar 1934 ihre Arbeit auf.[406] Sie ist eine weisungsunabhängige Regulierungsbehörde (*independent regulatory agency*),[407] welche sich durch Beiträge ihrer Mitglieder und durch Gewinne aus US-Regierungsanleihen finanziert.[408]

Die FDIC ist seit 1950 befugt, sich bei Eintritt eines Versicherungsfalls Geld vom Finanzministerium zu leihen. Ursprünglich betrug die Summe bis zu $ 3 Milliarden,[409] seit 2009 sind es bis zu $ 100 Milliarden.[410] Zudem weist das Schild, welches die Mitgliedsbanken der FDIC ausstellen müssen, den Hinweis auf, dass Einlagen durch die Kreditwürdigkeit des Bundes abgesichert sind (*insured deposits are backed by the full faith and credit of the United States Government*).[411] Dies stellt jedoch keinen durchsetzbaren Rechtsanspruch dar, da es keine verbindliche rechtliche Grundlage gibt. Die 1987 in *Section* 901 *Competitive Equality Banking Act* aufgenommene Aussage gibt nur die Mehrheitsmeinung im Kongress (*Sense of Congress*) zur Interpretation der im *Banking Act of 1933* eingeführten Einlagensicherung wieder.[412] Auch der verbindlich auf dem Schild aufzunehmende Hinweis bei der Bank, ändert an dieser Tatsache nichts.[413] Bei Erlass des *Banking Act of 1933*

405 *Pollard/Daly*, § 4.07, 4–13.
406 *Brown*, S. 19.
407 44 U.S.C. § 3502(5) (2012).
408 12 U.S.C. §§ 1815(d), 1823(a) (2012); *FDIC*, The First Fifty Years, 1984, S. 61.
409 FDIA, § 14.
410 12 U.S.C. § 1824(a)(2012).
411 12 U.S.C. § 1828(a)(1)(B) (2012).
412 Competitive Equality Banking Act of 1987 (CEBA), Pub. L. No. 100-86, § 901(b), 101 Stat. 552, 657 (1987): "In view of the findings and declarations contained in subsection (a), it is the **sense of the Congress** that it should reaffirm that deposits up to the statutorily prescribed amount in federally insured depository institutions are backed by the full faith and credit of the United States." [mit eigener Hervorhebung]. Zu solchen "Sense of Congress" Resolutionen siehe ausführlich *Davis, Cong. Research Serv.*, CRS 98-825, "Sense of" Resolutions and Provisions (2013). Online verfügbar unter http://fas.org/sgp/crs/misc/98-825.pdf, zuletzt geprüft am 16.02.2016.
413 Für Savings Institutions eingeführt durch Financial Institutions Reform, Recovery, and Enforcement Act of 1989, Pub. L. No. 101-73, § 221, 103 Stat. 183, 266 (1989). Für alle anderen Institute wurde dies durch Federal Deposit Insurance Reform Conforming Amendments Act of 2005, Pub. L. No. 109-173, § 2(c), 119 Stat. 3601, 3602 (2006) eingeführt.

hatte man bewusst auf eine Absicherung durch den Bund verzichtet und daher die Finanzierung der FDIC durch Mitgliedsbeiträge gewählt.[414]

Der Einlagensicherungsfond wurde zunächst als temporäre Einrichtung ausgestaltet.[415] Erst durch den *Banking Act of 1935* wurde er auf unbegrenzte Zeit eingerichtet.[416] Die Einlagensicherung war ähnlich ausgestaltet wie der *New York Safety Fund* des Jahres 1829.[417] Zunächst waren Einlagen bis zu einem Wert von $ 2.500 je Inhaber des Bankkontos versichert.[418] Ab 1. Juli 1934 wurde die Summe auf $ 5.000 für Sichteinlagen erhöht, mit der Ausnahme von *Mutual Savings Banks*. Diese mussten gesondert einen Antrag stellen, damit auch für sie eine Versicherungssumme von $ 5.000 galt.[419] *National Banks* wurden durch den *Banking Act of 1933* dazu verpflichtet, der FDIC beizutreten. *State Banks* konnten freiwillig Mitglied werden, es sei denn sie wollten auch dem *Federal Reserve System* beitreten.[420] Seit 1935[421] bis 1991 war

414 Siehe die Gesetzesbegründung in H.R. REP. No. 73-150, S. 5: "[...] It is submitted that the guarantee of bank deposits against loss provided by this bill is absolute and that no specific guarantee of the Government is necessary to make the protection of the depositors complete. [...]".

415 Banking Act of 1933, § 8 lautete: [...] The Corporation shall open on its books a Temporary Federal Deposit Insurance Fund (hereinafter referred to as the 'Fund'), which shall become operative on January 1, 1934, unless the President shall by proclamation fix an earlier date, and it shall be the duty of the Corporation to insure deposits as hereinafter provided until July 1, 1934. [...]".

416 Banking Act of 1935, Pub.L. No. 74-305, § 101, 49 Stat. 684, 694 (1935–1936).

417 Siehe Seite 43.

418 Banking Act of 1933, § 8: "[...] except that the Corporation shall pay not more than $2,500 on account of the net approved claim of the owner of any deposit [...]".

419 *FDIC*, The First Fifty Years, S. 48.

420 Banking Act of 1933, § 8: "[...] Every bank which is or which becomes a member of the Federal Reserve System on or before July 1, 1934, shall take all steps July 1, 1934 necessary to enable it to become a class A stockholder of the Corporation on or before July 1, 1934; and thereafter no State bank or trust company or mutual savings bank shall be admitted to membership in the Federal Reserve System until it becomes a class A stockholder of the Corporation, no national bank in the continental United States shall be granted a certificate by the Comptroller of the Currency authorizing it to commence the business of banking until it becomes a member of the Federal Reserve System and a class A stockholder of the Corporation [...].".

421 Banking Act of 1935, § 101: "[...] every national member bank which After is authorized to commence or resume the business of banking, and every State bank which is converted into a national member bank or which becomes a member of the Federal Reserve System, shall be an insured bank from the time it is authorized to commence or resume business or becomes a member of the Federal Reserve System. The certificate herein prescribed shall be issued to the Corporation by the Comptroller of the Currency in the case of such national member bank, or by the Board of Governors of the Federal Reserve System in the case of such State member bank [...].".

jedes Mitglied im *Federal Reserve System* automatisch Mitglied bei der FDIC.[422] Seit 1991 müssen sowohl *National Banks* als auch *State Banks* einen Antrag auf Mitgliedschaft stellen, welcher von der FDIC genehmigt werden muss.[423]

Die FDIC verwaltet den Einlagensicherungsfonds.[424] Sie wurde jedoch auch befugt, Verordnungen und andere Vorschriften zu erlassen, um die Ziele des *Banking Act of 1933* und der anderen Gesetze, welche sie auszuführen hat, zu erfüllen und alle Mitglieder der Einlagensicherung zu beaufsichtigen.[425] Dies ist das erste Mal, dass eine bundesrechtliche Regelung explizit auch für *Non-Member State Banks* anwendbar erklärt wurde.[426] Hier fand demnach eine Erosion des *Dual Banking System* statt.[427] In der Praxis beschränkt sich die FDIC bei der Aufsicht auf die Kontrolle von *State Non-Member Bank,* obwohl sie befugt ist, alle Mitgliedsbanken zu beaufsichtigen. Dies soll eine Doppelung der Aufsicht vermeiden.[428]

Obwohl nicht explizit im Gesetz festgelegt, übt die FDIC faktisch auch Einfluss auf die Zulassung von Banken zum Bankgeschäft aus. Rechtlich ist eine *State Bank* nicht verpflichtet, Mitglied der FDIC zu werden,[429] es sei denn sie möchte auch dem *Federal Reserve System* beitreten. Faktisch besteht jedoch ein Zwang, da ein Bankkunde aus Sicherheitserwägungen immer die Bank wählen wird, die FDIC-Mitglied ist. Die FDIC entscheidet damit auch darüber, ob eine neue Bank eröffnet werden darf oder nicht, indem sie die Voraussetzungen für die Teilnahme am Versicherungssystem

---

422 12 U.S. C. § 222 (2012): "[...] Every national bank in any State shall, upon commencing business or within ninety days after admission into the Union of the State in which it is located, become a member bank of the Federal Reserve System by subscribing and paying for stock in the Federal Reserve bank of its district in accordance with the provisions of this **chapter and shall thereupon be an insured bank under the Federal Deposit Insurance Act** [...]". [mit eigener Hervorhebung].

423 Eingeführt durch Federal Deposit Insurance Corporation Improvement Act of 1991 (FDICIA), Pub. L. No. 102-242, § 115, 105 Stat. 2236, 2249 (1991), jetzt kodifiziert in 12 U.S.C. § 1815(a) (2012).

424 12 U.S.C. § 1821(a)(4)(A)(i) (2012).

425 12 U.S.C. § 1819(a) (2012).

426 Banking Act of 1933, § 8: „[...] any State bank which is not a member of the Federal Reserve System, [...], shall, after examination by, and with the approval of, the Corporation, be entitled to become a member of the Fund [...]. The Corporation is authorized to prescribe rules and regulations for the further examination of such State bank, and to fix the compensation of examiners employed to make examinations of State banks.".

427 *Pollard/Daly*, § 2.08, 2–22.

428 *Kushmeider*, The U.S. Federal Financial Regulatory System: Restructuring Federal Bank Regulation, 17 FDIC Banking Rev., No. 4 (2005), S. 1, 3. Siehe auch schon die Nachweise zu der Absprache zwischen den Aufsichtsbehörden in Fn. 71.

429 Die meisten der Einzelstaaten haben mittlerweile jedoch auch eine Verpflichtung der State Banks festgelegt, der FDIC beizutreten, bevor sie Einlagen annehmen dürfen. Siehe *Brown*, S. 20.

prüft.[430] Dies ist demnach auch eine Überlegung einer Bank bei der Entscheidung für eine Bankzulassung und für oder gegen Mitgliedschaft im *Federal Reserve System*.[431] Eine *state charter* ohne Mitgliedschaft im *Federal Reserve System* setzt eine Bank weniger Voraussetzungen zur Aufnahme des Bankgeschäfts aus.

Faktoren, die die FDIC bei einer Aufnahme in die Versicherung prüft, sind die folgenden: die finanzielle Entwicklung und der jetzige Zustand der Bank, die Kapitalstruktur, zukünftige Gewinnerwartungen, Aufbau des Managements, das Risiko, welches die Aufnahme der Bank für den Einlagensicherungsfond darstellt, den Nutzen und die Notwendigkeit einer weiteren Bank in dem Gebiet und ob die Befugnisse des Einlagenkreditinstituts im Einklang mit dem *Federal Deposit Insurance Act* stehen.[432] Zusätzlich haben die meisten Einzelstaaten noch andere Voraussetzungen wie Mindestkapitalanforderungen, die von den FDIC-Voraussetzungen abweichen können.[433] Die FDIC setzt Mindeststandards, die die Einzelstaaten nicht unterbieten können.[434] Hier wird deutlich, dass die Macht der Staaten im Bereich des *Dual Banking* abgenommen hat.

c. Weitere Regelungen

Der *Banking Act of 1933* errichtete zudem das *Federal Open Markets Committee* (FOMC) des *Federal Reserve System*, mit ursprünglich allen zwölf *Federal Reserve Banks* als Mitgliedern als Einrichtung mit Rechtspersönlichkeit.[435] Heutzutage sind nur noch die Mitglieder des FRB, der Präsident der *Federal Reserve Bank of New York* (FRBNY) und vier rotierende Präsidenten der anderen *Federal Reserve Banks* als Mitglieder vertreten. Die Aufgabe des FOMC ist die Festsetzung des Ziel-Zinssatzes (*federal funds rate*) und die Kontrolle der Offenmarktgeschäfte; mittlerweile das

---

430 *Brown*, S. 19 f..

431 *Brown*, S. 20.

432 12 U.S.C. § 1816 (2012): " The factors that are required, under section 1814 of this title, to be considered [...] are the following:
(1) The financial history and condition of the depository institution.
(2) The adequacy of the depository institution's capital structure.
(3) The future earnings prospects of the depository institution.
(4) The general character and fitness of the management of the depository institution.
(5) The risk presented by such depository institution to the Deposit Insurance Fund.
(6) The convenience and needs of the community to be served by such depository institution.
(7) Whether the depository institution's corporate powers are consistent with the purposes of this chapter.".

433 *Brown*, S. 23.

434 *Brown*, S. 27.

435 Banking Act of 1933, § 8, kodifiziert in der aktuellen Version in 12 U.S.C. § 263; *Meltzer*, S. 430.

Hauptwerkzeug um die nationale Geldpolitik zu bestimmen. Durch Geschäfte am offenen Markt findet eine Beeinflussung der Geldmenge und der Kreditbedingungen statt.[436]

Weiterhin wurden Zinsen für Sichteinlagen verboten und eine Obergrenze für Zinsen für Termin-und Sparkonten festgelegt,[437] sowie die Mindestkapitalanforderungen für *National Banks* erhöht.[438]

11. Der Bank Holding Company Act of 1956

Eine Reaktion der Banken auf die restriktiven Niederlassungsgesetze war die Bildung von sogenannten Bankholdinggesellschaften (BHCs). In einem Staat, der keine Zweigniederlassungen erlaubte (*unit banking*), konnte die Beschränkung umgangen werden, indem ein Unternehmen mehr als eine Bank erwarb. Diese Möglichkeit erlaubte es ihnen, sich über die Grenzen eines Einzelstaates hinweg zu betätigen. Dies wurde auch „Gruppenbanking" (*group banking*) genannt. Der Einfluss dieser Unternehmen wuchs seit den 1920er Jahren stetig.[439] War die Holdinggesellschaft nicht selbst eine Bank, konnten dadurch auch jegliche auf Banken anwendbare Restriktionen umgangen werden. Der Gesetzgeber erkannte diese Umgehungsmöglichkeit, und definierte daher im *Banking Act of 1933* Bankholdinggesellschaften, zumindest ansatzweise, zum ersten Mal,[440] verpflichtete sie, sich beim FRB zu registrieren, unterstellte sie dessen Aufsicht und zwang die Banken, alle Beteiligungen an Wertpapierunternehmen abzugeben. Diese Anordnungen wurden jedoch dadurch wieder relativiert, dass man die Definition auf die Kontrolle von *Federal Reserve Member Banks* beschränkte.[441] Zudem wurde im folgenden der *Banking Act of 1935*

436 *FRB,* Purposes and Functions, S. 3 und S. 11.

437 Banking Act of 1933, § 11(b). Die Ausführungsverordnungen dazu wurden vom FRB ursprünglich in Regulation Q, 12 C.F.R. § 216, geregelt. Dodd-Frank Act, § 627 hob das Verbot Zinsen zu zahlen auf.

438 Banking Act of 1933, § 17(a); *Pollard/Daly*, § 2.08, 2–23. Das notwendige Stammkapital wurde grundsätzlich auf $ 100.000 erhöht.

439 Einen Überblick über die Entwicklung und Ausbreitung der BHCs gibt *Möschel*, S. 110–120 und S. 134 ff..

440 Die Definition beschränkte sich dabei auf Tochtergesellschaften der Bankholding, da auf diesen der Hauptfokus des Gesetzes lag. Sie wurden wie folgt definiert: „The term "holding company affiliate" shall include any corporation, business trust, association, or other similar organization –
(1) Which owns or controls, directly or indirectly, either a majority of the shares of capital stock of a member bank or more than 50 per centum of the number of shares voted for the election of directors of any one bank at the preceding election, or controls in any manner the election of a majority of the directors of any one bank; or
(2) For the benefit of whose shareholders or members all or substantially all the capital stock of a member bank is held by trustees.".

441 Siehe dazu schon die Ausführungen auf Seite 59.

so interpretiert, dass der *Banking Act of 1933* in Bezug auf BHCs nur auf Holdinggesellschaften anwendbar sei, die mehr als eine *Member Bank* kontrollierten. Diese restriktive Interpretation führte zu großen Lücken in der Aufsicht über BHCs.[442] Die Tatsache, dass das Gesetz einige Umgehungsmöglichkeiten offenließ, ist wohl auch darauf zurückzuführen, dass zu dieser Zeit Beteiligungen an Nichtbanken nur in geringem Umfang von BHCs oder Schwestergesellschaften von Banken gehalten wurden und daran, dass es vorrangiges Ziel des *Banking Acts of 1933* war, die Liquidität der Kreditinstitute und den Schutz der Einlagen zu gewährleisten.[443]

Der *Bank Holding Company Act of 1956*[444] sollte die wachsende Zahl und Macht der BHCs unter Kontrolle bringen. Eine Bankholding wurde definiert, als ein Unternehmen, welches direkt oder indirekt 25 oder mehr Prozent der Anteile an zwei oder mehr Banken hält oder kontrolliert.[445] Die Aufsicht über BHCs wurde dem *Federal Reserve Board* übertragen. Die noch im *Banking Act of 1933* festgelegte Begrenzung auf *Member Banks* wurde aufgegeben.[446] *Section* 3(d) des Gesetzes (das sogenannte „DOUGLAS-*Amendment*") verbot Holdinggesellschaften, Banken über die Grenzen eines Bundesstaates hinaus anzukaufen, es sei denn ein Gesetz des jeweiligen Einzelstaates erlaubte es explizit. *Section* 4 des Gesetzes verlangte die Aufgabe aller nichtbankgeschäftlichen Aktivitäten der Holdinggesellschaften. Die Holdinggesellschaften übten jedoch weiterhin Druck auf den Gesetzgeber aus, so dass mehrere Ausnahmen von dem *BHC Act* aus dem Jahre 1956 durchgesetzt werden konnten. Eine Ausnahme von *Section* 4 galt für finanzielle, treuhänderische oder versicherungsbezogene Aktivitäten, bei denen das *Federal Reserve Board* entschieden hatte, dass sie dem Bankgeschäft so ähnlich waren, dass sie an sich zum Bankgeschäft gezählt werden können (*so closely related to banking as to be a proper incident thereto*).[447]

Problematisch war hier wiederum, dass Holdinggesellschaften mit nur einer Bank (Ein-Bank Holdinggesellschaften) nicht unter die Definition und somit auch nicht unter die Aufsicht des *Federal Reserve Board* fielen.

---

442 *Pollard/Daly*, § 2.10, 2–25.

443 *Baums*, Verbindungen von Banken und Unternehmen im amerikanischen Wirtschaftsrecht, S. 32.

444 Bank Holding Company Act of 1956, Pub. L. No. 84-511, 70 Stat. 133 (1956).

445 BHC Act, § 2(a): "Bank holding company means any company (1) which directly or indirectly **owns, controls, or holds** with power to vote, 25 per centum or more of the voting shares of each of **two or more banks** or of a company which is or becomes a bank holding company by virtue of this Act, or (2) which controls in any manner the election of a majority of the directors of each of two or more banks, or (3) for the benefit of whose shareholders or members 25 per centum or more of the voting shares of each of two or more banks or a bank holding company is held by trustees (…)." [mit eigener Hervorhebung].

446 *Möschel*, S. 115.

447 *Pollard/Daly*, § 2.10, 2–25 f..

12. Die Ära der Deregulierung und Erweiterung von Bankaktivitäten

In der Zeit bis Ende der 1970er begann sich das Bankwesen zu verändern. Aufgrund der immer stärker werdenden Konkurrenz durch sogenannte „Nichtbank-Banken",[448] die in die traditionellen Bankbereiche vordrangen, ohne jedoch denselben Beschränkungen zu unterliegen, sahen sich die Banker gezwungen, kreativer zu werden, um Kunden zu halten und konkurrenzfähig zu bleiben.[449] *Comptroller of the Currency* SAXON und ebenso sein Nachfolger CAMP setzen sich für eine Erweiterung der erlaubten Bankaktivitäten und Kompetenzen ein. Oft waren sie gezwungen, ihre liberalen Entscheidungen vor Gericht zu verteidigen.[450] Die Gerichte definierten die erlaubten Bankaktivitäten eher restriktiv und entschieden gegen die *Comptroller*.[451] Die Banken sahen sich daher gezwungen, stattdessen durch eine Umwandlung ihrer Gesellschaftsstruktur mehr Freiheiten zu erlangen. Besonders beliebt war dabei die Holdingstruktur mit einer Bank, wie im nächsten Abschnitt 13 genauer dargestellt wird.

Mit der Einführung von geldauszahlenden Bankautomaten (*Automatic Teller Machine*, (ATM)) begann sich auch die Dynamik des Bankwesens zu ändern.[452] Lange Zeit war unklar, ob Bankautomaten gegen grenzüberschreitende Zweigniederlassungsverbote verstießen[453] und ob und wieweit sie den gleichen Aufsichtsregeln unterfielen wie Banken. *Comptroller* SMITH entschied im Jahre 1974, dass Geldautomaten, ganz speziell „Kunde-Bank Kommunikationsendgeräte" (*customer-bank communication terminals* (CBCTs)), keine Bankzweigniederlassungen im Sinne des Gesetzes darstellen.[454] Diese Entscheidung trug zu ihrer wachsenden Verbreitung

---

448 Mit dem Begriff "Nichtbank-Banken" werden eine sehr limitierte Anzahl von Institutionen bezeichnet, die zu einer bestimmten Zeit entstanden sind, um Beschränkungen für den Kauf von bankähnlichen Institutionen zu umgehen und um es ihnen zu erlauben trotz fehlender Bankqualität bestimmte Kundenprodukte im Bankbereich anzubieten. Siehe *Pollard/Daly*, § 3.05, 3–20..

449 *Robertson*, S. 192 f..

450 *Robertson*, S. 196.

451 Siehe beispielsweise „Baker, Watts & Co. v. Saxon", 261 F. Supp. 247 (D.D.C. 1966), in der das Gericht entschied, dass Banken keine „Ertragsanleihen" (revenue bonds), eine spezielle Form der Kommunalanleihe, bei der die Rückzahlung nur durch im Vertrag festgelegte Erträge eines speziellen ertragsgenerierenden Unternehmens erfolgt, garantieren dürften; oder „Georgia Association of Independent Insurance Agents, Inc. v. Saxon", 260 F.Supp. 802 (N.D. Ga. 1966), in der das Gericht entschied, dass Banken sich entgegen der Entscheidung des Comptrollers aber im Einklang mit der gesetzlichen Regelung in 12 U.S.C. § 92 nur in Städten mit weniger als 5.000 Einwohnern als Versicherungsagenten betätigen durften.

452 ATMs, bei denen man Geld einzahlen konnte, gab es ansatzweise schon seit den 1930ern. Siehe *Robertson*, S. 195.

453 *Robertson*, S. 196.

454 Interpretive ruling on CBCTs, 39 Fed. Reg. 44416 (Dec. 24, 1974).

bei.[455] Obwohl auch diese Entscheidung keinen Bestand vor Gericht hatte,[456] so charakterisiert es doch den wachsenden Willen der Banken, Regulierung und Kontrolle durch kreative Wege zu umgehen und in neue Geschäftsfelder vorzudringen. Auch die Verbreitung der ATMs wurde durch die ablehnende Gerichtsentscheidung nur vorübergehend aufgehalten.[457]

Die laxer werdende Kontrolle und die Aufweichung der gesetzlichen Vorschriften lässt sich unter anderem auch an dem Erlass des *Financial Institutions Regulatory and Interest Rate Control Act* von 1978 (FIRIRCA)[458] erkennen, durch dessen *Title* X, *Section* 1001 der FFIEC begründet wurde. Das *Federal Reserve System* hatte schon seit einigen Jahren eine Institution gefordert, die einheitliche Untersuchungsregeln für alle Aufsichtsbehörden erlassen kann. Diese sollte zur Effizienzsteigerung mit der Befugnis ausgestattet werden, für alle Aufsichtsbehörden bindende Regeln zu erlassen. Der tatsächlich durch FIRIRCA eingesetzte FFIEC war jedoch eine verwässerte und zahnlose Version des ursprünglichen Vorschlags mit nur beratender und vorschlagender Befugnis. Einige Stimmen hatten vor Erlass von FIRIRCA eine Konsolidierung der einzelnen Aufsichtsbehörden gefordert. Die Einsetzung des FFIEC war die Kompromisslösung.[459]

13. Die Erweiterung des Bank Holding Company Act

Wie bereits erwähnt, erschien die Holdinggesellschaftsstruktur immer mehr Gesellschaften als eine gute Lösung, um einerseits ihre Produktlinie zu erweitern und um andererseits über die Staatsgrenzen hinaus zu expandieren. Viele wandelten sich daher in Holdinggesellschaften mit nur einer Bank um, um der Aufsicht durch das *Federal Reserve Board* zu entgehen. Am Ende des Jahres 1970 waren mehr als 1.350 Banken, die insgesamt 38 Prozent der gesamten Einlagen hielten, Teil einer Ein-Bank-Holdingstruktur.[460] Der Gesetzgeber sah sich gezwungen zu handeln, und der Kongress änderte den *BHC Act of 1956* dahingehend, dass auch Bankholdinggesellschaften mit nur einer Bank von der Definition und damit der Aufsicht erfasst wurden.[461] Zudem wurde auch die Definition des Begriffs „Kontrolle“ erweitert.[462] Dadurch

455 *Robertson*, S. 207.
456 State of Colorado ex rel. State Banking Board v. First National Bank of Fort Collins, 540 F.2d 497 (10th Cir. 1976).
457 *Robertson*, S. 207.
458 Financial Institutions Regulatory and Interest Rate Control Act, Pub. L. No. 95-630, 92 Stat. 3641 (1978).
459 *Robertson*, S. 215.
460 *Klebaner*, S. 184.
461 Bank Holding Company Act Amendments of 1970, Pub. L. No. 91-607, § 106(b), 84 Stat. 1760, 1766 (1970–1971).
462 Bank Holding Company Act Amendments of 1970, § 101: “[...] Any company has control over a bank or over any company if

wurde der Einfluss des FRB im Bereich der Aufsicht von BHCs gestärkt.[463] Weiterhin wurde der Begriff der „Bank" neu definiert. Für die Zwecke des Gesetzes wurde eine Bank definiert, als jede Institution, die (1) Sichteinlagen akzeptiert, bei denen der Kunde einen gesetzlichen Herausgabeanspruch auf Verlangen hat und (2) im Bereich der Kreditvergabe tätig ist.[464] Man beschränkte außerdem die Möglichkeit, nicht dem Bankgeschäft unterfallende Aktivitäten für Bankholdinggesellschaften vom FRB genehmigen zu lassen. Aktivitäten konnten nur noch genehmigt werden, wenn sie dem öffentlichen Wohl zugutekamen.[465] Schließlich gab es eine sogenannte *„Anti-tying"* Bestimmung, die es Bankholdinggesellschaften verbot, den Kunden der Tochterbank vorzuschreiben, Leistungen von anderen Tochtergesellschaften der Holding in Anspruch zu nehmen.[466] All diese Bestimmungen sollten die wachsende Macht der Holdinggesellschaften eindämmen und die Versuche der Aufsicht zu entgehen unterbinden.

14. Der Gramm-Leach-Bliley Act

Die Erosion des Trennbankensystems schritt trotz allem immer weiter voran. Dies geschah, wie bereits gesehen, einerseits durch innovative Produkte und Holdingstrukturen der Banken, aber andererseits auch durch die liberale Interpretation der

---

(A) the company directly or indirectly or acting through one or more other persons owns, controls, or has power to vote 25 per centum or more of any class of voting securities of the bank or company;
(B) the company controls in any manner the election of a majority of the directors or trustees of the bank of company; or
C) the Board determines, after notice and opportunity for hearing, that the company directly or indirectly exercises a controlling influence over the management or policies of the bank or company. [...]".

463 *Pollard/Daly*, § 2.11, 2.26.

464 12 U.S.C. § 1841(c) (2012): "[...] the term "bank" means any of the following:
(A) An insured bank as defined in section 3(h) of the Federal Deposit Insurance Act [12 U.S.C. 1813 (h)].
(B) An institution organized under the laws of the United States, any State of the United States, the District of Columbia, any territory of the United States, Puerto Rico, Guam, American Samoa, or the Virgin Islands **which both–**
(i) **accepts demand deposits** or deposits that the depositor may withdraw by check or similar means for payment to third parties or others; **and**
(ii) is engaged in the business of **making commercial loans**."[mit eigener Hervorhebung].

465 Bank Holding Company Act Amendments of 1970, § 103(4): "[...] In determining whether a particular activity is a proper incident to banking or managing or controlling banks the Board shall consider whether its performance by an affiliate of a holding company can reasonably be expected to produce benefits to the public [...]".

466 Bank Holding Company Act Amendments of 1970, § 106(b); *Pollard/Daly*, § 2.11, 2–26.

Gesetze durch die Aufsichtsbehörden.[467] Den größten Einfluss hatte dabei die Entscheidung des *Federal Reserve Board* im Jahre 1987, den Bankholdinggesellschaften sogenannte „*Section* 20 Tochtergesellschaften"[468] zu erlauben.[469] In diesen Tochtergesellschaften durften für Banken gemäß *Section* 20 unzulässige Geschäfte mit bestimmten Wertpapieren betrieben werden.[470] Das FRB setzte eine Grenze von fünf Prozent der Gesamteinnahmen aus solchen Geschäften als Maßstab für das Kriterium „*principally enagaged*" des *Glass-Steagall Act*. Als zulässige Wertpapiere wurden nur sogenannte *Tier-One Securities*, das heißt von Unternehmen unmittelbar emittierte kurzfristige Schuldverschreibungen (*commercial papers*) und Kommunalanleihen, anerkannt. Da diese Interpretation von der Judikative nicht beanstandet wurde,[471] weitete das *Federal Reserve Board* die Erlaubnis auf sogenannte *Tier-Two Securities*[472] aus und hob die Einnahmegrenze auf zehn Prozent an.[473] Auch diese Entscheidung wurde von der Rechtsprechung bestätigt.[474] Die Zahl der „*Section* 20 Tochtergesellschaften" weitete sich aufgrund dieser bankenfreundlichen Interpretation immer weiter aus. 1996 wurde die Einnahmegrenze dann sogar auf 25 Prozent erhöht[475] und einige weitere Aufsichtsregeln zur Trennung von Einlagen- und Wertpapiergeschäften wurden aufgehoben.[476]

---

467 *Hoffmann*, S. 1775.

468 Benannt nach § 20 des Glass-Steagall Act.

469 *Board of Governors of the Federal Reserve System*, Order Approving Applications to Engage in Limited Underwriting and Dealing in Certain Securities (Citicorp, J.P. Morgan & Co. Inc., Bankers Trust New York Corporation), 73 Fed. Res. Bull. 473 (1987).

470 Banking Act of 1933, § 20 lautete: „[...] no member bank shall be affiliated in any manner described in section 2(b) hereof with any corporation, association, business trust, or other similar organization **engaged principally** in the issue, flotation, underwriting, public sale, or distribution at wholesale or retail or through syndicate participation of stocks, bonds, debentures, notes, or other securities.". [mit eigener Hervorhebung].

471 Securities Industry Association v. Board of Governors of the Federal Reserve System, 839 F.2d 47, 66 (2d Cir. 1988), cert. denied, 486 U.S. 1059 (1988).

472 „Tier-Two Securities" sind Fremd- und Eigenkapitalwertpapiere.

473 *Board of Governors of the Federal Reserve System*, Order Conditionally Approving Applications to Engage, to a Limited Extent, in Underwriting and Dealing in Certain Securities (J.P. Morgan & Co., The Chase Manhattan Corp., Bankers Trust New York Corp., Citicorp, and Security Pacific Corp.), 75 Fed. Res. Bull. 192 (1989); *Board of Governors of the Federal Reserve System*, Modifications to Section 20 Orders, 75 Fed. Res. Bull. 751 (1989).

474 Securities Industry Association v. Board of Governors of the Federal Reserve System, 900 F.2d 360 (D.C. Cir. 1990).

475 Order increasing revenue limit on bank-ineligible activities for Section 20 subsidiaries to 25 percent, 61 Fed. Reg. 68750 (Dec. 30, 1996).

476 *Hoffmann*, S. 1776.

Im Jahre 1998 stimmte das *Federal Reserve Board* dem Zusammenschluss von CITICORP und TRAVELERS GROUP zur „CITIGROUP" zu.[477] Diese Entscheidung erwies sich als sehr problematisch. Zum einem entstand durch den Zusammenschluss eine Konzernverbindung zwischen einer großen Geschäftsbank und einem der größten Wertpapierhäuser im Rahmen einer BHC. Zum anderen besaß die TRAVELERS GROUP einige Unternehmen, die von einer BHC nicht kontrolliert werden durften.[478]

Neue Gesetzgebung in diesem Bereich war aber schon länger antizipiert worden. Durch den *Gramm-Leach-Bliley Act* (GLB Act)[479] wurde im Jahre 1999 das durch *Section* 20 des *Banking Act of 1933* (*Glass-Steagall Act*) eingeführte Trennbankensystems vollständig aufgehoben[480] und die damit seit langem bestehende Praxis der Realität angepasst. Das Gesetz erlaubte Verbindungen zwischen Banken, Wertpapierhandelsunternehmen und Versicherungen in einer Finanzholdingstruktur (*Financial Holding Companies* (FHCs)).[481] Das FRB wurde dabei als sogenannter "*umbrella supervisor*" für die gesamte Holdinggesellschaft eingesetzt, während die jeweilige Aktivität weiterhin von der funktionellen Aufsichtsbehörde beaufsichtigt wurde.[482] Vor dem Erlass des *Gramm-Leach-Bliley Act* war es einer Bankholdinggesellschaft nur erlaubt, bankfremde Aktivitäten auszuüben, wenn diese entweder auf der Liste zulässiger bankfremder Aktivitäten standen, oder diese Aktivität vom FRB durch eine einzelfallbezogene Entscheidung erlaubt wurde. Das Gesetz beendete diese letztgenannte Praxis; es sei denn, die Bankholdinggesellschaft entschied sich für eine Umwandlung in eine Finanzholding und erfüllte einige weitere Voraussetzungen. Ansonsten musste sie sich auf Aktivitäten beschränken, die zum Zeitpunkt des Erlasses des Gesetzes erlaubt waren.[483]

Der *GLB Act* hob zudem die generelle Ausnahme für Banken von der Registrierung als Broker bei der SEC auf und legte dafür elf spezifische Ausnahmen fest.[484] Damit ermächtigte das Gesetz die SEC dazu, die Wertpapiergeschäfte der Bank unter bestimmten Voraussetzungen zu beaufsichtigen. Der SEC wurde zudem aufgegeben, die Ausnahmen durch den Erlass von Verordnungen näher zu definieren. Aufgrund von unterschiedlichen Auslegungen des *GLB Act* durch die Bankaufsichtsbehörden und die SEC, Meinungsverschiedenheiten über die SEC als funktionelle Aufsichtsbehörde für Banken, sowie die generell unterschiedlichen

477 *Board of Governors of the Federal Reserve System*, Order Approving Formation of a Bank Holding Company and Notice to Engage in Nonbanking Activities (Travelers Group Inc., Citicorp), 84 Fed. Res. Bull. 985 (1998).

478 *Hoffmann*, S. 1777.

479 Gramm-Leach-Bliley Act, Pub. L. No. 106-102, 113 Stat. 1338 (1999).

480 GLB Act, § 101.

481 Zu den FHCs schon auf Seite 19.

482 GLB Act, § 111. Funktionelle Aufsicht bedeutet, dass sich die Aufsichtsbehörde nach Art der vorgenommenen Aktivität bestimmt. Siehe auch schon Fn. 103 für eine ausführlichere Beschreibung und Nachweise.

483 *Spong*, S. 45.

484 GLB Act, § 20, kodifiziert in 15 U.S.C. § 78c(a)(4) (2012).

Aufsichtsziele von Bank- und Wertpapiergesetzen, dauerte es jedoch noch bis zum Jahre 2007, bis die SEC endgültige Regelungen zur genaueren Definition der geregelten Ausnahmen erließ.[485]

15. Der Dodd-Frank Wall Street Reform and Consumer Protection Act

Der im Jahre 2010 verabschiedete *Dodd-Frank Wall Street Reform and Consumer Protection Act* (Dodd-Frank Act)[486] setzte den nach einer 18-monatigen Diskussion erreichten politischen Kompromiss um.[487] Die Finanzkrise des Jahres 2007, die zum Erlass des *Dodd-Frank Act* und damit einer der radikalsten Überholungen der Finanzaufsicht in den USA führte, war in ihrem Ausmaß und von ihrer Art her beispielslos.[488] Obwohl die Krise im Jahre 2007 ihren Ursprung in den USA hatte, waren die Folgen auf der ganzen Welt zu spüren. Dies lag unter anderem daran, dass ausländische Finanzinstitute von U.S.-Firmen ausgegebene Wertpapiere kauften, die zur Sicherheit mit U.S.-Immobilien unterlegt waren.[489]

Die Krise warf in den USA, wie auch in anderen betroffenen Länder, die Frage auf, ob ein Versagen der Aufsicht der Hauptauslöser der Krise war und wie man dem in Zukunft vorbeugen konnte. Das Gesetz blieb in einigen Bereichen hinter dem Reformvorschlag des Finanzministeriums (das sogenannte „*White Paper*"[490]) zurück, jedoch kann man es trotzdem als die radikalste Reform seit der Weltwirtschaftskrise in den 1930ern bezeichnen. Zudem stellte es eine direkte Reaktion auf die im Jahre 2007 begonnene Finanzkrise und die dadurch aufgedeckten Probleme dar und muss damit auch wieder vor dem Hintergrund „Stabilitätsüberlegungen" gesehen werden. Durch das Gesetz soll das Risiko des sogenannten „Schattenbankensystems (*shadow banking system*)" eingedämmt und der Schaden durch den Zusammenbruch von systemrelevanten Institutionen eingegrenzt werden.[491]

---

485 Definition of Terms and Exemptions relating to the "Broker" Exemption for Banks, 72 Fed. Reg. 56514 (Oct. 3, 2007).

486 Dodd-Frank Wall Street Reform and Consumer Protection Act, Pub. L. No. 111-203, 124 Stat. 1376 (2010) (kodifiziert in verstreuten Sections des U.S.C.).

487 *Dorman*, Dodd-Frank Wall Street Reform and Consumer Protection Act, 2010, S. 34.

488 *Dorman*, S. 29.

489 *Dam*, The Subprime Crisis and Financial Regulation: International and Comparative Perspectives, 10 Chi. J. Int'l L. 581 (2010).

490 *Department of the Treasury*, Financial Regulatory Reform: A New Foundation 17. Juni 2009. [Im Folgenden bezeichnet als "*Department of the Treasury*, White Paper on Regulatory Reform"].

491 *Skeel*, The New Financial Deal, 2011, S. 4.

a. Überblick

Durch das Gesetz wurde ein zehnköpfiger Rat für Finanzstabilität eingerichtet, um systemische Risiken zu überwachen, die Aufsicht über Finanzholdinggesellschaften wurde gestärkt, und das *Office of Thrift Supervision* (OTS) wurde abgeschafft und seine Aufgaben stattdessen auf das FRB, das OCC und die FDIC übertragen. Zudem wurden Beschränkungen für den Eigenhandel der Banken und das Sponsoring von Hedge Funds oder Private Equity Funds durch Banken, das heißt Investition in und Bereitstellung von Finanzierungsmittel für diese, festgelegt (sogenannte „Volcker-Regel"). Weiterhin sollen Finanzinstitute durch strengere Eigenkapital- und Verschuldungsanforderungen davon abgehalten werden, zu hohe Risiken einzugehen. Weitere Regelungen betreffen die Einführung einer Aufsicht über sogenannte *Over-the-counter Derivate* (OTC Derivate), verschiedene Verbraucherschutzregeln, insbesondere die Gründung einer neuen Agentur für Verbraucherschutz, das *Consumer Financial Protection Bureau* (CFPB)),[492] verstärkte Aufsicht über Ratingagenturen, eine Reform im Bereich der Verbriefung, eine Ausweitung der Vollstreckungsbefugnisse der SEC sowie die Einführung eines bundeseinheitlichen Standards für alle Kredite für Eigenheime.[493]

Das Gesetz erteilte außerdem 243 (noch anderer Zählung sogar 400) Aufträge zur Ausarbeitung von Regeln und Ausführungsverordnungen an die diversen U.S.-Aufsichtsbehörden, um das Gesetz umzusetzen und Begrifflichkeiten genauer zu definieren. Ob der im Gesetz festgelegte Zeitrahmen für die Umsetzung eingehalten werden kann, ist dabei fraglich. Im Folgenden werden nun die für die Aufsicht relevanten Regelungen detaillierter dargestellt.

b. Financial Stability Oversight Council

Title I des Gesetzes wird gesondert als *Financial Stability Act of 2010* bezeichnet. Dieser Teil des *Dodd-Frank Act* beschäftigt sich mit der Überwachung und Verhinderung der Ausbreitung von systemischen Risiken für das gesamte Finanzsystem, durch eine Kombination von holistischer Betrachtung, Transparenz und makroprudentieller Aufsicht in Abstimmung mit den Aufsichtsbehörden des Bundes.[494] Dies soll durch die Bildung eines neuen Aufsichtsorgans erreicht werden: der Rat für Finanzstabilität (*Financial Stability Oversight Council* (FSOC)).[495]

Der FSOC wird von dem Bundesfinanzminister geleitet und besteht aus folgenden weiteren stimmberechtigten Mitgliedern der Aufsichtsorgane: dem Vorsitzenden des FRB, dem *Comptroller of the Currency*, dem Direktor des neuen CFPBs, dem Vorsitzenden der SEC, dem Vorsitzenden der FDIC, dem Vorsitzenden der *Commodity Futures Trading Commission* (CFTC), dem Direktor der *Federal Housing Finance*

---

492 Siehe schon auf Seite 24.

493 *Dorman*, S. 34 f..

494 *Dorman*, S. 44.

495 Siehe die Gesetzesbegründung in S. REP. No. 111-176, S. 2 (2010).

Agency, dem Direktor des *National Credit Union Administration Board* und aus einem unabhängigen Mitglied mit Erfahrung im Versicherungsbereich, welches vom Präsidenten mit Zustimmung des Kongresses ernannt wird.[496] Zudem wird der FSOC durch fünf Mitglieder ohne Stimmrecht mit beratender Funktion unterstützt.[497]

Der FSOC soll vor allem systemische Risiken überwachen und frühzeitig erkennen. Unter „systemischem Risiko“ im Sinne des Gesetzes wird das Risiko einer Kettenreaktion von Zusammenbrüchen von großen Finanzinstitutionen verstanden, durch die die Funktionsfähigkeit des gesamten Finanzsystems signifikant reduziert wird. Man unterscheidet zwischen zwei Arten von systemischen Risiken: (1) das Risiko von plötzlichen und kurzfristig auftretenden aufeinanderfolgenden Zusammenbrüchen oder (2) das längerfristige Risiko, dass das Finanzsystem unabsichtlich große Institutionen den kleinen Konkurrenten vorzieht, wodurch die Anpassungs- und Innovationsfähigkeit des Marktes eingeschränkt wird.[498] Die Aufgabe der Überwachung des systemischen Risikos soll der FSOC wahrnehmen, indem er Informationen von anderen Aufsichtsbehörden sammelt und, wenn notwendig um Risiken für das U.S.-Finanzsystem auszuwerten, das *Office of Financial Research* dazu ermächtigt, Informationen von Bankholdinggesellschaften und Nichtbank-Finanzinstituten einzuholen.[499] Weiterhin soll der FSOC den Markt beobachten um Gefahren für die Finanzstabilität zu erkennen, nationale und internationale Regulierungsvorschläge überwachen, Informationsaustausch zwischen den verschiedenen Mitgliedsbehörden erleichtern und von ihnen identifizierte Aufsichtsprinzipien und -prioritäten (*Best Practices*) mit ihnen teilen.[500]

Der FSOC soll zudem Lücken in der Regulierung, die das U.S.-Finanzsystem potentiell gefährden,[501] und systemrelevante Nichtbank-Finanzinstitute identifizieren. Diese Nichtbank-Finanzinstitute werden dem Aufsichtsregime des *Federal Reserve Board* unterstellt.[502] Die Entscheidung, ein Institut als systemrelevant einzustufen, wird gestützt auf eine Analyse der Gefährdung durch eine substantielle finanzielle Schieflage eines solchen Unternehmens, oder aufgrund seiner Größe,

---

496 Dodd-Frank Act, § 111(b)(1), kodifiziert in 12 U.S.C. § 5321(b)(1) (2012).

497 Diese sind der Direktor des Office of Financial Research, der Direktor des Federal Insurance Office sowie jeweils ein Aufsichtsbeamter aus einem Einzelstaat verantwortlich für das Versicherungswesen, für die Bankenaufsicht und für die Wertpapieraufsicht (vgl. Dodd-Frank Act, § 111(b)(2)), kodifiziert in 12 U.S.C. § 5321(b)(2) (2012)).

498 Sachverständigenaussage der damaligen Vorsitzenden der SEC *Schapiro* vor dem Senate Banking Committee am 23. Juli 2009, „Testimony Concerning Regulation of Systemic Risk“, S. 1. Online verfügbar unter http://www.banking.senate.gov/public/?a=Files.Serve&File_id=364C598A-6634-45F7-89EB-B99C9745DC2C, zuletzt geprüft am 16.02.2016.

499 Dodd-Frank Act, § 112(a)(2)(A), kodifiziert in 12 U.S.C. § 5322(a)(2)(A) (2012).

500 Dodd-Frank Act, § 112(a)(2)(C)-(F), kodifiziert in 12 U.S.C. § 5322(a)(2)(C) – (F) (2012).

501 Dodd-Frank Act, § 112(a)(2)(G), kodifiziert in 12 U.S.C. § 5322(a)(2)(G) (2012).

502 Dodd-Frank Act, § 112(a)(2)(H), kodifiziert in 12 U.S.C. § 5322(a)(2)(H) (2012).

Risikokonzentration, Vernetzung oder Geschäftstätigkeit und einigen weiteren Faktoren.[503] Die endgültige Vorschrift zur Umsetzung und genaueren Definition der Voraussetzungen, wann eine Nichtbank als systemrelevant eingestuft wird (*Nonbank Systemically Important Financial Institution* (Nonbank SIFI)), wurde vom FSOC am 11. April 2012 veröffentlicht.[504] Der FSOC hat zur Einordnung die folgenden sechs Kategorien aufgestellt: (1) Größe, (2) Vernetzung, (3) Substituierbarkeit, (4) Grad der Fremdfinanzierung (*leverage*), (5) Liquiditätsrisiko und Laufzeitinkongruenz, sowie (6) das Maß der bereits bestehenden Aufsicht.[505] Am 8. Juli 2013 und am 19. September 2013 wurden die ersten drei Nichtbanken als SIFIs benannt und unterfallen nunmehr der Aufsicht des *Federal Reserve Board* und erhöhten Anforderungen.[506]

Der FSOC soll zudem (unverbindliche) Empfehlungen für verschärfte prudentielle Standards für die Bereiche risikogewichtetes Eigenkapital, Verschuldung, Liquidität, Wandelanleihen, Abwicklungspläne, Kreditrisikoberichte, erweiterte Offenlegung und allgemeines Risikomanagement von Nichtbank-Finanzinstituten und großen und vernetzten Bankholdinggesellschaften an das FRB aussprechen.[507] Zudem autorisiert der *Dodd-Frank Act* den FSOC generell dazu, Empfehlungen für verschärfte prudentielle Aufsichtsstandards an die jeweils zuständigen Aufsichtsbehörden des Bundes auszusprechen, wenn der Rat der Ansicht ist, dass eine bestimmte Tätigkeit einer Bankholdinggesellschaft oder eines Nichtbank-Finanzinstitut oder dass die Art, das Ausmaß, die Risikokonzentration oder Vernetzung der Tätigkeit ein systemisches Risiko darstellen könnte.[508] Die primäre Aufsichtsbehörde wird konsultiert, sowie die Möglichkeit zu Kommentaren durch die Bevölkerung eingeräumt.[509] Obwohl es sich hierbei um Empfehlungen handelt, ist die primäre Aufsichtsbehörde nicht frei diese zu ignorieren. Entscheidet die Behörde die Empfehlungen des FSOC nicht zu befolgen, so muss diese Entscheidung innerhalb von 90 Tagen schriftlich dem FSOC erklärt werden (*act or explain*).[510]

---

503 Dodd-Frank Act, § 113(a)(1), kodifiziert in 12 U.S.C. § 5323(a)(1) (2012).

504 Final rule and interpretive guidance on Nonbank-SIFIs, 77 Fed. Reg. 21637 (April 11, 2012) (dies soll in 12 C.F.R. Part 1310 (2014) kodifiziert werden).

505 77 Fed. Reg. 21637, 21658.

506 Dies sind zur Zeit American International Group, Inc., General Electric Capital Corporation, Inc., Prudential Financial, Inc. und MetLife, Inc.. Siehe *FRB*, Annual Report 2013, S. 48. Für die jeweils aktuelle Liste siehe *FSOC*, Designations, online verfügbar unter http://www.treasury.gov/initiatives/fsoc/designations/Pages/default.aspx zuletzt geprüft am 16.02.2016.

507 Dodd-Frank Act, § 112(a)(2)(I), kodifiziert in 12 U.S.C. § 5322(a)(2)(I) (2012).

508 Dodd-Frank Act, § 120(a), kodifiziert in 12 U.S.C. § 5330(a) (2012).

509 Dodd-Frank Act, § 120(b)(1), kodifiziert in 12 U.S.C. § 5330(b)(1) (2012).

510 Dodd-Frank Act, § 120(c)(2)), kodifiziert in 12 U.S.C. § 5330(c)(1) (2012).

c. *Zusätzliche Befugnisse des Board of Governors*

aa. *Aufsicht über Nichtbank-Finanzinstitute (NBFCs)*

Durch *Title* I, *Subtitle* C des *Dodd-Frank Act* wurden die Befugnisse des FRB im Bereich der Beaufsichtigung von Nichtbank-Finanzinstitutionen erweitert. Dazu gehört unter anderem die Ermächtigung, Berichte von Nichtbank-Finanzinstituten zu verlangen, diese Institute einer Überprüfung zu unterziehen und Zwangsverfahren bei einer Missachtung von Regeln des FRB durchzuführen.[511] Zudem muss es entweder auf eigene Initiative, oder in Zusammenarbeit mit dem FSOC verschärfte prudentielle Standards für die Aufsicht von systemrelevanten Nichtbank-Finanzinstituten und großen und vernetzen Bankholdinggesellschaften festlegen.[512] Hierdurch sollen jedoch in keiner Weise bestehende Regelungen von anderen primären Aufsichtsbehörden abgeschwächt, oder ersetzt, oder deren Kompetenzen und Befugnisse verdrängt werden.[513] Weiterhin soll eine Duplizierung von Regelungen im Hinblick auf bestehende Gesetze vermieden werden.[514]

bb. *Verordnungen zur Bestimmungen der unbestimmten Rechtsbegriffe „predominantly engaged“ und „significant“*

Section 102(a)(6) *Dodd-Frank Act* enthält den unbestimmten Rechtsbegriff *„predominantly engaged in financial activities“*. Das FRB ist damit beauftragt, durch Verordnung genauer zu definieren, wann dieser Begriff im Zusammenhang mit einer Nichtbank erfüllt ist.[515] Es soll weiterhin eine Regel erlassen, um zu bestimmen, welche Nichtbanken-Finanzinstitute (*nonbank financial company* (NBFC)) und Bankholdinggesellschaften als systemrelevant (*significant*) zu klassifizieren sind.[516] Diese Definitionen sind wichtig, um zu ermitteln, ob eine Institution vom FSOC als systemisch wichtiges Nichtbank-Finanzinstitut (NBFC SIFI) eingeordnet werden kann und damit der Aufsicht des FRB unterfällt und ob erhöhte prudentielle Standards angeordnet werden können. Die endgültigen Definitionen wurden vom FRB am 5. April 2013 mit Wirkung zum 6. Mai 2013 erlassen.[517] Demnach ist das Kriterium *„predominantly*

---

511 Dodd-Frank Act, §§ 161(a), 161(b), kodifiziert in 12 U.S.C. §§ 5361(a), 5361(b) (2012).

512 Dodd-Frank Act, § 165(a)(1), kodifiziert in 12 U.S.C. § 5365(a)(1) (2012).

513 Dodd-Frank Act, § 176, kodifiziert in 12 U.S.C. § 5374 (2012).

514 Dodd-Frank Act, § 169, kodifiziert in 12 U.S.C. § 5369 (2012).

515 Dodd-Frank Act. § 102(b), kodifiziert in 12 U.S.C. § 5311(b) (2012). Das Kriterium ist wichtig für die Definition einer „nonbank financial company“. Der Dodd-Frank Act versteht darunter sowohl U.S.-Nichtbanken-Finanzinstitute als auch ausländische Nichtbanken-Finanzinstitute. Beide müssen jeweils „predominantly engaged in financial activities” sein um sich zu qualifizieren.

516 Dodd-Frank Act, § 102(a)(7), kodifiziert in 12 U.S.C. § 5311(a)(7).

517 Final rule to define “predominately engaged in financial activities” and “significant” nonbank financial company and bank holding company, 78 Fed. Reg. 20755 (April 5, 2013) (dies soll in 12 C.F.R. Part 242 (2014) kodifiziert werden).

engaged" zum einen erfüllt, wenn die NBFC entweder 85 Prozent oder mehr ihrer konsolidierten Bruttoeinnahmen in einer der letzten beiden Geschäftsjahre aus Finanzaktivitäten bezog. Es ist ebenfalls erfüllt, wenn 85 Prozent ihrer konsolidierten Gesamtaktiva am Ende eines der letzten zwei Geschäftsjahre aus konsolidierten Finanzaktiva bestanden.[518] Unter „Finanzaktivitäten" fallen gemäß *Section* 102(a)(6) des *Dodd-Frank Act* solche, die auch schon unter *Section* 4(k) des *BHC Act*[519] fallen. Da diese Einbeziehung per Querverweis nur für Bankholdinggesellschaften gilt, bestand Rechtsunsicherheit für den Bereich der Nichtbanken. Zur Behebung dieser Unklarheit hat das FRB erklärt, dass Aktivitäten als „Finanzaktivitäten" eingestuft werden, unabhängig davon, ob die für Bankholdinggesellschaften im *BHC Act* aufgestellten Beschränkungen und Konditionen eingehalten werden.[520] Die endgültige Regel enthält eine Auflistung von Aktivitäten, die als finanziell eingestuft werden.[521]

cc. *Aufsicht über große Finanzinstitute (Large Financial Institutions)*

Section 165 des *Dodd-Frank Act* weist das FRB an entweder alleine oder auf Empfehlung des FSOC zusätzliche erhöhte prudentielle Standards für große und vernetzte Bankholdinggesellschaften mit mehr als $ 50 Milliarden in Gesamtaktiva und Nichtbanken-Finanzinstitute, die ihrer Aufsicht unterfallen, zu schaffen.[522] Das FRB hat ein Rundschreiben (*Supervision and Regulation Letter (SR letter)*) herausgegeben, welches die in mehreren Verordnungen[523] erlassenen erhöhten Anforderungen zusammenfasst sowie die dahinterstehenden Überlegungen erläutert.[524] Betroffene Institute sind global systemrelevante Banken (*Global Systemically Important Banks* (G-SIBs)) aus den USA und dem Ausland, große nationale Bankorganisationen und Thrift-Holdinggesellschaften mit mehr als $ 50 Milliarden in Gesamtaktiva sowie große *Foreign Banking Organizations* (FBOs) mit einer U.S.-Bilanzsumme von mehr als $ 50 Milliarden. Erhöhte Anforderungen gelten für die Bereiche Eigenkapital, Liquidität, Corporate Governance und Sanierungs- und Abwicklungsplanung.[525]

---

518 78 Fed. Reg. 20755, 20757.

519 Kodifiziert in 12 U.S.C. § 1843(k) (2012).

520 78 Fed. Reg. 20755, 20758–20759.

521 78 Fed. Reg. 20755, 20761 et seq..

522 Kodifiziert in 12 U.S.C. § 5365 (2012).

523 Final Rule on Resolution Plans, 76 Fed. Reg. 67323 (Nov. 1, 2011); Final Rule on Capital Plans for Large BHCs, 76 Fed. Reg. 74631 (Dec. 1, 2011); Final Rule on Enhanced Prudential Standards for BHCs and FBOs, 79 Fed. Reg. 17240 (March 27, 2014); Final Joint Rule on a Supplementary Leverage Ratio for Large, Interconnected U.S. Banking Organizations, 79 Fed. Reg. 24528 (May 1, 2014).

524 *FRB*, SR letter 12–17 on Consolidated Supervision Framework for Large Financial Institutions, 17. Dezember 2012, Online verfügbar unter http://www.federalreserve.gov/bankinforeg/srletters/sr1217.pdf, zuletzt geprüft am 16.02.2016.

525 Einige dieser Anforderungen werden ausführlich in den nachfolgenden Ausführungen an relevanter Stelle erläutert. Siehe Seite 101 ff., S. 309 und S. 310.

Zur Koordinierung der Aufsicht über G-SIBs aus den USA und dem Ausland wurde im *Federal Reserve System* ein Komitee gegründet, das *Large Institution Supervision Coordinating Committee* (LISCC). Das LISCC wird von dem Vorsitzenden der Bankaufsichtsabteilung des *Federal Reserve System* geleitet und besteht aus leitenden Angestellten aus verschiedenen Bereichen des FRB und der *Reserve Banks.* Folgende Banken unterfallen momentan der Aufsicht durch das LISCC und damit auch den erhöhten Anforderungen: AMERICAN INTERNATIONAL GROUP, INC., BANK OF AMERICA CORPORATION, THE BANK OF NEW YORK MELLON CORPORATION, BARCLAYS PLC, CITIGROUP INC., CREDIT SUISSE GROUP AG, DEUTSCHE BANK AG, GENERAL ELECTRIC CAPITAL CORPORATION, THE GOLDMAN SACHS GROUP, INC., JP MORGAN CHASE & CO., MORGAN STANLEY, PRUDENTIAL FINANCIAL, INC., STATE STREET CORPORATION, UBS AG und WELLS FARGO & COMPANY.[526]

d. Aufsicht über Thrifts

Thrifts hielten im Jahre 2008 ungefähr zwölf Prozent aller Vermögenswerte des Banksektors insgesamt. Dies ist ein vergleichsweise geringer Anteil. Von den seit 2008 gescheiterten Instituten konnten jedoch ungefähr 73 Prozent der Vermögenswerte *Thrifts* zugerechnet werden. Dieser hohe Anteil zeigt, dass die Aufsicht durch die OTS versagt hatte.[527] *Title* III des *Dodd-Frank Act* mit dem Titel „*The Enhancing Financial Institution Safety and Soundness Act of 2010*" soll diesem Missstand Abhilfe schaffen. Der Abschnitt des Gesetzes soll das reibungslose Funktionieren des U.S.-Finanzsystems gewährleisten, das duale Bankensystem zur Zulassung von *Thrifts* beibehalten, eine faire Aufsicht unabhängig von Größe oder der Art der Zulassung der *Thrift* gewährleisten und die Aufsicht über *Thrifts* und Thriftholdinggesellschaften miteinander in Einklang bringen.[528] Das OTS wurde als Aufsichtsbehörde endgültig abgeschafft.[529] Seine Funktionen, Aufgaben und Befugnisse wurden auf das FRB[530], das OCC[531] und die FDIC[532] übertragen. Anzumerken ist dabei, dass die *Federal Thrift Charter* bestehen bleibt. Nur die Aufsichtsbehörde wechselt. Zu begrüßen ist dabei, dass die Aufsicht über *Thrift*-Holdinggesellschaften insgesamt beim FRB verankert wurde, so dass es zu keiner Zersplitterung kommt. Im *Senate Bill* war ursprünglich vorgesehen worden, Holdinggesellschaften mit einem Vermögen von weniger als $ 50 Milliarden der Aufsicht des OCC (*national charter*), oder der

---

526 Die aktuelle Liste ist abrufbar auf der Internetseite des LISCC, online verfügbar unter http://www.federalreserve.gov/bankinforeg/large-institution-supervision.htm, zuletzt geprüft am 16.02.2016.

527 S. REP. 111–176, S. 25–26 (2010).

528 Dodd-Frank Act, § 301, kodifiziert in 12 U.S.C. § 5401 (2012).

529 Dodd-Frank Act, § 313, kodifiziert in 12 U.S.C. § 5413 (2012).

530 Dodd-Frank Act, §§ 312 (b)(1), 312(b)(2)(A), kodifiziert in 12 U.S.C. §§ 5412(b)(1), 5412(b)(2)(A) (2012).

531 Dodd-Frank Act, § 312 (b)(2)(B), kodifiziert in 12 U.S.C. § 5412(b)(2)(B) (2012).

532 Dodd-Frank Act, § 312 (b)(2)(C). kodifiziert in 12 U.S.C. § 5412(b)(2)(C) (2012).

Aufsicht der FDIC (*state charter*) zu unterstellen.[533] Diese wäre dem Ziel zuwidergelaufen, eine einheitliche Aufsicht herzustellen.

e. Swap-Handelsgeschäfte und Eigenhandel von Banken

Insbesondere in den letzten Jahren haben der Handel mit Derivaten und die Innovationsfähigkeit im Hinblick auf neuartige Finanzprodukte signifikant zugenommen. Im Zusammenhang mit der Bankenaufsicht ist erwähnenswert, dass das Gesetz Banken dazu verpflichtet, bestimmte Swap-Handelsgeschäfte in selbständige und eigens kapitalisierte Nichtbanken-Tochtergesellschaften auszulagern (sogenannte *Swaps Pushout Rule*).[534] Geschieht dies nicht, so werden ihnen Mittel gestrichen. Dies bedeutet unter anderem der Verlust von impliziten Garantien des Bundes und der Verlust des Zugangs zum Notfallkredit des *Federal Reserve System* (sogenanntes *discount window*).[535] Die Vermischung von traditionellem Bankengeschäft und Wertpapiergeschäft soll hierdurch eingedämmt werden. Die Regel tritt gemäß *Section* 716(h) *Dodd-Frank Act* zwei Jahre nach Inkrafttreten des Gesetzes automatisch in Kraft, ohne dass eine Ausführungsverordnung erlassen werden muss. Die Regel trat damit am 16. Juli 2013 in Kraft, da mit dem „Gesetz" nicht der *Dodd-Frank Act* allgemein, sondern der separate *Wall Street Transparency and Accountability Act* (*Title* VII *Dodd-Frank Act*) gemeint ist.[536]

Eng damit verbunden ist die Regelung von *Section* 619 *Dodd-Frank Act*. Die sogenannte „Volcker-Regel" (*Volcker rule*) verbietet einem Einlagenkreditinstitut und seinen Tochtergesellschaften bestimmte Geschäfte zu betreiben, die nicht zum sogenannten Kerngeschäft gehören. Sie verbietet den Eigenhandel, sowie Investitionen in oder das Sponsoring von Hedgefonds und Private-Equity-Fonds, selbst wenn diese zum selben Bankkonzern gehören. Eigenhandel wird gemäß *Section* 619 *Dodd-Frank Act* definiert als das Auftreten als Prinzipal in Wertpapier-, Derivativ-Future- und Optionsgeschäften, sowie jedes weitere Geschäft, das die jeweiligen Bankaufsichtsbehörden des Bundes, die SEC, und die CFTC per Verordnung als Eigengeschäft bestimmen. Am 9. Februar 2011 wurde vom FRB die endgültige Regel zur Festlegung der Übergangsphase veröffentlicht für Geschäfte, welche die Institute vor Inkrafttreten der Volcker-Regel eingegangen sind.[537] Demnach haben Einlagenkreditinstitute und vom FRB beaufsichtigte Nichtbankfinanzinstitute bis zum 21. Juli 2014 Zeit, ihre Geschäfte in Einklang mit der Volcker-Regel und den dazu ergangenen Verordnungen zu bringen. Problematisch war jedoch, dass der Erlass der weiteren endgültigen Ausführungsverordnungen auf sich warten ließ, da

---

533 *Dorman*, S. 159.

534 Dodd-Frank Act, § 716(c); *Kern*, US-Finanzmarktreform - Die Ökonomie des Dodd-Frank Acts, EU Monitor (06.12.2010), DB Research, S. 1(7).

535 Dodd-Frank Act, § 716(a), kodifiziert in 15 U.S.C. § 8305(a).

536 Effective Date of Section 716 Dodd-Frank Act, 77 Fed. Reg. 27456 (May 10, 2012).

537 Conformance Period for Entities Engaged in Prohibited Proprietary Trading, 76 Fed. Reg. 8265 (Feb. 14, 2011).

sich insgesamt fünf verschiedene Aufsichtsbehörden untereinander koordinieren mussten. Vorläufige Regeln mit der Möglichkeit zur Kommentierung durch die Öffentlichkeit wurden am 7. November 2011 und am 14. Februar 2012 erlassen.[538] Der *Dodd-Frank Act* gibt vor, dass die Volcker-Regel entweder zwölf Monate nach Erlass der endgültigen Regeln zur Umsetzung von *Section* 619 in Kraft tritt, oder zwei Jahre nach Erlass von *Section* 619, je nach dem was früher passiert. Da die endgültigen Regeln bis zwei Jahre nach Erlass von *Section* 619 noch nicht von den Aufsichtsbehörden erlassen worden waren, trat die Volcker-Regel im Juli 2012 in Kraft, ohne dass die betroffenen Institute sich an den Ausführungsregeln orientieren konnten. Dies trug zur Rechtsunsicherheit bei, da die betroffenen Institute nicht sicher sein konnten, ob sie weiterhin Geld in bestimmte Aktivitäten investieren konnten oder nicht. Die Frage, ob bestimmte Investitionsbereiche abgestoßen oder ausgelagert werden, und insbesondere wann dies vorgenommen wird, kann einen Einfluss auf den Jahresabschluss und das vorgeschriebene Eigenkapital haben.

Im Dezember 2013 einigten sich die fünf Aufsichtsbehörden schließlich auf endgültige Vorschriften und veröffentlichten diese.[539] Die Vorschriften wurden am 1. April 2014 verbindlich. Das FRB hat von seinem gesetzlich vorgegebenem Ermessen Gebrauch gemacht[540] und die Übergangsphase für Institute, die Geschäfte betreiben, die nunmehr durch die Volcker-Regel ausgeschlossen sind, nochmals um ein Jahr verlängert. Der 21. Juli 2015 ist nunmehr der neue Stichtag für die betroffenen Institute.

Einige Punkte im Zusammenhang sind jedoch trotz des Erlasses der endgültigen Vorschriften noch ungeklärt. Wie im Rahmen der Aufsichtskompetenz des FRB beschrieben, nimmt dieses nunmehr auch die Aufsicht über *Securities Holding Companies* (SHCs) wahr. Da diese wie *Bank Holding Companies* beaufsichtigt werden sollen, würde die Volcker-Regel theoretisch auch Anwendung finden, was zu einem absurden Ergebnis führen würde. Die endgültigen Vorschriften des FRB stellen zwar klar, dass die Beschränkungen für Nichtbankaktivitäten des *BHC Act* keine Anwendung auf SHCs finden, jedoch ist eine Klarstellung für die Anwendung der Volcker-Regel erforderlich, da diese nicht im *BHC Act* kodifiziert ist.

538 Joint Proposed Rule on Prohibitions and Restrictions on Proprietary Trading, 76 Fed. Reg. 68846 (Nov. 7, 2011); CFTC's Adoption of Joint Proposed Rule on Prohibitions and Restrictions on Proprietary Trading, 77 Fed. Reg. 8331 (Feb. 14, 2012).

539 Final Joint Rules to implement Section 619 Dodd-Frank Act (Volcker Rule), 79 Fed. Reg. 5535 (Jan. 31, 2014). Die CFTC hat, wie bei der vorläufigen Regel, separat eine endgültige Regel erlassen, betont jedoch, dass die Aufsichtsbehörden sich untereinander koordiniert haben. 79 Fed. Reg. 5807 (Jan. 31, 2014), CFTC's Final Rule to implement Section 619 Dodd-Frank Act (Volcker Rule).

540 12 U.S.C. § 1851(c)(2) (2012).

f. Collins-Amendment

Section 171 des *Dodd-Frank Act* enthält das sogenannte *Collins-Amendment*.[541] Die endgültige Regel zur Umsetzung der Voraussetzungen des *Collins-Amendment* wurde von den Bankaufsichtsbehörden des Bundes (FRB, OCC und FDIC) am 28. Juli 2011 veröffentlicht.[542] Darin wurden eine Höchstverschuldungsquote (*leverage ratio*) und risikobasierte Eigenkapitalanforderungen (*risk-based capital requirement*) auf konsolidierter Basis für versicherte Einlagenkreditinstitute, BHCs und *Thrift*-Holdinggesellschaften und vom FRB beaufsichtigte Nichtbanken-Finanzinstitute eingeführt.[543] Damit werden die Anforderungen für Einlagenkreditinstitute auf Holdinggesellschaften und Nichtbanken-Finanzinstitute übertragen. Ausgenommen von diesem neuen Mindeststandards sind kleinere BHCs mit weniger als $ 500 Millionen Aktiva.[544] Eine Auswirkung des *Collins-Amendment* zeigt sich beispielsweise bei den Anforderungen an die Zusammensetzung des Kernkapitals für BHCs. Das FRB hatte es BHCs ursprünglich erlaubt, gewisse hybride Kaptalinstrumente in begrenztem Maße als Kernkapital zu zählen. Nach Inkrafttreten von *Section* 171 können auch BHCs diese hybriden Kapitalinstrumente nur im Rahmen des Ergänzungskapitals (Tier 2) zählen.

Zusätzlich zu den vorab beschriebenen Vorgaben, können auf Empfehlung des FSOC darüber hinausgehende Anforderungen an die Institute gestellt werden, um die Risiken abzufedern, welche die Aktivitäten der betreffenden Institute oder die Insolvenz des Instituts für das U.S.- Finanzsystem als Ganzes darstellen.[545]

Das *Collins-Amendment* statuiert zwei Untergrenzen. Zum einen dürfen die risikobasierten Eigenkapitalanforderungen und die Verschuldungsobergrenze, die zur Umsetzung des *Collins-Amendment* eingeführt werden, nicht niedriger sein, als die „generell anwendbaren risikobasierten Eigenkapital- und Verschuldungsanforderungen". „Generell anwendbare Anforderungen" werden gemäß *Section* 171(a) *Dodd-Frank Act* definiert, als die von den Aufsichtsbehörden für Einlagenkreditinstitute erlassenen risikobasierten Eigenkapitalanforderungen und Verschuldungsobergrenzen für Kernkapital (Tier 1), deren Einhaltung im Rahmen von *Section* 38 FDIA[546] überprüft werden.[547] *Section* 38 FDIA kodifiziert unverzügliche Abhilfemaßnahmen, welche die Aufsichtsbehörden bei unterkapitalisierten Einlagenkreditinstituten zu

541 Benannt nach der republikanischen Senatorin Susan Collins aus Maine, die diese Passage des Gesetzes ursprünglich vorschlug.
542 Basel II, Implementation of Collins Amendment, 76 Fed. Reg. 37620 (June 28, 2011).
543 Kodifiziert in 12 U.S.C. § 5371(b) (2012).
544 Dodd Frank Act, § 171(b)(5)(C), kodifiziert in 12 U.S.C. § 5371(b)(5)(C) (2012).
545 12 U.S.C. § 5371(b)(7) (2012).
546 Kodifiziert in 12 U.S.C. § 1831o (2012).
547 Dodd-Frank Act, § 171(a), kodifiziert in 12 U.S.C. § 5371(a) (2012).

ergreifen haben (die sogenannte *„prompt corrective action*"),[548] und definiert wann eine solche Unterkapitalisierung vorliegt.[549]

Als weitere Untergrenze dürfen die neuen Mindestanforderungen nicht niedriger sein als die Eigenkapitalanforderungen, die im Juli 2010 bei der Verabschiedung des *Dodd-Frank Act* für Einlagenkreditinstitute galten. Da zu dieser Zeit nur die erste Baseler Eigenkapitalvereinbarung (Basel I) vollständig für alle Einlagenkreditinstitute in den USA in Kraft war und die zweite Baseler Eigenkapitalvereinbarung (Basel II) nur für einige Institute, gelten die in diesen Dokumenten vorgegebenen Anforderungen je nach Institut als Untergrenze.[550] Für sogenannte „Kernbanken"[551] (*core banks*) gelten demnach die Basel II-Vorgaben als Untergrenze, während für alle anderen Banken die Basel I-Vorgaben die Untergrenze darstellen.[552]

Die amerikanische Gesetzgebung spiegelt durch die Regelungen im *Collins-Amendment* Änderungen wieder, die international im Rahmen des sogenannten „Baseler Ausschusses für Bankenaufsicht" unter dem Namen „Basel III" diskutiert und beschlossen wurden.[553] Dabei ist jedoch anzumerken, dass das *Collins-Amendment* zeitlich vor den im Baseler Ausschuss vereinbarten Regelungen liegt und damit als Ausgangslage der Diskussion für die amerikanischen Bankaufsichtsbehörden im internationalen Rahmen diente.

g. Weitere Regelungen

Der *Dodd-Frank Act* reformierte zudem die Einlagensicherung. Die maximale Versicherungssumme für Einlagen wurde von $ 100.000 auf $ 250.000 erhöht. Zunächst als temporäre Maßnahme zur Wiederherstellung des Vertrauens der Bevölkerung in das Bankwesen zum Höhepunkt der Krise ausgestaltet,[554] wurde diese Änderung durch den *Dodd-Frank Act* endgültig in das FDIC-Gesetz übernommen.[555]

---

548 Die „prompt corrective action" legt fest, dass die Aufsichtsbehörden, sobald sie Kenntnis erhalten, dass sich ein Institut in Schwierigkeiten befindet, korrigierend eingreifen müssen. Der ihnen im Gesetz zugestandene Ermessensspielraum nimmt ab, je schwerwiegender die Unterkapitalisierung ist. Siehe *Kleinert*, Einlagensicherungssysteme nach deutschem und U.S.-amerikanischen Recht, 1999, S. 128.

549 12 U.S.C. § 1831o(b)(1)(C) (2012): „An insured depository institution is "undercapitalized" if it fails to meet the required minimum level for any relevant capital measure.".

550 Zur Umsetzung der Baseler Eigenkapitalvereinbarungen in den USA siehe Seite 293 ff.

551 Dies sind die größten Banken in den USA gemessen an der Größe der konsolidierten Gesamtaktiva. Siehe Joint NPR to implement Basel II for large, internationally active banks, 71 Fed. Reg. 55830, 55841 (Sept. 25, 2006).

552 Zu den Basel II Anforderungen für die sogenannten „Kernbanken" ausführlicher auf Seite 298.

553 Mehr zu Basel III auf Seite 303 ff..

554 Emergency Economic Stabilization Act of 2008, Pub. L. No. 110-343, Division A, § 136(a)(1); 122 Stat. 3765, 3799 (2008).

555 Dodd-Frank Act, § 335.

Die FDIC wurde durch den *Dodd-Frank Act* zudem mit zusätzlichen Befugnissen im Bereich der Aufsicht über systemisch wichtige Institute (SIFIs) ausgestattet. Gemäß *Section* 172(a) *Dodd-Frank Act*[556] kann die FDIC, zusätzlich zu den regulären Kontrollen durch ihre Mitarbeiter, Sonderkontrollen von systemisch wichtigen Nichtbank-Instituten und BHCs mit mehr als $ 50 Milliarden in Gesamtaktiva durchführen. Dies soll der FDIC helfen, ihre Aufgaben bei der Abwicklung von vor der Insolvenz stehenden Instituten zu erfüllen.

Durch *Title* IX, *Subtitle* C *Dodd–Frank Act* wurden Reformen für den Bereich der Ratingagenturen eingeführt. Dazu zählt unter anderem der Auftrag an die Aufsichtsbehörden, die zahlreichen Verweise in den Gesetzen und Verordnungen auf die Bewertungen von Ratingagenturen, mit anderen Ansätzen ersetzen.[557] Weiterhin gibt es Ansätze zur verstärkten Aufsicht und zur Behebung des Interessenskonflikts zwischen Ratingagentur und der bewerteten Institution.[558]

Section 612 *Dodd-Frank Act*[559] enthält das schon erwähnte Verbot eines Wechsels der Zulassung (*charter conversion*) von einer *state charter* zu einer *national charter* oder umgekehrt.[560] Dieses Verbot greift ein, wenn die *Commercial Bank* oder *Thrift* sich in finanziellen Schwierigkeiten befindet und daher Adressat von förmlichen Vollstreckungsmaßnahmen durch ihre jetzige Aufsichtsbehörde ist. Dadurch soll der häufig praktizierte Aufsichtsbehördenwechsel eingedämmt werden, der oft dazu verwendet wurde, Aufsichtsarbitrage zu betreiben und sich die vermeintlich nachsichtigere Aufsichtsbehörde auszusuchen. Eine Ausnahme wird gemacht, wenn die aktuelle Aufsichtsbehörde ihr Einverständnis erteilt und die Institution einen schriftlichen Plan vorlegt, in dem sie die Mängel, die die Vollstreckungsanordnung ausgelöst haben, anspricht und Lösungsvorschläge macht, um die Institution wieder ordnungsgemäß und solide zu betreiben und dieser Plan von der neuen Aufsichtsbehörde implementiert wird.[561]

h. Kritische Würdigung

Obwohl der *Dodd-Frank Act*, wie anfänglich festgestellt, als die radikalste Reform der U.S.-Gesetzgebung im Finanzbereich seit der Weltwirtschaftskrise in den 1930ern bezeichnet werden kann und eindrucksvolle 848 Seiten umfasst, bleiben die Regelungen in einigen Bereichen hinter den Erwartungen zurück. Einige Problembereiche wurden zudem gar nicht angegangen. Dabei ist jedoch zu beachten, dass Lösungen, die ökonomisch sinnvoll erscheinen, nicht immer politisch möglich sind. Gerade das Zweikammersystem der USA kann bei unterschiedlichen Mehrheiten zu Blockaden führen.

---

556 Kodifiziert in 12 U.S.C. § 1820(b)(3) (2012).
557 Dodd-Frank Act, §§ 939, 939A.
558 Dodd-Frank Act, §§ 932, 939H.
559 Kodifiziert in 12 U.S.C. §§ 35, 214, 1464(i) (2012).
560 Siehe dazu Seite 11.
561 Dodd-Frank Act, § 612(d).

Problematisch erscheint, dass aufgrund der enormen Anzahl von zu erlassenen Ausführungsverordnungen und Regeln (knapp 400!), mehr als vier Jahre nach Inkrafttreten des Gesetzes nur 220 (dies entspricht 55,3 %) endgültige Vorschriften erlassen wurden. Für 95 Bestimmungen (23,9 %) wurde bisher nicht mal ein Entwurf veröffentlicht.[562] Dies trägt zur Rechtsunsicherheit bei den Marktteilnehmern bei.[563]

Die Chance, Klarheit bei der Aufsicht über Finanzinstitute zu schaffen, indem man einige Aufsichtsbehörden verschmilzt oder auflöst, wurde nicht genutzt. Dadurch besteht zudem weiterhin die Möglichkeit sich die Aufsichtsbehörde mit den niedrigsten Anforderungen auszusuchen und Lücken auszunutzen; ein Zustand der in den Gesetzesvorschlägen für untragbar erklärt wurde.[564] Zwar wurde das OTS abgeschafft. Dafür wurden jedoch neue Behörden wie der FSOC, das CFPB und das *Office of Financial Research* geschaffen. Marktteilnehmer und Finanzinstitute unterfallen daher immer noch einer nicht immer auf den ersten Blick durchschaubaren Vielzahl von Vorschriften und Anforderungen von mehreren Aufsichtsbehörden. Positiv ist jedoch, dass die Aufsicht im Bereich des Verbraucherschutzes fast vollständig auf das CFPB übertragen wurde, so dass zumindest in den Bereich Klarheit besteht. Weiterhin ist hervorzuheben, dass der *Dodd-Frank Act* zumindest die gemeinsame Verordnungsgebung der Aufsichtsbehörden in vielen Fällen verpflichtend macht, so dass Einheit in den Anforderungen an Finanzinstitute besteht und abweichende Definitionen nicht ausgenutzt werden können.

Eines der erklärten Ziele des *Dodd-Frank Act* war laut des offiziellen langen Titels die Beendigung von "Too-Big-To-Fail".[565] Es wird jedoch angezweifelt, ob dies wirklich gelungen ist.[566] Im Juli 2014 veröffentlichte das GAO aufgrund einer Anfrage der Senatoren Sherrod Brown, einem Demokraten aus Ohio, und David Vitter, einem Republikaner aus Louisiana, eine Studie zu der Frage, ob „Too-Big-To-Fail" Institutionen immer noch Vorteile durch zu erwartende staatliche Unterstützungsmaßnahmen genießen.[567] In der Studie wurde festgestellt, dass die Reformen durch den *Dodd-Frank*

562 *Davis Polk*, Dodd-Frank Progress Report, September 2014, S. 2, online verfügbar unter www.davispolk.com/sites/default/files/September2014_Dodd.Frank_.Progress.Report.pdf, zuletzt geprüft am 16.02.2016.

563 *Telpner*, Lurking around the Corner: The Unknowns in Dodd-Frank, 16 Journal of Structured Finance, No. 3 (2010), S. 10.

564 *Department of the Treasury*; White Paper on Regulatory Reform, S. 5.

565 Das Gesetz heißt in der langen Version: "**An Act** To promote the financial stability of the United States by improving accountability and transparency in the financial system, **to end "too big to fail"**, to protect the American taxpayer by ending bailouts, to protect consumers from abusive financial services practices, and for other purposes." [mit eigener Hervorhebung].

566 *Wilmarth*, The Dodd-Frank Act: A Flawed and Inadequate Response to the Too-Big-to-Fail Problem, 89 Or. L. Rev. 951, 986 et seq. (2011); *Richardson*, Regulating Wall Street: The Dodd-Frank Act, 36 Econ. Perspect., No. 3 (2012), S. 85, 89.

567 *U.S. Gov't Accountability Office*, GAO-14-621, Large Bank Holding Companies: Expectations of Government Support (2014), online verfügbar unter http://gao.gov/assets/670/665162.pdf, zuletzt geprüft am 16.02.2016.

Act die Erwartung, dass staatliche Unterstützungsmaßnahmen zur Rettung einer der größten Bankholdinggesellschaften ergriffen werden, zwar reduziert aber nicht abgeschafft haben.[568] Zudem geht der *Dodd-Frank Act* das Problem der Entstehung oder des Wachstums von „Too-Big-To-Fail" Instituten nur zum Teil an.[569] Zwar wird das Verbot, dass Verschmelzungen über die einzelstaatlichen Grenzen hinaus (*interstate merger*) nur von der Aufsichtsbehörde genehmigt werden können, wenn die Bank dadurch nicht mehr als zehn Prozent der Einlagen in den USA kontrollieren würde, auf alle bei der FDIC versicherten Einlagenkreditinstitute ausgeweitet.[570] Verschmelzungen innerhalb eines Einzelstaates (*intrastate merger*), Verschmelzungen von *Thrifts* sowie Verschmelzungen mit Banken, die insolvent sind oder bei denen die Gefahr der Insolvenz besteht, unterfallen hingegen nicht dem Verbot.[571] Für das natürliche Wachstum eines Geschäftsbereichs gibt es ebenfalls keine Begrenzung.[572]

Ein weiteres Verbot zur Begrenzung von „Too-Big-Too-Fail" ist in *Section* 622 *Dodd-Frank Act* enthalten.[573] Demnach ist eine Verschmelzung oder ein Erwerb verboten, wenn das Finanzunternehmen dadurch mehr als zehn Prozent der gesamten Verbindlichkeiten aller Finanzunternehmen kontrollieren würde (*liabilities cap*). Auch hier gibt es jedoch eine Ausnahme, wenn das Finanzunternehmen insolvent ist oder die Gefahr der Insolvenz besteht. Weiterhin ist die Vorschrift nicht selbstausführend und bedarf einer Studie des FSOC und Ausführungsverordnungen durch das FRB. Bisher hat das FRB erst einen Entwurf für eine Verordnung veröffentlicht,[574] so dass noch keine endgültige Aussage getroffen werden kann, ob es zu einer Aufweichung der Voraussetzungen kommen wird.

Positiv ist zu bewerten, dass der *Dodd-Frank Act* viele Regelungen enthält, die das systemische Risiko eindämmen oder verhindern sollen. Dazu wird der Fokus auf die makroprudentielle Aufsicht und Regulierung gesetzt. Vor Ausbruch der Krise im Jahre 2007 war die Aufsicht zu sehr auf das individuelle Institut konzentriert und die Verbindungen im Finanzsystem und das entstehende systemische Risiko wurden nur ungenügend bedacht.[575] Zwar muss auch die mikroprudentielle Aufsicht gestärkt werden, jedoch muss dies immer im Gesamtzusammenhang der makroprudentiellen Aufsicht gesehen werden.[576] Dazu wurde zum einen der FSOC und das OFR gegründet und zum anderen wurde das FRB, teilweise in Zusammenarbeit mit dem FSOC, dazu ermächtigt, strengere prudentielle Standards für die Beaufsichtigung

---

568 *U.S. Gov't Accountability Office*, GAO-14-621, S. 24.

569 *Lybeck*, A Global History of the Financial Crash of 2007–2010, 2011, S. 366.

570 Dodd-Frank Act, § 623(a), kodifiziert in 12 U.S.C. § 1828(c)(13)(A) (2012).

571 *Wilmarth*, S. 990.

572 *Lybeck*, S. 366.

573 Kodifiziert in 12 U.S.C. § 1852 (2012).

574 Proposed Rule Regarding Concentration Limits on Large Financial Companies, 79 Fed. Reg. 27801 (May 15, 2014).

575 *Richardson*, S. 87.

576 *Weide*, Implementing Dodd-Frank: Identifiying and mitigating systemic risk, 36 Econ. Perspect., No. 3 (2012), S. 108, 109–110.

von systemisch wichtigen Instituten (Banken und Nichtbanken) aufzustellen. Weiterhin positiv hervorzuheben ist, dass die Position des FSOC im Gegensatz zu den Vorschlägen vor Verabschiedung des *Dodd-Frank Act* gestärkt wurde, bei denen er nur Empfehlungen aussprechen konnte, aber keine eigenen Befugnisse hatte.[577]

Da der zu große Verlass auf Ratingagenturen und ihre Bewertungen als einer der Faktoren identifiziert wurde, die den Ausbruch der Finanzkrise im Jahre 2007 ermöglicht haben,[578] ist die Ersetzung durch andere Ansätze im *Dodd-Frank Act* zu begrüßen.[579] Unter anderem wird die OECD-Methodik zur Risikoklassifizierung von Forderungen an Staaten (*Country Risk Classifications*) mit kleinen Abwandlungen eingesetzt.[580] Problematisch wiederum ist dabei, dass jede Aufsichtsbehörde ermächtigt wurde zu bestimmen, welcher Ansatz der beste ist, so dass keine Einheitlichkeit besteht. Die SEC beispielsweise verlagert die Verantwortlichkeit auf die Broker-Dealer (subjektiver Ansatz) und erlaubt diesen ihre internen Methoden zur Bestimmung des Kreditrisikos eines Wertpapiers zu benutzen.[581] Die Erlaubnis zur Verwendung von internen Ratings unter Basel II[582] war jedoch einer der Punkte, der von den Banken in der Finanzkrise ausgenutzt wurde.[583]

Die in *Section* 619 *Dodd-Frank Act* enthaltene Volcker-Regel ist von der Intention her zwar auch als positiv zu bewerten, jedoch ist die endgültige Fassung im Gegensatz zu den Gesetzesvorschlägen aufgeweicht worden.[584] Banken können immer noch bis zu einem Umfang von drei Prozent ihres Kernkapitals in Hedgefonds oder Private Equity Fonds investieren. Weiterhin ist die Abgrenzung zwischen Eigenhandel von Banken und Handel im Auftrag eines Kunden nicht immer einfach vorzunehmen, so dass hier Umgehungsmöglichkeiten bestehen.[585]

Zusammenfassend kann gesagt werden, dass es durch das Ausnutzen des Momentums kurz nach Ausbruch der globalen Finanzkrise in den USA innerhalb kürzester Zeit gelungen ist, weitgehende Reformen durchzusetzen; sofern dies politisch

---

577 *Department of the Treasury*; White Paper on Regulatory Reform, S. 21, Teil I.A.1. Nach dem Vorschlag des Finanzministeriums hätte der FSOC nur Empfehlungen für die Aufstellung von strengeren prudentiellen Standards aussprechen können, die aber keinen „act-or-explain“ Mechanismus bei Nichtbeachtung ausgelöst hätten. Zudem hätte die endgültige Entscheidung, Firmen als SIFIs einzuordnen, beim FRB gelegen.

578 Dodd-Frank Act, § 931(5).

579 *Richardson*, S. 87.

580 Joint Final Rule on Risk-Based Capital Standards - Market Risk (Basel 2.5), 77 Fed. Reg. 53059, 53075 (Aug. 30, 2012).

581 SEC Final Rule on Removal of Certain References to Credit Ratings Under the SEA, 79 Fed. Reg. 1521, 1525 (Jan. 8, 2014).

582 Zur Verwendung von internen Ratings zur Bestimmung des Kreditrisikos unter Basel II siehe Seite 233 ff..

583 *Richardson*, S. 87.

584 *Lybeck*, S. 365.

585 *Lybeck*, S. 365; *Piasio*, It's Complicated: Why the Volcker Rule Is Unworkable, 43 Seton Hall. L. Rev. 737, 760 et seq. (2013).

möglich war. Dies ist zu begrüßen, da Investoren und andere Akteure auf dem Finanzmarkt die Ursachen einer Krise schnell vergessen oder herunterspielen, so dass keine nennenswerten Reformen mehr möglich sind. Problematisch ist jedoch, dass der *Dodd-Frank Act* einen sehr starken Fokus auf die Finanzstabilität der USA setzt und die Aufsicht dadurch renationalisiert. Inwiefern dies negativ für ausländische Marktteilnehmer oder für die internationalen Harmonisierungsbestrebungen ist, wird im folgenden Teil III und im Abschnitt D[586] untersucht.

III. Aufsicht über grenzüberschreitende Aktivitäten

Nach dem zweiten Weltkrieg erlebten die USA einen rasanten Aufschwung und ein Wachstum der Exporte. Dies führte auch zu einem Anstieg des grenzüberschreitenden Bankenverkehrs. Inländische Banken eröffneten Zweigniederlassungen und Tochtergesellschaften im Ausland und umgekehrt drängten ausländische Banken in den inländischen Markt. U.S.-Banken waren dabei insbesondere auf dem sogenannten Euromarkt[587] tätig. Dabei handelt es sich um Bankgeschäfte in einer für die Bank fremden Währung; regelmäßig die Euro-Währung.[588] Mit der Zeit wurden andere Dienstleistungen hinzugenommen. Das gleiche galt spiegelbildlich für die Aktivitäten von ausländischen Banken in den USA.[589] Die USA entwickelten sich immer mehr zu einem wichtigen Akteur im globalen Finanzmarkt.[590]

Im globalen Bankgeschäft ist zwischen zwei verschiedenen Strukturformen bei ausländischen Banken zu unterscheiden: „internationale Banken" und „multinationale Banken". Eine „internationale Bank" operiert aus ihrem Sitzland heraus und betreibt grenzüberschreitende Bankgeschäfte. Eine „multinationale Bank" hingegen gründet eine physische Präsenz auf dem ausländischen Markt, entweder in der Form einer Niederlassung oder in Form einer Tochtergesellschaft.[591] Im Folgenden ist, wenn von einer „ausländischen Bank" die Rede ist, eine „multinationale Bank" gemeint.

Nachfolgend wird dargestellt, welche Aufsichtsorgane der USA Aufgaben und Befugnisse im Bereich der internationalen Bankaktivitäten haben. Darüber hinaus werden die wichtigsten gesetzlichen Bestimmungen, die die Aktivitäten von inländischen Banken, also solche mit Sitz in den USA, im Ausland regeln, sowie diejenigen Bestimmungen, die auf inländische Niederlassungen von ausländischen Banken und/oder Finanzdienstleistern anwendbar sind, in ihren Grundzügen entfaltet. Schließlich wird erläutert, inwiefern nationale Gesetzgebung und internationale Harmonisierung von Aufsichtsregeln zusammenhängen und sich wechselseitig beeinflussen.

---

586 Für Abschnitt D siehe Seite 195 ff..

587 Nicht zu verwechseln mit der Währung Euro.

588 *Grey*, Federal Reserve System, 2002, S. 47.

589 *FRB*, Purposes and Functions, S. 57.

590 *Pollard/Daly*, § 17.01, 17-3 f.

591 *McCauley/McGuire/Peter*, The architecture of global banking: from international to multinational?, BIS Quarterly Review, March 2010, S. 25 (26).

1. Grundlagen

Genau wie bei der Aufsicht von nationalen Instituten, gibt es im Bereich der internationalen Bankaktivitäten eine Vielzahl von Gesetzen und Verordnungen. Die Überwachung der Einhaltung dieser Vorschriften ist schwerpunktmäßig beim *Board of Governors of the Federal Reserve System* angesiedelt. Aber auch die einzelstaatlichen Behörden, sowie das OCC und die FDIC, wurden mit Befugnissen im Bereich der internationalen Bankaktivitäten ausgestattet. Eine Zusammenarbeit der Aufsichtsbehörden findet zudem im Zusammenhang mit der Evaluierung des Transferrisikos im sogenannten „*Interagency Country Exposure Review Committee*" statt.[592]

a. Board of Governors of the Federal Reserve System

Im grenzüberschreitenden Bankverkehr sind dem FRB durch Gesetz vier verschiedene Aufgaben zugewiesen worden. Zum einen ist es für die Zulassung von ausländischen Zweigniederlassungen von *Member Banks* und deren Aufsicht zuständig.[593]

Das gleiche gilt bei den sogenannten *Edge Act and Agreement Corporations.*[594] Dies sind Gesellschaften, durch die amerikanische Banken ihre internationalen Bankaktivitäten organisieren.[595] Aber auch ausländische Banken können seit 1978 *Edge and Agreement Corporations* erwerben.[596] Der Name „*Edge and Agreement Corporation*" leitet sich wie folgt ab. Eine Änderung des *Federal Reserve Act* im Jahre 1916 erlaubte *National Banks* mit einem Eigenkapital von mehr als $ 1 Million bis zu zehn Prozent ihres Kapitals in eine Institution zu investieren, durch die sie ihre internationalen oder ausländischen Bankgeschäfte tätigen konnte. Jede dieser Institutionen muss einen Vertrag mit dem FRB abschließen, der die erlaubten Aktivitäten und die Art und Weise ihrer Durchführung festlegt. Der Wortlaut dieser Bestimmung („*enter into an agreement*") führte zu den Namen „*Agreement Corporation*". Zudem ermächtigte eine vom Senator WALTER E. EDGE gesponserte weitere Änderung des *Federal Reserve Act* aus dem Jahre 1919, das *Federal Reserve Board* dazu, Institutionen zuzulassen, die sich direkt oder indirekt am internationalen Bankgeschäft beteiligen. Die Aktien dieser „*Edge Act*" genannten Institutionen dürfen von Banken gezeichnet werden. Vorgeschrieben ist eine Mindestkapitalisierung von $ 2 Millionen. Der

---

592 Zum Transferrisiko und der Zusammenarbeit der Aufsichtsbehörden im Interagency Country Exposure Review Committee ausführlicher auf Seite 92.

593 12 U.S.C. § 602 (2012); 12 C.F.R. § 211.3 (2014).

594 12 U.S.C. § 615 (2012); *Pollard/Daly*, § 17.02, 17-7.

595 *Bossy*, Edge Act and Agreement Corporations in International Banking and Finances, 46 New York Fed Monthly Rev. 88 (1964).

596 Ende des Jahres 2012 betrieben ausländische Banken laut einer Statistik des FRB zwei Agreement Corporations und zwei Edge Act Corporations. Siehe "Structure Data for the U.S. Offices of Foreign Banking Organizations by Type of U.S. Office", 31. Dezember 2012, abrufbar unter: http://www.federalreserve.gov/releases/iba/201212/bytype.htm, zuletzt geprüft am 16.02.2016 [im Folgenden bezeichnet als *FRB*, Data for U.S. Offices of FBOs].

hauptsächliche Unterschied zwischen den beiden Institutionen ist, dass *Agreement Corporations* eine einzelstaatliche Zulassung besitzen.[597]

Weiterhin genehmigt das *Federal Reserve Board* die Auslandsinvestitionen von *Member Banks, Edge and Agreement Act Corporations* und Bankholdinggesellschaften.[598] Im Folgenden erlässt das FRB dann Bestimmungen zur Regelung der Aktivitäten von ausländischen Gesellschaften, die von *Member Banks, Edge and Agreement Act Corporations* und Bankholdinggesellschaften erworben werden,[599] und zur Regelung ihrer Investitionen in Exporthandelsunternehmen.[600]

Zu guter Letzt ist das FRB verantwortlich für den Erlass von Verordnungen und Regelungen und für die Aufsicht über Zweigniederlassungen, *agencies* und Repräsentanzen von ausländischen Banken, sowie die bankfremden Geschäfte von ausländischen Banken.[601] Dies umfasst sowohl einzelstaatlich zugelassene (*State Banks*), als auch durch das OCC zugelassene Banken (*National Banks*).[602] Ausländische Banken, die eine Niederlassung in den USA betreiben, unterfallen allein durch diese Tatsache dem *BHC Act* und werden von dem *Federal Reserve Board* wie eine Bankholdinggesellschaft mit einer Tochtergesellschaft beaufsichtigt.[603]

Die Aufsicht findet grundsätzlich durch das FRB am U.S.-Hauptsitz der von ihr beaufsichtigten Institutionen statt, da dort auch die Verantwortung für das Auslandsgeschäft liegt. Zusätzlich besuchen Mitarbeiter der Aufsichtsbehörde selbst die ausländischen Zweigniederlassungen von inländischen Banken, um Finanz- und andere operative Kennzahlen zu erhalten und um sicherzustellen, dass das Institut sich regelgerecht verhält und ihre Bankgeschäfte sicher und solide betreibt (*safe and sound banking*). Diese Untersuchungen im Ausland finden jedoch nur alle drei Jahre und in Kooperation mit den dortigen nationalen Aufsichtsbehörden statt.[604] Für *National Banks* werden sie außerdem mit dem OCC abgestimmt.[605]

b. Comptroller of the Currency

Das OCC ist im Gegensatz zum FRB stärker in das laufende Aufsichtsgeschäft eingebunden.[606] Die multinationale Bankenabteilung (*multinational banking division*) des OCC beaufsichtigt die internationalen Aktivitäten von Banktochtergesellschaften

597 *Bossy*, S. 88.
598 12 U.S.C. §§ 601, 615(c), 1843(c)(13) (2012).
599 12 C.F.R. §§ 211.8-211.10 (2014).
600 12 C.F.R. §§ 211.31-211.34 (2014).
601 12 U.S.C. §§ 3105(c) und (d), 3106 (2012); *FRB*, Annual Report 2013, S. 49.
602 12 U.S.C. § 3105(d)(1) (2012) lautet: „**No foreign bank** may establish a branch or an agency, or acquire ownership or control of a commercial lending company, without the prior approval of the Board." [mit eigener Hervorhebung].
603 12 U.S.C. § 3106(a) (2012).
604 *FRB*, Purposes and Functions, S. 68.
605 *Pollard/Daly*, § 17.02, 17-7.
606 *Pollard/Daly*, § 17.02, 17-8.

von großen Bankholdinggesellschaften. Zudem ist diese Abteilung für die Zulassung und Beaufsichtigung von ausländischen Banken zuständig, die sich bei ihrer Zweigniederlassung für eine *national charter* entscheiden, da sie wie amerikanische Banken ein Wahlrecht zwischen einer *national charter* und einer *state charter* haben.[607] Hier findet eine Koordinierung mit dem FRB statt.

Gemäß 12 C.F.R. Part 28.3(A) (2014) muss jede *National Bank* dem OCC mitteilen, wenn sie entweder einen Antrag, eine Mitteilung oder einen Bericht beim FRB einreicht, um (i) eine ausländische Zweigniederlassung zu gründen oder zu eröffnen, oder um (ii) einen Anteil an einer *Edge Act Corporation, Agreement Corporation,* ausländischen Bank oder einer anderen ausländischen Institution zu erwerben oder zu veräußern, oder um eine solche Institution zu schließen, oder wenn sie eine ausländische Zweigniederlassung eröffnen will und kein Antrag oder Mitteilung an das FRB dafür notwendig ist.

c. *Andere Behörden*

Andere U.S.-Behörden, die im Rahmen der internationalen Aktivitäten von Banken eine Rolle spielen, sind die einzelstaatlichen Bankaufsichtsbehörden, die FDIC, das Handelsministerium und das Finanzministerium. Handelt es sich um die internationalen Bankaktivitäten von inländischen Banken, so arbeiten die nationalen U.S.-Aufsichtsbehörden mit den Aufsichtsbehörden des Gastlandes zusammen.

Die einzelstaatlichen Aufsichtsbehörden sind dann zuständig, wenn sich die ausländische Bank für eine einzelstaatliche Zulassung für ihre Niederlassung entscheidet. Hier findet jedoch in jedem Stadium, von der Zulassung über die Beaufsichtigung bis hin zur Schließung, eine Koordinierung und Zusammenarbeit mit dem FRB statt.[608]

Die FDIC ist zuständig, wenn eine Zweigniederlassung einer ausländischen Bank Mitglied in der Einlagensicherung ist. Bis zum Jahre 1991 war es Zweigniederlassungen von ausländischen Banken erlaubt, der Einlagensicherung beizutreten. Durch den *Foreign Bank Supervision Enhancement Act of 1991* (FBSEA)[609] wurde diese Möglichkeit ausgeschlossen. Banken, die bis zum 19. Dezember 1991 schon Mitglied geworden waren, durften ihre Mitgliedschaft beibehalten.[610] Diesen Bestandschutz erlaubte die sogenannte „*Grandfather-clause*" in *Section* 214 des FBSEA.[611] Zum Ende

---

607 *Pollard/Daly*, § 17.02, 17-9.

608 Siehe 12 U.S.C. § 3105(a)(1)(B) (2012); 12 U.S.C: § 3105(c)(1)(B)(i) (2012); 12 U.S.C. § 3105(d)(6)(C) (2012); 12 U.S.C. § 3105(e)(1) (2012); 12 U.S.C. § 3105(g) (2012).

609 Foreign Bank Supervision Enhancement Act of 1991, Pub. L. No. 102-242, Title II, Subtitle A; 105 Stat. 2236 (1991). Mehr zum FBSEA auf Seite 100.

610 *Dugan/Plotkin/Noreika/Nonaka* in Reisner/Guynn/Plotkin (Hrsg.), U.S. Regulation of Foreign Banks & Affiliates, 6. Auflage 2012, § 8.4, S. 623.

611 FBSEA, § 214, 105 Stat. 2304 (1991). Der Name "Grandfather-clause" kommt ursprünglich von Gesetzen, die in den Jahren 1890 bis 1910 in den Südstaaten der USA erlassen wurden und verhindern sollten, dass Afroamerikaner wählen

des Jahres 2013 gab es noch neun versicherte Zweigniederlassungen von ausländischen Banken.[612]

Das Handelsministerium spielt eine zentrale Rolle im Bereich der Zulassung von und beim Regelerlass für den internationalen Handel. Banken, die als Kreditgeber auf dem Handelsmarkt tätig werden, müssen daher diese Normen beachten.[613]

Das Finanzministerium beteiligt sich bei internationalen Verhandlungen im Bereich der bilateralen Handels- und Finanzabkommen, es führt Verhandlungen im Bereich des multilateralen Handels mit Waren und Dienstleistungen und setzt Handels- und Finanzsanktionen, die vom Kongress und vom Präsidenten autorisiert wurden, um. Zudem fungiert es oft als Repräsentant bei multilateralen Finanzinstitutionen, wie beispielsweise beim Internationalen Währungsfond (IWF)[614] und bei den multilateralen Entwicklungsbanken.[615]

d. *Interagency Country Exposure Review Committee (ICERC)*

Im Rahmen der Aufsicht über Banken evaluieren die Aufsichtsbehörden unter anderem auch die Qualität von Auslandsanteilen in den Portfolios und die Liquiditätsrisiken,[616]

---

können. Die Gesetze machten das Wahlrecht von gewissen schwierig zu erfüllenden Bedingungen abhängig, unter anderem Landbesitz oder der Fähigkeit lesen und schreiben zu können. Da dies jedoch auch arme oder ungebildete Weiße vom Wählen abhielt, schuf man Ausnahmen von diesen Voraussetzungen. Ausnahmen wurden insbesondere für die Nachfahren von Kriegsveteranen aus dem Bürgerkrieg gemacht. Konnten die Kriegsveteranen nachweisen, dass sie vor 1866 das Wahlrecht hatten, so wurde es auch ihren Nachfahren zugestanden. Dies hatte den Effekt, dass wenn der Großvater (grandfather) einer Person wählen durfte, die Person selbst es auch durfte. Der Name „Grandfather clause" wird auch heutzutage noch gebraucht, bezeichnet jetzt jedoch alle gesetzlichen Bestimmungen, die Bestandsschutz/Vertrauensschutz gewähren. Siehe *Garner* (Hrsg.), Black's Law Dictionary, 9. Auflage 2009, S. 767.

612 In New York, NY haben die Bank of China, die State Bank of India, die Bank of Baroda, die Bank Hapoalim B.M., die Bank of India, die Bank of East Asia Ltd. und die Metropolitan Bank and Trust Company Zweigniederlassungen. Die State Bank of India betreibt weiterhin eine Zweigniederlassung in Chicago, IL und die Mizrahi Tefahot Bank, Ltd. eine Zweigniederlassung in Los Angeles, CA. Siehe *FDIC*, Institution List of Insured Branches of Foreign Banks, http://www2.fdic.gov/idasp/main.asp (Institution Type: Insured Branches of Foreign Banks), zuletzt geprüft am 16.02.2016.

613 *Pollard/Daly*, § 17.02, Punkt C, 17-9.

614 *Pollard/Daly*, § 17.02, Punkt D., 17-9.

615 Siehe die Beschreibung auf der Seite des U.S. Finanzministeriums unter http://www.treasury.gov/resource-center/international/development-banks/Pages/index.aspx, zuletzt geprüft am 16.02.2016.

616 "Liquiditätsrisiko" wird definiert als das Risiko, dass die finanzielle Lage oder die allgemeine Sicherheit und Bonität des Instituts durch die Unfähigkeit (oder vermeintliche Unfähigkeit) des Instituts seinen Zahlungsverpflichtungen nachzukommen,

welche in diesem Zusammenhang auftreten, um so die Auswirkungen auf die Solvabilität und den allgemeinen Zustand der Bank festzustellen. Im Jahre 1979 gründeten das FRB, das OCC und die FDIC das informelle *Interagency Country Exposure Review Committee* (ICERC), um im Rahmen ihrer Aufsichtstätigkeit eine einheitliche Einordnung des sogenannten „Transferrisikos" sicherzustellen.[617] Als Transferrisiko wird das Risiko bezeichnet, dass ein ausländischer Schuldner aufgrund von staatlichen Transferbeschränkungen seinen Zahlungsverpflichtungen in Fremdwährung nicht nachkommen kann oder dass das Institut einen gezahlten Betrag nicht erlangen kann.[618] Das Volumen des Auslandsengagements der Bank und die Bewertung des Transferrisikos sind für ein angemessenes Risikomanagement der Bank wichtig. Da es sich bei dem Transferrisiko um ein politisches Risiko handelt, ist es teilweise schwer einzuschätzen. Eine Einstufung der Länder nach ihrer jeweiligen Bonität durch das ICERC, unterstützt die Institute daher bei der Klassifizierung des Transferrisikos in den verschiedenen Ländern, der Frage, ob dort investiert werden sollte, und der Unterlegung mit Eigenkapital und der Wertberichtigung für Kreditausfälle.

Das ICERC ist eine Erweiterung einer im OCC entstandenen informellen Gruppe von Aufsehern, welche sich mit der Diversifizierung im Portfolio und Risiken im Zusammenhang mit Krediten an ausländische Staaten befasste.[619] Einen formellen Gründungsakt gibt es nicht, vielmehr koordinieren die Bankaufsichtsbehörden in diesem Komitee die ihnen insbesondere im *International Lending Act of 1983* (ILSA)[620] übertragenen Aufsichtsaufgaben im Bereich der internationalen Kreditvergabe.[621] Das Komitee setzt sich aus neun stimmberechtigten Mitgliedern zusammen, die alle international erfahrene Bankaufseher sind. Jede der drei Bankaufsichtsbehörden auf Bundesebene stellt drei Mitglieder. Zusätzlich entsendet die „Konferenz der einzelstaatlichen Bankaufsichtsbehörden" (*Conference of State Bank Supervisors* (CSBS))[622]

negativ beeinträchtigt wird. Siehe Interagency Policy Statement on Funding and Liquidity Risk Management, 75 Fed. Reg. 13656, 13660 (March 22, 2010).

617 *FRB/OCC/FDIC*, Guide to the Interagency Country Exposure Review Committee Process, November 2008, S. 1, Online verfügbar unter www.fdic.gov/regulations/safety/guide/Icerc.pdf, zuletzt geprüft am 16.02.2016. [Im Folgenden bezeichnet als "*FRB/OCC/FDIC*, ICERC Guide 2008"].

618 12 C.F.R. § 28.51(f) (2014); 12 C.F.R. § 211.42(g) (2014); *Deutsche Bundesbank (Fachgremium Kredit)*, Unterlegung von Transferrisiken, 21. Dezember 2007, S. 1, online verfügbar unter http://www.bundesbank.de/Redaktion/DE/Downloads/Kerngeschaeftsfelder/Bankenaufsicht/Gremien_Protokolle_Empfehlungen/fachgremium_kredit_unterlegung_von_transferrisiken.pdf?__blob=publicationFile, zuletzt geprüft am 16.02.2016.

619 *Comptroller of the Currency*, Annual Report 1979, S. 315.

620 International Lending Supervision Act, Pub. L. No. 98-181, Title IX, 97 Stat. 1153, 1278 (1983), kodifiziert in 12 U.S.C. § 3901 et seq (2012).

621 12 U.S.C. § 3903(b) (2012).

622 Mehr Informationen zu der CSBS auf ihrer Homepage unter http://www.csbs.org/.

Beobachter.[623] Das OCC stellt einen seiner Mitarbeiter als permanentes Sekretariat für das ICERC ab. Das ICERC tagt einmal jährlich im Oktober. Zudem wird versucht, eine Telefonkonferenz im April durchzuführen, um dringende Probleme oder Verfahrensfragen zu besprechen.[624]

Das ICERC untersucht Länder, die ihre Schulden nicht mehr bedienen können und bei denen U.S.-Banken Gesamtrisiken in Höhe von $ 1 Milliarde oder mehr über einen Zeitraum von mindestens zwei Quartalen haben. Zusätzlich werden Länder untersucht, wenn das Gesamtrisiko zwischen $ 200 Millionen und $ 1 Milliarde beträgt und dieses Risiko bei fünf oder mehr U.S.-Banken mehr als 25 Prozent der Aktiva ausmacht. Das festgestellte Transferrisiko wird dann gemäß dem Ratingsystem in eine der folgenden Kategorien eingeordnet: (1) unterdurchschnittlich (*substandard*), (2) nicht werthaltig (*value impaired*) und (3) Ausfall (*loss*).[625] Die Einschätzungen des ICERC werden den Banken, die Positionen dieser Länder in ihren Portfolios vorhalten, bereitgestellt. Diese Einschätzungen stellen jedoch in erster Linie ein Aufsichtsmittel für die Aufsichtsbehörden dar und sollen nicht die eigene Einschätzung der Bank in Bezug auf das Länderrisiko ersetzen.[626] Da das Transferrisiko nur einen Teil des Länderrisikos darstellt, müssen auch diese anderen Risiken von der Bank im Rahmen des Risikomanagements einbezogen werden. Anzumerken ist, dass das Transferrisiko-Rating des ICERC das einzige Rating darstellt, welches für die Aufsichtsbehörden im Rahmen der Einordnung des Kreditengagements der Bank gegenüber staatlichen Kreditnehmern relevant ist.[627]

Mit dem Erlass des *International Lending Supervision Act* im Jahre 1983[628] wurden Banken verpflichtet, unter bestimmten Umständen Rücklagen für Aktiva vorzuhalten, die einem hohen Transferrisiko ausgesetzt sind.[629] Bei Positionen im Portfolio der Bank, die vom ICERC als nicht werthaltig (*value impaired*) eingestuft werden, muss die Bank solche zusätzlichen Rücklagen vorhalten.[630] Anfang 1984 erließen das FRB, das OCC und die FDIC Vorschriften, um diese Anforderungen (die sogenannte *allocated transfer risk reserve* (ATRR)) umzusetzen und genauer zu definieren.[631]

---

623 Vor der Abschaffung des Office of Thrift Supervision (OTS) hatte auch das OTS Beobachter beim ICERC.

624 *FRB/OCC/FDIC*, ICERC Guide 2008, S. 4.

625 *FRB/OCC/FDIC*, ICERC Guide 2008, S. 5.

626 *FRB/OCC/FDIC*, ICERC Guide 2008, S. 3.

627 *FRB/OCC/FDIC*, ICERC Guide 2008, S. 7.

628 Mehr über den ILSA auf Seite 115.

629 12 U.S.C. § 3904a (2012).

630 *FRB/OCC/FDIC*, ICERC Guide 2008, S. 5.

631 Siehe 12 C.F.R. § 28, Subpart C (2014); 12 C.F.R. § 211, Subpart D (2014); und 12 C.F.R. § 347 (2014).

2. Aufsicht über ausländische Zweigniederlassungen von Banken aus den USA

Das FRB erlässt Vorschriften für und beaufsichtigt die internationalen Operationen von *Member Banks* (sowohl *State Member Banks* als auch *National Member Banks*) und Bankholdinggesellschaften.[632] Die Verordnungen des FRB finden sich in „Regulation K", die in 12 C.F.R. Part 211 (2014) kodifiziert wurde. Jeder *Member Bank* mit einem Kapital und Rücklagen von mehr als $ 1 Million ist es gestattet, einen Antrag auf Eröffnung einer Zweigniederlassung im Ausland beim FRB zu stellen.[633] Für Zweigniederlassungen in einem U.S.-Territorium oder in einem der Außengebiete unter der Hoheitsgewalt der USA, bedarf es eines solchen Antrags nicht. Für *Member Banks,* die die voran genannten Kriterien erfüllen, besteht eine generelle gesetzliche Erlaubnis, dort eine Zweigniederlassung zu eröffnen.[634]

Ende des Jahres 2013 unterhielten 41 *Member Banks* insgesamt 488 ausländische Zweigniederlassungen, während weitere 48 Banken als *Edge Act or Agreement Corporations* zugelassen waren.[635] Generell kann man sagen, dass U.S.-Bankorganisationen bei ihren ausländischen Geschäften bundesrechtlich weniger Beschränkungen unterliegen, als bei ihren inländischen Geschäften. Das FRB hat bei der Entscheidung, welche Bankaktivitäten erlaubt sind, zudem einen weiten Ermessensspielraum, damit U.S.-Banken keine Wettbewerbsachteile im internationalen Vergleich erleiden.[636]

State Non-Member Banks müssen für die Eröffnung einer Zweigniederlassung im Ausland die Erlaubnis der FDIC einholen.[637] Die Voraussetzungen, die in 12 C.F.R. Part 347 (2014) für *State Non-Member Banks* aufgestellt wurden, stimmen zum größten Teil mit denjenigen überein, die aufgrund von „Regulation K" für *Member Banks* gelten. Obwohl „Regulation K" grundsätzlich nur für *Member Banks* anwendbar ist, so stellt die Verordnung auch Regeln für *Edge Act* oder *Agreement Corporations* auf, die von *Non-Member Banks* betrieben werden.[638]

---

632 *FRB*, Purposes and Functions, S. 67.

633 Siehe 12 U.S.C. § 601(2012); 12 C.F.R. § 211.3(b)(1) (2014). 12 C.F.R. § 211.3(a)(1) (2014) stellt klar, dass sowohl State Member als auch National Member Banks umfasst sind, wenn von einer „National Banking Organization" gesprochen wird.

634 Siehe 12 U.S.C. § 601(2012); 12 C.F.R. § 211.3(b)(1)(ii) (2014).

635 414 der 488 Zweigniederlassungen wurden von 24 National Banks betrieben, während die verbliebenen 54 Zweigniederlassungen von 17 State Member Banks betrieben wurden; vgl. *FRB*, Annual Report 2013, S. 49.

636 *FRB*, Purposes and Functions, S. 67 f.

637 12 C.F.R. § 347 (2014).

638 *FDIC*, DSC Risk Management Manual of Examination Policies, Section 11.1, International Banking, S. 28, online verfügbar unter www.fdic.gov/regulations/safety/manual/manual_examinations_full.pdfzuletzt geprüft am 16.02.2016.

3. Aufsicht über ausländische Institute in den USA

a. *Definitionen*

Die erste ausländische Bank strebte schon im Jahre 1818 auf den amerikanischen Markt. New York war der erste Staat, in dem solche Institutionen zugelassen wurden und Vorschriften für ihre Betätigung erlassen wurden.[639] Unter „ausländischen Banken (*foreign banks*)" versteht man im Allgemeinen alle Unternehmen, die ihren Hauptsitz außerhalb der USA haben und innerhalb der USA Bankgeschäfte betreiben.[640] Davon streng zu unterscheiden sind „ausländische Bankorganisationen" (*foreign banking organizations* (FBOs)). Eine FBO hat zwei Definitionen. Sie wird zum einen definiert als eine ausländische Bank, die in den USA eine Zweigniederlassung, *branch* oder *commercial lending company*-Tochtergesellschaft betreibt, oder die eine Bank in den USA kontrolliert oder die eine *Edge Corporation* kontrolliert. Zum anderen wird sie definiert als jede Gesellschaft, die eine ausländische Bank als Tochtergesellschaft hat.[641] FBOs halten Anteile an und kontrollieren demnach die Objekte, die unter das Konzept „ausländische Bank" fallen, jedoch sind FBOs nicht per se auch von der Definition einer „ausländischen Bank" umfasst.[642]

b. *Rechtsformen für ausländische Banken in den USA*

Um die Aufsicht über ausländische Banken zu verstehen, ist es wichtig, dass man genau zwischen den verschiedenen Rechtsformen unterscheidet, durch die die ausländische Bank ihre Bankgeschäfte in den USA abwickelt. Je nach Rechtsform gibt es Einschränkungen in Bezug auf die erlaubten Bankaktivitäten. Eine ausländische Bank kann ihre Bankgeschäfte entweder durch eine Tochtergesellschaft (*subsidiary*), eine Zweigniederlassung (*branch*), eine *agency* oder eine Repräsentanz (*representative office*) wahrnehmen.

Tochtergesellschaften sind rechtlich selbständige juristische Personen, die wirtschaftlich von einer anderen Gesellschaft (der Muttergesellschaft) abhängig sind und von dieser direkt oder indirekt kontrolliert werden.[643] Sie werden wie jede andere inländische Bank behandelt.[644] Auf diese ist daher nicht näher einzugehen.

---

639 Es handelte sich dabei um die „Bank of Montreal" aus Kanada. Siehe *Cho/Krishnan/Nigh*, The State of Foreign Banking Presence in the United States, 5(2) IJBM 59 (1979).

640 Siehe 12 U.S.C. § 3101(7) (2012).

641 Siehe 12 C.F.R. § 211.21(o) (2014).

642 *Goulding/Nolle*, Foreign Banks in the U.S.: A Primer, IFDP Number 1064r (2012), S. 3.

643 12 U.S.C. § 1813(w)(4) (2012).

644 *Gruson/Reisner*, Regulation of Foreign Banks – United States and International, Vol. 1, 4. Auflage 2003, S. 28.

Die am häufigsten auftretenden Rechtsformen sind Zweigniederlassungen (*branches*) und *agencies* (zusammen bezeichnet als Niederlassungen).[645] Niederlassungen sind keine eigenständigen juristischen Personen. Unter einer Zweigniederlassung (*branch*) versteht man:

> "[...] any office or any place of business of a foreign bank located in any State of the United States at which deposits are received".[646]

Eine *agency* wird hingegen definiert als:

> "[...] any office or any place of business of a foreign bank located in any State of the United States at which credit balances are maintained incidental to or arising out of the exercise of banking powers, checks are paid, or money is lent **but at which deposits may not be accepted from citizens or residents of the United States**."[647]

Der größte Unterschied zwischen diesen beiden Rechtsformen ist demnach, dass eine Zweigniederlassung grundsätzlich Einlagen auch von U.S-Bürgern und U.S.-*Residents* annehmen kann,[648] während dies einer *agency* nicht erlaubt ist.

Eine Repräsentanz (*representative office*) ist meist der erste Schritt für eine ausländische Bank, um auf dem U.S.-amerikanischen Markt Fuß zu fassen.[649] Repräsentanz wird negativ definiert. Als Repräsentanz wird jede Geschäftsstelle einer ausländischen Bank verstanden, die in einem der Bundesstaaten angesiedelt ist und weder eine bundesrechtlich zugelassene Niederlassung, einzelstaatlich zugelassene Niederlassung noch eine Tochtergesellschaft eines gewerblichen Kreditgebers (*commercial lending company*)[650] ist.[651] Ihnen ist es erlaubt, Beziehungen zu potentiellen Kunden aufzubauen, jedoch ist es ihnen verboten, selbst Bankgeschäfte durchzuführen.[652]

645 Für eine Übersicht der Rechtsformen von ausländischen Banken in den USA siehe die Statistik *FRB*, Data for U.S. Offices of FBOs, Fn. 596.

646 12 U.S.C. § 3101(3) (2012).

647 12 U.S.C. § 3101(1) (2012).

648 Jedoch nur, wenn diese Einlagen den Betrag von $ 250.000 übersteigen (Private Banking), da dieser Betrag die maximale Summe ist, die der Einlagensicherung (Retail Banking) unterliegt. Siehe 12 U.S.C. § 3104(c)(1) (2012). Der IBA untersagte die Möglichkeit für Niederlassungen von ausländischen Banken der Einlagensicherung beizutreten. Siehe dazu schon auf Seite 90 und ausführlicher auf Seite 97.

649 *Gruson/Reisner*, S. 39.

650 12 C.F.R. § 211.21(g) (2014) definiert „commercial lending company" als (1) "[...] any organization, other than a bank or an organization operating under section 25 of the Federal Reserve Act [...], that maintains credit balances permissible for an agency, and engages in the business of making commercial loans. (2) Commercial lending company includes any company chartered under article XII of the banking law of the State of New York.".

651 12 C.F.R. § 211.21(x) (2014): "*Representative office* means any office of a foreign bank which is located in any state and is not a Federal branch, Federal agency, State branch, State agency, or commercial lending company subsidiary.".

652 12 C.F.R. § 211.24(d) (2014).

Dies folgt auch aus einem Umkehrschluss aus der negativen Definition einer Repräsentanz.

c. *Rechtsgrundlagen für die Aufsicht*

aa. Der International Banking Act of 1978 (IBA)

Rechtliche Grundlage für die Aufsicht über ausländische Institute ist in erster Linie der *International Banking Act of 1978* (IBA)[653]. Vor Erlass des IBA operierten ausländische Banken ausschließlich aufgrund von einzelstaatlichen Gesetzen, die dies erlaubten.[654] Der IBA bewirkte eine Gleichstellung der ausländischen Institute mit den *Commercial Banks.*[655] Diese Gleichstellung wird als „Inländergleichbehandlung“ (*national treatment*) bezeichnet.[656] Dabei ist anzumerken, dass es hier nur um eine Gleichstellung der **Niederlassung** der ausländischen Bank mit einer inländischen Bank geht und nicht um eine Gleichstellung des ausländischen Instituts an sich, obwohl es sich rechtlich gesehen um eine juristische Person amerikanischen Rechts handelt.[657] Aufgrund der Vorteile, die ausländische Institute der nationalen Wirtschaft bringen, wird die Inländergleichbehandlung auch heute noch als tragendes und beizubehaltendes Prinzip des Regelerlasses und der Aufsicht über ausländische Institute gesehen.[658] Die ausländischen Institute bekamen durch die Gleichbehandlung einerseits mehr Rechte, jedoch wurden ihnen auch Privilegien, die sie bis dahin genossen hatten, entzogen.[659] Vor Erlass des IBA durften ausländische Banken ohne Beschränkungen Büros in anderen Einzelstaaten eröffnen, da es kein anwendbares bundesrechtliches Gesetz gab, das eine solche zwischenstaatliche Expansion verbat.[660] Der IBA begrenzte die erlaubten Aktivitäten und die geographische Expansion in dem gleichen Maße, wie es für nationale Institute vorgesehen war, und verpflichtete die ausländischen Institute unter anderem dazu, ein gewisses

---

653 International Banking Act of 1978, Pub. L. No. 95-369, 92 Stat. 607 (1978); kodifiziert in 12 U.S.C. §§ 3101–3111 (2012).

654 Dies waren zu der Zeit elf U.S.-Staaten. Siehe *Hablutzel/Lutz*, Foreign Banks in the United States after the International Banking Act of 1978: The New Dual System, 96 Banking L. J. 133, 141 (1979).

655 12 U.S.C. § 3102(b) (2012).

656 Gesetzesbegründung in S. REP. No. 95-1073, S. 2 (1978); *FRB*, Purposes and Functions, S. 68.

657 Die OCC zum Beispiel darf daher nur die Federal Branch der ausländischen Bank beaufsichtigen (siehe 12 U.S.C. § 3102 (2012)).

658 Siehe *Tarullo*, “Regulation of Foreign Banking Organizations”, Remarks at the Yale School of Management Leaders Forum, New Haven; Conn., 28. November 2012, S. 12. Online verfügbar unter www.federalreserve.gov/newsevents/speech/tarullo20121128a.pdf, zuletzt geprüft am 16.02.2016.

659 Vergleiche IBA, §§ 3, 4(b).

660 Der McFadden Act und das Douglas-Amendment des BHC Acts waren nicht auf ausländische Banken anwendbar. Siehe *Pollard/Daly*, § 17.11, 17–77.

Mindestkapital vorzuhalten.[661] Betrugen die konsolidierten weltweiten Aktiva der ausländischen Bank mehr als $ 1 Milliarde, so durfte das FRB Mindestreserven für die Niederlassungen vorschreiben.[662] Der IBA erfasste damit also nur die Großbanken. Weiterhin wurde es den ausländischen Banken durch den IBA ermöglicht, eine *Edge Act Corporation* zu erwerben.[663]

Vor Erlass des IBA war es ausländischen Banken zudem nicht gestattet, der FDIC-Einlagensicherung beizutreten. Dadurch hatten sie einerseits einen wettbewerblichen Nachteil gegenüber nationalen Banken, da sie kein Retail Banking betreiben konnten, zum anderen hatten sie aber auch den Vorteil, dass sie die Beiträge für die Einlagensicherung sparen konnten. Die FDIC hatte dadurch jedoch auch keine Aufsichtskompetenzen. Dieses Problem sollte durch den IBA behoben werden.[664] Ausländischen Banken, die keine Retail Einlagen annahmen (zu der Zeit also Einlagen über $ 100.000), wurde es durch den IBA freigestellt, der Einlagensicherung beizutreten. Für ausländische Banken, die Retail Banking betreiben wollten, wurde der Beitritt zur FDIC verpflichtend gemacht.[665]

Wie bereits erwähnt, konnten ausländische Banken vor dem Erlass des IBA nur aufgrund von einzelstaatlichen Zulassungen operieren. Der IBA eröffnete ausländischen Banken zum ersten Mal auch die Möglichkeit, eine *national charter* zu wählen. Durch die Wahl einer *national charter* war den ausländischen Niederlassungen auch der Zugang zu den Dienstleistungen des *Federal Reserve System* eröffnet. Aufsichtsrechtlich war das OCC für bundesrechtlich zugelassene Niederlassungen zuständig, die FDIC, wenn es um Niederlassungen mit einer einzelstaatlichen Zulassung ging, die Mitglied in der Einlagensicherung waren, und die einzelstaatlichen Aufsichtsbehörden, wenn die Niederlassung nicht Mitglied in der Einlagensicherung war.[666] Um auszuschließen, dass einige ausländische Banken der Aufsicht entgingen, wurde auch das FRB mit Kompetenzen im Aufsichtsbereich ausgestattet (sogenannte *residual examining authority*). Das FRB durfte unabhängig von den anderen Aufsichtsbehörden Prüfungen der Bankgeschäfte der ausländischen Bank in den USA durchführen, jedoch sollte es dabei, soweit wie möglich, die Prüfungsberichte der primär zuständigen Aufsichtsbehörde heranziehen.[667] Dies sollte der Konsolidierung der Aufsicht über die oftmals komplizierten und grenzüberschreitenden Geschäfte

---

661 *Misback*, Foreign Bank Supervision Enhancement Act of 1991, 79 Fed. Res. Bull. 1 (1993).

662 12 U.S.C. § 3105(a) (2012); 12 C.F.R. § 204 (2014).

663 IBA, § 3; *McPheters*, Formation of Edge Act Corporations by Foreign Banks, 37 Bus. Law. 593 (1982).

664 *Segala*, A Summary of the International Banking Act of 1976, 65 Fed. Reserve Bank Richmond Econ. Rev. 16, 20 (1979).

665 IBA, § 6.

666 *Segala*, S. 18.

667 IBA, § 7(c)(1).

einer ausländischen Bank dienen.[668] Hier sind mithin die Anfänge einer makroprudentiellen Aufsicht sichtbar, mit einem Augenmerk darauf, wie vernetzt die Bank ist.

Einige Voraussetzungen mussten ausländische Institute jedoch nicht erfüllen. Zum Beispiel bedurfte es weder einer vorherigen Begutachtung der Bank vor dem Eintritt in den amerikanischen Markt, noch spielten die Bundesaufsichtsbehörden bei der Schließung einer nur in einem Bundesstaat zugelassenen Niederlassung (*agency* oder Zweigniederlassung (*branch*)) eine Rolle.[669]

Der IBA traf jedoch auch Regelungen in Bezug auf nationale Institute. Zum einen wurden die für *Edge Act Corporations* erlaubten Aktivitäten erweitert, damit sie keine Wettbewerbsnachteile im Vergleich zu ausländischen Konkurrenten tragen mussten.[670] Weiterhin verpflichtete der IBA das FRB, seine Verordnungen alle fünf Jahre zu überprüfen, um zu vermeiden, dass entweder ausländische Banken oder inländische Banken jeweils einen Wettbewerbsnachteil erleiden. Zuletzt ermächtigte der IBA das FRB, internationale Bankfazilitäten (*international banking facilities* (IBFs)) zu schaffen. Die Schaffung von IBFs wurde für notwendig gehalten, da viele U.S-Bankoperationen *offshore* verlegt wurden, um Mindestreserveanforderungen und Steuern zu vermeiden.[671] IBFs sind definiert als rechtlich unselbstständige "Abteilungen" bestehender U.S.-Einlagenkreditinstitute, Zweigstellen oder *agencies* von ausländischen Banken oder von *Edge or Agreement Corporations*, welche auf das Geschäft mit dem Ausland (Termingeld und Kreditvergabe) beschränkt sind.[672] Die meisten Steuern, Bankaufsichts- und Mindestreserveregelungen sind nicht auf sie anwendbar.[673]

bb. Der Depository Institutions Deregulation and Monetary Control Act of 1980 (DIDMCA)

Der *Depository Institutions Deregulation and Monetary Control Act of 1980* (DIDMCA)[674] führte eine Angleichung der notwendigen Mindestreserven für alle ausländischen Banken mit den inländischen Banken ein. Gemäß *Section* 103 DIDMCA[675] galten für ausländische Zweigniederlassungen, Tochtergesellschaften und internationale

---

668 *Segala*, S. 19.

669 *Misback*, S. 1.

670 *Segala*, S. 16 (20).

671 *Pollard/Daly*, § 17.05, 17–30 f.

672 12 C.F.R. § 204.8(a)(1) (2014): "[...] a set of asset and liability accounts segregated on the books and records of a depository institution, United States branch or agency of a foreign bank, or an Edge or Agreement Corporation that includes only international banking facility time deposits and international banking facility extensions of credit.".

673 *Bauer*, Das Recht der internationalen Bankenaufsicht, 1985, S. 28 f..

674 Depository Institutions Deregulation and Monetary Control Act of 1980, Pub. L. No. 96-221, 94 Stat. 132 (1980).

675 Jetzt kodifiziert in 12 U.S.C. § 461(b)(5) (2012).

Bankfazilitäten[676] von Einlagenkreditinstituten, die nicht Mitglied im *Federal Reserve System* waren, nunmehr die gleichen Mindestreserveanforderungen, wie für ausländische Zweigniederlassungen, Tochtergesellschaften und internationale Bankfazilitäten von *Member Banks.*

cc. Der Foreign Bank Supervision Enhancement Act of 1991 (FBSEA)

Zu Beginn des Jahres 1991 war die Zahl der ausländischen Institute auf 280 Banken angewachsen. Das entsprach zu der Zeit einem Anteil von 18 Prozent der gesamten Bankaktiva in den USA.[677] Dieser starke Anstieg und insbesondere zwei aufsehenerregende Fälle von Betrug und Korruption durch ausländische Banken,[678] welche Lücken in der Aufsicht und Gesetzgebung deutlich werden ließen, führten schließlich zu der Annahme des *Foreign Bank Supervision Enhancement Act of 1991* (FBSEA).[679] Der FBSEA legte fest, dass nunmehr sowohl die einzelstaatliche Zulassung (*state charter*), als auch die bundesweite Zulassung (*national charter*) für *agencies* und Zweigniederlassungen von ausländischen Banken der Genehmigung durch das FRB bedurfte.[680] Das Gesetz sah weiterhin vor, dass das FRB weder eine solche *agency*, noch eine Zweigniederlassung genehmigen durfte, wenn die ausländische Bank nicht einer konsolidierten Aufsicht in ihrem Herkunftsland unterlag.[681] Zudem wurde festgelegt, dass Zweigniederlassungen keine Bankgeschäfte mehr durchführen durften, die es notwendig machen, dass die Zweigniederlassung der Einlagensicherung beitritt. Dies ist der Fall bei Einlagen im Retail Banking.[682] Wie bereits erwähnt, durften Zweigniederlassungen, die bisher schon der Einlagensicherung beigetreten waren, auch weiterhin Mitglied bleiben und somit auch Retail Banking betreiben.[683]

dd. Der Riegle-Neal Act und der Gramm-Leach Bliley Act

Weitere Voraussetzungen für die Aufsicht von ausländischen Instituten wurden durch den *Riegle-Neal Act*[684] und den *Gramm-Leach Bliley Act*[685] aufgestellt.

---

676 Siehe zur Definition von „internationalen Bankfazilitäten" 12 C.F.R. § 204.8(a)(1) (2014).

677 Aussage von *Mattingly*, General Counsel des FRB, vor dem U.S.-Senat, 77 Fed. Res. Bull. 572, 579 (July 1991).

678 Dies waren die Skandale um die „Bank of Credit and Commerce International" (BCCI) und die Banca Nazionale de Lavarro. Siehe *Norton*, Devising International Bank Supervisory Standards, 1995, S. 221.

679 *Misback*, S. 1. Foreign Bank Supervision Enhancement Act of 1991, Pub. L. No. 102-242, Title II, Subtitle A; 105 Stat. 2236 (1991).

680 12 U.S.C. § 3105(d)(1) (2012).

681 12 U.S.C. § 3105 (d)(2) (2012).

682 FBSEA, § 214, jetzt kodifiziert in 12 U.S.C. §§ 3104(c), (d) (2012).

683 Siehe Seite 140.

684 Riegle-Neal Interstate Banking and Branching Efficiency Act of 1994, Pub. L. No. 103-328, 108 Stat. 2338 (1994).

685 Für die Fundstelle des Gramm-Leach Bliley Act siehe Fn. 479.

Section 104 des *Riegle-Neal Act* erlaubte es ausländischen Banken, mit Genehmigung entweder durch das FRB und das OCC (bei einer *national charter*) oder durch das FRB und die einzelstaatliche Bankaufsichtsbehörde, im gleichen Maße wie es inländischen Banken nach dem Gesetz erlaubt war, Niederlassungen über die Grenzen ihres gewählten Heimatstaates hinaus zu eröffnen. Gemäß *Section* 107 des *Riegle-Neal Act* sollte bei der Umsetzung dieser Voraussetzungen durch die Aufsichtsbehörden jedoch darauf geachtet werden, dass ausländische Banken dadurch keine Wettbewerbsvorteile gegenüber inländischen Banken erhielten.

Section 732 des *Gramm-Leach-Bliley Act* änderte den IBA ein weiteres Mal ab, so dass es ausländischen Banken nunmehr erlaubt war, eine Niederlassung außerhalb des designierten Heimatstaates zu gründen, wenn eine Genehmigung vorlag, der betreffende Staat dies zuließ und die Zweigniederlassung nur solche Einlagen annahm, wie es einer *Edge Act Corporation* erlaubt war. Im Grunde unterlagen *Federal branches* und *agencies* von ausländischen Banken nach den Änderungen den gleichen Voraussetzungen und Einschränkungen, wie *National Banks* nach dem *National Banking Act*, mit der Ausnahme, dass sie nicht Mitglied im *Federal Reserve System* werden mussten.[686] Der Vorteil, eine *Federal branch* oder *agency* zu eröffnen, lag für ausländische Banken darin, dass sie nicht den einzelstaatlichen Anforderungen für die Eröffnung eines Bank oder der Beschränkung der Aktivitäten unterlagen wie inländische Banken. Bei inländischen Banken wird meist Reziprozität mit anderen U.S.-Staaten gefordert. Es fand hier demnach eine Durchbrechung des einzelstaatlichen Rechts durch das Bundesrecht statt. Dass eine solche Durchbrechung möglich ist, wurde schon in dem Fall *Conference of State Supervisor v. Conover* gebilligt.[687]

ee. Änderungen durch den Dodd-Frank Act

Aufgrund der Risiken, die durch die erhöhte Komplexität, Interkonnexität und Konzentration von Bankaktivitäten von FBOs in den USA auftreten können, regelt auch der *Dodd-Frank Act*[688] einige Aspekte in Bezug auf ausländische Banken. Diese Bestimmungen müssen von dem FRB umgesetzt und genauer definiert werden.

(1) Section 165 Dodd-Frank Act

Der Entwurf zur Umsetzung der Voraussetzungen von *Section* 165 *Dodd-Frank Act* wurde im Dezember 2012 veröffentlicht und wurde von betroffenen Parteien und der

686 Siehe 12 U.S.C. § 3102(b) (2012).

687 Conference of State Bank Supervisors v. Conover, 715 F.2d 604 (D.C. Cir. 1983), cert. denied, 466 U.S. 927 (1984).

688 Dodd-Frank Act, §§ 165, 166.

Öffentlichkeit mit großem Interesse kommentiert.[689] Die endgültigen Vorschriften wurden am 27. März 2014 im *Federal Register* publiziert.[690]

Hintergrund der neuen Regeln für ausländische Banken war laut dem FRB die Tatsache, dass diese während der Finanzkrise verstärkt auf Notfallkredite des *Federal Reserve System* zurückgegriffen hatten, jedoch Kapital der Muttergesellschaft nicht zur Unterstützung der U.S.-Tochtergesellschaft herangezogen wurde oder herangezogen werden konnte.[691] Im Entwurf und der endgültigen Regel wurde eindeutig hervorgehoben, dass man sich bei der Erstellung der neuen Regeln an dem Prinzip der Inländergleichbehandlung orientiert habe.[692] Die neuen erhöhten Voraussetzungen gelten generell nur für FBOs mit einer Bankpräsenz in den USA, deren globale Gesamtaktiva $ 50 Milliarden oder mehr betragen.[693] Eine Unterscheidung wird danach vorgenommen, ob die gesamten U.S.-Aktiva der FBO mehr oder weniger als $ 50 Milliarden betragen. FBOs mit einer U.S.-Bilanzsumme von mehr als $ 50 Milliarden unterliegen weiteren zusätzlichen Anforderungen.[694]

Wie bereits gesehen, führen ausländische Banken ihre U.S.-Bankgeschäfte in einer Vielfalt von Rechtsformen durch.[695] Meist gibt es auch keine herrschende U.S.-Gesellschaft, an die sich prudentielle Standards richten könnten. Der Entwurf sah daher vor, dass FBOs mit mehr als $ 50 Milliarden an globalen konsolidierten Gesamtaktiva und U.S.-Tochtergesellschaften mit mehr als $ 10 Milliarden in Gesamtaktiva, ihre U.S.-Tochtergesellschaften unter einer U.S.-Zwischenholding (*Intermediate Holding Company*) organisieren müssen. Dabei war ohne Belang, ob die FBO ein Einlagenkreditinstitut besitzt oder nicht. Zur Berechnung der U.S.-Bilanzsumme wurden die U.S.-Zweigniederlassungen und *agencies* ausgenommen. Aufgrund von vielfach geäußerten Bedenken, wurde die Anwendungsgrenze für U.S.-Tochtergesellschaften von FBOs in der endgültigen Regelung verändert. Das Erfordernis einer U.S.-Zwischenholding greift daher erst ab einer U.S.-Bilanzsumme von $ 50 Milliarden (Zweigstellen und *agencies* ausgenommen), anstelle von ursprünglich $ 10 Milliarden.[696]

Die U.S.-Zwischenholding soll als Ausgangspunkt für eine einheitliche Regulierung und Aufsicht über die U.S.-Operationen der FBOs dienen und somit auch eine eventuell notwendige Abwicklung erleichtern.[697] Die U.S.-Zwischenholdings der FBOs würden

689 Proposed Enhanced Prudential Standards and Early Remediation Requirements for FBOs, 77 Fed. Reg. 76628 (Dec. 28, 2012) (to be codified at 12 C.F.R Part 252 (2014)).
690 Final Rule on Enhanced Prudential Standards for BHCs and FBOs, 79 Fed. Reg. 17240 (March 27, 2014).
691 77 Fed. Reg. 76628, 76630.
692 Siehe 12 U.S.C. § 5365(b)(2) (2012) für das Prinzip der Inländergleichbehandlung. Für die Begründung des FRB siehe 77 Fed. Reg. 76628, 76629 und 79 Fed. Reg. 17240, 17270.
693 Dodd-Frank Act, § 165 (a)(1).
694 79 Fed. Reg. 17240, 17245, Table 2.
695 Siehe die Besprechung auf Seite 95.
696 79 Fed. Reg. 17240, 17244.
697 77 Fed. Reg. 76628, 76637.

den gleichen am Ausfallrisiko der Aktiva orientierten Anforderungen für Eigenkapital und Höchstverschuldungsquoten unterliegen wie U.S.-Holdinggesellschaften.[698] So soll zum einen Wettbewerbsgleichheit hergestellt und zum anderen das Kapitalpolster der U.S.-Zwischenholding gestärkt werden.[699] Der Entwurf sah eine Übergangsphase für die betroffenen FBOs bis zum 1. Juli 2015 vor.[700] Diese Übergangsfrist wurde in der endgültigen Regelung auf den 1. Juli 2016 verschoben.[701]

Betroffene FBOs, deren U.S.-Bilanzsumme $ 50 Milliarden nicht übersteigt, unterliegen nunmehr erhöhten Anforderungen in den Bereichen Eigenkapital, Risikomanagement, Liquiditätsrisiko und Stresstests.[702] Sie müssen zum einen nachweisen, dass sie die Eigenkapital- und Höchstverschuldungsstandards der Aufsichtsbehörde ihres Herkunftslandes erfüllen, und dass diese Standards mit den unter Basel III beschlossenen Standards[703] übereinstimmen.[704] Weiterhin müssen sie ein Risikokomitee für ihre U.S.-Geschäfte einrichten, wobei es genügt, wenn dies durch ein existierendes firmenweites Risikomanagement geschieht.[705] Zusätzlich muss die FBO dem FRB jährlich das Ergebnis eines intern durchgeführten Liquiditätsstresstests mitteilen, welcher nach den Empfehlungen des *Basel Committee on Banking Supervision*[706] durchgeführt wurde.[707] Zudem muss die FBO von ihrer Aufsichtsbehörde in ihrem Herkunftsland einem Stresstest unterworfen werden und diesen bestehen. Die Angemessenheit des Stresstests unterliegt der Überprüfung durch das FRB.[708]

FBOs mit einer gesamten U.S.-Bilanzsumme (*combined U.S. assets*), die $ 50 Milliarden übersteigt,[709] unterliegen weiteren erhöhten Anforderungen. Sofern bereits die konsolidierte U.S.-Bilanzsumme der U.S.-Tochtergesellschaften einer solchen

698 Auch für U.S.-Holdinggesellschaften wurden vom Federal Reserve Board gesteigerte Anforderungen erlassen. Die Entwürfe für BHCs und für FBOs glichen sich sehr. Diese Anforderungen sind in ihrer endgültigen Fassung in einer Vorschrift zusammengefasst.

699 77 Fed. Reg. 76628, 76640.

700 77 Fed. Reg. 76628, 76637.

701 79 Fed. Reg. 17240, 17224.

702 Dies soll in 12 C.F.R. § 252.142 (2014) kodifiziert werden.

703 Für die Eigenkapitalstandards gemäß Basel III siehe Seite 242 ff..

704 79 Fed. Reg. 17240, 17325. Dies soll in 12 C.F.R. § 252.143 (2014) kodifiziert werden. Es handelt sich dabei um eine dynamische Verweisung auf die jeweils gültige Version der Baseler Eigenkapitalvereinbarungen.

705 79 Fed. Reg. 17240, 17325. Dies soll in 12 C.F.R. § 252.144 (2014) kodifiziert werden.

706 Das FRB bezieht sich auf die Empfehlungen, die das BCBS in dem Dokument „Principles for Sound Liquidity Risk Management and Supervision", September 2008, dargelegt hat. Es handelt sich dabei um eine dynamische Verweisung auf die jeweils gültige Version.

707 79 Fed. Reg. 17240, 17325. Dies soll in 12 C.F.R. § 252.145 (2014) kodifiziert werden.

708 79 Fed. Reg. 17240, 17325. Dies soll in 12 C.F.R. § 252.146 (2014) kodifiziert werden.

709 Die gesamte U.S.-Bilanzsumme setzt sich aus den konsolidierten Aktiva der U.S.-Tochtergesellschaften und der U.S.-Zweigstellen und U.S.-agencies der FBO zusammen. Siehe 12 C.F.R. § 252.152(b)(1) (2014).

FBO mehr als $ 50 Milliarden beträgt, greift zusätzlich das erwähnte Erfordernis der Bildung einer U.S.-Zwischenholding.[710] Für die Anforderungen an die Eigenkapital- und Höchstverschuldungsstandards,[711] für das U.S.- Risikokomitee[712] und für die Durchführung eines Stresstests[713] kann auf die Ausführungen zu kleineren FBOs mit weniger als $ 50 Milliarden an U.S.-Aktiva verwiesen werden. Im Bereich der Liquidität werden jedoch erhöhte Anforderungen an große FBOs gestellt. Die Kontrolle des Liquiditätsrisikos obliegt ebenfalls dem U.S.-Risikokomitee. Es muss ein umfangreiches System etabliert werden, welches unter anderem Risikotoleranzschwellen, wirksame Kontrollen und Notfallfinanzierung enthält.[714] Weiterhin müssen regelmäßig Liquiditätsstresstests durchgeführt werden und Liquiditätspuffer bestehend aus hoch liquiden Aktiva vorgehalten werden.[715]

Ist die FBO verpflichtet eine U.S.-Zwischenholding zu bilden, so müssen alle U.S.-Tochtergesellschaften unter dieser Zwischenholding zusammengefasst werden. Die Zwischenholding muss nach U.S.-Recht gegründet werden. Wichtig ist hervorzuheben, dass, obwohl das Datum zu dem die FBO eine Zwischenholding gegründet haben muss, auf den 1. Juli 2016 verschoben wurde, die FBO dem FRB schon zum 1. Januar 2015 einen Umsetzungsplan vorlegen muss.[716] Die Liquiditätsanforderungen für die U.S.-Zwischenholding entsprechen denen für große FBOs.[717] Für die Anforderungen an das Eigenkapital und Höchstverschuldung, Risikomanagement, U.S.-Risikokomitee und für die Stresstests wird auf die Anforderungen für U.S.-Bankholdinggesellschaften verwiesen. Eine Ausnahme besteht hinsichtlich der Anforderungen, die aufgrund der Umsetzung von Basel II in den USA an die sogenannten Kernbanken gestellt wird. Hier wird der U.S.-Zwischenholding die Möglichkeit eines *Opt-In* eingeräumt, jedoch ist die Einhaltung der Voraussetzungen nicht verpflichtend.[718] Wichtig ist zu erwähnen, dass die Eigenkapital- und Höchstverschuldungsregeln für die Zwischenholding unabhängig davon geltend, ob ein Einlagenkreditinstitut Teil der Holdingstruktur ist.

710 79 Fed. Reg. 17240, 17327. Dies soll in 12 C.F.R. § 252.153 (2014) kodifiziert werden.
711 79 Fed. Reg. 17240, 17330. Dies soll in 12 C.F.R. § 252.154 (2014) kodifiziert werden.
712 79 Fed. Reg. 17240, 17330. Dies soll in 12 C.F.R. § 252.155 (2014) kodifiziert werden.
713 79 Fed. Reg. 17240, 17336. Dies soll in 12 C.F.R. § 252.158 (2014) kodifiziert werden.
714 79 Fed. Reg. 17240, 17331. Dies soll in 12 C.F.R. § 252.156 (2014) kodifiziert werden.
715 79 Fed. Reg. 17240, 17334. Dies soll in 12 C.F.R. § 252.157 (2014) kodifiziert werden.
716 79 Fed. Reg. 17240, 17328. Dies soll in 12 C.F.R. § 252.153(d) (2014) kodifiziert werden.
717 79 Fed. Reg. 17240, 17330. Dies soll in 12 C.F.R. § 252.153(e)(4) (2014) kodifiziert werden.
718 79 Fed. Reg. 17240, 17329. Dies soll in 12 C.F.R. § 252.153(e)(2)(B) (2014) kodifiziert werden.

(2) Collins-Amendment

Weiterhin sieht der *Dodd-Frank Act* auch eine Anwendung des schon erwähnten *Collins-Amendment*[719] auf FBOs vor. Die U.S.-Bankholdingtochtergesellschaften einer FBO mussten bisher aufgrund des Rundschreibens Nr. 01-1 (*Supervision and Regulation Letter* (*SR Letter*))[720] des FRB die Mindesteigenkapitalanforderungen, die für U.S.-Holdinggesellschaften gelten, nicht erfüllen.[721] Die Ausnahme wurde damit begründet, dass eine FBO, die „*well-capitalized*" und „*well-managed*" ist, zur finanziellen Unterstützung der U.S.-Tochtergesellschaft herangezogen werden kann. Diese Ausnahme ist nunmehr nicht mehr anwendbar, und die Eigenkapitalanforderungen sind bis zum 21. Juli 2015 zu erfüllen.[722]

ff. Kritik an den durch den Dodd-Frank Act veränderten Anforderungen für Foreign Banking Organizations (FBOs)

Die Öffentlichkeit hatte die Möglichkeit, bis einschließlich 30. April 2013 den Entwurf zu kommentieren.[723] Insgesamt gingen beim FRB über 60 Stellungnahmen ein.[724] Im Ausland wurden sowohl der Entwurf zur Kapital- und Liquiditätsausstattung von ausländischen Instituten negativ aufgenommen,[725] als auch die verpflichtende Bildung einer U.S.-Zwischenholding kritisiert.[726] Innerhalb der USA wurde

---

719 Dodd-Frank Act, § 171. Für eine Beschreibung des Collins-Amendment siehe Seite 81.

720 „SR letter" des FRB behandeln wichtige (prozedurale) Fragen im Zusammenhang mit den Aufsichtstätigkeiten des FRB und geben Leitlinien vor.

721 *FRB*, SR Letter 01-1 (SUB) on application of the Board's capital adequacy guidelines to BHCs owned by Foreign Bank Organizations, 5. Januar 2001. Online verfügbar unter http://www.federalreserve.gov/boarddocs/srletters/2001/sr0101.htm, zuletzt geprüft am 16.02.2016.

722 12 U.S.C. § 5371(b)(4)(E) (2012).

723 Ursprünglich war das Fristende am 31. März 2013, siehe 77 Fed. Reg. 76628, 76628. Aufgrund der Komplexität der geregelten Materie verlängerte das FRB die Frist jedoch bis zum 30. April 2013. Siehe Extension of comment period for proposed FBO rule, 78 Fed. Reg. 13294 (Feb. 27, 2013).

724 79 Fed. Reg. 17240, 17242.

725 Siehe als ein Beispiel die Rede des deutschen Bundesbankpräsidenten *Weidmann* vom 24. April 2013 auf dem Deutschen Sparkassentag, der den Vorschlag zur Regulierung der Kapital- und Liquiditätsausstattung ausländischer Institute in den USA als ein negatives Beispiel für den „Nationalismus der Aufseher" nennt. Online verfügbar unter http://www.bundesbank.de/Redaktion/DE/Reden/2013/2013_04_24_weidmann.html, zuletzt geprüft am 16.02.2016.

726 Siehe zum Beispiel die Kritik von der *Deutschen Bundesbank* und der *Bundesanstalt für Finanzdienstleistungsaufsicht* (*BaFin*) in der Email vom 26. April 2013, Comment on Enhanced Prudential Standards and Early Remediation Requirements for Foreign Banking Organizations and Foreign Nonbank Financial Companies, S. 1, die hier ebenfalls die „Renationalisierung" der Aufsicht und die damit einhergehenden Möglichkeiten der aufseherischen Arbitrage und des globalen

insbesondere kritisiert, dass das FRB nicht die notwendigen rechtlichen Befugnisse habe, um ohne Ausnahme die Gründung einer Zwischenholding zur Umsetzung von *Section* 165 und 166 des *Dodd-Frank Act* zu verlangen.[727] Weiterhin wurde behauptet, dass, falls diese Verpflichtung umgesetzt würde, sie dazu führen würde, dass die Finanzstabilität in den USA und global sogar verringert statt verbessert würde.[728] Zudem stelle das Erfordernis einer Zwischenholding keine effiziente Antwort der Aufsichtsbehörden auf die Finanzkrise dar.[729]

Im Folgenden wird nur die Frage betrachtet, ob das FRB die ihm durch den *Dodd-Frank Act* erteilte Ermächtigung überschritten hat; insbesondere ob die veränderten Kapital- und Liquiditätsvorschriften und die verpflichtende Bildung einer U.S.-Zwischenholding dem Prinzip der „Inländergleichbehandlung" und den internationalen Harmonisierungsbestrebungen zuwiderlaufen.

(1) Überschreitung der dem FRB durch den Dodd-Frank Act erteilten Ermächtigung

Fraglich ist, ob das FRB mit seinem Entwurf und den endgültigen Regeln die ihm durch den *Dodd-Frank Act* erteilte Ermächtigung überschreitet. Dies wäre der Fall, wenn es die Vorgaben des Gesetzes bei der Umsetzung nicht beachte, andere Erwägungen anstelle der Erwägungen des Gesetzgebers den Vorzug geben würde oder wenn es durch die Umsetzung die Intention des Gesetzgebers konterkarieren würde.

Ungleichgewichts anprangern. Online verfügbar unter www.federalreserve.gov/SECRS/2013/May/20130522/R-1438/R-1438_042613_111089_571489255536_1.pdf, zuletzt geprüft am 16.02.2016. [Im Folgenden bezeichnet als „Bundesbank/BaFin Kritik"].

727 Siehe für viele *Gibson Dunn*, Comment Letter on Federal Reserve Board FBO Proposal, 30. April 2013, S. 2. Online verfügbar unter www.gibsondunn.com/publications/Documents/GDC-CommentLetter-on-FederalReserveBoard-Foreign-BankingOrganization-Proposal.pdf, zuletzt geprüft am 16.02.2016. [Im Folgenden zitiert als "Gibson Dunn Kritik"]; *CSBS*, Comment Letter of April 30, 2013, S. 1. Online verfügbar unter www.federalreserve.gov/SECRS/2013/April/20130430/R-1438/R-1438_043013_111098_460292945145_1.pdf, zuletzt geprüft am 16.02.2016.

728 Gibson Dunn Kritik, S. 2; *Global Financial Markets Association (GFMA)*, Comment letter on FBO proposal, 26. April 2013, S. 3. Online verfügbar unter www.gfma.org/Initiatives/Basel-III/GFMA-Submits-Comments-to-the-US-Federal-Reserve-on-Enhanced-Prudential-Standards-for-Foreign-Banking-Organizations-and-Foreign-Nonbank-Financial-Companies/, zuletzt geprüft am 16.02.2016. [Im Folgenden zitiert als „GFMA Kritik"].

729 Gibson Dunn Kritik, S. 2.

(a) Bildung einer Zwischenholding als zusätzlicher prudentieller Standard gemäß Section 165(b)(1)(B)(iv) Dodd-Frank Act

Die endgültige Vorschrift schreibt für FBOs mit mehr als $ 50 Milliarden in konsolidierten globalen Gesamtaktiva und mit Tochtergesellschaften, die eine U.S.-Bilanzsumme von $ 50 Milliarden oder mehr vorweisen, die zwingende Bildung einer U.S.-Zwischenholding vor.[730] Diese Anforderung wird als zusätzlicher prudentieller Standard gemäß *Section* 165(b)(1)(B)(iv) *Dodd-Frank Act* charakterisiert.[731] Die Anforderungen an diese Standards werden generell in *Section* 165(a) und (b) *Dodd-Frank Act* aufgelistet. *Section* 165(b)(2) *Dodd-Frank Act* bezieht sich speziell auf die Standards, die für ausländische Gesellschaften aufgestellt werden. Demnach müsste die zwingende Bildung einer Zwischenholding für ausländische Gesellschaften die folgenden vier Kriterien nach *Section* 165(a) und (b) *Dodd-Frank Act* zwingend erfüllen: (i) die Standards **müssen** strikter sein als die Standards, die für Nichtbanken- und Bankholdinggesellschaften mit weniger als $ 50 Milliarden Gesamtaktiva gelten; (ii) die Standards **müssen** eine Stufung enthalten basierend auf den Erwägungen gemäß *Section* 165(b)(3) *Dodd-Frank Act*; (iii) bei der Anwendung der Standards **müssen** das Prinzip der Inländergleichbehandlung und der Wettbewerbsgleichheit beachtet werden und (iv) bei der Anwendung der Standards **muss** beachtet werden, ob die FBO in ihrem Heimatland einer vergleichbaren konsolidierten Aufsicht unterliegt.

(b) Subsumtion

Es erscheint fraglich, ob die letzten drei Voraussetzungen erfüllt sind.

Gemäß *Section* 165(b)(3) *Dodd-Frank Act* muss das FRB bei der Umsetzung die Unterschiede zwischen Nichtbankfinanzholdinggesellschaften und Bankholdinggesellschaften beachten. Diese Unterscheidung muss auf den folgenden Faktoren basieren: (i) den Kriterien gemäß *Section* 113(a) und 113(b) des *Dodd-Frank Act*;[732]

---

730 Der Entwurf setzte die Grenze für die U.S.-Bilanzsumme der Tochtergesellschaften noch bei $ 10 Milliarden an. Siehe 77 Fed. Reg. 76628, 76633. Dies ist eine der wichtigen Änderungen, die in der endgültigen Vorschrift vorgenommen wurde. Siehe 79 Fed. Reg. 17240, 17244.

731 79 Fed. Reg. 17240, 17269.

732 Dodd-Frank Act, § 113(b)(2) „Foreign Nonbank Financial Companies supervised by the Board of Governors" stellt folgende Kriterien auf:
"(2) CONSIDERATIONS. - In making a determination under paragraph (1), the Council shall consider—
(A) the extent of the leverage of the company;
(B) the extent and nature of the United States related off-balance-sheet exposures of the company;
(C) the extent and nature of the transactions and relationships of the company with other significant nonbank financial companies and significant bank holding companies;

(ii) ob das Unternehmen ein Einlagenkreditinstitut, das Mitglied der Einlagensicherung ist, besitzt; (iii) nichtfinanzielle Aktivitäten und Konzernverbindungen der Gesellschaft und (iv) andere risikobezogene Faktoren, die das FRB als angemessen betrachtet. Zur Umsetzung dieser Voraussetzungen verlangt das FRB in der endgültigen Vorschrift von allen FBOs mit globalen Gesamtaktiva von mehr als $ 50 Milliarden und einer U.S.-Bilanzsumme von $ 50 Milliarden[733] pauschal die Bildung einer Zwischenholding. Die Unterschiede zwischen den verschiedenen FBOs gemäß der in *Section* 165(b)(3) *Dodd-Frank Act* aufgelisteten Kriterien werden nicht einbezogen. Die endgültige Vorschrift beachtet insbesondere nicht, ob die FBO ein Einlagenkredit besitzt und Mitglied in der Einlagensicherung ist, und damit potentiell die Einlagensicherung und die Finanzstabilität der USA belasten könnte; eins der erklärten Ziele des *Dodd-Frank Act.* Stattdessen werden politische Gründe zur Rechtfertigung genannt. Aufgrund dieser politischen Rechtfertigungen besteht jedoch auch die Gefahr von Vergeltungsmaßnahmen in ausländischen Jurisdiktionen.[734]

Obwohl das FRB in der Begründung der endgültigen Regel betont, dass das Erfordernis einer Zwischenholding dem Prinzip der Inländergleichbehandlung Rechnung trage und Wettbewerbsgleichheit zwischen FBOs und U.S.-Bankorganisationen herstelle,[735] erscheint die praktische Umsetzung dies nicht zu tun. Die endgültige Regel weicht nicht von dem Entwurf ab, und macht die Vorschriften

---

(D) the importance of the company as a source of credit for United States households, businesses, and State and local governments and as a source of liquidity for the United States financial system;

(E) the importance of the company as a source of credit for low-income, minority, or underserved communities in the United States, and the impact that the failure of such company would have on the availability of credit in such communities;

(F) the extent to which assets are managed rather than owned by the company and the extent to which ownership of assets under management is diffuse;

(G) the nature, scope, size, scale, concentration, interconnectedness, and mix of the activities of the company;

(H) **the extent to which the company is subject to prudential standards on a consolidated basis in its home country that are administered and enforced by a comparable foreign supervisory authority**;

(I) the amount and nature of the United States financial assets of the company;

(J) the amount and nature of the liabilities of the company used to fund activities and operations in the United States, including the degree of reliance on short-term funding; and

(K) any other risk-related factors that the Council deems appropriate." [mit eigener Hervorhebung].

733 Zweigniederlassungen und agencies sind davon ausgenommen.

734 *Kini/Lyons/Lee/Luigs/Patton/Schneider/Proctor*, The Federal Reserve's Proposal and the Foreign Banking Community: A Practical Guide for Foreign Banks, 32 Banking & Fin. Services Pol'y Rep. 21, 26 (2013); Gibson Dunn Kritik, S. 6 f.

735 79 Fed. Reg. 17240, 17270.

für risikobasiertes Eigenkapital und für die Höchstverschuldungsquote, die U.S.-Bankholdinggesellschaften zu erfüllen haben, auf die Zwischenholding anwendbar.[736] Die Zwischenholding kann jedoch nicht das Kapital der FBO oder der anderen ausländischen Tochtergesellschaften heranziehen um die Eigenkapitalvorschriften zu erfüllen, während eine U.S.-Bankholdinggesellschaft das Kapital ihrer ausländischen Tochtergesellschaften miteinbeziehen kann.[737] Demnach sind die Eigenkapitalregeln für die Zwischenholding restriktiver und widersprechen dem Prinzip der Inländergleichbehandlung und der Wettbewerbsgleichheit.[738]

Zudem missachtet die pauschale Bedingung der Bildung einer Zwischenholding den expliziten Auftrag in *Section* 165(b)(2)(B) *Dodd-Frank Act* bei dem Erlass von Standards darauf zu achten, inwiefern das ausländische Unternehmen in seinem Heimatland einer vergleichbaren konsolidierten Aufsicht unterliegt.[739] Insbesondere durch die Formulierungen in *Section* 165(b)(2) *Dodd-Frank Act* "In applying the standards [...] to **any** foreign nonbank financial company..." sowie „[...] take into account the extent to which **the** financial company is subject on a consolidated basis [...]" wird deutlich eine Einzelfallbetrachtung gefordert. Die Bildung einer Zwischenholding pauschal für alle FBOs, die die Aktivagrenze überschreiten, verpflichtend zu machen, ist damit nicht vereinbar.[740]

---

736 79 Fed. Reg. 17240, 17278.

737 *Deutsch*, Atlantisches Fragment? Finanzmarktregulierung, die G20 und TTIP, EU Monitor (03.07.2014), DB Research, S. 11; *Deutsche Bank*, Re: Enhanced Prudential Standards and Early Remediation Requirements for Foreign Banking Organizations and Foreign Non-bank Financial Companies, 29. April 2013. Online verfügbar unter http://www.federalreserve.gov/SECRS/2013/July/20130705/R-1438/R-1438_042913_111104_460291695185_1.pdf, zuletzt geprüft am 16.02.2016. [Im Folgenden bezeichnet als „Deutsche Bank Kritik"].

738 *Landy/Ashley/Smith*, Fortress America: The Federal Reserve's Proposal to Impose U.S. Territorial Restrictions on Large Foreign Banks, 130 Banking L. J. 195, 214 (2013); Bundesband/BaFin Kritik, S. 2; GFMA Kritik, S. 5 f.; Deutsche Bank Kritik, S. 8.

739 *Kathleen A. Scott*, Enhanced Prudential Standards for Non-U.S. Banks, 67 Consumer Fin. L.Q. Rep. 356, 361 (2013); Bundesbank/BaFin Kritik, S. 1 f; Gibson Dunn Kritik, S. 10; GFMA Kritik, S. 4; Brief von *Michel Barnier*, EU-Kommissar, an Ben Bernanke, Vorsitzender des FRB, vom 18. April 2013, S. 2. Online verfügbar unter www.federalreserve.gov/SECRS/2013/April/20130422/R-1438/R-1438_041913_111076_515131431183_1.pdf, zuletzt geprüft am 16.02.2016; *o.V.*, USA bringen Europa gegen sich auf - Scharfe Auflagen für Auslandsbanken, Börsen-Zeitung vom 20.02.2014, S. 1.

740 *Bankenverband*, Comments of the Association of German banks on Enhanced Prudential Standards and Early Remediation Requirements for Foreign Banking Organizations and Foreign Nonbank Financial Companies, S. 3. Online verfügbar unter http://www.federalreserve.gov/SECRS/2013/May/20130515/R-1438/R-1438_042613_111091_571489724316_1.pdf, zuletzt geprüft am 16.02.2016 [Im Folgenden bezeichnet als „Bankenverband Kritik"]; Gibson Dunn Kritik, S. 11.

Das FRB nimmt nicht nur keine Einzelfallbetrachtung vor, sondern es stellt überhaupt keine Überlegungen zu vergleichbaren Aufsichtsstandards in anderen Ländern an, obwohl der Wortlaut in *Section* 165(b)(2)(B) *Dodd-Frank Act* dies eindeutig fordert.[741] Auch über den Verweis in *Section* 165(b)(3)(A)(i) *Dodd-Frank Act* auf *Section* 113 *Dodd-Frank Act* wird noch einmal hervorgehoben, dass das FRB bei dem Erlass von Standards darauf zu achten hat, inwiefern das ausländische Finanzinstitut in seinem Heimatland einer vergleichbaren konsolidierten Aufsicht unterliegt. Trotz der zweifachen Kodifizierung des Willens des Gesetzgebers, missachtet das FRB diesen Auftrag.

Der eindeutige Wortlaut von *Section* 165(a)(1) *Dodd-Frank Act* und eine Auslegung nach Sinn und Zweck ergeben, dass es Ziel des *Dodd-Frank Act* allgemein und von *Section* 165(a)(1) *Dodd-Frank Act* im speziellen ist, Risiken für die Finanzstabilität der USA zu verhindern und abzuschwächen. Statt den Anwendungsbereich der erhöhten Anforderungen in einem ersten Schritt von den **globalen** konsolidierten Gesamtaktiva der FBOs von mehr als $ 50 Milliarden abhängig zu machen, sollte sich die Vorschrift nur auf **U.S.-Aktiva** beziehen, denn diese stellen ein Risiko für die Finanzstabilität der USA dar.[742]

Eine systematische Auslegung ergibt weiterhin, dass es unwahrscheinlich ist, dass der Kongress bei der Formulierung von *Section* 165 und 166 des *Dodd-Frank Act* die pauschale Einführung von Zwischenholdings im Sinn hatte. An anderen Stellen im Gesetz, unter anderem bei *Savings and Loan*-Holdinggesellschaften[743] und bei Nichtbankenholdinggesellschaften,[744] wurde diese Möglichkeit für das FRB zur Umsetzung der Regelung ausdrücklich genannt. Zudem wird selbst dort die Bildung einer Zwischenholding von der Erfüllung bestimmter zusätzlicher Kriterien abhängig gemacht.

Weiterhin verlangt *Section* 175(c) *Dodd-Frank Act*, dass das FRB andere ausländische Aufsichtsbehörden konsultiert und sich mit ihnen in den entsprechenden multilateralen Organisationen bespricht, um eine umfassende und widerstandsfähige Aufsicht und Regulierung für alle Institute mit hoher Risiko/Eigenkapital-Relation und hoher Verflechtung (SIFIs) zu erzielen. Der Verordnungsentwurf und die endgültige Regel scheinen jedoch davon auszugehen, dass dies aufgrund eines Nationalismus der Aufsichtsbehörden nicht vielversprechend sei, und man nicht warten könne.[745] Es ist jedoch nicht Aufgabe des FRB seine Einschätzung, inwieweit

741 Deutsche Bank Kritik, S. 7.

742 So auch Bankenverband Kritik, S. 5, Punkt II.1.; Gibson Dunn Kritik, S. 5, Fn. 9.

743 Dodd-Frank Act, § 626.

744 Dodd-Frank Act, § 167(b)(1)(A).

745 Siehe 77 Fed. Reg. 76628,76630: "Resolution regimes and powers remain **nationally** based..."; sowie 79 Fed. Reg. 17240, 17266: "While the Board recognizes the important initiatives under development in other countries, the **Board does not believe it is appropriate to await** the outcomes of such initiatives before adopting enhanced prudential standards to address risks to U.S. financial stability." [mit eigener Hervorhebung].

die Konsultation vielversprechend sei, an die Stelle des ausdrücklichen Willens des Gesetzgebers zu stellen.[746] Das FRB ist als Verwaltungsbehörde gehalten, die Vorgaben des Gesetzes umzusetzen, die der Kongress verabschiedet hat und nicht eine materiell-rechtlich abweichende Alternative.[747]

(2) Zwischenergebnis

Die Umsetzung durch das FRB in der endgültigen Fassung überschreitet damit die Befugnisse, die dem FRB durch *Section* 165 *Dodd-Frank Act* gegeben wurden. Damit ist jedoch nicht gesagt, dass die Bildung einer Zwischenholding generell zur Umsetzung nicht geeignet ist. Es müssen jedoch die Voraussetzungen von *Section* 165 *Dodd-Frank Act* beachtet werden. Durch die pauschale Gleichbehandlung von ausländischen Instituten in den USA haben sich die Rahmenbedingungen für die Geschäftsaufnahme von ausländischen Instituten erschwert. Dies kann dazu führen, dass sie ihre Betätigung in den USA verringern oder umstrukturieren. Eventuell kann dies aber auch zu einer Renationalisierung der Aufsicht und Vergeltungsmaßnahmen aus der EU oder dem sonstigen Ausland führen.[748] Dies läuft dem Ziel einer internationalen Harmonisierung zuwider.

4. Beeinflussung der nationalen Gesetzgebung in den USA durch die lateinamerikanische Schuldenkrise

In den 1980er Jahren wurden vermehrt Konsortialkredite an ausländische Staaten und Einrichtungen vergeben. Banken zogen dies traditionellen Krediten vor, da das Risiko zwischen den Banken des Konsortiums verteilt wird.[749] In der bevorstehenden lateinamerikanischen Schuldenkrise zeigte sich jedoch, dass dadurch auch eine Mehrzahl an Akteuren von den negativen Effekten betroffen wurde.[750]

Das U.S.-Recht enthält keine Obergrenze für die Gesamtsumme an ausländischen Krediten, die eine Bank vergeben darf, sondern begrenzt nur die Kredite an einen einzelnen Kreditnehmer (*single borrower rule*). Heutzutage darf gemäß

---

746 Siehe zum Beispiel Alabama Power Company v. United States Environmental Protection Agency, 40 F.3d 450,456 (D.C. Cir. 1994).

747 Detroit Edison Company v. Federal Energy Regulatory Commission, 334 F.3d 48, 54 (D.C. Cir. 2003).

748 Siehe *Barnier*, Brief vom 18. April 2013, S. 3, der die Möglichkeit und Gefahren durch protektionistische Maßnahmen von anderen Ländern als Reaktion auf die neuen Regeln anspricht. Siehe weiterhin *Bennetts/Long*, The New Autarky? How U.S. and UK Domestic and Foreign Banking Proposals Threaten Global Growth, Cato Institute, Policy Analysis No. 743 (November 21, 2013), S. 6, online verfügbar unter http://object.cato.org/sites/cato.org/files/pubs/pdf/pa743_web.pdf, zuletzt geprüft am 16.02.2016.

749 *Pollard/Daly*, § 17.06, 17–33.

750 *Wood*, Governing Global Banking, 2005, S. 68.

12 U.S.C. *Section* 84 (2012)[751] die Summe der Kredite an einen einzelnen Kreditnehmer 15 Prozent des Gesamtkapitals und Überschusses nicht übersteigen.[752] Weitere zehn Prozent dürfen als Kredit vergeben werden, wenn diese zusätzliche Summe mit sofort realisierbaren Sicherheiten abgesichert ist.[753] Das zehn Prozent **zusätzlich** vergeben können, wird in 12 C.F.R. *Section* 32.3(a) (2014) klargestellt.[754] Die Grenze von 15 Prozent wurde jedoch erst durch eine Änderung dieses Abschnitts im Jahre 1982 durch den *Garn-St Germain Depository Institutions Act of 1982* eingeführt.[755] Vorher betrug die Grenze noch 10 Prozent. Diese Grenze wurde schon im Jahre 1864 durch *Section* 29 des *National Bank Act* eingeführt.[756]

Da bis zu einer Gesetzesänderung im Jahre 1982 keine Legaldefinition eines „Kreditnehmers" (*person*) im Gesetz vorhanden war, war zudem fraglich, ob es sich

---

751 12 U.S.C. § 84(a)(1) (2012) lautet: The **total loans and extensions of credit** by a national banking association to a person outstanding at one time and not fully secured, as determined in a manner consistent with paragraph (2) of this subsection, [...] **shall not exceed 15 per centum** of the unimpaired capital and unimpaired surplus of the association." [mit eigener Hervorhebung].

752 „Kapital" und „Überschuss" werden in 12 C.F.R. § 32.2(c) (2014) wie folgt definiert: " Capital and surplus means –
(1) A national bank's or savings association's **Tier 1 and Tier 2 capital** calculated under the risk-based capital standards applicable to the institution as reported in the bank's or savings association's Consolidated Reports of Condition and Income (Call Report); **plus**
(2) The balance of a national bank's or savings association's **allowance for loan and lease losses not included in the bank's or savings association's Tier 2 capital**, for purposes of the calculation of risk-based capital described in paragraph (c)(1) of this section, as reported in the bank's or savings association's Call Report." [mit eigener Hervorhebung].

753 12 U.S.C. § 84 (a)(2) (2012) lautet: "The **total loans and extensions of credit** by a national banking association to a person outstanding at one time and **fully secured by readily marketable collateral** having a market value, as determined by reliable and continuously available price quotations, at least equal to the amount of the funds outstanding **shall not exceed 10 per centum** of the unimpaired capital and unimpaired surplus of the association." [mit eigener Hervorhebung].

754 12 C.F.R. § 32.3(a) (2014) lautet: "A national bank's or savings association's total outstanding loans and extensions of credit to one borrower may not exceed 15 percent of the bank's or savings association's capital and surplus, plus an additional 10 percent of the bank's or savings association's capital and surplus, if the amount that exceeds the bank's or savings association's 15 percent general limit is fully secured by readily marketable collateral [...].".

755 Garn-St Germain Depository Institutions Act of 1982, Pub. L. No. 97-320, 96 Stat. 1469(1982). Siehe Title IV, Part A, § 401.

756 National Bank Act, § 29: "*And be it .further enacted,* That the total liabilities to any association, of any person, or of any company, corporation, or firm for money borrowed, [...], shall at no time exceed **one tenth part** of the amount of the capital stock of such association actually paid in." [mit eigener Hervorhebung].

bei ausländischen Hoheitsträgern um eine „*person*“ im Sinne des Gesetzes handelte und die Kreditgrenze somit anwendbar war.[757] Abgesehen von den rechtlichen Schwierigkeiten, wollte man jedoch auch negative diplomatische und politische Konsequenzen für die USA vermeiden, die die Einstufung eines Kredites an bestimmte Länder durch die Aufsichtsbehörden hätte mit sich bringen können.[758] Die Legaldefinition einer “Person” zur Konkretisierung der *single borrower rule*, welche auch ausländische Hoheitsträger umfasste, wurde erst 1982 eingeführt.[759]

Infolge der Ölkrise und dem Anstieg der Ölpreise hatten die erdölexportierenden Länder (*Organization of Petroleum Exporting Countries* (OPEC)) in großem Umfang sogenannte „Petrodollars“ eingenommen, die lukrativ angelegt werden mussten. Sie investierten zum einen in U.S.-Staatsanleihen, zum anderen legten sie es bei großen U.S.-Banken und ausländischen Banken an. Die meisten U.S.-Firmen und Verbraucher waren aufgrund des Konjunkturrückgangs der U.S.-Wirtschaft abgeneigt, Kredite aufzunehmen. Große Unternehmen gaben lieber Anleihen aus, um sich zu finanzieren.[760] Amerikanische Banken gingen daher dazu über, Entwicklungsländer aus Lateinamerika und anderen Gegenden mit kostengünstigen Krediten zu versorgen.[761] Im Jahre 1982 belief sich die Gesamtsumme der ausländischen Kredite, die U.S.-*Commercial Banks* an Mexiko, Argentinien und Brasilien (MAB) vergeben

757 *Pollard/Daly*, § 17.06, 17–34.

758 *Lichtenstein*, The U.S. Response to the International Debt Crisis, 25 Va. J. Int’l L. 401, 408 (1985).

759 Siehe Garn-St Germain Depository Institutions Act, Title IV, Part A, § 401. Dort wird „person“ wie folgt definiert: „the term ‘person’ shall include an individual, sole proprietorship, partnership, joint venture, association, trust, estate, business trust, corporation, **sovereign government or agency**, instrumentality, or political subdivision thereof, or any similar entity or organization.” [mit eigener Hervorhebung].

760 *Steil/Litan*, Financial Statecraft, 2006, S. 12.

761 Laut einer Aussage von Paul Volcker, Chairman der Federal Reserve, vor dem Senate Committee on Banking betrug die Summer der Kredite an Entwicklungsländer im Juni 1982 insgesamt 268,3 Milliarden Dollar, wovon alleine 145 Milliarden Dollar an Mexiko, Argentinien und Brasilien gingen. Der Anteil der U.S.-Banken an diesen Krediten betrug jeweils ungefähr 36 Prozent. Siehe International Financial Markets and Related Problems: Hearings before the House Committee on Banking, Finance and Urban Affairs, 98th Cong. 71 (Table II) (1983) (statement of *Paul A. Volcker*). [Im Folgenden zitiert als “House Hearings 1983”]. Siehe auch *World Bank*, World debt tables: external debt of developing countries 1984–85 edition. Online verfügbar unter http://www-wds.worldbank.org/external/default/WDSContentServer/IW3P/IB/2002/11/15/000178830_98101901521447/Rendered/PDF/multi0page.pdf, zuletzt geprüft am 16.02.2016. Für eine Übersicht des Länderengagements der U.S.-Banken siehe *Federal Financial Institutions Examination Council (FFIEC)*, E.16 Country Exposure Lending Survey June 1982. Online verfügbar unter http://fraser.stlouisfed.org/docs/releases/e16/e16_ffiec_19821206.pdf, zuletzt geprüft am 16.02.2016.

hatten, auf 137 Prozent ihres Kapitals.[762] Durch den Anstieg des Dollarkurses und der Zinsen weltweit kam es dann im weiteren Verlauf zum Ausbruch der lateinamerikanischen Schuldenkrise, da die kreditnehmenden Länder nicht mehr in der Lage waren ihre Kredite zu bedienen.[763] Hätten die vergebenen Kredite abgeschrieben werden müssen, wären die Banken insolvent geworden. Hier wurde zum ersten Mal die zwischenzeitlich stark angestiegene Interkonnektivität des internationalen Finanzsystems deutlich.[764] Aufgrund dessen hätte eine Krise des U.S-Bankensystems auch eine Bedrohung der mit ihm verbundenen Finanzsysteme bedeutet.

Die USA mussten aufgrund der enormen Betroffenheit ihrer Banken schnell eine Lösung finden. Zum einen trieben sie daher eine internationale Lösung für die lateinamerikanischen Staaten mit Hilfe des Internationalen Währungsfonds (IWF) voran. Dabei handelte es sich hauptsächlich um eine Erhöhung der Länderquoten im IWF[765] und ein Sanierungsprogramm für die lateinamerikanischen Länder. Zum anderen brachten sie nationale Gesetzgebung zur Begrenzung der Risiken, die nationale Banken im internationalen Kreditgeschäft eingehen dürfen, auf den Weg.

Diese beiden Punkte hingen eng miteinander zusammen. Der Kongress verlangte, dass die Aufsichtsbehörden auf Bundesebene einen Aufsichtsplan vorlegen, mit dem solche Probleme in der Zukunft vermieden werden, bevor sie einer Erhöhung der Länderquoten im IWF zur Finanzierung der Kredite zustimmten.[766] Die Vorsitzenden des FRB, des OCC und der FDIC einigten sich daraufhin auf ein *„Joint Memorandum*“, welches sie dem Senat vorstellten.[767] Es enthielt folgende fünf Punkte: (1) Stärkung des existierenden Programms zur Untersuchung und Evaluierung des Länderrisikos,[768] (2) Erweiterte Offenlegung des Länderengagements[769] einer

762 House Hearings 1983, S. 386 (statement of *Richard Dale*).

763 Für eine ausführliche Behandlung der lateinamerikanischen Schuldenkrise und der internationalen Zusammenarbeit zu ihrer Lösung siehe *Kraft*, The Mexican Rescue, 1984.

764 Wie hier *Wood*, S. 69.

765 Die Erhöhung der Länderquote der USA wurde vom Kongress durch die Bretton Woods Agreements Act Amendments of 1977, Pub. L. No. 95-435, 92 Stat. 1051 (1978), genehmigt.

766 *Wood*, S. 70 f..

767 Siehe Proposed Solutions to International Debt Problems: Hearings before the Senate Committee on Banking, Housing and Urban Affairs, 98th Cong. (1983), S. 24 [Im Folgenden zitiert als “Senate Hearings 1983”].

768 „Länderrisiko“ bezeichnet die Möglichkeit, dass Kreditnehmer aus anderen Gründen als den üblichen Risiken, die sich im Zusammenhang mit jeder Kreditgewährung ergeben, nicht in der Lage sind ihre Auslandsverpflichtungen zu erfüllen. Siehe *BCBS*, Steuerung des Internationalen Kreditgeschäfts der Banken: Analyse des Länderrisikos sowie Messung und Kontrolle des Länderengagements, März 1982, S. 7. [Im Folgenden bezeichnet als *„BCBS*, Länderrisiko“].

769 Unter „Länderengagement“ versteht man das Engagement einer einzelnen Bank oder Bankengruppe hinsichtlich ihrer gesamten Forderungen an Kreditnehmer in einzelnen anderen Ländern. Siehe *BCBS*, Länderrisiko, S. 7.

Bank, (3) ein System mit gesondertem Eigenkapital zur Unterlegung dieser Risiken, (4) veränderte Rechnungslegungsregeln zur Klassifizierung von Gebühren, die im Zusammenhang mit der internationalen Kreditvergabe erhoben werden und (5) Verstärkung der internationalen Zusammenarbeit mit ausländischen Bankaufsichtsbehörden und durch den IWF. Dieses Programm wurde später im Wesentlichen unverändert im *International Lending Supervision Act* (ILSA) aus dem Jahre 1983[770] umgesetzt,[771] obwohl die Aufsichtsbehörden in ihrem Programm noch den Standpunkt vertreten hatten, dass die bestehenden Gesetze ihnen bereits die benötigten Kompetenzen und Befugnisse für die Um- und Durchsetzung geben würden.[772]

Im ILSA wurde schon in der Präambel betont, dass nationale und internationale Reformen miteinander verknüpft sein sollen.[773] Man sah zum einen die Notwendigkeit der Harmonisierung auf internationaler Ebene aufgrund der Interkonnektivität des Finanzsystems, wollte zum anderen aber auch Wettbewerbsnachteile für amerikanische Banken vermeiden. Deshalb sollte insbesondere die Koordinierung mit anderen Bankaufsichtsbehörden auf internationaler Ebene vorangetrieben werden, um die Aufsicht im Bereich der internationalen Kreditvergabe effektiv und konsistent zu gestalten.[774] Anzumerken ist dabei, dass das Gesetz explizit von „Absprachen" (*understandings*) spricht, so dass der grundsätzlich informelle Charakter deutlich wird.[775] Die Harmonisierung der internationalen Aufsichtsregeln wurde im bereits erwähnten *Basel Committee of Banking Supervision* vorangetrieben.[776] Darauf wird im Teil über die internationalen Vorgaben für die Finanzaufsicht näher einzugehen sein.

Wichtig ist für die nationale Aufsicht, dass die Bankaufsichtsbehörden durch den ILSA zum ersten Mal die Befugnis zur Festlegung von Mindesteigenkapitalquoten für Banken bekamen, die sie nach ihrem Ermessen bestimmen konnten.[777] Um Wettbewerbsnachteile zu vermeiden, wurde auch hier die Wichtigkeit der

770 International Lending Supervision Act, Pub. L. No. 98-181, Title IX, 97 Stat. 1153, 1278 (1983), kodifiziert in 12 U.S.C. § 3901 et seq. (2012).

771 *Bench/Sable*, International Lending Supervision, 11 N.C.J. Int'l L. & Com. Reg. 427, 438 (1986).

772 Senate Hearings 1983, S. 33.

773 12 U.S.C. § 3901(a)(2): "This shall be achieved by strengthening the bank regulatory framework to encourage prudent private decisionmaking and by enhancing international coordination among bank regulatory authorities.".

774 In 12 U.S.C. § 3901(b)(2012) heißt es: "The Federal banking agencies shall consult with the banking supervisory authorities of other countries to reach **understandings** aimed at achieving the adoption of effective and consistent supervisory policies and practices with respect to international lending." [mit eigener Hervorhebung].

775 Mehr zum Rechtcharakter und der Bindungswirkung von internationalen Absprachen und Standards im Bereich der Aufsicht im Kapitel zu den internationalen Vorgaben für die Finanzaufsicht beginnend auf Seite 195.

776 *Kapstein*, Supervising International Banks, 1991, S. 13 ff.

777 12 U.S.C. § 3907(a)(2) (2012): „Each appropriate Federal banking agency shall have the authority to establish such minimum level of capital for a banking institution as the appropriate Federal banking agency, **in its discretion**, deems to be

internationalen Angleichung der Eigenkapitallevel betont. Dazu beauftragte man den Chairman des FRB und den Außenminister auf eine solche Angleichung hinzuwirken.[778] Damit dieser Auftrag nicht nur eine politische Absichtserklärung blieb, wurde ihnen zudem auferlegt, dem Kongress spätestens sechs Monate nach Inkrafttreten von ILSA über ihren Fortschritt hinsichtlich der internationalen Angleichung der Eigenkapitallevel zu berichten.[779]

necessary or appropriate in light of the particular circumstances of the banking institution." [mit eigener Hervorhebung].

778 12 U.S.C. § 3907(b)(3)(C) (2012): "The Chairman of the Board of Governors of the Federal Reserve System and the Secretary of the Treasury shall encourage governments, central banks, and regulatory authorities of other major banking countries to work toward maintaining and, where appropriate, strengthening the capital bases of banking institutions involved in international lending.".

779 ILSA, § 913(2), ursprünglich kodifiziert in 12 U.S.C. § 3912, aber mittlerweile aufgehoben.

C. Wertpapieraufsicht in den USA

Im Gegensatz zur Aufsicht im Bankbereich, bei der das Hauptaugenmerk darauf liegt, dass Bankgeschäfte ordnungsgemäß durchgeführt werden und die Bank solide ist (*safety and soundness*), also auf dem Institut an sich, ist das hauptsächliche Ziel der Wertpapieraufsicht der Anlegerschutz. Alle Anleger sollen gleichen Zugang zu gewissen Informationen haben, bevor sie eine Investition tätigen und solange sie das Wertpapier halten. Nur so können informierte Anlageentscheidungen getroffen werden. Daher ist die Offenlegung von Informationen einer der Grundpfeiler der U.S.-Wertpapieraufsicht. Obwohl die erste Börse, die *New York Stock Exchange* (NYSE), schon seit 1792 existiert,[780] entwickelte sich Bundesgesetzgebung in diesem Bereich erst als Reaktion auf die Weltwirtschaftskrise des Jahres 1929. Zuvor waren lediglich einige Einzelstaaten im Bereich des Regelerlasses und der Aufsicht von Wertpapieren tätig geworden („*Blue Sky Laws*").[781] Dieses System wurde durch die Bundesgesetzgebung nicht komplett verdrängt, so dass die beiden Systeme parallel nebeneinander bestehen. Lediglich die Bereiche, die bis dahin nicht von den Einzelstaaten geregelt worden waren, sind ausschließlich bundesrechtlich geregelt.[782]

I. Überblick über das bestehende System der Aufsichtseinrichtungen

Wichtig ist eine grundsätzliche Besonderheit der Wertpapieraufsicht in den USA. Wertpapier- und Termingeschäfte werden getrennt behandelt, während in anderen Ländern beides unter den Punkt Wertpapierhandel fällt.[783] Aufgrund dieser in den USA vorkommenden Besonderheit erscheint es angemessen, unter dem Punkt Wertpapieraufsicht sowohl Wertpapiere als auch, zumindest ansatzweise, Termingeschäfte zu diskutieren.

Die Wertpapieraufsicht konzentriert sich hauptsächlich auf die Aktienmärkte. Es gibt zwei Arten von Märkten: die Börsen und die *Over-the-counter* (OTC)-Märkte (außerbörslicher Handel). Bevor Bundesgesetzgebung für den Wertpapiermarkt erlassen wurde, wurden Vorschriften zur Regelung des Handels und für die Mitgliedschaft an den Börsen von den Börsen selbst aufgestellt. Die Börsen haben traditionell strenge Regeln für Handel und Mitgliedschaft erlassen, während die OTC-Märkte generell eher unstrukturiert waren.[784]

---

780 *Koslow*, The Securities and Exchange Commission, 1990, S. 18.
781 *Morschbach*, S. 41.
782 *Palmiter*, Securities Regulation, 2002, S. 26.
783 *Karmel*, IOSCO's Response to the Financial Crisis, 37 J. Corp. L. 849, 851 (2012).
784 *Hazen*, Securities Regulation in a Nutshell, 2009, S. 4.

Seit Bundesgesetzgebung für den Wertpapiermarkt erlassen wurde, wird die Wertpapieraufsicht hauptsächlich von der *Securities and Exchange Commission* (SEC) wahrgenommen, aber auch die einzelstaatlichen Wertpapieraufsichtsbehörden haben Aufsichtskompetenzen. Die Bundeswertpapiergesetzgebung basiert auf einem Konzept der „Selbstregulierung".[785] Die SEC erlässt daher einerseits direkt Vorschriften für die Wertpapiermärkte und beaufsichtigt sie. Andererseits werden diese Aufgaben in der Praxis hauptsächlich durch sogenannte „selbstregulierende Organisationen" (*self-regulatory organizations* (SROs))[786] unter der Oberaufsicht der SEC vorgenommen.[787] Die SROs nehmen eine Führungsposition ein, während die SEC nur eine sekundäre und beobachtende Rolle spielt. Diese „Kooperation" darf jedoch nicht missverstanden werden. Die SROs und die SEC nehmen keine gleichwertigen Positionen in der Aufsichtshierachie ein oder haben dieselben Befugnisse. Die SROs unterliegen bei ihrer Aufgabenerfüllung der Aufsicht der SEC. Sie sind nicht befugt unabhängig von der Kontrolle durch die SEC die Märkte zu regulieren.[788]

Der Chairman der SEC William O. Douglas hat im Jahre 1937 das Verhältnis der SEC als Aufsichtsbehörde zu den SROs folgendermaßen beschrieben:

> „Government would keep the shotgun, so to speak, behind the door, loaded, well oiled, cleaned, ready for use but with the hope it would never have to be used."[789]

Die *Commodity Futures Trading Commission* hingegen hat die ausschließliche Kompetenz für die Warentermin- und Optionsmärkte. In diesem Bereich gibt es ebenfalls *Self-Regulatory Organizations*, die Terminbörsen und die *National Futures Association* (NFA). Einzelstaatliche Aufsichtsbehörden haben keinerlei Kompetenzen im Terminhandel.

Die Abgrenzung der Kompetenzbereiche der SEC und der CFTC bot immer wieder Konfliktpotential. Dies wird im weiteren Verlauf der Arbeit noch genauer dargelegt.[790] Mit der Erfindung von neuartigen Finanzkonstrukten sind weitere Überschneidungen jedoch vorprogrammiert. Die beiden Behörden versuchen daher auch informell durch *Memoranda of Understanding* eine Lösung zu finden.[791] Immer

---

785 *Markham*, A Financial History of the U.S., S. 209.

786 15 U.S.C. § 78c(a)(26) (2012).

787 *U.S. Gov't Accountability Office*, GAO-05-61, Financial Regulation: Industry Changes Prompt Need to Reconsider U.S. Regulatory Structure (2004), S. 33, online verfügbar unter www.gao.gov/assets/160/157565.pdf, zuletzt geprüft am 16.02.2016.

788 Siehe die Gesetzesbegründung zu den "Securities Acts Amendments of 1975" in S. REP. No. 94-75, S. 23 (1975).

789 *Douglas*, Democracy and Finance, 1940, S. 82.

790 Ausführlich dazu auf Seite 160.

791 Siehe zuletzt *SEC/CFTC*, Memorandum of Understanding Between the U.S. Securities and Exchange Commission and the U.S. Commodity Futures Trading Commission Regarding Coordination in Areas of Common Regulatory Interest, 11. März 2008, online verfügbar unter http://www.sec.gov/news/press/2008/2008-40_mou.pdf, zuletzt geprüft am 16.02.2016.

wieder wurde aufgrund der problematischen Abgrenzung der Befugnisse auch schon eine Verschmelzung von SEC und CFTC zu einer Behörde vorgeschlagen, um eine Optimierung der Aufsicht und des Rechtsrahmens für die Finanzmärkte zu erreichen.[792]

1. Definition eines Wertpapiers

Die Definition eines „Wertpapiers" ist komplex und umfasst mehr als nur Urkunden, in denen ein privates Recht verbrieft ist. Über die Jahre haben Gerichte unter anderem Scotch Whiskey,[793] Kurse zur persönlichen Weiterentwicklung,[794] Kosmetik,[795] Bisamratten,[796] Bieber[797] und Ähnliches zu den Wertpapieren gezählt.[798] Diese ausufernde Interpretation eines „Wertpapiers" ist der weiten Definition im Gesetz geschuldet. Der Kongress hatte diese weite Definition mit Absicht gewählt, damit möglichst vieles umfasst ist und das Vertrauen der Anleger wiederhergestellt wird.[799] Alles was Anlagemerkmale aufweist, kann unter Umständen unter die Definition subsumiert werden.

Section 2(a)(1) des *Securities Act of 1933*[800] definiert ein „Wertpapier" als:

"When used in this title, **unless the context otherwise requires** –

792 *U.S. Gov't Accountability Office*, GAO 95-153, Financial Market Regulation: Benefits and Risks of Merging SEC and CFTC (1995), online verfügbar unter http://www.gao.gov/assets/110/105982.pdf, zuletzt geprüft am 16.02.2016; *P. Johnson*, Different Beasts - Why There is No Need for Joint Regulation of Securities, Commodities and Futures, 25 Int'l Fin. L. Rev. 52 (2006); *Department of the Treasury*, Blueprint for a Modernized Financial Regulatory Structure, März 2008, S. 106–11; *Markham*, Merging the SEC and CFTC - A Clash of Cultures, 78 U. Cin. L. Rev. 537 (2009).

793 Securities and Exchange Commission v. Haffenden-Rimar Intern., Inc., 496 F.2d 1192 (4th Cir. 1974).

794 Securities and Exchange Commission v. Glenn W. Turner Enterprises, Inc., 474 F.2d 476 (9th Cir.1973).

795 Securities and Exchange Commission v. Koscot Interplanetary, Inc., 497 F.2d 473 (5th Cir.1974).

796 State v. Robbins, 185 Minn. 202; 240 N.W. 456 (1932).

797 Continental Marketing Corporation v. Securities and Exchange Commission, 387 F.2d 466 (10th Cir.1967).

798 *Hazen*, Treatise on the Law of Securities Regulation, 2013, § 1.6[1] [Im Folgenden bezeichnet als „*Hazen*, Treatise"].

799 Siehe Gesetzesbegründung in H.R. REP. No. 73–85, at 11 (1933): „Paragraph (1) defines the term 'security' in sufficiently broad and general terms so as to include within that definition the many types of instruments that in our commercial world fall within the ordinary concept of a security.".

800 Obwohl die Definition eines Wertpapiers im „Security Exchange Act of 1934" leicht von der Definition des „1933 Acts" abweicht, so sind sie als „nahezu identisch" (*virtually identical*) zu behandeln. Siehe Tcherepnin v. Knight, 389 U.S. 332, 335–336 (1967).

(1)The term "security" means any note, stock, treasury stock, bond, debenture, evidence of indebtedness, certificate of interest or participation in any profit-sharing agreement, collateral-trust certificate, pre-organization certificate or subscription, transferable share, **investment contract**, voting-trust certificate, certificate of deposit for a security, fractional undivided interest in oil, gas, or other mineral rights, any put, call, straddle, **option**, or privilege **on any security**, certificate of deposit, or group or index of securities (including any interest therein or based on the value thereof), or any put, call, straddle, option, or privilege entered into on a national securities exchange relating to foreign currency, **or, in general, any interest or instrument commonly known as a "security"**, or any certificate of interest or participation in, temporary or interim certificate for, receipt for, guarantee of, or warrant or right to subscribe to or purchase, any of the foregoing ....". (mit eigener Hervorhebung)

Die Legaldefinition eines Wertpapieres umfasst, wie man sieht, auch einige Derivate. Wertpapieroptionen sind zum Beispiel selbst Wertpapiere. Dies macht das Konfliktpotential bei der Kompetenzabgrenzung zwischen SEC und CFTC deutlich. Im Jahre 2000 änderte der Kongress die Bundeswertpapiergesetze um Swapvereinbarungen, die auf Wertpapieren basieren (*security-based swap agreements*), explizit von der Definition auszunehmen.[801] Der *Dodd-Frank Act* bezieht zwar Wertpapierswaps mit in die Definition eines Wertpapieres ein, jedoch sind Wertpapierswapvereinbarungen (*security-based swap agreements*) immer noch ausgenommen.

Um zu bestimmen, ob es sich um ein Wertpapier handelt, haben die Gerichte mehrere Tests entwickelt. Alleine die Einschätzung des Emittenten, dass es sich um ein Wertpapier handelt, genügt nicht.[802] Bei der Definition wird zudem beachtet, ob

801 15 U.S.C. § 78c-1(b)(1) (2012). „Security-based swap agreements" (SBSAs) sind Swaps, bei denen Wertpapiere mit eingebunden sind und für die die CFTC die primäre Regulierungs-und Durchsetzungskompetenz hat, während die SEC unter anderem für die Betrugsbekämpfung gemäß dem Securities Exchange Act zuständig ist. SBSAs werden definiert als Swapvereinbarungen im Sinne von § 206(A) des Gramm-Leach-Bliley Acts, bei denen ein maßgeblicher Bestandteil auf einem Preis, einer Nominalverzinsung von Anleihen (Yield), Wert oder Volatilität eines Wertpapieres, einer Gruppe von Wertpapieren oder eines Wertpapierindexes beruht, jedoch mit Ausnahme von Wertpapierswaps. Die Definition eines SBSAs ist nicht immer einfach. Swaps, die auf großen Indexen basieren, wie dem S&P 500-Index und Swaps mit Wertpapieren, die von der Registrierung gemäß dem Securities Exchange Act ausgenommen sind, wie U.S.-Staatsanleihen, fallen definitiv unter die Definition.

802 Great Rivers Co-op. of Southeastern Iowa v. Farmland Industries, Inc., 198 F.3d 685, 699 (8th Cir. 1999): "Notwithstanding the fact that Farmland registered these instruments as securities, a registration it states was made out of caution, we agree that the characterization of the capital credits as "rights to purchase" stock did not transform the capital credits into securities.".

der Anleger bei der Investition in Frage den zusätzlichen Schutz der Wertpapiergesetze benötigt.[803]

Die Gerichte haben sich bei ihrer Definition eines Wertpapiers insbesondere auf die Definition des unbestimmten Rechtsbegriffes „Kapitalanlagevertrag" (*investment contract*) in der vorab zitierten *Section* 2(a)(1) des *Securities Act of 1933* bezogen. Dort wird der „Kapitalanlagevertrag" (*investment contract*) als eines der mehr als zahlreichen Beispiele für ein Wertpapier genannt. Diese Definition eines Wertpapiers erscheint für ein deutsches Rechtsverständnis verwirrend, da nach deutschem Recht ein Kapitalanlagevertrag ein Wertpapier zum Gegenstand haben kann, jedoch nicht selber ein Wertpapier darstellt. Von dieser Vorstellung muss man Abstand nehmen und sich noch einmal ins Gedächtnis rufen, dass der U.S.-Gesetzgeber absichtlich eine ausufernde Definition wählte, um das Vertrauen der Anleger wiederherzustellen.

Der heutzutage gebräuchliche Test der Gerichte ist der sogenannte „Howey-Test".[804] Der *Supreme Court* erklärte in der Entscheidung, in der der „Howey-Test" entwickelt wurde, warum man diesen Ansatz zur Definition eines Wertpapiers gewählt hatte. Demnach verkörpert dieser Test einen notwendigen flexiblen Ansatz, um sich an die zahlreichen und unterschiedlichen Modelle anzupassen, die von denjenigen erfunden werden, die das Geld von anderen zur Profitgewinnung nutzen.[805] Zudem sah das Gericht dadurch den Willen des Gesetzgebers umgesetzt, der absichtlich eine weite Definition gewählt hatte.[806] Nach dem „Howey-Test" ist daher unter einem "Kapitalanlagevertrag" im Sinne des *Securities Acts of 1933* ein Vertrag, eine Transaktion oder ein Vorhaben zu verstehen, bei dem eine Person (1) Geld[807] investiert (2) in ein gemeinsames Unternehmen, (3) dadurch Gewinn erwartet und (4) dieser Gewinn nur[808] durch die Bemühungen des Vermittler oder eines Dritten erzeugt wird.[809]

---

803 Marine Bank v. Weaver, 455 U.S. 551, 559 (1982): "It is unnecessary to subject issuers of bank certificates of deposit to liability under the antifraud provisions of the federal securities laws since the holders of bank certificates of deposit are abundantly protected under the federal banking laws. We therefore hold that the certificate of deposit purchased by the Weavers is not a security.".

804 Benannt nach dem Urteil Securities and Exchange Commission v. W.J. Howey Co., 328 U.S. 293 (1946).

805 SEC v. Howey, 328 U.S. 293, 299 (1946): "It embodies a flexible rather than a static principle, one that is capable of adaptation to meet the countless and variable schemes devised by those who seek the use of the money of others on the promise of profits.".

806 SEC v. Howey, 328 U.S. 293, 299 (1946).

807 In späteren Fällen wurde auch die Investition in Dienstleistungen oder Eigentum für ausreichend erklärt.

808 Diese Voraussetzung wurde in späteren Fällen dahingehend abgeschwächt, dass es nunmehr auch ausreicht, wenn der Gewinn "hauptsächlich" oder „im Wesentlichen" von einem Dritten kommt.

809 SEC v. Howey, at 298–299.

Andere Gerichte haben den „Howey-Test“ durch den sogenannten „Risikokapital-Test“ ergänzt oder ersetzt. Bei diesem Test ist ein „gemeinsames Unternehmen“ (*common enterprise*) nicht unbedingt notwendig. Ausschlaggebend ist die Abhängigkeit von Dritten für den Erfolg des Unternehmens und das Anpreisen der Aktivität als Anlagevehikel.[810]

Eine Legaldefinition von „Termingeschäften“ gibt es hingegen nicht. Auch dies trägt zu der Unsicherheit bei der Einordnung von gewissen Finanzprodukten bei.

2. Aufsichtsbehörden auf Bundesebene

a. *Securities and Exchange Commission (SEC)*

Die *Securities and Exchange Commission* (SEC) wurde im Jahre 1934 als Reaktion auf die Weltwirtschaftskrise gegründet,[811] mit dem Ziel Anleger zu schützen und die Integrität des Wertpapiermarktes zu bewahren.[812] Sie ist eine weisungsunabhängige Behörde (*independent regulatory agency*)[813] mit weitreichenden Kompetenzen.[814] Zudem war sie lange als „Polizist der Wall Street“ (*Top Cop on Wall Street*)[815] bekannt. Erwähnenswert ist auch, dass sie immer als effektivste und effizienteste Bundesbehörde angesehen wurde.[816] Diese Einschätzung änderte sich jedoch durch ihr Aufsichtsversagen während der globalen Finanzkrise, die im Jahre 2007 begann.[817]

Aufgrund dieses Aufsichtsversagens verpflichtete der *Dodd-Frank Act* die SEC durch *Section* 967 eine Beratungsagentur zu engagieren, welche die internen Strukturen und

---

810 *Hazen*, Treatise, § 1.6[3].

811 Die SEC wurde durch Securities Exchange Act of 1934 (SEA), Pub. L. No. 73-290, § 4, 48 Stat. 881, 885 (1933–1934), gegründet.

812 *Hillmann*, Chapter 8 - SEC Operations, in: Wilder (Hrsg.), The Securities and Exchange Commission (SEC), 2003, S. 56.

813 44 U.S.C. § 3502(5) (2012).

814 *Skousen*, An Introduction to the SEC, 1991, S. 1; *Wilder*, Introduction in: ders. (Hrsg.), The Securities and Exchange Commission (SEC), 2003, S. xxx; *Koslow*, S. 34.

815 *Seligman*, The Transformation of Wall Street, 2003, S. 99: “This was a significant legislative victory for the Roosevelt administration, which succeeded [...] in putting “a cop on Wall Street” [...].”;*Koslow*, S. 34; *Perino*, The Hellhound of Wall Street, 2010, S. 294; *Fisch*, Top Cop or Regulatory Flop - The SEC at 75, 95 Va. L. Rev. 785, 803 (2009); *Morrissey*, Shareholder Litigation after the meltdown, 114 W. Va. L. Rev. 531, 548 (2012): “[...] sterling reputation as the ‘Cops of Wall Street’ [...]”; *Karmel*, Creating Law at the Securities and Exchange Commission: The Lawyer as Prosecutor, 61 Law and Contemp. Probs. 33 (1998): “[...] the SEC’s public reputation rests largely on its work as a prosecutorial agency-the policeman of Wall Street.”

816 *Phillips/Zecher*, The SEC and the Public Interest, 1981, S. 5; *Hazen*, Treatise, § 1.3: “[...] the Commission has been recognized as one of the most efficient and effective federal agencies.”; *Seligman*, The Transformation of Wall Street, S. 568: “[...] an outstanding example of the independent commission at its best [...].”

817 *Coffee/Sale*, S. 707 (708).

Arbeitsweisen, das Verhältnis zu den *Self-Regulatory Organizations* und den Reformbedarf untersuchen sollte. Die Studie der Boston Consulting Group (BCG) wurde im März 2011 veröffentlicht.[818] Sie stellte fest, dass die SEC ihre Prioritäten neu festlegen und Mittel dementsprechend umverteilen solle. Zudem wurde vorgeschlagen, die interne Struktur umzuändern, mehr Geld in Infrastruktur und Technologie zu investieren und die Zusammenarbeit mit und die Aufsicht über die *Self-Regulatory Organizations* zu verstärken. Im September 2011 veröffentlichte die SEC daraufhin, wie ebenfalls von *Section* 697(c) *Dodd-Frank Act* vorgegeben, den ersten von mehreren periodisch zu veröffentlichen Berichten, in dem sie die Fortschritte bei der Umsetzung der Reformen dokumentierte.[819] Der letzte Bericht erschien im April 2013.[820]

Die SEC wurde vom Gesetzgeber mit weitreichenden Befugnissen ausgestattet. Zum einen ist sie befugt, Verordnungen und Regeln zu erlassen.[821] Weiterhin überwacht sie die Durchsetzung der Bundeswertpapiergesetze und der dazu ergangenen Verordnungen.[822] Sie interpretiert verbindlich sowohl die Bundeswertpapiergesetze als auch die von ihr dazu erlassenen Verordnungen und anderen Vorschriften.[823] Schließlich führt sie selbst Verwaltungsverfahren bei einer Verletzung der Wertpapiergesetze durch.[824] Aufgrund dieser weitreichenden Kompetenzen und ihrem Status als **unabhängige Behörde**, wird sie als „kopflose vierte Gewalt“[825] bezeichnet.[826]

818 *Boston Consulting Group*, U.S. Securities and Exchange Commission - Organizational Study and Reform, March 10, 2011, online verfügbar unter http://www.sec.gov/news/studies/2011/967study.pdf, zuletzt geprüft am 16.02.2016.

819 *SEC*, Report on the Implementation of SEC Organizational Reform Recommendations, September 2011, online verfügbar unter http://www.sec.gov/news/studies/2011/secorgreformreport-df967.pdf, zuletzt geprüft am 16.02.2016.

820 *SEC*, Fourth Report on the Implementation of SEC Organizational Reform Recommendation, April 2013, online verfügbar unter http://www.sec.gov/reportspubs/special-studies/sec-organizational-reform-recommendations-043013.pdf, zuletzt geprüft am 16.02.2016.

821 SEA, § 23(a), kodifiziert in 15 U.S.C. § 78w(a) (2012); SA, § 19(a), kodifiziert in 15 U.S.C. § 77s(a) (2012).

822 SEA, § 21, kodifiziert in 15 U.S.C. § 78u (2012).

823 *Buckley/Buckley/Plank*, SEC accounting, 1980, S. 28.

824 5 U.S.C. §§ 554, 556, 557(d) (2012) i.V.m. 15 U.S.C. §§ 77f, 77g, 77h, 77h-1, 77j, 77s, 77u, 77sss, 77ttt, 78c(b), 78d-1, 78d-2, 78l, 78m, 78n, 78o(d), 78o-3, 78s, 78u-2, 78u-3, 78v, 78w, 80a-8, 80a-9, 80a-37, 80a-38, 80a-39, 80a-40, 80a-41, 80a-44, 80b-3, 80b-9, 80b-11, 80b-12, 7202, 7215, and 7217 (2012).

825 *Koslow*, S. 75. „Kopflose vierte Gewalt“ ist mittlerweile ein Synonym für die gesamte Bürokratie. Die Bezeichnung wurde ursprünglich geprägt von Louis Brownlow, der alle unabhängigen Behörden der Regierung als “headless fourth branch of the Government” bezeichnete. Siehe *President's Committee on Administrative Management*, Report of the Committee (bekannt unter dem Namen “Brownlow Report”), 74th Cong. (1937), S. 40.

826 *Peters*, Independent Agencies: Government's Scourge Or Salvation, 1988 Duke L. J. 286 (1988).

Unabhängige Behörden wie die SEC sind daher „quasi-legislative", „quasi-judikative" und „quasi-exekutive" Behörden.[827]

„Quasi-legislativ" bedeutet, dass die von der SEC ergriffenen Maßnahmen allgemeine Tragweite haben. Sie schafft neues Recht nicht nur durch den Erlass von Verordnungen und Regeln. Teilweise entsteht Recht auch durch die von ihr angestrebten Verfahren bei Verletzungen der Wertpapiergesetze und die dabei verwendeten rechtlichen Theorien. Als Beispiel ist hier die von der SEC ins Leben gerufene „*misappropriation theory*" für den Insiderhandel zu nennen.[828] Sie erweiterte die Haftung für Insiderhandel auf Personen, welche durch die Weitergabe der Information eine Pflicht gegenüber der Person, von dem die Information stammt, verletzen. Diese Theorie wurde vom U.S.-*Supreme Court* anerkannt.[829] Zum Teil werden die Interpretationen der Wertpapiergesetze durch die SEC und ihre bei Untersuchungen gesammelten Erfahrungen vom Gesetzgeber aufgegriffen und kodifiziert.[830] Hier ist als Beispiel der *Foreign Corrupt Practices Act of 1977*[831] zu nennen, welcher die legislativen und anderen Empfehlungen der SEC aufgrund ihrer Erfahrungen bei der Verfolgung von illegalen nicht offengelegten Zahlungen von Unternehmen inkorporierte.[832]

„Quasi-judikativ" bedeutet, dass die SEC gerichtsähnliche Funktionen in den von ihr bei einer Verletzung der Wertpapiergesetze angestrebten Verwaltungsverfahren erfüllt und daher auch gewisse Verfahrensgarantien bereitstellen muss. Der rechtliche Rahmen wird vom *Administrative Procedure Act* (APA)[833] vorgegeben.

---

827 Touche Ross & Co. v. Securities and Exchange Commission, 609 F.2d 570, 581, Fn. 20 (2d Cir. 1979): "[...] the SEC is a quasi-legislative, quasi-judicial and quasi-executive agency. It has been so recognized throughout the 45 years of its existence.".

828 United States v. O'Hagan, 521 U.S. 642, 652 (1997): "The "misappropriation theory" holds that a person commits fraud "in connection with" a securities transaction, and thereby violates § 10(b) and Rule 10b–5, when he misappropriates confidential information for securities trading purposes, in breach of a duty owed to the source of the information.".

829 United States v. O'Hagan, 521 U.S. 642, 673 (1997): "We hold, accordingly, that under § 14(e), the Commission may prohibit acts not themselves fraudulent under the common law or § 10(b), if the prohibition is "reasonably designed to prevent ... acts and practices [that] are fraudulent.".

830 *Karmel*, 61 Law and Contemp. Probs. 33, 34 (1998).

831 Foreign Corrupt Practices Act of 1977, Pub. L. No. 95-213, 91 Stat. 1494 (1977).

832 Siehe die Beschreibung der Entstehungsgeschichte des Gesetzes in der Gesetzesbegründung, S. REP. No. 95-114, S. 2 (1977): „[...] the report contained the SEC's analysis of the degree of disclosure required concerning questionable foreign payments under the existing Federal securities laws and outlined the legislative and other responses which the Commission recommended to remedy these problems. [...] On June 22, 1976, the committee met and ordered reported a bill, S. 3664, which incorporated the SEC's recommendations.".

833 Administrative Procedure Act, Pub.L. No. 79-404, 60 Stat. 237 (1946), kodifiziert in der aktuellen Fassung in 5 U.S.C. §§ 500 et seq..

Die von der SEC dazu erlassenen Verfahrensvorschriften sind in 17 C.F.R. *Sections* 201.100 - 201.900 (2014) zu finden. Innerhalb der SEC wird die Aufgabe von dem „*Office of Administrative Law Judges*" wahrgenommen. Die Verwaltungsverfahren werden von einem unabhängigen Anhörungsbeauftragten (*administrative law judge*) geleitet,[834] dessen Entscheidungen berufungsfähig sind. Die Berufungsentscheidungen der SEC können gerichtlich überprüft werden.[835] Entscheidungen sind öffentlich zugänglich und werden sowohl auf der Webseite der SEC als auch im *SEC Docket* veröffentlicht.[836]

„Quasi-exekutive" Funktionen nimmt die SEC in vielen verschiedenen Ausformungen wahr. Hier sind beispielsweise zu nennen: *No action*" *letters* (Stillhaltezusagen) und Leitlinien zu einzelnen unklaren Punkten, die Darstellung von Standpunkten und anschließende Diskussionen im Rahmen von Fachveranstaltungen, Bekanntmachungen, öffentliche Studien und Berichte, *amicus briefs* (Schriftsätze von nichtbeteiligten Parteien mit Informationen zu den angesprochenen rechtlichen Fragen), allgemeine Leitlinien zur Auslegung von unbestimmten Begriffen, Antworten auf Anfragen des Kongresses und der Regierung, Expertenaussagen vor Ausschüssen des Kongresses und Pressemitteilungen.[837]

Die SEC besteht aus fünf Kommissionsmitgliedern, die vom Präsidenten mit Zustimmung des Senates ernannt werden. Nicht mehr als drei Mitglieder dürfen der gleichen politischen Partei angehören. Die Amtszeit beträgt fünf Jahre.[838] Die SEC ist in fünf Abteilungen untergliedert: (1) Vollstreckung, (2) Unternehmensfinanzen, (3) Vermögensverwaltung, (4) Risiko, Strategie und Finanzinnovationen und (5) Handel und Märkte.[839]

---

834 17 C.F.R. §§ 201.111, 201.112 (2014).

835 15 U.S. C. § 78y (2012); *Shapiro*, APA: Past, Present, Future, 72 Va. L. Rev. 447, 453 (1986). Für eine ausführliche Beschreibung des Verfahrens siehe *U.S. Gov't Accountability Office*, GAO 96-27, Administrative Law Judges: Comparison of SEC and CFTC Programs (1995), S. 16–22, online verfügbar unter http://www.gao.gov/assets/230/221858.pdf, zuletzt geprüft am 16.02.2016.

836 SEC Rules of Practice, 60 Fed. Reg. 32738, 32739 (June 23, 1995).

837 *Fleischman*, Toward Neutral Principles: The SEC's Discharge of Its Tri-Functional Administrative Responsibilities, 42 Cath. U. L. Rev. 251, 253 (1993).

838 SEA, § 4(a), kodifiziert in 15 U.S.C. § 78d (2012).

839 *SEC*, Agency Financial Report 2012, S. 9. [Im Folgenden bezeichnet als „SEC, Financial Report 2012"].

Die SEC hat die Aufgabe, Marktteilnehmer zu beaufsichtigen. Dazu zählen Wertpapierfirmen, Aktienbroker-Dealer,[840] Anlageberater und Ratingagenturen.[841] *Title* IV des *Dodd-Frank Act*[842] bezieht zudem vormals von der Registrierung als Anlageberater ausgenommene Berater von Hedgefonds und von Private-Equity-Fonds mit in den Regelungsbereich der SEC ein. Der *Dodd-Frank Act* hat zudem zwei neue Kategorien von Marktteilnehmern geschaffen, die sich bei der SEC registrieren müssen und dann ihrer Aufsicht unterfallen: (1) Swap-Händler, die Wertpapierswaps handeln (*security-based swap dealers)* und (2) bedeutende Wertpapierswapteilnehmer (*major security-based swap participants*).[843]

Weiterhin beaufsichtigt die SEC auch die privaten „selbstregulierenden Organisationen“ (*self-regulatory organizations* (SROs)), die in den Bereichen Wertpapiere, Buchhaltung und Rechnungsprüfung tätig sind. Obwohl die SEC, wie bereits erwähnt, auch eine direkte Kompetenz zur Beaufsichtigung von Broker-Dealern hat, nimmt sie diese Kompetenz in der Praxis nicht direkt wahr, sondern hat sie an die SROs delegiert. Ihre Rolle als Aufsichtsbehörde nimmt sie wahr, indem sie sicherstellt, dass die SROs ihren gesetzlichen Pflichten ordnungsgemäß erfüllen.[844] Dazu überprüft und billigt sie sie deren Regelentwürfe sowie Änderungen und Ergänzungen der bestehenden Richtlinien und Verfahren[845] und führt regelmäßige Überprüfungen ihrer Tätigkeiten durch. Sie hat das Recht zum Selbsteintritt, wenn sie mit den Regeln, die die SROs erlassen haben, unzufrieden ist. Die SEC hat dazu das Recht, bestehende SRO-Regeln abzuändern, zu ergänzen oder aufzuheben.[846] In den ersten 30 Jahren seit dem Erlass des *Securities Exchange Act* machte die SEC jedoch nur ein einziges Mal von dieser Kompetenz Gebrauch und hob die Regeln der Börse auf.[847]

---

840 „Broker“ werden im Securities Exchange Act, § 3(a)(4) definiert als: „any person engaged in the business of effecting transactions in securities for the account of others.” Banken sind von dieser Definition gemäß § 3(a)(4)(B) unter bestimmten Bestimmungen ausgenommen. “Dealer” werden im Securities Exchange Act, § 3(a)(5) definiert als: „any person engaged in the business of buying and selling securities [...] for such person’s own account through a broker or otherwise.“ Gemäß § 3(a)(5)(B) sind Personen, die Wertpapiere auf eigene Rechnung kaufen und verkaufen und dies **nicht** Teil des gewöhnlichen Geschäftsbetriebes ist von der Definition ausgenommen. Gemäß § 3(a)(4)(C) sind auch Banken unter bestimmten Voraussetzungen von der Definition ausgenommen.

841 *Dorman*, S. 183.

842 Bezeichnet als „Private Fund Investment Adviser Registration Act of 2010“.

843 Dodd-Frank Act, § 764.

844 *Omarova*, Rethinking the Future of Self-Regulation in the Financial Industry, 35 Brook. J. Int’l L. 665, 695 (2010).

845 SEA, § 19(b), jetzt kodifiziert in 15 U.S.C. § 78s(b) (2012).

846 SEA, § 19(c), kodifiziert in 15 U.S.C. § 78s(c) (2012).

847 *Jennings*, Self-regulation in the Securities Industry: The Role of the Securities and Exchange Commission, 29 Law & Contemp. Probs. 663, 664 (1964). Dies war der Fall In the Matter of the New York Stock Exchange, 10 S.E.C. 270 (1941), bei dem die NYSE sich weigerte ihre Regeln zu ändern, welche Mitglieder davon abhielt

Schließlich koordiniert die SEC auch die Wertpapiergesetzgebung und die Registrierung von Wertpapieren mit den entsprechenden Behörden der Einzelstaaten wie unter anderem durch den *National Securities Markets Improvement Act* (NSMIA)[848] vorgegeben.

Der Vollzug und die Durchsetzung von Rechtsnormen ist der Schlüssel zu einer effektiven Aufsicht. Im Jahre 2012 leitete die SEC 734 Verfahren ein.[849] Sie hat vielfältige Maßnahmen zu ihrer Verfügung. Die SEC führt nach ihrem Ermessen selbst Untersuchungen durch, um festzustellen, ob die Marktteilnehmer die Wertpapiergesetze und dazu ergangenen Verordnungen befolgen.[850] Sie kann die Feststellungen von solchen Untersuchungen nach ihrem Ermessen veröffentlichen.[851] Weiterhin ist sie befugt, Zeugen vorzuladen und deren Anwesenheit und die Herausgabe von Beweismitteln zu verlangen.[852] Sie kann ein Zivilverfahren vor einem Gericht anstrengen und die Zahlung eines Bußgeldes verlangen.[853] In Verwaltungsverfahren darf sie selbst Geldstrafen festlegen[854] und Unterlassungsanordnungen (*cease-and-desist order*) erlassen.[855] Falls jemand sich weigert der Vorladung als Zeuge oder der Vorlage von Beweismitteln nachzukommen, kann die SEC ein Gericht in den USA anrufen. Das Gericht kann daraufhin eine Verfügung erlassen, welche die Person verpflichtet, vor der SEC zu erscheinen und bestimmte Belege vorzulegen und über den Sachverhalt auszusagen.[856] Einzige Voraussetzung ist, dass die Untersuchung aus einem angemessenen Grund erfolgt, die verlangte Information für diesen Zweck relevant ist und die rechtlichen Rahmenbedingungen eingehalten werden.[857]

Vorsätzliche Verstöße gegen die Wertpapiergesetze werden an das Justizministerium zur Strafverfolgung weitergeleitet.[858] Bei einem vorsätzlichen Verstoß gegen den *Securities Act* von 1933 oder die dazu erlassenen Ausführungsverordnungen ist eine maximale Geldstrafe von $ 10.000 oder eine Freiheitsstrafe bis zu fünf Jahren

---

als „Odd-Lot Dealer" oder als Spezialisten an einer regionalen Börse aufzutreten für Wertpapiere, die bei der NYSE gelistet waren und an beiden Börsen gehandelt wurden. Ein „Odd-Lot Dealer" ist ein Wertpapierhändler, der Börsenaufträge ausführt, bei dem die Anzahl der Aktien oder Anleihen geringer ist als ein „Round Lot", das heißt im Regelfall weniger als 100 Aktien.

848 National Securities Markets Improvement Act, Pub. L. No. 104-290, 110 Stat. 3416 (1996).

849 *SEC*, Financial Report 2012, S. 2.

850 SEA, § 21(a), kodifiziert in 15 U.S.C. § 78u(a) (2012).

851 SEA, § 21(a)(1), kodifiziert in 15 U.S.C. § 78u(a)(1) (2012).

852 SEA, § 21(b), kodifiziert in 15 U.S.C. § 78u(b) (2012).

853 SEA, § 21(d)(3), kodifiziert in 15 U.S.C. § 78u(d)(3) (2012).

854 SEA, § 21B, kodifiziert in 15 U.S.C. § 78u-2 (2012).

855 SEA, § 21C, kodifiziert in 15 U.S.C. § 78u-3 (2012).

856 SEA, § 21(c), kodifiziert in 15 U.S.C. § 78u(c) (2012).

857 Securities and Exchange Commission v. Howatt, 525 F.2d 226, 229 (1st Cir. 1975).

858 SEA, § 21(e), kodifiziert in 15 U.S.C. § 78u(d)(1) (2012).

oder eine Kombination von Geld-und Freiheitsstrafe vorgesehen.[859] Die vorsätzliche Verletzung des *Securities Exchange Act* von 1934 oder der dazu ergangenen Ausführungsverordnungen hingegen zieht eine maximale Geldstrafe von $5 Millionen oder eine Freiheitsstrafe von bis zu 20 Jahren oder beides nach sich. Juristische Personen können eine Geldstrafe bis zu maximal $ 25 Millionen erhalten.[860] Gemäß der ursprünglichen *Section* 32 *Securities Exchange Act* war die Strafe bei Erlass des Gesetzes maximal $10.000 oder Freiheitsstrafe von bis zu zwei Jahren oder beides.

b. Commodity Futures Trading Commission (CFTC)

Die *Commodity Futures Trading Commission* wurde vom Kongress im Jahre 1974 durch den *Commodity Futures Trading Commission Act* (CFTCA)[861] gegründet. Sie ist ebenfalls eine weisungsunabhängige Behörde (*independent regulatory agency*),[862] die die Warentermin- und Optionsmärkte in den USA beaufsichtigt und Verordnungen und andere Vorschriften zu ihrer Regelung erlässt. Die Beaufsichtigung dieser Märkte durch eine neue Behörde wurde als notwendig angesehen, da dort zunehmend mehr als nur landwirtschaftliche Rohstoffe gehandelt wurden. Diese neuartigen Verträge, die auf Aktien- und Zinsindexen basierten, sollten auch erfasst werden.[863] Seit dem Jahre 1974 wurden die Aufgaben und Kompetenzen mehrmals erneuert und erweitert, zuletzt durch den *Commodity Futures Modernization Act of 2000* (CFMA)[864] und den *Dodd-Frank Act.*

Der Rechtsrahmen, gemäß dem die CFTC operiert, wird vom *Commodity Exchange Act* (CEA)[865] vorgegeben. Der Fokus der CFTC liegt darauf, die Integrität und Wettbewerbsfähigkeit der Preise auf den Warenterminmärkten zu sichern und Marktteilnehmer davor zu schützen von Brokern hintergangen zu werden.[866] Dies geschieht zum einen durch die Aufsicht über die selbstregulierenden Organisationen der Branche – die Terminbörsen und die *National Futures Association.* Weiterhin müssen eine weite

---

859 Kodifiziert in 15 U.S.C. § 77x (2012). Die Geldstrafe betrug ursprünglich gemäß SA, § 24 maximal $ 5.000, wurde aber im Jahre 1975 durch die „Securities Acts Amendments of 1975“, Pub. L. No. 94-29, 89 Stat. 97(1975) auf $ 10.000 erhöht.

860 Heutige Fassung kodifiziert in 15 U.S.C. § 78ff (2012). Gemäß SEA, § 32 war ursprünglich nur für Börsen und keine anderen juristischen Personen eine höhere Geldstrafe von bis zu $ 500.000 vorgesehen.

861 Commodity Futures Trading Commission Act, Pub. L. No. 93-463, 88 Stat. 1389 (1974).

862 44 U.S.C. § 3502(5) (2012).

863 *Jickling/Murphy, Cong. Research Serv.*, CRS R40249, Who Regulates Whom? An Overview of U.S. Financial Supervision (2010), S. 21. Online verfügbar unter https://www.fas.org/sgp/crs/misc/R40249.pdf, zuletzt geprüft am 16.02.2016.

864 Commodity Futures Modernization Act of 2000, Pub. L. No. 106-554, Appendix E, 114 Stat. 2763, 2763A–365 (2000).

865 Commodity Exchange Act, Pub. L. No. 74-675, 49 Stat. 1491 (1935–1936). Jetzt kodifiziert in 7 U.S.C. Chapter 1 (2012).

866 *P. Johnson*, S. 52.

Bandbreite von Firmen und Personal, unter anderem Broker, Parketthändler, Fondsmanager, die ihr Fondsvermögen teilweise oder komplett im Terminhandel investieren (*commodity pool operators*) und Anlageberater, deren Anlageberatung sich teilweise oder ganz direkt oder indirekt auf den Terminhandel bezieht (*commodity trading advisers*),[867] sich bei ihr registrieren. Der *Dodd-Frank Act* hat zudem die bestehenden Ausnahmen für die Registrierung von außerbörslichem Handel (OTC-Derivate) abgeschafft, so dass die Kompetenzen der CFTC in diesem Bereich erweitert wurden.[868] Nunmehr unterfallen auch Swap-Händler[869] und bedeutende Swapteilnehmer (*major swap participants*)[870] der Registrierungspflicht bei der CFTC.[871]

c. *Self-Regulatory Organizations (SROs)*

aa. Wertpapierbörsen

Die Börsen haben schon lange vor dem Erlass der ersten Wertpapiergesetze Regeln für den Handel an der Börse und ihre Mitglieder aufgestellt. Seit Erlass des *Securities Exchange Act* (SEA) sind sie verpflichtet, sich bei der SEC zu registrieren. Ansonsten darf kein Handel betrieben werden. Zurzeit (im Jahre 2014) sind 16 Börsen bei der SEC gemäß *Section* 6(a) *Securities Exchange Act*[872] als nationale Wertpapierbörsen (*national securities exchange*) registriert.[873]

Eine Registrierung wird nur angenommen, wenn die Wertpapierbörse gemäß *Section* 6(b)(1) *Securities Exchange Act* dafür sorgt, dass sie selber die Bestimmungen des *Securities Exchange Act* erfüllen kann und dass ihre Mitglieder ebenfalls die Bundeswertpapiergesetze, dazu ergangene Verordnungen und die Regeln der Börse befolgen. Zudem müssen die Regeln der Börse so ausgestaltet sein, dass sichergestellt wird, dass die Mitglieder der Börse bei der Wahl der Vorstandsmitglieder und in Verwaltung der Angelegenheiten der Börse angemessen repräsentiert sind und dass ein oder mehr Vorstandsmitglieder die Interessen der Emittenten und Investoren vertreten und diese Vorstandsmitglieder nicht mit einem Mitglied der Börse oder einem Broker-Dealer assoziiert sind (*Section* 6(b)(3)). Die Börsenregeln

---

867 Definition zu finden in CEA, § 1a(6).

868 *Jickling/Murphy*, S. 21.

869 Definition in 7 U.S.C. § 1a(49) (2012).

870 Definition in 7 U.S.C. § 1a(33) (2012). "Major swap participant" wird negativ definiert als jeder, der nicht unter die Definition von "Swap Dealer" fällt, eine erhebliche Menge (substantial position) an Swaps hält oder mehrere andere zusätzliche Kriterien erfüllt. Die CFTC wurde durch den Dodd-Frank Act ermächtigt zu definieren, was unter einer „substantial position" zu verstehen ist. Je nach Swap-Kategorie sind dies entweder zwischen $1 und 2 Milliarden oder zwischen $3 und 6 Milliarden an täglichen ungesicherten Positionen. Siehe 17 C.F.R. § 1.3(jjj)(1) (2014).

871 Dodd-Frank Act, § 731.

872 Jetzt kodifiziert in 15 U.S.C. § 78f(a) (2012).

873 *SEC*, Exchanges. Die Übersicht ist online verfügbar unter http://www.sec.gov/divisions/marketreg/mrexchanges.shtml, zuletzt geprüft am 16.02.2016.

müssen zudem darauf ausgelegt sein insbesondere betrügerische und manipulative Handelspraktiken zu unterbinden, angemessene und gerechte Handelsprinzipien zu fördern und generell Investoren zu schützen und das öffentliche Interesse zu bewahren (*Section* 6(b)(5)). Zudem müssen Disziplinarregeln für Nichtbefolgung der Börsenregeln, der Bundeswertpapiergesetze oder der Ausführungsverordnungen der Mitgliedern erlassen werden (*Section* 6(b)(6)), sowie ein faires Verfahren zur Überprüfung der Disziplinarmaßnahmen vorhanden sein (*Section* 6(b)(7)).[874]

bb. Financial Industry Regulatory Authority (FINRA)

Die *Financial Industry Regulatory Authority*[875] ist eine unabhängige *Self-Regulatory Organization*, die laut eigener Aussage ungefähr 5.000 Mitgliedern hat. FINRA war bis 2007 bekannt unter dem Namen *National Association of Securities Dealers* (NASD). Sie entstand aus einem Zusammenschluss von NASD und einer Tochtergesellschaft der NYSE, *NYSE Regulation. NYSE Regulation* war für die Verwaltung der Mitglieder, die Durchsetzung von Regeln und die Streitschlichtung bei der NYSE verantwortlich. Diese Tochtergesellschaft wurde an die neue SRO FINRA übertragen.[876]

(1) Entstehungsgeschichte

Die Vorgängerorganisation NASD wurde im Jahre 1939 als privates gemeinnütziges Unternehmen gegründet und als *national securities association* zugelassen. *National securities associations* wurden aufgrund einer Änderung des *Securities Exchange Act* durch den *Over-the-Counter Market Act*,[877] besser bekannt als sogenannter „*Maloney Act*",[878] eingerichtet. Durch die Änderung wurde *Section* 15A zum *Securities Exchange Act* hinzugefügt, welche eine „Partnerschaft" zwischen der SEC und der Wirtschaft anstrebte und den „kooperativen Charakter des Rechtsrahmens" herausstellen sollte.[879] Die Selbstregulierung auf den OTC-Märkten sollte dadurch erreicht

874 Alle Voraussetzungen kodifiziert in 15 U.S.C. § 78f(b) (2012).

875 Für eine ausführliche Diskussion zu FINRA, ihrer Entstehungsgeschichte und zu ihrem rechtlichen Status siehe *Karmel*, Should Securities Industry Self-Regulatory Organizations be Considered Government Agencies?, 14 Stan. J.L. Bus. & Fin. 151 (2008).

876 Die anderen Aspekte der Regulierung der NYSE wurden von dem Zusammenschluss ausgenommen und sind Teil einer anderen Tochtergesellschaft der NYSE-Gruppe. Siehe Order Approving the Consolidation of the Regulatory Functions of NASD and NYSE Regulation, 72 Fed. Reg. 42169, 42170 (Aug. 1, 2007).

877 Over-the-Counter Market Act, Pub. L. No. 75-719, 52 Stat. 1070 (1938), jetzt kodifiziert in 15 U.S.C. § 78o -3 (2012).

878 Benannt nach dem Senator Francis Maloney aus Connecticut. Siehe *Koslow*, S. 49.

879 Zur "Partnerschaft" und dem „kooperativen Charakter" siehe die Gesetzesbegründung zu den „Securities Acts Amendments of 1975" in S. REP. No. 94-75, S. 23(1975). Dort heißt es: „In an effort to emphasize the fact that both the industry and the government have regulatory responsibilities under the Exchange Act, it has become commonplace to refer to the 'partnership' between the self-regulatory

werden, dass sich qualifizierte Broker-Dealer-Verbände bei der SEC als *national securities associations* registrieren lassen. Die Voraussetzungen zur Annahme der Registrierung sind spiegelbildlich zu denen der Registrierung für Börsen.

Gemäß *Section* 15A(i)(1) *Securities Exchange Act* sollte die Mitgliedschaft ursprünglich dadurch attraktiver gemacht werden, dass es diesen registrierten Vereinen erlaubt wurde, ihren Mitgliedern zu verbieten mit Nichtmitgliedern Geschäfte zu tätigen, es sei denn sie machten dies zu den gleichen Preisen, mit den gleichen Gebühren und zu den gleichen Bedingungen wie sie es mit der allgemeinen Bevölkerung taten. Broker-Dealer waren also aus Profitabilitätsgründen gezwungen Mitglied zu werden.[880] Obwohl das Gesetz die Bildung von mehreren Organisationen befürwortete, sprach sich die SEC für die Bildung einer einzigen landesweiten Organisation aus.[881] Die Mitgliedschaft für registrierte Broker-Dealer bei FINRA wurde durch eine Änderung des *Securities Exchange Act* im Jahre 1983 (Einfügung von *Section* 15(b)(8) *Securities Exchange Act*) schließlich verpflichtend gemacht.[882]

1996 wurde die NASD komplett umstrukturiert, da das Justizministerium und die SEC bei einer Untersuchung einige missbräuchliche Market-Maker Praktiken feststellten, insbesondere wettbewerbswidriges Verhalten.[883] Diese Umstrukturierung war das Ergebnis einer Einigung. Nach der Umstrukturierung bestand die NASD aus einer Mutterholdinggesellschaft und zwei Betriebstochtergesellschaften, Nasdaq und NASD Regulation, Inc. (NASDR).[884] Im Jahre 2000 wurde Nasdaq in eine Aktiengesellschaft umgewandelt und von der SEC als Börse gemäß *Section* 6 *Securities Exchange Act* anerkannt.[885] Als Voraussetzung dafür musste Nasdaq von der NASD abgetrennt werden.[886] Wie bereits erläutert, kam es dann im Jahre 2007 zu dem Zusammenschluss zwischen der NASD und NYSE Regulation, aus dem FINRA hervorging.

(2) Grundsätze von FINRA

Es gibt drei tragende Grundsätze, die die Arbeit von FINRA leiten. Zu einen gilt das in *Section* 15A(b)(4) *Securities Exchange Act* niedergelegte Prinzip der „demokratischen

---

organizations and the SEC, or to the 'cooperative' character of the regulatory system. [...]".

880 *Jennings*, S. 663 (664).

881 *SEC*, Report of Special Study of Securities Markets, H.R. DOC. NO. 95, Part 4, 88th Cong. (1963), S. 606 [im Folgenden bezeichnet als "SEC Special Study 1963"].

882 An Act To make certain amendments to sections 4, 13, 14, 15, and 15B of the Securities Exchange Act of 1934, Pub. L. No. 98-38, § 3(a), 97 Stat. 205, 206 (1983).

883 *SEC*, Report Pursuant to Section 21(a) of the Securities Exchange Act of 1934 Regarding the NASD and the NASDAQ Market, 1996.

884 *Karmel*, 14 Stan. J.L. Bus. & Fin. 151, 163 (2008).

885 In the Matter of the Application of the Nasdaq Stock Market LLC for Registration as a National Securities Exchange, 71 Fed. Reg. 3550 (Jan. 23, 2006).

886 71 Fed. Reg. 3550, 3566.

Organisation".[887] Aufgrund der Tatsache, dass Broker-Dealer zum Beginn aus wirtschaftlichen Gesichtspunkten gezwungen waren, Mitglied zu werden, und seit 1983 auch gesetzlich verpflichtet sind, Mitglied zu werden, sollte zumindest sichergestellt werden, dass ihre Interessen genügend beachtet werden, insbesondere durch eine Interessenvertretung und Mitspracherechte.[888]

Ein zweites Prinzip, welches bei der FINRA gilt, wird als *„businessman's judgment"* bezeichnet. Dabei wird auf die Sachkompetenz durch tatsächlich am Geschäftsleben teilnehmende Personen gesetzt.[889] Die *„business judgment rule"* im U.S.-Recht besagt, dass eine unternehmerische Entscheidung generell der gerichtlichen Prüfung entzogen ist. Es besteht eine widerlegbare Vermutung, dass der Manager, (1) kein eigenes relevantes Interesse an der Entscheidung hatte (*disinterested judgement*), (2) sich hinreichend informiert hat, bevor er die Entscheidung getroffen hat (*informed judgement*) und (3) nachvollziehbar nach seiner Überzeugung im besten Interesse des Unternehmens gehandelt hat (*rational belief* und *good faith*).[890]

Das dritte Prinzip ist das der „lokalen Autonomie". Dies bedeutet, dass lokale und regionale Interessen geschützt werden und spiegelt sich in der Aufteilung der FINRA in elf verschiedene Bezirke (*districts*) wieder.[891]

(3) Aufsichtsbefugnisse von FINRA

Die FINRA beaufsichtigt, wie bereits erwähnt, Broker-Dealer, die Geschäfte auf dem OTC-Markt tätigen wollen. Broker-Dealer müssen sich in einem ersten Schritt gemäß *Section* 15(b)(1) *Securities Exchange Act* bei der SEC registrieren. Sobald die SEC die Registrierung angenommen hat, kann der Broker-Dealer gemäß Artikel III, *Section* 1 FINRA *By-Laws*[892] Mitglied bei FINRA werden. Erst wenn auch eine aktive Mitgliedschaft bei FINRA besteht, kann der Broker-Dealer Geschäfte tätigen, da der *Securities Exchange Act* sowohl die Registrierung als auch die Mitgliedschaft verpflichtend macht.[893] Teilweise nimmt die SEC die Registrierung auch nur unter der auflösenden Bedingung an, dass der Mitgliedschaftsantrag von FINRA angenommen

---

887 Kodifiziert in 15 U.S.C. § 78f (b)(3) (2012). Dort heißt es: "An association of brokers and dealers shall not be registered as a national securities association unless the Commission determines that – [...] (3) The rules of the association assure a fair representation of its members in the selection of its directors and administration of its affairs and provide that one or more directors shall be representative of issuers and investors and not be associated with a member of the association, broker, or dealer.".

888 SEC Special Study 1963, S. 608.

889 SEC Special Study 1963, S. 609.

890 *Spindler*, in: MünchKomm-AktG, 4. Auflage 2014, § 93 AktG, Rdn. 37.

891 SEC Special Study 1963, S. 609.

892 By-Laws enthalten von FINRA selbst erlassene Vorschriften über ihre innere Struktur und interne Willensbildung. Sie können mit einer deutschen Geschäftsordnung in einer AG verglichen werden oder mit einer Vereinssatzung.

893 15 U.S.C. §§ 78o(b)(1) und (b)(8) (2012).

wird.[894] In der Praxis finden die Registrierung bei der SEC und der Mitgliedschaftsantrag bei der FINRA nicht nacheinander statt, sondern die SEC und die FINRA koordinieren sich.[895]

Durch die Konsolidierung von NASD und NYSE *Regulation* ist die FINRA nunmehr auch verantwortlich für die Beaufsichtigung von Börsen und Wertpapierverbänden, die nach dem *Securities Exchange Act* registriert sind und kann so die Aufsicht effizienter gestalten und Doppelungen eliminieren.[896] Dies soll insbesondere durch die Erstellung eines konsolidierten Regelbuches erreicht werden.[897]

Seit 1941 führt die FINRA systematische Untersuchungen ihrer Mitglieder durch. In den ersten Jahren wurde dies mittels eines Fragebogens durchgeführt. Dies erwies sich jedoch schnell als mangelhaft, so dass man ab 1947 dazu überging, die Firmen tatsächlich überraschend zu besuchen, um die Bücher zu kontrollieren.[898] Werden Verstöße gegen FINRAs Regeln, die Bundeswertpapiergesetze, die dazu ergangenen Regeln und Verordnungen oder die Regeln des *Municipal Securities Rulemaking Board* festgestellt, so kann das Mitglied gerügt, eine Geldstrafe verhängt werden oder die Mitgliedschaft oder Registrierung suspendiert werden.[899] Fälle von Betrug und Insiderhandel werden an die SEC und weitere zuständige Bundes- und einzelstaatliche Behörden weitergeleitet.[900]

Werden Disziplinarmaßnahmen von der FINRA gegen ein Mitglied verhängt oder wurde ein Mitgliedsantrags bei der FINRA abgelehnt, so können diese Vorgänge von der SEC entweder auf eigene Initiative oder auf Antrag einer beschwerten Person überprüft werden. Die SEC kann entweder die Maßnahme der FINRA bestätigen oder die Strafe reduzieren oder ganz streichen, falls sich die Maßnahme als exzessiv oder bedrückend herausstellt. Eine Anhebung der Strafe ist jedoch nicht möglich.[901]

cc. National Futures Association (NFA)

Die *National Futures Association* ist eine gemeinnützige, unabhängige *Self-Regulatory Organization* für den Derivate-Markt der USA, einschließlich der an den Börsen

---

894 *SEC,* Guide to Broker-Dealer Registration, Punkt III.A. Online verfügbar unter http://www.sec.gov/divisions/marketreg/bdguide.htm#III, zuletzt geprüft am 16.02.2016.

895 *Wertheim*, Broker-Dealer and Associated Person Registration, § 5:2.1[B] in: Kirsch (Hrsg.), Broker-Dealer Regulation, 2011.

896 *Cole*, Financial Industry Regulatory Authority (FINRA): Is the Consolidation of NASD and the Regulatory Arm of NYSE a Bull or a Bear for U.S. Capital Markets?, 76 UMKC L. Rev. 251, 271 (2007).

897 *Hazen*, Securities Regulation in a Nutshell, S. 231.

898 SEC Special Study 1963, S. 647 f..

899 FINRA Rule 8310.

900 *FINRA*, 2012 Year in Review and Annual Financial Report, S. 3, online verfügbar unter http://www.finra.org/sites/default/files/Corporate/p291721.pdf, zuletzt geprüft am 16.02.2016.

901 Jetzt kodifiziert in 15 U.S.C. § 78s(d)-(e) (2012).

gehandelten Termingeschäfte, des außerbörslichen Retaildevisenhandels und der OTC-Derivate (Swaps). Der *Commodity Futures Trading Commission Act* (CFTCA), durch den der Kongress die CFTC schuf, enthielt auch eine Passage, welche die Schaffung von *registered futures associations* erlaubte.[902] Die NFA wurde nach dieser Vorgabe geschaffen und nahm im Jahre 1982 offiziell ihre Arbeit auf.[903]

Mitgliedschaft in der NFA ist gemäß *Section* 17 *Commodities Exchange Act* verpflichtend für Teilnehmer der U.S.-Terminbörsen und der Retaildevisenmärkte. Swap-Händler (*swap dealer*) und bedeutende Swapteilnehmer (*major swap participants*) sind ebenfalls verpflichtet Mitglied zu werden.[904] Die NFA wird vollständig durch Mitgliedsbeiträge und Gebühren finanziert. Insgesamt sind ungefähr 4.100 Unternehmen und 57.000 Gesellschafter Mitglied.[905]

dd. Rechtsnatur der von Self-Regulatory Organizations erlassenen Vorschriften

Die Wertpapiergesetze schweigen zur rechtlichen Einordnung der von den SROs erlassenen Vorschriften. Es wird einzig festgelegt, dass, solange die Vorschriften im Einklang mit den im Wertpapierbereich anwendbaren rechtlichen Vorschriften stehen, sie von den Organisationen durchgesetzt werden können.[906]

Der im Jahre 1934 erlassene *Securities Exchange Act* beließ die Zuständigkeit zur Aufstellung von Vorschriften für die Börsen ursprünglich bei den *Self-Regulatory Organizations*. Die SEC sollte nur tätig werden, wenn diese Vorschriften keinen hinreichenden Schutz für Anleger boten.[907]

Eine Änderung des *Securities Exchange Act* im Jahre 1975 erweiterte die Befugnisse der SEC.[908] In der Änderung wurde klargestellt, dass den SROs hoheitliche Befugnisse übertragen wurden, damit sie auf eigene Initiative hin die Einhaltung der im *Securities Exchange Act* niedergelegten rechtlichen Vorschriften und die darüberhinausgehenden ethischen Standards durchsetzen können.[909] Diese Ausübung von hoheitlichen Befugnissen wird jedoch von der SEC überwacht und überprüft und

902 CFTCA, Title III, der eine neue § 17 zum CEA hinzufügte.

903 Siehe die Beschreibung auf der Homepage http://www.nfa.futures.org/NFA-about-nfa/who-we-are/NFAs-role-US-futures-industry.HTML, zuletzt geprüft am 16.02.2016.

904 12 C.F.R. §§ 170.15, 170.16 (2014); § 1101 NFA-Satzung.

905 http://www.nfa.futures.org/NFA-about-nfa/index.HTML, zuletzt geprüft am 16.02.2016.

906 15 U.S.C. § 78s(b)(3)(C) (2012).

907 In der Gesetzesbegründung zum Securities Exchange Act of 1934 heißt es: "Thus the initiative and responsibility for promulgating regulations pertaining to the administration of their ordinary affairs remain with the exchanges themselves. It is only where they fail adequately to provide protection to investors that the Commission is authorized to step in and compel them to do so." Siehe S. REP. No. 73-792, S. 13 (1934).

908 Securities Acts Amendments of 1975, Pub. L. No. 94-29, 89 Stat. 97 (1975).

909 Siehe die Gesetzesbegründung in S. REP. No. 94-75, S. 23 (1975).

Vorschriften werden von der SEC genehmigt. Da die SROs hoheitliche Befugnisse ausüben, können Vorschriften, die von ihnen zur Ausführung der Bundeswertpapiergesetze erlassen werden, Gesetzeskraft haben und verdrängen einzelstaatliches Recht, welches damit in Konflikt steht.[910] Dies ist jedoch nur der Fall, wenn es zur Verwirklichung der Ziele des *Securities Exchange Act* notwendig ist.[911]

ee. Rechtlicher Status von Self-Regulatory Organizations

Die Börsen und andere *Self-Regulatory Organizations* sind laut Gesetz für die Durchsetzung und Überwachung der Bundeswertpapiergesetze verantwortlich.[912] Die Bestrafung von Mitgliedern bei einer Übertretung der gesetzlichen Vorschriften oder der von den SROs erlassenen Regeln, geschieht in Ausübung von delegierten hoheitlichen Funktionen.[913] Sie befinden sich damit in der gleichen Lage wie die SEC und stecken buchstäblich in den „Schuhen der SEC".[914]

Die *Self-Regulatory Organizations* sind als private Organisationen gegründet worden, nehmen jedoch aufgrund dieser gesetzlich übertragenen Aufgaben eine Doppelrolle ein.[915] Ihre Mitarbeiter genießen daher in der Erfüllung der delegierten hoheitlichen Aufgaben nach Ansicht der Gerichte absolute Immunität.[916] Absolute

---

910 Credit Suisse First Boston Corporation v. Grunwald, 400 F.3d 1119, 1128 (9th Cir. 2005): "Under the Supremacy Clause, federal laws preempt conflicting state laws. [...] Federal regulations issued by an agency in the scope of its congressionally-delegated authority are included among the "Laws of the United States" which can preempt state law. [...] SRO rules can in certain circumstances have preemptive force despite the fact that they are adopted and enforced by private organizations. [...] [C]onflicting law ... should be pre-empted by exchange self-regulation 'only to the extent necessary to protect the achievement of the aims of the Securities Exchange Act.' "[...] we conclude that SRO rules approved by the Commission preempt conflicting state law.".

911 Merrill Lynch, Pierce, Fenner & Smith, Inc. v. Ware, 414 U.S. 117, 127 (1973): "The principle that emerged from Silver, and the premise upon which the Court based its judgment, was that conflicting law, absent repealing or exclusivity provisions, should be preempted by exchange self-regulation 'only to the extent necessary to protect the achievement of the aims of the Securities Exchange Act.'[...]".

912 Siehe beispielsweise 15 U.S.C. §§ 78c(a)(26), 78f(b), 78s(g) (2012).

913 15 U.S.C. § 78f(d) (2012).

914 D'Alessio v. New York Stock Exchange, Inc., 258 F.3d 93, 105 (2d Cir. 2001): "The NYSE, as a **SRO, stands in the shoes of the SEC** in interpreting the securities laws for its members and in monitoring compliance with those laws. [...]." [mit eigener Hervorhebung].

915 Weissman v. National Association of Securities Dealers, 500 F.3d 1293, 1296 (11th Cir. 2007): "[...] Indeed, even though the SEC has explicitly delegated regulatory functions to SROs, [...] SROs have dual status as both quasi-regulators and private businesses.".

916 Siehe beispielsweise Barbara v. New York Stock Exchange, Inc., 99 F.3d 49, 51 (2d Cir.1996); Sparta Surgical Corporation v. National Association of Securities

Immunität bedeutet, dass das Individuum ohne Ausnahme zivilrechtlich nicht haftbar gemacht werden kann. Sie wird selbst bei vorsätzlichem Handeln oder wenn Korruption im Spiel ist gewährt.[917] Die SROs sind sogar vor Klagen geschützt, wenn sie sich entschließen nicht tätig zu werden, das heißt, wenn sie ihre hoheitlichen Funktionen nicht ausüben.[918] Das Konzept der absoluten Immunität, welches ursprünglich nur auf Richter anwendbar war, wurde vom U.S.-*Supreme Court* 1978 erstmalig aufgrund der funktionalen Vergleichbarkeit auf alle staatlichen Akteure bei der Ausführung ihrer hoheitlichen Funktionen ausgeweitet.[919] Diese Argumentation wandte das Gericht im *Fifth Circuit* an, um die absolute Immunität auch auf Mitarbeiter einer SRO bei der Ausführung ihrer delegierten hoheitlichen Funktionen auszuweiten.[920]

In Bezug auf die SROs als Organisationen, haben die Gerichte konzeptionell das Prinzip der Staatenimmunität (*sovereign immunity*) angewandt, auch wenn dies in den Entscheidungen meist als absolute Immunität klassifiziert wurde. Das aus dem englischen *Common Law* stammende Prinzip der Staatenimmunität wurde vom dem U.S.-*Supreme Court* ins amerikanische Recht übernommen.[921] Das Prinzip der

---

Dealers, 159 F.3d 1209, 1213 (9th Cir. 1998); Zandford v. National Association of Securities Dealers, Inc., 30 F.Supp.2d 1, 18 (D.D.C. 1998); D'Alesso v. New York Stock Exchange, Inc., 258 F.3d. 93, 106 (2nd Cir. 2001); DL Capital Group, LLC v. Nasdaq Stock Market, Inc., 409 F.3d 93, 96 (2d Cir. 2005); In re NYSE Specialists Securities Litigation, 503 F.3d 89, 97 (2d Cir. 2007); Standard Investment Chartered, Inc. v. National Association of Securities Dealers, 637 F.3d 112, 114–115 (2d Cir. 2011), cert. denied, 132 S.Ct. 193 (2012).

917 *Nafday*, From Sense to Nonsense and Back Again: SRO Immunity, Doctrinal Bait-and-Switch, and a Call for Coherence, 77 U. Chi. L. Rev. 847, 855 (2010).

918 In re NYSE Specialists Securities Litigation, 503 F.3d 89, 97 (2d Cir. 2007).

919 Butz v. Economou, 438 U.S. 478, 511–15 (1978). "It is the functional comparability of their judgments to those of the judge that has resulted in both grand jurors and prosecutors being referred to as 'quasi-judicial' officers, and their immunities being termed 'quasi-judicial' as well. [...] We think that adjudication within a federal administrative agency shares enough of the characteristics of the judicial process that those who participate in such adjudication should also be immune from suits for damages. [...]There can be little doubt that the role of the modern federal hearing examiner or administrative law judge within this framework is "**functionally comparable" to that of a judge**. [...] We also believe that agency officials performing certain functions analogous to those of a prosecutor should be able to claim absolute immunity with respect to such acts." [mit eigener Hervorhebung].

920 Austin Municipal Securities, Inc. v. NASD, 757 F.2d 676, 690–691 (5th Cir. 1985): "[...] NASD disciplinary officers serve as surrogates for the SEC, and should receive the same immunity their principles possess." Vergleichbar mit dem Amtshaftungsanspruch gemäß § 839 BGB i.V.m. Art. 34 GG.

921 United States v. Lee, 106 U.S. 196, 204 (1882): "This proposition rests on the principle that the United States cannot be lawfully sued without its consent in any case, and that [...].The first branch of this proposition is conceded to be the established law of this country and of this court at the present day [...].".

Staatenimmunität wird auch im Zusammenhang mit Aufsichtsbehörden wie der SEC bei der Ausführung ihrer hoheitlichen Funktionen angewandt.[922] Dies wird damit begründet, dass man Vergeltungsmaßnahmen vermeiden möchte und genügende Schutzmöglichkeiten gegen Missbrauch dieser Privilegien durch die Behörden vorhanden seien.[923]

Die Gerichte haben das Prinzip der Immunität bei ihrer Bewertung der Handlungen von *Self-Regulatory Organizations* extensiv interpretiert, so dass nahezu alles von ihr erfasst werden kann.[924] Dies erscheint aufgrund der Tatsache, dass betroffene Individuen wenige Schutzmöglichkeiten gegen Missbrauch durch die *Self-Regulatory Organizations* haben, nicht gerechtfertigt. Der *Securities Exchange Act* gibt ihnen kein generelles privates Klagerecht,[925] so dass nur die Möglichkeit verbleibt, die SEC aufzufordern, tätig zu werden.[926]

Klagen gegen *Self-Regulatory Organizations* sind also nur erfolgreich, wenn sie in ihrer kommerziellen und nicht in ihrer von den Wertpapiergesetzen vorgegebenen regulatorischen oder disziplinarischen Rolle tätig werden.[927] Gerade diese Abgrenzung zwischen privatem und hoheitlichem Handeln ist jedoch nicht immer

922 28 U.S.C. § 2680(a) (2012). Siehe zudem die Gesetzesbegründung zum Federal Tort Claims Act in H.R. REP. No. 77-2245 (1942), S. 10: „The first subsection of section 402 [...] is also designed to preclude application of the bill to a claim against a regulatory agency, such as the Federal Trade Commission or the Securities and Exchange Commission based upon an alleged abuse of discretionary authority by an officer or employee, whether or not negligence is alleged to have been involved.".

923 Butz v. Economou, 438 U.S. 478, 514 (1978).

924 Siehe beispielsweise die Entscheidung in dem Fall In re NYSE Specialists Securities Litigation, 503 F.3d 89 (2d Cir. 2007), in dem das Gericht entschied, dass die Befugnis Aufsichtskompetenzen auszuüben immer auch die Befugnis umfasse keine Maßnahmen zu ergreifen und daher von der Immunität erfasst sei, egal aus welchem Grund dies geschah. Die Tatsache, dass die Kläger behaupteten, dass die NYSE an illegalen Geschäften mitbeteiligt war und daher nicht tätig wurde, hatte keinen Belang für die Analyse des Gerichts. Siehe In re NYSE Specialists Securities Litigation, 503 F.3d 89, 99: „In sum, the proper way to read D'Alessio 's use of the terms "consistent with" and "capacity" is to focus on the specific function at issue in the allegations of misconduct to determine whether the conduct is "consistent with" the exercise of power delegated to the SRO and for which this Court has accorded absolute immunity. If such conduct was within the ambit of the SRO's delegated power, immunity presumptively attaches, even where the SRO wrongly exercises that power.".

925 Jablon v. Dean Witter & Co., 614 F.2d 677, 681 (9th Cir. 1980).

926 *Nafday*, S. 875.

927 Austin Municipal Securities, Inc. v. NASD, 757 F.2d 676, 692 (5th Cir. 1985); Sparta Surgical Corporation v. National Association of Securities Dealers, 159 F.3d 1209, 1214 (9th Cir. 1998); Weissman v. National Association of Securities Dealers, 468 F.3d 1306, 1312 (11th Cir. 2006).

eindeutig.[928] Die Frage, ob der Gesetzgeber die SEC in einer vergleichbaren Situation mit dieser Kompetenz ausgestattet hätte, ist nicht einfach zu beantworten und es kann meistens nur spekuliert werden.[929]

Die Anwendung von Konzepten, die für die Übertragung von hoheitlichen Funktionen auf Behörden entwickelt wurden, wirft die Frage auf, ob sich auch der rechtliche Status der *Self-Regulatory Organizations* geändert hat. Die SROs sind als private Organisationen gegründet worden. Jedoch nehmen sie in vielen Bereichen die gleichen Aufgaben wie Behörden wahr, jedoch, wie soeben erläutert, ohne dass der Bürger die gleichen Schutzmöglichkeiten hat. Würde man die *Self-Regulatory Organizations* jedoch zu Behörden machen, müsste man an der Selbstregulierung des Wertpapiersektors nicht festhalten. Stattdessen könnte man die SROs in die SEC integrieren und diese als Behörde vergrößern.[930] Der Gesetzgeber hat durch mehrere Bestimmungen im *Dodd-Frank Act* jedoch klargestellt, dass die geteilte Aufsicht über den Wertpapiersektor durch die SEC und durch *Self-Regulatory Organizations* bestehen bleiben und eventuell erweitert werden soll.[931]

Eine andere Möglichkeit ist daher, Ausnahmen von der Immunität bei Vorliegen von Betrug einzuführen. Die Frage, ob *Self-Regulatory Organizations* Behörden sind, ist insbesondere auf die ausufernde Interpretation der Gerichte zurückzuführen, die fast jede Tätigkeit unter „regulatorische Funktionen" subsumieren. Würde man hier dementsprechend Ausnahmen von der Immunität einführen, würde dies mehr Schutz für den Bürger bedeuten. Die Anforderungen zur Begründetheit einer Klage wegen Betrugs im Wertpapierbereich sind generell sehr hoch, so dass das Risiko des Missbrauchs gering erscheint.[932] Die Regeln und Verfahren, die die *Self-Regulatory Organizations* anwenden, sind schon denen des *Administrative Procedure Act* nachgebildet und werden von der SEC überprüft.[933] Werden die *Self-Regulatory Organizations* jedoch in Ausübung von delegierten hoheitlichen Funktionen tätig, so sollten sie auch dem *Freedom of Information Act* (FOIA)[934] unterfallen, so dass Transparenz und Fairness gewährleistet sind.[935] Der FOIA ermöglicht der Öffentlichkeit grundsätzlich größtmöglichen und umfassenden Zugang zu den Informationen der Exekutive.

---

928 *Nafday*, S. 865 ff..

929 *Nafday*, S. 879.

930 *Karmel*, 14 Stan. J.L. Bus. & Fin. 151, 197 (2008).

931 Zu den Bestimmungen zu SROs im Dodd-Frank Act ausführlich unter Punkt C.I.2.c.ff.

932 *Nafday*, S. 883 ff..

933 *Karmel*, 14 Stan. J.L. Bus. & Fin. 151, 186 (2008).

934 Freedom of Information Act, Pub. L. No. 89-487, 80 Stat. 250 (1966).

935 *Irwin/Lane/Mendelson/Tighe*, Self-Regulation of the American Retail Securities Markets - An Oxymoron for What Is Best for Investors?, 14 U. Pa. J. Bus. L. 1055, 1071 (2012).

ff. Vorschriften im Dodd-Frank Act bezüglich Self-Regulatory Organizations

(1) Section 914 Dodd-Frank Act

Section 914 *Dodd-Frank Act*[936] gab der SEC auf zu überprüfen, wie oft Anlageberater im Rahmen der Aufsicht kontrolliert werden, und inwieweit zusätzliche Mittel und Ressourcen für die Aufsicht über Anlageberater, insbesondere die Möglichkeit eine *Self-Regulatory Organizations* zur Unterstützung bei der Aufsicht zu benennen, die Kontrollen verbessern würden. Diese Studie wurde von den Mitarbeitern der SEC im Januar 2011 herausgegeben und dem Kongress übermittelt.[937] Dort wurde festgestellt, dass die Häufigkeit der Überprüfung von Anlageberatern abgenommen hat. Die Zahl der Kontrollen in den Jahren 2004 bis 2010 nahm insgesamt um 29,8 Prozent ab. Das heißt, dass während im Jahre 2004 noch 1.543 Untersuchungen durchgeführt wurden, diese Zahl im Jahre 2010 auf 1.083 fiel.[938] Dies wird auf eine zunehmende Anzahl von registrierten Anlageberatern und eine abnehmende Anzahl von Mitarbeitern der SEC und auf eine allgemeine Ressourcenknappheit und Umverteilung von Mitteln zurückgeführt.[939]

Zur Lösung wurden drei Möglichkeiten erläutert. Es wurde zum einen vorgeschlagen, Gebühren für die Kontrollen der Anlageberater durch die SEC zu erheben.[940] Weiterhin wurde die Möglichkeit ins Auge gefasst eine oder mehrere SROs unter der Obersicht der SEC zu benennen, die nur für die Aufsicht über Anlageberater zuständig sind.[941] Schließlich wurde diskutiert, ob man FINRA erlauben solle, ihre Broker-Dealer Mitglieder, die zusätzlich noch als Anlageberater registriert sind, sowohl auf Einhaltung der Regeln des *Securities Exchange Act* als auch des *Investment Advisers Act* hin zu beaufsichtigen.[942]

Gemeinsam haben alle diese Möglichkeiten, dass die SEC einen Anstieg der Mittel für die Aufsicht über Anlageberater voraussieht und daher entweder neue Gelder erhalten oder Kosten auf eine SRO verlagern muss. Noch ist nicht abzusehen, welche dieser Möglichkeiten der Gesetzgeber favorisieren wird. Zu der Erhebung von Gebühren für die Durchführung der Aufsicht wurde jedoch im Jahre 2013 ein

---

936 Kodifiziert in 15 U.S.C. § 80b-11 (2012).

937 *SEC Staff*, Study on Enhancing Investment Adviser Examinations As Required by Section 914 of the Dodd-Frank Wall Street Reform and Consumer Protection Act, January 2011, online verfügbar unter http://www.sec.gov/news/studies/2011/914studyfinal.pdf, zuletzt geprüft am 16.02.2016.

938 *SEC Staff*, Study on Enhancing Investment Adviser Examinations As Required by Section 914, S. 14, Chart 6.

939 *SEC Staff*, Study on Enhancing Investment Adviser Examinations As Required by Section 914, S. 14–15.

940 *SEC Staff*, Study on Enhancing Investment Adviser Examinations As Required by Section 914, S. 25.

941 *SEC Staff*, Study on Enhancing Investment Adviser Examinations As Required by Section 914, S. 29.

942 *SEC Staff*, Study on Enhancing Investment Adviser Examinations As Required by Section 914, S. 37.

Gesetzesvorschlag eingebracht.[943] Die Erhebung von Gebühren ist auch die in der Studie präferierte Lösung.[944] Dies wäre auch die einfachste und wahrscheinlich kostengünstigste Möglichkeit, da sowohl gemäß dem zweiten als auch dem dritten Vorschlag die SEC trotzdem die zuständige SRO beaufsichtigen und deren Maßnahmen kontrollieren und die Anlageberater, die nicht Mitglied bei FINRA sind, beaufsichtigen müsse.

(2) Section 964 Dodd-Frank Act

Section 964 *Dodd-Frank Act*[945] verpflichtete das *U.S. Government Accountability Office* (GAO) die Aufsicht der SEC über die gemäß *Section* 15A *Securities Exchange Act* registrierten *national securities associations* zu bewerten. Da nur FINRA gemäß dieser Vorschrift registriert ist, handelte es sich nur um eine Überprüfung der Aufsicht der SEC über FINRA. Die entsprechende Studie wurde im Mai 2012 veröffentlicht.[946] Das GAO empfiehlt, nicht nur eine Überprüfung der FINRA Regeln durch die SEC bei ihrem Erlass vorzunehmen, sondern auch eine nachträgliche Überprüfung durch FINRA selbst, insbesondere mit Hinblick darauf, ob die Regeln ihr beabsichtigtes Ziel erreichen.[947] Zudem wird vorgeschlagen, dass die SEC einen risikobasierten Ansatz für die Aufsicht über FINRA entwickeln solle, anstelle Kontrollen nach einem festgelegten Zyklus vorzunehmen.[948] Zwar seien einige Fortschritte in diese Richtung hin gemacht worden, jedoch wären noch nicht alle Punkte, die im Rahmen eines formalisierten Risikomanagements notwendig seien, bedacht.[949] Die SEC arbeitet laut eigener Aussage aktiv daran, diese Vorschläge umzusetzen.[950]

(3) Section 967 Dodd-Frank Act

Die aufgrund von *Section* 967 *Dodd-Frank Act* durch die Boston Consulting Group durchgeführte Studie[951] enthält auch einen Teil, der das Verhältnis der SEC zu den *Self-Regulatory Organizations* untersucht. Es wird vorgeschlagen, dass die SEC ihre Aufsicht über die SROs verstärken solle, indem sie ein Messsystem erstelle,

943 Investment Adviser Examination Improvement Act of 2013, H.R. 1627, 113th Cong. (1st Sess. 2013).
944 *SEC Staff*, Study on Enhancing Investment Adviser Examinations As Required by Section 914, S. 27–29.
945 Kodifiziert in 15 U.S.C. § 78d–9 (2012).
946 *U.S. Gov't Accountability Office*, GAO 12-625, Securities Regulation: Opportunities Exist to Improve SEC's Oversight of the Financial Industry Regulatory Authority (2012), online verfügbar unter http://gao.gov/assets/600/591222.pdf, zuletzt geprüft am 16.02.2016.
947 *U.S. Gov't Accountability Office*, GAO 12-625, S. 14 und 25.
948 *U.S. Gov't Accountability Office*, GAO 12-625, S. 22 et seq..
949 *U.S. Gov't Accountability Office*, GAO 12-625, S. 23 et seq..
950 *U.S. Gov't Accountability Office*, GAO 12-625, S. 26.
951 Fundstelle in Fn. 818.

welches die Wirksamkeit der Aufsicht durch die SROs bewertet.[952] Zudem wurde vorgeschlagen, dass die SEC ihr Zusammenwirken mit den SROs zentralisieren und besser koordinieren solle.[953] In der vierten Evaluierung der Umsetzung der Empfehlungen durch die SEC wird dargelegt, dass die Arbeit in diesen Bereiche noch nicht abgeschlossen sei, aber dass man aktiv daran arbeite.[954] Die Umsetzung der Empfehlungen der BCG-Studie im Bereich der SROs überschneidet sich mit den Maßnahmen, die aufgrund der GAO-Studie vorgenommen wurden.

II. Historische Entwicklung und einzelne gesetzgeberische Maßnahmen

1. Die Blue Sky Laws

Die Gesetzgebung für und die Aufsicht über den Wertpapiersektor begann in den Einzelstaaten in den Jahren 1911 bis 1931. 47 der damals 48 Staaten erließen sogenannte *„Blue Sky Laws*". Der Ursprung dieses Namens war bis zum 100-jährigen Jubiläum des Erlasses des ersten Wertpapiergesetzes durch Kansas im Jahre 2011 nicht abschließend geklärt. Die präferierte Erklärung für den Namen war, dass Aktienhändler angeblich so unehrlich waren, dass sie sogar "Gebäude im Himmel" verkaufen würden, wenn sie die Chance dazu gehabt hätten.[955] Neuere Erkenntnisse haben jedoch ergeben, dass der ursprüngliche Autor des Gesetzes, Bankaufseher DOLLEY aus Kansas, sich an die Versprechungen mehrerer unseriöser Geschäftsmänner erinnert fühlte, die während einer langanhaltenden Dürre versprochen hatten, durch geheim gehaltene Methoden Regen zu erzeugen, jedoch nur „blauen Himmel" lieferten.[956]

Sinn und Zweck der *Blue-Sky-Laws* war es, uninformierte Investoren vor betrügerischen Aktienverkäufern zu schützen. Andere Stimmen betonen aber auch den Einfluss von Lobbygruppen, insbesondere unter den Kleinbankern, die ihr Geschäft durch den Abzug von Spareinlagen gefährdet sahen.[957]

952 *BCG*, U.S. Securities and Exchange Commission - Organizational Study and Reform, S. 134.
953 *BCG*, U.S. Securities and Exchange Commission - Organizational Study and Reform, S. 137.
954 *SEC*, Fourth Report on the Implementation of SEC Organizational Reform Recommendation, Fn. 820, S. 27.
955 *Mahoney*, The Origins of the Blue-Sky Laws: A Test of Competing Hypotheses, 46 J.L. & Econ. 229 (2003).
956 *Fleming*, 100 Years of Securities Law: Examining a Foundation Laid in the Kansas Blue Sky, 50 Washburn L.J. 583, 586 (2011).
957 *Macey/Miller*, Origin of the Blue Sky Laws, 70 Tex. L. Rev. 347, 351 (1991).

Diese Gesetze stellten die ersten substantiellen Versuche dar, den Wertpapiermarkt in den USA zu regulieren und hatten damit auch eine Vorbildfunktion für die Bundesgesetzgebung der 1930er Jahre.[958]

Beispielhaft soll hier auf das erste *Blue-Sky Law* eingegangen werden, das im Jahre 1911 in Kansas erlassen wurde.[959] Das Gesetz schrieb die Registrierung von Wertpapieren und Wertpapierhändlern vor. Der Emittent war gehalten, ein Formular für die staatliche Bankaufsichtsbehörde ausfüllen, in dem er detailliert generelle und finanzielle Informationen über sein Geschäft darlegte. Erst nachdem die Aufsichtsbehörde ihr Einverständnis erteilt hatte, konnte Handel betrieben werden. Der Aufsichtsbehörde wurde dabei ein großer Beurteilungsspielraum eingeräumt. Ein Antrag eines Emittenten konnte abgelehnt werden, wenn dieser entweder „nicht beabsichtigte ein ehrliches und faires Geschäft durchzuführen" oder wenn er „keinen angemessenen Ertrag aus den ausgegebenen Aktien, Anleihen oder anderen Wertpapieren versprach".[960]

Nach dem Vorbild des Gesetzes aus Kansas erließen mehrere andere Einzelstaaten in den Jahren 1912 und 1913 Gesetze für den Wertpapiersektor. Manche orientierten sich sehr stark an Kansas, während andere Einzelstaaten die Befugnisse der im Gesetz bestimmten Aufsichtsbehörde beschränkten. Voraussetzung für eine Ablehnung war in den letztgenannten Fällen, dass es sich bei dem Angebot um Betrug handelte oder andere spezifisch ausformulierte Kriterien erfüllt waren.[961]

Die *Blue Sky Laws* der Einzelstaaten bestehen weiterhin parallel zur Bundesgesetzgebung. Sie sind jedoch immer noch nicht einheitlich. Versuche zur Vereinheitlichung wurden mit dem *Uniform Securities Act* geschaffen.[962] Diesen Musterentwurf für ein Gesetz haben jedoch nicht alle Bundesstaaten in ihr einzelstaatliches Recht übernommen, obwohl die Zahl stetig zunimmt. Bei einer Emission, die flächendeckend in allen Einzelstaaten der USA erfolgen soll, muss der Emittent demnach immer noch sowohl die bundesrechtlichen Vorgaben als auch die einzelstaatlichen Vorgaben erfüllen.[963] Für Marktteilnehmer kann dies oft sehr verwirrend und kostspielig werden.[964]

---

958 *Mahoney*, S. 229 (230).

959 An Act to provide for the regulation and supervision of investment companies and providing penalties for the violation therof", House Bill No. 906, 1911 Kan. Sess. Laws 210 [im Folgenden bezeichnet als "Kansas Blue Sky Law 1911"].

960 Kansas Blue Sky Law1911, § 5:"[...] does not intend to do a fair and honest business [...]" und "[...] does not promise a fair return on the stocks, bonds, or other securities by it offered for sale.".

961 *Mahoney*, S. 229 (232).

962 *Seligman*, The New Uniform Securities Act, 81 Wash. U. L.Q. 243 (2003).

963 *Loss/Seligman/Paredes*, Securities Regulation, 5. Auflage 2014, Vol. I, S. 68. Die zunehmende Umsetzung des Uniform Securities Act von 1956 und von 2002 hat jedoch enorm zur Kostenverringerung und zur Übersichtlichkeit für die Marktteilnehmer beigetragen.

964 *Palmiter*, S. 26.

Insgesamt gibt es vier Versionen des *Uniform Securities Act*. Die erste Version wurde im Jahre 1930 veröffentlicht (*Uniform Sales of Securities Act of 1930*), welche jedoch nicht von genügend Einzelstaaten übernommen wurde. Eine zweite Version aus dem Jahre 1956 ersetzte die Version von 1930 (*1956 Act*). Diese Version wurde in 37 Bundesstaaten umgesetzt. Eine weitere Version wurde im Jahre 1985 veröffentlicht (*Revised Uniform Securities Act* (RUSA)). Zu dieser Version wurden 1988 kleinere Änderungen hinzugefügt. Der RUSA fand jedoch nur in sechs Einzelstaaten Zuspruch. Im Jahre 2002 wurde eine vierte komplett neue Version herausgegeben, die zwar in Teilen mit dem *1956 Act* und dem RUSA identisch ist, diese aber nicht abändern soll. Sie stellt einen ganz neuen Modelentwurf dar, in der Hoffnung, dass die Version von 2002 irgendwann von allen Staaten angenommen wird.[965] Die 2002-Version wurde bisher von 18 Einzelstaaten und den U.S.-Jungferninseln in ihre einzelstaatlichen Gesetze übernommen.[966] Sie wurde zuletzt im Jahre 2005 überarbeitet.[967]

2. Die Anfänge der bundesrechtlichen Gesetzgebung für den Wertpapiersektor

Vor Erlass der ersten umfassenden Gesetze zur Aufsicht über und zur Regelung des Wertpapiersektors durch den Bund, konnte Betrug bei dem An- und Verkauf von Wertpapieren nur begrenzt im Rahmen des *Mail Fraud Statute*[968] verfolgt werden. Diese Bestimmung konnte jedoch einfach umgangen werden, indem man nicht die Post benutzte. Zudem waren als Sanktion nur strafrechtliche Verfahren vorgesehen. Problematisch daran war, dass der Postvorsteher zunächst den Sachverhalt untersuchte, Beweise sammelte und diese dann an die Staatsanwaltschaft weiterleitete. Zum einen hatte die Post keine in der Strafverfolgung ausgebildeten Mitarbeiter, so dass eine Ermittlung Monate dauern konnte. Zum anderen weigerte sich die Staatsanwaltschaft

---

965 *Seligman*, 81 Wash. U. L.Q. 243 (2003).

966 Diese Einzelstaaten sind Georgia, Hawaii, Idaho, Indiana, Iowa, Kansas, Maine, Michigan, Minnesota, Mississippi, Missouri, New Hampshire, New Mexico, Oklahoma, South Carolina, South Dakota, Vermont und Wisconsin. Siehe die Übersicht auf der Seite der *Uniform Law Commission*, Legislative Fact Sheet - Securities Act, http://www.uniformlaws.org/LegislativeFactSheet.aspx?title=Securities%20Act, zuletzt geprüft am 16.02.2016.

967 Die aktuelle Version ist zu finden auf der Seite der *Uniform Law Commission*, Final Act (2002, last amended 2005), online verfügbar unter http://www.uniformlaws.org/shared/docs/securities/securities_final_05.pdf, zuletzt geprüft am 16.02.2016.

968 18 U.S.C. § 1341 (2012) lautet: "Whoever, having devised or intending to devise any scheme or artifice to defraud, or for obtaining money or property by means of false or fraudulent pretenses, representations, or promises, or to sell, [...] security, or other article, [...], for the purpose of executing such scheme or artifice or attempting so to do, places in any post office or authorized depository for mail matter, any matter or thing whatever to be sent or delivered by the Postal Service,[...], shall be fined under this title or imprisoned not more than 20 years, or both.".

oft einen Prozess anzustrengen, wenn der Sachverhalt nicht ausermittelt und die Beweislage nicht eindeutig war.[969]

Im Jahre 1920 fügte der Kongress *Section* 20a zum *Interstate Commerce Act*[970] hinzu, der jedoch nur die Emission von Wertpapieren durch Eisenbahnbetreiber verbot, wenn keine Erlaubnis der *Interstate Commerce Commission* (Kommission für den zwischenstaatlichen Handel) vorlag. Diese Vorschrift hatte damit auch nur einen beschränkten Anwendungsbereich.[971]

3. Der Securities Act of 1933

Der *Securities Act of 1933* (SA)[972] war der Beginn der umfassenden Gesetzgebung des Bundes für den Wertpapiersektor. Die Befugnisse der Kommissionäre der Einzelstaaten wurden ausdrücklich für weiterhin bestehend erklärt (subsidiäre Geltung).[973] Der *Securities Act* und auch die nachfolgenden Wertpapiergesetze setzten verstärkt auf Erzeugung von Transparenz und auf allgemeine Betrugsbekämpfungsvorschriften, um Falschangaben zu vermeiden und das Vertrauen der Anleger wiederherzustellen. Der Fokus auf der Offenbarungspflicht stellt einen entscheidenden Unterschied zu den Wertpapiergesetzen der Einzelstaaten dar. Diese ermächtigten die Wertpapieraufsichtsbehörde, also einen Außenstehenden, dazu zu beurteilen, ob die Kapitalstruktur des Emittenten fair, angemessen und gerecht war.[974] Offenbarungspflichten hingegen haben den Anleger im Blick, der dadurch in die Lage versetzt werden soll, selbst fundierte Entscheidungen im Hinblick auf die Werthaltigkeit zu treffen.

Der *Securities Act* regelt die Emission von Wertpapieren und normiert eine Pflicht zur Registrierung jedes öffentlichen Zeichnungsangebotes bei der SEC.[975] Die Registrierung hat eine präventive Zielrichtung und soll Betrug zu vermeiden, bevor er tatsächlich geschieht.

---

969 *Lamden*, The Securities and Exchange Commission, 1978, S. 79 f.

970 Interstate Commerce Act, Pub. L. No. 66-152, § 439; 41 Stat. 456, 494 (1920). § 20a(2) lautet: "It shall be unlawful for any carrier to issue any share of capital stock or any bond or other evidence of interest in or indebtedness of the carrier (hereinafter in this section collectively termed "securities") (...), unless and until, (...), the commission by order authorizes such issue or assumption.".

971 *Frey*, Federal Regulation of the Over-the-Counter Securities Market, 106 U. Pa. L. Rev. 1, 9 (1957).

972 Securities Act of 1933, Pub. L. No. 73-22, 48 Stat. 74 (1933–1934), kodifiziert in 15 U.S.C. § 77a et seq. (2012).

973 SA, § 18 (eine sogenannte "savings clause") lautete: „Nothing in this title shall affect the jurisdiction of the securities commission (or any agency or office performing like functions) of any State or Territory of the United States, or the District of Columbia, over any security or any person." Diese Bestimmung wurde 1996 durch den „National Securities Markets Improvement Act" (NSMIA), Pub. L. No. 104-290, § 102(a), 110 Stat. 3416 (1996), abgeändert.

974 Siehe zu den „State Blue Sky Laws" die Besprechung auf Seite 141.

975 *Altendorfer*, Die US-amerikanische Kapitalmarktaufsicht (SEC), 1995, S 9.

Section 5 *Securities Act*[976] bestimmt, dass jeder, der Wertpapiere durch die Post oder im zwischenstaatlichen Handel verkaufen oder jemandem überlassen möchte, die Wertpapiere bei der SEC registrieren lassen muss. Die Art und Weise der Registrierung wird ausführlich in *Section* 6 *Securities Act* beschrieben.[977] Um Handel betreiben zu können, muss die Registrierung zudem gegenwärtig noch bestehen. Weiterhin muss dem Erwerber ein Prospekt, welches die Voraussetzungen von *Section* 10 *Securities Act*[978] erfüllt, übergeben worden sein.[979] Ausgenommen von diesen Voraussetzungen sind Wertpapiere, die *Section* 3[980] und *Section* 4 *Securities Act*[981] unterfallen.[982] *Section* 5 bezieht sich nur auf die Erstemission und das Underwriting von Wertpapieren und nicht auf den Handel im Sekundärmarkt. Durch die detaillierten Angaben, die im Registrierungsstatement der Wertpapiere aufgenommen werden müssen und die den Anlegern und ihren Beratern zugänglich gemacht werden, werden die meisten Personen davon abgehalten, Fehlinformationen zu verbreiten.[983]

Section 17(a) *Securities Act*[984] gehört zu den Betrugsbekämpfungsvorschriften und zählt drei verschiedene strafbare Handlungen auf. Demnach ist es Wertpapierverkäufern verboten, Transport- oder Kommunikationsmittel im zwischenstaatlichen Handel oder die Post für den Wertpapierhandel zu verwenden, wenn sie dabei ein Mittel, einen Plan oder eine List einsetzten, um jemanden zu täuschen (*Section* 17(a)(1)), Geld oder Vermögen durch unwahre Aussagen über erhebliche Tatsachen oder Unterlassungen bei der Tätigung von erheblichen Tatsachen erlangen (*Section* 17(a)(2)) oder ein Geschäft tätigen, welches sich als Betrug oder Täuschung für den Erwerber darstellt (*Section* 17(a)(3)). Eine Schwäche von *Section* 17(a) *Securities Act* ist es, dass die Vorschrift seinem Wortlaut nach nur auf Wertpapierhändler anwendbar ist und nicht auf Erwerber.[985]

Die SEC ist gemäß *Section* 20(b) *Securities Act*[986] befugt, einstweilige Verfügungen zu erlassen, um bevorstehende oder andauernde Verletzungen des Gesetzes zu

976 Kodifiziert in 15 U.S.C. § 77e (2012).
977 Kodifiziert in 15 U.S.C. § 77f (2012).
978 Kodifiziert in 15 U.S.C. § 77j (2012).
979 Die Informationen im Prospekt sind grundsätzlich die Informationen, die auch im Registrierungsantrag enthalten sind. (siehe 15 U.S.C. § 77j(a)(1) (2012)).
980 Kodifiziert in 15 U.S.C. § 77c (2012).
981 Kodifiziert in 15 U.S.C. § 77d (2012).
982 Diese Ausnahmen umfassen unter anderem Privatplatzierungen an einen begrenzten Personen- oder Institutionenkreis, Platzierungen mit einem begrenzten Volumen, Platzierungen nur in einem Einzelstaat, und Wertpapiere, die von Kommunen, Einzelstaaten oder dem Bund herausgegeben wurden.
983 *Frey*, S. 1 (11).
984 Kodifiziert in 15 U.S.C. § 77q(a) (2012).
985 *Frey*, S. 1 (14).
986 Kodifiziert in 15 U.S.C. § 77t(b) (2012).

ahnden. Dies ist ein Grund, warum der *Securities Act* Betrug im Wertpapierhandel effektiver bekämpft, als es nach dem *Mail Fraud Statute* möglich war.[987]

4. Der Securities Exchange Act of 1934

Nachdem der *Securities Act* in Kraft getreten war, stellte man fest, dass er zwei große Schwächen hatte: Zum einen umfasste der *Securities Act* nur Neuemissionen und somit keine Aktien, die bereits auf dem Markt waren. Zum anderen enthielt das Gesetz keine Vorschriften für die Börsen. Weiterhin wurde das Gesetz von der Wertpapierabteilung der amerikanischen Kartellbehörde (*Federal Trade Commission* (FTC)) ausgeführt. Die FTC war im Jahre 1913 gegründet worden, um wettbewerbswidrige Methoden wie Preisabsprachen zu untersuchen und zu verbieten. Jedoch wurde die FTC nicht als sehr effektive Behörde gesehen, da sie Schwierigkeiten hatte, ihren Auftrag zu bestimmen und schnell Maßnahmen zu ergreifen. Daher wollte man diese Behörde nicht damit betrauen, das neue Wertpapiergesetz umzusetzen, da dieses gerade das Vertrauen der Marktteilnehmer wiederherstellen sollte.[988]

Am Ende einigte sich der Kongress auf die Verabschiedung des *Securities Exchange Act of 1934* (SEA),[989] der unter anderem die SEC gründete und wesentliche Bestimmungen zur Börsenaufsicht enthielt. In seiner ursprünglichen Fassung enthielt der *Securities Exchange Act* ebenfalls wie der *Securities Act* eine Bestimmung, die die Kompetenzen der Einzelstaaten bewahrte (Subsidiaritätsklausel).[990] Obwohl der *Securities Exchange Act* die SEC mit weitreichenden Kompetenzen ausstattet, lässt er auch die Selbstregulierung der Branche unter der Oberaufsicht der SEC zu.

Gemäß *Section* 6 *Securities Exchange Act*[991] müssen sich alle Wertpapierbörsen bei der SEC registrieren und ihr alle Informationen zukommen lassen, die diese verlangt. Insgesamt registrierten sich 24 Wertpapierbörsen bei der SEC im Jahre 1934.[992] Im Jahre 2014 sind 16 Börsen bei der SEC registriert.[993] Zudem legte *Section* 19[994]

987 Zum Mail Fraud Statute siehe Seite 143.
988 *Koslow*, S. 32.
989 Securities Exchange Act of 1934, Pub. L. No. 73-290, 48 Stat. 881 (1933–1934).
990 Der zweite Satz von SEA, § 28(a) lautete: „"Nothing in this title shall affect the jurisdiction of the securities commission (or any agency or officer performing like functions) of any State over any security or any person insofar as it does not conflict with the provisions of this title or the rules and regulations thereunder.".
991 Kodifiziert in 15 U.S.C. § 78f (2012).
992 *Markham*, A Financial History of the U.S., S. 205.
993 *SEC*, Exchanges. Die Übersicht ist online verfügbar unter http://www.sec.gov/divisions/marketreg/mrexchanges.shtml, zuletzt geprüft am 16.02.2016.
994 Kodifiziert in 15 U.S.C. § 78s (2012).

eine Oberaufsicht durch die SEC über die Börsen und andere *Self-Regulatory Organizations*[995] fest.[996]

Im *Securities Exchange Act* wurde auch eine Bestimmung aufgenommen, die es dem FRB erlaubte, den Marginhandel zu kontrollieren.[997] Beim „Marginhandel" finanziert der Erwerber den Kauf des Wertpapiers durch einen Kredit von seinem Broker.[998] Das erworbene Wertpapier dient dabei als Sicherheit. Marginhandel erlaubt dem Erwerber größere Mengen an Wertpapieren zu kaufen, setzt ihn jedoch auch einem größeren Verlustrisiko aus.[999] Der Marginhandel hatte während des Börsencrashes von 1929 einen überproportionalen Effekt gehabt und zu großen Fluktuationen bei Wertpapierpreisen geführt.[1000] Das FRB erhielt daher die Zuständigkeit, Mindesteinschusspflichten im Zusammenhang mit der Geldmengensteuerung und der Zinspolitik festzulegen, während die SEC diese Bestimmungen durchsetzen sollte.[1001]

Section 10 des *Securities Exchange Act*[1002] ermächtigte die SEC dazu, Verordnungen zu Leerverkäufen[1003] und dem Einsatz von Stop-Loss-Aufträgen (*Section* 10(a)) oder anderen manipulativen oder irreführenden Praktiken (*Section* 10(b)) zu erlassen. Die Vorschriften ähneln *Section* 17(a) *Securities Act.*[1004] *Section* 10(b) ist im Gegensatz zu der spiegelbildlichen *Section* 17(a) *Securities Act* jedoch sowohl auf den Kauf als auch den Verkauf von Wertpapieren anwendbar.[1005] Die Bestimmungen waren darauf gerichtet, Betrug zu bekämpfen und Preismanipulationen zu verhindern und sollten in den nächsten Jahren die Basis für Hunderte von Aktionärsklagen bilden.[1006]

Section 10 war nicht selbstausführend, so dass die SEC noch Ausführungsregeln erlassen musste. Nach Durchführung einer Studie zu Leerverkäufen, erließ die SEC

---

995 Neben den Börsen sind als SROs FINRA, die Clearinghäuser und das „Municipal Securities Rulemaking Board", welches im Bereich der Kommunalanleihen tätig ist, zu nennen.

996 Zu dem Verhältnis zwischen der SEC und den SROs schon auf Seite 126.

997 SEA, § 7, kodifiziert in der heutigen Fassung in 15 U.S.C. § 78g (2012).

998 Pacific Investment Management Company LLC v. Mayer Brown LLP, 603 F.3d 144, 149 (2d Cir. 2010): "[...] extended credit to its customers so that they could trade on "margin"—i.e., trade in securities with money borrowed [...]".

999 *SEC*, Investor Bulletin - Understanding Margin Accounts, S. 1, August 1, 2013, online verfügbar unter http://www.sec.gov/investor/alerts/ib_marginaccounts.pdf, zuletzt geprüft am 16.02.2016.

1000 *Markham*, A Financial History of the U.S., S. 204.

1001 Die vom FRB erlassenen Vorschriften sind in Regulation T, 12 C.F.R. § 220 (2014) zu finden.

1002 Kodifiziert in 15 U.S.C. § 78j (2012).

1003 Ein Leerverkauf wird in 17 C.F.R. § 242.200(a) (2012) definiert als: "[...] any sale of a security which the seller does not own or any sale which is consummated by the delivery of a security borrowed by, or for the account of, the seller.".

1004 Siehe zu § 17(a) SA die Erläuterungen auf Seite 145.

1005 SA, § 17(a) ist nur auf den Verkauf von Wertpapieren anwendbar.

1006 *Markham*, A Financial History of the U.S., S. 203.

im Jahre 1938 Regel 10A-1(a)[1007] (sogenannte „*Uptick rule*"), welche Leerverkäufe bei Titeln mit sinkenden Kursen untersagte und sie dadurch im Endeffekt fast komplett verbot.[1008] Gemäß dieser Regel durfte der Leerverkauf einer Aktie nur dann vorgenommen werden, wenn die letzte Transaktion über dem vorherigen Kurs lag. Es sollte unter anderem vermieden werden, dass Leerverkäufe eine rückläufige Marktentwicklung beschleunigen.[1009] Diese Regel wurde jedoch nach einer erneuten Evaluierung und Einholung von Kommentaren durch die Öffentlichkeit im Jahre 2007 wieder aufgehoben, da sie aufgrund von zahlreichen Ausnahmen und Befreiungen kaum mehr Anwendung fand und sich in der Praxis als ineffektiv erwies.[1010] Im Zuge der Finanzkrise wurden ungedeckte Leerverkäufe (*naked short sales*) zunächst nur vorläufig und dann im Jahre 2009 dauerhaft untersagt.[1011] Das Verbot von ungedeckten Leerverkäufen wurde schnell auch von anderen Aufsichtsbehörden in der Welt übernommen.[1012] Ob ein solches Verbot jedoch effektiv ist oder ob es sogar negative Effekte auf den Markt haben kann, ist ungeklärt. Die Literatur scheint überwiegend von einem negativen Effekt auszugehen.[1013]

Zu Stopp-Loss-Aufträgen wurde nie eine Ausführungsregel erlassen, während zu *Section* 10(b) *Securities Exchange Act* erst im Jahre 1942 die Regel 10B-5 zur Ausführung erlassen wurde. *Section* 10(b) und die Ausführungsregel 10B-5 werden aufgrund ihrer Anwendbarkeit auf vielfältige Betrugssachverhalte als „*Catchall*" bezeichnet.[1014] Die Ausführungsregel legt fest, dass jede direkte oder indirekte Handlung oder Unterlassung im Zusammenhang mit dem Kauf oder Verkauf von Wertpapieren jeder Art, welche in Betrug oder Täuschung resultiert, verboten ist.[1015] Seit Erlass der Ausführungsregel wurde *Section* 10(b) verstärkt als Basis für Zivilklagen zur Anfechtung oder zur Erlangung von Schadensersatz eingesetzt, aber auch in anderen Verfahren.[1016] Weitere Voraussetzungen einer erfolgreichen Klage auf dieser Grundlage sind die Wesentlichkeit der Information, aufgrund derer die Handlung

1007 Rules for the Regulation of Short-Selling, 3 Fed. Reg. 213 (Jan. 26, 1938). Ursprünglich kodifiziert in 17 C.F.R. § 240.10a-1.

1008 *Frey*, S. 1 (24).

1009 Short Sales of Securities, 41 Fed. Reg. 56530 (Dec. 28, 1976).

1010 Regulation SHO and Rule 10a–1, 72 Fed. Reg. 36348 (July 3, 2007).

1011 Amendments to Regulation SHO, Exchange Act Release No. 60388, 74 Fed. Reg. 38266 (July 31, 2009).

1012 *Karmel*, 37 J. Corp. L. 849, 876 (2012).

1013 *Davies*, The Financial Crisis: Who is to Blame, 2010, S. 172 m.w.N.

1014 Chiarella v. United States, 445 U.S. 222, 234–235 (1980): "Section 10(b) is aptly described as a catchall provision, but what it catches must be fraud.", sowie 445 U.S. 222, 252 (1980): "Letting Rule 10b–5 operate as a "catchall" to ensure that these narrow exceptions granted by Congress are not expanded by circumvention completes this statutory scheme.".

1015 Die Regel 10B-5 ist kodifiziert in 17 C.F.R. § 240.10b-5 (2014).

1016 *Frey*, S. 1 (15).

vorgenommen oder unterlassen wurde (*materiality*),[1017] sowie die subjektive Vorwerfbarkeit (*scienter*).[1018]

Zusätzlich zu den Wertpapierbörsen wurden auch die Broker-Dealer, die an den Börsen tätig waren, gemäß *Section* 15[1019] verpflichtet sich bei der SEC zu registrieren. 1936 wurde diese Bestimmung erweitert, so dass die Registrierungspflicht nun auch auf Broker an den OTC-Märkten anwendbar war.[1020] Gemäß der aktuellen Fassung von *Section* 15 muss jeder Broker-Dealer zudem Mitglied bei einer SRO werden, bevor er im Wertpapiergeschäft tätig werden kann.[1021] Ebenfalls später im Jahre 1938 hinzugefügt wurde *Section* 15(c)(1) *Securities Exchange Act*,[1022] welche eine *Section* 17(a) *Securities Act* nachgebildete Betrugsbekämpfungsvorschrift enthält.[1023] Die SEC legte zudem in einer Ausführungsregel zu *Section* 15(c) fest, dass Broker-Dealer ein bestimmtes Nettokapital in liquider Form vorhalten müssen (*net capital rule*).[1024] Gemäß dieser Regel wird aktuell vorgeschrieben, dass die Gesamtverschuldung 1.500 Prozent des Nettokapitals nicht übersteigen darf.[1025] Broker-Dealer unterliegen zwar keinen gesetzlich festgelegten Treuepflichten, jedoch werden sie aufgrund von gesetzlichen Vorschriften und Regeln der SEC und der SROs dazu angehalten, sich so zu verhalten, dass Kunden von missbräuchlichen Praktiken verschont bleiben.[1026]

Im Jahre 1938 wurde durch den *Maloney Act* der *Securities Exchange Act* abermals geändert und die regulatorischen Kompetenzen der SEC auf dem OTC-Markt erweitert.[1027] Ziel der neuen *Section* 15A *Securities Exchange Act* war es, OTC-Dealer und Broker dazu anzuhalten, sich in einer oder in mehreren Organisationen zusammenzuschließen, in denen sie ihre Aktivitäten selbst beaufsichtigten und nur einer minimalen Aufsicht der Regierung zur Erhaltung des öffentlichen Interesses unterstehen.[1028] Es wurde eine Art *Public-Private Partnership* zwischen dem Bund

---

1017 TSC Industries, Inc. v. Northway, Inc., 426 U.S. 438, 439 (1976): "An omitted fact is material if there is a substantial likelihood that a reasonable shareholder would consider it important in deciding how to vote.".

1018 "Scienter" wird definiert als "[...] a mental state embracing intent to deceive, manipulate, or defraud." Siehe Ernst & Ernst v. Hochfelder, 425 U.S. 185, 193 (1976).

1019 Kodifiziert in 15 U.S.C. § 78o (2012).

1020 *Markham*, A Financial History of the U.S., S. 204.

1021 15 U.S.C. § 78o(b)(8) (2012).

1022 15 U.S.C. § 78o(c)(1) (2012).

1023 Siehe zu § 17(a) SA die Erläuterungen auf Seite 145.

1024 Kodifiziert in 17 C.F.R. § 240.15c3-1 (2014).

1025 17 C.F.R. § 240.15c3-1(a)(1) (2014).

1026 *SEC Staff*, Study on Investment Advisers and Broker-Dealers as required by Section 913 of the Dodd-Frank Wall Street Reform and Consumer Protection Act, January 2011, S. iv, online verfügbar unter http://www.sec.gov/news/studies/2011/913studyfinal.pdf, zuletzt geprüft am 16.02.2016. [Im Folgenden bezeichnet als "SEC Study on Investment Advisers and Broker-Dealers 2011"]. Zu den Treuepflichten ausführlicher auf Seite 156 ff.

1027 *Koslow*, S. 49. Siehe zu diesem Punkt schon Seite 130.

1028 *Frey*, S. 1 (45).

und der Privatwirtschaft kreiert. Die Rolle der SEC als Oberaufsichtsbehörde dieser selbstregulierenden Wertpapierorganisationen wurde jedoch stärker ausgestaltet als bei den Börsen. Gemäß der neuen *Section* 15A(b) *Securities Exchange Act* musste die SEC, bevor sie eine Bewerbung annahm, intensivere Nachforschungen hinsichtlich der Funktionsweise der Organisation machen, als es bei Börsen der Fall war. Zudem machte *Section* 15A(g) *Securities Exchange Act* den Erlass neuer Regeln von der Erlaubnis der SEC abhängig, während Börsen die SEC erst nach der Änderung oder Annahme einer neuen Regel davon in Kenntnis setzen mussten. Diese Ungleichbehandlung der SROs wurde durch eine weitere Änderung des *Securities Exchange Act* im Jahre 1975 beseitigt.[1029] Die einzige Organisation, die zurzeit (und jemals) gemäß dem *Maloney Act* registriert ist, ist die FINRA (vormals die NASD).[1030]

Section 16[1031] enthielt Vorschriften zum Insiderhandel. Die Bestimmung verlangte die Offenlegung von Transaktionen von Insidern mit den Aktien ihres eigenen Unternehmens. Zudem wurde festgelegt, dass leitende Angestellte, Geschäftsführer und Großaktionäre mit mindestens 10 Prozent Beteiligung ihre Gewinne verwirkten, wenn diese Gewinne in einem Zeitrahmen von sechs Monaten zwischen Erwerb und Verkauf der Aktien realisiert wurden.[1032] Schließlich verbot *Section* 16(c) auch den Leerverkauf durch leitende Angestellte, Geschäftsführer und Großaktionäre mit mindestens 10 Prozent Beteiligung.[1033]

Section 21(a) *Securities Exchange Act* enthält zu *Section* 20(b) *Securities Act* vergleichbare Bestimmungen.[1034]

5. Der Public Utility Holding Company Act of 1935

Im Jahre 1924 kontrollierten Holdinggesellschaften ungefähr 75 Prozent der Energieversorgung in den USA. 1930 wurden 90 Prozent aller Betreibergesellschaften von nur neunzehn Holdinggesellschaften kontrolliert.[1035] Zudem meldeten zwischen 1929 und 1936 insgesamt 53 Holdinggesellschaften Bankrott an.[1036] Der *Public Utility*

1029 Dazu ausführlicher auf Seite 167.

1030 Dazu schon auf Seite 130.

1031 Kodifiziert in 15 U.S.C. § 78p (2012).

1032 SEA, § 16(b), kodifiziert in 15 U.S.C. § 78p(b) (2012).

1033 SEA, § 16(c) wurde als sogenanntes „anti-Wiggin"-Amendment bezeichnet aufgrund der enormen Profite, die der Präsident der Chase National Bank Albert Wiggin durch den Leerverkauf der Aktien seiner eigenen Bank gemacht hatte. Siehe *Markham*, A Financial History of the U.S., S. 204.

1034 Siehe zu SA, § 20(b) die Besprechung auf Seite 145.

1035 *Kent/ Energy Information Administration (E.I.A.),* Public Utility Holding Company Act of 1935, 1993, S. 6.

1036 Study of Operations Pursuant to the Public Utility Holding Company Act of 1935: Hearings before the House Securities Subcommittee of the Committee on Interstate and Foreign Commerce, Part 3, 79th Cong., S. 851(1945) (statement of *Ganson Purcell*, Chairman of the SEC).

Holding Company Act of 1935 (PUHCA)[1037] wurde nach dem Erscheinen eines fast 100 Bände umfassenden Berichtes der FTC, welcher sich mit der starken Konzentration der Holdinggesellschaften und den sich daraus ergebenden Problemen befasste, erlassen.[1038] Diese Studie brachte viele systematische Missbräuche zutage,[1039] unter anderem die Emission von Wertpapieren mit gefälschten Aktivwerten, manipulierte Angaben zum Anlagevermögen, um Gewinne zu erhöhen und Dividenden zu rechtfertigen, sowie ungenügende Offenbarung von Finanzpositionen oder Ertragskraft des Unternehmen an die Investoren.[1040] Diese Studie und die hohen Verluste, die die Anleger, die in Wertpapiere der Holdinggesellschaften investiert hatten, nach dem Börsencrash von 1929 erlitten, trugen zu der Erkenntnis bei, dass Holdinggesellschaften nicht unbeaufsichtigt bleiben konnten und eine bundesgesetzliche Regelung notwendig war.[1041] Der *Public Utility Holding Company Act* war Teil der „New Deal" Gesetzgebung von Präsident Roosevelt[1042] und zielte darauf ab, die Manipulationen und Falschangaben, die durch den Zusammenbruch zahlreicher Holdinggesellschaften zutage gekommen waren, zu korrigieren.

Die meisten Versorgungsunternehmensholdinggesellschaften waren sehr verschachtelt (sogenanntes *„pyramiding"*). Die SEC stellte fest, dass eine Verschachtelung von fünf bis sechs Stufen an Holdinggesellschaften die Regel war.[1043] Verschachtelungen bringen generell einige Vorteile mit sich. Zum einen ist es der Holdinggesellschaft durch Mehrheitsbeteiligungen möglich, einen kontrollierenden Einfluss auf größere Mengen an Waren und Dienstleistungen auszuüben, als es ihr nur durch Einsatz eigener Mittel möglich wäre.[1044] Weiterhin erhöhen sich die Einnahmen der Holdinggesellschaft, falls sich die Aktien der Betriebsgesellschaften gut entwickeln. Durch einen relativ geringen Einsatz von Kapital kann daher viel Einfluss gewonnen werden.[1045]

Die Versorgungsunternehmensholdinggesellschaften nutzten die Vorteile der Verschachtelung jedoch extrem aus. Insbesondere wurde die Verschachtelung zur Zuschreibung (*write-up*) von Wertpapieren ausgenutzt.[1046] Diese Zuschreibungen in

1037 Public Utility Holding Company Act of 1935, Pub. L. No. 74-333, 49 Stat. 838 (1935–1936).

1038 *Markham*, A Financial History of the U.S., S. 205.

1039 Diese werden in PUHCA, § 1(b)(1) aufgelistet.

1040 *Seligman*, The Transformation of Wall Street, S. 128 f.

1041 *Trachsel*, Public Utility Regulation, 1947, S. 396.

1042 Die anderen Gesetze waren der SA von 1933, der SEA von 1934 und der Federal Power Act von 1935. Siehe *Cudahy/Henderson*, From Insull to Enron: Corporate (Re) Regulation after the Rise and Fall of Two Energy Icons, 26 Energy L.J. 35, 72 (2005).

1043 Public Utility Holding Company Act: Hearing before the Subcommittee on Energy Conservation and Power of the Committee on Energy and Commerce, House of Representatives, 97th Cong. (1982), S. 549 (statement of the SEC).

1044 *Trachsel*, S. 385.

1045 *Trachsel*, S. 385.

1046 *Trachsel*, S. 388.

großer Höhe ermöglichten es den Versorgeunternehmen, für ihre Leistungen mehr Geld zu verlangen, da auch der Zeitwert ihrer Vermögenswerte gesteigert wurde. Insbesondere da viele Einzelstaaten den Buchwert als den tatsächlichen Wert des Unternehmens ansahen, steigerten die Zuschreibungen diese Zahlen enorm.[1047]

Der *Public Utility Holding Company Act* übertrug der SEC die Verantwortung für die Ausführung des Gesetzes und die Aufsicht über und den Vorschriftenerlass für Versorgungsunternehmensholdinggesellschaften, die über die Grenzen eines Bundesstaates hinaus tätig wurden. Holdinggesellschaften, die nur in einem Bundestaat aktiv waren, blieben unter der Aufsicht der einzelstaatlichen Aufsichtsbehörden. *Section* 2(a)(7) *Public Utility Holding Company Act* definierte welche Holdinggesellschaften in den Anwendungsbereich des Gesetzes fielen.[1048] Demnach war unter einer Versorgungsunternehmensholdinggesellschaft eine Holdinggesellschaft zu verstehen, die eine Mehrheitsbeteiligung in einer anderen Gesellschaft hatte, welche entweder direkt oder indirekt ein Versorgungsunternehmen kontrollierte.

Ziel des Gesetzes war es, einen geographischen Zusammenschluss und eine Vereinfachung des Holdinggesellschaftssystems der Versorgungsunternehmen zu erreichen. Dazu wurde die SEC ermächtigt, Holdinggesellschaften zu zwingen, ihre Gesellschaften zu veräußern bis sie nur noch ein begrenztes geographisches Gebiet versorgten und kaum noch verschachtelt waren.[1049] Diese Befugnis war in *Section* 11 *Public Utility Holding Company Act* kodifiziert und wurde als „Todesurteil" bezeichnet, da diese Reorganisation radikal war und die Holdinggesellschaft danach fast nur noch regional tätig war.[1050] Eine durch *Section* 11 festgelegte Region konnte zwar auch grenzübergreifend sein, jedoch durfte sie nicht so groß sein, dass sie die Vorteile eines ortsgebundenen Managements, eines effizienten Betriebs und die Effektivität der Aufsicht beeinträchtigte.[1051] Als Ergebnis begrenzte das Gesetz die Holdinggesellschaftsstruktur auf zwei Ebenen; die Holdinggesellschaft und eine Betriebsgesellschaft und mit Genehmigung der SEC noch eine weitere Ebene über der Holdinggesellschaft. Die Holdinggesellschaftsstruktur wurde demnach nicht komplett abgeschafft, sondern es wurden nur die unnötigen und undurchschaubaren Verschachtelungen beseitigt, so dass eine Beaufsichtigung möglich war.[1052]

1047 *Trachsel*, S. 389.

1048 PUHCA, § 2(b)(7) lautet: „Holding company" means-
(A) any company which directly or indirectly owns, controls, or holds with power to vote, 10 per centum or more of the outstanding voting securities of a public-utility company or of a company which is a holding company by virtue of this clause or clause (B), unless the [Securities and Exchange] Commission, as hereinafter provided, by order declares such company not to be a holding company;[...]".

1049 *Trachsel*, S. 399.

1050 *Cudahy/Henderson*, S. 35 (73).

1051 PUHCA, § 2(29)(A).

1052 *Trachsel*, S. 405.

Der *Public Utility Holding Company Act of 1935* wurde durch den *Energy Policy Act of 2005* (EPA 2005) aufgehoben.[1053] Da die Reorganisation der Versorgungsindustrie in den 1950er-Jahren im Wesentlichen abgeschlossen und damit das Ziel des Gesetzes erreicht worden war, wurde es nicht mehr benötigt.

Stattdessen wurde durch den *Energy Policy Act of 2005* der *Public Utility Holding Company Act of 2005* (PUHCA 2005)[1054] erlassen, welcher die vormals verbindlichen Gesellschaftsvereinfachungen und die geographischen Zusammenschlüsse, die die Art von Investitionen für Holdinggesellschaften begrenzten, aufhob. Zudem verlor die SEC ihre Kompetenz zur Aufsicht über und zum Regelerlass für die Versorgungsunternehmensholdingindustrie. Diese Holdinggesellschaften und ihrer Tochtergesellschaften unterliegen seitdem der Aufsicht durch die *Federal Energy Regulatory Commission* (FERC).[1055]

6. Der Trust Indenture Act of 1939

Der *Trust Indenture Act of 1939* (TIA)[1056] wurde erlassen, nachdem die SEC eine Studie zur Emission von Anleihen herausbrachte. Diese Studie wurde aufgrund von *Section* 211 des *Securities Exchange Act* von 1934 vorgenommen, welche die SEC dazu ermächtigte, die sogenannten „Schutz- und Umstrukturierungskomitees" *(protective and reorganization committees)* zu untersuchen und darüber zu berichten. Die Studie wurde dem Kongress im Juni 1936 übermittelt.[1057]

Eine der wichtigsten Methoden, durch die sich ein Unternehmen in den USA finanziert, ist die Emission von Schuldverschreibungen. Damit es dem Unternehmen ermöglicht wird, relativ geringe Beträge zu annähernd identischen Bedingungen von einer Vielzahl von kleinen geographisch verstreuten Kreditgebern zu bekommen, bedient sich das Unternehmen eines Treuhänders. Dieser Treuhänder verwaltet die Bezahlung der Zinsen und der Hauptschuld und setzt die anderen Verpflichtungen des Emittenten für die Gruppe der Anleihegläubiger durch. Die Rahmenverträge, die die Bedingungen von unbesicherten Schuldverschreibungen von Unternehmen und die Rolle des Treuhänders regeln, nennt man „*trust indenture*".[1058]

1053 Energy Policy Act of 2005, Pub. L. No. 109-58, 119 Stat. 594 (2005). PUHCA wurde durch § 1263 EPA 2005 aufgehoben.

1054 Public Utility Holding Company Act of 2005, Pub. L. No. 109-58, Title XII, Subtitle F, 119 Stat. 972 (2005).

1055 *Thakar*, The Urge to Merge: A Look at the Repeal of the Public Utility Holding Company Act of 1935, 12 Lewis & Clark L. Rev. 903, 916 (2008).

1056 Trust Indenture Act of 1939, Pub. L. No. 76-253, 53 Stat. 1149 (1939).

1057 *SEC*, Report on the study and investigation of the work, activities, personnel and functions of protective and reorganization committees pursuant to Section 211 of the Securities Exchange Act of 1934, Part VI: Trustees under Indentures, 18. Juni 1936.

1058 *H. Johnson*, The 'Forgotten' Securities Statute: Problems in the Trust Indenture Act, 13 U. Tol. L. Rev. 92 (1981).

Die Untersuchung der SEC und eine Anhörung im Kongress ergaben, dass Treuhänder oft nicht genügend sicherstellten, dass Emittenten ihren Pflichten aus dem Rahmenvertrag nachkamen. Die Verträge wurden für den Emittenten vorteilhaft formuliert und man versuchte die Haftung des Treuhänders zu begrenzen oder auszuschließen. Insbesondere die Aufnahme von sogenannten „Vogelstrauß-Klauseln" (*ostrich clauses*) in den Vertrag wurde als bedenklich empfunden. Diese Klauseln erlaubten es dem Treuhänder, den Anleihegläubiger erst von einer Säumnis zu informieren, wenn sich mindestens zehn Prozent der Wertpapierinhaber gemeldet hatten. Dies galt selbst, wenn der Treuhänder tatsächliche Kenntnis von der Säumnis hatte.[1059]

Zudem ergab die Untersuchung, dass die Treuhänder oft finanzielle Eigeninteressen verfolgten, die denen der Anleihegläubiger gegenläufig waren. Durch das Gesetz wollte man diese Interessenskonflikte verringern und die Rolle der Treuhänder genauer definieren, insbesondere durch komplette Offenlegung bei der Emission.[1060]

Der *Trust Indenture Act* ist auf Anleihen, besicherte und unbesicherte Schuldverschreibungen und andere Schuldtitel, gleich ob besichert oder unbesichert, anwendbar. Ebenso ist er auf Urkunden, die die vorgenannten Wertpapiere in irgendeiner Weise repräsentieren, entweder in Form eines Zinsanteiles oder in einem Garantievertrag, anwendbar.[1061] Transaktionen mit geringem Volumen sind jedoch von dem Anwendungsbereich des Gesetzes ausgenommen. Ausgenommen waren ursprünglich Emissionen, deren Wert $ 250.000 innerhalb eines Jahres oder $ 1 Million innerhalb von 36 Monaten nicht überstieg.[1062] Dieser Wert wurde später auf $ 5 Millionen beziehungsweise $ 10 Millionen erhöht.[1063]

Die Emission der Wertpapiere selbst fällt schon unter den *Securities Act* von 1933, jedoch müssen die Rahmenverträge auch noch die zusätzlichen Voraussetzungen des *Trust Indenture Act* erfüllen. Der *Trust Indenture Act* stellt zusätzliche Anforderungen an Unabhängigkeit und Verantwortlichkeit für den Anleihetreuhänder[1064]

1059 *Markham*, A Financial History of the U.S., S. 212.

1060 *Markham*, A Financial History of the U.S., S. 212.

1061 Umkehrschuss aus TIA, § 304(a)(1).

1062 TIA, §§ 304(a)(8), 304(a)(9). Die aktuellen Versionen sind kodifiziert in 15 U.S.C. § 77ddd(8) (2012), 17 C.F.R. § 260. 4a-1 (2014) und 15 U.S.C. § 77ddd(9) (2012), 17 C.F.R. § 260.4a-3 (2014).

1063 15 U.S.C. § 77eee (2012) regelt die Informationen, die bei der Registrierung von Wertpapieren im Rahmen eines trust indenture zur Verfügung gestellt werden müssen. Dort heißt es: „Subject to the provisions of section 77ddd of this title, a registration statement relating to a security shall include the following [...]". 15 U.S.C. § 77ddd (2012) listet die Ausnahmen von der Anwendbarkeit des TIA auf. Da gemäß 15 U.S.C. § 77ddd(9) (2012) Rahmenverträge unter $ 10 Millionen von der Registrierung ausgenommen sind, kann man aus der Formulierung in 15 U.S.C. § 77eee (2012) schließen, dass nur Wertpapiere mit einem höheren Wert registriert werden müssen.

1064 Siehe beispielsweise 15 U.S.C. §§ 77jjj, 77ooo (2012).

und verlangt die Aufnahme von zusätzlichen Bestimmungen in den Rahmenvertrag, um die Anleihegläubiger zu schützen.

Im Jahre 1990 wurde das Gesetz reformiert, um den Prozess der Erstellung der Rahmenverträge zu vereinfachen und um die Anforderungen an die Unabhängigkeit der Anleihetreuhänder nochmals zu steigern.[1065]

7. Der Investment Company Act of 1940

Der *Investment Company Act of 1940* (ICA)[1066] ernannte die SEC zur Aufsichtsbehörde über Kapitalanlageunternehmen, die hauptsächlich in Wertpapiere investieren und mit ihnen handeln. Unter die Definition eines „Unternehmens" im Sinne des Gesetzes fallen Gesellschaften, Personengesellschaften, Vereine, Aktiengesellschaften, Trusts, Fonds oder jeder andere organisierte Zusammenschluss einer Personengruppe, gleich ob diese amtlich eingetragen ist oder nicht.[1067]

Ziel des Gesetzes war es, unzulässige Insichgeschäfte von Managern und Eigentümern von Kapitalanlageunternehmen zu verhindern und Anteilseigner von Fonds vor unehrlichen und selbstkontrahierenden Beratern zu schützen.[1068] Dies wurde insbesondere durch *Section* 10 *Investment Company Act*[1069] erreicht, der festlegte, dass 40 Prozent des Vorstandes aus unabhängigen Außenstehenden bestehen müsse.[1070] Das Gesetz regelte insbesondere die Zusammensetzung des Managements, die Kapitalstruktur des Unternehmens, Genehmigung der Beratungsverträge sowie Änderungen in der Anlagepolitik. Es machte Transaktionen mit leitenden Angestellten, Führungskräften des Unternehmens oder abhängigen Unternehmen von der Genehmigung durch die SEC abhängig. Dadurch sollten Interessenskonflikte vermieden werden. Erwähnenswert ist auch *Section* 12(d)(1) *Investment Company Act*,[1071] die zum Anlegerschutz verbietet, dass ein Kapitalanlageunternehmen von einem anderen kontrolliert wird (sogenannte „*antipyramiding*"-Bestimmung).[1072]

Das Gesetz wurde im Jahre 1970 reformiert, um weitere Bedingungen für die Vergütung des Managements und für Verkaufsgebühren einzuführen.[1073] Zudem wurden die Voraussetzungen, um Vorstandsmitglied zu werden, verschärft. Ursprünglich legte *Section* 10 *Investment Company Act* fest, dass 40 Prozent des Vorstandes nicht

---

1065 *Hazen*, Securities Regulation in a Nutshell, S. 14.

1066 Investment Company Act of 1940, Pub. L. No. 76-768, 54 Stat. 789 (1939–1941); jetzt kodifiziert in 15 U.S.C. §§ 80a-1– 80a-64 (2012).

1067 ICA, § 2(a)(8), kodifiziert in 15 U.S.C. § 80a–2(a)(8) (2012).

1068 United States v. Brashier, 548 F.2d 1315, 1320–1321 (9th Cir. 1976).

1069 Kodifiziert in 15 U.S.C. § 80a-10 (2012).

1070 Tannenbaum v. Zeller, 552 F.2d 402, 406 (2d Cir. 1977). Dort werden die unabhängigen außenstehenden Vorstandsmitglieder als „independent watchdog" bezeichnet.

1071 Kodifiziert in 15 U.S.C. § 80a-12(d)(1)(2012).

1072 Clemente Global Growth Fund, Inc. v. Pickens, 705 F.Supp. 958, 962 et seq. (S.D.N.Y. 1989).

1073 *Hazen*, Securities Regulation in a Nutshell, S. 14.

aus Personen bestehen solle, die Führungskräfte oder Arbeitnehmer der Gesellschaft, bei der Gesellschaft tätige Anlageberater oder von dem Anlageberater „abhängige Personen“ (*affiliated person*) waren. Nunmehr durften diese 40 Prozent keine Personen sein, die durch die Ernennung einen persönlichen Vorteil erlangen könnten (*interested person*).

Eine weitere Reform fand im Jahre 1990 durch den *Securities Enforcement Remedies and Penny Stock Reform Act* (Remedies Act)[1074] statt. Diese Änderung gab der SEC die Möglichkeit, Geldstrafen im Verwaltungsverfahren zu verhängen[1075] und Zivilverfahren gegen jede Person anzustrengen, die die Bundeswertpapiergesetze verletzt hat.[1076] Die maximale Geldstrafe wurde auf $ 100.000 für natürliche Personen und $ 500.000 für alle anderen Personen festgelegt.

8. Der Investment Advisers Act of 1940

Der *Investment Advisers Act of 1940* (IAA)[1077] ähnelt dem *Securities Exchange Act* von 1934.[1078] Genauso wie dort eine Registrierungspflicht für die Broker-Dealer eingeführt wurde, regelt der *Investment Advisers Act* eine Registrierungspflicht für Anlageberater. Anlageberater sind Personen, die gegen Vergütung Anlageempfehlungen geben. Nicht erforderlich ist der Kauf oder Verkauf der empfohlenen Wertpapiere als Teil des Geschäfts des Anlageberaters.[1079] Diese Beratung kann entweder personalisiert sein oder sich an tausende von Newsletterempfängern richten. Der *Investment Advisers Act* versuchte, dieses weite Spektrum abzudecken.[1080] Das System ist jedoch nicht so weitgehend wie das System des *Securities Exchange Act*.[1081] Die SEC kann keine Berufsvoraussetzungen oder Finanzstandards aufstellen wie dies beim *Securities Exchange Act* der Fall ist. Auf der anderen Seite trifft den Anlageberater jedoch eine gesetzlich festgelegte Treuepflicht gegenüber seinen Kunden.

Dem Verbraucher ist diese unterschiedliche rechtliche Behandlung von Anlageberatern und Broker-Dealern und der daraus folgende unterschiedliche Schutz oft nicht bekannt. *Section* 913(b) des *Dodd-Frank Act* weist die SEC daher an, eine Studie durchzuführen, um die Effektivität der bestehenden rechtlichen und regulatorischen Sorgfaltspflichten zu überprüfen, die für die Anlageberatung von der SEC, FINRA oder Bundes- oder einzelstaatlichen Behörden aufgestellt wurden. Zudem soll überprüft werden, ob es Lücken, Schwächen, oder Überschneidungen in der gesetzlichen

---

1074 Securities Enforcement Remedies and Penny Stock Reform Act, Pub. L. No. 101-429, 104 Stat. 931 (1990).

1075 Remedies Act, § 301.

1076 Remedies Act, § 302.

1077 Investment Advisers Act of 1940, Pub. L. No. 76-768, Title II, 54 Stat. 847 (1939–1941); jetzt kodifiziert in 15 U.S.C. § 80b-1(2012) - 15 U.S.C. § 80b-21 (2012).

1078 Zum SEA siehe die Besprechung auf Seite 146 ff.

1079 IAA, § 202(a)(11).

1080 *Cox/Hillman/Langevoort,* Securities Regulation, 6. Auflage 2009, S. 1075.

1081 Siehe Seite 146 ff.

Regelung oder beim Verwaltungsvollzug gibt. Es werden explizit 14 Punkte aufgelistet, die bei dieser Studie einbezogen werden sollen.[1082]

Die SEC stellte zur Durchführung der Studie eine bereichsübergreifende Task Force aus verschiedenen Mitarbeitern zusammen (*SEC Staff*), welche am 21. Januar 2011 die Studie veröffentlichte.[1083] Es wurde insbesondere vorgeschlagen, einen neuen einheitlichen Standard für die Treue- und Fürsorgepflicht einzuführen und die zwei verschiedenen Regulierungsregime zu harmonisieren.[1084] Zu Beginn der Studie wird noch einmal herausgehoben, dass diese Studie die Meinung der Task Force darstellt, welche sich nicht unbedingt mit der Sichtweise der SEC als Behörde deckt.[1085] Diese Studie wurde an den Kongress weitergeleitet. Diese Vorgehensweise scheint ständige Verwaltungspraxis zu sein.[1086]

Die SEC veröffentlichte am 1. März 2013 eine Mitteilung zur Umsetzung eines einheitlichen Treue-und Fürsorgestandards mit der Möglichkeit der Kommentierung durch die Öffentlichkeit. Die Kommentierungsphase endete am 5. Juli 2013.[1087] Ob ein einheitlicher Treue- und Fürsorgestandard eingeführt wird, ist zurzeit noch offen. Das gemäß Section 911 *Dodd-Frank Act* gebildete *Investor Advisory Committee* der SEC[1088] hat dies befürwortet,[1089] jedoch sind diese Empfehlungen für die SEC

1082 Dodd-Frank Act, § 913(c).

1083 SEC Study on Investment Advisers and Broker-Dealers 2011, Fundstelle siehe Fn. 1026.

1084 SEC Study on Investment Advisers and Broker-Dealers 2011, S. 101.

1085 SEC Study on Investment Advisers and Broker-Dealers 2011, S. ii: "The views expressed in this Study are those of the Staff and do not necessarily reflect the views of the Commission or the individual Commissioners. This Study was approved for release by the Commission.".

1086 Siehe dazu die Stellungnahme der SEC Commissioners *Casey/Paredes*, Statement Regarding Study On Investment Advisers And Broker-Dealers, 21. Januar 2011, online verfügbar unter http://www.sec.gov/news/speech/2011/spch012211klctap.htm, zuletzt geprüft am 16.02.2016: „[...] At the outset, it is important to underscore that the views expressed in the Study are those of the Staff of the Commission and not necessarily those of the Commission as a whole or of individual Commissioners. This is stated clearly in the Study and is consistent with other studies performed by the Staff and then delivered by the Commission to Congress.".

1087 Duties of Brokers, Dealers, and Investment Advisers, 78 Fed. Reg. 14848 (March 7, 2013).

1088 Kodifiziert in 15 U.S.C. § 78pp (2012).

1089 *Investor Adviser Committee*, Recommendation of the Investor Advisory Committee: Broker-Dealer Fiduciary Duty, online verfügbar unter http://www.sec.gov/spotlight/investor-advisory-committee-2012/fiduciary-duty-recommendation-2013.pdf, zuletzt geprüft am 16.02.2016.

nicht verbindlich.[1090] Die SEC hat die Erstellung von harmonisierten Standards in ihren Plan für 2016/17 aufgenommen.[1091]

Der *Investment Advisers Act* schloss explizit einige Berufsgruppen von der Definition des „Anlageberaters“ aus, insbesondere sogenannte „private Anlageberater“,[1092] jedoch gab es einige Grenzfälle, die problematisch waren. Dies waren Fälle, bei denen eine Person als Anlageberater angesehen werden kann aufgrund von Aktivitäten, die zwar nicht Anlageberatung genannt werden, jedoch dieselbe Zielrichtung verfolgen. Es fehlt nur das „Schild an der Haustür“ (*shingle*) mit „Anlageberater“.[1093] Eine Auslegung nach Sinn und Zweck ergibt jedoch, dass der Gesetzgeber möglichst viele Personen erfassen wollte, die eine Vergütung dafür erhalten, dass sie Vermögenswerte ihrer Klienten investieren. „Anlageberater“ wurde daher von den Gerichten weit ausgelegt, so dass auch Grenzfälle erfasst wurden.[1094]

Diese weite Definition durch die Gerichte brachte jedoch auch Probleme mit sich. Die SEC beschwerte sich zunehmend, dass sie nicht die notwendigen Ressourcen habe, um alle erfassten Personen effektiv zu beaufsichtigen. 1996 wurde daher das Gesetz abgeändert, so dass die SEC nur noch zuständig war für Anlageberater, die mit einem Investmentfond assoziiert waren oder die ein Anlagevermögen von über $ 25 Millionen verwalteten.[1095] Der Rest unterfiel der Aufsicht durch die Einzelstaaten.[1096] Der *Dodd-Frank Act* hat diese Registrierungsgrenze noch einmal erhöht, so dass alle Anlageberater, die in die Kategorie "mittelgroße Berater" fallen, von den Einzelstaaten beaufsichtigt werden.[1097] Unter "mittelgroßen Beratern" werden alle Berater verstanden, die weniger als $ 100 Millionen verwalten.[1098]

Durch *Title* IV des *Dodd-Frank Act* wurde die Kompetenz der SEC aber auch wieder erweitert und man erlegte Hedgefond- und Private Equity Fond-Beratern, die ursprünglich als „private Anlageberater“ ausgenommen waren, eine Registrierungspflicht auf.[1099] Der *Dodd-Frank Act* ersetzt die ursprüngliche Ausnahme für private Anlageberater mit mehreren enger gefassten Ausnahmen für Berater, die

1090 15 U.S.C. § 78pp(h) (2012).

1091 *SEC*, FY 2017 Congressional Budget Justification, FY 2017 Annual Performance Plan, FY 2015 Annual Performance Report, S. 72. Online verfügbar unter https://www.sec.gov/news/testimony/chair-white-testimony-sec-agenda-operations-2017-budget.html, zuletzt geprüft am 16.02.2016.

1092 Dies sind Anlageberater, die innerhalb von 12 Monaten weniger als 15 Kunden beraten und auch nach außen nicht als Anlageberater auftreten. Siehe IAA, § 203(b)(3).

1093 *Cox/Hillman/Langevoort*, S. 1077.

1094 Abrahamson v. Fleschner, 568 F.2d 862, 871(2d Cir. 1976).

1095 Diese Änderung geschah durch den National Securities Markets Improvement Act of 1996 (NSMIA), Pub. L. No. 104-290, 110 Stat. 3416 (1996).

1096 NSMIA, § 303(a); *Cox/Hillman/Langevoort*, S. 1078.

1097 Dodd-Frank Act, § 410. Kodifiziert in 15 U.S.C. § 80b-3a(a)(2) (2012).

1098 15 U.S.C. § 80b-3a(a)(2)(B) (2012).

1099 Dodd-Frank Act, § 403, kodifiziert in 15 U.S.C. 80b-3(b)(1) (2012).

ausnahmslos Wagniskapitalfonds (*venture capital funds)* verwalten[1100] und für Berater, die ausschließlich Privatfonds mit weniger als $ 150 Millionen Aktiva in den USA verwalten.[1101] Ausländische private Anlageberater und Berater von kleinen eingetragenen Kapitalanlageunternehmen sind ebenfalls weiterhin ausgenommen.[1102] Die Regeln, die die SEC zur Umsetzung dieser Anforderungen erlassen hat, sind am 19. September 2011 in Kraft getreten.[1103]

Jeder Anlageberater, der unter das Gesetz fällt, muss sich bei der SEC registrieren lassen.[1104] Das Gesetz ermächtigt die SEC, eine Anmeldung anzunehmen, abzulehnen oder später befristet auszusetzen. Es ist auch ein vollständiger Widerruf möglich.[1105] Sie kann Geldstrafen verhängen, wenn der Anlageberater Falschangaben bei der SEC gemacht hat, wenn es ihm gerichtlich untersagt wurde in der Wertpapierbranche tätig zu sein, oder wenn er wissentlich die Bundeswertpapiergesetze verletzt hat.[1106]

Section 206 *Investment Advisers Act*[1107] verbietet Betrug und arglistige Täuschung im Umgang mit Kunden. Sinn und Zweck des *Investment Advisers Act* war es, (potentielle) Interessenskonflikte zu vermeiden. Die SEC kann den Anlageberater daher (gerichtlich) dazu verpflichten, alle Informationen bezüglich eigener Käufe von Wertpapieren, die er Kunden empfohlen hat, offenzulegen und muss dabei weder Verletzungsabsicht noch den Eintritt eines Schadens beim Kunden nachweisen.[1108]

9. Der Federal Securities Code

Der *Federal Securities Code* war ein im Jahre 1968 in Angriff genommenes Projekt des *American Law Institute* (ALI), welches versuchte, die wichtigsten Gesetze im Bereich der Wertpapieraufsicht in ein einheitliches Gesetz zu integrieren und sie zu bearbeiten.[1109] Hauptsächliches Ziel war eine Vereinfachung der komplexen Regeln. Doppelungen in den Vorschriften und Widersprüchlichkeiten bei den Definitionen sollten behoben werden. Das gesamte System des Verbraucherschutzes sollte näher untersucht werden, mit dem Ziel, seine Effizienz zu steigern. Es dauerte elf Jahre bis der endgültige Vorschlag veröffentlicht wurde. Obwohl das Projekt sowohl von der

1100 Dodd-Frank Act, § 407, kodifiziert in 15 U.S.C. 80b-3(l) (2012).
1101 Dodd-Frank Act, § 408, kodifiziert in 15 U.S.C. 80b-3(m) (2012).
1102 Dodd-Frank Act, § 403, kodifiziert in 15 U.S.C. 80b-3(b)(3) (2012).
1103 Rules Implementing Amendments to the IAA, 76 Fed. Reg. 42950 (July 19, 2011).
1104 IAA, § 203(a), kodifiziert in 15 U.S.C. § 80b-3(a) (2012).
1105 15 U.S.C. § 80b-3(e) (2012).
1106 *Cox/Hillman/Langevoort*, S. 1078.
1107 Kodifiziert in 15 U.S.C. § 80b-6 (2012).
1108 Securities Exchange Commission v. Capital Gains Research Bureau, Inc., 375 U.S. 180, 192 (1963).
1109 Diese Gesetze sind SA, SEA, PUHCA, TIA, ICA und IAA.

SEC als auch von der *American Bar Association* (ABA) unterstützt wurde,[1110] kam es nie zur Umsetzung durch den Gesetzgeber.[1111]

10. Der Johnson-Shad Accord

Aufgrund der Tatsache, dass die Finanzmärkte immer komplexer und hochentwickelter wurden, kam es zu Überschneidungen in den Aufgabenbereichen von SEC und CFTC. Drei Änderungen des *Commodity Exchange Act* im Jahre 1974 trugen zu dieser Entwicklung bei.[1112]

Zum einen wurde eine Bestimmung in den *Commodity Exchange Act* aufgenommen, die es der CFTC verbat, in den Aufgaben- und Kompetenzbereich der SEC einzudringen.[1113] Weiterhin wurde die Definition eines Rohstoffes/Gutes (*commodity*) erweitert, so dass sowohl materielle als auch immaterielle Güter darunter fielen.[1114] Aufgrund dieser weiten Definition wurden auch Wertpapiere erfasst und die CFTC wäre an sich zuständig. Schließlich ordnete der *Commodity Exchange Act* die ausschließliche Zuständigkeit der CFTC für Termingeschäfte und Optionen jeglicher Art an.[1115] Diese nicht miteinander in Einklang stehenden gesetzlichen Vorschriften machen deutlich, warum die Abgrenzung zwischen den Aufgabenbereichen der SEC und der CFTC unklar war.

Die SEC vertrat aufgrund der vorgenannten Änderungen des *Commodity Exchange Act* die Auffassung, dass ein Terminvertrag, der auf einem Wertpapier basierte, in ihre rechtliche Zuständigkeit falle, da ein solches Derivat eindeutig die

---

1110 *Simpson*, The Proposed Federal Securities Code: Time to Recognize that Financial Information Becomes Stale, 9 Fordham Urb. L.J. 719 (1980).

1111 *Hazen*, Securities Regulation in a Nutshell, S. 17.

1112 *U.S. Gov't Accountability Office*, GAO-00-89, CFTC and SEC: Issues Related to the Shad-Johnson Jurisdictional Accord (2000), S. 5, online verfügbar unter www.gao.gov/assets/230/228932.pdf, zuletzt geprüft am 16.02.2016.

1113 7 U.S.C. § 2(a)(1)(A) (2012) lautet: "[...] Except as hereinabove provided, nothing contained in this section shall (i) supersede or limit the jurisdiction at any time conferred on the Securities and Exchange Commission or other regulatory authorities under the laws of the United States or of any State, or (ii) restrict the Securities and Exchange Commission and such other authorities from carrying out their duties and responsibilities in accordance with such laws.".

1114 7 U.S.C. § 1a(9) (2012) lautet: "The term "commodity" means wheat [...] and all other goods and articles, except onions [...], **and all services, rights, and interests** [...] in which contracts for future delivery are presently or in the future dealt in." [mit eigener Hervorhebung].

1115 7 U.S.C. § 2(a)(1)(A) (2012): "The Commission shall have **exclusive jurisdiction**, [...] with respect to accounts, agreements (including any transaction which is of the character of, or is commonly known to the trade as, an "option", "privilege", "indemnity", "bid", "offer", "put", "call", "advance guaranty", or "decline guaranty"), and transactions involving swaps or contracts of sale of a commodity for future delivery [...]."[mit eigener Hervorhebung].

Legaldefinition eines Wertpapieres erfülle. Nach einigen Jahren der Unsicherheit und gerichtlicher Auseinandersetzungen schlossen die SEC und die CFTC im Jahre 1981 ein Übereinkommen zur Abgrenzung ihrer rechtlichen Zuständigkeiten.[1116] Dieses Abkommen, der sogenannte „*Johnson-Shad Accord*",[1117] wurde in *Section* 2(a)(1)(B) *Commodity Exchange Act, Section* 2 des *Securities Act of 1933* und in *Section* 3 des *Securities Exchange Acts of 1934* inkorporiert.[1118] Danach behielt die SEC die Zuständigkeit für Wertpapieroptionen, während die CFTC die ausschließliche Zuständigkeit bekam für Terminverträge und Optionen auf Terminverträge, denen ein Wertpapier oder eine Gruppe von Wertpapieren zugrunde liegt.[1119] Das Abkommen verbot Terminverträge für individuelle Wertpapiere. Dies wurde jedoch im Jahre 2000 durch den *Commodity Futures Modernization Act* (CFMA)[1120] geändert, welcher der CFTC die Zuständigkeit zur Aufsicht über Terminverträge für individuelle Wertpapiere (*security future*) gab.[1121] Der *Commodity Futures Modernization Act* bestimmte zudem, dass Swapvereinbarungen, die auf Wertpapieren basieren (*securities-based swap agreements*), selber keine Wertpapiere sind, jedoch trotzdem den Betrugsbestimmungen der Wertpapiergesetze unterfallen.[1122]

11. Weitere Bundesgesetze

Die vorangegangenen Darlegungen haben sich nur mit den Bundesgesetzen im Bereich der Wertpapiere befasst, die üblicherweise gemeint sind, wenn von den „Wertpapiergesetzen" gesprochen wird. Zusätzlich zu diesen bereits besprochenen Bundeswertpapiergesetzen gibt es jedoch noch einige andere Gesetze, die die bestehenden Bundeswertpapiergesetze ergänzten oder abänderten. Im Weiteren werden diese Gesetze dargestellt, da sie ebenfalls einen wichtigen Einfluss auf das Aufsichtssystem im Bereich der Wertpapieren hatten und haben und insbesondere durch die wachsende Verflechtung der Märkte, sowohl national als auch international, notwendig wurden.

1116 *Hazen*, Treatise, § 1.5(1) und (2).

1117 Der Shad-Johnson Accord wurde als "Securities Acts Amendments of 1982", Pub. L. No. 97-303; 96 Stat. 1409 (1982) für die SEC und als "Futures Trading Act of 1982", Pub. L. No. 97-444; 96 Stat. 2294 (1982) für die CFTC verabschiedet.

1118 Kodifiziert in 7 U.S.C. § 2a (2012); 15 U.S.C. § 77b(a)(1) (2012) und 15 U.S.C. § 78c (2012).

1119 *Hazen*, Treatise, § 1.5(2)(A).

1120 Commodity Futures Modernization Act of 2000, Pub. L. No. 106-554, Appendix E, 114 Stat. 2763, 2763A–365 (2000).

1121 7 U.S.C. § 1a(44) (2012).

1122 CFMA, §§ 301(a), 302(b), kodifiziert in 15 U.S.C. §§ 77b-1(b), 77q(a).

a. Der Securities Investor Protection Act of 1970

Wie schon für den Erlass von früheren Gesetzen, war auch für den Erlass des *Securities Investor Protection Act of 1970* (SIPA)[1123] eine Krise notwendig. Durch den Baisse-Markt in den Jahren 1969/70, bei dem mehrere Brokerhäuser zusammenbrachen, wurde das Vertrauen der Investoren nachhaltig gestört. Der *Securities Investor Protection Act* bot den Anlegern eine Versicherung gegen Verluste, die durch die finanzielle Misswirtschaft oder die Insolvenz des Broker-Dealers entstanden waren.[1124]

Die bestehenden Vorschriften für Broker-Dealer, wie die Registrierung bei der SEC, das Vorhalten von Nettokapital in liquider Form und das Einreichen von jährlichen Finanzberichten, waren aus zwei Gründen ungenügend zum Schutz der Anleger.[1125] Zum einen waren die Nettokapitalregeln nur auf Broker-Dealer an den OTC-Märkten anwendbar, wenn diese Geschäfte durch Börsenmitglieder tätigten.[1126] Zudem musste das Ganze im „gewöhnlichen Geschäftsverkehr" auftreten.[1127] Zweitens, selbst wenn die Bestimmungen Anwendung fanden, so waren die Formulierungen nicht sehr klar oder sogar widersprüchlich. Die Nettokapitalregel bestimmte beispielsweise, dass Broker-Dealer nachrangige Darlehen nicht zur Berechnung des benötigten Nettokapitals heranziehen konnten. Die Vorschriften zur Gesamtverschuldung legten fest, dass nachrangige Darlehen nicht miteinbezogen werden mussten. Broker-Dealer konnten daher bei der Berechnung ihres Nettokapitals nachrangige Darlehen doch wiederum einbeziehen. Die Zahlen zum Nettovermögen des Broker-Dealers waren folglich nicht sehr repräsentativ und die in Krisensituationen verfügbaren liquiden Mittel stellten sich als unzureichend dar.[1128]

Zudem hatten Anleger oft große Schwierigkeiten, ihre bezahlten Wertpapiere zu erlangen, obwohl sie ein uneingeschränktes Recht auf Herausgabe hatten und die Wertpapiere dem Broker-Dealer nur zur Verwahrung übergeben worden waren. Brach das Brokerhaus zusammen, so wurden die Wertpapiere der Anleger während

---

1123 Securities Investor Protection Act of 1970, Pub. L. No. 91-598; 84 Stat. 1636 (1970–1971); kodifiziert in der heutigen Fassung in 15 U.S.C. § 78aaa(2012) - 15 U.S.C. § 78lll (2012).

1124 *Sowards/Mofsky*, The Securities Investor Protection Act of 1970, 26 Bus. Law. 1271 (1971).

1125 So die Gesetzesbegründung in H.R. REP. No. 91-1613 (1970), reprinted in 1970 U.S.C.C.A.N. 5254, 5256.

1126 SEA, § 8: „It shall be unlawful for any member of a national securities exchange, or any broker or dealer **who transacts a business in securities through the medium of any such member,** directly or indirectly[...]." [mit eigener Hervorhebung].

1127 SEA, § 8(b): „It shall be unlawful [...] To permit **in the ordinary course of business** as a broker his aggregate indebtedness to all other persons, including customers' credit balances [...], to exceed such percentage of the net capital [...] employed in the business, but not exceeding in any case 2.000 per centum [...]." [mit eigener Hervorhebung].

1128 *Sowards/Mofsky*, S. 1273.

der Liquidierung eingefroren und sie konnten ihre Gewinne nicht realisieren. Diese Situation wurde als untragbar angesehen.[1129] Die von den Börsen eingerichteten freiwilligen Treuhandfonds konnten das Vertrauen der Investoren auch nicht wiederherstellen. Zum einen unterlagen die Treuhänder keiner rechtlichen Verpflichtung gegenüber den Kunden der Mitglieder und zum anderen waren die meisten freiwilligen Treuhandfonds nach Auszahlung von einer großen Menge an Geldern nahezu erschöpft.[1130] Durch das Gesetz wurde daher die *Securities Investor Protection Corporation* (SIPC) gegründet. Als Vorbild für die SIPC diente die FDIC, jedoch ist der Schutz durch die SIPC nicht so weitreichend wie der Schutz durch die FDIC.[1131]

Das Gesetz legt ausdrücklich fest, dass die SIPC keine Regierungsbehörde ist, sondern ein eingetragener Verein ohne Erwerbszweck (*nonprofit membership corporation*) gegründet nach dem Recht des *District of Columbia*.[1132] Dies ist ein entscheidender Unterschied zu der in Deutschland tätigen „Entschädigungseinrichtung der Wertpapierhandelsunternehmen" (EdW), welche als nicht rechtsfähiges Sondervermögen des Bundes bei der Kreditanstalt für Wiederaufbau eingerichtet wurde.[1133] Obwohl die SIPC keine Regierungsbehörde ist, kann die SEC umfangreiche Kontrollrechte über sie ausüben, um die Belange der Allgemeinheit zu bewahren.[1134]

Geleitet wird die SIPC von einem siebenköpfigen Vorstand, wobei jeweils ein Mitglied vom FRB und vom Finanzministerium gewählt wird und die anderen fünf Mitglieder auf Vorschlag des U.S.-Präsidenten und mit Beratung und Zustimmung des Senates ernannt werden. Zwei von diesen fünf Mitgliedern werden aus der breiten Öffentlichkeit bestimmt, während die anderen drei aus verschiedenen Bereichen der Wertpapierindustrie stammen sollen.[1135]

Die SIPC wurde ermächtigt, die Liquidierung von Wertpapierunternehmen zu beaufsichtigen, die in finanzielle Engpässe geraten sind, und die Bezahlung der Schuldner sicherzustellen.[1136] Der Schutz wird sowohl für Kunden von Börsenmitgliedern

1129 *Sowards/Mofsky*, S. 1274.

1130 Siehe die Gesetzesbegründung in H.R. REP. No. 91-1613 (1970), reprinted in1970 U.S.C.C.A.N. 5254, 5257: „First [...] the trustees have no legal obligation to the customers of member firms. Second, the trust fund of the New York stock exchange is now virtually exhausted, having been required to commit approximately $ 55 Million [...]".

1131 *SIPC*, How SIPC Protects You, S. 3, online verfügbar unter http://www.sipc.org/Content/media/brochures/HowSIPCProtectsYou-English-Web.pdf, zuletzt geprüft am 16.02.2016. Zum Schutzumfang durch die SIPC im Folgenden genauer.

1132 SIPA, § 3(a)(1) und (2), kodifiziert in 15 U.S.C. § 78ccc(a)(1) und (2) (2012).

1133 § 6 Abs. 1 EAEG.

1134 SIPA, § 3(e)(3), kodifiziert in 15 U.S.C. § 78ccc(e)(3) (2012). Die Belange der Allgemeinheit sind das nicht sehr klar definierte „Vertrauen der Investoren in den Wertpapiermarkt". Siehe *Karmel*, 61 Law and Contemp. Probs. 33, 35 (1998).

1135 SIPA, § 3(c)(2), kodifiziert in 15 U.S.C. § 78ccc(c)(2) (2012).

1136 *Hazen*, Securities Regulation in a Nutshell, S. 15.

als auch für Kunden von OTC-Markthändlern gewährt.[1137] Jeder bei der SEC registrierte Broker-Dealer ist verpflichtet, Mitglied bei der SIPC zu werden, es sei denn, er betreibt hauptsächlich Geschäfte außerhalb der USA oder das Geschäft besteht ausschließlich aus dem Verkauf oder dem Absatz von Aktien von Kapitalanlageunternehmen, variablen Annuitäten-Anleihen oder Versicherungen.[1138] Jedes Mitglied zahlt einen jährlichen Beitrag. Im Falle der Liquidierung einer Broker-Dealer-Firma schießt SIPC bis zu $ 50.000 insgesamt pro Kundenkonto vor.[1139] Der Schutz für reine Bareinlagen wurde jedoch auf $ 20.000 begrenzt.[1140] Die Mittel werden aus den Mitgliedsbeiträgen finanziert.[1141]

Wichtig ist hervorzuheben, dass die Mitglieder der SIPC kein persönliches Klagerecht gegen die SIPC haben.[1142] Nur die SEC ist befugt die SIPC zu verklagen, wenn diese sich weigert die Verluste der Schuldner auszugleichen.[1143] Dies hat sie bisher jedoch erst ein einziges Mal gemacht, in dem Fall „*Securities Exchange Commission v. Securities Investor Protection Corporation*" im Jahre 2012.[1144] Obwohl das Gericht die Misere der Investoren nachvollziehen konnte, so gab es der SIPC Recht

---

1137 SIPA, § 3(a)(2)(A) und (B), aktuelle Fassung kodifiziert in 15 U.S.C. § 78ccc(a)(2)(A) (2012).

1138 SIPA, § 3(a)(2)(B)(i)-(iv), aktuelle Fassung kodifiziert in 15 U.S.C. § 78ccc(a)(2)(A)(i)-(iii) (2012).

1139 SIPA, § 6(f)(1): Mittlerweile wurde die Summe auf § 500.000 pro Kundenkonto angehoben. Siehe 15 U.S.C. § 78fff-3(a) (2012).

1140 SIPA, § 6(f)(1)(A). Die Begrenzung wurde auch hier angehoben und liegt momentan bei $ 250.000. Siehe 15 U.S.C. § 78fff-3(a)(1) (2012) in Verbindung mit 15 U.S.C. § 78fff-3(d) (2012).

1141 SIPA, § 4(c), kodifiziert in 15 U.S.C. § 78ddd(a) (2012).

1142 15 U.S.C. § 78eee(a) (2012); Securities Investor Protection Corporation v. Barbour, 421 U.S. 412, 424–425 (1975): "[...] the SIPA contains no standards of conduct that a private action could help to enforce, and it contains no general grant of jurisdiction to the district courts. [...] a private right of action under the SIPA would be consistent neither with the legislative intent, nor with the effectuation of the purposes it is intended to serve. [...] For these reasons we are unable to agree with the proposition that the customers of a member broker may sue to compel the SIPC to perform its statutory functions.".

1143 15 U.S.C. § 78ggg(b): "In the event of the refusal of SIPC to commit its funds or otherwise to act for the protection of customers of any member of SIPC, the Commission may apply to the district court of the United States in which the principal office of SIPC is located for an order requiring SIPC to discharge its obligations under this chapter and for such other relief as the court may deem appropriate to carry out the purposes of this chapter.".

1144 Securities Exchange Commission v. Securities Investor Protection Corporation, 872 F.Supp.2d 1 (D.D.C. 2012).

und bestätigte ihre am Wortlaut orientierte enge Auslegung des *Securities Investor Protection Act*.[1145]

Damit die SIPC aktiv wird und ein Entschädigungsanspruch besteht, müssen mehrere Voraussetzungen erfüllt sein. Derjenige, der einen Anspruch geltend macht, muss zum einen ein „Kunde" des insolventen Broker-Dealers gewesen sein.[1146] „Kunde" ist dabei nur derjenige, der dem Broker-Dealer Wertpapiere oder Geld zum Kauf von Wertpapieren "überlassen" hat.[1147] Der Begriff „Kunde" ist eng auszulegen.[1148] Zum anderen muss eine der weiteren Voraussetzungen in 15 U.S.C. *Section* 78eee(a)(3) (2012) erfüllt sein. Dies sind hauptsächlich (bevorstehende) Zahlungsunfähigkeit oder Insolvenz.

Das hauptsächliche Ziel des *Securities Investor Protection Act* ist nicht die Verhinderung von Betrug und Unterschlagung, sondern die Rückgängigmachung von Verlusten, die durch die **Insolvenz** des Broker-Dealers entstanden sind.[1149] Die SIPC

1145 Securities Exchange Commission v. Securities Investor Protection Corporation, 872 F.Supp.2d 1, 12 (D.D.C. 2012): „The Court is truly sympathetic to the plight of the SGC clients who purchased the SIBL CDs and now find themselves searching desperately for relief. [...] But this Court has a duty to apply the SIPA statute as written by Congress, and, as other courts have done, this Court also has a duty to construe narrowly the "customer" definition of the statute.".

1146 15 U.S.C. § 78lll(2): "The term "customer" of a debtor means any person [...] who has a **claim on account of securities received, acquired, or held by the debtor** in the ordinary course of its business as a broker or dealer from or for the securities accounts of such person for safekeeping, with a view to sale, to cover consummated sales, pursuant to purchases, as collateral, security, or for purposes of effecting transfer. [...] The term **"customer" includes** [...] any person who has **deposited cash with the debtor** for the purpose of purchasing securities [...]". [mit eigener Hervorhebung].

1147 In re Bernard L. Madoff Investment Securities LLC, 654 F.3d 229, 236 (2d Cir. 2011); Appleton v. First National Bank of Ohio, 62 F.3d 791, 801 (6th Cir. 1995): "The "critical aspect of the 'customer' definition is the entrustment of cash or securities to the broker-dealer for the purposes of trading securities."; Securities and Exchange Commission v. Ambassador Church Finance/Development Group, Inc., 679 F.2d 608, 613–614 (6th Cir.1982).

1148 Securities Exchange Commission v. Securities Investor Protection Corporation, 872 F.Supp.2d 1, 11 (D.D.C. 2012): "[...] courts have consistently held that the "customer" definition should be construed narrowly."; Securities Investor Protection Corporation v. Morgan, Kennedy & Co., 533 F.2d 1314, 1317 (2d Cir. 1976); Securities and Exchange Commission v. F.O. Baroff Co., Inc., 497 F.2d 280, 284 (2d Cir. 1974); Securities Investor Protection Corp. v. Associated Underwriters, Inc., 423 F.Supp. 168, 177 (D.Utah 1975).

1149 In re Stratton Oakmont, Inc., 2003 WL 22698876 at 5 (S.D.N.Y. 2003): "SIPA's **main purpose was thus not to prevent fraud or conversion**, but to reverse loses resulting from brokers' insolvency."; In re Investors Center, Inc., 129 B.R. 339, 353 (Bankr. E.D.N.Y. 1991): "Repeatedly this Court has been forced to tell claimants that the fund created for the **protection of customers of honest, but insolvent,**

wird daher nicht bei jeder Art von Verlust aktiv. Sie wird nicht aktiv, wenn der Anleger wertlose Aktien oder andere Wertpapiere verkauft bekommt. Die SIPC ersetzt Verluste nur, wenn dem Anleger Geld, Aktien oder andere Wertpapiere vom Broker gestohlen werden oder wenn die Investitionen einem Risiko ausgesetzt sind, da die Vermittlung aufgrund anderer Gründe fehlgeschlagen ist.[1150]

Einige in den letzten Jahren entschiedene Gerichtsfälle, lassen einen Reformbedarf des *Securities Investor Protection Act* erkennen.[1151] In den meisten Fällen bedienen sich Unternehmensgruppen sowohl eines sogenannten „*Introducing Broker*"[1152] als auch eines „*Clearing Broker*". Nur der *Introducing Broker* ist Mitglied bei der SIPC. Er führt die Kommunikation zwischen dem Investor und dem *Clearing Broker* durch. Der *Clearing Broker* hingegen führt den Handel aus. Gemäß der Definition eines „Kunden" im *Securities Investor Protection Act* ist ein Anspruch für die Kunden des *Introducing Brokers* daher in den meisten Fällen ausgeschlossen. Dies ist ihnen jedoch meist nicht bewusst. Dies war auch der entscheidende Punkt in der vorab angesprochenen Entscheidung „SEC v. SIPC".[1153] Auch die SEC hat dies in langjähriger Praxis so bestätigt.[1154] Aufgrund der wirtschaftlichen Realität wäre hier eine

---

brokers gives them no protection when the insolvent broker has been guilty of dishonesty, breach of contract or fraud."; In re Brentwood Securities, Inc., 925 F.2d 325, 326 (9th Cir. 1991) [mit eigener Hervorhebung].

1150 Securities and Exchange Commission v. Packer, Wilbur & Co., Inc., 498 F.2d 978, 983 (2d Cir. 1974): "SIPA was not designed to provide full protection to all victims of a brokerage collapse. Its purpose was to extend relief to certain classes of customers."; Securities Investor Protection Corporation v. Associated Underwriters, Inc., 423 F.Supp. 168, 171 (D.Utah 1975): "SIPC is not an insurer, nor does it guarantee that customers will recover their investments which may have diminished as a result of, among other things, market fluctuations or broker-dealer fraud."; *SIPC*, How SIPC Protects You, S. 2.

1151 In re Old Naples Securities, Inc., 223 F.3d 1296 (11th Cir. 2000); In re Primeline Securities Corporation, 295 F.3d 1100 (10th Cir. 2002); In re Bernard L. Madoff Investment Securities LLC, 654 F.3d 229, 236 (2d Cir. 2011); Securities Exchange Commission v. Securities Investor Protection Corporation, 872 F.Supp.2d 1 (D.D.C. 2012).

1152 Legaldefinition des "Introducing Broker" zu finden in § 1a(31) CEA, kodifiziert in 7 U.S.C. § 1a(31) (2012): "The term "introducing broker" means any person [...] (i) who is engaged in soliciting or in accepting orders for the purchase or sale of any commodity for future delivery, security futures product, or swap [...] and does not accept any money, securities, or property (or extend credit in lieu thereof) to margin, guarantee, or secure any trades or contracts that result or may result therefrom; or (ii) who is registered with the Commission as an introducing broker.".

1153 Securities Exchange Commission v. Securities Investor Protection Corporation, 872 F.Supp.2d 1 (D.D.C. 2012).

1154 Broker-Dealer Reports, 76 Fed. Reg. 37572, 37585 (Fn. 130) (June 27, 2011): "[...] customers of introducing broker-dealers are presumed to be customers of the clearing broker-dealer for purposes of the Commission's financial responsibility rules and SIPA.".

Änderung des Gesetzes angebracht, um die Vorgänge in Unternehmensgruppen zu umfassen.[1155] Eine weitere Möglichkeit wäre zum Schutz des Verbrauchers eine Verpflichtung einzuführen, die Kundenbeziehung und den daraus folgenden Schutz durch die SIPC genauer zu erklären.

Weiterhin ermächtigte der *Securities Investor Protection Act* die SEC dazu, weitreichende Regeln zu erlassen, um sicherzustellen, dass die Broker-Dealer verantwortlich und regelgerecht handeln.[1156] Zudem wurde die SEC damit beauftragt, eine Studie zu unsicheren und unseriösen Geschäftspraktiken von Broker-Dealern durchzuführen und innerhalb von zwölf Monaten dem Kongress die Schritte zur Verhinderung dieser Praktiken vorzustellen und Vorschläge für weitergehende Gesetze zu formulieren.[1157]

b. Die Securities Acts Amendments of 1975

Durch die *Securities Acts Amendments of 1975*[1158] wurde das System der Selbstregulierung der Wertpapierbranche verändert. Obwohl das System nicht ganz aufgegeben wurde, wurde der SEC eine größere Aufsichtsrolle zugewiesen.[1159] Jedoch wurde durch *Section* 13 auch eine neue SRO geschaffen; das *Municipal Securities Rulemaking Board* (MSRB), welches in der neuen *Section* 15B *Securities Exchange Act* kodifiziert wurde.

Um die erweiterte Rolle der SEC als Aufsichtsbehörde umzusetzen, passte der Gesetzgeber die Vorschriften für die Registrierung von und die Aufsicht über Börsen denen der *Self-Regulatory Organisations* gemäß *Section* 15A *Securities Exchange Act* an. Wie bereits im Rahmen des *Securities Exchange Act* erläutert,[1160] waren die Aufsichtsbefugnisse der SEC über die Börsen eingeschränkter als über die gemäß *Section* 15A *Securities Exchange Act* registrierte SRO FINRA (vormals NASD). Diese grundlose Ungleichbehandlung wurde vielfach kritisiert.[1161] Durch die Änderungen sollte sichergestellt werden, dass die Mitglieder aller SROs bei Ermittlungen und Disziplinarverfahren gerecht behandelt werden und keine Wettbewerbsnachteile gegenüber denjenigen entstanden, die nur Mitglied der Börsen waren. Die Voraussetzungen für die Zulassung von Börsen und anderen SROs und für den Erlass von

1155 So auch *Krug*, Escaping Entity-Centrism in Financial Services Regulation, 113 Colum. L. Rev. 2039, 2087 (2013).
1156 SIPA, §§ 3(e)(3), 7(d)(3) und 9(f).
1157 SIPA, § 11(h).
1158 Securities Acts Amendments of 1975, Pub. L. No. 94-29, 89 Stat. 97 (1975).
1159 *S. Miller*, Self-regulation of the Securities Markets: A Critical Examination, 42 Wash. & Lee L. Rev. 853, 870 (1985).
1160 Zu den strengeren Voraussetzungen für die § 15A SROs schon auf Seite 150 f..
1161 Vgl. für viele *Jennings*, S. 684: "There seems to be absolutely no reason for this difference in treatment between the exchanges and NASD.".

Regeln durch SROs sind seitdem wie bei der Darstellung der Aufsichtsbehörden beschrieben.[1162]

Als allgemeine weitere Stärkung der Rechte der Mitglieder aller SROs wurde zudem eingeführt, dass bei Regeländerungen die Grundlage und der Zweck der Regel angegeben werden müssen und dass Personen, die durch die Regel betroffen sind, die Möglichkeit zur Anhörung gewährt wird.[1163]

Gemäß *Section* 2[1164] war ein weiteres Ziel des Gesetzes die Beseitigung von Behinderungen des Marktes. Dazu sollte insbesondere die Entstehung eines nationalen Marktes (*national market system (NMS)*) vorangetrieben werden. Im NMS wurden Börsen elektronisch miteinander verbunden, um den besten verfügbaren Preis für ein Wertpapier zu ermitteln.[1165]

c. Der Market Reform Act of 1990

Der *Market Reform Act of 1990*[1166] wurde als Reaktion auf den Börsencrash von Oktober 1987 verabschiedet, bei dem der Dow Jones um fast ein Drittel einbrach.[1167] Dieser starke Einbruch wurde insbesondere durch den Einsatz von Computern beschleunigt. Daraufhin wurden mehrere Studien in Auftrag gegeben, um die Ursachen herauszufinden und um zu bestimmen, inwiefern Marktteilnehmer und Aufsichtsinstitutionen den Börsencrash mitverursacht hatten.[1168]

Der sogenannte „*Brady Commission Report*" stellte fest, dass Schwierigkeiten mit Abwicklungssystemen die Kreditprobleme von Market-Makern und Marktteilnehmern während der Krise verschärft hatten. Somit sei eine Vereinheitlichung geboten, um Finanzrisiken zu reduzieren.[1169] Eine weitere wichtige Feststellung war, dass die Märkte für Aktien, Finanzterminkontrakte (Futures) und Aktienoptionen miteinander verbunden sind und tatsächlich nur einen einzigen Markt darstellen. Die Verantwortung für die Koordinierung einiger essentieller Intermarktelemente, die den gesamten Finanzmarkt betreffen und marktsektorenübergreifend sind, müsse daher bei einer Behörde liegen.[1170]

1162 Siehe dazu Seite 129 ff..

1163 Jetzt kodifiziert in 15 U.S.C. § 78s(b)(1) (2012).

1164 Durch § 2 wurde SEA, § 2 abgeändert und ein neuer Halbsatz eingefügt. Die aktuelle Fassung von SEA, § 2 ist kodifiziert in 15 U.S.C. § 78b (2012).

1165 *Reichert*, Das Wissen der Börse: Medien und Praktiken des Finanzmarktes, 2009, S. 103.

1166 Market Reform Act of 1990, Pub. L. No. 101-432; 104 Stat. 963 (1990).

1167 *Presidential Task Force on Market Mechanisms*, Report submitted to The President of the United States, The Secretary of the Treasury and The Chairman of the Federal Reserve Board, Januar 1988, Executive Summary, S. v. [Im Folgenden bezeichnet als "Brady Commission Report"].

1168 *Mendelson*, Investment Securities Review, 46 Bus. Law. 1697, 1705 (1991).

1169 Brady Commission Report, S. 51 und S. 69

1170 Brady Commission Report, S. 59.

Der *Market Reform Act* erlaubte der SEC zum ersten Mal, den Handel mit Wertpapieren jeglicher Art für einen Zeitraum von bis zu zehn Tagen auszusetzen, wenn sie dies zum Schutz der Allgemeinheit und Investoren für notwendig erachtete.[1171] Zudem wurde die SEC durch das Gesetz dazu ermächtigt, Handelspraktiken, die die Marktvolatilität beeinträchtigen, zu beschränken.[1172] Dies betraf insbesondere den Programm-Handel[1173] in Zeiten extremer Preisschwankungen.[1174] Weiterhin wurden strengere Meldepflichten für den Wertpapierhandel eingeführt und die SEC dazu ermächtigt, ein nationales System für die sofortige und genaue Abwicklung von Geschäften mit Wertpapieren zu erstellen.[1175]

d. Die Erweiterung des Geltungsvorranges des Bundesrechts

Wie bei der Erläuterung des *Securities Act* von 1933 und des *Securities Exchange Act* von 1934 dargestellt, ließen diese Gesetze die *Blue-Sky Laws* der Einzelstaaten bestehen.[1176] Die Wertpapierindustrie plädierte jedoch für einen Geltungsvorrang des Bundesrechts für die Bereiche der Wertpapieremission und der Aufsicht über Broker-Dealer und Anlageberater, da das Nebeneinander zu Überschneidungen und Doppelungen führte und unnötige und kostspielige Lasten für das Finanzgewerbe verursachte.[1177] Dazu kam es jedoch erst in den späten 1990er Jahren. Im Jahre 1996 verabschiedete der Kongress den *National Securities Markets Improvement Act* (NSMIA)[1178] und im Jahre 1998 den *Securities Litigation Uniform Standards Act* (SLUSA).[1179]

Der *National Securities Markets Improvement Act* überlagerte die einzelstaatlichen Gesetze in drei Bereichen: Zum einen bei der Registrierung von Wertpapieren, der Bewertung der Wertpapiere durch die einzelstaatlichen Aufsichtsbehörden und bei den Offenlegungsvoraussetzungen im Prospekt für Kapitalanlagegesellschaften, die bei der SEC registriert sind und für Wertpapiere, die an der Börse oder im Nasdaq angeboten wurden. Auch die meisten Privatplatzierungen waren betroffen.[1180]

1171 Market Reform Act, § 2, kodifiziert in 15 U.S.C. § 78l(k) (2012).

1172 Market Reform Act, § 6, kodifiziert in 15 U.S.C. § 78i(i) (2012).

1173 Beim Programm-Handel versuchen Händler, durch computergestützte Programme Indexarbitragegewinne zu erzielen, indem feine Kursdifferenzen zwischen dem Kassa-Markt und einem Kontrakt auf diesen Markt ausgenutzt werden.

1174 *Booth*, The Uncertain Case for Regulating Program Trading, 1994 Colum. Bus. L. Rev. 1, 33 (Fn. 79) (1994).

1175 *Mendelson*, S. 1697 (1704).

1176 Siehe dazu Seite 144 und Seite 146.

1177 *Karmel*, Reconciling Federal and State Interests in Securities Regulation in the United States and Europe, 28 Brook. J. Int'l L. 495, 507 (2002).

1178 National Securities Markets Improvement Act, Pub. L. No. 104-290, 110 Stat. 3416 (1996).

1179 Securities Litigation Uniform Standards Act, Pub. L. No. 105-353, 112 Stat. 3227 (1998).

1180 *Karmel*, 28 Brook. J. Int'l L. 495, 509 (2002).

Weiterhin überlagerte der *National Securities Markets Improvement Act* die *Blue-Sky-Laws* in dem Bereich der Aufsicht über und dem Vorschriftenerlass für Broker-Dealer in Bezug auf Kapital, Verwaltung, Margin, finanzielle Verantwortlichkeit, Aufzeichnungen und Offenlegungspflichten.[1181]

Drittens wurde die SEC ausschließlich dazu ermächtigt, Anlageberater, die ein Anlagevermögen von $ 25 Millionen oder mehr verwalten, zu beaufsichtigen.[1182]

Die Durchbrechung von einzelstaatlichem Recht durch Bundesrecht für Broker-Dealer und Anlageberater war jedoch nicht vollkommen. Die Einzelstaaten blieben weiterhin ermächtigt, Betrug oder Täuschungen oder andere rechtswidrige Aktivitäten von Broker-Dealern und Anlageberatern zu untersuchen und Vollstreckungsmaßnahmen durchzuführen.[1183]

Der *Securities Litigation Uniform Standards Act* erklärte einzelstaatliche Gerichte für unzuständig, wenn Kläger eine Wertpapiersammelklage anhängig machen, bei der die fraglichen Wertpapiere an einer nationalen Börse oder am Nasdaq gelistet sind.[1184] Dies sollte zur Rechtssicherheit und zur Effizienz der Märkte beitragen.[1185]

e. *Der Sarbanes Oxley Act of 2002 (SOX)*

Der *Sarbanes Oxley Act of 2002* (SOX)[1186] wurde als Reaktion auf diverse Skandale, insbesondere in den Unternehmen *Enron* und *Worldcom*, erlassen. Er wurde als sogenanntes „Omnibusgesetz" verabschiedet und änderte insbesondere verschiedene Abschnitte des *Securities Exchange Act* ab.

Das Gesetz setzte eine Reihe von Corporate Governance Reformen um, unter anderem vielfältige Offenbarungspflichten und strafrechtliche Sanktionen bei Verletzung dieser Pflichten. Der *Sarbanes Oxley Act* reicht bei der Stärkung der Corporate Governance weiter als vorherige Wertpapiergesetze und deren Änderungen. Zwar ist die Offenbarungspflicht die Grundlage der Bundeswertpapiergesetze,[1187] jedoch wurde der Bereich des Corporate Governance traditionell den Einzelstaaten überlassen. Dies wurde durch den *Sarbanes Oxley Act* geändert.[1188]

Der *Sarbanes Oxley Act* führte Management- und Buchhaltungsreformen ein, Prüfungsausschüsse für an der Börse notierte Unternehmen, erhöhte Verantwortlichkeit von leitenden Angestellten und Unternehmensjuristen,[1189] sowie eine

1181 NSMIA, § 103(a), kodifiziert in der aktuellen Fassung in 15 U.S.C. § 78o(i) (2012).
1182 NSMIA, § 303(a), kodifiziert in der aktuellen Fassung in 15 U.S.C. § 80b-3a(a) (2012).
1183 *Karmel*, 28 Brook. J. Int'l L. 495, 511 (2002).
1184 SLUSA, § 101, kodifiziert in 15 U.S.C. § 77p (2012).
1185 Siehe Gesetzesbegründung in Securities Litigation Uniform Standards Act of 1998, S. REP. No. 105-182, S 3 und 5 (1998).
1186 Sarbanes Oxley Act of 2002, Pub. L. No. 107-204, 116 Stat. 745 (2001–2002).
1187 Siehe zur Transparenz und Offenbarungspflicht schon auf Seite 144.
1188 *Hazen*, Securities Regulation in a Nutshell, S. 15 f.
1189 SOX, § 7245, kodifiziert in 15 U.S.C. § 7245 (2012).

Verschärfung der strafrechtlichen Sanktionen für eine Verletzung der Wertpapiergesetze.

Zusätzlich schuf der *Sarbanes Oxley Act* durch *Section* 7211 das *Public Company Accounting Oversight Board* (PCAOB).[1190] Das PCAOB hat den Auftrag, die Wirtschaftsprüfer zu beaufsichtigen und das vormalige Selbstregulierungssystem zu überwachen. Das PCAOB selbst wird gemäß *Section* 107 wiederum von der SEC beaufsichtigt.[1191]

Gegen die Schaffung des *Public Company Accounting Oversight Board* wurde Klage eingereicht, welche schließlich vom U.S.-*Supreme Court* entschieden wurde.[1192] Die Klage befasste sich mit der Frage, ob die Bestimmung des *Sarbanes Oxley Act*, die die Mitglieder des PCAOB mit weitreichenden exekutiven Kompetenzen ausstattete, ohne dass der Präsident ermächtigt war, diese Mitglieder zu ernennen oder zu entlassen oder auf sonstige Weise die Ausübung dieser Ermächtigung zu beaufsichtigen oder zu kontrollieren, gegen das Gewaltenteilungsprinzip verstoße. Die Mitglieder des PCAOB werden von der SEC ernannt und können gemäß *Section* 7211(e)(6) *Sarbanes Oxley Act* nur aus wichtigem Grund (*good cause*) entlassen werden.[1193] Die Mitglieder der SEC wiederum können, wie das Gericht darlegte, vom Präsidenten auch nur aus wichtigem Grund entlassen werden.[1194] Das Gericht entschied mit 5-4 Stimmen, dass dieser „zweistufige aus wichtigem Grund" (*dual for-cause*) Schutz das Gewaltenteilungsprinzip verletze, da der Präsident nicht mehr garantieren könne, dass die Gesetze von den Exekutivbeamten pflichtgetreu ausgeführt werden.[1195] Der U.S.-*Supreme Court* entschied weiterhin, dass diese Bestimmungen vom Rest des Gesetzes abtrennbar seien. Der *Sarbanes Oxley Act* ist somit weiterhin gültig und das

1190 15 U.S.C. § 7211 (2012).

1191 Kodifiziert in 15 U.S.C. § 7217 (2012).

1192 Free Enterprise Fund v. Public Company Accounting Oversight Board, 561 U.S. 477, 130 S.Ct. 3138 (2010).

1193 Kodifiziert in 15 U.S.C. § 7211(e)(6) (2012).

1194 Die Tatsache, dass die Kommissionäre der SEC auch nur aus wichtigem Grund entlassen werden können, hat jedoch keine Basis im Gesetz. Die relevante Vorschrift SEA, § 4(a), kodifiziert in 15 U.S.C § 78d(a) (2012), schweigt dazu. Die unteren Gerichte und seit dieser Entscheidung auch der U.S.-Supreme Court gehen jedoch davon aus. Siehe *Vermeule*, Conventions of Agency Independence, 113 Colum. L. Rev. 1163, 1175 (2013).

1195 Free Enterprise Fund v. Public Company Accounting Oversight Board, 561 U.S. 477, 130 S.Ct. 3138, 3151 and 3153 (2010): "We hold that the dual for-cause limitations on the removal of Board members contravene the Constitution's separation of powers. [...] Neither the President, nor anyone directly responsible to him [...] has full control over the Board. The President is stripped of the power our precedents have preserved, and his ability to execute the laws—by holding his subordinates accountable for their conduct—is impaired.".

PCAOB an sich kann bestehen bleiben, aber die Mitglieder können nunmehr nach Belieben (*at will*) entlassen werden.[1196]

Der *Sarbanes Oxley Act* erweiterte zudem die Befugnisse der SEC als Aufsichtsbehörde über die im Wertpapiersektor tätigen *Self-Regulatory Organizations.* Das Gesetz stellte weitergehende Voraussetzungen für den Erlass von Regeln durch die Börse auf. Demnach musste jede Börse, die bei ihr gelisteten Unternehmen verpflichten, unabhängige Geschäftsleiter für die Rechnungsprüfung, Vergütung und Ernennungskomitees zu haben, um Mitglied werden zu können oder um Mitglied zu bleiben. Obwohl der *Sarbanes Oxley Act* keine Vorgaben für die Governance von *Self-Regulatory Organizations* aufstellte, übt die SEC seit dem Erlass des *Sarbanes Oxley Act* auch mehr Einfluss auf die Besetzung des Vorstandes von SROs aus. Sie verlangt, dass eine größere Anzahl von Vorstandmitgliedern Außenstehende ohne Verbindungen zu der SRO oder der Wertpapierindustrie sind.[1197]

f. Der Dodd-Frank Act

Ein Hauptanliegen des *Dodd-Frank Act* war es, bisher unbeaufsichtigte Märkte (sogenannte „Schattenmärkte") mit in die Aufsicht einzubeziehen, wenn sie entweder aufgrund ihrer Interkonnektivität ein systemisches Risiko darstellen oder wenn die fraglichen Institute die gleichen Leistungen erbringen wie Institute, die aufgrund ihrer Rechtsnatur automatisch der Aufsicht unterfallen. Die Finanzkrise deckte weiterhin Unzulänglichkeiten beim Handel mit Derivaten auf. Ihnen wurde daher auch eine Rolle als Auslöser in der Finanzkrise zugewiesen.[1198]

aa. Derivate

Zu Beginn der Finanzkrise im Jahre 2009, nahm vor allem der Handel mit OTC-Derivaten eine herausgehobene Rolle auf den Finanzmärkten ein. Laut einer halbjährlichen Statistik der Bank für Internationalen Zahlungsausgleich (BIZ), betrugen die ausstehenden Beträge für den globalen OTC-Derivate-Markt Ende des Jahres 2009 $ 615 Milliarden.[1199] Diese herausgehobene Rolle spiegelte sich jedoch nicht in einer entsprechenden Aufsicht wider.[1200] OTC-Derivate waren ausdrücklich durch den *Commodity Futures Trading Commission Act*[1201] im Jahre 2000 von der Aufsicht

---

1196 Free Enterprise Fund vs. Public Company Accounting Oversight Board, 561 U.S. 477, 130 S.Ct. 3138, 3161 (2010).

1197 *Karmel*, 14 Stan. J.L. Bus. & Fin. 151, 160 (2008).

1198 *Dorman*, S. 248; *Financial Crisis Inquiry Commission*, The Financial Crisis Inquiry Report: Final Report of the National Commission on the Causes of the Financial and Economic Crisis in the United States, 2011, S. 255.

1199 *BIZ*, OTC derivatives market activity in the second half of 2009, S. 6, Table 1, "Global OTC derivatives market", online verfügbar unter http://www.bis.org/publ/otc_hy1005.pdf, zuletzt geprüft am 16.02.2016.

1200 *Department of the Treasury*; White Paper on Regulatory Reform, S. 47.

1201 Commodity Futures Trading Commission Act, Pub. L. No. 93-463, 88 Stat. 1389 (1974).

ausgenommen worden. Der *Dodd-Frank Act* sollte diese Lücke schließen und legte daher einen Rechtsrahmen für standardisierte OTC-Transaktionen fest und unterstellte sie der Aufsicht durch die SEC und die CFTC.[1202]

Während die SEC zuständig erklärt wurde für die Aufsicht über Wertpapierswaps (*security-based swaps*), erhielt die CFTC die Zuständigkeit für Swaps allgemein.[1203] Wertpapierswapvereinbarungen (*security-based swap agreements*) unterfallen nicht den Wertpapierswaps, sondern werden als normale Swaps eingeordnet, so dass die CFTC zuständig ist.[1204] „Gemischte Swaps" (*mixed swaps*),[1205] die sowohl Swapelemente als auch Wertpapierswapelemente aufweisen, unterfallen gemäß *Section* 712(a)(8) der gemeinsamen Zuständigkeit von SEC und CFTC.[1206] Um Doppelungen und Kompetenzkonflikte zu vermeiden, weist der *Dodd-Frank Act* in *Section* 712(a) die beiden Behörden an, miteinander und mit anderen Aufsichtsbehörden zu kooperieren und sich zu koordinieren.[1207] Bei Unklarheiten über die Abgrenzung der Kompetenzen können die beiden Behörden den *United States Court of Appeals for the District of Columbia* anrufen.[1208]

In einigen Fällen wurde eine gemeinsame Verordnungserstellung verpflichtend gemacht, insbesondere zur Definition der zu regelnden Derivate und für gemischte Swaps.[1209] Können sich die beiden Behörden nicht einigen, so ist der durch den *Dodd-Frank Act* neugeschaffene *Financial Stability Oversight Council* dazu ermächtigt, den Konflikt zu lösen.[1210] Die entsprechenden Bestimmungen, welche die zu regelnden

---

1202 Dodd-Frank Act, Title VII, "Wall Street Transparency and Accountability Act of 2010".

1203 Dodd-Frank Act, §§ 712(b), 722(a), kodifiziert in 15 U.S.C. § 8302(b), 7 U.S.C. § 2(a) (2012).

1204 15 U.S.C. § 78c(a)(78) (2012): "[...] the term "security-based swap agreement" means a swap agreement as defined in section 206A of the Gramm-Leach-Bliley Act [...] of which a material term is based on the price, yield, value, or volatility of any security or any group or index of securities, or any interest therein. [...] The term "security-based swap agreement" does not include any security-based swap."; 15 U.S.C. § 77b–1(b)(1) (2012): "The definition of "security" in section 77b(a)(1) of this title does not include any security-based swap agreement [...].".

1205 Legaldefinition in 7 U.S.C. § 1a(47)(D), 15 U.S.C. § 78c(68)(D) (2012): "Mixed swap.—The term "security-based swap" includes any agreement, contract, or transaction that is as described in 15 U.S.C. § 78c(a)(68)(A)) and also is based on the value of 1 or more interest or other rates, currencies, commodities, instruments of indebtedness, indices, quantitative measures, other financial or economic interest or property of any kind (other than a single security or a narrow-based security index), or the occurrence, non-occurrence, or the extent of the occurrence of an event or contingency associated with a potential financial, economic, or commercial consequence [...].".

1206 Dodd-Frank Act, § 712(a)(8), 15 U.S.C. § 8302(a)(8) (2012).

1207 15 U.S.C. § 8302(a) (2012).

1208 Dodd-Frank Act, § 712(c), kodifiziert in 15 U.S.C. § 8302(d) (2012).

1209 Dodd-Frank Act, § 712(d), kodifiziert in 15 U.S.C. § 8302(d) (2012).

1210 Dodd-Frank Act, § 712(d)(3), kodifiziert in 15 U.S.C. § 8302(d)(3) (2012).

Derivate-Produkte definieren, wurden am 18. Juli 2012 erlassen.[1211] Die Regeln treten grundsätzlich 60 Tage nach Veröffentlichung im *Federal Register* in Kraft.

Wünschenswert wäre gewesen, wenn der Kongress das Konzept der Wertpapierswapvereinbarungen (*security-based swap agreements*) abgeschafft hätte. Problematisch an ihr ist, dass die Definition nie sehr klar war und zudem sehr umfassend ist. Weiterhin gibt es auch nur wenige Gerichtsfälle, an denen man sich für eine Klarstellung der Definition orientieren kann. Dies führt zur Rechtsunsicherheit. Nach Erlass der Verordnungen zur Definition der zu regelnden Derivate durch die SEC und die CFTC,[1212] würden die in den erwähnten Gerichtsfällen behandelten Wertpapierswapvereinbarungen nunmehr die Definition von Wertpapierswaps erfüllen und wären damit als Wertpapiere zu klassifizieren.[1213] Dadurch unterfallen sie aber dem Aufgabenbereich der SEC und nicht dem der CFTC.

Zudem ist auch die Namensgebung ungünstig. Der Kongress hat durch den *Dodd-Frank Act* Swapgeschäfte in normale Swaps, welche auch Wertpapierswapvereinbarungen (*security-based swap agreements*) umfassen, und Wertpapierswaps (*security-based swaps*), die zu den Wertpapieren zählen, unterteilt. Während Wertpapierswapvereinbarungen (*security-based swap agreements*) demnach in den Aufgabenbereich der CFTC fallen, unterliegen Wertpapierswaps (*security-based swaps*) der Aufsicht durch die SEC. Der Name Wertpapierswap (*security-based swaps*) ist dem Namen Wertpapierswapvereinbarungen (*security-based swap agreements*) zu ähnlich und kann schnell verwechselt werden.[1214] Außerdem wäre die neue Gesetzgebung eine Möglichkeit gewesen die Vorschriften und die Aufsicht übersichtlicher und für den Investor verständlicher zu gestalten. So wäre es möglich bessere und fundierte Anlageentscheidungen zu treffen.

bb. Clearing-Pflicht für Derivate

Title VII des *Dodd-Frank Act* führte zudem eine Clearing-Pflicht für OTC-Derivate ein.[1215] Alle nicht ausgenommenen Swaps, die relativ standardisiert sind, unterfallen dem verbindlichen Clearing und müssen gewisse Voraussetzungen erfüllen.[1216] Die Clearing-Anforderung besteht unabhängig davon, was für eine natürliche oder

---

1211 Joint Final Rules on Further Definition of Swap Dealer, Security-Based Swap Dealer, Major Swap Participant, Major Security-Based Swap Participant and Eligible Contract Participant, 77 Fed. Reg. 30596 (May 23, 2012); Joint Final Rule on Further Definition of Swap, Security-Based Swap and Security-Based Swap Agreement; Mixed Swaps; Security-Based Swap Agreement Recordkeeping, 77 Fed. Reg. 48208 (Aug. 13, 2012).

1212 Fundstelle in Fn. 1211.

1213 *Molony*, Still Floating: Security-Based Swap Agreements After Dodd-Frank, 42 Seton Hall L. Rev. 953, 993 et seq. (2012).

1214 *Molony*, S. 993 ff.

1215 Kodifiziert in 12 U.S.C. § 5461 et seq. (2012).

1216 Dodd-Frank Act, §§ 723(a), 763(a).

juristische Person den Swap durchführt. Es bestehen erhöhte Anforderungen an Besicherung und Risikomanagement.

cc. Hedgefonds und Private-Equity Fonds

Zudem sollten durch die Neuregelungen des *Dodd-Frank Act* auch Hedgefonds beaufsichtigt werden, so dass eine Registrierungspflicht für Hedgefond- und Private-Equity-Fondmanager mit einem Anlagevermögen von über $ 150 Millionen eingeführt wurde.[1217] Dabei ist zu beachten, dass es keine Legaldefinition von Hedgefonds gibt. Der Gesetzgeber hat sie auch nicht im *Dodd-Frank Act* legaldefiniert, sondern sie zusammen mit Private-Equity-Fonds, Wagniskapitalfonds (*venture capital funds*) und einigen weiteren Anlagevehikeln unter dem Begriff „private Investmentfonds" (*private investment funds*) zusammengefasst. Dieser Begriff wiederum wird in *Section* 402 *Dodd-Frank Act* legaldefiniert.[1218]

Die Registrierungspflicht wurde einerseits zum Schutz der Anleger eingeführt. Obwohl meist erfahrene Großanleger in Hedgefonds investieren, erschien ihr Schutz aufgrund von einigen jüngsten Betrugsfällen trotzdem notwendig.[1219] Ein weiterer Grund für die Ausweitung der Registrierungspflicht war ein von den Hedgefonds ausgehendes systemisches Risiko.[1220] In dem Zusammenhang ist zu erwähnen, dass eine Pflicht für Hedgefonds eingeführt wurde gewisse Informationen an die SEC (oder die CFTC in manchen Fällen) zu übermitteln, aufgrund derer der FSOC ihr systemisches Risiko einschätzen kann.[1221] Wird ein solches Risiko festgestellt, kann der Hedgefond der Aufsicht durch das FRB als Nichtbank-Finanzinstitut unterfallen.[1222]

1217 Dazu schon auf Seite 158.

1218 Kodifiziert in 15 U.S.C. § 80b-2(a)(29) (2012).

1219 Dabei sind insbesondere Pyramidensysteme zu nennen. Der aufsehenserregenste Fall war hier der Madoff Fall. Siehe Securities and Exchange Commission v. Madoff, 2009 Fed. Sec. L. Rep. (CCH) ¶ 95070 (S.D.N.Y. Feb. 9, 2009). Andere Fälle befassten sich mit der Falschdarstellung der Anlagerendite der Hedgefondinvestoren basierend auf unzutreffenden Portfoliobewertungen. Siehe dazu beispielsweise Securities and Exchange Commission v. Nicholson, Litigation Release No. 20911, 95 S.E.C. Docket 774 (Feb. 25, 2009). Zudem gab es Insiderhandelsfälle, bei denen Hedgefonds involviert waren. Siehe beispielsweise United States v. Rajaratnam, 802 F. Supp. 2d 491 (S.D.N.Y. 2011). Die SEC deckte zudem Betrugsfälle im Zusammenhang mit Leerverkäufen durch Hedegfonds auf. Siehe beispielsweise In the Matter of Carlson Capital, L.P., Exchange Act Release 62982, 99 S.E.C. Docket 1477 (Sept. 23, 2010).

1220 Siehe *U.S. Gov't Accountability Office*, GAO/GGD-00-3, Long-Term Capital Management: Regulators Need to Focus Greater Attention on Systemic Risk (1999), online verfügbar unter http://www.gao.gov/assets/230/228446.pdf, zuletzt geprüft am 16.02.2016.

1221 Private Fund Systemic Risk Reporting, 76 Fed. Reg. 71127 (Nov. 16, 2011). Diese gemeinsame Regel der SEC und CFTC diente der Ausführung von § 406 Dodd-Frank Act.

1222 Siehe dazu die Ausführungen auf Seite 74 und 76.

Vor Erlass des *Dodd-Frank Act* unterfielen weder Hedgefonds noch Hedgefondberater aufgrund der besonderen Strukturierung der Fonds den Bundeswertpapiergesetzen.[1223] Zwar erfüllten die unbeschränkt haftenden Gesellschafter von Hedgefonds grundsätzlich die Definition eines Anlageberaters, jedoch konnten sie von einer Ausnahme in der Definition Gebrauch machen (sogenannter *„safe harbor"*). Von der Registrierung war ausgenommen, wer den Verkauf der Wertpapiere auf eine Anzahl von fünfzehn Kunden beschränkte und keine öffentliche Werbung für sich machte oder sich anderweitig der Öffentlichkeit anpries.[1224] Hedgefonds ist es im Gegensatz zu Kapitalanlagegesellschaften erlaubt, in andere Hedgefonds zu investieren.[1225] Die Ausnahme in der Definition eines Anlageberaters wurde von der SEC so interpretiert, dass jeder Berater Kommanditgesellschaften oder ähnliche Organisationen als einen Kunden zählen konnte. Selbst der größte Hedgefondmanager verwaltete selten mehr als fünfzehn Hedgefonds und unterfiel daher der Ausnahme.[1226] Versuche der SEC diese Ausnahme zu beschränken und Hedgefondberatern eine Registrierungspflicht aufzuerlegen,[1227] waren vor Erlass des *Dodd-Frank Act* von den Gerichten als willkürlich aufgehoben worden.[1228]

Der *Dodd-Frank Act* setzt die Registrierungspflicht durch *Title* IV (*Private Fund Investment Advisers Registration Act of 2010*) um. Die Registrierungspflicht beinhaltet unter anderem die Meldung über das Anlagekapital, den Anteil der Fremdfinanzierung, sowie außerbilanzielle Investments und Beteiligungen.[1229] Die aktuellen Ausnahmen von der Registrierung wurden bereits im Rahmen des *Investment Advisers Act* diskutiert.[1230]

1223 *Ordower*, Demystifying Hedge Funds - A Design Primer, 7 U.C. Davis Bus. L. J. 323, 325 (2007).

1224 Ursprünglich geregelt in IAA, § 203(b)(3), welche dem IAA im Jahre 1985 hinzugefügt wurde. Siehe *Kaal*, Hedge Fund Regulation via Basel III, 44 Vand. J. Transnat'l L. 389, 412 (2011).

1225 *Ordower*, S 336 f..

1226 Goldstein v. Securities and Exchange Commission, 451 F.3d 873, 876 (D.C. Cir. 2006). Siehe zudem 17 C.F.R. § 275.203(b)(3)-1 (2014) für die Definition eines „Kunden" im Rahmen des IAA.

1227 Registration Under the Advisers Act of Certain Hedge Fund Advisers, 69 Fed. Reg. 72054 (Dec. 10, 2004).

1228 Goldstein v. SEC, 451 F.3d 873, 883–884 (D.C. Cir. 2006): „[...] Commission does not justify this exception by reference to any change in the nature of investment adviser-client relationships since the safe harbor was adopted. Absent such a justification, its choice appears completely arbitrary.".

1229 Dodd-Frank Act, §§ 404–405.

1230 Für diese Besprechung siehe Seite 156.

III. Extraterritoriale Anwendbarkeit des U.S.-Kapitalmarktrechts

Der Wertpapiersektor der USA ist einer der größten Märkte der Welt. Laut der jährlichen Statistik der U.S.-Statistikbehörde (*U.S. Census Bureau*) betrug die Marktkapitalisierung aller Unternehmen, die im Jahre 2010 an Börsen in den USA gelistet waren, $ 17.139 Milliarden.[1231] Die Marktkapitalisierung aller Unternehmen, die im Jahre 2010 an Börsen im Vereinigten Königreich (U.K.) gelistet waren, betrug vergleichsweise $ 3.107 Milliarden. Für Japan ergibt sich ein Wert von $ 4.099,6 Milliarden und für Deutschland von $ 1.429,7 Milliarden.[1232]

Es ist daher nicht verwunderlich, dass auch ausländische Investoren und Emittenten vom U.S.-Markt angezogen werden. Das Internet und elektronische Handelsplätze vereinfachen solche grenzüberschreitenden Aktivitäten. Weiter angetrieben wurde diese Entwicklung durch Zusammenschlüsse von Börsen, wie dem Zusammenschluss der NYSE Gruppe und Euronext im Jahre 2007. Viele Transaktionen haben daher mittlerweile einen Bezug zum Ausland. Die jährlich gemeinsam herausgegebene Studie des U.S.-Finanzministeriums, der Federal Reserve Bank von New York und des FRB ergab, dass Ende Juni 2012 U.S.-Wertpapiere im Wert von insgesamt $ 13.261 Milliarden von ausländischen Investoren gehalten wurden.[1233] Das Gesamtvolumen der ausländischen Finanzinvestitionen erhöhte sich im Vergleich zum Vorjahr um $ 821 Milliarden.[1234] Trotz dieser Internationalisierung der Märkte sind die Gesetze, die diese Märkte regeln, zum größten Teil an nationale Grenzen gebunden und verkörpern nationale Werte, die aufgrund von spezifischen historischen Erfahrungen für wichtig gehalten werden. Für den Wertpapiersektor in den USA ist dies insbesondere der besondere Fokus auf Transparenz, durch das das Vertrauen der Investoren nach der Weltwirtschaftskrise in den 1930ern wiederhergestellt werden sollte.

Transaktionen können in insgesamt drei Konstellationen einen Bezug zum Ausland haben. Dies ist entweder der Fall, wenn (1) Geschäfte im Inland mit ausländischen Wertpapieren getätigt werden, wenn (2) inländische Wertpapiere im

---

1231 *U.S. Census Bureau*, Statistical Abstract of the United States: 2012, Section 30, International Statistics, S. 870, Table 1397.

1232 *U.S. Census Bureau*, Statistical Abstract of the United States: 2012, Section 30, International Statistics, S. 870, Table 1397.

1233 Davon entfielen $ 4.237 Milliarden auf US-Aktien, $ 8.213 Milliarden auf U.S.-Schuldverschreibungen mit langer Laufzeit (davon wiederum $ 1.121 Milliarden auf Asset-Backed Securities (ABS) und $ 7.092 Milliarden auf Nicht-ABS) und $ 811 Milliarden auf U.S.-Schuldverschreibungen mit kurzer Laufzeit.

1234 *Department of the Treasury/ Federal Reserve Bank of New York/ Board of Governors of the Federal Reserve System*, "Foreign Portfolio Holdings of U.S. Securities as of June 30, 2012", April 2013, S. 3. Online verfügbar unter www.treasury.gov/resource-center/data-chart-center/tic/Documents/shla2012r.pdf, zuletzt geprüft am 16.02.2016.

Ausland gehandelt werden oder wenn (3) Transaktionen (von Ausländern) im Ausland Auswirkungen auf das Inland haben. Auch oder gerade diese Transaktionen mit Auslandsbezug können amerikanische Investoren oder den amerikanischen Markt negativ beeinflussen. Die SEC verpflichtet daher in manchen Fällen auch ausländische Emittenten, sich bei ihr registrieren zu lassen. Bei grenzüberschreitenden Transaktionen prüft die SEC, ob die Vorgaben der U.S.-Wertpapiergesetze befolgt wurden oder ob eventuell sogar eine Umgehung durch den Verkauf im Ausland erreicht werden sollte. Wird die SEC tätig, um die Bundeswertpapiergesetze in Fällen mit Auslandsbezug durchzusetzen, so spricht man von einer „extraterritorialen Anwendung" der Wertpapiergesetze. Hier können Souveränitätskonflikte mit ausländischen Rechtsordnungen entstehen.

Ein im Völkerrecht anerkanntes Prinzip ist das Prinzip der Berücksichtigung gegenseitiger Interessen im Rahmen der Völkersitte (*Courtoisie*).[1235] Amerikanische Gerichte haben die Regeln der *Courtoisie* auch eingesetzt, um die Reichweite von nationalen Gesetzen und damit die extraterritoriale Anwendung zu begrenzen.[1236] In dem Fall *„American Banana Company v. United Fruit Company"* entschied der U.S.-*Supreme Court* beispielsweise, dass wenn ein Staat für einen Täter, der eine (strafbare) Handlung in einem anderen Staat begangen hat, seine eigenen nationalen Gesetze und Wertvorstellungen anstelle der ausländischen Auffassungen anwende, dies nicht nur ungerecht, sondern auch eine Beeinträchtigung der Autorität des anderen Souveräns sei. Solch eine Beeinträchtigung sei eine Zuwiderhandlung gegen das Prinzip der Berücksichtigung gegenseitiger Interessen (*Courtoisie*), welche der betreffende ausländische Staat ihm zu Recht übelnehmen könne.[1237]

Auch die SEC ist mittlerweile von ihrem konfrontativen Ansatz (*waiver by conduct*) abgerückt und setzt mehr auf die Zusammenarbeit und Kooperation mit ausländischen Behörden. *„Waiver by conduct"* war ein Ansatz, den die SEC im Jahre 1984 diskutierte, um die Probleme, die durch Geheimhaltungsgesetze (*secrecy laws*) und Verbotsgesetze (*blocking statutes*) entstanden, zu lösen. Demnach hätte jeder ausländische Marktteilnehmer mit Aufnahme der Geschäftstätigkeit in den USA

1235 *Slaughter*, A New World Order, 2004, S. 250. In den USA wird Courtoisie (comity) üblicherweise wie folgt definiert: „'Comity,' in the legal sense, is neither a matter of absolute obligation on the one hand, nor of mere courtesy and good will, upon the other. But it is the recognition which one nation allows within its territory to the legislative, executive, or judicial acts of another nation [...]." Siehe Hilton v. Guyot, 159 U.S. 113, 163-44 (1895).

1236 *Sloss/Ramsey/Dodge* (Hrsg.), International Law in the U.S. Supreme Court, 2011, S. 262.

1237 American Banana Company v. United Fruit Company, 213 U.S. 347, 356(1909): „For another jurisdiction, if it should happen to lay hold of the actor, **to treat him according to its own notions rather than those of the place where he did the acts**, not only would be unjust, but would be an interference with the authority of another sovereign, **contrary to the comity of nations**, which the other state concerned justly might resent." [mit eigener Hervorhebung].

automatisch auf seine Rechte aus den eigenen nationalen Geheimhaltungs- und Verbotsgesetzen verzichtet. Ohne einen solchen Verzicht, wäre die Marktteilnahme in den USA nicht möglich gewesen. Der Ansatz wurde jedoch nie als Gesetz oder Verordnung verabschiedet, da die Reaktionen darauf durchweg negativ waren.[1238]

Die USA verabschiedeten mit dem *Dodd-Frank Act* eines der ersten Gesetze, welches die durch die globale Finanzkrise aufgedeckten Probleme zu regeln versuchte.[1239] Vielleicht weil es zu dem Zeitpunkt noch keine koordinierte globale Antwort gab (und in vielen Bereichen auch immer noch nicht gibt), wurden extraterritoriale Aspekte integriert. Aber schon vor der Verabschiedung des *Dodd-Frank Act*, wurde die extraterritoriale Anwendung des U.S.-Kapitalmarktrechts, insbesondere mit Blick auf den *Sarbanes Oxley Act*, in den USA und im Ausland diskutiert.

1. Allgemeines und sachliche Zuständigkeit der U.S.-Gerichte

Die Bundesgesetzgebung im Bereich der Wertpapiere ist im Gegensatz zu den *Blue Sky Laws* der Einzelstaaten immer dann anzuwenden, wenn eine Transaktion im zwischenstaatlichen Handel (*interstate commerce*) abgewickelt wird. Dies umfasst nicht nur Handel zwischen den einzelnen Bundesstaaten, sondern gemäß dem Wortlaut der sogenannten „*Commerce Clause*" auch Handel zwischen den USA und ausländischen Staaten.[1240] In manchen Gesetzen ist die Extraterritorialität explizit angeordnet. Ist dies nicht der Fall, so nehmen die Gerichte eine Abwägung vor, um zu ermitteln, ob die nationalen U.S.-Wertpapiergesetze auf den Sachverhalt mit Auslandsbezug Anwendung finden, oder ob die Interessen des ausländischen Staates überwiegen und somit ausländisches Recht Anwendung findet.

Die unteren Gerichte und Revisionsgerichte haben traditionell zwei Ansätze benutzt, um festzustellen, in welchen Situationen die U.S.-Bundeswertpapiergesetze, insbesondere die Vorschriften zur Betrugsbekämpfung, extraterritorial angewendet werden. Beide Ansätze konzentrieren sich auf die Frage, ob die fragliche Aktivität hinreichende Auswirkungen auf oder hinreichende Beziehungen zu den USA, ihren Märkten oder ihren Einwohnern hat, welche die Anwendung der amerikanischen Gesetze rechtfertigt.[1241] Im Allgemeinen wird die Frage, ob das angerufene Gericht

---

1238 *Haseltine*, International Regulation of Securities Markets: Interaction between United States and Foreign Laws, 36 Int'l & Comp. L.Q. 307, 310 (1987).

1239 Das Vereinigte Königreich erließ ebenfalls schon im Jahre 2009 den "Banking Act 2009", durch den der Finanzsektor neu geordnet werden sollte.

1240 Die „Commerce Clause" ist in art. I, § 8, cl. 3 der U.S.-Verfassung kodifiziert. Dort heißt es: „[Congress shall have Power]...To regulate Commerce with foreign Nations, and among the several States, and with the Indian tribes; [...]." Die „Commerce Clause" wird von der Rechtsprechung sehr weit ausgelegt. Für einen Überblick über die Rechtsprechung im Bereich der „Commerce Clause" siehe *Pushaw/Nelson*, The Likely Impact of National Federation on Commerce Clause Jurisprudence, 40 Pepp. L. Rev. 975, 980 et seq. (2013).

1241 *Cox/Hillman/Langevoort*, S. 1121.

sachlich zuständig ist (*subject matter jurisdiction*), durch eine Auslegung gemäß dem gesetzgeberischen Willen bestimmt, sowie durch eine Analyse des Sachverhaltes, um festzustellen, ob genügende Verbindungen zu den USA bestehen. Es gilt grundsätzlich eine Vermutung **gegen** die extraterritoriale Anwendung von Bundesgesetzen, es sei denn, es zeigt sich ein entgegenstehender ausdrücklicher gesetzgeberischer Wille.[1242] Generell kann gesagt werden, dass Gerichte gewillt waren, die Bundeswertpapiergesetze extraterritorial anzuwenden, wenn nationale Interessen auf dem Spiel standen.[1243]

Die zwei Ansätze, die von den unteren Gerichten zur Bestimmung ihrer sachlichen Zuständigkeit eingesetzt werden, sind der „Auswirkungen-Test“ (*effects test*) und der „Verhaltenstest“ (*conduct test*). Obwohl die beiden Tests generell alternativ sind, werden sie von manchen Gerichten zusammengefasst und als ein einziger Test verstanden.[1244]

Gemäß dem „Auswirkungen -Test“ (*effects test*) liegt die sachliche Zuständigkeit des Gerichtes vor, wenn durch die Transaktion spürbare nationale Auswirkungen erzeugt wurden.[1245] Ungenügend ist die bloße Tatsache, dass die U.S.-Gesellschaft, deren Aktien an einer amerikanischen Börse notiert sind, durch die ausländische Transaktion mit ausländischen Aktien eventuell nachteilig betroffen ist.[1246] Ebenfalls nicht ausreichend ist allein die Tatsache, dass ein U.S.-Bürger in die Transaktion involviert ist.[1247] Auf der anderen Seite spricht es jedoch auch nicht gegen die extraterritoriale Anwendung des Gesetzes, wenn der Gesetzgeber sich im Bezug darauf nicht eindeutig geäußert hat.[1248]

Der sogenannte „Verhaltenstest“ (*conduct test*) findet Anwendung, wenn der Emittent nicht an einer U.S.-Börse notiert ist und festgestellt werden muss, ob Auswirkungen, die scheinbar gering erscheinen oder Verhalten, welches zum größten Teil außerhalb des Territoriums der USA stattfindet oder eine Kombination

---

1242 Siehe für viele Pfeiffer v. Wm. Wrigley Jr. Company, 755 F.2d 554, 557 (7th Cir. 1985).

1243 Siehe zum Beispiel Schoenbaum v. Firstbrook, 405 F.2d 200, 206 (2d Cir. 1968).

1244 Siehe zum Beispiel Itoba Ltd. v. Lep Group PLC, 54 F.3d 118, 122 (2d Cir. 1995): “There is no requirement that these two tests be applied separately and distinctly from each other. Indeed, an admixture or combination of the two often gives a better picture of whether there is sufficient United States involvement to justify the exercise of jurisdiction by an American court.”.

1245 Schoenbaum v. Firstbrook, 405 F.2d 200, 208–209 (2d Cir. 1968): “This impairment of the value of American investments by sales by the issuer in a foreign country, allegedly in violation of the Act, has in our view, a sufficiently serious effect upon United States commerce to warrant assertion of jurisdiction for the protection of American investors and consideration of the merits of plaintiff’s claim.”.

1246 Leasco Data Processing Equipment Corporation. v. Maxwell, 468 F.2d 1326, 1334 (2d Cir. 1972).

1247 Bersch v. Drexel Firestone, Inc., 519 F.2d 974, 992 (2d Cir. 1975), cert. denied, 423 U.S. 1018 (1975).

1248 *Haseltine*, S. 318.

von Auswirkungen und Verhalten innerhalb der USA, die Anwendung der U.S.-Wertpapiergesetze rechtfertigt.[1249]

Unterschiede zwischen den einzelnen Gerichtsbezirken bestehen in der Interpretation des maßgeblichen „Verhaltens" in den USA.[1250] Das Ausmaß, in dem das Verhalten in den USA zu dem behaupteten Betrug und dem daraus resultierenden Schaden steht, wird unterschiedlich beurteilt. Für einige Gerichte muss das maßgebliche Verhalten selbst eine Verletzung der Wertpapiergesetze darstellen.[1251] Andere Gerichte halten es für ausreichend, wenn das U.S.-bezogene Verhalten den Schaden des Klägers verursacht hat.[1252] Eine Zwischenansicht sieht das U.S.-basierte Verhalten nur als geeignet für die Begründung der sachlichen Zuständigkeit des Gerichtes an, wenn das Verhalten den behaupteten Schaden direkt verursacht hat.[1253] Dies bedeutet, dass das Verhalten einen maßgeblichen Teil des behaupteten Wertpapierbetruges bildet und erheblich für sein Gelingen ist. Das Verhalten darf demnach nicht nur vorbereitender Natur sein.[1254]

1249 Leasco Data Processing Equipment Corporation v. Maxwell, 468 F.2d 1326, 1337 (2d Cir.1972): "While, as earlier stated, we doubt that impact on an American company and its shareholders would suffice to make the statute applicable if the misconduct had occurred solely in England, we think it tips the scales in favor of applicability when substantial misrepresentations were made in the United States."; *Cox/Hillman/Langevoort*, S. 1131.

1250 Siehe für eine Darstellung der unterschiedlichen Ansätze der Gerichtsbezirke Kauthar SDN BHD v. Sterberg, 149 F.3d 659 (7th Cir.1998).

1251 Zoelsch v. Arthur Andersen & Co., 824 F.2d 27, 31 (D.C.Cir. 1987): „[...] jurisdiction will lie in American courts where the domestic conduct comprises all the elements of a defendant's conduct necessary to establish a violation of section 10(b) and Rule 10b-5 [...]".

1252 Securities and Exchange Commission v. Kasser, 548 F.2d 109, 114 (3rd Cir. 1977), cert. denied, 431 U.S. 938 (1977): "The federal securities laws, in our view, do grant jurisdiction in transnational securities cases where at least some activity designed to further a fraudulent scheme occurs within this country."; Continental Grain (Australia) Pty. Ltd. v. Pacific Oilseeds, Inc., 592 F.2d 409, 421 (8th Cir.1979): "In sum, where defendants' conduct in the United States was in furtherance of a fraudulent scheme and was significant with respect to its accomplishment, and moreover necessarily involved the use of the mails and other instrumentalities of interstate commerce [...] the district court has subject matter jurisdiction."; siehe weiterhin den Fall Grunenthal GmbH v. Hotz, 712 F.2d 421, 425 (9th Cir.1983), in dem sich das Gericht den beiden vorgenannten Gerichten anschließt.

1253 Psimenos v. E.F. Hutton & Company, Inc., 722 F.2d 1041, 1046 (2d Cir.1983); Bersch v. Drexel Firestone, Inc., 519 F.2d 974, 993 (2d Cir. 1975), cert. denied, 423 U.S. 1018 (1975): "We have thus concluded that the anti-fraud provisions of the federal securities laws [...] do not apply to losses from sales of securities to foreigners outside the United States unless acts (or culpable failure to act) within the United States directly caused such losses.".

1254 Psimenos v. E.F. Hutton & Company, Inc., 722 F.2d 1041, 1045–1046 (2d Cir.1983): "[...] foreign plaintiffs' suits under anti-fraud provisions of the securities laws

Der U.S.-*Supreme Court* hat generell einen anderen Ansatz für die Bestimmung der Extraterritorialität der Gesetze als die unteren Gerichte und die Revisionsgerichte gewählt. Die Frage der Extraterritorialität wurde von dem U.S.-*Supreme Court* schon seit 1959 als Frage der **Begründetheit** und nicht als Frage der sachlichen Zuständigkeit des Gerichtes behandelt.[1255] Sehr kontrovers diskutiert wurde ein Fall, den der U.S.-*Supreme Court* im Jahre 2010 entschied, „*Morrison v. National Australia Bank* (NAB)“.[1256] Dieser Fall stellte zum ersten Mal eine klare Regel (*bright-line rule*) für die extraterritoriale Anwendung der Wertpapiergesetze auf und verwarf die Tests der unteren Gerichte.

Bei dem Fall handelte es sich um eine Sammelklage, bei dem die eine Klägergruppe aus ausländischen Klägern bestand, die einen ausländischen Emittenten in einem U.S.- Gericht für die Verletzung der U.S.-Wertpapiergesetze bei Wertpapiertransaktionen, die im Ausland stattfanden, verklagten. Eine solche Klage wird als *foreign cubed* oder *f-cubed securities class action* bezeichnet, da es sich um drei verschiedene Verbindungen (*cubed* bedeutet „hoch drei“) zum Ausland handelt.[1257] Die Kläger machten einen Anspruch aus *Section* 10(b) *Securities Exchange Act* in Verbindung mit *Rule* 10b-5(b) für die Verbreitung eines falschen oder irreführenden Prospekts

---

would be heard only when substantial acts in furtherance of the fraud were committed within the United States. Our ruling on this basis of jurisdiction is limited to the perpetration of fraudulent acts themselves and does not extend to mere preparatory activities or the failure to prevent fraudulent acts where the bulk of the activity was performed in foreign countries [...].".

1255 Morrison v. National Australia Bank (NAB), 561 U.S. 247, 130 S.Ct. 2869, 2877 (2010): "[...] Second Circuit [...] considered the extraterritorial reach of § 10(b) to raise a question of subject-matter jurisdiction. But to ask what conduct § 10(b) reaches is to ask what conduct § 10(b) prohibits, which is a merits question. Subject-matter jurisdiction, by contrast, "refers to a tribunal's ' "power to hear a case." [...] It presents an issue quite separate from the question whether the allegations the plaintiff makes entitle him to relief."; Steel Company v. Citizens for a Better Environment, 523 U.S. 83, 92 (1998): "[...] it is not a statutory standing question that Justice STEVENS would have us decide first. He wishes to resolve, not whether EPCRA authorizes this plaintiff to sue (it assuredly does), but whether the scope of the EPCRA right of action includes past violations. Such a question, we have held, goes to the merits and not to statutory standing."; Romero v. International Terminal Operating Co., 358 U.S. 354, 359 (1959): "The District Court dismissed petitioner [...] claims for lack of jurisdiction. As frequently happens where jurisdiction depends on subject matter, the question whether jurisdiction exists has been confused with the question whether the complaint states a cause of action. [...].".

1256 Morrison v. National Australia Bank (NAB), 561 U.S. 247, 130 S.Ct. 2869 (2010).

1257 Morrison v. National Australia Bank (NAB), 547 F.3d 167, 172 (2d Cir. 2008): "Here, a set of (1) foreign plaintiffs is suing (2) a foreign issuer in an American court for violations of American securities laws based on securities transactions in (3) foreign countries. This is the first so-called "foreign-cubed" securities class action to reach this Circuit.".

geltend.[1258] Das Argument der SEC, dass der *Securities Exchange Act* bei Betrug in extraterritorialen Wertpapiertransaktionen anwendbar sei, wenn das Verhalten in den USA **erheblich** für den Erfolg des Betruges war, wurde vom Gericht nicht übernommen.[1259] Der U.S.-*Supreme Court* entschied, dass *Section* 10(b) *Securities Exchange Act* nicht extraterritorial anwendbar sei, da der Fokus des *Securities Exchange Act* nicht auf dem Ort liege, an dem Irreführung stattfand, sondern darauf, Kauf und Verkauf von Wertpapieren in den USA zu regeln und die Parteien dieser Transaktionen zu schützen.[1260]

Problematisch ist die gerichtliche Zusammenfassung der Entscheidung (*holding*). Liest man diesen Teil isoliert, könnte man meinen, dass *Section* 10(b) *Securities Exchange Act* schon anwendbar sei, wenn die Aktien des Emittenten an einer U.S.-Börse gelistet sind, auch wenn die fragliche betrügerische Transaktion im Ausland stattfindet.[1261] Im Zusammenhang der ganzen Entscheidung wird aber deutlich, dass zusätzlich zu der Börsennotierung in den USA hinzukommen muss, dass die Transaktion auch an dieser Börse oder woanders in den USA stattgefunden hat. Eine weitergehende Besprechung und Bewertung der Entscheidung wird im Rahmen der Reaktion des Gesetzgebers auf die Entscheidung im *Dodd-Frank Act* erfolgen.[1262]

1258 Es ist anzunehmen, dass es zum gleichen Ergebnis gekommen wäre, wenn es sich nicht um eine private Sammelklage, sondern um eine Klage der SEC gehandelt hätte, da eine Vorschrift die verschiedenen klageberechtigten Klägern generell gleich behandelt und nicht einer Klägergruppe mehr Rechte einräumen soll als der anderen, es sei denn es ist ausdrücklich anders geregelt. Siehe *Painter*, The Dodd-Frank Extraterritorial Jurisdiction Provision: Was it Effective, Needed or Sufficient?, 1 Harv. Bus. L. Rev. 195, 198 et seq. (2011).

1259 Morrison v. NAB, 561 U.S. 247, 130 S.Ct. 2869, 2887–2888: "[...] the Solicitor General argues that the Commission has adopted an interpretation similar to the "significant and material conduct" test, and that we should defer to that. In the two adjudications the Solicitor General cites, however, the Commission did not purport to be providing its own interpretation of the statute, but relied on decisions of federal courts [...]. Since the Commission's interpretations relied on cases we disapprove, which ignored or discarded the presumption against extraterritoriality, we owe them no deference.".

1260 Morrison v. NAB, 561 U.S. 247, 130 S.Ct. 2869, 2884.

1261 In "Morrison v. NAB" heißt es auf S. 2884: "And it is in our view only transactions in securities listed on domestic exchanges, and domestic transactions in other securities, to which § 10(b) applies." sowie auf S. 2888: "Section 10(b) reaches the use of a manipulative or deceptive device or contrivance only in connection with the purchase or sale of a security listed on an American stock exchange, and the purchase or sale of any other security in the United States.".

1262 Siehe zur Besprechung der Entscheidung Seite 189 ff..

2. Spezifische Beispiele für die extraterritoriale Anwendung der Gesetze

a. Der Securities Exchange Act

Die Extraterritorialität wird im *Securities Exchange Act* explizit nur in *Section* 30 (ausländische Börsen) angesprochen. Der Kongress wollte mit dieser Vorschrift Situationen erfassen, in denen Investoren in den USA gegen Verletzungen des *Securities Exchange Act* auf ausländischen Märkten geschützt werden müssen. Argumente, dass *Section* 30 den gesamten *Securities Exchange Act* extraterritorial anwendbar mache, hat der U.S.-*Supreme Court* abgelehnt.[1263]

Section 30(a) *Securities Exchange Act* spricht die Extraterritorialität explizit an. Demnach ist es jedem Broker oder Dealer verboten, postalische oder andere Kommunikations- oder Transporteinrichtungen des zwischenstaatlichen Handels direkt oder indirekt zu nutzen, um auf einer ausländischen Börse eine Transaktion mit Wertpapieren von U.S.-Emittenten durchzuführen, die den Regeln und Verordnungen, die die SEC zum Investorenschutz oder zur Umgehung des Gesetzes erlassen hat, zuwiderlaufen.

Gemäß *Section* 30(b) *Securities Exchange Act* unterfallen Handlungen im Ausland nicht dem *Securities Exchange Act*, es sei denn, sie werden zur Umgehung des Gesetzes vorgenommen und verstoßen gegen Regeln oder Verordnungen, die die SEC zur Vermeidung der Umgehung erlassen hat. Die Vorschrift umfasst Handlungen, welche eine nationale Verletzung des *Securities Exchange Act* verschleiern sollen, oder Handlungen im Ausland, die dazu dienen, dass die nationale Verletzung nur aufgrund einer Formsache nicht dem Zugriff des Gesetzes unterfällt.[1264] Die SEC hat jedoch keine Ausführungsvorschriften zu *Section* 30(b) erlassen.

b. Der Sarbanes Oxley Act

Obwohl nach dem Erlass des *Sarbanes Oxley Act* heftige internationale Kritik an der Extraterritorialität des Gesetzes geübt wurde,[1265] wurde bei vielen der kontrovers diskutierten Vorschriften die Extraterritorialität **nicht** ausdrücklich angeordnet. Das Gesetz ist jedoch auf alle Emittenten anwendbar, wie sie in *Section* 2(a)(7) definiert sind.[1266] „Emittent" wird dort definiert als jeder, (i) dessen Wertpapiere in den USA gemäß *Section* 12 *Securities Exchange Act* börsennotiert sind, (ii) der verpflichtet ist, Berichte gemäß *Section* 15(d) *Securities Exchange Act* einzureichen oder der (iii) einen Registrierungsantrag gemäß dem *Securities Act* stellt oder einen Antrag gestellt

1263 Morrison v. NAB, 561 U.S. 247, 130 S.Ct. 2869, 2882 (2010).
1264 Morrison v. NAB, 561 U.S. 247, 130 S.Ct. 2869, 2882–2883 (2010).
1265 *Mann/Barry*, Developments in the Internationalization of Securities Enforcement, 39 Int'l Law. 667, 669 (2005).
1266 Kodifiziert in 15 U.S.C. § 7201(7) (2012).

hat, der noch nicht wirksam geworden ist aber nicht zurückgezogen wurde.[1267] In der Definition wird keine Ausnahme für ausländische Emittenten gemacht. Insbesondere die extraterritoriale Anwendung der folgenden Vorschriften brachte ausländische Emittenten mit ihren nationalen Gesetzen in Konflikt.

aa. Audit Committee

Section 301 *Sarbanes Oxley Act* verpflichtete die SEC dazu Regeln zu erlassen, welche die U.S.-Börsen und die *national securities associations* dazu verpflichten, Börsennotierungen jedes Emittenten zu verbieten, der nicht die vorgegebenen Standards für das *Audit Committee* (Prüfungsausschuss) erfüllt. Gemäß *Section* 301 müssen die Mitglieder des *Audit Committee* zugleich Mitglied des Aufsichtsrates des Emittenten und ansonsten unabhängig sein. *Section* 302 weist die SEC an, Regeln zu erlassen, wonach der *Chief Executive Officer* (CEO) und der *Chief Financial Officer* (CFO) bestätigen müssen, dass die finanzielle Situation des Unternehmens in der Rechnungslegung und in der Berichterstattung über die Rechnungslegung ordnungsgemäß und richtig dargestellt ist und dass sie die Berichte daraufhin überprüft haben. Die Vorschriften unterscheiden nicht zwischen U.S.-Emittenten und ausländischen Emittenten, sondern maßgebend ist die Börsennotierung. Die Regeln, welche die SEC zur Umsetzung von *Section* 301[1268] und *Section* 302[1269] erlassen hat, sind ebenfalls auf beide Kategorien von Emittenten anwendbar. Dies wurde damit begründet, dass die Tendenz international ohnehin hin zur Einrichtung von Prüfungsausschüssen ähnlich dem U.S.-*Audit Committee* ginge.[1270] Es gibt jedoch Möglichkeiten für ausländische Emittenten auf Ausnahmetatbestände (*safe harbors*) zurückzugreifen um Konflikte mit nationalem Recht zu vermeiden.[1271]

1267 SOX, § 2(a)(7) lautet: "The term "issuer" means an issuer [...] the securities of which are registered under section 12 of that Act (15 U.S.C. 78l), or that is required to file reports under section 15(d) (15 U.S.C. 78o(d)), or that files or has filed a registration statement that has not yet become effective under the Securities Act of 1933 (15 U.S.C. 77a et seq.), and that it has not withdrawn.".

1268 Standards Relating to Listed Company Audit Committees, 68 Fed. Reg. 18788 (April 16, 2003) (kodifiziert in 17 C.F.R. Parts 228, 229, 240, 249 und 274 (2014)).

1269 Certification of Disclosure in Companies' Quarterly and Annual Reports, 67 Fed. Reg. 57276 (Sept. 9, 2002) (kodifiziert in 17 C.F.R. Parts 228, 229, 232, 240, 249, 270 und 274 (2014)).

1270 68 Fed. Reg. 18788, 18802.

1271 Ländern wie Deutschland ist man entgegengekommen, um Konflikte im Bereich der Arbeitnehmerbeteiligung und mit einem zweigliedrigen System der Unternehmensleitung (Vorstand und Aufsichtsrat) zu vermeiden. Es wurde zum Beispiel erlaubt, dass Arbeitnehmer, solange sie keine leitenden Angestellten sind, im Prüfungsausschuss oder im Aufsichtsrat vertreten sein dürfen. Die SEC erkennt außerdem an, dass der Aufsichtsrat eine ähnliche Funktion wie das nach SOX, § 301 einzurichtende Audit Committee erfüllt. 68 Fed. Reg. 18788, 18802.

bb. Section 106 Sarbanes Oxley Act

Für die Regelung in *Section* 106 *Sarbanes Oxley Act* ist eindeutig die Extraterritorialität des Gesetzes angeordnet. Danach sind alle ausländischen börsennotierten Wirtschaftsprüfungsunternehmen, die Prüfungsdienstleistungen für jegliche Emittenten erbringen, der U.S.-Aufsicht unterstellt und müssen sich bei dieser registrieren lassen, um Leistungen erbringen zu dürfen. Weiterhin können jedoch auch ausländische Prüfungsgesellschaften, die nur eine wesentliche Rolle bei der Erstellung eines Prüfberichts spielen, obwohl sie nicht selbst den Bericht erstellen, der Registrierungspflicht unter Umständen unterfallen.[1272] Dies umfasst daher auch nichtamerikanische Wirtschaftsprüfer, die außerhalb der USA Teilleistungen erbringen, sowie Tochtergesellschaften von in den USA börsennotierten Unternehmen.

cc. Reaktionen auf die extraterritorialen Regelungen des Sarbanes Oxley Act

Diese sehr strengen Vorschriften haben einige ausländische Emittenten dazu bewogen, ihre Registrierung an den U.S.-Börsen rückgängig zu machen (*deregistration*). Bevor dies geschehen kann, müssen die Wertpapiere des Emittenten von der Börse genommen werden (*delisting*). Ursprünglich war dies nur unter erschwerten Voraussetzungen möglich. Ein ausländischer Emittent konnte seine Registrierung nur zurücknehmen, wenn seine Wertpapiere von weniger als 300 U.S.-Investoren gehalten wurden. Zudem konnte ein ausländischer Emittent seine Berichtspflicht gemäß *Section* 15(d) *Securities Exchange Act* auch nach der Zurücknahme seiner Registrierung nur aussetzen und nicht beenden. Die SEC hat mittlerweile auf den ausdrücklich geäußerten Wunsch aus dem Ausland reagiert und die Vorschriften zur Rücknahme der Registrierung vereinfacht, um die Auswirkungen der extraterritorialen Anwendbarkeit abzumildern.[1273] Am 21. März 2007 erließ sie die *Securities Exchange Act* Regel 12h-6.[1274] Ausländische Unternehmen können nunmehr ihre Registrierung zurücknehmen, wenn der Handel mit ihren Papieren fünf Prozent oder weniger des weltweiten Handelsvolumens in den vergangenen zwölf Monaten entspricht. Weitere Voraussetzung ist, dass der ausländische Emittent seinen Handel

---

1272 SOX, § 106(a)(2):" The Board may, by rule, determine that a foreign public accounting firm (or a class of such firms) **that does not issue audit reports nonetheless plays such a substantial role in the preparation and furnishing of such reports** for particular issuers, that it is necessary or appropriate, in light of the purposes of this Act and in the public interest or for the protection of investors, that such firm (or class of firms) should be treated as a public accounting firm (or firms) for purposes of registration under, and oversight by the Board in accordance with, this title." [mit eigener Hervorhebung].

1273 *Funk/Rossmanith*, Internationalisierung der Rechnungslegung und des Controllings, in: dies. (Hrsg.), Internationale Rechnungslegung und Internationales Controlling, 2008, S. 15 f..

1274 Termination of a Foreign Private Issuer's Registration and Duty To File Reports, 72 Fed. Reg. 16934 (April 5, 2007).

primär außerhalb der USA betreibt und dieser Handel mindestens 55 Prozent seines Handelsvolumens in den vergangenen zwölf Monaten ausmachte.[1275]

c. *Der Dodd-Frank Act*

Die Frage der Extraterritorialität wird beim *Dodd-Frank Act* zum einen bei den Vorschriften zu Derivaten relevant. Anderseits ist sie im Zusammenhang mit denen als Reaktion auf die Entscheidung „*Morrison v. NAB*“[1276] erlassenen Vorschriften zu Klagen der SEC und des Justizministeriums in Fällen mit Auslandbezug von Bedeutung.

aa. Derivate

(1) Ausführungsbestimmungen der CFTC und SEC

Der Gesetzgeber hat in *Section* 722(d)[1277] und in *Section* 772(b)[1278] des *Dodd-Frank Act* die extraterritoriale Anwendung der Swap-Bestimmungen explizit angeordnet hat. Aufgrund der Tatsache, dass noch nicht alle Ausführungsbestimmungen (endgültig) verabschiedet wurden, kann teilweise über die Reichweite dieser Vorschriften jedoch nur spekuliert werden. Die CFTC hat am 26. Juli 2013 eine endgültige Vorschrift zur Interpretation des Begriffs „*U.S.-Person*“ und damit zur Reichweite und Anwendung der Swap-Vorschriften auf ausländische Marktteilnehmer veröffentlicht. Die Richtlinie zur Interpretation verfolgt einen territorialen Ansatz für natürliche und juristische Personen und weitet den Begriff der „*U.S.-Person*“ aus. Die Aufzählung ist jedoch nicht abschließend.[1279] Da eine Ausnahmeregelung für ausländische Institute am 12. Juli 2013 ablief, erließ die CFTC eine neue Übergangsregelung, die ausländische Institute bis zum 21. Dezember 2013 von den

---

1275 72 Fed. Reg. 16934, 16936.

1276 Morrison v. National Australia Bank (NAB), 561 U.S. 247, 130 S.Ct. 2869 (2010).

1277 Dodd-Frank Act, § 722(d) lautet:"The provisions of this Act relating to swaps [...] **shall not apply to activities outside the United States unless** those activities –
(1) have a direct and significant connection with activities in, or effect on, commerce of the United States; or
(2) contravene such **rules or regulations as the Commission may prescribe or promulgate** as are necessary or appropriate to prevent the evasion of any provision of this Act [...]." [mit eigener Hervorhebung]. Diese Bestimmung wurde in 7 U.S.C. § 2(i) (2012) kodifiziert.

1278 Dodd-Frank Act, § 772(b) lautet: "[...] **No provision** of this title [...], or any rule or regulation thereunder, **shall apply** to any person insofar as such person transacts a business in security-based swaps without the jurisdiction of the United States, **unless** such person transacts such business **in contravention of such rules and regulations as the Commission may prescribe** as necessary or appropriate to prevent the evasion of any provision of this title [...]."[mit eigener Hervorhebung]. Diese Vorschrift wurde in 15 U.S.C. § 78dd(c) (2012) kodifiziert.

1279 Interpretive Guidance And Policy Statement Regarding Compliance With Certain Swap Regulations, 78 Fed. Reg. 45291 (July 26, 2013).

neuen Swap-Anforderungen ausnimmt.[1280] Die SEC hat bisher nur vorläufige Regeln zur Regelung von grenzüberschreitenden Wertpapierswaps (*security-based swaps*) und zur Registrierung von Händlern erlassen.[1281]

Problematisch könnte zusätzlich zu der Tatsache, dass noch nicht alle Ausführungsbestimmungen erlassen wurden, sein, dass der Wortlaut von *Section* 772(b) *Dodd-Frank Act* dem Wortlaut von *Section* 30(b) *Securities Exchange Act* nachgebildet zu sein scheint. Zu dieser Vorschrift hat der U.S.-*Supreme Court* entschieden, dass hier nur eine Ausnahme von der grundsätzlichen Vermutung **gegen** die Extraterritorialität geregelt sei. Dadurch können nicht generell bei einer Verletzung des *Securities Exchange Act* alle Vorschriften extraterritorial angewandt werden.[1282]

(2) Internationale Zusammenarbeit der Aufsichtsbehörden

Weiterhin ist auch die internationale Koordinierung für die Aufsicht über Derivate im Zusammenhang mit der Extraterritorialität im Auge zu behalten. Die CFTC und die SEC wurden durch *Section* 752(a) *Dodd-Frank Act* beauftragt, mit den entsprechenden Aufsichtsbehörden in anderen Ländern zusammenzuarbeiten, um regulatorische Bestimmungen zu harmonisieren und um Lücken und Doppelungen bei der Regelung von Transaktionen zu vermeiden.[1283] Eine solche Vorgehensweise macht eine unilaterale extraterritoriale Anwendung des U.S.-Wertpapierrechts unnötig. Dazu sollte gemäß *Section* 719(c) *Dodd-Frank Act* von der SEC und der CFTC auch eine Studie durchgeführt werden, um festzustellen wie das System für Swaps und Wertpapierswaps in den USA, Asien und Europa ausgestaltet ist. Weiterhin sollte durch die Studie herausgefunden werden, welche Bereiche ähnlich geregelt werden und welche Bereiche Harmonisierung benötigen. Diese Studie vom 31. Januar 2012 wurde dem Kongress übersandt.[1284] Die Studie stellt am Ende jedoch nur fest, dass es noch zu früh sei, um genau zu bestimmen, in welchen Bereichen eine Angleichung international erforderlich sei und wo es noch Lücken oder Unstimmigkeiten gebe.[1285]

Eine Einigung mit der Europäischen Union (EU) über den grenzüberschreitenden Derivatehandel wurde Anfang Juli 2013 erreicht (*Path forward statement*).[1286] Mit

---

1280 Exemptive Order Regarding Compliance With Certain Swap Regulations, 78 Fed. Reg. 43785 (July 22, 2013).

1281 Proposed rules on Cross-Border Security-Based Swap Activities, 78 Fed. Reg. 30967 (May 23, 2013).

1282 Siehe Morrison v. NAB, 561 U.S. 247, 130 S.Ct. 2869, 2882–2883.

1283 Kodifiziert in 15 U.S.C. § 8325 (2012).

1284 *CFTC/SEC*, Joint Report on International Swap Regulation Required by Section 719(c) of the Dodd-Frank Wall Street Reform and Consumer Protection Act, 31. Januar 2013. Online verfügbar unter www.sec.gov/news/studies/2012/sec-cftc-intlswapreg.pdf, zuletzt geprüft am 16.02.2016. [Im Folgenden zitiert als „CFTC/SEC, Section 719(c) Study"].

1285 *CFTC/SEC*, Section 719(c) Study, S. 111.

1286 *Europäische Kommission*, MEMO/13/682, The European Commission and the CFTC reach a Common Path Forward on Derivatives, 11. Juli 2013. Online verfügbar

der erzielten Einigung wird angestrebt, dass die Regeln der EU von den USA als gleichwertig anerkannt werden um eine doppelte Regulierung zu vermeiden. Jedoch sind auch dort noch einige Punkte offen.

(3) Gesetzesvorschläge im U.S.-Kongress

Aufgrund der bestehenden Unsicherheiten, der internationalen Kritik an der Extraterritorialität der Bestimmungen zu OTC-Derivaten und den Befürchtungen, dass Wettbewerbsnachteile für U.S.-Institute entstehen könnten, wurden seit Erlass des *Dodd-Frank Act* mehrere Gesetzesvorschläge im Abgeordnetenhaus und im Senat eingebracht und diskutiert. Einer dieser Vorschläge, H.R. 1256 (*Swap Jurisdiction Certainty Act*),[1287] soll die extraterritoriale Anwendbarkeit präzisieren und weist die SEC und die CFTC an, gemeinsam identische Regeln für grenzüberschreitende Swaps und Wertpapierswaps zu erlassen. Grenzüberschreitende Swaps und Wertpapierswaps sollen von den Regeln für U.S.-Personen ausgenommen werden, wenn sie einer gleichwertigen Derivateregulierung in einem der neun Länder mit dem vom Volumen her größten Swapmarkt unterliegen. Ob einer dieser Vorschläge schließlich als Gesetz verabschiedet wird, kann noch nicht abgeschätzt werden, so dass die Unsicherheit bestehen bleibt.

bb. Die Reaktion des Gesetzgebers auf die Entscheidung "Morrison v. NAB"

(1) Auswertung der Umsetzung im Gesetz

Im Wertpapierbereich trägt weiterhin zur Rechtsunsicherheit bei, dass der Kongress versuchte auf die im Rahmen der sachlichen Zuständigkeit des Gerichts erwähnte Entscheidung „Morrison v. NAB"[1288] zu reagieren, dieser Versuch aber fehlschlug. Der Gesetzgeber wollte den in „Morrison v. NAB" entwickelten Test aufheben und die alten „*conduct- and effects*"-Tests der unteren Gerichte in leicht abgewandelter Form wiedereinführen. Die SEC und das Justizministerium sollten dadurch das Recht erhalten, die Art von Betrug, um die es in der Entscheidung ging, in extraterritorialen Konstellationen zu verfolgen. Dies wurde (vermeintlich) in *Section* 929P(b) *Dodd-Frank*

---

unter europa.eu/rapid/press-release_MEMO-13-682_en.pdf, zuletzt geprüft am 16.02.2016.

1287 Swap Jurisdiction Certainty Act, H.R. 1256, 113th Cong. (1st Sess.). Der Vorschlag wurde im Abgeordnetenhaus angenommen und an den Senat weitergeleitet. Dieser hat den Vorschlag am 30. Juni 2013 nach zweifacher Lesung an einen Unterausschuss zur Diskussion weitergeleitet. Die Regierung von Präsident Obama hat in einer Stellungnahme vom 11. Juni 2013 die Verabschiedung des Gesetzes abgelehnt, da sie die laufende Umsetzung des Dodd-Frank Act untergrabe. Die Stellungnahme des White House ist online verfügbar unter http://www.whitehouse.gov/sites/default/files/omb/legislative/sap/113/saphr1256r_20130611.pdf, zuletzt geprüft am 16.02.2016.

1288 Morrison v. National Australia Bank (NAB), 561 U.S. 247, 130 S.Ct. 2869 (2010).

Act umgesetzt.[1289] *Section* 929P(b) regelt jedoch gemäß der Überschrift (*Extraterritorial Jurisdiction*) und dem Wortlaut die **sachliche Zuständigkeit** der Gerichte.

In seiner Entscheidung „Morrison v. NAB“ hatte der U.S.-*Supreme Court* jedoch dargelegt, dass die Bundesgerichte schon nach den bestehenden Gesetzen bei Wertpapiertransaktionen außerhalb der USA sachlich zuständig gewesen seien (*subject-matter jurisdiction*). Wie auch in anderen Fällen, wurde die Frage der sachlichen Zuständigkeit von den unteren Gerichten mit der Frage der Begründetheit der Klage vermischt. Diesen Fehler der unteren Gerichte hob der U.S.-*Supreme Court* noch einmal eindeutig hervor.[1290] Der entscheidende Punkt der Entscheidung „Morrison v. NAB“ war hingegen die Aussage des U.S.-*Supreme Court*, dass Wertpapiertransaktionen außerhalb der USA nicht unter einen Anspruch gemäß *Section* 10(b) *Securities Exchange Act* subsumierbar seien.[1291] Dies sei eine Frage der **Begründetheit** (*merits question*).[1292]

1289 Dodd-Frank Act, § 929P(b): "Section 22 of the Securities Act of 1933 [...] is amended by adding at the end the following new subsection:
(c) EXTRATERRITORIAL JURISDICTION.—The **district courts** of the United States and the United States courts of any Territory **shall have jurisdiction of an action** or proceeding brought or instituted by the Commission or the United States alleging a violation of section 17(a) involving –
(1) conduct within the United States that constitutes significant steps in furtherance of the violation, even if the securities transaction occurs outside the United States and involves only foreign investors; or
(2) conduct occurring outside the United States that has a foreseeable substantial effect within the United States. (...)." [mit eigener Hervorhebung]. Gleichlautende Vorschriften wurden zur Änderung des Securities Act und des Investment Advisers Act erlassen.

1290 Morrison v. NAB, 561 U.S.247, 130 S.Ct. 2869, 2876 et seq. (2010): "Before addressing the question presented, we must correct a threshold error in the Second Circuit's analysis. It considered the extraterritorial reach of § 10(b) to raise a question of subject-matter jurisdiction, wherefore it affirmed the District Court's dismissal [...]. In this regard it was following Circuit precedent [...]. The Second Circuit is hardly alone in taking this position [...].But to ask what conduct § 10(b) reaches is to ask what conduct § 10(b) prohibits, which is a merits question. Subject-matter jurisdiction [...] presents an issue quite separate from the question whether the allegations the plaintiff makes entitle him to relief.".

1291 Morrison v. NAB, 561 U.S. 247, 130 S.Ct. 2869, 2883 (2010): "[...] there is no affirmative indication in the Exchange Act that § 10(b) applies extraterritorially, and we therefore conclude that it does not.".

1292 Morrison v. NAB, 561 U.S. 247, 130 S.Ct. 2869, 2877 (2010): "But to ask what **conduct** § 10(b) reaches is to ask what conduct § 10(b) prohibits, which is a **merits question. Subject-matter jurisdiction**, by contrast, "refers to a tribunal's '"**power to hear a case**."'" [...] It presents an issue quite separate from the question whether the allegations the plaintiff makes entitle him to relief. [...] The District Court here had jurisdiction under 15 U.S.C. § 78aa-3 to adjudicate the question whether § 10(b) applies to National's conduct." [mit eigener Hervorhebung].

Die Möglichkeit für die SEC und das Justizministerium Betrug in solchen Fällen zu verfolgen, wollte der Gesetzgeber durch *Section* 929P(b) regeln. *Section* 929P(b) *Dodd-Frank Act* regelt seinem Wortlaut nach jedoch nur die **sachliche Zuständigkeit** der Bundesgerichte in Fällen, in denen die Wertpapiertransaktion außerhalb der USA stattfindet („*The district courts of the United States and the United States courts of any Territory shall have* ***jurisdiction*** *of an action or proceeding* [...]").

Die Absicht des Kongresses, Opfern von Wertpapierbetrug mehr Rechte zu geben, ist demnach fehlgeschlagen, da *Section* 929P(b) *Dodd-Frank Act* nur eine Kodifizierung existierender herrschender Rechtsprechung des U.S.-*Supreme Court* zur sachlichen Zuständigkeit der Gerichte in Wertpapierklagen mit Auslandbezug darstellt.[1293] Der Gesetzgeber hat sich hier wohl an den Entscheidungen der unteren Gerichte und Revisionsgerichte orientiert, die die Frage der Extraterritorialität grundsätzlich als Frage der sachlichen Zuständigkeit behandelt haben. Die Entscheidung „Morrison v. NAB" und der Erlass des *Dodd-Frank Act* haben sich teilweise überschnitten, so dass diese unterschiedliche Behandlung durch den U.S.-*Supreme Court* entweder nicht bemerkt wurde, oder keine Zeit verblieb den Gesetzestext abzuändern. Aufgrund der enormen Anzahl an Themen, die im *Dodd-Frank Act* geregelt wurden, war es zudem sehr schwierig erreichte Bestimmungen abzuändern und Extraterritorialität hatte keine hohe Priorität.[1294]

Hier ist auf jeden Fall zu erwarten, dass Personen, bei denen die SEC oder das Justizministerium im Rahmen dieser neuen Vorschrift ein Verfahren einleiten, dieses mit der Begründung angreifen werden, dass der *Dodd-Frank Act* nur die Zulässigkeit und nicht die Begründetheit regele. Fraglich ist, ob Gerichte dem Wortlautargument folgen werden, oder versuchen werden, den Willen des Gesetzgebers zu rekonstruieren und der SEC eine Anspruchsgrundlage zugestehen. Weiterhin ist darauf hinzuweisen, dass die Entscheidung „Morrison v. NAB" als Richtschnur für privatrechtliche Klagen gilt, da der Gesetzgeber im *Dodd-Frank Act* nur Verfahren der SEC und des Justizministeriums geregelt hat.[1295]

(2) Rückwirkung der Vorschrift

Eine weitere Frage, die sich im Zusammenhang mit *Section* 929P(b) *Dodd-Frank-Act* stellt, ist, ob die Vorschrift Rückwirkung entfaltet (*retroactive legislation*) oder ob sie nur für die Zukunft gilt (*prospective legislation*). Zu untersuchen ist demnach,

---

1293 Ebenso *Painter/Dunham/Quackenbos*, When Courts and Congress Don't Say What They Mean: Initial Reactions to Morrison v. National Australia Bank and to the Extraterritorial Jurisdiction Provisions of the Dodd-Frank Act, 20 Minn. J. Int'l L. 1, 4 (2011); *Sessler/Reichert*, Zwei Jahre nach Morrison v. NAB - Wird der Arm der US-Justiz kürzer?, WM 2012, 678 (686).

1294 *Painter*, S. 195, 199.

1295 *Mankowski*, Extraterritoriale Reichweite des US-Wertpapierrechts? Die Entscheidung des US Supreme Court in Morrison v. National Australia Bank und der 2010 Wall Street Reform and Consumer Protection Act, NZG 2010, 961, (967).

ob die SEC oder das Justizministerium auch ermächtigt wurde, betrügerisches Verhalten zu verfolgen, welches außerhalb der USA vor dem Inkrafttreten des *Dodd-Frank Act* stattgefunden hat. Dies ist aus den nachfolgenden Gründen wohl eher zu verneinen.

Das Rückwirkungsverbot ist im amerikanischen Rechtssystem fest verwurzelt und muss zur Garantie eines fairen Verfahrens und aus Gründen der Rechtssicherheit gewährleistet werden.[1296] Es ist zwischen den Begriffen „*retrospective*“ und „*retroactive*“ zu unterscheiden. „*Retrospective legislation*“ wird definiert als jedes Gesetz, welches vergangene Ereignisse beeinflusst.[1297] Unter diese Definition kann fast jedes Gesetz subsumiert werden. Rückwirkende Gesetzgebung (*retroactive legislation*) wird definiert als ein Gesetz, welches Handlungen, Objekte oder Transaktionen, die vor Inkrafttreten des Gesetzes getätigt wurden oder existiert haben, explizit rechtlich anders einordnet.[1298] Zu beachten ist dabei, dass der U.S.-*Supreme Court* für rückwirkende Gesetzgebung die Bezeichnung „*retroactive legislation*“ und „*retrospective legislation*“ synonym verwendet. Im Regelfall sind Gesetze nur für die Zukunft anwendbar, es sei denn der Gesetzgeber hat sich ausdrücklich anderweitig geäußert.[1299]

In der U.S.-Verfassung ist das Rückwirkungsverbot für den Bereich des Strafrechts in *Article* I, *Section* 9, *Clause* 3[1300] für den Gesetzgeber und in *Article* I, *Section* 10,

---

1296 Siehe zum Beispiel Landgraf v. USI Film Products, 511 U.S. 244, 265 (1994): “[...] the presumption against retroactive legislation is deeply rooted in our jurisprudence, and embodies a legal doctrine centuries older than our Republic. Elementary considerations of fairness dictate that individuals should have an opportunity to know what the law is and to conform their conduct accordingly; settled expectations should not be lightly disrupted.”; *McClain*, Constitutional Law of the United States, 1910, S. 365; *Smead*, The Rule against Retroactive Legislation: A Basic Principle of Jurisprudence, 20 Minn. L. Rev. 775, 780 (1936).

1297 *Troy*, Retroactive Legislation, 1998, S. 7.

1298 *Troy*, S. 6; *Cooley*, The Limits to Legislative Power in the Passage of Curative Laws, 12 Cent. L. J. 2 (1881); *Hochman*, The Supreme Court and the Constitutionality of Retroactive Legislation, 73 Harv. L. Rev. 692 (1960).

1299 Siehe beispielsweise United States v. Heth, 7 U.S. 399, 413 (1806): Words in a statute ought not to have a retrospective operation, unless they are so clear, strong, and imperative, that no other meaning can be annexed to them, or unless the intention of the legislature cannot be otherwise satisfied.”; Chew Heong v. United States, 112 U.S. 536, 266 (1884): [...] courts uniformly refuse to give to statutes a retrospective operation, whereby rights previously vested are injuriously affected, unless compelled to do so by language so clear and positive as to leave no room to doubt that such was the intention of the legislature.”; Union Pacific R. Company v. Laramie Stock Yards Company, 231 U.S. 190, 199 (1913): “[...] the first rule of construction is that legislation must be considered as addressed to the future, not to the past.”; United States v. Security Industrial Bank, 459 U.S. 70, 79 (1982): “The principle that statutes operate only prospectively [...] is familiar to every law student.”.

1300 U.S. CONST. art. I, § 9, cl. 3 lautet: “No Bill of Attainder or ex post facto Law shall be passed.”.

Clause 1 für die Einzelstaaten[1301] kodifiziert.[1302] Für andere Bereiche des Rechts sind auch vereinzelt Rückwirkungsverbote in der U.S.-Verfassung kodifiziert. *Article* I, *Section* 10, *Clause* 1[1303] (*Contracts Clause*) verbietet es den Einzelstaaten Gesetze zu erlassen, welche die Pflichten und Rechte von Vertragsparteien beeinträchtigen.[1304] Die sogenannte „*Takings Clause*", welche im *Amendment* V kodifiziert wurde, hindert die Legislative und andere staatliche Akteure daran, Privatpersonen zu enteignen, es sei denn die Enteignung findet zum Wohle der Allgemeinheit statt und es wird eine Entschädigung gezahlt.[1305] Die Einzelfallgesetzverbote (*Bills of Attainder*) in *Article* I, *Sections* 9 und 10 halten die Legislative davon ab, in Ungnade gefallene Einzelpersonen herauszugreifen und Strafen für vergangenes Verhalten zu verhängen.[1306]

1301 U.S. CONST. art. I, § 10, cl. 1 lautet: "**No State shall** [...] **pass any** Bill of Attainder, **ex post facto Law**, or Law impairing the Obligation of Contracts, or grant any Title of Nobility." [mit eigener Hervorhebung].

1302 Calder v. Bull, 3 U.S. 386, 390–391 (1798) (opinion of Chase, J.): "I will state what laws I consider ex post facto laws, within the words and the intent of the prohibition. 1st. Every law that makes an action, done before the passing of the law, and which was innocent when done, criminal; and punishes such action. 2nd. Every law that aggravates a crime, or makes it greater than it was, when committed. 3rd. Every law that changes the punishment, and inflicts a greater punishment, than the law annexed to the crime, when committed. 4th. Every law that alters the legal rules of evidence, and receives less, or different, testimony, than the law required at the time of the commission of the offence, in order to convict the offender. All these, and similar laws, are manifestly unjust and oppressive.".

1303 U.S. CONST. art. I, § 10, cl. 1: "**No State shall** [...] **pass any** Bill of Attainder, ex post facto Law, or **Law impairing the Obligation of Contracts**, or grant any Title of Nobility." [mit eigener Hervorhebung].

1304 Zur sogenannten "Contracts Clause" siehe beispielsweise Allied Structural Steel Company v. Spannaus, 438 U.S. 234, 250 (1978): "This Minnesota law simply does not possess the attributes of those state laws that in the past have survived challenge under the Contract Clause of the Constitution. [...] It did not operate in an area already subject to state regulation at the time the company's contractual obligations were originally undertaken, but invaded an area never before subject to regulation by the State.[...] It did not effect simply a temporary alteration of the contractual relationships of those within its coverage, but worked a severe, permanent, and immediate change in those relationships-irrevocably and retroactively."; *Sullivan/Gunther*, Constitutional Law, 16. Auflage 2007, S. 413.

1305 Amendment V lautet: "No person shall be held to answer for a capital, or otherwise infamous crime, unless on a presentment or indictment of a grand jury, except in cases arising in the land or naval forces, or in the militia, when in actual service in time of war or public danger; nor shall any person be subject for the same offense to be twice put in jeopardy of life or limb; nor shall be compelled in any criminal case to be a witness against himself, nor be deprived of life, liberty, or property, without due process of law; **nor shall private property be taken for public use, without just compensation.** [mit eigener Hervorhebung].

1306 United States v. Brown, 381 U.S. 437, 456–462 (1965).

Auch im Bereich der "*Due Process*" Klauseln, welche im *Amendment* V und XIV[1307] der U.S.-Verfassung kodifiziert sind, findet das Rückwirkungsverbot Anwendung. Die Tatsache, dass die zukünftige Anwendung eines Gesetzes die Voraussetzungen der *Due Process* Klausel erfüllt, rechtfertigt nicht immer auch eine rückwirkende Anwendung des Gesetzes.[1308]

Zusammenfassend kann festgehalten werden, dass rückwirkende Gesetzgebung, wie auch in Deutschland, nicht generell verboten ist. Verboten ist sie nur, wenn es sich um *ex-post facto* Gesetze im Bereich des Strafrechts handelt oder wenn das Gesetz ein schon erworbenes Eigentums- oder Vertragsrecht (*vested right*) beeinträchtigt.[1309]

Zwar handelt es sich bei den fraglichen Wertpapiervorschriften nicht um strafrechtliche Normen. Jedoch ändert *Section* 929P(b) *Dodd-Frank Act* insbesondere *Section* 10(b) *Securities Exchange Act* und *Section* 17(a) *Securities Act* ab, welche auch strafrechtliche Sanktionen beinhalten. Dies spricht gegen eine Rückwirkung. Zudem hat sich der Gesetzgeber zu der Rückwirkung der Vorschrift nicht ausdrücklich geäußert, so dass auch dies dagegen spricht. Daher wird eine Rückwirkung zu verneinen sein.[1310]

1307 Amendment XIV lautet: "[...] No state shall make or enforce any law which shall abridge the privileges or immunities of citizens of the United States; nor shall any state deprive any person of life, liberty, or property, without due process of law; nor deny to any person within its jurisdiction the equal protection of the laws. [...]".

1308 Usery v. Turner Elkhorn Mining Company, 428 U.S. 1, 17 (1976): "The retrospective aspects of legislation, as well as the prospective aspects, must meet the test of due process, and the justifications for the latter may not suffice for the former.".

1309 *McClain*, S. 365.

1310 *Painter*, S. 212–213.

D. Die internationalen Vorgaben für die Finanzaufsicht

Das „internationale Finanzsystem“ und dessen Handhabung durch Aufsicht und Regelsetzung hat in den Jahren seit dem Ausbruch der Finanzkrise im Jahre 2007 immer mehr Beachtung erlangt. Man ist sich einig, dass die Regelsetzung für und die Aufsicht über die Finanzmärkte nicht nur national stattfinden kann, sondern auch auf globaler Ebene erfolgen muss. Wie bei der Diskussion der extraterritorialen Anwendung des amerikanischen Kapitalmarktrechts gesehen, kann das unilaterale Handeln eines Staates zu Pflichtenkollisionen für die Marktteilnehmer führen, wenn der Heimatstaat Geheimhaltungsgesetze oder Verbotsgesetze erlassen hat. International koordinierte Lösungen sind daher, wo möglich, vorzuziehen.

Immer mehr Akteure und Gremien im internationalen Bereich tragen ihren Teil dazu bei. Doch wie dieses Phänomen in das traditionelle Konzept des Völkerrechts und in das Rechtssystem allgemein eingeordnet werden kann, ist ungeklärt. Was genau ist „internationale Finanzmarktregulierung“ oder die „internationale Finanzmarktarchitektur“?[1311] Im Bereich der internationalen Finanzmarktarchitektur gibt es keine übergeordnete Behörde, die über Kompetenzen verfügt, um Regeln für grenzüberschreitende Finanztransaktionen zu erlassen oder diese zu beaufsichtigen. Auch andere Elemente, die für ein Rechtssystem charakteristisch sind, fehlen. Es gibt meist weder internationale Konventionen, noch Gerichte mit genereller Jurisdiktion, noch überregionale Durchsetzungsmechanismen.[1312] Obwohl es unzweifelhaft internationale Regelungen im Finanzbereich gibt, weichen die Anwendung und Interpretation von Vorschriften aufgrund von nationalen Besonderheiten voneinander ab, so dass es schon fraglich ist, ob man in diesem Zusammenhang überhaupt von einem internationalen Finanz**system** sprechen kann.[1313]

Bislang findet man einige spezialisierte Gremien, die sich mit Regeln für den Finanzmarkt auf globaler Ebene beschäftigen, aber auch einige Institutionen, die nach der letzten Finanzkrise mit neuen Kompetenzen ausgestattet wurden. Einige dieser

---

1311 Zum Begriff der “internationalen Finanzmarktarchitektur” siehe *Gramlich*, Eine neue internationale „Finanzarchitektur“ oder: Der IMF in der Krise?, AVR 38 (2000), S. 399 (452): „Mit dem Begriff einer „international financial architecture“ wird weder eine hierarchische Ordnung noch ein System ineinandergreifender Wirkungszusammenhänge beschrieben, vielmehr handelt es sich um ein (relativ dichtes) Netz aus (vertrags)rechtlichen und nicht (strikt) verbindlichen, gleichwohl aber effektiven Kooperations- und Koordinierungsbeziehungen, dessen Fäden letztlich von wenigen wirtschaftlich mächtigen Staaten (bzw. deren Regierungen) gesponnen und gezogen werden.“.

1312 *Baxter*, The „complex“ case of bank regulation in: Hiscock/ van Caenegem (Hrsg.), The Internationalisation of Law, 2010, S. 4.

1313 So auch *Baxter*, S. 6.

Gremien wurden durch formale völkerrechtliche Verträge auf zwischenstaatlicher Ebene gegründet, der Großteil hingegen durch informelle Absprachen zwischen politischen Akteuren oder Verwaltungsbeamten; häufig ohne die möglicherweise erforderliche innerstaatliche Ermächtigung.[1314] Auf der anderen Seite wird die Entwicklung der internationalen Finanzarchitektur nicht nur durch global spürbare Krisen vorangetrieben, sondern wird auch generell zur Durchsetzung von nationalen Interessen und der Vermeidung von Wettbewerbsnachteilen für nationale Institute genutzt. Insbesondere die USA haben diese Möglichkeit im Rahmen des *Basel Committee on Banking Supervision* genutzt. Ob dieser Zweck das Ergebnis weniger wünschenswert macht, ist eine andere Frage.

Die nachfolgenden Erwägungen werden sich mit dem *Basel Committee on Banking Supervision* als einem Beispiel für ein Gremium im Bereich der Bankenaufsicht und mit der *International Organization of Securities Commissions* als einem Beispiel für den Bereich der Wertpapieraufsicht befassen. Abschnitt II gibt einen Überblick über die in diesen Gremien entstandenen Dokumente, sowie generell über den Einfluss nationaler Interessen bei der Herausbildung von internationalen Regelungen. Es wird weiterhin der Frage nachgegangen, welche Rechtsnatur die dort beschlossenen Vereinbarungen nach Völkerrecht und nach U.S.-Recht haben (Abschnitt III). Zudem wird erläutert, in welchem Verhältnis die USA zu diesen Gremien stehen, und inwiefern die Aufsichtsbehörden die USA binden können (Abschnitt III, Punkt 2c). Im Anschluss wird die Umsetzung der Vereinbarungen in den USA (Abschnitt IV) dargelegt. Abschnitt V geht schließlich auf eventuelle Probleme ein, die sich im U.S.-Verfassungs- und Verwaltungsrecht durch die zunehmende Kooperation zwischen Behörden bei der Standardsetzung auf internationaler Ebene stellen, und schlägt Lösungen vor.

I. Überblick über die Gremien im internationalen Finanzbereich am Beispiel des Baseler Ausschusses und der International Organization of Securities Commissions

Die Gremien, die auf dem internationalen Finanzmarkt aktiv werden, stellen keine homogene Gruppe dar. Sie haben eine sehr unterschiedliche Rechtsnatur, Rechtsstellung und verfügen über sehr unterschiedliche Befugnisse. Nur einige sind internationale Organisationen im traditionellen völkerrechtlichen Sinne. Unter einer internationalen Organisation im klassischen völkerrechtlichen Sinne ist eine durch einen völkerrechtlichen Vertrag gegründete Organisation zu verstehen, deren Mitglieder grundsätzlich Staaten sind, und welche mit eigenen Organen Angelegenheiten von gemeinsamem Interesse besorgt.[1315] Hier ist zum Beispiel der Internationale

1314 *Möllers*, Transnationale Behördenkooperation, ZaöRV 65 (2005), S. 351 (353).
1315 Siehe statt vieler *Klein/Schmahl* in: Graf Vitzthum (Hrsg.), Völkerrecht, 5. Auflage 2010, S. 275.

Währungsfond (IWF) zu nennen. Die meisten anderen Gremien werden unter den Bezeichnungen Clubs, transnationale Netzwerke und internationale Standardsetzer eingeordnet.[1316] Doch was für eine rechtliche Konstruktion verbirgt sich hinter diesen Begriffen? Im Folgenden wird anhand von konkreten Beispielen im Bereich der Banken- und Wertpapieraufsicht dargelegt, was man sich unter diesen Begriffen vorstellen kann. Dazu erfolgt zunächst einleitend ein Überblick über das *Basel Committee on Banking Supervision* und die *International Organization of Securities Commissions* und deren interne Organisation. Einige ausgewählte Problemkreise werden in den nachfolgenden Abschnitten ausführlicher erläutert.

1. Basel Committee on Banking Supervision (BCBS)

Der Baseler Ausschuss für Bankenaufsicht (*Basel Committee on Banking Supervision* (BCBS))[1317] bezeichnet sich selbst als „Forum für die Zusammenarbeit in Fragen der Bankenaufsicht" und als „weltweit wichtigste normgebende Instanz für die Bankenregulierung".[1318] Der Begriff „Forum" suggeriert einen Zusammenschluss zum Austausch von Ideen ohne weitergehende Kompetenzen, während „normgebende Instanz" genau das Gegenteil vermuten lässt. Im weiteren sind demnach nach einem Überblick über den rechtlichen Status, die Mitglieder und die Arbeitsweise des BCBS (Abschnitt I), die Entstehungsgeschichte des BCBS und der von ihm herausgegebenen Dokumenten zu untersuchen (Abschnitt II). Darauf aufbauend ist die Rechtsnatur der Vereinbarungen nach Völkerrecht und U.S.-Recht zu bestimmen (Abschnitt III) und der Frage nachzugehen, wie diese in den USA umgesetzt und angewendet werden (Abschnitt IV), sowie ausgewählte U.S.-verwaltungs-und verfassungsrechtliche Probleme angesprochen (Abschnitt V).

1316 Speziell zu transnationalen Netzwerken siehe *Slaughter*, A New World Order, S. 36 ff; *Lütz*, Der Staat und die Globalisierung von Finanzmärkten, 2002, S. 326. Zur internationalen Verwaltungskooperation anhand von Referenzgebieten allgemein siehe die Beiträge in *Möllers/Voßkuhle/Walter* (Hrsg.), Internationales Verwaltungsrecht, 2007. Siehe weiterhin *Glaser*, Internationale Verwaltungsbeziehungen, 2010. Zu den Herausforderungen, die das transnationale Wirtschaftsrecht an das traditionelle Rechtsverständnis stellt, siehe *Tietje*, Transnationales Wirtschaftsrecht aus öffentlich-rechtlicher Perspektive, ZVglRWiss 101 (2002), S. 404 ff..

1317 Zur Einfachheit halber wird im Folgenden der jetzt gebräuchliche Name BCBS und die deutsche Schreibweise für Basel benutzt. Der ursprüngliche Name des BCBS bei seiner Gründung war „Basle Committee on Banking Regulation and Supervisory Practices", später abgekürzt als „Basle Supervisors' Committee" und „Basle Committee on Supervision". Insbesondere im Vereinigten Königreich war das BCBS auch unter dem Namen „Blunden Committee" und „Cooke Committee" (nach den jeweiligen Vorsitzenden) bekannt. Im Jahre 1989 wurde offiziell beschlossen den Namen in „Basle Committee on Bank Supervision" zu ändern. Auf die deutsche und jetzige Schreibweise für „Basel" einigte man sich 1998. Siehe *Goodhart*, The Basel Committee on Banking Supervision, 2011, S. 7.

1318 Siehe BCBS Charta (2013) unter I.1 (Mandat).

a. Rechtlicher Status

Das BCBS wurde von den Gouverneuren der Zentralbanken der zehn größten Wirtschaftsnationen (G10)[1319] und der Schweiz im Jahre 1974 als Unterausschuss gegründet. Es tritt bei der Bank für Internationalen Zahlungsausgleich (BIZ) in Basel zusammen und unterhält dort auch heute noch ein permanentes Sekretariat. Es ist jedoch nicht Teil der BIZ.[1320] Die Gründung wurde formlos durch eine Pressemitteilung erklärt.[1321] Es handelt sich demnach um keine internationale Organisation im völkerrechtlichen Sinne.[1322] Die genaueren äußeren Umstände, die zu der Gründung des BCBS führten, werden im Folgenden (Abschnitt II) genauer untersucht.[1323]

Das BCBS war seit seiner Gründung im Jahre 1974 ein sehr informeller Zusammenschluss und die öffentliche Wahrnehmung war (gewolltermaßen) gering. Bis vor kurzem gab es keine schriftlich fixierten Regeln zu seinem rechtlichen Status, den Mitgliedern und dem internen Verfahren. Dies hat sich, wohl aufgrund des gesteigerten Interesses der Öffentlichkeit an den Aktivitäten des BCBS, mittlerweile geändert. Seit Januar 2013 gibt es eine schriftliche „Charta", die auf der Internetseite des BCBS verfügbar ist. Der Name „Charta" lässt wiederum vermuten, dass es sich bei dem BCBS um eine internationale Organisation handele, da eine solche Bezeichnung meist für die Gründungsverträge von internationalen Organisationen verwendet wird. Das bekannteste Beispiel stellt die Charta der Vereinten Nationen (United Nations (UN)) dar. Diese Bezeichnung hat jedoch völkerrechtlich keine

---

1319 Die G10 wurden 1962 anlässlich des Abschlusses der Allgemeinen Kreditvereinbarungen (General Agreements to Borrow (GAB)) mit dem IWF gebildet. Sie ist ein informeller Zusammenschluss der Finanzminister und der Präsidenten der Zentralbanken aus Belgien, Kanada, Frankreich, Deutschland, Italien, Japan, Niederlande, Schweden, Schweiz, Großbritannien und den USA. Luxemburg ist assoziiertes Mitglied. Die Schweiz war seit 1962 assoziiertes Mitglied und trat den G10 im Jahre 1984 als Vollmitglied bei. Der Name G10 wurde beibehalten, obwohl die Mitgliederzahl zehn Länder übersteigt.

1320 *Matthews*, Capital Adequacy, Netting and Derivatives, 2 Stan. J. L. Bus. & Fin. 167, 183 (1995); *Möllers*, S. 351 (357).

1321 Siehe Pressemitteilung der *Bank für Internationalen Zahlungsausgleich (BIZ)* vom 12. Februar 1975. Online verfügbar unter www.bis.org/press/p19750212.pdf, zuletzt geprüft am 16.02.2016.

1322 Zustimmend *Möllers*, S. 351 (357); *Emmenegger*, The Basle Committee on Banking Supervision – a secretive club of giants?, in: Grote/Marauhn (Hrsg.), The Regulation of International Financial Markets, 2006, S. 224 und 226; *Rost*, Die Herausbildung transnationalen Wirtschaftsrechts auf dem Gebiet der internationalen Finanz- und Kapitalmärkte, 2007, S. 106 f.; anders *Ohler*, Internationale Regulierung im Bereich der Finanzmarktaufsicht, in: Möllers/Voßkuhle/Walter (Hrsg.), Internationales Verwaltungsrecht, 2007, S. 261, der hier einen völkerrechtlichen Gründungsakt sieht, da er nach dem Willen der beteiligten Zentralbanken den jeweiligen Staaten zugerechnet werden solle.

1323 Siehe dazu die Ausführungen auf Seite 211 ff.

Auswirkungen.[1324] Die schriftliche Niederlegung und die Bezeichnung als „Charta" haben demnach keinen Einfluss auf den rechtlichen Status des BCBS. Es bleibt bei dem Ergebnis, dass es sich nicht um eine internationale Organisation handelt. Die „Charta" ist vielmehr mit einer Vereinssatzung oder Geschäftsordnung vergleichbar, die den Zweck und die interne Struktur des BCBS regelt. Dies wird auch in der BCBS Charta selbst anerkannt, in der unter Punkt 3 eindeutig festgehalten wird, dass das BCBS über keinerlei formelle supranationale Befugnisse verfügt.

b. Mitgliederkreis

Gründungsmitglieder des BCBS im Jahre 1974 waren die Zentralbankgouverneure der G10, sowie der Schweiz. Obwohl Luxemburg nicht Mitglied der G10 ist, wurde auch die Bankenaufsicht von Luxemburg aufgrund ihrer Bedeutung für den internationalen Markt und den Euromarkt als Gründungsmitglied des BCBS aufgenommen.[1325]

Spaniens Zentralbank trat dem BCBS im Februar 2001 bei.[1326] Auf dem BCBS-Treffen vom 10.–11. März 2009 wurde beschlossen, den Mitgliederkreis um die Zentralbanken und Bankaufsichtsbehörden aus Australien, Brasilien, China, Indien, der Republik Korea, Mexiko und Russland zu erweitern.[1327] Kurz darauf, am 10. Juni 2009, wurden die Zentralbanken und Aufsichtsbehörden aus Argentinien, Indonesien, Saudi Arabien, Südafrika, der Türkei, Hong Kong SAR[1328] und Singapur als weitere Mitglieder aufgenommen.[1329] Der Mitgliederkreis umfasst demnach heutzutage Vertreter der Zentralbanken und Aufsichtsbehörden aus 27 Ländern, davon fast alle Länder der Gruppe der 20 wichtigsten Industrie- und Schwellenländer (G20).[1330]

Mitglieder des BCBS sind somit die nationalen Zentralbanken und Bankaufsichtsbehörden und nicht die Staaten selbst; auch wenn dies gelegentlich anders dargestellt wird.[1331] Die nationalen Aufsichtsbehörden werden im BCBS grundsätzlich durch jeweils zwei Experten ihrer Zentralbank repräsentiert. Wird die Bankenaufsicht nicht

---

1324 Art. 2, Abs. 1, lit. a Wiener Übereinkommens über das Recht der Verträge.

1325 Luxemburg wurde jedoch nur ein Experte zugestanden, wobei alle anderen Länder zwei Experten entsenden konnten. *Goodhart*, S. 42.

1326 *Tarullo*, Banking on Basel, 2008, S. 3. Nach dem Beitritt Spaniens bestand das BCBS damit aus 13 Ländern.

1327 Siehe Pressemitteilung der *BIZ* vom 13. März 2009, "Expansion of membership announced by the Basel Committee". Online verfügbar unter http://www.bis.org/press/p090313.htm, zuletzt geprüft am 16.02.2016.

1328 Die Abkürzung „SAR" steht für „Special Administrative Region", da Hong Kong eine Sonderverwaltungszone von China ist.

1329 Siehe Pressemitteilung der *BIZ* vom 10. Juni 2009, "Basel Committee broadens its membership". Online verfügbar unter http://www.bis.org/press/p090610.htm, zuletzt geprüft am 16.02.2016.

1330 Mit Ausnahme von China und Russland.

1331 In dem Sinne auch *Macht*, Der Baseler Ausschuss für Bankenaufsicht und Basel II, 2007, S. 23.

von der Zentralbank wahrgenommen, so ist der zweite Experte ein Repräsentant der Bankenaufsicht.

c. *Mitglieder aus den USA*

Aufgrund der Vielzahl an Behörden, die Aufsichtskompetenzen im Bankbereich in den USA haben, sind im BCBS jeweils Mitarbeiter vom FRB, der Federal Reserve Bank of New York (FRBNY), dem OCC und der FDIC vertreten.

Vertreter des FRB nehmen seit der Gründung des BCBS an den Sitzungen teil. Aufgrund der primären Verantwortung der FRBNY für den Bereich der internationalen Finanz- und Währungsbeziehungen innerhalb der USA, wurde ihr Ende 1976 ebenfalls ein Vertreter im BCBS zugestanden.[1332] Das OCC nimmt seit 1978 an den Sitzungen teil.[1333] Im Jahre 1983 legte der Gesetzgeber im *International Lending Supervision Act of 1983* (ILSA)[1334] fest, dass auch die FDIC gleichberechtigt mit den anderen bundesrechtlichen Bankaufsichtsbehörden im BCBS vertreten sein müsse.[1335] 1984 nahm die FDIC daraufhin zum ersten Mal auch an den Treffen des BCBS teil.[1336]

Die Mitarbeiter der U.S.-Bankaufsichtsbehörden nehmen nicht als Vertreter der USA oder des U.S.-Außenministeriums an den Treffen des BCBS teil.[1337] Sie sind keine Diplomaten oder ausgebildeten Mitarbeiter des auswärtigen Dienstes, sondern

---

1332 Die Bank of England, die Banque de France und andere Zentralbanken haben die FRBNY immer schon als ihr Pendant behandelt und haben Verhandlungen und Konsultationen mit ihr unternommen. Siehe *Friedman/Schwartz,* A Monetary History of the United States, 1963, S. 380.

1333 *U.S. Gov't Accountability Office*, GAO/NSIAD-86-93, International Banking: U.S. Banking Supervision and International Supervisory Principles (1986), S. 10, online verfügbar unter http://archive.gao.gov/d4t4/130515.pdf, zuletzt geprüft am 16.02.2016.

1334 Für die Fundstelle des ILSA siehe Fn. 620.

1335 § 912 ILSA, kodifiziert in 12 U.S.C. § 3911(a) (2012).

1336 *U.S. Gov't Accountability Office*, GAO/NSIAD-86-93, S. 10.

1337 International bank lending: Hearings before the Subcommittee on Financial Institutions Supervision, Regulation and Insurance of the Committee on Banking, Finance, and Urban Affairs, House of Representatives, 98th Cong. (1983), S. 46 (statement of *Marc E. Leland*, Assistant Secretary of the Treasury for International Affairs) und S. 52 f. (statement of *Elinor G. Constable*, Deputy Assistant Secretary for Economic and Business Affairs, Department of State); *Zaring*, International Law by Other Means: The Twilight Existence of International Financial Regulatory Organizations, 33 Tex. Int'l L. J. 281, 301 (1998). Zur gleichgelagerten Frage in Deutschland und der Außenvertretungsbefugnis der Deutschen Bundesbank im BCBS siehe *Höfling*, Finanzmarktregulierung - Welche Regelungen empfehlen sich für den deutschen und europäischen Finanzsektor?, Verhandlungen des 68. Deutschen Juristentages, Bd. I Gutachten, Teil F, 2010, S. F39; *Möllers*, S. 351 (355 ff.); *Kindler*, Finanzkrise und Finanzmarktregulierung - Ein Zwischenruf zum 68. Deutschen Juristentag, NJW 2010, 2465 (2467).

Bankaufseher, die ihre Behörde vertreten.[1338] Der Gesetzgeber ermächtigte die jeweiligen Bankaufsichtsbehörden im *International Lending Supervision Act* im Jahre 1983 nur dazu, sich mit Aufsichtsbehörden aus anderen Ländern in Bezug auf internationale Standards für die Aufsicht zu **koordinieren** und zu **beraten**. In *Section* 902(b) ILSA heißt es:

> „The Federal banking agencies shall **consult** with the banking supervisory authorities of other countries to reach understandings aimed at achieving the adoption of effective and consistent supervisory policies and practices with respect to international lending." [1339]

Weiterhin heißt es in *Section* 908(b)(3)(C) ILSA:

> "The Chairman of the Board of Governors of the Federal Reserve System and the Secretary of the Treasury **shall encourage** governments, central banks, and regulatory authorities of other major banking countries to work toward maintaining and, where appropriate, strengthening the capital bases of banking institutions involved in international lending." [1340]

Speziell für systemisch wichtige Finanzinstitute (*Systemically Important Financial Institutions* (SIFIs)) wurde im Jahre 2010 in *Section* 175(c) *Dodd-Frank Act*[1341] festgelegt, dass das FRB und der U.S-Außenminister sich international mit ihren entsprechenden Gegenübern und in multilateralen Organisationen in Bezug auf die Aufsicht und zur Festlegung von Vorschriften beraten sollen. Die Vorschrift besagt, dass:

> „The Board of Governors and the Secretary shall **consult** with their foreign counterparts and through appropriate multilateral organizations to encourage comprehensive and robust prudential supervision and regulation for all highly leveraged and interconnected financial companies."[1342]

Der *International Lending Supervision Act* enthält jedoch keine Bestimmung, die verlangt, dass die U.S.-Bankaufsichtsbehörden sich vor den Verhandlungen im BCBS oder in anderen Gremien koordinieren oder sich auf eine gemeinsame Position einigen müssten. Das Gesetz enthält ebenfalls keine Bestimmung dazu, den Kongress über Vorhaben zu informieren. Aufgrund dessen wurden von Zeit zu Zeit Gesetzesvorschläge im Kongress eingebracht, die entweder ein Komitee zur Koordinierung der U.S.-amerikanischen Position einrichten würden, und/oder die

---

1338 *Zaring*, Informal Procedure, Hard and Soft, in International Administration, 5 Chi. J. Int'l L. 547, 569 (2005).

1339 Mit eigener Hervorhebung. § 902(b) ILSA ist kodifiziert in 12 U.S.C. § 3901(b) (2012).

1340 Mit eigener Hervorhebung. § 908(b)(3)(C) ILSA ist kodifiziert in 12 U.S.C. § 3907(b)(3)(C) (2012).

1341 Kodifiziert in 12 U.S.C. § 5373 (2012).

1342 Mit eigener Hervorhebung.

Aufsichtsbehörden verpflichteten, den Kongress über die Entwicklungen innerhalb des BCBS informiert zu halten.[1343] Bislang wurde jedoch keiner dieser Vorschläge verabschiedet. In eine ähnliche Richtung geht jedoch *Section* 112(a)(2)(D) *Dodd-Frank Act*. In dieser Bestimmung wird als eine der Aufgaben des FSOC[1344] die Überwachung der Entwicklungen und Vorschläge im Bereich der internationalen Finanzaufsicht und die Beratung des Kongresses in solchen Bereichen festgelegt.[1345] Dazu werden wohl auch die Verhandlungen im BCBS zu zählen sein.

d. Arbeitsweise

Der Baseler Ausschuss tagt meist viermal im Jahr bei der BIZ in Basel.[1346] Die Treffen sind nicht öffentlich. Entscheidungen werden gemäß Punkt IV.8.4 der BCBS-Charta nach ausführlicher Diskussion im Konsens getroffen. Einstimmigkeit bei Entscheidungen wurde jedoch auch schon gesucht, bevor es eine schriftlich niedergelegte Charta gab. Nur bei einigen wenigen Dokumenten machten ein oder mehr Länder einen Vorbehalt geltend.[1347] Durch das Konsensverfahren soll größere Legitimität geschaffen und erreicht werden, dass die Mitglieder die Vereinbarungen auch umsetzen, insbesondere um regulatorische Arbitrage zu vermeiden.[1348] Das BCBS berichtet an die Gouverneure der G10-Staaten und holt für wichtige Projekte deren Zustimmung ein.[1349]

Das BCBS verfügt über fünf hauptsächliche Unterkomitees, welche teilweise weiter in spezialisierte Arbeitsgruppen untergliedert sind. Dies sind die (1) *Supervision and Implementation Group*, (2) die *Policy Development Group*, (3) die *Macroprudential Supervision Group*, (4) die *Accounting Experts Group* und (5) die *Basel Consultative Group*.[1350]

Das BCBS unterhält zudem Kontakt zu und nimmt teil an anderen Gruppierungen, welche sich mit der internationalen Aufsicht beschäftigen,[1351] und gab den Anstoß zu der ersten internationalen Konferenz der Bankaufsichtsbehörden im Jahre 1979, welche seitdem alle zwei Jahre stattfindet.[1352] Aufsichtsbehörden außerhalb des

---

1343 Siehe beispielsweise United States Financial Policy Committee For Fair Capital Standards Act, H.R. 2043, 108th Cong. (1st Sess.).

1344 Zum FSOC siehe die Ausführungen auf Seite 73.

1345 Kodifiziert in 12 U.S.C. § 5322(a)(2)(D) (2012).

1346 BCBS Charta, Punkt 8.2.

1347 *Goodhart*, S. 547.

1348 *Goodhart*, S. 548.

1349 *Freeland*, The Work of the Basle Committee, in: Effros (Hrsg.), Current Legal Issues Affecting Central Banks, Vol. II, 1994, S. 232.

1350 Siehe dazu die Informationen auf der Internetseite des BCBS, online verfügbar unter http://www.bis.org/bcbs/mesc.htm, zuletzt geprüft am 16.02.2016.

1351 Hier sind unter anderem das „Joint Forum" zu nennen, in welchem sich Mitglieder des BCBS, der IOSCO und der International Association of Insurance Supervisors beraten, sowie der Kontakt zu diversen regionalen Zusammenschlüssen von Bankaufsichtsbehörden.

1352 BCBS Charta, Punkt VI. *Norton*, S. 182.

BCBS-Mitgliederkreises werden außerdem durch eines der Unterkomitees des BCBS, die *Basel Consultative Group*, eingebunden. Diese Ausweitung der Diskussionsteilnehmer über den Mitgliederkreis des BCBS hinaus, wurde von Anfang an als kritisch für den Erfolg der Arbeit des BCBS angesehen. Dazu wurden auch schon frühzeitig die vom BCBS erarbeiteten Dokumente zur Information und Kommentierung an andere Aufsichtsbehörden verteilt.[1353]

Aufgrund des gesteigerten Interesses der Öffentlichkeit an den Vorgängen im BCBS und des großen tatsächlichen Einflusses der dort herausgegebenen Dokumente auf die Aufsichtsregeln in aller Welt, kam es verstärkt zu Kritik hinsichtlich der Arbeitsweise des BCBS.[1354] Das BCBS hat auf diese Kritik reagiert und holt nunmehr öffentliche Stellungsnahmen bei dem Entwurf von Standards, Richtlinien und Praxisempfehlungen ein. Verpflichtend vorgesehen ist die Einholung von öffentlichen Stellungnahmen jedoch nur bei der Entwicklung von Standards wie den Baseler Eigenkapitalvereinbarungen.[1355] Auf der Homepage des BCBS wird prominent auf der Startseite erklärt, dass die öffentliche Konsultation ein fester Bestandteil der Arbeit des BCBS bei der Entwicklung von Standards sei. Kommentare werden auf der Homepage namentlich veröffentlicht.

2. International Organization of Securities Commissions (IOSCO)

Die Internationale Vereinigung der Wertpapieraufsichtsbehörden (*International Organization of Securities Commissions* (IOSCO)) bezeichnet sich selbst in *Section* 1.1 der *By-Laws* als „Forum für Diskussion und Kooperation". Der genaue rechtliche Status wird nicht beschrieben. Laut ihrer Zweckbestimmung dient sie dazu, Mitgliedern die Möglichkeit zu geben, Informationen auszutauschen in Bezug auf den Aufbau von Wertpapiermärkten und zur Verbesserung ihrer Effektivität, Koordinierung der Durchsetzung von Wertpapiervorschriften und Umsetzung von gemeinsamen Standards.[1356] Auf der anderen Seite steht seit einer Änderung der *By-Laws* im Jahre 2010 in der Präambel, dass die Wertpapieraufsichtsbehörden übereingekommen sind, bei der **Entwicklung**, Umsetzung und Befolgung von international anerkannten und konsistenten Standards für die Regulierung, Aufsicht und Durchsetzung zu kooperieren.[1357] Auch wenn sie sich nicht als normgebende Instanz wie das BCBS bezeichnet, wird an dieser Präambel, insbesondere an der Tatsache, dass

---

1353 *Cooke*, Developments in Co-operation Among Banking Supervisory Authorities, 3 J. Comp. Corp. L. & Sec. Reg. 253, 255 (1981).

1354 *Matthews*, S. 190; *Slaughter*, A New World Order, S. 28 ff.; *Kerwer*, Rules That Many Use: Standards and Global Regulation, 18 Governance 616, 625 et seq. (2005).

1355 BCBS Charta, Punkt 17.

1356 IOSCO By-Laws, § 1.2.

1357 Die Präambel lautet: "The Securities Administrators [...] resolve to cooperate in developing, implementing and promoting adherence to internationally recognised and consistent standards of regulation, oversight and enforcement [...]".

auch Standards „entwickelt" werden sollen, die veränderte Rolle, in der sich IOSCO sieht, deutlich. Auf ihrer Homepage sind sie nicht so zurückhaltend und bezeichnen sich in der Selbstbeschreibung als *„global standard setter"*.[1358] Dies scheint über ein reines Forum zur Diskussion hinauszugehen.

Im Folgenden ist daher auch hier nach einem Überblick über den rechtlichen Status, die Mitglieder und die Arbeitsweise der IOSCO (Abschnitt I), anhand der historischen Entwicklung, der herausgegebenen Dokumente und der gegenwärtigen Initiativen (Abschnitt II), zu untersuchen, welche Rechtsnatur die im Rahmen von IOSCO getroffenen Vereinbarungen nach Völkerrecht und U.S.-Recht haben (Abschnitt III), wie die USA sich im Rahmen von IOSCO einbringen und die Vereinbarungen in den USA umgesetzt und angewendet werden (Abschnitt IV), sowie ausgewählte U.S.-verwaltungs- und verfassungsrechtliche Probleme angesprochen (Abschnitt V).

a. Rechtlicher Status

IOSCO ist die Nachfolgerin der 1974 gegründeten *Inter-American Association of Securities Commissions*, welche nur für die Weiterentwicklung des Aktienmarktes in Nord-, Mittel- und Südamerika zuständig war.[1359] Die Umwandlung von einer regionalen in eine globale Organisation wurde informell von den Repräsentanten der elf Wertpapieraufsichtsbehörden auf einem Treffen in Quito, Ecuador im April 1983 getroffen.[1360] Obwohl der Namensbestandteil *„International Organization"* anderes vermuten lässt, ist auch IOSCO aufgrund der informellen Gründung keine internationale Organisation im völkerrechtlichen Sinne.[1361]

1358 *IOSCO*, About IOSCO, Historical Background, online verfügbar unter http://www.iosco.org/about/?subsection=about_iosco, zuletzt geprüft am 16.02.2016.

1359 *Porter*, Globalization and Finance, 2005, S. 80 f.. Manche Autoren argumentieren, dass die Bezeichnung als "Nachfolgerin" zu ungenau wäre, da zwar der Name geändert und der Mitgliederkreis erweitert wurde, jedoch keine neue Organisation geschaffen wurde. Dies würde auch daran deutlich, dass die Nummerierung der Jahreskonferenzen nicht erst 1983 beginnt, sondern schon davor. Siehe *Sommer*, IOSCO: Its Mission and Achievement, 17 Nw. J. Int'l L. & Bus. 15, 16 et seq. (1996); *Marcacci*, EUI Working Paper LAW 2013/02, The EU and IOSCO: An Ever Closer Cooperation?, S. 4. Für die hier vorgenommene Diskussion macht es jedoch keinen Unterschied.

1360 *Davies/Green*, Global Financial Regulation: The Essential Guide, 2008, S. 60.

1361 So auch *Alexander/Dhumale/Eatwell* (Hrsg.), Global Governance of Financial Systems, 2006, S. 58; *Möllers*, S. 351 (370 f.); *Janet Austin*, IOSCO's Multilateral Memorandum of Understanding Concerning Consultation, Cooperation and the Exchange of Information – A Model for International Regulatory Convergence, 23 Criminal Law Forum 393, 396 (2012); i.E. auch zustimmend *Ohler*, in: Möllers/Voßkuhle/Walter (Hrsg.), Internationales Verwaltungsrecht, S. 261, der jedoch missachtet, dass die Inkorporation nach dem Recht von Quebec erst im Jahre 1987 stattfand. A.A. *Lütz*, S. 175, die die IOSCO als internationale Organisation betrachtet.

Auf der IOSCO-Jahreskonferenz in Paris im Juli 1986 einigte man sich auf die Errichtung eines permanenten Sekretariates in Montreal, Quebec, Kanada. Die IOSCO wurde daher im Jahre 1987 in der Rechtsform einer juristischen Person ohne Erwerbszweck (*personne morale sans but lucratif*)[1362] nach dem Recht der Provinz Quebec organisiert. In dem Inkorporationsgesetz wurde anerkannt, dass IOSCO Rechtsfähigkeit hat.[1363] Die Anerkennung der Rechtsfähigkeit erfolgt hier nur für die Betätigung im Privatrechtsverkehr als juristische Person und hat keine völkerrechtlichen Auswirkungen. In dem Zusammenhang ist festzustellen, dass dies auch erst fünf Jahre nach der Gründung und der Betätigung im Rechtsverkehr geschah.

Ihr ständiges Sekretariat und ihr Sitz blieben in Montreal von 1987 bis zum Jahre 1999. Im Jahre 1999 wurde der Sitz des Sekretariats nach Madrid, Spanien verlegt.[1364] Das Inkorporationsgesetz der spanischen Legislative aus demselben Jahr erkannte der IOSCO den Status als gemeinnütziger Verein (*asociación de utilidad pública*)[1365] zu.[1366]

b. Mitgliederkategorien

Die Vereinigung hat weltweit heute rund 200 Mitglieder, davon 120 Wertpapieraufsichtsbehörden und 80 andere Institutionen, die im Wertpapierbereich tätig sind.[1367] Im Gegensatz zum BCBS stammen die Vertreter dieser Institutionen sowohl aus Industrie- als auch aus Entwicklungsländern. Es gibt drei verschiedene

---

1362 Loi concernant l'Organisation internationale des commissions de valeurs, Loi 243, 1987, chapitre 143, Assemblé Nationale, 33ième Législature, adopté et sanctionné le 1er décembre 1987, Article 1. [Im Folgenden bezeichnet als „Loi concernant IOSCO"]. Das Gesetz wurde als "Private Act" von dem Gesetzgeber verabschiedet. „Private Acts" finden nur auf bestimmte Individuen, Gruppen oder Gesellschaften Anwendung und erkennen ihnen einen bestimmten Vorteil zu.

1363 Loi concernant IOSCO, Article 7 : «L'Organisation possède la personnalité juridique [...]».

1364 *Presidents' Committee of IOSCO*, A Resolution on the Relocation of the IOSCO General Secretariat to Madrid, Mai 1999.

1365 LEY 55/1999, de 29 de diciembre, de Medidas fiscales, administrativas y del orden social, disposición adicional tercera (Gesetz 55/1999 vom 29. Dezember 1999 über steuerliche, verwaltungsrechtliche und soziale Maßnahmen, dritte Zusatzbestimmung), veröffentlicht in: Boletín Oficial del Estado (BOE) núm. 312 de 30 de Diciembre de 1999 (Spanien).

1366 Der Status als gemeinnütziger Verein bringt viele finanzielle Vorteile mit sich. Dabei ist anzumerken, dass die IOSCO die gesetzlichen Voraussetzungen für die Anerkennung als gemeinnütziger Verein eigentlich nicht erfüllt, aber Spanien ihr diesen Status wohl als Anreiz für die Verlegung des Sekretariats nach Madrid angeboten hat. Siehe *Bismuth*, La coopération internationale des autorités de régulation du secteur financier et le droit international public, 2011, S. 324–327.

1367 Siehe die Selbstdarstellung auf der Internetseite der IOSCO, verfügbar unter http://www.iosco.org/about/?subsection=about_iosco, zuletzt geprüft am 16.02.2016.

Mitgliederkategorien: (1) ordentliche Vollmitglieder (*ordinary members*); (2) assoziierte Mitglieder (*associate members*); und (3) beigeordnete Mitglieder (*affiliate members*). Ordentliche Vollmitglieder können alle nationalen Wertpapierbehörden oder ähnlichen Regierungseinrichtungen werden, die wesentliche Aufsichtskompetenzen auf dem Wertpapier- oder Derivatemarkt haben, und Unterzeichner des „Multilateralen Memorandum of Understanding" (MMoU) sind.[1368] Vereinigungen, die aus öffentlichen Regulierungsbehörden bestehen, sind für eine assoziierte Mitgliedschaft qualifiziert.[1369] Weiterhin berechtigt assoziiertes Mitglied zu werden, sind supranationale Aufsichtsbehörden, regionale staatliche Aufsichtsbehörden, wenn die nationale Aufsichtsbehörde schon Vollmitglied ist, intergouvernementale internationale Organisationen und andere internationale Standardsetzer, andere Regierungsbehörden, die ein entsprechendes Interesse an der Wertpapieraufsicht haben, sowie nationale Aufsichtsbehörden, die nicht Unterzeichner des MMoUs sind und die nicht schon Vollmitglied sind.[1370]

Beigeordnete Mitglieder können *Self-Regulatory Organizations* wie Börsen, Finanzmarktinfrastrukturen wie Clearing- und Abrechnungsagenturen, internationale Gremien, die ein entsprechendes Interesse an der Wertpapieraufsicht haben, Anlegerschutz- und Ausgleichsfonds und nationale Aufsichtsbehörden, die nicht Unterzeichner des MMoUs und nicht schon Vollmitglied sind, werden.[1371]

c. *Mitglieder aus den USA*

Für die Wertpapieraufsicht der USA nimmt die SEC als ordentliches Vollmitglied teil. Die CFTC und die *North American Securities Administrators Association, Inc.* (NASAA)[1372] partizipierten bisher beide als assoziierte Mitglieder. Nach einer langjährigen erfolgreichen Kampagne der CFTC ist es dieser jedoch gelungen, seit 2012 als weiteres ordentliches Vollmitglied aus den USA anerkannt zu werden.[1373] Dies hat einerseits mit der wachsenden Bedeutung des Derivatemarktes zu tun, andererseits mit der Anerkennung der Eigenart der USA, dass diese eine eigene Aufsichtsbehörde mit primärer Zuständigkeit für den Terminmarkt haben. Der wachsenden Bedeutung des Derivatemarktes wurde durch eine generelle Änderung der Kriterien für

---

1368 IOSCO By-Laws, § 6. Mitglieder, die vor dem 18. September 2013 schon den Status eines ordentlichen Vollmitglieds innehatten, behalten diesen Status bei, auch wenn sie nicht Unterzeichner des MMoUs sind. Mehr zum MMoU auf Seite 251.

1369 IOSCO By-Laws, § 8.1.

1370 IOSCO By-Laws, § 8.2.

1371 IOSCO By-Laws, § 9.1.

1372 NASAA repräsentiert die einzelstaatlichen Wertpapieraufsichtsbehörden. Mitglieder sind Wertpapieraufsichtsbehörden aus insgesamt 67 Bundesstaaten, Provinzen und Territorien der 50 U.S.-Bundesstaaten, dem District of Columbia, den U.S. Jungferninseln, Puerto Rico, Kanada und Mexiko. Siehe http://www.nasaa.org/about-us/nasaa-history/, zuletzt geprüft am 16.02.2016.

1373 *CFTC*, President's Budget and Performance Plan 2014, S. 61.

eine ordentliche Vollmitgliedschaft in *Section* 6 der IOSCO *By-Laws* im Jahre 2013 Rechnung getragen.[1374] Sowohl die SEC als auch die CFTC nehmen die Interessen der Aufsichtsbehörden aus den USA im IOSCO-Rat (dazu gleich genauer) wahr.[1375]

Aus den USA kommen zudem vier beigeordnete Mitglieder. Dies sind die CME Group, FINRA, NFA und NYSE Euronext.

Auch die Wertpapier- und Terminbörsenaufsichtsbehörden wurden vom Gesetzgeber nur dazu ermächtigt, sich mit Aufsichtsbehörden aus anderen Ländern in Bezug auf internationale Standards für die Aufsicht zu **koordinieren** und zu **beraten.**

In *Section* 126(b) des *Commodity Futures Modernization Act of 2000* stellte der Gesetzgeber (unverbindlich)[1376] seine Ansicht zur Rolle der CFTC im internationalen Rahmen dar:

> „It is the sense of the Congress that, consistent with its responsibilities under the Commodity Exchange Act, the Commodity Futures Trading Commission should, as part of its international activities, continue to **coordinate** with foreign regulatory authorities, to **participate** in international regulatory organizations and forums, and to provide technical assistance to foreign government authorities."[1377]

Für die SEC und die CFTC sind die Beratungsbefugnisse verbindlich erst seit dem *Dodd-Frank Act* kodifiziert. Dort heißt es in *Section* 752:[1378]

> "(a) In order to promote effective and consistent global regulation of swaps and security-based swaps, the Commodity Futures Trading Commission, the Securities and Exchange Commission, and the prudential regulators as appropriate, shall **consult and coordinate** with foreign regulatory authorities on the establishment of consistent international standards with respect to the regulation (including fees) of swaps, security-based swaps, swap entities, and security-based swap entities [....].
>
> (b) In order to promote effective and consistent global regulation of contracts of sale of a commodity for future delivery and options on such contracts, the Commodity Futures Trading Commission shall **consult and coordinate** with foreign regulatory authorities on the establishment of consistent international standards with respect to the regulation of contracts of sale of a commodity for future delivery and options on such contracts [...]."

Die Formulierungen im *Dodd-Frank Act* („consult and coordinate") machen deutlich, dass die Aufsichtsbehörden nicht dazu ermächtigt wurden die USA international zu vertreten und auf der Basis dieser Norm keine für die USA international bindenden Verpflichtungen eingehen können.

1374 *President's Committee of IOSCO*, Resolution on Amendment to IOSCO's By-laws regarding Membership and Voting Rights, September 2013.
1375 Zum IOSCO-Rat ausführlich auf Seite 209.
1376 Zu den „Sense Of-Resolutionen" siehe den Nachweis in Fn. 412.
1377 Mit eigener Hervorhebung.
1378 Kodifiziert in 15 U.S.C. § 8325 (2012). Mit eigener Hervorhebung.

d. *Arbeitsweise und Struktur der IOSCO*

Zur Regelung ihrer inneren Struktur und der internen Willensbildung hat die IOSCO sehr detaillierte *By-Laws* erlassen. *By-Laws* können mit einer deutschen Geschäftsordnung in einer AG oder mit einer Vereinssatzung verglichen werden. Die *By-Laws* wurden im Jahre 1996 und im Jahre 2012 grundlegend überarbeitet, während die Änderung im Jahre 2010 insbesondere die Zielbestimmung der Präambel änderte.[1379]

IOSCO besteht gemäß Section 15 der *By-Laws* aus insgesamt sechs übergeordneten Organen, die teilweise noch in verschiedene Unterkomitees unterteilt sind. Dies sind das Präsidentenkomitee (*Presidents' Committee*), der IOSCO Rat (*IOSCO Board*), das Wachstums- und Entwicklungsmärktekomitee (*Growth and Emerging Markets (GEM) Committee*),[1380] das Ständige Sekretariat, die Regionalkomitees[1381] und die Evaluierungskomitees[1382]. Die Homepage von IOSCO listet zudem diverse politische Komitees,[1383] die dem IOSCO-Rat zuarbeiten. Wichtigste Organe sind das Präsidentenkomitee und der IOSCO-Rat.

Das Präsidentenkomitee besteht aus den Präsidenten aller ordentlichen Vollmitglieder und trifft sich einmal jährlich im Rahmen der Jahreskonferenz. Ihm wurden

---

1379 Vor der Änderung im Jahre 2010 lautete die Präambel am Ende: „[...] RESOLVE: to cooperate together to promote high standards of regulation in order to maintain just, efficient and sound markets; to exchange information on their respective experiences in order to promote the development of domestic markets; to unite their efforts to establish standards and an effective surveillance of international securities transactions; to provide mutual assistance to promote the integrity of the markets by a rigorous application of the standards and by effective enforcement against offenses;". Siehe *President's Committee of IOSCO*, Resolution on IOSCO Bylaws - Comparison of current wording with proposed new wording, Juli 2010. Die aktuelle Version der By-Laws ist auf der Homepage der IOSCO verfügbar.

1380 Das „Growth and Emerging Markets Committee" (GEM Committee) hieß bis zur Jahreskonferenz im September 2013 noch Entwicklungsmärktekomitee. Siehe *President's Committee of IOSCO*, Resolution on Amendment to IOSCO's By-laws regarding renaming the Emerging Markets Committee as Growth and Emerging Markets (GEM) Committee and the GEM Committee Chair becoming ex-officio Vice-Chairman of the IOSCO Board, September 2013.

1381 Die Regionalkomitees sind unterteilt in (1) Afrika/Naher Osten, (2) Asien/Pazifik, (3) Europa und (4) Interamerika. Gemäß IOSCO By-Laws, § 58 kann das Präsidentenkomitee weitere regionale Komitees auf Empfehlung des IOSCO-Rates genehmigen.

1382 Seit September 2013 ist das ehemalige SRO-Beratungskomitee nunmehr das "Beratungskomitee der beigeordneten Mitglieder" (Affiliate Members Consultative Committee).

1383 Die politischen Komitees sind unterteilt in (1) Bilanzierung, Buchprüfung und Offenlegung, (2) Regulierung von Sekundärmärkten, (3) Regulierung von Marktintermediären, (4) Durchsetzung/Verfolgung von Wertpapierdelikten, Austausch von Informationen und Screening für das MMoU (5) Anlageverwaltung, (6) Ratingagenturen, (7) Güterderivatemärkte, und (8) Kleinanleger.

alle notwendigen Kompetenzen verliehen, um die Ziele von IOSCO zu verwirklichen; insbesondere entscheidet es über die Annahme oder Ablehnung von Vorschlägen und Resolutionen von anderen Komitees.[1384] Assoziierte Mitglieder dürfen ebenfalls an den Treffen teilnehmen und mitdiskutieren.[1385] Beigeordnete Mitglieder sind berechtigt als Beobachter an den Sitzungen teilzunehmen.[1386] Stimmberechtigt sind jedoch nur die Vollmitglieder.[1387] Resolutionen sollen, wenn möglich, im Konsens verabschiedet werden.[1388] Kann kein Konsens erreicht werden, so wird abgestimmt.[1389] Änderungen der *By-Laws* brauchen eine Zweidrittelmehrheit, während alle anderen Entscheidungen mit einer einfachen Mehrheit getroffen werden.[1390]

Seit September 2013 gibt es einen IOSCO-Rat, in dem das Exekutivkomitee, das technische Komitee sowie das Entwicklungsmärkteberatungskomitee aufgingen.[1391] Er besteht aus 18 Mitgliedern der Länder mit den größten Finanzmärkten,[1392] dem Vorsitzenden und stellvertretenden Vorsitzenden des GEM-Komitees, den Vorsitzenden der jeweiligen Regionalkomitees und aus jeweils zwei Mitgliedern, die von dem GEM-Komitee und den jeweiligen Regionalkomitees bestimmt werden.[1393] Weitere

1384 IOSCO By-Laws, § 26. Das Präsidentenkomitee ist sogar berechtigt einem Mitglied Sanktionen aufzuerlegen, wenn es wiederholt keine Mitgliedsbeiträge leistet. Sanktionen werden im Jahresbericht veröffentlicht und reichen von einer Aussetzung der Stimmrechte bis zu einem permanenten Ausschluss aus der Organisation. Siehe IOSCO By-Laws, Part 12. Sanktionen werden jedoch nur selten verhängt. Auf der Homepage von IOSCO ist nur eine Resolution von Mai 2002 zu finden, in der die Stimmrechte der Vollmitglieder „Superintendencia de Valores of Colombia" und der „Comision Nacional de Valores of Paraguay" und die Mitgliedschaft des assoziierten Mitgliedes „Mercado Abierto Electronico S. A. of Argentina" bis zur Zahlung der ausstehenden Mitgliedsbeiträge ausgesetzt wurden. Siehe *Presidents' Committee of IOSCO*, A Resolution on Delinquents of the President's Committee, Mai 2002.

1385 IOSCO By-Laws, § 30.

1386 IOSCO By-Laws, § 30.1

1387 IOSCO By-Laws, §§ 27, 30.1.

1388 Die Entscheidung durch Konsens wird in den neuen By-Laws explizit in der Präambel hervorgehoben: "The Securities Administrators [...] BELIEVING that the best means to achieve these aims is by fostering consensus [...].".

1389 IOSCO By-Laws, § 36.2.

1390 IOSCO By-Laws, §§ 36.3, 36.4.

1391 *Presidents' Committee of IOSCO*, Resolution on the composition of the IOSCO Board, September 2013. [Im Folgenden bezeichnet als „Resolution über die Zusammensetzung des IOSCO Rates 2013"].

1392 Diese 18 Mitglieder sind im Anhang A der Resolution über die Zusammensetzung des IOSCO Rates vom September 2013 aufgeführt. Dies sind Australien, Brasilien, Kanada (Ontario und Québec), China, Frankreich, Deutschland, Hong Kong, Indien, Italien, Japan, Niederlande, Südkorea, Spanien, Schweiz, Großbritannien und USA (SEC und CFTC).

1393 Resolution über die Zusammensetzung des IOSCO Rates 2013, Punkt 2. Dem Vorsitzenden oder einem anderen hochrangigen Vertreter der European Securities Market Authority (ESMA) und dem Vorsitzenden oder einem anderem Repräsentanten des

Voraussetzung für die Mitgliedschaft im IOSCO-Rat ist, dass die Aufsichtsbehörde ein ordentliches Vollmitglied ist, welches das *Multilateral Memorandum of Understanding* unterzeichnet hat, nicht im Rückstand mit seinen Mitgliedsbeiträgen ist und aktiv bei IOSCO und in den Komitees mitarbeitet.[1394] Die Zusammensetzung der Gruppe der 18 Mitglieder mit den größten Finanzmärkten wird alle vier Jahre überprüft.[1395]

Der IOSCO-Rat ist insbesondere verantwortlich für das Tagesgeschäft, die laufende Verwaltung und den Vorschlag von Resolutionen zur Annahme durch das Präsidentenkomitee und hat dazu alle notwendigen Kompetenzen verliehen bekommen, soweit sie nicht dem Präsidentenkomitee vorbehalten sind.[1396]

Aufgrund der Tatsache, dass die Öffentlichkeit mittlerweile auch ein gesteigertes Interesse an den bei der IOSCO diskutierten Themen zeigt, versucht man die Öffentlichkeit mehr einzubinden. Die IOSCO hat im April 2005 ein Dokument auf ihrer Homepage veröffentlicht, welches ihr Konsultationsverfahren darlegt.[1397] Laut diesem Dokument veröffentlicht die IOSCO gelegentlich Entwürfe, zu denen die Öffentlichkeit Kommentare abgegeben kann. Konsultationsverfahren sollen grundsätzlich durchgeführt werden, wenn in dem Entwurf die Erarbeitung von internationalen Standards und Prinzipien vorgesehen ist. Kommentare können per Email, Fax oder Brief eingereicht werden und werden auf der Homepage der IOSCO mit Namen veröffentlicht. Die Kommentare werden vor einer Einigung auf die endgültige Version miteinbezogen und es soll generell eine Auseinandersetzung mit den Kommentaren in einem separaten Memorandum erfolgen. Durch diese Maßnahmen soll unter anderem Transparenz erzeugt werden. Die Möglichkeiten der Teilnahme sind positiv zu bewerten, jedoch ist anzumerken, dass die Durchführung eines Konsultationsverfahrens im Ermessen der IOSCO steht („grundsätzliche Durchführung“) und keine Möglichkeit besteht ein Konsultationsverfahren zu erzwingen.

Beratungskomitees der beigeordneten Mitglieder ist es gestattet an den Sitzungen des IOSCO-Rates als ständige Beobachter teilzunehmen und nach Ermessen des Rates auch ein Rederecht wahrzunehmen. Siehe Resolution über die Zusammensetzung des IOSCO Rates 2013, Schlussbestimmung.

1394 Resolution über die Zusammensetzung des IOSCO Rates 2013, Punkt 1.

1395 Resolution über die Zusammensetzung des IOSCO Rates 2013, Punkt 4.

1396 IOSCO By-Laws, § 40.1.

1397 *Executive Committee of IOSCO*, IOSCO Consultation Policy and Procedure, April 2005, online verfügbar unter http://www.iosco.org/library/pubdocs/pdf/IOSCOPD197.pdf, zuletzt geprüft am 16.02.2016.

II. Historische Entwicklung und gegenwärtige Lage

1. Basel Committee on Banking Supervision

a. *Gründung*

Der Baseler Ausschuss wurde im Jahre 1974 gegründet.[1398] Die Gründung erfolgte als Reaktion auf den Zusammenbruch des deutschen „BANKHAUSES I.D. HERSTATT KGAA" und der „FRANKLIN NATIONAL BANK" aus New York.

Das „BANKHAUS I.D. HERSTATT KGAA" (Herstatt-Bank) war eine deutsche Privatbank mit Sitz in Köln.[1399] Der Zusammenbruch dieser Bank und die daraus resultierenden Verluste der Gegenparteien, zeigten sehr deutlich die Schwierigkeiten eines über nationale Grenzen hinausgehenden Zahlungsverkehrs, und prägten den Begriff „Herstatt Risiko" für diese Art des Erfüllungsrisikos.[1400] Zudem wurde auch erstmalig die Interkonnektivität des Finanzsystems deutlich.[1401]

Die Herstatt-Bank war damals insbesondere im Devisenhandel tätig, der zu der Zeit noch sehr neu und weitestgehend unreguliert war. Dieser Handel war anfänglich auch sehr erfolgreich. Im 1973 schwankte der Dollarkurs jedoch stark, was auch auf das Ende des Festkurssystems von BRETTON-WOODS zurückzuführen war.[1402] Die Herstatt-Mitarbeiter gingen dazu über Verlustgeschäfte nicht mehr in die Buchhaltung einfließen zu lassen. Als die Manipulationen zutage traten und hohe Abschreibungen erforderlich wurden, wurde die Bank von der Aufsicht geschlossen, auch um eine Panik auf den Aktien- und Devisenmärkte zu vermeiden.[1403] Problematisch an der Schließung war jedoch, dass bei Devisengeschäften in unterschiedlichen Zeitzonen die beiden Parteien ihren jeweiligen Teil des Geschäfts zu unterschiedlichen Zeitpunkten erfüllen. Die Herstatt-Bank wurde von der Bankenaufsicht nach Handelsschluss in Deutschland geschlossen. Der Devisenhandel in anderen Zeitzonen wie den USA war jedoch noch im Gange. Die Leistungen an die Herstatt-Bank wurden ihr somit noch gutgeschrieben, jedoch konnte sie ihre Gegenleistung nicht mehr erbringen.[1404] Dies führte zu hohen Verlusten bei den betroffenen Parteien. Der

---

1398 Dazu schon auf Seite 198.

1399 *Kaserer*, Der Fall der Herstatt-Bank 25 Jahre danach, VSWG 87 (2000), S 166.

1400 *Jahn* in: *Schimansky/Bunte/Lwowski*, Bankrechts-Handbuch, 4. Auflage 2011, § 114, Rdn. 17 Fn. 52; *Schooner/Taylor*, Global Bank Regulation - Principles and Policies, 2010, S. 39; *Matthews*, S. 183; *Cooke*, S. 255.

1401 *Macht*, S. 21; *Schooner/Taylor*, Global Bank Regulation, S. 39; *Galati*, Das Erfüllungsrisiko im Devisenhandel und die CLS-Bank, BIZ-Quartalsbericht, Dez. 2002, S. 65, online verfügbar unter http://www.bis.org/publ/qtrpdf/r_qt0212ger_f.pdf, zuletzt geprüft am 16.02.2016; *Matthews*, S. 183; *Cooke*, S. 253.

1402 *Macht*, S. 20.

1403 *Hannemann/Schneider/Weigl*, Mindestanforderungen an das Risikomanagement (MaRisk), 2013, S. 11.

1404 *Spero*, The Failure of the Franklin National Bank, 1980, S. 111; *Schooner/Taylor*, Global Bank Regulation, S. 39.

Verlust belief sich am 26. Juni 1974 auf 1,2 Milliarden DM.[1405] Das Erfüllungsrisiko, welches sich hier verwirklicht hat, ist das vorab erwähnte „Herstatt Risiko".

Der Zusammenbruch der FRANKLIN NATIONAL BANK (Franklin National) stellte die vom Ausmaß her größte Krise dar, die bis zu dem Zeitpunkt in den USA aufgetreten war.[1406] Die Franklin National war vor ihrem Zusammenbruch die 20 größte Bank in den USA. Sie war in den 1960ern und 1970ern stark expandiert. Im Jahre 1969 begann sie Zweigniederlassungen im Ausland zu eröffnen und erweiterte ihre Aktivitäten auf dem Eurodollarmarkt und im Devisenhandel. Zwar hatte sie im Jahre 1973 Aktiva von über $ 5 Milliarden, aber auch erhebliche Managementprobleme. Sie nahm zu viele kurzfristige Darlehen auf um langfristige Darlehen zu finanzieren. Aufgrund dieser inländischen Probleme, aber auch aufgrund von internationalen Schwierigkeiten durch Spekulationen und Verluste im Devisengeschäft und auf dem Eurodollarmarkt, wurde die Bank insolvent.[1407]

Der Zusammenbruch stellte aufgrund der Bedeutung für den amerikanischen Markt und aufgrund ihrer Interkonnektivität auf dem internationalen Markt durch die Teilnahme an Bankkonsortien und den Devisengeschäften, eine Bedrohung für alle Finanzmärkte dar.[1408] Im Vergleich zu der Schließung der Herstatt-Bank, waren die Gefahren für die internationalen Märkte bei der Insolvenz der Franklin National sogar noch größer. Ihr Handelsvolumen auf dem Devisenmarkt betrug fast $ 2 Milliarden, wobei es bei der Herstatt-Bank nur $ 200 Millionen betragen hatte.[1409]

Am Ende des Jahres 1974 sahen sich die Notenbankgouverneure der G10-Länder aufgrund dieser Vorkommnisse, anderer Bankprobleme und -zusammenbrüche und aufgrund des abnehmenden Vertrauens in die Finanzmärkte dazu veranlasst, einen ständigen Unterausschuss zur Zusammenarbeit im Bereich der Beaufsichtigung von internationalen Banken zu gründen, der bei der BIZ tagen sollte. Als Vorbild für diese Zusammenarbeit diente die *„Groupe de Contact"*, in der Aufsichtsbehörden der Europäischen Wirtschaftsgemeinschaft sich seit 1972 trafen.[1410]

Das *„Standing Committee on Banking Regulation and Supervisory Practices"*, wie das BCBS ursprünglich hieß, war anfänglich insbesondere damit beauftragt, ein internationales Frühwarnsystem zu entwickeln. Es sollte auch das internationale Bankensystem, grenzüberschreitende Aufsicht und andere Bankenprobleme untersuchen.[1411] Die Idee, eine neue internationale Behörde mit Aufsichtskompetenzen zu schaffen, wurde zwar auf dem ersten Treffen diskutiert, jedoch schnell als nicht praktikabel abgelehnt. Man wollte die Duplikation von nationalen Mechanismen

---

1405 *Pahlow*, Bankenregulierung zur Stärkung der Krisenprävention? Die staatliche Aufsicht über die Kreditwirtschaft im 19. und 20. Jahrhundert, Der Staat 50 (2008), S. 621(632).

1406 *Wolfson*, Financial Crises, 1986, S. 71.

1407 *Spero*, S. 11.

1408 *Spero*, S. 11.

1409 *Spero*, S. 112 f.

1410 *Goodhart*, S. 11.

1411 *Spero*, S. 161.

und die Probleme bei der Umsetzung in nationales Recht vermeiden.[1412] Stattdessen beschränkte man sich auf die Entwicklung von Kooperations- und Konsultationsmechanismen für die Zusammenarbeit im Bereich der Aufsicht auf internationaler Ebene. Durch einen Vergleich der verschiedenen Systeme der Mitglieder sollten die besten Möglichkeiten herausgearbeitet werden. Eine Harmonisierung von materiellen Aufsichtsregeln wurde zunächst ausgeschlossen. Stattdessen wurden insbesondere konstruktive Kritik und eine Diskussion über Aufsichtsdefizite angeregt, jedoch nur soweit die Probleme die internationalen Märkte beeinträchtigen könnten.[1413]

b. Baseler Konkordat

Eines der wichtigsten Dokumente, welches vom BCBS kurz nach der Gründung herausgegeben wurde, war das sogenannte „Baseler Konkordat" aus dem Jahre 1975.[1414] Auch wenn der Name "Konkordat" ansonsten nur im Zusammenhang mit staatskirchenrechtlichen Verträgen zwischen dem Heiligen Stuhl und einem katholischen Staatsoberhaupt gebraucht wird, entschied sich das BCBS dem Bericht aus dem Jahre 1975 und den darauffolgenden Dokumenten diesen Namen zu geben. Die Bezeichnung als „Konkordat" taucht 1979 zum ersten Mal in den Akten auf. Sie geht anscheinend auf den Vorsitzenden des BCBS, PETER COOKE, zurück, der als interessierter Historiker dadurch ausdrücken wollte, dass es sich bei dem Dokument um eine Reihe von Verständigungen zwischen souveränen Parteien handelt, aber dass diese nicht auf einer gemeinsamen Rechtsgrundlage beruhen und nicht rechtlich verbindlich seien.[1415]

Die gleichen Gründe, die die Gründung des BCBS notwendig erschienen ließen, führten zu der Formulierung des „Baseler Konkordates" von 1975. Dieses wurde im Jahre 1983 grundlegend überarbeitet und in den Jahren 1990 und 1994 weiter ergänzt. Es sollte die Unsicherheiten beseitigen, die hinsichtlich der Zuständigkeit einer Aufsichtsbehörde für die grenzüberschreitenden Aktivitäten einer Bank und hinsichtlich des Umfangs dieser Zuständigkeit bestanden. Grundlegende Prinzipien waren und sind, dass keine internationale Bank der Aufsicht entgehen soll und diese Beaufsichtigung ausreichend sein muss.[1416]

1412 *Spero*, S. 161, der den ersten Vorsitzenden des BCBS GEORGE BLUNDEN zitiert.

1413 *Goodhart*, S. 46, der aus den einleitenden Bemerkungen des Vorsitzenden Blunden für das erste Treffen des BCBS im Februar 1975 zitiert, welche als Entwurf den Mitgliedern vorab zugänglich gemacht wurden.

1414 *BCBS*, Report to the Governors on the supervision of banks' foreign establishments, Nr. BS/75/44e, 28. September 1975. [Im Folgenden bezeichnet als "Baseler Konkordat 1975"]. Auch die vom BCBS zur Verfügung gestellte deutsche Übersetzung des Dokuments benutzt die Bezeichnung „Konkordat". Sie wird daher auch in dieser Arbeit verwendet.

1415 *Goodhart*, S. 102.

1416 Baseler Konkordat 1975, S. 1 unter Punkt „The need for co-operation".

aa. Baseler Konkordat von 1975

Das erste Konkordat aus dem Jahre 1975 (bezeichnet als „Bericht“ (*report*)) beschäftigte sich mit Richtlinien für die Beaufsichtigung der ausländischen Niederlassungen von Banken. Zur Umsetzung wurde das Prinzip der geteilten Verantwortlichkeit der Behörde des Herkunftslandes (Heimatbehörde) und der Behörde des Aufnahmelandes für die Beaufsichtigung von international tätigen Banken festgelegt. Zu diesem Zwecke wurde zunächst kurz in der Einleitung dargelegt, in welchen Rechtsformen Banken im Ausland agieren. Dies sind Zweigniederlassungen, Tochtergesellschaften und Joint Ventures. Weiterhin wurde festgestellt, dass Bankaufsicht in dem Bericht nur in Bezug auf Liquidität, Solvenz und Fremdwährungstransaktionen/Devisengeschäfte betrachtet werde. Die primäre Verantwortung für Liquidität wurde unabhängig von der Rechtsform bei den Behörden des Aufnahmelandes angesiedelt.[1417] Die Solvenzaufsicht lag für Zweigniederlassungen primär bei der Heimatbehörde und für Tochtergesellschaften primär bei den Behörden des Aufnahmelandes. Trotz dieser Regelung bezüglich der primären Aufsichtskompetenz sollte die Heimatbehörde bei ihrer Betrachtung der inländischen Bank die Gefährdung durch Zweigniederlassungen und durch Tochtergesellschaften miteinbeziehen.[1418] Das gleiche Prinzip galt für Devisengeschäfte, wenn diese aufsichtsrechtlich betrachtet wurden. Wurden diese im Hinblick auf die ordnungsgemäße Funktionsweise des Marktes oder die Zahlungsbilanz betrachtet, so fiel dies in die Zuständigkeit der Behörde des Aufnahmelandes.[1419]

Das Konkordat von 1975 betonte, dass zur effektiven Umsetzung dieser Richtlinien in allen Fällen die Kooperation und der Kontakt zwischen den verschiedenen Aufsichtsbehörden notwendig seien.[1420] Barrieren zu einer effektiven Kooperation sollten, wenn möglich, beseitigt oder reduziert werden.[1421] In dem Bericht wurden sodann konkrete Vorschläge gemacht, um die Verwaltungshilfe zwischen den Aufsichtsbehörden zu ermöglichen.

Das Baseler Konkordat von 1975 hatte jedoch einige Lücken und mehrdeutige oder vage formulierte Passagen, die sich in der Zukunft offenbaren sollten. Der Zusammenbruch der luxemburgischen Tochtergesellschaft der italienischen Banco Ambrosiano im Jahre 1982 veranlasste das BCBS dazu, das Konkordat zu überarbeiten. Die luxemburgische Tochtergesellschaft der Banco Ambrosiano hatte Kredite im Werte von $ 4,1 Milliarden an lateinamerikanische Gesellschaften vergeben und schuldete ihren Gläubigern eine Summe von $ 450 Millionen. Da sowohl die Tochtergesellschaft als auch die Bank selbst nicht in der Lage waren, diese Summe aufzubringen, kam es zum Zusammenbruch. Weder die luxemburgischen noch die

1417 Baseler Konkordat 1975, S. 3 unter Punkt „Liquidity".
1418 Baseler Konkordat 1975, S. 3 f. unter Punkt „Solvency“.
1419 Baseler Konkordat 1975, S. 4, unter Punkt „Foreign exchange positions“.
1420 Baseler Konkordat 1975, S. 2.
1421 Baseler Konkordat 1975, S. 4, unter Punkt „Aids to co-operation“.

italienischen Bankaufsichtsbehörden hielten sich für aufsichtsrechtlich zuständig oder wollten als Kreditgeber der letzten Instanz (*lender of last resort*) fungieren.

bb. Das überarbeitete Konkordat von 1983

Das überarbeitete Konkordat aus dem Jahre 1983 war überschrieben mit „Grundsätze für die Beaufsichtigung der ausländischen Niederlassungen von Banken" (*Principles for the Supervision of Banks' Foreign Establishments*).[1422] Es ersetzte das ursprüngliche Konkordat von 1975, hob jedoch weiterhin hervor, dass keine internationale Bank der Aufsicht entgehen solle und dass die Aufsicht angemessen sein müsse. Neu waren insbesondere ein dualer Ansatz für die Beaufsichtigung und der Grundsatz der konsolidierten Beaufsichtigung. Zudem wurde diesmal eindeutig betont, dass das Konkordat keine Regelung zur Frage der Zentralbanken als Kreditgeber der letzten Instanz (*lender of last resort*) treffe.[1423] Hervorzuheben ist zudem, dass in den einleitenden Bemerkungen herausgestellt wurde, dass die Mitglieder des BCBS sich bereiterklärt haben, im Rahmen ihrer Möglichkeiten auf die Durchführung der Richtlinien hinzuarbeiten. Weiterhin sei ein Hauptziel des Ausschusses nicht nur die Förderung der Zusammenarbeit zwischen den Mitgliedern, sondern auch mit Aufsichtsbehörden anderer Länder.[1424]

Das überarbeitete Konkordat erläuterte den dualen Ansatz zur Beaufsichtigung von Banken dahingehend, dass die Aufsichtsbehörden der betroffenen Länder nebeneinander dafür zuständig sein sollen bei grenzüberschreitenden Sachverhalten die Fähigkeiten und Kapazitäten der anderen Behörde, Banken zu beaufsichtigen und ihren Aufsichtsverpflichtungen nachzukommen, einzuschätzen. Im Falle, dass das Aufnahmeland zu dem Schluss kam, dass die Aufsicht der Heimatbehörde unangemessen sei oder wenn die Heimatbehörde sich nicht in der Lage fühlte eine angemessene Beaufsichtigung durchzuführen, wurden in dem überarbeiteten Konkordat zwei Möglichkeiten vorgeschlagen. Die Behörde des Aufnahmelandes konnte die Tätigkeit der ausländischen Niederlassungen in ihrem Hoheitsgebiet entweder verhindern oder verbieten oder die Geschäftsaufnahme nur unter Auflagen erlauben. War hingegen die Heimatbehörde der Ansicht, dass im Aufnahmeland keine angemessene Aufsicht stattfinde, so sollte sie, soweit möglich, ihre Aufsicht auf die ausländische Niederlassung ausdehnen oder der Mutterbank von der Errichtung der Niederlassung abraten.[1425]

Konsolidierte Aufsicht hingegen bedeutete, dass die Aufsichtsbehörden bei der Beaufsichtigung der Mutterbank alle Risiken miteinbeziehen sollten, gleich wo die Geschäfte abgewickelt wurden. Damit musste die Heimatbehörde die Risiken und

---

1422 *BCBS*, Principles for the Supervision of Banks' Foreign Establishments, Mai 1983 [Im Folgenden bezeichnet als „Baseler Konkordat 1983"].

1423 Baseler Konkordat 1983, S. 1.

1424 Baseler Konkordat 1983, S. 1.

1425 Baseler Konkordat 1983, S. 2 f., Punkt III..

Aktiva der ausländischen Niederlassungen bei der Betrachtung der Angemessenheit des Eigenkapitals der Mutterbank oder Bankengruppe beachten.[1426]

cc. Mindeststandards aus dem Jahre 1992

Obwohl das Konkordat von 1983 die Richtlinien aus dem Jahre 1975 verbesserte, existierten trotz allem immer noch Lücken in der Verteilung der aufsichtsrechtlichen Verantwortung. Diese Lücken machte sich die Bank of Credit and Commerce International (BCCI) zunutze und gab dadurch den Anstoß zu einer weiteren Verbesserung und Erweiterung des Baseler Konkordates.

Aufgrund ihrer komplexen Holdingstruktur gelang es BCCI die Aufsicht von Heimat- und Aufnahmelandbehörden zu vermeiden. BCCIs zentrale Holdinggesellschaft, BCCI Holdings S.A., war eine Kapitalgesellschaft nach dem Recht des Großherzogtums Luxemburg. Das hauptsächliche Bankgeschäft wurde jedoch nicht in Luxemburg, sondern im Ausland betrieben, insbesondere von London und den Cayman Islands aus. Insgesamt war BCCI in 73 Ländern tätig.[1427] Problematisch war vor allem, dass keine Aufsichtsbehörde sowohl die Kapazität als auch den Willen hatte, eine effektive Aufsicht durchzuführen.[1428] Durch BCCIs komplexe Struktur war es ihr möglich ein kriminelles Imperium aufzubauen. Der Mangel an klaren formalisierten Mechanismen für die internationale Kooperation der Aufsichtsbehörden und zum Informationsaustausch in solchen Konstellationen, führte dazu, dass erst im Jahre 1988 begonnen wurde gegen BCCI vorzugehen, obwohl nationale Aufsichtsbehörden schon seit 1983 Informationen über die kriminellen Aktivitäten besaßen.[1429]

Der BCCI–Skandal war besonders besorgniserregend für das BCBS, da man zuvor gedacht hatte, dass die größten Herausforderungen für die Umsetzung des Konkordates aus Ländern kommen würden, die nicht Mitglied des BCBS sind. Stattdessen musste man feststellen, dass auch die Kooperation zwischen den BCBS-Mitgliedern unzureichend war, wichtige Informationen nicht weitergegeben wurden und so die Stabilität der internationalen Finanzmärkte in Gefahr gebracht wurde. Die überarbeitete Version des Konkordates, die im Jahre 1992 herausgegeben wurde,[1430] enthielt daher zum ersten Mal Mindeststandards für die grenzüberschreitende Aufsicht anstelle von bloßen Grundsätzen.[1431]

Die Mindeststandards aus dem Jahre 1992 behielten die Prinzipien der konsolidierten Aufsicht, des dualen Ansatzes und der Kommunikation zwischen Heimat- und

---

1426 Baseler Konkordat 1983, S. 4.

1427 *Wood*, S. 58.

1428 *Goodhart*, S. 107.

1429 *Wood*, S. 58.

1430 *BCBS*, Minimum Standards for the Supervision of International Banking Groups and their Cross-border Establishments, Juli 1992. [Im Folgenden bezeichnet als „Baseler Konkordat 1992“].

1431 *Wood*, S. 60.

Gastlandbehörde bei. Jedoch wurde ein verstärktes Augenmerk auf die gegenseitige Überprüfung der Leistungsfähigkeit der Aufsichtsbehörden gelegt, sowie darauf geachtet, dass Regelungen für die Beaufsichtigung von komplexen Holdinggesellschaften getroffen wurden.

Die Version aus dem Jahre 1992 legte folgende vier Mindeststandards fest. Zum einen sollten alle international tätigen Banken oder Bankkonzerne im Mutterland durch eine Behörde beaufsichtigt werden, die fähig ist, eine konsolidierte Aufsicht vorzunehmen.[1432] Weiterhin sollte die Gründung einer grenzüberschreitenden Bankniederlassung im Voraus von der Aufsichtsbehörde des Aufnahmelandes und der Heimatbehörde der Bank und, wenn sie nicht identisch sind, der Aufsichtsbehörde des Bankkonzerns gebilligt werden.[1433] Zudem wurde in den Mindeststandards festgeschrieben, dass die Aufsichtsbehörden das Recht haben sollten, bei den Auslandsniederlassungen der Banken oder Bankkonzerne, für die sie die Heimatbehörde sind, Informationen einzuholen.[1434] Schließlich wurde der Aufnahmebehörde im Falle des Fehlens einer effektiven Aufsicht durch die Heimatlandbehörde empfohlen, der Bank die Erlaubnis zur Gründung einer Niederlassung zu verbieten oder ihr Einschränkungen bei ihrer Betätigung aufzuerlegen.[1435]

c. *Grundsätze für eine wirksame Bankenaufsicht*

Die „Grundsätze für eine wirksame Bankenaufsicht“ (*Core Principles for Effective Banking Supervision*) (Baseler Grundsätze)[1436] wurden vom BCBS im Jahre 1997 aufgrund eines Auftrages der G7-Länder[1437] beschlossen und im Jahre 2006 überarbeitet. Eine weitere Überarbeitung fand im Jahre 2012 statt, um die Erfahrungen aus der Finanzkrise der Jahre 2007–2009 einzubeziehen. Sie können als Weiterentwicklung des Baseler Konkordats gesehen werden. Im Gegensatz zum Konkordat enthalten sie nicht nur Grundsätze für die Beaufsichtigung und Zusammenarbeit im Bereich der Aufsicht über internationale und grenzüberschreitend tätige Banken, sondern zusätzlich Grundsätze für andere Bereiche. Die Grundsätze stellen jedoch nur Mindestanforderungen dar und müssen gegebenenfalls ergänzt werden in Bezug auf individuelle Gegebenheiten oder Risiken in einzelnen Ländern.[1438] Die Baseler Grundsätze sind bewusst vage und allgemein gehalten, da sonst kein Kompromiss zustande gekommen wäre und dann jede nationale Aufsichtsbehörde Ermessen bei der Umsetzung der Grundsätze ausüben und nationale Besonderheiten berücksichtigen kann. Anders als das Konkordat richtete sich dieses Dokument nicht nur an

---

1432 Baseler Konkordat 1992, S. 3, Punkt 1.

1433 Baseler Konkordat 1992, S. 3 f., Punkt 2.

1434 Baseler Konkordat 1992, S. 4 f., Punkt 3.

1435 Baseler Konkordat 1992, S. 5 f., Punkt 4.

1436 *BCBS*, Core Principles for Effective Banking Supervision, September 1997 [Im Folgenden bezeichnet als „Baseler Grundsätze 1997“].

1437 *Wood*, S. 101.

1438 Baseler Grundsätze 1997, S. 2, Punkt 5.

die Mitglieder des BCBS, sondern auch an Länder außerhalb des Mitgliederkreises. Aufgrund dieser Tatsache beteiligten sich auch Länder, die nicht im BCBS vertreten sind, an der Entwicklung des Entwurfs.[1439]

Die Einhaltung der Grundsätze kann entweder durch eine Selbstevaluierung oder eine Fremdevaluierung überprüft werden, insbesondere durch den IWF und die Weltbank im Rahmen des Programms zur Bewertung des Finanzsektors (*Financial Sector Assessment Program* (FSAP)).[1440] Bei der Beurteilung unterscheidet man seit der Überarbeitung der Grundsätze im Jahre 2012 zwischen „zentralen Kriterien" und „zusätzlichen Kriterien". Zentrale Kriterien müssen erfüllt sein, damit ein Grundsatz als eingehalten gelten kann. Zusätzliche Kriterien sind hilfreich bei der Einhaltung, aber nicht verpflichtend.[1441]

Die ursprüngliche Version aus dem Jahre 1997 enthielt 25 Grundsätze für ein effektives Aufsichtssystem im Bankenbereich. Folgende Bereiche wurden von den Grundsätzen abgedeckt: Voraussetzungen für eine wirksame Bankenaufsicht (Grundsatz 1), Zulassung und Struktur (Grundsätze 2–5), aufsichtsrechtliche Vorschriften und Mindestanforderungen (Grundsätze 6–15), Methoden der laufenden Bankenaufsicht (Grundsätze 16–20), Informationsbedarf (Grundsatz 21), formelle Befugnisse der Aufsichtsbehörden (Grundsatz 22) und grenzüberschreitendes Bankgeschäft (Grundsätze 23–25).[1442] Im Jahre 1999 wurde zudem eine Methodik (*Core Principles Methodology*) veröffentlicht, die als Leitfaden bei der Selbst- oder Fremdüberprüfung der Einhaltung der Grundsätze beachtet werden soll, damit Ergebnisse vergleichbar sind.[1443] Die Methodik enthielt zusätzliche Erläuterungen und Definitionen zu den einzelnen Grundsätzen.

Die überarbeitete Version der Grundsätze aus dem Jahre 2006[1444] behielt die 25 Grundsätze bei, integrierte jedoch Erfahrungen aus den Jahren seit 1997 und aus Konsultationen mit Mitgliedern, Nicht-G10-Ländern, regionalen Gruppen, dem IWF und der Weltbank und mit diversen anderen Gruppierungen in das Dokument. Die Überarbeitung sollte insbesondere die Möglichkeiten einer Selbstevaluierung verbessern und einen Abgleich mit den entsprechenden Standards für Wertpapiere

---

1439 Die Gruppe, die den Entwurf vorbereitete, bestand aus Vertretern des BCBS sowie aus Aufsichtsbehörden aus Chile, China, Hongkong, Mexiko, Russland, Thailand und der Tschechischen Republik. Neun weitere Länder (Argentinien, Brasilien, Indien, Indonesien, Korea, Malaysia, Polen, Singapur und Ungarn) waren ebenfalls eng in die Arbeit eingebunden. Siehe Baseler Grundsätze, S. 1, Punkt 3.

1440 Zum FSAP ausführlicher auf Seite 267.

1441 *BCBS*, Core Principles for Effective Banking Supervision, September 2012, S. 21, Punkt 72 [Im Folgenden bezeichnet als „Baseler Grundsätze 2012"].

1442 Baseler Grundsätze 1997, S. 2, Punkt 4.

1443 *BCBS*, Core Principles Methodology, Oktober 1999 [Im Folgenden bezeichnet als „BCBS, Methodik 1999"].

1444 *BCBS*, Core Principles for Effective Banking Supervision, Oktober 2006 [Im Folgenden bezeichnet als „Baseler Grundsätze 2006"].

und Versicherungen, Geldwäsche und Transparenz bringen.[1445] Die Methodik wurde parallel dazu ebenfalls im Jahre 2006 überarbeitet.[1446]

2012 hingegen erfolgte eine Erweiterung der Baseler Grundsätze, so dass das Dokument nunmehr 29 Grundsätze enthält, die zudem neu angeordnet wurden.[1447] Dabei wurden Entwicklungen im Aufsichtsbereich seit 2006 berücksichtigt, sowie Erfahrungen aus der Finanzkrise eingearbeitet.[1448] Grundsatz Nr. 1 wurde in mehrere Grundsätze aufgespalten, jedoch hat man die Grundsätze im Übrigen nicht wesentlich präziser oder detaillierter ausgestaltet, so dass sie weiterhin auf die verschiedensten Aufsichtssysteme anwendbar sind. In das Dokument aus dem Jahre 2012 sind zudem die methodischen Regeln integriert, so dass nunmehr nur noch ein einziges Dokument relevant ist.[1449]

Man konzentrierte sich bei der Überarbeitung insbesondere auf Fragen zu systemrelevanten Banken (*systemically important banks* (SIBs)), makroprudentielle Fragen und Systemrisiken, Krisenmanagement, Sanierung und Liquidierung und auf Führungs- und Überwachungsstrukturen, Offenlegung und Transparenz. Da die Baseler Grundsätze für die Aufsicht über alle Banken gelten, hielt man die Einführung eines eigenen Grundsatzes für systemrelevanten Banken unnötig. Entsprechend dem Risikoprofil und der Systemrelevanz muss die Aufsicht angepasst werden.[1450] Auf einen spezifischen Grundsatz für die Berücksichtigung der Makroperspektive bei der Bankenaufsicht und zur Bekämpfung von Systemrisiken verzichtete man ebenfalls, da diese Problemkreise in mehreren Grundsätzen enthalten sind. Obwohl man für diese beiden Bereiche also auf spezifische Grundsätze verzichtet hat, erweiterte man die Erläuterung im Rahmen der Methodik. Es wurde ein neuer Grundsatz (Nr. 14) zu Führungs- und Überwachungsstrukturen eingeführt, damit sichergestellt ist, dass Banken sicher und solide arbeiten.[1451] Zu Offenlegung und Transparenz wurde ebenfalls ein neuer Grundsatz geschaffen (Nr. 28).[1452] Wie bereits erwähnt, änderte sich auch der Aufbau des Dokumentes, so dass nun die Trennung zwischen Anforderungen an die Bankaufsicht (Grundsätze 1–13) und Erwartungen der Aufsicht an die Banken (Grundsätze 14–29) deutlicher wird.

d. Baseler Eigenkapitalvereinbarungen

Der Baseler Ausschuss hat zudem durch eine Reihe von Übereinkommen, die unter den Namen „Basel I, Basel II und Basel III" bekannt wurden, besondere internationale Bedeutung erlangt.

1445 Baseler Grundsätze 2006, S. 1 f., Punkte 3 und 4.
1446 *BCBS*, Core Principles Methodology, Oktober 2006.
1447 Baseler Grundsätze 2012, S. 2, Punkt 5.
1448 Baseler Grundsätze 2012, S. 1, Punkt 3.
1449 Baseler Grundsätze 2012, S. 2, Punkt 5.
1450 Baseler Grundsätze 2012, S. 5, Punkt 19.
1451 Baseler Grundsätze 2012, S. 7, Punkt 27.
1452 Baseler Grundsätze 2012, S. 7, Punkt 28.

aa. *Basel I*

Die erste Baseler Eigenkapitalvereinbarung („Basel I") zur „Internationalen Konvergenz der Eigenkapitalmessung und der Eigenkapitalanforderungen (*International convergence of capital measurement and capital standards*)" von internationalen Banken wurde im Juli 1988 veröffentlicht.[1453] Es war das Produkt von jahrelangen Verhandlungen und dem Druck von bilateral aufgenommenen Verhandlungen zwischen den USA und Großbritannien (GB).

(1) Erste Beratungen zum Thema Eigenkapital im BCBS

Das Thema Eigenkapitalanforderungen wurde im BCBS zum ersten Mal in den Jahren 1979/80 aufgegriffen. Der Anstoß zu dieser Diskussion kam von den Notenbankgouverneuren der G10-Staaten, die sich über die Geschwindigkeit, mit der die grenzüberschreitende Kreditvergabe anstieg, besorgt zeigten. Sie befürchteten, dass bestehende Eigenkapitalanforderungen sich negativer auf die Vergabe nationaler Kredite als auf ausländische Kredite auswirkten. Man war daher zum einen besorgt, dass durch international unterschiedliche Aufsichtsstandards Risiken entstehen und übertragen würden und zum anderen befürchtete man, dass unterschiedliche Eigenkapitalstandards zu Wettbewerbsnachteilen und einem Rückgang des nationalen Geschäfts führen könnten.[1454]

Der damalige Vorsitzende des BCBS Peter Cooke griff diese Themen in seiner Anmerkung vom 10. Februar 1981 an die Mitglieder auf. Er wies darauf hin, dass das BCBS sich bisher noch nicht umfassend mit diesem Thema befasst hatte und dass man insbesondere vergleichen müsse, wie Eigenkapital definiert werde und welche unterschiedlichen Standards von den Mitgliedern als angemessen angesehen werden. Zu diesen Problemen wurde ein Fragebogen erstellt, der von den Mitgliedern ausgefüllt wurde, um als Basis für die weitere Diskussion zu dienen.[1455] Man sah jedoch zunächst keine Eile die Diskussion weiter voranzutreiben und verschob sie daher bis zum nächsten Treffen im September 1981.[1456]

(2) Konsultationspapier aus dem Jahre 1981

Durch die lateinamerikanische Krise nahm die Aufmerksamkeit für Eigenkapitalanforderungen allmählich zu, so dass das BCBS einen ersten Konsultationsentwurf vorlegte. Dieser wurde auf dem Treffen im September 1981 diskutiert und für das nächste Treffen im Juni 1982 überarbeitet. Deutlich hervorgehoben wurden die großen nationalen Unterscheide bei Eigenkapitalanforderungen für internationale Banken, jedoch wurde auch die Hoffnung ausgedrückt, dass man sich in Bezug

---

1453 *BCBS*, International convergence of capital measurement and capital standards, Juli 1988 [Im Folgenden bezeichnet als „Basel I"].

1454 *Goodhart*, S. 147.

1455 *Goodhart*, S. 148.

1456 *Goodhart*, S. 149.

auf die Definition von Eigenkapital annähern könnte. Dieses Diskussionspapier wurde auf dem Treffen der G10-Gouverneure im Juli 1982 gebilligt. Es bestand demnach eine generelle Übereinkunft, dass man einen gemeinsamen Rahmen für Eigenkapitalanforderungen erarbeiten wollte, jedoch waren die Details einer solchen Übereinkunft weniger als klar. Für die Ausarbeitung dieser Details wurde ein Unterkomitee eingesetzt.[1457]

Dieses Unterkomitee („Dahl Komitee")[1458] stellte seine Überlegungen erstmalig im Jahre 1983 vor. Uneinigkeit bestand in Bezug auf einige Elemente, die bei der Berechnung des Eigenkapitals mit einbezogen werden sollten, insbesondere die Einbeziehung von nachrangigen Schulden und versteckten Reserven. Weitere Diskussionen und Berichte folgten, führten jedoch nicht dazu, dass diese Uneinigkeiten bereinigt werden konnten.[1459]

(3) Steigender nationaler Druck auf die U.S.-Aufsichtsbehörden

Wie bereits bei der Diskussion über den Einfluss der lateinamerikanischen Schuldenkrise auf die nationale Gesetzgebung in den USA dargestellt,[1460] wuchs der Druck in den USA unilateral striktere Eigenkapitalstandards einzuführen, um so zukünftige Krisen zu vermeiden. Den Banken in den USA gelang es jedoch, ausreichend Druck auf den Kongress auszuüben, um dies zunächst zu vermeiden, da sie international Wettbewerbsnachteile befürchteten. Der Kongress übte daher wiederum Druck auf den damaligen Vorsitzenden des *Board of Governors of the Federal Reserve System* Paul Volcker aus, eine internationale Einigung in Bezug auf höhere und harmonisierte Eigenkapitalstandards voranzutreiben. Dieser versuchte daher seinerseits Druck auf die Notenbankgouverneure der G10-Staaten und über diese auf das BCBS auszuüben.[1461] Da die Diskussion international im BCBS nur halbherzig geführt wurde, man in den USA die Verantwortung nicht alleine schultern wollte und national eine schnelle Lösung forciert wurde, sah man in den USA die Notwendigkeit die Führungsrolle zu übernehmen. Um Kritik zu vermeiden versuchte man dabei jedoch möglichst mit den anderen Staaten zusammenzuarbeiten um zu einem Konsens zu gelangen.[1462]

Die Notenbankgouverneure der G10-Staaten einigten sich im März 1984 darauf, dass das BCBS mit den Zentralbanken und deren Gouverneuren Konsultationen durchführen sollte in Bezug auf die Vergleichbarkeit der Angemessenheit von Eigenkapital sowie die verschiedenen Möglichkeiten mit der Zeit vergleichbare und

---

1457 *Goodhart*, S. 150 f..

1458 Benannt nach Herrn Dahl vom Federal Reserve Board aus den USA, dem die Leitung der Gruppe übertragen wurde.

1459 *Goodhart*, S. 152 f..

1460 Siehe die ausführliche Diskussion auf Seite 111.

1461 *Goodhart*, S. 155.

1462 *Rubin/Weisberg*, In einer unsicheren Welt, 2007, S. 57.

adäquate Mindesteigenkapitalstandards zu schaffen.[1463] Diskutiert wurde insbesondere die Wahl der Risikogewichtungen, die verschiedenen Eigenkapitalkomponenten, die Höhe der Eigenkapitalquote sowie die Frage, wie man alle Länder davon überzeugen konnte eine harmonisierte Eigenkapitalquote einzuführen, selbst wenn dies ihren nationalen Interessen zuwiderlief. Intensiv diskutiert wurden auch die verschiedenen Risikokategorien für Forderungen gegenüber ausländischen Zentralstaaten und Banken. Das BCBS hatte Schwierigkeiten, eine Einigung zu erreichen, insbesondere da die Notenbankgouverneure der G10-Staaten den Mitgliedern des BCBS zwar einen Auftrag erteilt hatten, sich danach jedoch nicht weiter einmischten oder Druck ausübten, damit eine Lösung gefunden wurde. Am Ende des Jahres 1986 waren daher zwar kleinere technische Probleme gelöst, jedoch war insgesamt immer noch keine Einigung erzielt.[1464]

(4) Das US-UK Abkommen

Da die Diskussionen im BCBS zunächst zu keinem Ergebnis führten und der nationale Druck in den USA aufgrund weiterer Bankinsolvenzen wuchs,[1465] entschloss sich das FRB doch zunächst unilateral vorzugehen. In einem ersten Schritt wurden die Eigenkapitalstandards erhöht[1466] und dann im einem nächsten Schritt risikogewichtete Kennziffern für Eigenkapital eingeführt, die sich an den Regeln der Bank of England (BoE) orientierten.[1467] Um Wettbewerbsnachteile für amerikanische Banken zu vermeiden und da eine Einigung im BCBS in nächster Zeit nicht in Aussicht war, trat man mit der Idee eines bilateralen Abkommens an die BoE heran.[1468] Ein solches Abkommen erschien verlockend, da man sich bei der Entwicklung der Eigenkapitalstandards, wie erwähnt, an der BoE orientiert hatte und da New York

1463 *Goodhart.* S. 156.

1464 *Goodhart*, S. 163 f..

1465 Im Mai 1984 geriet die achtgrößte Bank der USA, CONTINENTAL ILLINOIS, in Zahlungsschwierigkeiten und brauchte $ 8 Milliarden vom FRB, um ihre Verpflichtungen gegenüber ihren Gläubigern zu erfüllen. Diese Unterstützung half jedoch nur kurzfristig und die Bank wurde insolvent und musste von der Regierung gerettet werden. CONTINENTAL ILLINOIS hatte einen hohen Anteil von Fremdkapital und ein sehr risikoreiches Portfolio mit vielen außerbilanziellen Posten. Siehe *Kapstein*, Supervising International Banks, S. 15.

1466 Establishment of Minimum and Appropriate Levels of Capital, 50 Fed. Reg. 16057 (April 24, 1985).

1467 FRB's Proposed Rule on Risk-Based Capital, 51 Fed. Reg. 3976 (Jan. 31, 1986). Zuvor hatte man fixe Eigenkapitalquoten angewandt. Jede Bank musste $5.50 für jeweils $100 Aktiva bereithalten, ohne dass beachtet wurde wie gut oder schlecht die Aktiva waren oder um was für eine Art von Aktiva es sich handelte. Außerbilanzielle Posten wurden nicht einbezogen. Siehe *Kapstein*, Supervising International Banks, S. 16.

1468 Insbesondere die Banken waren besorgt, dass sie Wettbewerbsnachteile erleiden würden und sprechen sich in ihren Kommentaren zu den Vorschlägen des FRB sehr gegen unilaterale Standards aus.

und London zwei der wichtigsten Finanzmärkte darstellten und ein gemeinsamer Standard daher ein wichtiger Schritt in Richtung der Angleichung der Eigenkapitalstandards gewesen wäre. Für die BoE erschien ein solches Abkommen vorteilhaft, da sie damit ein Mittel gegen den sich in der Europäischen Gemeinschaft entwickelnden Standard, den sie ablehnten, in der Hand gehabt hätten.[1469] Unübersehbar sollte ein solches Abkommen auch dazu dienen, den Stillstand im BCBS aufzuheben und die Mitglieder zu einer Einigung zu „ermutigen". Dieses wurde auch in der Zielbestimmung des Entwurfs des Abkommens indirekt zugegeben.[1470]

Auf dem BCBS Treffen vom 10./11. Dezember 1986 informierten die Vertreter der Aufsichtsbehörden der USA und von Großbritannien die anderen Mitglieder, dass die beiden Länder kurz vor dem Abschluss eines Abkommens über gemeinsame Eigenkapitalanforderungen standen (US-UK Abkommen). Dieser Entwurf eines Abkommens wurde sodann unter den anderen Mitgliedern verteilt und das Sekretariat des BCBS erhielt den Auftrag, das Dokument mit dem bisher entwickelten Baseler Eigenkapitalrahmen zu vergleichen.[1471] Das eigenmächtige Vorgehen der Aufsichtsbehörden aus den USA und von Großbritannien wurde von den anderen Ländern als arrogant und hinterhältig angesehen, erzielte jedoch den gewünschten Effekt.[1472]

Das Konsultationspapier zum US-UK-Abkommen wurde am 8. Januar 1987 veröffentlicht. Es sollte im Mai 1987 nach der Möglichkeit der Kommentierung durch die Öffentlichkeit in den jeweiligen Ländern in Kraft treten.[1473] Dazu kam es jedoch nie, da vorher eine Einigung im BCBS erreicht wurde. Haftungskapital wurde in dem US-UK Abkommen in zwei Klassen unterteilt: Grundhaftungskapital, welches ohne Beschränkung einbezogen wurde, und ergänzendes Haftungskapital, welches nur in Höhe von bis zu 50 Prozent des vorhandenen Haftungskapitals abzüglich der immateriellen Güter anerkannt wurde. Nach der Definition bestand Grundhaftungskapital aus Stammkapital, Gewinnrücklagen, Minderheitenanteile am Eigenkapital von konsolidierten Tochtergesellschaften, allgemeinen Reserven und versteckten Reserven (nur für britische Banken).[1474] Sogenannte „*Perpetual Preferred Shares*" wurden nur als ergänzendes Haftungskapital anerkannt.[1475] Weiterhin wurden ein Risikogewichtungssystem zur Bestimmung der Eigenkapitaladäquanz eingeführt[1476]

1469 *Kapstein,* Governing the Global Economy, 1994, S. 113.

1470 US-UK Accord on Primary Capital and Capital Adequacy Assessment, 52 Fed. Reg. 5135 (Feb. 19, 1987): "[...] The authorities concerned hope that the approach adopted by the United States and the United Kingdom will provide a basis which other countries can follow [...]." [Im Folgenden bezeichnet als "US-UK Abkommen"].

1471 *Goodhart,* S. 171.

1472 *Goodhart,* S. 172.

1473 Proposed Adjusted Capital Measure, 52 Fed. Reg. 5119 (Feb. 19, 1987).

1474 US-UK Abkommen, 52 Fed. Reg. 5135.

1475 US-UK Abkommen, 52 Fed. Reg. 5135, 5136. "Perpetual Preferred Shares" sind Vorzugsaktien ohne Laufzeitbegrenzung.

1476 US-UK Abkommen, 52 Fed. Reg. 5135, 5136. Die Risikokategorien waren 0, 10, 25, 50 und 100 Prozent.

und außerbilanzielle Posten bei der Berechnung miteinbezogen.[1477] Es wurde jedoch kein Wert für die Höhe des Haftungskapitals in Bezug zu den risikogewichteten Aktiva und risikotragenden außerbilanziellen Transaktionen vorgeschlagen.

(5) Wiederaufnahme der Diskussionen im BCBS

Die Diskussionen im BCBS wurden wieder aufgenommen, während die USA und Großbritannien gleichzeitig trilaterale Diskussionen mit Japan aufnahmen.[1478] Wichtig ist herauszustellen, dass das bilaterale Vorgehen der USA und von Großbritannien zwar Unmut erzeugte, jedoch das endgültig im BCBS verabschiedete Dokument von dem bilateralen Abkommen abwich und viele Zugeständnisse an die japanischen, europäischen und insbesondere die deutschen Aufsichtsbehörden enthielt.[1479] Alle Parteien waren sich einig, dass eine koordinierte internationale Lösung das Beste sei. Von mancher Seite wurde sogar ausgedrückt, dass die Vertreter der Zentralbanken ironischerweise froh darüber gewesen seien, dass durch das US-UK-Abkommen Druck ausgeübt wurde, da man so dem nationalen Druck von Banken und anderen Aufsichtsbehörden entgehen und die Einigung als *„fait accompli"* darstellen konnte.[1480]

Diskutiert wurden im BCBS vor allem drei Themenkreise: die Behandlung von grenzüberschreitenden Risiken/Krediten, die Komponenten des Eigenkapitals und die Höhe des Eigenkapitals. Generell war man sich einig, dass man das Eigenkapital in Kernkapital (Tier 1) und ergänzendes Kapital (Tier 2) unterteilen wollte. In dieser Hinsicht bestand eine Übereinstimmung mit dem US-UK-Abkommen. Die Zuordnung der einzelnen Komponenten des Eigenkapitals zu den zwei Klassen, Kernkapital und ergänzendes Kapital, war jedoch eine der strittigsten Fragen überhaupt. Die Aufsichtsbehörden aus Deutschland waren der Ansicht, dass die Abgrenzung des Eigenkapitals zu einer Beschränkung auf das Kernkapital führen sollte.[1481] Ergänzendes Eigenkapital solle nicht einbezogen werden. Japan hingegen kam es insbesondere auf die latenten Bewertungsreserven an und mit welchem Abschlag sie zum ergänzenden Kapital zählen sollten.[1482] Den Aufsichtsbehörden

---

1477 US-UK Abkommen, 52 Fed. Reg. 5135, 5137.

1478 *Kapstein*, Governing the Global Economy, S. 115. Die Aufnahme der trilateralen Diskussionen erzeugte noch mal zusätzlichen Druck auf das BCBS.

1479 *Kapstein*, Supervising International Banks, S. 21; *Goodhart*, S. 175.

1480 *Kapstein*, Between Power and Purpose: Central Bankers and the Politics of Regulatory Convergence. 46 Int'l Org. 265, 282 et seq. (1992).

1481 *Goodhart*, S. 177.

1482 *Goodhart*, S. 177. Latente Bewertungsreserven sind bei den Banken relevant, bei denen die Bilanzen üblicherweise beträchtliche Bestände an zu ursprünglichen Anschaffungskosten bewerteten Dividendenpapieren enthalten, die aber zu Marktpreisen veräußert werden können, um Verluste zu kompensieren. Es erfolgt eine Neubewertung gewisser Aktiva durch eine fiktive Zurechnung zum Kapital von diesen versteckten Werten. Siehe die Erklärung in *BCBS*, Proposals for International Convergence of capital measurement and standards - Consultative

der USA war daran gelegen, auch einige hybride Instrumente mit zum Kernkapital zählen zu lassen.[1483]

(6) Inhalt des Konsultationspapiers aus dem Jahre 1987

Auf dem BCBS-Treffen vom 16.–18. September 1987 kam es endlich zu einer Einigung. Man legte in dem Konsultationspapier fest, dass das Verhältnis von Eigenkapital zu risikogewichteten Aktiva insgesamt mindestens acht Prozent betragen solle und dass das Kernkapital (Tier 1) davon mindestens vier Prozent ausmachen müsse.[1484] Das Kernkapital sollte nur aus begebenem und voll eingezahltem Stammkapital (ohne Vorzugsaktien) und offenen Rücklagen bestehen.[1485] Diese Regelung war ein Zugeständnis an die deutschen Aufsichtsbehörden, die jedoch trotzdem ihren Vorbehalt in das Dokument aufnehmen ließen.[1486] Ergänzendes Kapital (Tier 2) bestand grundsätzlich aus stillen Reserven, Bewertungsreserven, allgemeinen Rückstellungen oder allgemeinen Reserven für Forderungsausfälle, hybriden Finanzierungsinstrumenten und nachrangigen Schuldinstrumenten mit Laufzeitbegrenzung. Man gestand den nationalen Aufsichtsbehörden jedoch viel Ermessen zu festzulegen, welche Finanzinstrumente genau in diese Kategorien fallen.[1487] Bei Neubewertungsreserven in Gestalt latenter Reserven wurde ein Abschlag von 55 Prozent vorgenommen. Es lag im Ermessen jedes Landes, andere Kapitalelemente in die Eigenkapitalbasis aufzunehmen.[1488]

Man einigte sich auf eine Risikogewichtung von 0, 10, 20, 50 oder 100 Prozent je nach Kategorie von Bilanzaktiva.[1489] Erfasst war davon jedoch nur das Kreditrisiko, das heißt das Risiko der Zahlungsunfähigkeit des Kreditnehmers. Andere Risiken wurden explizit ausgeklammert.[1490] Für eine Einbeziehung des Transferrisikos, welches einen Teil des Kreditrisikos darstellt, in das Gewichtungsschema wurde keine Lösung gefunden. Es wurden lediglich die beiden Möglichkeiten dargestellt, dass man entweder zwischen Forderungen an den inländischen öffentlichen Sektor einerseits und grenzüberschreitenden Forderungen an den öffentlichen Sektor des Auslands andererseits unterscheiden könne oder einen Ansatz wählen könne, bei dem bestimmte Länder mit hoher Kreditwürdigkeit zu einer Gruppe zusammengefasst

---

Document, Dezember 1987, S. 5 f., Punkt 14 und 15. [Im Folgenden bezeichnet als „Konsultationspapier 1987"].

1483 *Goodhart*, S. 176 ff.

1484 Konsultationspapier 1987, S. 18, Punkt 44.

1485 Konsultationspapier 1987, S.4, Punkt 10.

1486 Konsultationspapier 1987, S. 4, Punkt 11. Deutschland wird nicht namentlich erwähnt. Es wird jedoch festgehalten, dass ein Mitgliedsland der Auffassung ist, dass eine internationale Definition des haftenden Eigenkapitals auf die Elemente des Kernkapitals begrenzt werden sollte.

1487 Konsultationspapier 1987, Anlage 1.

1488 Konsultationspapier 1987, S. 5, Punkt 12.

1489 Konsultationspapier 1987, S. 10, Punkt 27.

1490 Konsultationspapier 1987, S. 10, Punkt 29.

werden und die grenzüberschreitenden Forderungen an den öffentlichen Sektor (und die Banken) dieser Länder eine niedrige Gewichtung erhalten, während alle anderen Forderungen eine hohe Gewichtung erhalten (auch bezeichnet als „Club Ansatz").[1491] Präferiert wurde vom BCBS die letztere Lösung.

Das Dokument wurde den Notenbankgouverneuren der G10-Staaten für ihre Treffen im November und Dezember 1987 übermittelt und sodann als Konsultationspapier unter dem Namen „Vorschläge für eine internationale Konvergenz der Eigenkapitalmessung und Eigenkapitalanforderungen (*Proposals for International Convergence of capital measurement and standards - consultative document*)" unter Bankern, Bankaufsichtsbehörden und der Presse in Umlauf gebracht.[1492] Es wurde insbesondere um Kommentare hinsichtlich der Einordnung des Transferrisikos gebeten.[1493]

(7) Inhalt des endgültigen Basel I Dokuments

Nach einer sechsmonatigen Kommentierungsphase begann man mit der Überarbeitung des Dokumentes. Die deutschen Aufsichtsbehörden hatten ihren Vorbehalt in Bezug auf die Definition des Eigenkapitals beibehalten und ließen diesen in das endgültige Dokument aufnehmen.[1494] Man hatte sich auf eine Übergangszeit von fünf Jahren geeinigt, jedoch zugleich beschlossen, dass die Aufsichtsbehörden in jedem Land versuchen sollten, die Regelungen auf nationaler Ebene zum frühestmöglichen Zeitpunkt einzuführen. Bis Ende 1990 sollte von den Banken mit grenzüberschreitenden Geschäften als Zwischennorm eine Eigenkapitalquote von 7,25 Prozent erreicht werden, wobei wenigstens die Hälfte davon Kernkapital sein sollte.[1495] Bis Ende 1992 sollte dann der Mindeststandard von acht Prozent eingehalten werden.[1496]

Bis auf die Behandlung des Transferrisikos wurden keine wesentlichen Änderungen im Vergleich zum Konsultationspapier vorgenommen. Lediglich die Definition des Kernkapitals wurde in einer Fußnote dahingehend ergänzt, dass nicht kumulative unkündbare Vorzugsaktien, unter Ausschluss kumulativer Vorzugsaktien, ebenfalls zum Kernkapital zählen sollten.[1497]

In Bezug auf das Transferrisiko hatte man sich auf den „Club Ansatz" geeinigt. Als Gruppe einigte man sich auf die OECD-Länder. Auf dem Treffen im Juni 1988

1491 Konsultationspapier 1987, S. 11, Punkt 31.

1492 *Goodhart*, S. 180 f..

1493 Konsultationspapier 1987, S. 14, Punkt 37.

1494 Basel I, S. 4, Punkt 14, Fn. 3. Dort heißt es: „Ein Ausschussmitglied bleibt jedoch bei der Ansicht, das sich eine internationale Definition des Eigenkapitals auf die Elemente des Kernkapitals beschränken sollte, und erklärte, es werde in den kommenden Jahren weiter darauf drängen, dass der Ausschuss die Definition überarbeitet.".

1495 Basel I, S. 15, Punkt 49.

1496 Basel I, S. 15, Punkt 50.

1497 Basel I, S. 3, Punkt 12, Fn. 2.

entschied man sich zudem zusätzlich noch die Länder in die OECD-Gruppe aufzunehmen, die mit dem IWF im Zusammenhang mit dessen Allgemeinen Kreditvereinbarungen (*General Agreements to Borrow* (GAB)) besondere Kreditvereinbarungen abgeschlossen hatten.[1498] Forderungen an Hoheitsträger, die in diese Gruppe fielen, wurden mit einem Risiko von null Prozent gewichtet.[1499] Für solche Forderungen musste demnach kein zusätzliches Kapital vorgehalten werden. Einer Forderung an einen Hoheitsträger außerhalb der OECD-Gruppe konnte ebenfalls eine Null-Gewichtung zugeordnet werden, sofern die Forderung auf Landeswährung lautete und durch Verbindlichkeiten in dieser Währung refinanziert war. Ein solches Arrangement schließt das Eingreifen des Transferrisikos aus.[1500]

Das endgültige Dokument mit dem Titel „Internationale Konvergenz der Eigenkapitalmessung und Eigenkapitalanforderungen (*International convergence of capital measurement and capital standards*)" wurde sodann am 15. Juli 1988 veröffentlicht. Als Ziele der Vereinbarung wurden gleichrangig die Bonität und Stabilität des internationalen Bankensystems und die Herstellung von Wettbewerbsgleichheit genannt.[1501]

(8) Würdigung und Kritik

Zwar wird bei der Beschreibung der historischen Entwicklung von Basel I deutlich, dass das BCBS wohl nicht so schnell zu einer Einigung gekommen wäre, wenn die USA und Großbritannien nicht durch die Verhandlung eines bilateralen Abkommens Druck ausgeübt hätten. Dabei ist jedoch einerseits nicht zu vergessen, dass diese wiederum ihren Entwurf ohne die Vorarbeiten des BCBS nicht so schnell hätten abschließen können[1502] und andererseits, dass das endgültig als Basel I beschlossene Dokument in vielen Punkten vom US-UK Abkommen abweicht. Trotz allem wurden also echte Verhandlungen mit wechselseitigen Zugeständnissen durchgeführt.

Mit Veröffentlichung des endgültigen Basel I Dokumentes fanden die Diskussionen im BCBS und weitere Überlegungen zum Eigenkapitalstandard keinen Abschluss.[1503] Insbesondere der gewählte „Club Ansatz" und die Gruppe der Länder, die darin enthalten waren, wurden aufs Heftigste von den Ländern kritisiert, die sich außerhalb dieser Gruppe befanden. Daran wird auch deutlich, dass die im BCBS für international tätige G10-Banken entwickelten Standards auch von anderen Ländern außerhalb des BCBS als bindend und wichtig für die Reputation ihrer Banken angesehen wurden.[1504] Mit einem solchen Erfolg hatten die Mitglieder des BCBS nicht gerechnet.

1498 *Goodhart*, S. 183. Basel I, S. 10, Punkt 35.
1499 Basel I, S. 10, Punkt 36.
1500 Basel I, S. 10, Punkt 36.
1501 Basel I, S. 1, Punkt 3.
1502 *Goodhart*, S. 185.
1503 Dazu genauer auf Seite 229.
1504 *Goodhart*, S. 186.

Obwohl auch die meisten Länder außerhalb der G10-Staaten mit Begeisterung die Basel I Eigenkapitalvereinbarung umsetzen und die Regelungen dadurch zu einem globalen Messwert machten,[1505] wurden mit der Zeit einige Probleme deutlich. Die Wahl der Risikogewichtung war spontan und ohne empirische Studien erfolgt und erfasste daher nicht immer das tatsächliche Risiko.[1506] Für gewerbliche Kredite beispielsweise wurde jeweils gleichviel Eigenkapitalunterlegung vorgesehen, unabhängig von der Bonität des Schuldners.[1507] Dies kann die unbeabsichtigte Folge haben, dass Banken risikoreichere Kredite bevorzugen, da sie nicht mehr Eigenkapital vorhalten müssen, jedoch höhere Rendite erlangen (Möglichkeit für *Regulatory Arbitrage*).[1508] Forderungen an Hoheitsträger innerhalb der OECD-Gruppe wurden ebenfalls unabhängig von der Kreditwürdigkeit des Landes mit einem Risiko von null Prozent gewichtet. Dies kann dazu führen, dass Banken verstärkt Kredite in Bereichen vergeben, die einer geringeren Risikokategorie zugeordnet sind und somit weniger Eigenkapitalunterlegung verlangen, die jedoch tatsächlich risikoreicher sind.[1509]

Auch die Wahl von acht Prozent für das Verhältnis von Eigenkapital zu risikogewichteten Aktiva basierte nicht auf empirischen Daten zur ihrer Wirksamkeit, sondern wurde gewählt, weil dies der durchschnittliche Wert war, den Aufsichtsbehörden zu dieser Zeit von ihren Banken verlangten.[1510]

Weiterhin machte die Möglichkeit des nationalen Ermessens eine Vergleichbarkeit und die Herstellung der Wettbewerbsgleichheit schwierig. Insbesondere die Tatsache, dass man sich nicht auf eine feststehende Definition des aufsichtsrechtlichen Eigenkapitals geeinigt hatte, ließ den Aufsichtsbehörden und Banken zu viel Spielraum weitere Aktiva in das Tier 2-Kapital einzubeziehen.[1511] Auch in Bezug auf die Anwendbarkeit der Bestimmungen schlugen die Aufsichtsbehörden unterschiedliche Wege ein. Der Begriff „internationale Banken" wird in Basel I nicht

---

1505 *Freeland*, S. 233.

1506 *Schulte-Mattler* in: Boos/Fischer/Schulte-Mattler, KWG, 4. Auflage 2012, § 1 SolvV, Rdn. 16; *Lütz*, S. 197; *Macht*, S. 63 f.; *Goodhart*, S. 195; *Emmenegger*, S. 231; *Nuxoll*, Internal Risk-Management Models as a Basis for Capital Requirements, 12 FDIC Banking Rev., No. 1 (1999), S. 18; *Tarbert*, Rethinking Capital Adequacy: The Basle Accord and the New Framework, 56 Bus. Law. 767, 792 (2001); *Volkenner/Walter*, Die Endfassung der Neuen Baseler Eigenkapitalvereinbarung (Basel II), DStR 2004, 1399;

1507 Basel I, S. 22.

1508 *Lütz*, S. 197; *Macht*, S. 64.; *Alford*, S. 216; *Tarbert*, S. 793; *U.S. Gov't Accountability Office*, GAO/NSIAD-91-80, International Banking: Implementation of Risk-Based Capital Adequacy Standards (1991), S. 25, online verfügbar unter http://archive.gao.gov/d21t9/143022.pdf, zuletzt geprüft am 16.02.2016.

1509 *U.S. Gov't Accountability Office*, GAO/NSIAD-91-80, S. 25; *Tarbert*, S. 793.

1510 Üblich waren zwischen sieben und zehn Prozent. Siehe *Goodhart*, S. 178; *Tarbert*, S. 797.

1511 *Tarbert*, S. 796 f.; *Alford*, Basle Committee International Capital Adequacy Standards: Analysis and Implications for the Banking Industry, 10 Dick. J. Int'l L. 189, 203 (1992).

näher definiert. Die Japaner verstanden darunter nur Banken mit „signifikanten internationalen Bankaktivitäten", das hieß solche mit Zweigstellen oder Tochtergesellschaften im Ausland, während man in den USA und in Großbritannien beschloss, die Basel I Bestimmungen ausnahmslos auf alle Banken und Bankholdinggesellschaften anzuwenden.[1512]

Zudem wurde auch schon in der Basel I Vereinbarung selbst anerkannt, dass Basel I nur das Kreditrisiko regelt, aber Aufsichtsbehörden, um die Risiken einer Bank genau einschätzen zu können, auch andere Arten von Risiken wie das Marktrisiko einbeziehen müssten.[1513]

bb. Erweiterung von Basel I

Die Einbeziehung des Marktrisikos wurde dann in einer Ergänzung von Basel I im Jahre 1996 vorgenommen.[1514] Marktrisiko wurde nun definiert als das Risiko von Verlusten aus bilanzwirksamen und außerbilanziellen Positionen aufgrund von Veränderungen der Marktpreise.[1515] In der Ergänzung wurde zusätzlich schon angesprochen, dass davon ausgegangen werde, dass Banken längerfristig zu umfassenden Risikopotentialmodellen (*Value-at-Risk* (VaR) Modelle) übergehen würden.[1516] Dies ließ schon den Weg zu Basel II erahnen.[1517]

Weiterhin ist das Marktrisikopapier des BCBS relevant, da die Eigenkapitaldefinition um eine dritte Eigenkapitalklasse (Tier 3) erweitert wurde. Nationale Bankaufsichtsbehörden konnten nach ihrem Ermessen den Banken gestatten kurzfristige nachrangige Verbindlichkeiten zur Deckung eines Teils des Eigenkapitalbedarfs für das Marktrisiko einzusetzen.[1518]

cc. Konsultationen zu Basel II

Die Dynamik bei der Diskussion um eine zweite Baseler Eigenkapitalvereinbarung („Basel II") war anders als noch bei Basel I. An der Diskussion waren diesmal nicht nur die Mitglieder des BCBS beteiligt, sondern es bestand auch reges Interesse der Banken, der Öffentlichkeit und von Nicht-G10-Ländern. Der Anstoß zu einer

---

1512 *Kapstein*, Supervising International Banks, S. 27 f..

1513 Basel I, S. 11, Punkt 31.

1514 *BCBS*, Amendment to the capital accord to incorporate market risks, Januar 1996. [Im Folgenden bezeichnet als „*BCBS*, Market risk amendment 1996"].

1515 Zu berücksichtigen sind dabei einerseits Risiken aus Zinsinstrumenten und Aktien im Handelsbestand und andererseits Fremdwährungsrisiken und Rohstoffrisiken in der gesamten Bank. Siehe *BCBS*, Market risk amendment 1996, S. 1, Punkt 1.

1516 *BCBS*, Market risk amendment 1996, S. 4, Punkt 12. VaR bezeichnet ein „Risikomaß, welches den geschätzten Verlust eines Marktwertes einer vorgegebenen Periode [...] angibt, der mit einer abgrenzten [sic] Wahrscheinlichkeit nicht überschritten wird." Siehe *Bestmann*, Börsen- und Finanzlexikon, 2013, S. 733.

1517 *Tarullo*, Banking on Basel, S. 61.

1518 *BCBS*, Market risk amendment 1996, S. 7, Punkt II.(a).1.

Überarbeitung der Eigenkapitalvereinbarung kam jedoch wieder aus den USA. Dieses Mal unterbreiteten sie jedoch keinen fertigen Vorschlag, sondern setzen sich im Ergebnis am meisten für eine Überarbeitung ein.[1519]

Schon im Jahre 1996 äußerte der damalige Vorsitzende des *Board of Governors of the Federal Reserve System* Alan Greenspan, dass die Schwächen von Basel I immer mehr zu Tage treten würden und man weitergefasste Modelle zur Messung des Kreditrisikos und des Risikopotentials für die Anforderungen an die Eigenkapitalausstattung benötige. Diese Bedenken wurden wiederholt und sogar noch stärker betont auf einer Konferenz zur Eigenkapitalregulierung im 21. Jahrhundert, die von der FRBNY sowie der BoE, der Bank of Japan und dem FRB im Februar 1998 veranstaltet wurde. Greenspan lieferte überzeugende Argumente für die Notwendigkeit einer Überarbeitung von Basel I. Sie wurden im Laufe des Jahres 1998 ein wiederkehrendes Thema in öffentlichen Äußerungen von Mitgliedern des *Federal Reserve System.*[1520] Auch die Banken forderten immer öfter eine Überarbeitung von Basel I und einen Übergang zur Verwendung von bankinternen Risikomodellen zur Berechnung des risikoorientierten Eigenkapitals.[1521] Andere Bankaufsichtsbehörden in den USA waren zurückhaltender mit ihren Äußerungen als das FRB. Ebenso formulierten andere Länder ihre Kritik an den Schwächen von Basel I vorsichtiger. Dies mag auch daran gelegen haben, dass nicht wie bei der Gründung des BCBS und bei der Erarbeitung von Basel I eine Krise eine Einigung dringend erschienen ließ. Die Notwendigkeit einer Überarbeitung der Vereinbarung war trotzdem allen Mitgliedern des BCBS bewusst, da Banken immer kreativere Wege fanden, um effektiv unter der Eigenkapitalquote von acht Prozent zu bleiben[1522] und Bankaufsichtsbehörden aufgrund der andauernden Beschwerden der Banken ihnen erlaubten immer mehr Aktiva als Kernkapital zu zählen.[1523] Als der Präsident der FRBNY William McDonough den Niederländer de Swaan als Vorsitzender des BCBS im Juni 1998 ablöste, trieb er eine Reform daher energisch voran.[1524]

Die anfänglichen Diskussionen entfachten sich insbesondere zwischen den Aufsichtsbehörden aus Deutschland und denen aus den USA über die Einbeziehung von externen Ratings und die Risikogewichtung von Pfandbriefen und grundpfandrechtlich abgesicherten Krediten für gewerbliche Immobilien. Da die Bereinigung dieser Differenzen einige Zeit in Anspruch nahm, konnte das erste Konsultationspapier über eine neue Regelung der Eigenmittelanforderungen erst im Juni 1999 veröffentlicht werden.[1525] Das erste Konsultationspapier (*A New Capital Adequacy Framework - Consultative paper* (CP-1)) baute auf Basel I auf und behielt die Eigenkapitalquote von

1519 *Tarullo*, Banking on Basel, S. 100.
1520 *Tarullo*, Banking on Basel, S. 89.
1521 *Tarullo*, Banking on Basel, S. 90.
1522 Hier sind insbesondere die Verbriefung und Kreditderivate zu nennen.
1523 *Wood*, S. 128. f..
1524 *Tarullo*, Banking on Basel, S. 91.
1525 *BCBS*, A New Capital Adequacy Framework - Consultative paper, Juni 1999 [Im Folgenden bezeichnet als „CP-1"]; *Wood*, S. 130.

acht Prozent und die Definition des Eigenkapitals bei.[1526] Es wurde ein Säulensystem mit folgenden drei Säulen vorgeschlagen: Mindestkapitalanforderungen (Säule 1), ein Überprüfungsverfahren durch die Aufsichtsbehörden (Säule 2) und ein wirksamer Einsatz der Marktdisziplin (Säule 3). Bezüglich der Risikogewichtung staatlicher Schuldner war neu, dass für die Festlegung der Risikogewichte externe Bonitätsbeurteilungen von Ratingagenturen verwendet werden sollten.[1527] Die Forderung der Banken bankinterne Kreditratings zur Evaluierung des Kreditrisikos heranzuziehen wurde zunächst nicht aufgenommen. Man merkte nur an, dass dies bei einigen hochentwickelten Banken als Grundlage dienen könnte, man dies aber noch prüfen wolle.[1528] Weiterhin wurde vorgeschlagen die Eigenkapitalvereinbarung auf Holdinggesellschaften, die übergeordnete Gesellschaften einer Bankengruppe sind, auszuweiten.[1529] Grundpfandrechte auf gewerbliche Immobilien sollten grundsätzlich keine andere Risikogewichtung als 100 Prozent der besicherten Darlehen rechtfertigen.[1530] Zudem sollten nunmehr auch das Zinsänderungsrisiko im Anlagebuch und das Betriebsrisiko[1531] durch Eigenkapital abgedeckt werden.[1532] Stellungnahmen wurden bis zum 31. März 2000 erbeten.

Das BCBS bekam an die 200 Zuschriften als Reaktion auf das erste Konsultationspapier. Die Verwendung von externen Ratings wurde von kleinen und mittleren Unternehmen (KMUs) allgemein und größeren Unternehmen außerhalb der USA, aber sogar von einigen U.S.-Aufsichtsbehörden, als negativ eingestuft. Zudem hatten Ratingagenturen während der Asienkrise das Risiko staatlicher Schuldner nicht adäquat eingeschätzt.[1533] Am meisten kritisiert von den Banken wurde die Tatsache, dass das BCBS keinen konkreten Vorschlag zur Verwendung von internen Ratings für die Bestimmung des Kreditrisikos gemacht hatte. Hervorzuheben ist hier die aktive Teilnahme der Banken an der Entwicklung der neuen Basel II-Regeln, die bei Basel I nicht in dem Ausmaß stattgefunden hatte. Banken und Aufsichtsbehörden waren gleichermaßen an der Erarbeitung des neuen Standards beteiligt.[1534]

In den nächsten Jahren ging die Diskussion zwischen den Banken, den Aufsichtsbehörden und der Öffentlichkeit rege weiter. Insgesamt wurden drei quantitative Auswirkungsstudien und noch zwei weitere Konsultationspapiere veröffentlicht. Das zweite Konsultationspapier (CP-2) erschien im Januar 2001.[1535] Im Unterschied

1526 CP-1, Anhang 2, S. 26, Punkt 1.
1527 CP-1, S. 5, Punkt 6.
1528 CP-1, S. 5 f., Punkt 7.
1529 CP-1, S. 11, Punkt 18.
1530 CP-1, Anhang 2, S. 31, Punkt 22. „Grundsätzlich" impliziert natürlich auch, dass es Ausnahmen gibt.
1531 Das Betriebsrisiko wird auch als „operationelles Risiko" bezeichnet.
1532 CP-1, S. 6, Punkt 9.
1533 *Tarullo*, Banking on Basel, S. 97 f..
1534 *Tarullo*, Banking on Basel, S. 100.
1535 *BCBS*, Basel II: The New Basel Capital Accord - second consultative paper, Januar 2001. [Im Folgenden bezeichnet als „CP-2"].

zum ersten Konsultationspapier war es wesentlich detaillierter. Während das erste Konsultationspapier in der englischsprachigen Version nur 62 Seiten mit Anhang umfasste, kam das zweite Konsultationspapier schon auf 139 Seiten mit Anhang. Das zweite Konsultationspapier enthielt dann auch zum ersten Mal einen Vorschlag zur Anwendung des auf internen Ratings beruhenden Ansatzes für die Bestimmung des Kreditrisikos (*Internal Ratings-Based Approach* (IRB-Ansatz)).[1536] Das BCBS schlug zwei verschiedene IRB-Ansätze vor, einen IRB-Basisansatz und einen fortgeschrittenen IRB-Ansatz, der für große Banken vorgesehen war.

Wiederum wurden um die 250 Stellungnahmen abgegeben. Dieses Mal wurde insbesondere das Vorhalten von Eigenkapital für das operationelle Risiko/Betriebsrisiko debattiert.[1537] Die Diskussion gestaltete sich immer schwieriger und insbesondere die Aufsichtsbehörden aus Deutschland, aber auch die aus Italien und Japan, äußerten, dass die angedachten Basel II-Regeln für die Finanzierung des Mittelstandes inakzeptabel seien.[1538] Das dritte Konsultationspapier (CP-3) wurde aufgrund dieser Kontroversen daher erst im April 2003 herausgegeben.[1539]

Die Aufsichtsbehörden aus den USA gaben jetzt schon aufgrund von anhaltendem Druck von kleinen Banken ihre Absicht bekannt, die endgültigen Regeln für Basel II nur auf die zwölf größten Banken anzuwenden. Zwar waren die Basel-Regelungen an sich auch nur für internationale Banken gedacht,[1540] jedoch hatte man im BCBS Basel II in der Erwartung verhandelt, dass die Regeln auf alle Banken angewendet werden würden, wie dies auch bei Basel I geschehen war.[1541] Andere Aufsichtsbehörden aus Ländern wie China und Indien ließen daraufhin verlauten, dass sie ihre Banken ebenfalls nicht zwingen würden die Basel II Regeln anzuwenden. Im weiteren Verlauf des Jahres 2003 wurden in den USA immer mehr Bedenken geäußert; auch hinsichtlich der Unterlegung des operationellen Risikos mit Eigenkapital. Zudem entstanden Differenzen zwischen dem FRB und den anderen Bankaufsichtsbehörden der USA hinsichtlich Basel II im Allgemeinen.[1542] Um die Bedenken der U.S.-Aufsichtsbehörden abzuschwächen, nahm das BCBS einige Änderungen vor, bevor man das endgültige Dokument veröffentlichte, insbesondere änderte man die Voraussetzungen für die Vorhaltung von Eigenkapital für erwartete Verluste.[1543]

1536 CP-2, S. 32 ff., Punkt 150 ff.

1537 *Wood*, S. 139.

1538 *Wood*, S. 141; *Tarullo*, Banking on Basel, S. 115.

1539 *BCBS*, Basel II: The New Basel Capital Accord - third consultative paper, April 2003.

1540 Unter "internationalen Banken" wurden Banken verstanden, die grenzüberschreitend tätig wurden.

1541 *Wood*, S. 145.

1542 *Wood*, S. 146.

1543 *Tarullo*, Banking on Basel, S. 121.

dd. Inhalt des endgültigen Basel II Dokuments

Das endgültige Basel II Dokument mit dem Titel „Internationale Konvergenz der Eigenkapitalmessung und Eigenkapitalanforderungen (*International Convergence of Capital Measurement and Capital Standards* (Basel II))“ wurde schließlich im Juni 2004 herausgegeben.[1544] Der Abschluss der Reformdiskussionen nahm demnach 16 Jahre in Anspruch. Im Gegensatz zu den Konsultationspapieren war das endgültige Dokument sogar noch detaillierter und umfasste in der englischen Version 239 Seiten. Die im ersten Konsultationspapier vorgeschlagene Gliederung in drei Säulen (Mindestkapitalanforderungen, Überprüfungsverfahren durch die Aufsichtsbehörden und Marktdisziplin) wurde beibehalten.

(1) Erste Säule

Für die erste Säule blieb man bei der Eigenkapitalquote von acht Prozent sowie bei der Definition des Eigenkapitals wie man sie in Basel I festgelegt und durch das Marktrisikopapier im Jahre 1996 ergänzt hatte.[1545] Neu war, dass Eigenkapital nicht nur für Kredit- und Marktrisiken vorgehalten werden musste, sondern auch für operationelle Risiken.[1546]

Das operationelle Risiko wurde definiert als die „Gefahr von Verlusten, die infolge einer Unzulänglichkeit oder des Versagens von internen Verfahren, Menschen und Systemen oder infolge externer Ereignisse eintreten“.[1547] Für die Berechnung des operationellen Risikos konnten die Institute zwischen dem Basisindikatoransatz, dem Standardansatz und den fortgeschrittenen Messansätzen (*advanced measurement approaches* (AMA)) wählen.[1548]

Für die Berechnung der Mindestkapitalanforderungen für das Kreditrisiko ließ man den Banken die Wahl zwischen der standardisierten Messung des Kreditrisikos unterstützt durch externe Ratings (Standardansatz) und der Verwendung von internen Rating-Systemen (IRB-Ansatz).[1549] Wählte die Bank den IRB-Ansatz, so musste das verwendete interne Ratingverfahren von der zuständigen Bankaufsichtsbehörde ausdrücklich genehmigt werden.[1550] Der IRB-Ansatz wurde wie auch in den

1544 *BCBS*, Basel II: International Convergence of Capital Measurement and Capital Standards: a Revised Framework, Juni 2004 [Im Folgenden bezeichnet als „Basel II“].

1545 Basel II, S. 12, Punkt 41.

1546 Basel II, S. 12, Punkt 40.

1547 Basel II, Punkt 644. Diese Definition schließt Rechtsrisiken ein.

1548 Basel II, Punkt 645.

1549 Basel II, Punkte 50 und 51.

1550 Basel II, Punkte 51, 211 und 216.

Konsultationspapieren in den Basisansatz[1551] und den fortgeschrittenen Ansatz[1552] unterteilt. Für Banken, die sich für den IRB-Ansatz für das Kreditrisiko oder den fortgeschrittenen Messansatz (*Advanced Measurement Approach* (AMA)) für das operationelle Risiko entschieden, wurde eine Eigenkapitaluntergrenze für eine Übergangszeit von zwei Jahren festgelegt, welche nach Basel I berechnet wurde. In der Übergangszeit sollte eine parallele Berechnung vorgenommen werden. Die Anpassungsfaktoren wurden auf 90 und dann 80 Prozent festgelegt.[1553] Insgesamt hätten Banken, die den fortgeschrittenen IRB-Ansatz verwenden, somit niedrigere Eigenkapitalanforderungen zu erfüllen. Durch die Eigenkapitalunterlegung des operationellen Risikos sollte dies jedoch kompensiert werden.

Für die Aufsichtsbehörden aus Deutschland waren insbesondere zwei Regelungen in Basel II eingefügt worden. In Bezug auf grundpfandrechtlich gesicherte Kredite legte man fest, dass **im Prinzip** kein anderes Risikogewicht als 100% für die entsprechend besicherten Kredite zu rechtfertigen sei. Eine Fußnote stellte jedoch klar, dass „[...] unter besonderen Umständen in hochentwickelten und seit Langem bestehenden Märkten Grundpfandrechte auf Büroimmobilien, Mehrzweckgeschäftsräume und/oder an mehrere Parteien vermietete Geschäftsräume die Möglichkeit bieten können, ein vermindertes Risikogewicht von 50% für den Teil des Kredits zuzuteilen, der [...] 50% des Marktwerts bzw. 60% des Beleihungswerts der den Kredit besichernden Immobilie nicht überschreitet."[1554] In Bezug auf Unternehmenskredite gestattete man den Banken bei der Verwendung des IRB-Ansatzes, zwischen Forderungen an kleine und mittlere Unternehmen (KMUs)[1555] und Forderungen an große Unternehmen zu unterscheiden und daher bei Forderungen an KMUs eine niedrigere Risikogewichtung zu erlangen.[1556]

1551 Hier werden nur die Ausfallwahrscheinlichkeiten der Schuldner von den Banken selbst eingeschätzt. Die anderen Elemente sind vom BCBS vorgegeben.

1552 Bei dem fortgeschrittenen Ansatz werden von den Banken nicht nur die Ausfallwahrscheinlichkeiten, sondern auch Verlustraten bei Ausfall, Konversionsfaktoren von außerbilanziellen Geschäften und Restlaufzeiten bestimmt.

1553 Basel II, Punkte 45 und 46.

1554 Basel II, Punkt 74, Fn. 25.

1555 KMUs wurden definiert als Unternehmen, die einer Gruppe mit einem konsolidierten Jahresumsatz von weniger als € 50 Mio. angehören. Der nächste Regelungspunkt enthielt jedoch ein weiteres Zugeständnis an Deutschland, die um die Finanzierung des Mittelstandes besorgt waren. Gemäß Punkt 274 konnten die nationalen Aufsichtsinstanzen nach eigenem Ermessen den Banken sicherheitshalber die Möglichkeit einräumen, bei der Berechnung der KMU-Obergrenze und der Unternehmensgrößenanpassung den Jahresumsatz durch die Bilanzsumme der konsolidierten Gruppe zu ersetzen, wenn der Jahresumsatz kein sinnvoller Indikator für die Unternehmensgröße war.

1556 Basel II, S. 56, Punkt 273.

(2) Zweite Säule

Die zweite Säule beschäftigte sich mit dem aufsichtsrechtlichen Überprüfungsprozess. Die Aufsichtsbehörde sollte sich ein Bild davon verschaffen, ob die Bank angemessene Verfahren anwendet, um die Mindesteigenkapitalanforderungen der ersten Säule zu erfüllen.[1557] Dies sollte einen aktiven Dialog zwischen Aufsichtsbehörde und Bank anregen.[1558] Die Aufsichtsbehörde sollte dabei vier zentrale Grundsätze überprüfen, die auf den Baseler Grundsätzen und der dazu herausgegebenen Methodik aufbauen.[1559] Zum einen sollte überprüft werden, ob ein Verfahren der Banken zur Beurteilung der Angemessenheit der gesamten Eigenkapitalausstattung im Verhältnis zum Risikoprofil vorhanden war.[1560] Weiterhin sollte eine Überprüfung und Bewertung dieser bankinternen Beurteilungen und Strategien zur angemessenen Eigenkapitalausstattung stattfinden. Hielt die Aufsichtsbehörde dies nicht für ausreichend, sollte sie Maßnahmen ergreifen.[1561] Zudem sollte die Aufsichtsbehörde die Banken bestärken mehr Eigenkapital als nach der Mindestquote gefordert vorzuhalten oder dies fordern, wenn die Marktverhältnisse dies verlangen.[1562] Schließlich sollte die Aufsichtsbehörde frühzeitig eingreifen, um zu verhindern, dass das Eigenkapital unter die Mindestausstattung fällt, falls dies aufgrund des Risikoprofils einer bestimmten Bank notwendig wurde.[1563]

Um diese Informationen zu erlangen, sollte die Aufsichtsbehörde Vor-Ort-Kontrollen durchführen, Berichte von Wirtschaftsprüfern anfordern oder regelmäßige Meldungen von den Banken verlangen können.[1564] Insbesondere die Vor-Ort-Kontrollen spiegeln eine Übernahme der U.S.-Aufsichtsmethoden wieder.[1565] Wie man bei der Diskussion der historischen Entwicklung der Bankenaufsicht in den USA gesehen hat, haben diese Vor-Ort-Kontrollen schon zur Zeiten der im Jahre 1851 errichteten permanenten Bankbehörde in New York stattgefunden und stellen eine Kernkompetenz des OCC im *National Banking Act* dar.[1566]

(3) Dritte Säule

Die dritte Säule sollte die ersten beiden Säulen ergänzen und führte zur Stärkung der Marktdisziplin erweiterte Offenlegungsvorschriften ein.[1567] Banken können

1557 *Macht*, S. 93.
1558 Basel II, Punkt 722.
1559 Basel II, Punkt 725.
1560 Basel II, Punkt 726–745.
1561 Basel II, Punkt 746–756.
1562 Basel II, Punkte 757 und 758.
1563 Basel II, Punkte 759 und 760.
1564 *Macht*, S. 93.
1565 *Träm*, Neue Entwicklungen der staatlichen Bankenaufsicht in Deutschland und den USA sowie der Einfluß von Basel II, 2006, S. 111.
1566 Zu den Vor-Ort Kontrollen siehe die Ausführungen auf den Seiten 28, 44 und 46.
1567 Basel II, Punkt 809.

ihren Offenbarungspflichten durch vielfältige Möglichkeiten nachkommen, unter anderem durch die Veröffentlichung der Jahresabschlüsse, des Geschäftsberichts, durch Ad-hoc Veröffentlichungen oder generell über das Internet.[1568] Man setzte hier darauf, dass der informierte Marktteilnehmer Angaben über Eigenkapital und Risikopositionen besser vergleichen kann und sein Geld nicht bei Banken anlegt, deren Risikomanagement nicht konform mit den Baseler Vorgaben ist.[1569] Dies ist jedoch eine grundsätzliche Fehleinschätzung. Durch den Ausbruch der Finanzkrise im Jahre 2007 wurde deutlich, dass auch erfahrene Aufseher oder Ratingagenturen die Solvenz und das Risiko einer Bank oder von Unternehmen oder deren Produkte nicht adäquat einschätzen können.[1570] Der Bericht der „Financial Crisis Inquiry Commission" aus den USA stellte am Beispiel der Ratingagentur Moody's fest, dass diese bei der Bewertung von *Mortgage Backed Securities* (MBS) fehlerhafte oder veraltete Modelle verwendete, selbst nachdem diese Fehler zutage traten.[1571] Auch Bear Stearns wurde von der SEC bis zu seinem Zusammenbruch im Jahre 2008 als ausreichend kapitalisiert gemäß den Vorgaben von Basel II bezeichnet.[1572] Die Aufsichtsbehörden und die Ratingagenturen haben einen viel tiefergehenden Einblick in die Bankgeschäfte als der durchschnittliche Verbraucher. Wenn jedoch selbst sie Probleme haben, die Solvenz und das Risiko richtig einzuschätzen, so scheint dies fast unmöglich für Verbraucher.

(4) Umsetzung von Basel II

Die Umsetzung der Basel II Regeln ging nicht so rasch vonstatten wie die Umsetzung der Basel I Anforderungen. Die vielfältigen Ermessensmöglichkeiten der nationalen Aufsichtsbehörden trugen zudem dazu bei, dass teilweise sehr abweichende Anforderungen umgesetzt wurden. Teilweise wurden die Vorschriften von Basel II auch unterschiedlich interpretiert. Nationaler Widerstand und fehlende Möglichkeiten oder Erfahrungen, um die technisch anspruchsvollen Basel II Regelungen umzusetzen, trugen ebenfalls zu Verzögerungen bei. Bei Ausbruch der Finanzkrise im Jahre 2007 hatten die USA beispielsweise, obwohl diese Mitglied des BCBS sind, die Regelungen aufgrund anhaltender nationaler Widerstände noch nicht umgesetzt. Zwar waren sie rechtlich dazu auch nicht verpflichtet, jedoch schadet diese lange

---

1568 *Hillen*, Anforderungen der Bankenaufsicht, in: Hofmann (Hrsg.), Basel II und MaRisk – Regulatorische Vorgaben, bankinterne Verfahren, Risikomanagement, 2007, S. 397 (403).

1569 *Träm*, S. 112

1570 *Gualandri*, Basel III, Pillar 2: The Role of Banks' Internal Control System, in: Fernández de Guevara Radoselovics/Pastor Monsálvez (Hrsg.), Crisis, Risk and Stability in Financial Markets, 2013, S. 81 f..

1571 *Financial Crisis Inquiry Commission*, S. 118 ff. und S. 126.

1572 *SEC*, Pressemitteilung 2008–48, Chairman Cox Letter to Basel Committee in Support of New Guidance on Liquidity Management, 20. März 2008, http://www.sec.gov/news/press/2008/2008-48.htm, zuletzt geprüft am 16.02.2016.

Verzögerung dem politischen Ansehen der USA und dem Ziel eine internationale Harmonisierung von Regeln und Wettbewerbsgleichheit herzustellen. Die Diskussionen im BCBS zogen sich über 16 Jahre hin und insbesondere als Zugeständnis an die USA wurden noch kurz vor der Veröffentlichung des endgültigen Dokuments Änderungen hinsichtlich der Vorhaltung von Eigenkapital für erwartete Verluste vorgenommen.[1573]

(5) Kritische Würdigung

Unverändert gegenüber Basel I blieb die Definition des haftenden Eigenkapitals. Dies läuft dem Ziel der Schaffung von Systemstabilität und Wettbewerbsgleichheit entgegen, da Aufsichtsbehörden unterschiedliche Aktiva als regulatorisches Eigenkapital erlauben können.[1574] Positiv ist hervorzuheben, dass nunmehr nicht nur Kreditrisiken, sondern auch Markt- und operationelle Risiken mit Eigenkapital unterlegt werden mussten. Weiterhin positiv anzumerken ist, dass die in Basel I vorgenommene starre Einteilung in nur fünf Risikokategorien ungeachtet des tatsächlichen Risikos zugunsten von risikosensibleren Berechnungsansätzen aufgegeben wurde. Jedoch ist auch diese Messung des Risikos nicht ohne Probleme.

Zum einen legte Basel II zu viel Gewicht auf externe Bewertungen von Ratingagenturen. Die Basel II-Regeln verweisen zur Ermittlung des Risikos in vielen Bestimmungen auf externe Ratings von Ratingagenturen, insbesondere bei der Verwendung des Standardansatzes. Dabei ist jedoch fraglich wie akkurat oder objektiv diese Ratings sind.[1575] Ratingagenturen finanzieren sich durch die Gebühren von den Unternehmen, die sie bewerten sollen. Dadurch kann ein Interessenskonflikt entstehen.[1576] Studien haben zudem ergeben, dass die Ratingagenturen tendenziell eher dem Marktgeschehen hinterherlaufen und ihre Bewertungen nur langsam anpassen.[1577] Dies zeigte sich schon bei der Asienkrise und auch wieder bei der Finanzkrise, die im Jahre 2007 begann.[1578]

1573 Dazu schon auf Seite 232.

1574 *Tarbert*, S. 815 f..

1575 *Schooner/Taylor*, Global Bank Regulation, S. 151; *Tarbert*, S. 820; *Atik*, Basel II: A Post-Crisis Post Mortem, 19 Transnat'l L. & Contemp. Probs. 731, 750 (2011).

1576 *Schooner/Taylor*, Global Bank Regulation, S. 151; *Vento/La Ganga*, Shadow Banking and Systemic Risk, in: Fernández de Guevara Radoselovics/Pastor Monsálvez (Hrsg.), Crisis, Risk and Stability in Financial Markets, 2013, S. 105; *Tarbert*, S. 821, *Atik*, S. 751.

1577 *Claessens/Embrechts*, Sovereign Ratings and Transfer Risk: External versus Internal Ratings, Workshop "Basel II: An Economic Assessment", 17./18. Mai 2002, S. 7, online verfügbar unter http://www.bis.org/bcbs/events/b2eacla.pdf, zuletzt geprüft am 16.02.2016; *Reisen*, OECD Development Centre Working Paper No. 214, Ratings Since the Asian Crisis, S. 17.

1578 *Reisen/Maltzan*, OECD Development Centre Working Paper No. 148, Boom and Bust and Sovereign Ratings, S. 18; *Tarbert*, S. 820; *Claessens/Embrechts*, S. 7; *Reisen*, S. 7; *Atik*, S. 750; *Financial Crisis Inquiry Commission*, S. xxv.

Zum anderen gingen die Basel II-Regeln von der Prämisse aus, dass Banken aufgrund der Informationen, die sie zur Vergabe der Kredite oder für den Ankauf der Aktiva gesammelt haben, ihr Risiko besser einschätzen können als die Aufsichtsbehörden. Zwar müssen die internen Verfahren zur Risikobewertung von den Aufsichtsbehörden genehmigt werden. Jedoch kann es aufgrund der Komplexität der verwendeten Modelle und der Ressourcenknappheit der Aufsichtsbehörden dazu kommen, dass diese zu unkritisch sind und die Wirksamkeit der Verfahren nicht ausreichend testen.[1579] Dies zeigte sich auch in der Aufarbeitung der Finanzkrise, die im Jahre 2007 begann.[1580]

Problematisch ist auch die Tatsache, dass Banken bei Verwendung des fortgeschrittenen IRB-Ansatzes dazu verleitet werden, mehr Kredite mit einer geringeren Laufzeit zu vergeben. Beim fortgeschrittenen IRB-Ansatz ermittelt die Bank zur Bestimmung des Ausfallrisikos eines Kredites alle Parameter selbst. Einer dieser Faktoren ist die Laufzeit (*maturity*) des Kredits. Die Basel II-Regeln gehen davon aus, dass das Ausfallrisiko eines Kredites sich mit der Laufzeit erhöht, so dass mehr Eigenkapital benötigt wird. Dies führt jedoch dazu, dass Banken, um das Vorhalten von mehr Eigenkapital zu verhindern, kurzfristige Finanzierungen bevorzugen; zu Lasten der Stabilität des Finanzsystems.[1581]

Weiterhin ist problematisch, dass durch Basel II die wirtschaftlichen Konjunkturzyklen verstärkt werden können (Prozyklität).[1582] Dies liegt zum einen an der immanenten prozyklischen Wirkung von risikobasierten Eigenkapitalanforderungen. Zum anderen trägt auch die *mark-to market* Bilanzierung[1583] der Aktiva zur Prozyklität bei.[1584] Bei einem Wirtschaftsabschwung kommt es zu Kreditausfällen, die die Eigenkapitalbasis der Banken reduzieren. Bei der Berechnung des Kreditrisikos

1579 *Tarbert*, S. 823, *Atik*, S. 749.

1580 *Gualandri*, S. 82.

1581 *Zeitler*, Internationale Entwicklungslinien der Bankenaufsicht - Praktische Auswirkungen und rechtliche Funktion der Baseler Eigenkapitalübereinkunft -, WM 2001, 1397 (1399). *Jungmichel*, Basel II und die möglichen Folgen, WM 2003, 1201 (1208).

1582 Siehe aus der umfangreichen Literatur *Haug* in: *Schimansky/Bunte/Lwowski*, Bankrechts-Handbuch, 4. Auflage 2011, § 133a, Rdn. 32; *Lybeck*, S. 244; *Arnold/Boos*, Basel II - Einzel- und gesamtwirtschaftliche Aspekte, Die Bank 2001, S. 712 (715); *Reisen*, S. 18 f.; *Schulte-Mattler/Kenne*, Meilenstein der Bankenaufsicht, Die Bank 2004, Nr. 9, S. 37 (40); *Atik*, S. 751; *Kashyap/Stein*, Cyclical implications of the Basel II capital standards, 28 Econ. Perspect., No. 1 (2004), S. 18, 28; *Repullo/Saurina/Trucharte*, Mitigating the pro-cyclicality of Basel II, 25 Econ. Pol. 661, 665 (2010).

1583 Bei der mark-to-market Bilanzierung wird den Aktiva von dem Unternehmen bei der Rechnungslegung ein Wert zugeordnet, der auf der aktuellen Marktnachfrage basiert und nicht zwangsläufig mit dem Buchwert übereinstimmt. Siehe *Adams*, Corporate Counselor's Business Handbook, 2012 Supplement, S. 1–31.

1584 *Lybeck*, S. 254; *Panetta/Angelini*, Financial Sector Pro-cyclicality - Lessons from the Crisis, Bank of Italy Occasional Papers No. 44 (2009), S. 50 m.w.N..

muss die Bank dies im Rahmen der Ausfallwahrscheinlichkeit miteinbeziehen, so dass auch Unternehmen, die ihre Kredite bedienen, eine schlechtere Bewertung erhalten. Insgesamt muss die Bank demnach aufgrund eines höheren Kreditrisikos mehr Eigenkapital für ihr Kreditportfolio vorhalten. Dies führt zu einer geringeren Vergabe von Krediten insgesamt und zu höheren Zinsen bei den vergebenen Krediten und trägt daher zu einer Verstärkung des Wirtschaftsabschwungs bei.[1585] Während eines Wirtschaftsaufschwungs hingegen kann es dazu kommen, dass niedrigere Eigenkapitalanforderungen und niedrige Zinsen zu der Entstehung von Kredit- und spekulativen Blasen bei Vermögenswerten beitragen.[1586]

Schließlich wurde auch die Zunahme von außerbilanziellen Positionen und von Derivatengeschäften nicht genügend beachtet und deren Bewertung gemäß dem Schema von Basel I beibehalten.[1587]

ee. Basel 2.5

Die G20 Regierungschefs beschäftigten sich auf ihrem Gipfeltreffen in London im April 2009 mit der Finanzkrise und mit der Frage, wie man das Finanzsystem aufgrund dieser Erfahrungen umgestalten kann. Sie gaben dem BCBS den Auftrag, die Bemessung der Mindestkapitalausstattung zu überprüfen und bis 2010 ein neues Regelwerk zu entwickeln, um die Ursachen der Krise einzubeziehen.[1588]

Die Aufarbeitung der Finanzkrise brachte unter anderem zutage, dass wichtige bilanzwirksame und außerbilanzielle Risiken wie auch Risiken im Zusammenhang mit Verbriefungen bei der Berechnung des Mindesteigenkapitals nicht oder nicht adäquat erfasst wurden, so dass das vorgehaltene Eigenkapital nicht das tatsächliche Risiko der Banken abdeckte.[1589] Im Juli 2009 veröffentlichte das BCBS daher ein erstes Maßnahmenpaket.[1590] Diese Maßnahmen sahen höhere Eigenkapitalanforderungen und verbesserte Regelungen für die Risikomessung bei Verbriefungen und Handelsbuchforderungen (Säule 1), strengere Anforderungen in der Säule 2 sowie eine Verschärfung der Offenlegungsanforderungen der Säule 3 vor. Dieses Maßnahmenpaket wird umgangssprachlich „Basel II plus“ oder „Basel 2.5“ genannt.[1591] Eine Umsetzung der veränderten Anforderungen für Säule 1 und 3 sollte ursprünglich bis

1585 *Lybeck*, S. 244; *Kashyap/Stein*, S. 20; *Jungmichel*, WM 2003, 1201 (1208).

1586 *Repullo/Saurina/Trucharte*, S. 665; *Panetta/Angelini*, S. 67.

1587 *Tarbert*, S. 819; *King/Tarbert*, 30 Banking & Fin. Services Pol'y Rep. 1, 7 (May 2011), Basel III: An Overview.

1588 *G20*, Declaration on Strengthening the Financial System, London Summit, 2. April 2009, S. 2, Prudential Regulation, 3. Gedankenstrich.

1589 *BCBS*, Basel III: A global regulatory framework for more resilient banks and banking systems, Juni 2011, S. 1, Punkt 4.

1590 *BCBS*, Enhancements to the Basel II framework, Juli 2009 [Im Folgenden zitiert als "Basel II Enhancements 2009"]; *BCBS*, Revisions to the Basel II market risk framework, Juli 2009 [Im Folgenden zitiert als "Market risk revisions 2009"].

1591 *Gleeson*, International Regulation of Banking, 2012, S. 44, Rdn. 4.04.

Ende 2010 erfolgen.[1592] Die neuen Standards für den aufsichtsrechtlichen Überprüfungsprozess der Säule 2 sollten sofort mit Veröffentlichung des Maßnahmepakets im Juli 2009 von den Aufsichtsbehörden umgesetzt werden.[1593]

Zur Vermeidung von Verlusten im Handelsbuch wurde zum einen eine zusätzliche Stress-VaR-Anforderung und zum anderen eine zusätzliche Kapitalanforderung (*incremental risk capital charge*) zur Abdeckung des Kursrisikos bei Nichtverbriefungspositionen eingeführt.[1594] Die Stress VaR-Anforderung und die zusätzliche Kapitalanforderung gelten für alle Institute, die eine Genehmigung zur Verwendung des IRB-Ansatzes haben. Die Stress VaR-Anforderung soll den zusätzlichen geschätzten Verlust für das Portfolio in einer gestressten Marktsituation in der vorgegebenen Periode für die normale VaR-Anforderung erfassen. Die tägliche Eigenkapitalanforderung ergibt sich sodann aus der Summe des historischen VaR plus dem Stress-VaR, die dann wiederum mit einem von der Aufsichtsbehörde vorgegebenen Faktor multipliziert wird.[1595] Die zusätzliche Kapitalanforderung soll sowohl das Ausfallrisiko als auch das Migrationsrisiko erfassen.[1596] Das Migrationsrisiko wird definiert als ein potentieller direkter oder indirekter Verlust aufgrund einer Veränderung der internen oder externen Ratingeinstufung oder aufgrund einer Ratingmigration. Ratingmigration ist die Veränderung der Bonität eines Schuldners während der Kreditlaufzeit. Dies wird über eine Veränderung der Ratingeinstufung und damit der Ausfallwahrscheinlichkeit ausgedrückt.[1597] Ausnahmen von der zusätzlichen Kapitalanforderung sind nur bei einigen bestimmten verbrieften Positionen (*correlation trading activities*) zulässig.

Um das Risiko durch Verbriefungen einzudämmen, wurden mehrere Maßnahmen für Institute beschlossen, die den IRB-Ansatz verwenden. Teilweise werden sie auch bei Verwendung des Standardansatzes verlangt. Zum einen erhöhte man die Eigenkapitalunterlegung für Wiederverbriefungen.[1598] Diese Erhöhung gilt auch bei der Verwendung des Standardansatzes zur Bestimmung des Risikos bei Wiederverbriefungen.[1599] Weiterhin führte man generell einen Umrechnungsfaktor von 50 Prozent anstelle von 20 Prozent für Liquiditätszusagen mit einer Laufzeit von unter einem Jahr ein.[1600] Zum anderen wurden höhere Anforderungen an die Säule 2 und die interne Risikobeurteilung der Institute gestellt, so dass eine Nichterfüllung

---

1592 Basel II Enhancements 2009, S. 1 und S. 28, Punkt I.1.

1593 Basel II Enhancements 2009, S. 9, Punkt I.A.1.

1594 Market risk revisions 2009, S. 1, Punkte 1 und 2.

1595 *Gleeson*, S. 242, Rdn. 14.13.

1596 Market risk revisions 2009, S. 2, Punkt 8.

1597 *BCBS*, Guidelines for computing capital for incremental risk in the trading book, Juli 2009, S. 3, Punkt 11.

1598 Basel II Enhancements 2009, S. 2. Wiederverbriefungen werden definiert als Verbriefungstransaktionen, in deren verbrieftem Portfolio mindestens eine Verbriefungsposition enthalten ist.

1599 Basel II Enhancements 2009, S. 4 f..

1600 Basel II Enhancements 2009, S. 6 f..

dazu führt, dass die verbriefte Position mit Eigenkapital unterlegt werden muss,[1601] und die Offenlegungsanforderungen bei Verbriefungspositionen verstärkt.[1602]

ff. Basel III

Aufgrund der Erfahrungen der Finanzkrise der Jahre 2007–2009 veröffentlichte das BCBS gemäß dem Auftrag der G20 im Dezember 2010 eine dritte Version der Eigenkapitalvereinbarung (Basel III). Positiv ist hier hervorzuheben, dass es den Mitgliedern des BCBS gelang, innerhalb kürzester Zeit einen Kompromiss zu finden, ganz im Gegensatz zu den Verhandlungen zu Basel I und Basel II. Auf dem Gipfeltreffen in Seoul im November 2011 wurde das vom BCBS entwickelte Regelwerk von den G20 gebilligt und man erklärte, dass man es uneingeschränkt umsetzen und spätestens bis zum 1. Januar 2019 vollständig eingeführt haben werde.[1603] Die Verpflichtung zur fristgerechten Umsetzung soll den Problemen vorbeugen, die die Implementierung von Basel II verzögert und die Schaffung von Wettbewerbsgleichheit verhindert haben.[1604]

Basel III besteht aus zwei verschiedenen Dokumenten und umfasst einerseits erhöhte Eigenkapitalanforderungen und andererseits geänderte Liquiditätsanforderungen.[1605] Das Dokument zu den Eigenkapitalanforderungen wurde im Juni 2011 überarbeitet,[1606] während die Liquiditätsanforderungen teilweise im Januar 2013 überarbeitet wurden.[1607] Wichtig ist herauszustellen, dass Basel III auf den Vereinbarungen Basel II und Basel 2.5 aufbaut und sie erweitert und beide daher integraler Bestandteil der Basel III-Regelungen sind. Basel III ersetzt Basel II und Basel 2.5 nicht,[1608] und fügt zudem einige sehr technische und detaillierte Regelungen hinzu.

1601 Basel II Enhancements 2009, S. 5 und S. 9 f..

1602 Basel II Enhancements 2009, S. 28 f..

1603 *G20*, G20-Gipfeltreffen in Seoul, Erklärung der Staats- und Regierungschefs, 11./12. November 2010, Punkt 29.

1604 *Deutsche Bundesbank*, Basel III - Leitfaden zu den neuen Eigenkapital- und Liquiditätsregeln für Banken, 2011, S. 5. [Im Folgenden zitiert als „*Deutsche Bundesbank*, Basel III Leitfaden"].

1605 *BCBS*, Basel III: A global regulatory framework for more resilient banks and banking systems, Dezember 2010; *BCBS*, Basel III: International framework for liquidity risk measurement, standards and monitoring, Dezember 2010 [Im Folgenden bezeichnet als Basel III Liquiditätsbestimmung 2010"].

1606 *BCBS*, Basel III: A global regulatory framework for more resilient banks and banking systems, revidierte Fassung Juni 2011 [Im Folgenden bezeichnet als „Basel III Eigenkapitalbestimmung"]. Nachfolgende Bemerkungen beziehen sich nur auf die Version vom Juni 2011.

1607 *BCBS*, Basel III: The Liquidity Coverage Ratio and liquidity risk monitoring tools, Januar 2013 [Im Folgenden bezeichnet als Basel III Liquiditätsbestimmung 2013"].

1608 Basel III Eigenkapitalbestimmung, S. 2, Punkt 7.

(1) Zeitplan der Umsetzung

Das Basel III-Dokument zur Eigenkapitalbestimmung verschob das Datum für die Umsetzung der veränderten Anforderungen für die Säulen 1 und 3, die in Basel 2.5 festgelegt wurden, auf Ende 2011.[1609] Die Basel III-Regelungen sollen insgesamt schrittweise eingeführt werden, so dass die Basel II Vorgaben noch für einen Zeitraum von ungefähr zehn Jahren relevant bleiben werden.[1610] Die schrittweise Einführung wird dadurch gerechtfertigt, dass man einen Kompromiss zwischen dem Ziel der Systemstabilität und dem Wunsch, die Kreditvergabe an die Wirtschaft nicht zu gefährden, finden wollte.[1611] Ob diese langen Übergangsfristen jedoch tatsächlich notwendig waren, ist zumindest fraglich.[1612]

(2) Eigenkapitalunterlegung

Bei der Eigenkapitalunterlegung gilt unverändert wie bei Basel II ein risikobasierter Ansatz. Geändert haben sich die Höhe des vorzuhaltenden Eigenkapitals sowie die Definition des Eigenkapitals. Basel III legt fest, dass Eigenkapital nunmehr wie schon unter Basel I nur noch aus Kernkapital (Tier 1) und Ergänzungskapital (Tier 2) besteht und mindestens 8 Prozent der risikogewichteten Aktiva betragen muss.[1613] Die im Marktrisikopapier im Jahre 1996 eingeführten Drittrangmittel-Eigenkapitalinstrumente (Tier 3) wurden komplett abgeschafft.[1614]

(a) Kernkapital

Das Kernkapital soll zum Ausgleich anfallender Verluste im laufenden Geschäftsbetrieb (*going concern*) dienen. Insgesamt muss das Kernkapital 6 Prozent der risikogewichteten Aktiva betragen, wobei 4,5 Prozent hartes Kernkapital sein müssen.[1615] Es wird unterteilt in hartes Kernkapital und zusätzliches Kernkapital.[1616]

Das harte Kernkapital besteht vereinfacht gesagt aus von der Bank ausgegebenen Stammaktien und einbehaltenen Gewinnen/ kumulierten sonstigen offengelegten Rücklagen.[1617] Basel III stellt einen strengen Kriterienkatalog für die Anerkennung als hartes Kernkapital auf.[1618] Da die meisten international tätigen Banken als Aktiengesellschaft firmieren, sind die Anforderungen an das harte Kernkapital zunächst auf diese zugeschnitten. Als Kompromiss bleiben jedoch für Institute, die unter

1609 Basel III Eigenkapitalbestimmung, S. 3, Punkt 12.
1610 Basel III Eigenkapitalbestimmung, Anhang 4.
1611 *Deutsche Bundesbank*, Basel III Leitfaden, S. 8.
1612 So auch *Lybeck*, S. 364.
1613 Basel III Eigenkapitalbestimmung, S. 12, Punkt 49 und 50.
1614 Basel III Eigenkapitalbestimmung, S. 2, Punkt 9.
1615 Basel III Eigenkapitalbestimmung, S. 12, Punkt 50.
1616 Basel III Eigenkapitalbestimmung, S. 12, Punkt 49.
1617 Basel III Eigenkapitalbestimmung, S. 13, Punkt 52.
1618 Basel III Eigenkapitalbestimmung, S. 14 f., Punkt 53 nennt 14 Kriterien für die Klassifizierung als hartes Kernkapital.

einer anderen Rechtsform firmieren und somit keine Stammaktien haben, auch deren typische Eigenkapitalinstrumente als hartes Kernkapital anerkennungsfähig. Voraussetzung ist, dass der 14-punktige für die Anerkennung der Stammaktien entwickelte Kriterienkatalog in vergleichbarer Weise erfüllt ist.[1619]

Das zusätzliche Kernkapital besteht hauptsächlich aus (i) von der Bank ausgegebenen Instrumenten, die nicht schon Teil des harten Kernkapitals sind (ii) Aktienagio (Aktienaufgeld) aus der Ausgabe von Instrumenten, die im zusätzlichen Kernkapital enthalten sind, (iii) Minderheitsbeteiligungen, welche die Kriterien für die Einbeziehung in das zusätzliche Kernkapital erfüllen sowie aus (iv) regulatorischen Anpassungen.[1620]

Geändert gegenüber Basel II haben sich auch die Abzüge vom Eigenkapital. Nunmehr sind im Rahmen der regulatorischen Anpassungen insbesondere Goodwill und sämtliche anderen immateriellen Vermögenswerte, latente Steuern sowie bestimmte Forderungen und Verbindlichkeiten aus leistungsorientierten Pensionsfonds bei der Ermittlung des harten Kernkapitals verpflichtend in Abzug zu bringen.[1621]

(b) Ergänzungskapital

Das Ergänzungskapital (Tier 2) soll zur Befriedigung der Ansprüche von Gläubigern im Insolvenzfall (*gone concern*) dienen. Die Komponenten für das Ergänzungskapital folgen dem gleichen Schema wie beim Kernkapital und sollen nur noch aus (i) von der Bank ausgegebenen Instrumenten, welche die Kriterien für die Anrechnung an das Ergänzungskapital erfüllen, (ii) Aktienagio (Aktienaufgeld) aus der Ausgabe von Instrumenten, die im Ergänzungskapital enthalten sind, (iii) Minderheitsbeteiligungen, welche die Kriterien für die Anrechnung an das Ergänzungskapital erfüllen, (iv) aus bestimmten Rückstellungen für Kreditausfälle sowie aus (v) regulatorischen Anpassungen bestehen.[1622] Nachrangverbindlichkeiten werden dabei aller Wahrscheinlichkeit nach den größten Anteil des Ergänzungskapitals ausmachen.[1623]

Ab dem 1. Januar 2013 werden Eigenkapitalinstrumente, die nicht mehr zum Kernkapital oder zum Ergänzungskapital gerechnet werden dürfen, schrittweise auslaufen. Insgesamt ist die Übergangsphase auf neun Jahre angelegt.[1624]

(c) Zusätzliches Kapitalpolster

Eine weitere Neuerung im Rahmen der Eigenkapitalanforderungen sind nicht nur die Erhöhung der Kernkapitalquote und die Veränderung der Definition, sondern

1619 Basel III Eigenkapitalbestimmung, S. 14, Fn. 12.

1620 Basel III Eigenkapitalbestimmung, S. 15, Punkt 54. Auf Seite 15 ff., Punkt 55 werden 14 Kriterien für die Anrechnung an das zusätzliche Kernkapital gelistet.

1621 Basel III Eigenkapitalbestimmung, S. 21 ff., Punkt 67, 69 und 76.

1622 Basel III Eigenkapitalbestimmung, S. 17, Punkt 57. Basel III listet auf Seite 18 f. neun Kriterien für die Anrechnung an das Ergänzungskapital.

1623 *Deutsche Bundesbank*, Basel III Leitfaden, S. 15.

1624 Basel III Eigenkapitalbestimmung, S. 28 f., Punkt 94 (g).

auch die Einführung eines zusätzlichen Kapitalpolsters, welches über dem regulatorischen Minimum liegt. Banken sollen in guten Zeiten ein Kapitalpolster aufbauen, um darauf im Verlustfall zurückgreifen zu können.[1625] Das Kapital steht somit in der Krise zur Verfügung, so dass die Bank es verwenden kann, ohne die gesetzlichen Kapitalanforderungen zu verletzen. Das Kapitalerhaltungspolster soll aus 2,5 Prozent hartem Kernkapital bestehen. Dies bedeutet, dass das harte Kernkapital effektiv aus 4,5 Prozent plus 2,5 Prozent Kapitalerhaltungspuffer bestehen muss, insgesamt also 7 Prozent. Das erhöht das Gesamtkapital auf insgesamt 10,5 Prozent. Der Kapitalpuffer kann zur Vermeidung von Verlusten bis zu dem regulatorischen Minimum von 4,5 Prozent hartem Kernkapital verbraucht werden. Im Falle des Unterschreitens der Kapitalpuffer werden die Banken in ihrer Gewinnausschüttung beschränkt anstelle eines sofortigen Entzugs der Bankerlaubnis wie es vorher der Fall war.[1626]

(d) Antizyklisches Kapitalpolster

Zusätzlich zu dem 2,5-prozentigen Kapitalpuffer wurde auch die Einführung eines antizyklischen im Ermessen der nationalen Aufsichtsbehörde stehenden Kapitalpolsters beschlossen. Sind die Aufsichtsbehörden der Ansicht, dass ein exzessives Kreditwachstum mit einem Anstieg systemweiter Risiken verbunden ist, so können sie den Banken die Einführung dieses antizyklischen Kapitalpolsters vorschreiben.[1627] Hier liegt das Augenmerk folglich auf der Widerstandskraft des gesamten Finanzsystems im Gegensatz zu dem zusätzlichen Kapitalpolster, welches auf das einzelne Institut abstellt. Die Höhe des antizyklischen Puffers wird ebenfalls von den nationalen Bankaufsichtsbehörden bestimmt und kann zwischen null und 2,5 Prozent der risikogewichteten Aktiva liegen.[1628] Es kann in hartem Kernkapital oder in sonstigem Kapital, das eine volle Verlustabsorption gewährleistet, gehalten werden.[1629] Eine solche Maßnahme soll von den Aufsichtsbehörden bis zu zwölf Monate im Voraus bekannt geben werden.[1630]

(e) Höchstverschuldungsquote (Leverage Ratio)

Als Auslöser der Finanzkrise wurde auch der Aufbau einer starken bilanzwirksamen und außerbilanziellen Verschuldung bei den Banken identifiziert.[1631] Um dies zukünftig zu vermeiden, beschloss man erstmalig die Einführung einer Höchstverschuldungsquote (*Leverage Ratio*) zur Ergänzung der risikobasierten Eigenkapitalanforderungen.[1632] Durch eine *Leverage Ratio* wird der fremdkapitalfinanzierte

---

1625 Basel III Eigenkapitalbestimmung, S. 54, Punkt 122.
1626 Basel III Eigenkapitalbestimmung, S. 55, Punkt 129.
1627 Basel III Eigenkapitalbestimmung, S. 57, Punkt 137.
1628 Basel III Eigenkapitalbestimmung, S. 58, Punkt 139.
1629 Basel III Eigenkapitalbestimmung, S. 58 f., Punkt 142.
1630 Basel III Eigenkapitalbestimmung, S. 58, Punkt 141.
1631 Basel III Eigenkapitalbestimmung, S. 5, Punkt 4.
1632 Basel III Eigenkapitalbestimmung, S. 61, Punkt 151 und 152.

Bilanzanteil einer Bank begrenzt. Eine Höchstverschuldungsquote war bis zu dem Zeitpunkt nur von den Aufsichtsbehörden der USA und Kanada als Aufsichtsmittel eingesetzt worden.[1633] Diese waren jedoch unterschiedlich ausgestaltet und auch nicht mit der unter Basel III beschlossenen Definition zur Bestimmung der *Leverage Ratio* identisch. Im Jahre 2008 beschlossen die Aufsichtsbehörden der Schweiz ebenfalls die schrittweise Einführung einer *Leverage Ratio* für ihre Großbanken (CREDIT SUISSE und UBS), die im Jahre 2013 verbindlich wurde.[1634]

Bei der unter Basel III eingeführten Höchstverschuldungsquote wird das Kernkapital der Bank (Kapitalmessgröße) ins Verhältnis zu den nicht risikogewichteten Bilanzaktiva und den außerbilanziellen Geschäften (Gesamtengagementmessgröße) gesetzt. Sie wird jedoch zunächst nicht verpflichtend als Bestandteil der Säule 1 aufgenommen, sondern man hat eine Beobachtungsphase bis zum 1. Januar 2017 beschlossen. Die Höchstverschuldungsquote während dieser Zeit soll aus mindestens 3 Prozent Kernkapital bestehen.[1635] Die Testphase soll dazu dienen offene Fragen zu klären.[1636] Die Höchstverschuldungsquote soll auch außerbilanzielle Positionen und Derivatepositionen umfassen. Dies ist positiv zu bewerten, da außerbilanzielle Positionen eines der zentralen Probleme der Subprime-Phase der Finanzkrise darstellten.[1637]

(3) Mindeststandards für die Liquiditätsbeschaffung

Eine weitere Neuerung gegenüber Basel II ist die Einführung von zwei Mindeststandards für die Liquiditätsbeschaffung sowie einer Reihe von Überwachungsindikatoren. Dadurch soll sichergestellt werden, dass Institute ihre Mittel so anlegen, dass sie jederzeit eine ausreichende Zahlungsbereitschaft garantieren können. Dies war in der Finanzkrise nicht immer der Fall. Im Jahre 2007 beispielsweise hatten die fünf großen Investmentbanken in den USA, BEAR STEARNS, GOLDMAN SACHS, LEHMAN BROTHERS, MERRILL LYNCH und MORGAN STANLEY, eine Höchstverschuldungsquote von 40 zu 1. Dies bedeutet, dass jeweils nur $ 1 an Eigenkapital vorhanden war um Verluste für jeweils $ 40 an Aktiva abzusichern.[1638]

1633 *D'Hulster*, The Leverage Ratio: A New Binding Limit on Banks, Crisis Response, Note No. 11, Dezember 2009, S. 2, online verfügbar unter https://openknowledge.worldbank.org/handle/10986/10224, zuletzt geprüft am 16.02.2016. Für eine Beschreibung der U.S.-Leverage Ratio siehe Seite 295.

1634 *Eidgenössische Bankenkommission* (EBK), EBK und Grossbanken einigen sich auf höhere Eigenmittelziele und die Einführung einer Leverage Ratio, Dezember 2008, online verfügbar unter http://www.finma.ch/archiv/ebk/d/publik/medienmit/20081204/mm-em-leverageratio-20081204-d.pdf, zuletzt geprüft am 16.02.2016; *D'Hulster*, S. 3.

1635 Basel III Eigenkapitalbestimmung, S. 61, Punkt 153.

1636 Basel III Eigenkapitalbestimmung, S. 63, Punkt 165.

1637 *Haug* in: *Schimansky/Bunte/Lwowski*, Bankrechts-Handbuch, 4. Auflage 2011, § 133a, Rdn. 52.

1638 *Financial Crisis Inquiry Commission*, S. xix.

Um die ausreichende Liquidität sicherzustellen, beschloss man zum einen eine kurzfristige Mindestliquiditätsquote (*Liquidity Coverage Ratio* (LCR)), die zum 1. Januar 2015 verbindlich werden soll, und zum anderen eine strukturelle Liquiditätsquote (*Net Stable Funding Ratio* (NSFR)), die erst zum 1. Januar 2018 verbindlich werden soll. Diese Liquiditätspuffer sollen die Institute davon abhalten sich hauptsächlich durch kurzfristige Kredite zu refinanzieren. Die LCR soll sicherstellen, dass das Institut in einem akuten, einen Monat lang andauernden Stressszenario über genügend lastenfreie erstklassige liquide Aktiva (*High quality liquid assets* (HQLA)) verfügt, um seinen Nettozahlungsverpflichtungen nachzukommen und um Anpassungen zu treffen.[1639] Die LCR wird zunächst auf 60 Prozent festgesetzt und bis zum 1. Januar 2019 schrittweise auf 100 Prozent erhöht.[1640] Die NSFR hingegen ist langfristig über ein Jahr angelegt und soll das Institut dazu anregen sich dauerhaft aus stabileren Refinanzierungsquellen zu finanzieren.[1641] Sie wird definiert als das Verhältnis von verfügbarer stabiler Refinanzierung zu erforderlicher stabiler Refinanzierung, wobei das Verhältnis mehr als 100 Prozent betragen muss.[1642] Das BCBS hat die NSFR noch nicht endgültig festgelegt; so dass momentan eine Beobachtungsperiode sowie eine Überprüfungsregelung gelten.[1643]

(4) Rahmenregelungen für global und national systemrelevante Banken

Zusätzlich beschäftigt sich das BCBS auch mit Rahmenregelungen für global systemrelevante Banken (*Global Systemically Important Banks* (G-SIBs))[1644] und für national systemrelevante Banken (*Domestic Systemically Important Banks* (D-SIBs)).[1645] Man entschied sich gegen die Integrierung dieser Themengebiete in die Basel III-Dokumente und veröffentlichte die Rahmenregelungen stattdessen in separaten Dokumenten. Die Rahmenregelungen legen eine Bewertungsmethodik und höhere Verlustabsorptionsanforderungen (*higher loss absorbency requirements* (HLA)) fest. Für als G-SIB identifizierte Institute soll eine zusätzliche progressive harte Kernkapitalquote zwischen ein und 3,5 Prozent gelten, je nach Systemrelevanzstufe.[1646] Zu einigen weiteren Punkten, insbesondere Hilfestellungen bei der Umsetzung für die Länder und die Institute, fanden weitere Konsultationen statt, die im Jahre 2013

1639 Basel III Liquiditätsbestimmung 2013, S. 4, Punkt 16. Einzelheiten zu den verschiedenen Stressszenarien werden unter Punkt 19 auf S. 6 f. erläutert.

1640 Basel III Liquiditätsbestimmung 2013, S. 2, Punkt 10.

1641 Basel III Liquiditätsbestimmung 2010, S. 26, Punkt 125.

1642 Basel III Liquiditätsbestimmung 2010, S. 25, Punkt 122.

1643 Basel III Liquiditätsbestimmung 2013, S. 3, Punkt 12.

1644 *BCBS*, Global Systemically Important Banks: Updated Assessment Methodology and the Higher Loss Absorbency Requirement, Juli 2013 [Im Folgenden bezeichnet als „*BCBS*, G-SIB Rahmenregelung 2013"]. Das Dokument von Juli 2013 ersetzt die ursprüngliche Rahmenregelung für G-SIBs aus November 2011.

1645 *BCBS*, A Framework for Dealing with Domestic Systemically Important Banks, Oktober 2012 [im Folgenden bezeichnet als „*BCBS*, D-SIB Rahmenregelung"].

1646 *BCBS*, G-SIB Rahmenregelung 2013, S. 12, Punkt 46.

abgeschlossen werden sollten. Die schrittweise Einführung der G-SIB- und D-SIB-Anforderungen beginnt am 1. Januar 2016.[1647]

(5) Bewertung und Kritik von Basel III

Positiv hervorzuheben ist, dass Basel III die Eigenkapitalbasis der Banken durch die Anhebung der harten Kernkapitalquote stärkt und die Verwässerung des Kernkapitals dadurch verhindert, dass hybride Kapitalinstrumente nur noch im Rahmen des Ergänzungskapitals gewertet werden können.[1648] Weiterhin ist positiv, dass zur Ergänzung von risikobasierten Eigenkapitalanforderungen auch andere Instrumente wie eine Höchstverschuldungsquote und zusätzliche Kapitalpuffer eingeführt wurden.

Problematisch an den Regelungen von Basel III ist jedoch, dass diese Basel II nicht ersetzen, sondern darauf aufbauen. Banken können daher weiterhin ihre internen Rating-Systeme zur Bestimmung des Risikos verwenden. Wie in der Finanzkrise gesehen, reflektierten die verwendeten Modelle das eigentliche Risiko nicht immer akkurat. Dies liegt zum einen daran, dass kein Modell jedes Risiko akkurat erfassen kann, aber zum anderen auch daran, dass Banken ihr Risiko absichtlich unterbewerteten, um weniger Kapital vorhalten zu müssen.[1649] Aufsichtsbehörden waren zudem aufgrund der Komplexität der verwendeten Modelle und ihrer Ressourcenknappheit zu unkritisch.[1650] In Zukunft sollten Aufsichtsbehörden daher die von den Banken verwendeten Modelle genauer untersuchen und zumindest einem Stresstest unterziehen.[1651]

Basel III erlaubt Banken zudem weiterhin die Verwendung von externen Ratings von anerkannten Ratingagenturen zur Bestimmung des Kreditrisikos. Positiv ist zwar anzumerken, dass die Ratingagentur von der nationalen Aufsichtsbehörde nur anerkannt werden soll und somit ein Rating zur Verfügung stellen kann, wenn sie die Anforderungen des IOSCO Verhaltenskodex „Fundamentals for Credit Rating Agencies" erfüllt.[1652] Es erscheint jedoch widersprüchlich, dass das FSB zum einen festgestellt hat, dass Basel II zu viel Gewicht auf Ratings legte und dass Banken sich zu sehr auf die externen Ratings verließen und keine eigene Risikobewertung

1647 *BCBS*, G-SIB Rahmenregelung 2013, S. 20, Anhang 3; *BCBS*, D-SIB Rahmenregelung, S. 2, Punkt 10.

1648 *Lybeck*, S. 364.

1649 *Holman*, A Flawed Solution: The Difficulties of Mandating a Leverage Ratio in the United States, 84 S. Cal. L. Rev. 713, 748 (2011); *Financial Policy Committee*, The Financial Policy Committee's review of the leverage ratio – A Consultation Paper, Juli 2014, S. 10, online verfügbar unter http://www.bankofengland.co.uk/financialstability/Documents/fpc/fs_cp.pdf, zuletzt geprüft am 16.02.2016.

1650 Siehe dazu schon die Kritik zu Basel II in Fn. 1579.

1651 *Financial Policy Committee*, S. 15.

1652 Basel III Eigenkapitalbestimmung, S. 53, Punkt 120.

mehr vornahmen,[1653] zum anderen jedoch die Möglichkeit auf diese Ratings zurückzugreifen nicht abgeschafft oder reduziert wurde. Die USA beispielsweise haben in *Section* 939A *Dodd-Frank Act* festgelegt, dass Verweise auf die Verwendung von externen Ratings überarbeitet und ersetzt werden müssen.[1654] Zwar werden im BCBS Alternativen zu externen Ratings untersucht,[1655] jedoch hätte man eine schrittweise Reduzierung oder Abschaffung der Verweise auf externe Ratings schon im Basel III Dokument aufnehmen können.

Die erstmalige Einführung einer *Leverage Ratio* zur Ergänzung der risikobasierten Eigenkapitalstandards und zur Begrenzung der Fremdkapitalaufnahme ist positiv zu bewerten. Insbesondere die Einbeziehung von außerbilanziellen Positionen und Derivateposition reflektiert das tatsächlich bei einer Bank vorhandene Risiko akkurater und vermeidet dadurch *Regulatory Arbitrage.*[1656] Die von den kanadischen Aufsichtsbehörden verwendete Höchstverschuldungsquote, die auch einige außerbilanzielle Positionen einbezog, wurde vom IWF als einer der Faktoren herausgestellt, durch die Kanada die Krise besser meisterte als andere Länder.[1657] Zu kritisieren ist jedoch, dass nicht alle außerbilanziellen Positionen bei der Berechnung der Höchstverschuldungsquote einbezogen werden.[1658]

Obwohl eine Analyse der Krisenursachen durch das BCBS ergab, dass Banken in großem Maße außerbilanzielle Fremdfinanzierung aufgebaut hatten, um die Basel II Regeln zu umgehen,[1659] wurde das Problem des Schattenbankensystems (*shadow banking system*) in Basel III nicht angegangen.[1660] Basel III enthält keine Regeln zur Einbeziehung des Schattenbankensektors in das Aufsichtsregime, wenn dieses essentiell die gleichen Funktionen erfüllt wie der traditionelle Bankensektor. Dadurch werden weiterhin Anreize geschaffen sich durch außerbilanzielle Geschäfte zu finanzieren.[1661] Die USA hingegen haben im *Dodd-Frank Act* versucht, das Problem der Schattenmärkte anzugehen.[1662]

1653 *FSB*, Principles for Reducing Reliance on CRA Ratings, Oktober 2010, S. 2, online verfügbar unter http://www.fsb.org/wp-content/uploads/r_101027.pdf, zuletzt geprüft am 16.02.2016.

1654 Zu der Umsetzung von Basel III in den USA und der Verwendung von externen Ratings siehe S. 303.

1655 *FSB*, Roadmap and workshop for reducing reliance on CRA ratings, November 2012, S 4, online verfügbar unter http://www.fsb.org/wp-content/uploads/r_121105b.pdf, zuletzt geprüft am 16.02.2016.

1656 *U.S. Gov't Accountability Office*, GAO-09-739, S. 63; *D'Hulster*, S. 4.

1657 *IWF*, IMF Country Report No. 10/377, Canada: 2010 Article IV Consultation, Dezember 2010, S. 18, Punkt 34, online verfügbar unter http://www.imf.org/external/pubs/ft/scr/2010/cr10377.pdf, zuletzt geprüft am 16.02.2016.

1658 Basel III Eigenkapitalbestimmung, S 62–63, Punkte 159–164; *Holman*, S. 744.

1659 Basel III Eigenkapitalbestimmung, S. 1, Punkt 4.

1660 *Vento/La Ganga*, S. 108 f.

1661 *Vento/La Ganga*, S. 109.

1662 Siehe dazu die Ausführungen aus Seite 172 ff..

Fraglich ist auch, ob die langen Übergangsfristen notwendig waren.[1663] Für die Mindestliquiditätsquote hat man sich auf 2015 geeinigt, für die strukturelle Liquiditätsquote auf 2018 und für die Eigenkapitalanforderungen auf 2019. Die harte Kernkapitalquote von 4,5 Prozent muss jedoch schon 2015 erfüllt sein. Eigenkapitalinstrumente, die nicht mehr zum Kernkapital oder zum Ergänzungskapital zählen, laufen bis 2023 schrittweise aus.[1664]

2. International Organization of Securities Commissions

a. Gründung

Die Umwandlung der IOSCO von einer panamerikanischen in eine allen Ländern offenstehende Organisation geschah, wie bereits erwähnt, im Jahre 1983. Im Gegensatz zur Gründung des BCBS bedurfte es keiner Krise, um diese Entwicklung in Gang zu setzen. Stattdessen wurde die Erweiterung des Mitgliederkreises wohl vorgenommen, da einige Länder, die nicht Mitglied der panamerikanischen Organisation waren, Druck ausübten, eine globale Organisation zu bilden. Der ursprüngliche Anstoß kam von Institutionen, die im Hinblick auf die fortschreitende Verflechtung der Wertpapiermärkte weltweit einheitliche Standards für Prospekte entwickeln wollten, um so einen besseren und vereinfachten Zugang zu anderen Märkten zu erlangen. Diese Marktteilnehmer traten an ihre Aufsichtsbehörden heran und setzen sich für die Bildung einer globalen Organisation ein.[1665] Wertpapieraufsichtsbehörden aus Frankreich, Indonesien, der Republik Korea und Großbritannien waren die ersten Behörden außerhalb des amerikanischen Kontinentes, die der IOSCO im Jahre 1984 beitraten.[1666]

Die IOSCO ist insbesondere für die „Ziele und Grundsätze für die Wertpapierregulierung" (*Objectives and Principles of Securities Regulation* (IOSCO Grundsätze)) aus dem Jahre 1998 bekannt und für ihr „Multilaterales Memorandum of Understanding" (MMoU) aus dem Jahre 2002. Versuche, einen Eigenkapitalstandard für Wertpapierhandelsunternehmen ähnlich den Baseler Eigenkapitalvereinbarungen zu kreieren, scheiterten an dem Widerstand der SEC, da die vorgeschlagenen Mindestwerte von zwei Prozent bei einer Absicherung durch Hedging weit unterhalb der von der SEC festgelegten Werte von 15 Prozent lagen.[1667]

1663 *Lybeck*, S. 364.
1664 Basel III Eigenkapitalbestimmung, Annex 4.
1665 *Sloan/Fitzpatrick,* The Structure of International Markets Regulation, in: Blair/Walker (Hrsg.), Financial Markets and Exchanges Law, 2007, S. 455 (468).
1666 *IOSCO*, About IOSCO, Background, online verfügbar unter http://www.iosco.org/about/?subsection=about_iosco, zuletzt geprüft am 16.02.2016.
1667 *Singer*, Capital Rules: the Domestic Politics of International Regulatory Harmonization, 58 Int'l Org. 531, 549 (2004).

b. IOSCOs Objectives and Principles of Securities Regulation

IOSCOs Grundsätze wurden im Jahre 1998 veröffentlicht.[1668] Ebenso wie die Baseler Grundsätze kam die Initiative dazu als Reaktion auf die Asienkrise des Jahres 1997.[1669] Das Dokument wurde im Jahre 2002, 2003 und 2008 im geringen Umfang aktualisiert[1670] und dann im Jahre 2010 grundlegend überarbeitet und um acht neue Grundsätze erweitert, um die Erfahrungen aus der Finanzkrise der Jahre 2007–2009 aufzunehmen.[1671] Genauso wie im Rahmen der Baseler Grundsätze, hat die IOSCO im Jahre 2003 eine Methodik herausgegeben, um bei einer Evaluierung der Umsetzung der Grundsätze einheitliche und vergleichbare Ergebnisse zu erlangen.[1672] Auch diese wurde im Jahre 2011 reformiert.[1673] Die IOSCO Grundsätze werden ebenso wie die Baseler Grundsätze als Maßstab bei der Beurteilung des Finanzsektors eines Landes im Rahmen des FSAP-Programmes vom IWF und der Weltbank herangezogen und wurden vom *Financial Stability Board* als einer der wesentlichen Standards bestätigt.[1674]

Die Grundsätze der IOSCO aus dem Jahre 1998 umfassten 30 Punkte für die Regulierung von Wertpapieren. Eine Fußnote stellte klar, dass Wertpapiermärkte auch die Derivatemärkte umfassen. Die Grundsätze können in folgende acht Kategorien unterteilt werden: (i) Aufsichtsbehörden, (ii) Selbstregulierung, (iii) Durchsetzung der Wertpapiergesetze, (iv) Kooperation bei der Regulierung, (v) Emittenten, (vi) kollektive Anlagemodelle, (vii) Absatzvermittler und (viii) Sekundärmarkt.

Sinn und Zweck der Grundsätze ist es, Anleger zu schützen, sicherzustellen, dass Märkte fair, effizient und transparent sind und durch Effizienz das systemische Risiko zu reduzieren.[1675] Die Grundsätze enthalten zunächst eine detailliertere Darstellung der einzelnen Ziele und in den nachfolgenden Teilen eine Beschreibung, wie diese Ziele durch eine Befolgung und Umsetzung der 30 Grundsätze verwirklicht werden können.

Der Ausbruch der Finanzkrise im Jahre 2007 förderte die Erkenntnis, dass die ursprünglichen Grundsätze unzulänglich waren. Obwohl der Grundsatz 30 sich mit dem systemischen Risiko befasste, wurde es von den Wertpapieraufsichtsbehörden

---

1668 *IOSCO*, Objectives and Principles of Securities Regulation, September 1998 [Im Folgenden bezeichnet als "IOSCO Grundsätze 1998"].

1669 *Technical Committee of IOSCO*, Mitigating Systemic Risk - A Role for Securities Regulators, Discussion Paper, Februar 2011, S. 7 [Im Folgenden bezeichnet als "*Technical Committee*, Mitigating Systemic Risk"].

1670 Im Rahmen der Aktualisierungen wurden zusätzliche Querverweise auf neuere IOSCO Reporte und Resolutionen zu den einzelnen Grundsätzen eingefügt.

1671 *IOSCO*, Objectives and Principles of Securities Regulation, Juni 2010.

1672 *IOSCO*, Methodology For Assessing Implementation of the IOSCO Objectives and Principles of Securities Regulation, Oktober 2003.

1673 *IOSCO*, Methodology For Assessing Implementation of the IOSCO Objectives and Principles of Securities Regulation, September 2011.

1674 Ausführlicher zum FSAP auf Seite 267.

1675 IOSCO Grundsätze 1998, S. 6, Punkt 4.

nicht genügend beachtet.[1676] Die überarbeitete Version aus dem Jahre 2010 wurde daher gerade mit Blick auf dieses Versagen formuliert und umfasst nunmehr insgesamt 38 Grundsätze. Die neu hinzugefügten Grundsätze befassen sich mit Hedge Fonds, Ratingagenturen, Abschlussprüferaufsicht, der Abschwächung von systemischen Risiken und der Offenlegung von Interessenskonflikten. Drei der acht neuen Grundsätze befassen sich mit der Aufsicht. Dabei geht es insbesondere um die Rolle der Aufsichtsbehörde bei der Überwachung, Bekämpfung und Behandlung von systemischen Risiken, der Überprüfung des Umfangs der Regulierung und um den Umgang mit Interessenskonflikten.

c. IOSCOs multilaterales Memorandum of Understanding (MMoU)

IOSCOs multilaterales *Memorandum of Understanding* (*Multilateral Memorandum of Understanding* (MMoU)) wurde im Jahre 2002 beschlossen[1677] und im Jahre 2012 überarbeitet, um die neue Organisationsstruktur von IOSCO einzuarbeiten.[1678] Inhaltliche Änderungen wurden nicht vorgenommen. Vorläufer des MMoUs waren die „*Resolution Concerning Mutual Assistance*“ (sogenannte „Rio Erklärung“) aus dem Jahre 1986[1679] und die IOSCO Resolution über Kooperation, die im Jahre 1989 verabschiedet wurde.[1680]

aa. Entstehungsgeschichte

Die „Rio Erklärung“ rief die Mitglieder dazu auf, sich gegenseitig Hilfe zu leisten bei der Erlangung von Informationen, die zur Marktaufsicht und zum Schutz der nationalen Märkte gegen betrügerische Wertpapiertransaktionen notwendig waren, soweit es ihnen rechtlich möglich sei. Zudem sollte eine Kontaktperson für die Amtshilfe benannt werden. Das Dokument an sich war nur zwei Seiten lang und enthielt keine Vorschläge zur Umsetzung.

Der Entwurf für die Resolution aus dem Jahre 1989 kam von der SEC und baute auf der „Rio Erklärung“ auf. Das technische Komitee von IOSCO erklärte sich bereit, den Entwurf unter den Mitgliedern in Umlauf zu bringen.[1681] Die endgültig verabschiedete Resolution bezog sich in der Präambel explizit auf die „Rio Erklärung“. Auch sie war nur eine Seite lang. Diesmal wurden jedoch der Abschluss von

---

1676 *Technical Committee*, Mitigating Systemic Risk, S. 8.

1677 *IOSCO*, Multilateral Memorandum of Understanding Concerning Consultation and Cooperation and the Exchange of Information, Mai 2002 [Im Folgenden bezeichnet als "IOSCO MMoU"].

1678 *IOSCO*, Multilateral Memorandum of Understanding Concerning Consultation and Cooperation and the Exchange of Information, revised version, Mai 2012.

1679 *Executive Committee of IOSCO*, A Resolution Concerning Mutual Assistance ("Rio Declaration"), November 1986.

1680 *Executive Committee of IOSCO*, A Resolution on Cooperation, Juni 1989.

1681 *o.V.*, IOSCO Technical Committee Considers Enforcement Proposal, 21 Sec. Reg. & L. Rep. 427 (1989).

bilateralen oder multilateralen *Memoranda of Understanding* (MoUs) zur Umsetzung der Amtshilfe empfohlen und den Aufsichtsbehörden vorgeschlagen, an die Legislative ihre Landes heranzutreten, um, falls notwendig, die notwendigen rechtlichen Grundlagen zur Leistung der Amtshilfe zu schaffen. Die Details der *Memoranda of Understanding* wurden jedoch auch hier wieder den Mitgliedern überlassen.

1991 veröffentlichte das Technische Komitee ein Dokument mit zehn Grundsätzen, die die Mitglieder in ihren bilateralen oder multilateralen *Memoranda of Understanding* berücksichtigten sollten.[1682] Dieses Dokument nahm wiederum Bezug auf die „Rio Erklärung“ von 1986. Es beruhte auf einem Bericht der Arbeitsgruppe Nr. 4 des Technischen Komitees, welcher die Probleme untersuchte, die Parteien bei der Verhandlung und Umsetzung von *Memoranda of Understanding* gehabt hatten.[1683] Diese Grundsätze stellten den Konsens zwischen den verschiedenen Aufsichtsbehörden dar. Es wurde jedoch klargestellt, dass auch diese Grundsätze nur eine Richtschnur darstellen sollten und es einigen Parteien aufgrund von unterschiedlichen Rechtssystemen oder Aufsichtsstrukturen nicht möglich sein würde, sie alle umzusetzen. Zu jedem der Grundsätze wurde eine kurze Erklärung gegeben.

Die Ereignisse des 11. Septembers 2011 führten schließlich zur Verabschiedung des *Multilateral Memorandum of Understanding*. Man befürchtete, dass die Finanzmärkte zur Finanzierung von terroristischen Aktivitäten missbraucht worden waren.[1684] Auch wenn sich diese Befürchtungen nicht bestätigten, lenkten sie die Aufmerksamkeit der Wertpapieraufsichtsbehörden auf diese Probleme. Dies veranlasste IOSCO dazu, ein „Special Project Team“ einzusetzen, um zu untersuchen, welche Maßnahmen Wertpapieraufsichtsbehörden treffen können. Das Team sollte sich insbesondere mit folgenden Bereichen beschäftigen: (i) Krisen-/ Eventualfallsplanung, (ii) erweiterte Kooperation und Teilen von Informationen und (iii) Kundenidentifikation.[1685] Dieses Project Team formulierte das *Multilateral Memorandum of Understanding*, welches im Mai 2002 herausgegeben wurde. Es wurde vom Präsidentenkomitee in einer Resolution gebilligt und die Mitglieder wurden aufgerufen es zu unterschreiben.[1686] In der Zielbeschreibung des *Multilateral*

1682 *Technical Committee of IOSCO*, Principles for Memoranda of Understanding, September 1991. [Im Folgenden bezeichnet als "*Technical Committee*, Principles for MoUs"].

1683 *Technical Committee*, Principles for MoUs, Präambel, S. 1.

1684 *IOSCO*, Final Communiqué of the XXVIIIth Annual Conference of the International Organization of Securities Commissions, Oktober 2003, S. 9.

1685 *IOSCO*, Pressemitteilung, "Creation of a Special Project Team", 12. Oktober 2001. Online verfügbar unter http://www.iosco.org/news/pdf/IOSCONEWS14-English.pdf, zuletzt geprüft am 16.02.2016.

1686 *President's Committee of IOSCO*, A Resolution of the Presidents' Committee on the IOSCO MOU, Mai 2002.

Memorandum of Understanding wurde explizit auf die Ereignisse des 11. September 2001 Bezug genommen.[1687]

bb. Inhalt des Multilateral Memorandum of Understanding

Das multilaterale *Memorandum of Understanding* standardisiert die bilateralen *Memoranda of Understanding* und schließt somit Lücken, die durch die Abweichung entstanden sein können. Weiterer Zweck war es, einen konkreten Mechanismus zu schaffen, durch den die IOSCO Grundsätze 11–13, die sich mit grenzüberschreitender Zusammenarbeit bei der Durchsetzung befassen, umgesetzt werden können.[1688] Um sicherzustellen, dass alle Behörden, die sich um Aufnahme für das *Multilateral Memorandum of Understanding* bewerben, die notwendigen rechtlichen Befugnisse und tatsächlichen Ressourcen und Strukturen besitzen, um die Vorgaben des *Multilateral Memorandum of Understanding* umzusetzen, muss jede dieser Behörden einen extensiven Screening- und Verifizierungsprozess durchlaufen. Der Verifizierungsprozess sollte auch die Wertpapieraufsichtsbehörden beruhigen, die befürchteten, dass die hohen Standards, die sie in bilateralen *Memoranda of Understanding* umgesetzt hatten, unabsichtlich unterwandert würden.

Das *Multilateral Memorandum of Understanding* ist ohne die Anhänge A und B insgesamt zehn Seiten lang und ist im Gegensatz zu vorherigen Dokumenten sehr detailliert; auch in Bezug auf die Art von Informationen, die verlangt werden können. Die Unterzeichner des *Multilateral Memorandum of Understanding* garantieren durch ihre Unterschrift, dass sie die rechtlichen Befugnisse haben Informationen für die anfragende Behörde zu sammeln,[1689] dass sie die im Wertpapierbereich notwendigen Informationen anfordern können,[1690] dass sie diese Informationen an die ausländische Behörde weiterleiten dürfen,[1691] dass die ausländische Behörde (fast) keinen Beschränkungen hinsichtlich der Verwendung der Informationen zur Verfolgung der Verletzung der Wertpapiergesetze unterliegt[1692] und dass die von der ausländischen Behörde erhaltenen Informationen vertraulich behandelt werden.[1693]

Es gibt zwei Kategorien von Unterzeichnern des *Multilateral Memorandum of Understanding*. Dies sind Anhang A und Anhang B Unterzeichner. Anhang A Unterzeichner sind die Mitglieder, bei denen der Screening Prozess ergeben hat,

---

1687 "The signatories to this IOSCO Multilateral Memorandum of Understanding: [...] Considering the events of September 11, 2001, which underscore the importance of expanding cooperation among IOSCO Members; [...].".

1688 *Technical Committee of IOSCO*, Strengthening Capital Markets against Financial Fraud, Februar 2005, S. 30 [Im Folgenden bezeichnet als "*Technical Committee*, Strengthening Capital Markets"].

1689 IOSCO MMoU, Punkt 6(b).

1690 IOSCO MMoU, Punkt 7.

1691 IOSCO MMoU, Punkt 9.

1692 IOSCO MMoU, Punkt 10.

1693 IOSCO MMoU, Punkt 11.

dass sie die notwendigen rechtlichen Befugnisse besitzen, um die Vorhaben des *Multilateral Memorandum of Understanding* umzusetzen. Anhang B Unterzeichner sind die Mitglieder, die zwar noch nicht über die notwendigen oder ausreichenden rechtlichen Befugnisse verfügen, um alle Vorgaben des *Multilateral Memorandum of Understanding* erfüllen zu können, die sich jedoch verpflichtet haben, sich diese Kompetenzen zu beschaffen, um dann in den Anhang A aufgenommen zu werden.

cc. Überwachungsgruppe

Die IOSCO hat eine Überwachungsgruppe (*monitoring group*) eingerichtet, die aus allen Unterzeichnern des *Multilateral Memorandum of Understanding* besteht und vom Ständigen Sekretariat administrativ unterstützt wird. Gemäß Punkt 12(a) des *Multilateral Memorandum of Understanding* führen die Aufsichtsbehörden regelmäßig gegenseitige Konsultationen über das *Multilateral Memorandum of Understanding* durch, insbesondere wenn eine Unterzeichnerbehörde nicht mehr fähig oder willens ist, ihren Verpflichtungen im Rahmen des *Multilateral Memorandum of Understanding* nachzukommen. Liegt ein solcher Fall vor, kann als letzter Schritt die Teilnahme dieser Aufsichtsbehörde am *Multilateral Memorandum of Understanding* gemäß Punkt 16(b) durch das „Komitee der Vorsitzenden" (*Committee of Chairmen*)[1694] und nach Konsultation des jeweiligen Regionalkomitees beendet werden. Diese Entscheidung kann vom IOSCO-Rat überprüft werden. Die Überwachungsgruppe hat Ermessen, auch andere Maßnahmen zu empfehlen, um die Befolgung des *Multilateral Memorandum of Understanding* sicherzustellen. Dies können die Setzung einer Frist zur Befolgung sein, gegenseitige Überprüfungen der Aufsichtsbehörden (Peer Review), öffentliche Bekanntmachung der Nichtbefolgung oder vorübergehende Aussetzung der Teilnahme am *Multilateral Memorandum of Understanding*.[1695]

dd. Umsetzung des Multilateral Memorandum of Understanding und Maßnahmen zur Erhöhung der Zahl der Unterzeichner

Die Mitglieder der IOSCO nahmen das *Multilateral Memorandum of Understanding* anfangs nur zögerlich an. Am Ende des Jahres 2004 hatten nur 27 Mitglieder unterschrieben, fünf Aufsichtsbehörden hatten sich offiziell verpflichtet sich die notwendige rechtliche Ermächtigung zu beschaffen, um zu unterschreiben, und 17 weitere Behörden unterliefen den Screening Prozess. Um den Mitgliedern zu helfen das *Multilateral Memorandum of Understanding* zu unterschreiben, rief die IOSCO ein Unterstützungsprogramm ins Leben. Dazu gehören Hilfe für den Antrag auf

1694 Dies sind die Vorsitzenden (Chairmen) des IOSCO Boards, des Entwicklungsmärktekomitees und der Überwachungsgruppe.

1695 IOSCO MMoU, Anhang B, Punkt III(c).

Aufnahme, für das Durchlaufen des Screening Prozesses und zur Ausgestaltung der nationalen rechtlichen Voraussetzungen.[1696]

Um die Mitgliederzahl zu erhöhen, rief das Präsidentenkomitee auf der Jahreskonferenz in Colombo, Sri Lanka im Jahre 2005 alle ordentlichen Vollmitglieder und alle assoziierten Mitglieder dazu auf, bis zum 1. Januar 2010 Anhang A Unterzeichner zu werden oder sich zu verpflichten alles zu tun, um die notwendigen rechtlichen Grundlagen zu schaffen, um unterschreiben zu können (Anhang B).[1697]

Im Jahre 2010 ging man einen Schritt weiter. Das Präsidentenkomitee der IOSCO wies das Exekutivkomitee in einer Resolution an, allen Mitgliedern, die sich nicht um Aufnahme bewerben, verstärkt technische Hilfe zukommen zu lassen, um sie anzuregen sich zu bewerben und um die notwendigen Voraussetzungen für die Aufnahme zu schaffen. Weitaus weiter ging jedoch die Entscheidung eine Beobachtungsliste (*watch list*) auf der öffentlichen Homepage der IOSCO mit den Namen dieser unkooperativen Länder zu veröffentlichen. Zudem wurden wiederum alle im Anhang B aufgezählten Länder aufgerufen, bis zum 1. Januar 2013 das *Multilateral Memorandum of Understanding* zu unterschreiben. Alle Länder, die nach diesem Datum immer noch keine Bewerbung auf Aufnahme für Anhang A Status gestellt haben, würden danach ebenfalls auf die Beobachtungsliste gesetzt werden.[1698]

Im Mai 2012 verabschiedete das Präsidentenkomitee eine weitere Resolution,[1699] in der auf die Resolution von 2010 Bezug genommen wurde. Zusätzlich wurde der IOSCO-Rat aufgefordert nach dem Ablauf der Frist vom 1. Januar 2013 dem Präsidentenkomitee zunächst abgestufte zusätzliche Maßnahmen vorzuschlagen, um die Mitglieder, die noch keine Unterzeichner sind, zur Unterschrift zu „ermutigen". Dazu wurde beispielsweise vorgeschlagen, die Möglichkeiten dieser Mitglieder wichtige IOSCO Entscheidungen zu beeinflussen, einzuschränken.

Im September 2013 war die Zahl der Unterzeichner des *Multilateral Memorandum of Understanding* auf 97 von 125 möglichen Unterzeichnern angestiegen. Um eine vollständige Umsetzung zu erreichen, wurde auf der Jahreskonferenz 2013 in Luxemburg beschlossen, den Druck auf unkooperative Mitglieder abermals zu erhöhen und ihre Möglichkeiten wichtige IOSCO Entscheidungen zu beeinflussen, zu begrenzen.[1700] Die Resolution des Präsidentenkomitees sah folgende zusätzliche

1696 *IOSCO*, Annual Report 2004, S. 3.

1697 *President's Committee of IOSCO*, Resolution on the International Benchmark for Enforcement Related Cooperation and Exchange of Information, April 2005.

1698 *President's Committee of IOSCO*, Resolution on IOSCO Multilateral Memorandum of Understanding Concerning Consultation and Cooperation and the Exchange of Information, Juli 2010.

1699 *President's Committee of IOSCO*, Resolution on IOSCO Multilateral Memorandum of Understanding Concerning Consultation and Cooperation and the Exchange of Information, Mai 2012. [Im Folgenden bezeichnet als "IOSCO 2012 Resolution on MMoU"].

1700 *IOSCO*, Pressemitteilung, "IOSCO Reinforces Standard on Cross-Border Cooperation", 18. September 2013. Online verfügbar unter www.iosco.org/news/pdf/

Maßnahmen vor: Ab dem 30. September 2013 sollte es allen Nicht-Unterzeichnern nicht mehr möglich sein, Kandidaten ihrer Behörde zur Wahl für Führungspositionen aufzustellen. Ab dem 31. März 2014 sollten alle Mitglieder, die zu den Nicht-Unterzeichnern gehören und Führungspositionen bekleiden, zum Rücktritt aufgefordert werden. Ab dem 30. Juni 2014 sollten die Nicht-Unterzeichner nicht mehr in den politischen Ausschüssen von IOSCO mitwirken können. Schließlich wurde als drastischste Maßnahme vorgesehen, dass die Stimmrechte der Nicht-Unterzeichner ab dem 30. September 2014 ausgesetzt werden.

Zusätzlich schlug die Resolution vor, dass Mitglieder Vorsichtsmaßnahmen treffen sollen, wenn sie im Bereich der Aufsicht oder Durchsetzung mit juristischen oder natürlichen Personen aus solchen Nicht-Unterzeichner Ländern zu tun haben.[1701] Bespielhaft wurde in der Presseerklärung vom September 2013 darauf hingewiesen, dass Hong Kong ausländische Unternehmen nur an der nationalen Börse listet, wenn das Heimatland eine genügende Kooperation der Aufsichtsbehörden garantieren kann. Indien verlangt von Ausländern, die in indische Hedge Fonds oder Kapitalanlagefonds investieren wollen, dass sie in einem Land residieren, welches das *Multilateral Memorandum of Understanding* unterschrieben hat oder welches ein bilaterales *Memorandum of Understanding* mit dem Securities and Exchange Board aus Indien hat.

Wohl auch als Reaktion auf diese drastischen Maßnahmen, ist die Zahl der Unterzeichner auf 103 von 136 teilnahmeberechtigten Mitgliedern angestiegen (Stand Oktober 2014).[1702]

III. Rechtsnatur der Vereinbarungen

Für den weiteren Verlauf der Untersuchung ist von Relevanz, welche Rechtsnatur die vorab dargestellten Dokumente haben. Diese Einordnung wird zunächst nur allgemein nach **Völkerrecht** erfolgen (Gliederungspunkt 1). Die Frage, ob die gleichen Überlegungen für das **U.S.-Recht** gelten, und inwieweit die Vertreter der Bankaufsichtsbehörden die USA binden können, wird im Gliederungspunkt 2 ausführlich und gesondert behandelt.[1703] Abschnitt IV wird sich sodann mit der Umsetzung und Anwendung der internationalen Vereinbarungen in den USA befassen.[1704]

IOSCONEWS299.pdf, zuletzt geprüft am 16.02.2016. [Im Folgenden bezeichnet als "IOSCO Press Release 2013"].

1701 *President's Committee of IOSCO*, Resolution on IOSCO Multilateral Memorandum of Understanding Concerning Consultation and Cooperation and the Exchange of Information. September 2013.

1702 Eine aktuelle Liste der Unterzeichner ist verfügbar auf der Homepage der IOSCO unter http://www.iosco.org/about/?subSection=mmou&subSection1=signatories, zuletzt geprüft am 16.02.2016.

1703 Siehe zur Rechtsnatur der Vereinbarungen gemäß U.S.-Recht Seite 273 ff..

1704 Abschnitt IV beginnt auf Seite 293.

1. Völkerrechtliche Rechtsnatur der Vereinbarungen

a. Allgemeine Überlegungen zur Bindungswirkung

Zu untersuchen ist, ob es sich bei den vorab dargestellten Dokumenten des BCBS und der IOSCO überhaupt um Recht handelt, oder ob es bloße unverbindliche politische Absichtserklärungen sind. Oder nehmen diese Dokumente, sofern dies überhaupt möglich ist, eine Zwitterstellung ein? Teilweise wurden die im Rahmen dieser Gremien geschaffenen Vereinbarungen auch schon als „Netzwerk Normen" sui generis bezeichnet.[1705] Es ist nicht abzustreiten, dass die entwickelten Vereinbarungen großen tatsächlichen Einfluss auf die Finanzmärkte allgemein und auf die nationale Gesetzgebung gehabt haben. Basel II wurde beispielsweise nicht nur von den Mitgliedern des BCBS umgesetzt, sondern im Jahre 2010 von insgesamt 112 Ländern weltweit,[1706] so dass von einem global anerkannten Messwert für Eigenkapital gesprochen werden kann. Nicht zuletzt wegen dieser tatsächlichen Bedeutung und ihrer Wirkung bedarf die Rechtsnatur der Vereinbarungen näherer Prüfung.

Ausschlaggebend für die Einordnung als Rechtsnorm ist insbesondere die Frage, inwieweit eine rechtliche Bindung von den Parteien gewollt ist und inwieweit eine rechtlich durchsetzbare Pflicht zur Umsetzung besteht. Sowohl das BCBS als auch die IOSCO betonen unermüdlich, dass die in ihrem Rahmen entwickelten Vereinbarungen nicht rechtlich verbindlich seien und dies auch niemals sein sollten. Eine solche Erklärung hat jedoch nur Indizwirkung für die rechtliche Einordnung. Für die Frage der rechtlichen Verbindlichkeit eines Dokumentes ist zuerst der Wortlaut maßgebend.[1707] Dies wird bestätigt durch den Internationalen Gerichtshof (IGH) in dem Fall „Qatar v. Bahrain".[1708] Dort entschied der IGH, dass eine Erklärung **nach** Unterzeichnung eines Dokumentes, dass man nur eine politisch unverbindliche Absichtserklärung abgeben wolle, nichts an der rechtlichen Verbindlichkeit des Dokumentes ändere.[1709] Würde in dem Dokument festgestellt, dass die Parteien

1705 *Smith*, Networks, Norms and the Nation State: Thoughts on Pluralism and Globalized Securities Regulation in: Dauvergne (Hrsg.), Jurisprudence for an Interconnected Globe, 2003, S. 94; *Whitehead*, What's Your Sign? - International Norms, Signals, and Compliance, 27 Mich. J. Int'l L. 695, 697 (2006).

1706 *FSI*, 2010 FSI Survey on the Implementation of the New Capital Adequacy Framework, Occasional Paper No 9, August 2010, S. 6.

1707 *Klabbers*, The Concept of Treaty in International Law, 1996, S. 215.

1708 IGH, Case concerning maritime delimitation and territorial questions between Qatar and Bahrain, Jurisdiction and Admissibility, Judgment, I.C.J. Reports 1994, S. 112 ff. [Im Folgenden bezeichnet als "Qatar v. Bahrain"].

1709 Qatar v. Bahrain, Punkt 27: "The two Ministers signed a text recording commitments accepted by their Governments, some of which were to be given immediate application. Having signed such a text, the Foreign Minister of Bahrain is not in a position subsequently to Say that he intended to subscribe only to a "statement recording a political understanding", and not to an international agreement."

„übereingekommen" sind,[1710] so impliziere dies eine Einigung und den Willen rechtlich verbindliche Verpflichtungen einzugehen.[1711]

Zu untersuchen ist in diesem Zusammenhang ferner, ob die Bezeichnung des Dokumentes einen Einfluss auf den Rechtscharakter hat. Allein die Bezeichnung eines Dokumentes bestimmt jedoch nicht die Rechtsnatur.[1712] Überschreibt man ein Dokument mit „völkerrechtlicher Vertrag" (*treaty*) wird dieses nicht automatisch rechtlich verbindlich, während eine dementsprechende Bezeichnung als „Bericht" oder „*Memorandum of Understanding*" dieses nicht automatisch rechtlich unverbindlich macht. Entscheidend sind vielmehr der Wortlaut und der Inhalt des Dokumentes. Der IGH betonte dies ebenfalls in dem vorab erwähnten Fall „Qatar v. Bahrain", indem er entschied, dass das als „Besprechungsprotokoll" bezeichnete Dokument rechtlich verbindlich sei, da festgehalten worden sei, auf was sich die Parteien geeinigt hätten und welche Verpflichtungen sie eingehen wollten.[1713]

Wenn man von Bindungswirkung und einer Verpflichtung zur Umsetzung spricht, ist zudem zu beachten, dass eine solche Pflicht nicht nur unmittelbar sein kann, sondern auch mittelbar bestehen kann. Dies kann beispielsweise durch die Inkorporation ursprünglich unverbindlicher Erklärungen in andere bindende Übereinkommen geschehen.[1714]

Wenn man eine wie auch immer geartete Bindungswirkung bejaht, stellt sich die zusätzliche Frage, wer genau durch solche Dokumente gebunden wird.[1715] Sind es die Staaten oder die Aufsichtsbehörden selbst, die in diesen Gremien vertreten sind? Ist eine Bindung des Staates selbst überhaupt notwendig oder haben

---

1710 Qatar v. Bahrain, Punkt 24: „The 1990 Minutes refer to the consultations between the two Foreign Ministers of Bahrain and Qatar, in the presence of the Foreign Minister of Saudi Arabia, and state what had been "**agreed**" between the Parties." [mit eigener Hervorhebung].

1711 IGH, International Status of South-West Africa, Advisory Opinion, I.C.J. Reports 1950, S. 128 ff.. Richter Read führt in seiner Separate Opinion dazu auf S. 164 (170) aus wann ein Übereinkommen (agreement) vorliegt: "It is sufficient, for present purposes, to state that an "arrangement agreed between" the United Nations and the Union necessarily included two elements: a meeting of the minds; and an intention to constitute a legal obligation.".

1712 Dies geht auch aus Artikel 2 Abs. 1 lit. a des Wiener Übereinkommens über das Recht der Verträge hervor. Dort heißt es bei der Definition eines Vertrages: „"treaty" means [...] and whatever its particular designation.".

1713 Qatar v. Bahrain, Punkt 25: „the Minutes are not a simple record of a meeting, [...] they do not merely give an account of discussions and summarize points of agreement and disagreement. They enumerate the commitments to which the Parties have consented. They thus create rights and obligations in international law for the Parties. They constitute an international agreement.".

1714 *Macht*, S. 158.

1715 So auch *Möllers*, S. 368; *Klabbers*, The Concept of Treaty in International Law, S. 97 ff..

die Aufsichtsbehörden ausreichende nationale Kompetenzen um die Vorgaben der Dokumente zu erfüllen?

Im Folgenden ist demnach zu untersuchen, ob und wenn ja in welche bekannten Kategorien sich die Vereinbarungen nach Völkerrecht einordnen lassen.

b. Abgrenzung von Hard Law und Soft Law

Traditionell wird im Völkerrecht zwischen sogenanntem *Hard Law* und *Soft Law*[1716] unterschieden.[1717] Die Trennung zwischen diesen beiden Konzepten wird in der Literatur jedoch nicht einheitlich vorgenommen. Der Begriff *Soft Law* wurde angeblich

---

1716 Auch das deutsche Schrifttum verwendet mittlerweile den Begriff „Soft Law" anstelle von „weichem Völkerrecht".

1717 Der generellen Frage, ob Völkerrecht wirklich Recht ist, kann hier nicht nachgegangen werden. Es ist mittlerweile allgemein anerkannt, dass es sich bei Völkerrecht um Recht handelt. Ausführlich zu der Rechtsnatur des Völkerrechts und den Thesen der Völkerrechtsleugner siehe *Walz*, Wesen des Völkerrechts und Kritik der Völkerrechtsleugner, 1930. Einen Überblick zu den verschiedenen Ansätzen gibt beispielsweise *Graf Vitzthum*, Völkerrecht, 2010, S. 27- 29. **Für** die Einordnung des Völkerrechts als Recht siehe beispielsweise aus der umfangreichen Literatur *Schweisfurth* in: Seidl-Hohenveldern (Hrsg.), Lexikon des Rechts Völkerrecht, 1. Auflage 1985, S. 340; *Henkin*, How Nations Behave, 1979, S. 25–27 und S. 88–98; *Doehring*, Völkerrecht, 2004, S. 3–23; *Brownlie*, The Reality and Efficacy of International Law, 52 Brit. Y.B. Int'l L. 1 (1981); *D'Amato*, Is International Law Really „Law"?, 79 Nw. U. L. Rev. 1293 (1985); *Charney*, Universal International Law, 87 Am. J. Int'l L. 529, 531 (1993); **gegen** die Einordnung von Völkerrecht als Recht siehe insbesondere *Hobbes*, der Völkerrecht mit Naturrecht gleichsetzt, welches er nicht wie bürgerliches Recht als eigentliches Recht und somit bindend betrachtet. Vgl. *Hobbes*, Leviathan Part II, Chap. 30, S. 273: [...] the Law of Nations, and the Law of Nature, is the same thing.", sowie *Hobbes*, The Elements of Law Natural & Politic, S. 151: "As for the law of nations, it is the same with the law of nature."; *Hobbes*, Leviathan Part II, Chap. 26, S. 205: „For the Lawes of Nature, which consist in Equity, Justice, Gratitude, and other morall Vertues on these depending, in the condition of meer Nature [...] are not properly Lawes, but qualities that dispose men to peace, and to obedience. When a Common-wealth is once settled, then are they actually Lawes, and not before; as being then the commands of the Common-wealth; and therefore also Civill Lawes: For it is the Soveraign Power that obloges men to obey them."; *Spinoza*, Political Treatise (Tractatus politicus), 2000 (orig.: 1677), S. 55: "This treaty of alliance remains effective for as long as the motive for making the treaty – fear of loss or hope of gain – remains operative. But if the fear or the hope is lost to either of the two commonwealths, that commonwealth is left in control of its own right [...], and the tie by which the two commonwealths were bound together automatically disintegrates. Therefore every commonwealth has full right to break a treaty whenever it wishes [...]."; *John Austin*, Lectures on Jurisprudence or The Philosophy of Positive Law, Vol. 1, 5. Auflage 1911, S. 182: "[...] laws improperly so called [...]".

von Lord McNair geprägt.[1718] Die Einordnung von *Soft Law* im Völkerrecht ist auch heutzutage noch unklar.[1719] Aufgrund dieser Tatsache beschäftigen sich viele Beiträge in der Literatur nur am Rande mit der Abgrenzung von *Hard Law* und *Soft Law*, und stattdessen mit der Frage, warum Vertragsparteien *Soft Law* anstelle von *Hard Law* wählen, und warum und wann sie solche Vereinbarungen befolgen.[1720] Eine solche Untersuchung ohne eine vorherige Definition von *Soft Law* ist jedoch von nur geringem Wert. In der vorliegenden Arbeit wird daher versucht, *Hard Law* und *Soft Law* voneinander abzugrenzen, und zumindest eine für die nachfolgende Diskussion brauchbare Definition zu entwickeln.

Unbestritten ist, dass unter *Hard Law* verbindliches Recht zu verstehen ist. Charakteristisch für *Hard Law* sind die Elemente der Verbindlichkeit/Rechtsbindungswille, die Bestimmtheit der Verpflichtung und die Frage der Delegation, sprich die Möglichkeit die Einhaltung der Regeln durch internationale Mechanismen zu überwachen und/oder vor internationalen Streitbeilegungsgremien einzufordern.[1721]

Die klassischen Rechtsquellen des völkerrechtlichen *Hard Law* sind in Artikel 38 Abs. 1 lit. a bis c des IGH-Statuts aufgelistet; allerdings nicht abschließend. Dabei handelt es sich um völkerrechtliche Verträge, Völkergewohnheitsrecht und allgemein anerkannte Rechtsgrundsätze. In Frage käme hier ein völkerrechtlicher Vertrag (*treaty*). Das Völkerrecht versteht unter einem völkerrechtlichen Vertrag (*treaty*) eine in Schriftform geschlossene und vom Völkerrecht bestimmte internationale Übereinkunft zwischen Staaten, ohne Rücksicht darauf, ob sie in einer oder in mehreren zusammengehörigen Urkunden enthalten ist und welche besondere Bezeichnung sie hat.[1722] Die Übereinkommen und Dokumente des BCBS und der IOSCO fallen eindeutig nicht in diese Kategorie, da sie nicht von Staaten abgeschlossen wurden. Die Vertreter sowohl im BCBS als auch bei der IOSCO nehmen dort nicht als Vertreter ihrer Staaten teil, sondern als Mitarbeiter der nationalen Zentralbanken, Aufsichtsbehörden und *Self-Regulatory Organizations.*

1718 *Wengler*, Rechtsvertrag, Konsensus und Absichtserklärung im Völkerrecht, in: JZ 1976, S. 193 (195), Fn. 19; *Thürer*, „Soft Law" - eine neue Form von Völkerrecht?, in: ZSR 104 (1985), 429 (432); *Heusel*, „Weiches" Völkerrecht, 1991, S. 23; *Dupuy*, Declaratory Law and Programmatory Law: From Revolutionary Custom to „Soft Law", in: Akkerman/Krieken/Pannenborg (Hrsg.), Declarations on Principles, 1977, S. 252.

1719 *Guzman/Meyer*, International Soft Law, 2 J. Legal Analysis 171, 180 (2010). Ausführlicher zu den verschiedenen Soft Law Ansätzen auf Seite 261 ff..

1720 Siehe dazu insbesondere die verschiedenen Beiträge in *Shelton* (Hrsg.), Commitment and Compliance: The Role of Non-binding Norms in the International Legal System, 2007; *Ho*, Compliance and International Soft Law: Why Do Countries Implement the Basle Accord?, 5 J. Int'l Econ. L. 647 (2002).

1721 Siehe dazu den politikwissenschaftlichen Ansatz von *Abbott/ Keohane/ Moravcsik/ Slaughter/ Snidal*, The Concept of Legalization, 54 Int'l Org. 401 (2000).

1722 Artikel 2 Abs. 1(a) Wiener Übereinkommen über das Recht der Verträge: "treaty" means an international agreement concluded between States in written form and governed by international law, whether embodied in a single instrument or in two or more related instruments and whatever its particular designation.".

Da anderen in Artikel 38 IGH-Statut aufgeführten Rechtsquellen kommen nicht in Betracht.[1723] Da die Aufzählung jedoch nicht abschließend ist, können auch andere internationale Übereinkommen als völkerrechtliche Verträge nach Völkerrecht für die Parteien bindend sein. Dies stellt Artikel 3 des Wiener Übereinkommens über das Recht der Verträge klar und wird auch anhand von Artikel 102 UN-Charta deutlich.[1724] Bindende internationale Verpflichtungen können jedoch nur entstehen, wenn dies dem Parteiwillen entspricht. Dieser ist durch Vertragsauslegung zu ermitteln und nicht immer offensichtlich.

Eine feststehende Definition von *Soft Law* gibt es nicht.[1725] Dementsprechend vielfältig sind die Ansätze in der Literatur. Klar ist, dass *Soft Law* nicht als Rechtsquelle des Völkerrechts in Artikel 38 IGH-Statut aufgeführt wird. Meist werden unter *Soft Law* generell alle Vereinbarungen und Erklärungen verstanden, die rechtlich nicht bindend sind.[1726] Eine andere Ansicht versteht unter *Soft Law* sowohl rechtlich bindende Übereinkommen, bei denen den Parteien Ermessen eingeräumt wird, als auch rechtlich nicht bindende Übereinkommen.[1727] Eine weitere Ansicht fasst hauptsächlich nur politisch oder moralisch bindende Übereinkommen unter dem Begriff *Soft Law* zusammen.[1728] Wiederum eine andere Ansicht setzt den Schwerpunkt bei der Definition von *Soft Law* auf die im Übereinkommen enthaltenen Regeln. Sind die Bindung und die Verpflichtungen der Parteien vage gehalten, so dass viele Verhaltensweisen ein konformes Verhalten darstellen würden, so handele es sich um eine *Soft Law*-Vereinbarung.[1729] Zudem gibt es eine Ansicht, die *Soft Law* lediglich

---

1723 Für das Völkergewohnheitsrecht fehlt die "opinio juris" und für allgemein anerkannte Rechtsgrundsätze sind die Regelungen zu komplex und detailliert und gehen über Grundstrukturen hinaus. Siehe zu diesen Punkten für die Dokumente des BCBS *Macht*, S. 158–162.

1724 Artikel 102 UN-Charta lautet: „Every **treaty and every international agreement** entered into by any Member of the United Nations after the present Charter comes into force shall as soon as possible be registered with the Secretariat and published by it." [mit eigener Hervorhebung].

1725 *Thürer*, S. 433; *Bothe*, Legal and Non-Legal Norms, 11 NYIL 65, 68 (1980), der jedoch die Begriffe "extralegal" oder „non-legal" bevorzugt.

1726 *Hobe*, Einführung in das Völkerrecht, 2008, S. 205; *Guzman*, How International Law Works: A Rational Choice Theory, 2008, S. 142; *Reinicke/Witte*, Challenges to the International Legal System Interdependence, Globalization, and Sovereignty: The Role of Non-binding International Legal Accords, in: Shelton (Hrsg.), Commitment and Compliance, 2007, S. 76, Fn. 3; *Brummer*, Why Soft Law Dominates International Finance – and not Trade, 13 J. Int'l Econ. L. 623, 628 (2010).

1727 *Gruchalla-Wesierski*, A Framework for Understanding "Soft Law", 30 McGill L. J. 37, 39 (1984).

1728 *Heusel*, S. 45 f.

1729 *Abbott/Snidal*, Hard and Soft Law in International Governance, 54 Int'l Org. 421, 422 (2000); in diesem Sinne auch *Seidl-Hohenveldern*, International Economic Law, 1999, S. 39.

als Interpretationshilfe zur Präzisierung von völkerrechtlichen Begriffen für *Hard Law* auffasst.[1730]

Teilweise wird sogar vertreten, dass es *Soft Law* überhaupt nicht gebe, denn die beiden Begriffe schlössen sich gegenseitig aus. Recht sei immer verbindlich, während die als *Soft Law* klassifizierten Instrumente dies gerade nicht seien. *Soft Law* sei somit eine Fehlbezeichnung und als Begriff überflüssig.[1731] „Politische Absichtserklärung" oder „*De facto* Übereinkommen" wäre nach dieser Ansicht das passendere Antonym zu *Hard Law*.

Der Ansicht, die den Begriff *Soft Law* ablehnt, ist insoweit zuzustimmen, dass der Begriff impliziert, dass Recht ein Kontinuum sei und es mehr oder weniger verbindliches Recht gebe.[1732] Daher besteht die Gefahr, dass die Grenze zwischen Recht und Nichtrecht verwischt wird. Staaten und andere Parteien sind jedoch frei sich rechtlich oder nur politisch oder moralisch zu binden. Die Sanktionen, die für die Verletzung von rechtlichen Pflichten zur Verfügung stehen, sind grundverschieden von den Sanktionen bei der Verletzung politischer oder moralischer Pflichten. Die Trennung zwischen bindendem Recht und Nichtrecht und die Entscheidung, sich nur unverbindlich zu einigen, muss respektiert werden; gerade im Hinblick auf diese unterschiedlichen Sanktionen.

Jedoch ist dabei zu bedenken, dass unverbindliche Erklärungen auch zu bindendem Recht erstarken können. Beispielsweise ist hier die jährliche Verabschiedung einer nichtverbindlichen UN-Generalversammlungsresolution (*Soft Law*) zu nennen, die als Grundlage für die Entstehung von Völkergewohnheitsrecht (*Hard Law*) dienen kann.[1733] Die Rechtsnatur eines Dokuments kann sich folglich mit der Zeit ändern. Diese Entwicklung bewegt viele Staaten dazu Vorbehalte in die entsprechenden unverbindlichen Dokumente mitaufzunehmen, so dass auch zukünftige Eventualitäten mitabgedeckt sind.

1730 *Fastenrath*, Lücken im Völkerrecht, 1991, S. 178.

1731 Siehe zum Beispiel *Kokott*, Soft Law Standards under Public International Law, in: Nobel (Hrsg.), International Standards and the Law, 2005, S. 17; *Wheatley*, The Democratic Legitimacy of International Law, 2010, S. 253 f.; *Roessler*, Law, De Facto Agreements and Declarations of Principle in International Economic Relations, 21 GYIL 27, 41 (1978); *Weil*, Towards Relative Normativity in International Law?, 77 Am. J. Int'l L. 413, 414 f., Fn. 7 (1983); *Klabbers*, The Redundancy of Soft Law, 65 Nordic J. Int'l L. 167 (1996); *Hillgenberg*, EJIL 10 (2005), S. 499 (500); *Goldsmith/ Posner*, International Agreements: A Rational Choice Approach, 44 Va. J. Int'l L. 113, Fn. 2 (2003).

1732 *Raustiala*, Form and Substance in International Agreements, 99 Am. J. Int'l L. 581, 586 (2005).

1733 Siehe beispielsweise *Schwelb*, Neue Etappen der Fortentwicklung des Völkerrechts durch die Vereinten Nationen, in: AVR 13 (1966/1967), S. 1 (51); *Tomuschat*, Die Charta der wirtschaftlichen Rechte und Pflichten der Staaten, ZaöRV 36 (1976), 444 (467) mit weiteren Nachweisen, der diese Tatsache als „Selbstverständlichkeit" bezeichnet.

Zudem werden gerade im Finanzbereich Dokumente, wie die Baseler Eigenkapitalvereinbarungen, lange und intensiv diskutiert und detailliert ausformuliert mit der Erwartung, dass diese dann auch in nationales oder supranationales (bindendes) Recht umgesetzt werden. Teilweise setzt man bei *Soft Law*-Instrumenten auch auf Verfahren zur Überwachung der Umsetzung und zur Hilfestellung. Während das BCBS halbjährlich den Stand der Umsetzung der Baseler Eigenkapitalvereinbarungen auf ihrer Homepage veröffentlicht,[1734] so wurde für die Umsetzung des *Multilateral Memorandum of Understanding* der IOSCO eine offizielle Überwachungsgruppe eingesetzt.[1735] *Soft Law*-Instrumente enthalten daher oft „*hard procedures*".[1736] So soll sichergestellt werden, dass die Umsetzung in bindendes Recht auch tatsächlich erfolgt.

Soft Law-Instrumente können demnach **potentiell** bindend sein, während *Hard Law* immer verbindlich ist. Diese potentielle Bindung rechtfertigt auch die Bezeichnung als *Soft* ***Law***.[1737] Eine Bindungswirkung, sei es auch nur potentiell, und ein Regelungsgehalt, unterscheidet Recht von Ethik, Moral und reinen politischen Absichtserklärungen.[1738] Teilweise weisen die als *Soft Law* bezeichneten Dokumente auch, oder zusätzlich, eine faktische oder politische Bindungswirkung auf. Klarstellend soll darauf hingewiesen werden, dass eine Einordnung in die Kategorie *Soft Law* **nicht** bedeutet, dass dieses Dokument als **rechtlich** bindend klassifiziert wird. Es geht hier alleine um die **Bezeichnung** als *Soft Law*. Nur Dokumente, die eine potentielle oder faktische Bindungswirkung aufweisen, da die Erwartungshaltung besteht, dass sie anschließend in bindendes Recht umgesetzt werden, werden im Folgenden unter die Kategorie *Soft Law* subsumiert werden.

1734 Die Berichte zur Umsetzung der Baseler Eigenkapitalvereinbarungen sind abrufbar unter http://www.bis.org/bcbs/implementation/bprl1.htm, zuletzt geprüft am 16.02.2016.

1735 Siehe zu der Überwachungsgruppe des MMoU der IOSCO die Ausführungen auf Seite 254 f.

1736 *Thürer*, S. 438.

1737 *Hailbronner*, Völkerrechtliche und staatsrechtliche Überlegungen zu Verhaltenskodizes für transnationale Unternehmen, in: Münch (Hrsg.), Staatsrecht, Völkerrecht, Europarecht: Festschrift für Hans-Jürgen Schlochauer, 1981, S. 348; *Vöneky*, Recht, Moral und Ethik, 2010, S.284, die die normative Kraft von Soft Law heraushebt; *Seidl-Hohenveldern*, RdC 163(1979), S. 165 (194); *Thürer*, S. 434, der die „Rechtsnähe" von Soft Law betont; *Meyer*, Soft Law as Delegation, 32 Fordham Int'l L. J. 888, 890 (2009), der die Erwartung, dass eine unverbindliche Regel in verbindliches Recht umgesetzt wird, als die „rechtliche" Eigenschaft von „Soft Law" bezeichnet. I.E. definieren auch *Alexander/Dhumale/Eatwell*, S. 138 "International Soft Law" in diesem Sinne, obwohl sie sich dabei nur auf Staaten als Akteure beziehen.

1738 *Walz*, S. 222; *Haverkate*, Verfassungslehre, 1992, S. 20; *Pfordten*, Zur Differenzierung von Recht, Moral und Ethik, S. 40 in: Sandkühler (Hrsg.), Recht und Moral, 2010; *Vöneky*, S. 43 f. und S.284; *Bothe*, S. 68; *Thürer*, S. 433 f.; *Meyer*, S. 906; zur Abgrenzung von Recht und Moral allgemein siehe *Kelsen*, Reine Rechtslehre, 1. Auflage 1934, S. 12–18.

Weiterhin ist anzumerken, dass auch als rechtlich unverbindlich eingeordnete Dokumente rechtliche Auswirkungen haben können. In diesem Zusammenhang ist insbesondere an das Estoppel-Prinzip zu denken. Im Völkerrecht wird dieses aus dem angelsächsischen *Common Law* stammende Prinzip oft als allgemeiner Rechtsgrundsatz des Vertrauensschutzes eingeordnet, teilweise auch als (werdendes) Völkergewohnheitsrecht verstanden.[1739] Nach dem völkerrechtlichen Estoppel-Prinzip muss ein Staat, der durch sein klares und eindeutiges Verhalten einen anderen Staat zu rechtlich erheblichem nachteiligen Handeln veranlasst hat, sein Verhalten und die berechtigten Folgerungen, die der andere aus diesem Verhalten gezogen hat, gegen sich gelten lassen.[1740]

Zusammenfassend und ergänzend sollte als Unterschied zwischen *Hard Law* und *Soft Law* festgehalten werden, dass *Hard Law* Übereinkommen die Parteien verpflichten, sich an die Vereinbarungen zu halten und jede Partei zudem auch das Recht hat, die Vereinbarungen nach internationalem Recht durchzusetzen. Bei *Soft Law*-Übereinkommen verpflichten sich die Parteien zwar auch die Vereinbarungen einzuhalten, jedoch kann die Durchsetzung dieser Vereinbarungen nicht nach internationalem Recht erfolgen, sondern erfolgt durch andere (politische) Mittel.

Durchsetzung mit Zwang ist jedoch sowohl bei *Hard Law* als auch bei *Soft Law* in den wenigsten Fällen im Völkerrecht möglich.[1741] Das Völkerrecht hat andere Wege, um Zustimmung und die Befolgung von Regeln sicherzustellen. Staaten befolgen internationales Recht einerseits, wenn es ihnen einen direkten Vorteil bringt,[1742] andererseits aus Selbstinteresse, damit auch andere Staaten ihrem Beispiel folgen und sie Rechtssicherheit haben (Reziprozität),[1743] weiterhin, wenn es einflussreiche

1739 Die genaue Einordnung ist hier irrelevant. Wichtig ist nur, dass das Estoppel-Prinzip im Völkerrecht anerkannt wird. Für eine Übersicht von Beispielen aus der Staatenpraxis, die eine Einordnung in die eine oder die andere Kategorie rechtfertigen siehe *MacGibbon*, Estoppel in International Law, 7 Int'l & Comp. L. Q. 468 (1958).

1740 IGH, Case concerning the Temple of Preah Vihear (Cambodia v. Thailand), Merits, Judgment of 15 June 1962, Dissenting Opinion of Sir Percy Spender, I.C.J. Reports 1962, S. 101 (143 f.): "The principle of preclusion [...] operates to prevent a State contesting before the Court a situation contrary to a clear and unequivocal representation previously made by it to another State, either expressly or impliedly, on which representation the other State was, in the circumstances, entitled to rely and in fact did rely, and as a result that other State has been prejudiced or the State making it has secured some benefit or advantage for itself." 'Präklusion' (*preclusion*) wird oft synonym mit Estoppel verwendet, insbesondere um es von dem Common Law Estoppel-Prinzip abzugrenzen.

1741 Dies ist auch der hauptsächliche Grund, warum die Rechtsqualität von Völkerrecht ursprünglich in Frage gestellt wurde.

1742 *Hathaway*, Do Human Rights Treaties Make a Difference?, 111 Yale L. J. 1935, 1945 et seq. (2002).

1743 *Powell*, United States Human Rights Policy in the 21st Century in an Age of Multilateralism, 46 St. Louis U. L. J. 421, 425 (2002).

nationale Interessensgruppen oder nationaler Druck verlangen,[1744] oder wenn sie die Regel als rechtmäßig ansehen (sogenannter *„legitimacy pull“*).[1745] Wichtig sind zudem auch das internationale Ansehen und die Botschaft, die der Staat an die internationale Gemeinschaft senden will.[1746] Diese Beweggründe macht man sich zunutze, wenn man Staaten dazu bewegen möchte internationales Recht zu beachten. Meist ist dies auch wesentlich wirkungsvoller als Zwang.

Im Folgenden werden nun die vorab diskutierten Dokumente auf ihre Rechtsnatur und ihre Einordnung in die hier definierte *Soft Law*-Kategorie untersucht. Diese Einordnung erfolgt zunächst nur nach Völkerrecht, um dies im nächsten Abschnitt mit dem U.S.-Recht zu kontrastieren.

c. Anwendung der Kriterien auf die vom BCBS und IOSCO herausgegebenen Dokumente

aa. Baseler Konkordat

Interessant bei der Betrachtung des Baseler Konkordates in seinen verschiedenen Versionen, sind zum einen die Titel der jeweiligen Versionen. Wurde die erste Version aus dem Jahre 1975 noch schlicht als „Bericht“ (*report*) bezeichnet, trug die abgeänderte Version aus dem Jahre 1983 schon die Überschrift „Grundsätze“ (*principles*), während die Version des Jahres 1992 mit „Mindestanforderungen“ (*minimum standards*) überschrieben wurde. An der Wortwahl in den verschiedenen Versionen des Baseler Konkordats kann man den Wunsch nach einer gesteigerten Bedeutung und die Absicht, eine Bindung der Mitglieder zur Umsetzung zu erzeugen, erkennen. Dies ist zwar nicht entscheidend für die rechtliche Einordnung,[1747] hat aber zumindest Indizwirkung für die Analyse. Ob dies ausreicht, um eine Einordnung in die hier gewählte Definition der *Soft Law*-Instrumente zu rechtfertigen, muss anhand des Inhaltes genauer betrachtet werden.

Die erste Version aus dem Jahre 1975 wurde nicht in der Erwartung beschlossen, dass die Mitglieder sich genau daran halten. Es sollte nur eine Richtlinie oder eine Handlungsempfehlung beim Abschluss von anderen bilateralen MoUs zwischen den Aufsichtsbehörden darstellen. Dies machen der Wortlaut und Inhalt deutlich. Anfänglich wird herausgestellt und später noch einmal betont, dass man sich nicht auf die optimale Aufteilung der aufseherischen Verantwortung einigen konnte.[1748]

1744 *Moravcsik*, Taking Preferences Seriously: A Liberal Theory of International Politics, 51 Int'l Org. 513 (1997).

1745 Zum „legitimacy pull“ siehe *Karmel/Kelly*, The Hardening of Soft Law in Securities Regulation, 34 Brook. J. Int'l L. 883, 897 (2009).

1746 *Guzman*, S. 71–117.

1747 Siehe dazu die Ausführungen auf Seite 258.

1748 *BCBS*, Baseler Konkordat 1975, S. 2: “[...] Their discussions showed that it is not possible to draw up clear-cut rules for determining exactly where the responsibility for supervision can best be placed in any particular situation. Nevertheless, the Committee was able to agree on a number of general guidelines in this field.”.

Auch werden Begriffe wie *„desirable“* verwendet, die zeigen, dass diese Angaben nur Empfehlungen sind.[1749] Der letzte Satz des Berichtes macht ebenfalls deutlich, dass nicht erwartet wurde, dass diese Vorschläge genau umgesetzt werden. Dort bittet das BCBS die Zentralbankgouverneure, dass sie, wenn sie den Vorschlägen zustimmen, alle Möglichkeiten wahrnehmen sollen, um die Behinderungen für eine Kooperation zwischen den Aufsichtsbehörden abzubauen. Man hat jegliche vertragsähnlichen Formulierungen und Rechtsvokabular vermieden und dem Konkordat einleitende Bemerkungen vorangestellt. Ein Rechtsbindungswille ist nicht ersichtlich. Die Ausführungen sind allgemein und in Berichtsform gehalten. Sanktionen bei einer Nichtbeachtung werden nicht vorgesehen. Es kann daher festgehalten werden, dass nicht erwartet wurde, dass sich bindendes Recht entwickelt. Das Konkordat aus dem Jahre 1975 stellt damit nur eine Zusammenfassung gemeinsam erarbeiteter Positionen dar und damit nicht *Soft Law* wie es hier definiert wurde.

Die Version aus dem Jahre 1983 wird zwar mit „Grundsätze“ überschrieben, ist jedoch in dem Dokument selbst als „Bericht“ bezeichnet und auch wie ein solcher aufgebaut. Wiederum gibt es eine Aufteilung in einleitende Bemerkungen, Arten von ausländischen Bankniederlassungen, allgemeine Grundsätze der Beaufsichtigung und Aspekte der Beaufsichtigung. Es wird wiederum klargestellt, dass es sich nur um empfohlene Richtlinien handelt. Eine etwas weitergehende Bindung als im Jahre 1975 wird dadurch deutlich, dass die Mitgliedsländer sich „bereit erklärt [haben], im Rahmen der ihnen zur Verfügung stehenden Möglichkeiten auf ihre Durchführung hinzuarbeiten.“ Zudem empfiehlt das BCBS die in dem Konkordat niedergelegten Grundsätze weltweit anzuwenden und in Kraft treten zu lassen. Zwar wird im Jahre 1983 deutlich, dass sich die Mitglieder des BCBS mehr an die Empfehlungen gebunden fühlen, jedoch handelt es sich trotz allem nur um Handlungsempfehlungen. Die Grundsätze sind sehr unspezifisch gehalten, so dass es viele Möglichkeiten gibt, die Anforderungen umzusetzen. Spezifizität ist eine der Voraussetzungen, um eine Vereinbarung als verbindlich einzuordnen.

Die Mindestanforderungen aus dem Jahre 1992 haben den gleichen Aufbau wie die vorangegangenen Dokumente. In der Einleitung wird jedoch hervorgehoben, dass die Mitglieder des BCBS nach einer Überprüfung der Koordinierung der Aufsicht über international tätige Banken festgestellt haben, dass stärkere Bemühungen erforderlich seien, um sicherzustellen, dass die Grundsätze in der Praxis angewendet werden. Daher habe man einige der Grundsätze als Mindestanforderungen neu formuliert und die Mitglieder des BCBS erwarten voneinander die Einhaltung. Hier handelt es sich jedoch auch nur um einen allgemein gehaltenen Satz in den einleitenden Bemerkungen, der zudem auch nur die Mitglieder des BCBS bindet und nicht von den G10-Gouverneuren aufgegriffen wurde.

Als Ergebnis ist somit festzuhalten, dass das Baseler Konkordat in allen Versionen nur allgemein gehaltene Richtlinien für die grenzüberschreitende Bankenaufsicht

---

1749 Baseler Konkordat 1975, S. 2:“Furthermore, it is **desirable** […].“ [Mit eigener Hervorhebung].

enthält und keinen faktischen oder potentiellen Bindungswillen bestimmt genug ausdrückt.

bb. *Grundsätze für eine wirksame Bankenaufsicht*

Auf den Namen „Baseler Grundsätze" einigte man sich erst im Laufe des Entwurfsprozesses. Ursprünglich hatte man vor, das Dokument als „Richtlinien" zu bezeichnen. Die Änderung zu „Grundsätze" sollte eine weitergehende Verpflichtung ausdrücken, die jedoch noch nicht ganz auf einer Stufe mit „Standards" stand.[1750] Der Name ist jedoch nur ein Indiz für eine eventuelle Bindungswirkung.[1751] Die Intention der Teilnehmer ist jedoch mit in die Betrachtung einzubeziehen.

Die Baseler Grundsätze enthalten Grundsätze für alle Bereiche der Bankenaufsicht, nicht nur für grenzüberschreitende Bankenaufsicht.[1752] Aufgrund dieser Tatsache eignen sie sich hervorragend als Maßstab zur Beurteilung des Finanzsektors eines Landes. In Bezug auf die angemessene Eigenkapitalausstattung verweisen sie auf die Baseler Eigenkapitalvereinbarungen als Mindeststandard zumindest für international tätige Banken. Die Baseler Grundsätze wurden im Oktober 1997 anlässlich der Jahrestagung des IWF und der Weltbank in Hongkong von den dort anwesenden Ländern gebilligt. Der IWF und die Weltbank wurden aufgefordert, eine entscheidende Rolle bei ihrer Umsetzung zu übernehmen.[1753] Dies tun sie, indem sie die Baseler Grundsätze zur Beurteilung der Leistungsfähigkeit des Finanzsektors eines Landes im Rahmen des *Financial Sector Assessment Program* (FSAP) (Programm zur Bewertung des Finanzsektors) einsetzen.

Das FSAP ist ein Programm das ursprünglich im Jahre 1999 aufgrund der Erfahrungen der Asienkrise eingerichtet wurde. Es ist ein freiwilliges Programm, welches frühzeitig Schwachstellen des Finanzsektors aufzeigen und einen koordinierten Dialog mit den nationalen Behörden ermöglichen soll. Bei der Überprüfung konzentriert man sich auf die folgenden drei Bereiche: (i) Einschätzung der Stabilität des Finanzsystems, inklusive makroökonomischer Faktoren, die die Leistung des Systems beeinflussen können, (ii) Beurteilung der Einhaltung relevanter Standards, Codes und *Good Practices* im Finanzbereich und (iii) Einschätzung, ob der Finanzsektor reform- oder entwicklungsbedürftig ist. Es werden Vorschläge zur Behebung eventueller Probleme gegeben.[1754]

Im September 2010 entschied das Exekutivdirektorium des IWF aufgrund der Erfahrungen der Finanzkrise, dass das FSAP nunmehr auch alle fünf Jahre als

1750 *Goodhart*, S. 296.

1751 Siehe dazu die Ausführungen auf Seite 258.

1752 Zu den Baseler Grundsätzen allgemein siehe die Ausführungen auf Seite 217 ff.

1753 *BCBS*, Methodik 1999, S. 3, Punkt 13.

1754 *Hilbers*, The IMF/World Bank Financial Sector Assessment Program, Februar 2001, Online verfügbar unter http://www.imf.org/external/np/vc/2001/022301.htm, zuletzt geprüft am 16.02.2016.

verpflichtender Bestandteil der jährlichen Artikel IV-Konsultationen[1755] für die 25 Mitgliedsländer mit den systemisch wichtigsten Finanzsektoren durchgeführt werden würde.[1756] Somit sind es nunmehr nicht nur Entwicklungsländer, für die eine Einhaltung der Grundsätze wichtig ist, sondern auch Industrieländer. Die Überprüfung von Industrieländern soll einen Beitrag zur weltweiten Stabilität leisten, indem eventuelle Probleme frühzeitig aufgedeckt werden. Diese Ergebnisse werden auf der Homepage des IWF veröffentlicht, wenn das entsprechende Land der Veröffentlichung zustimmt.

Heißt diese Überprüfung der Umsetzung der Baseler Grundsätze im Rahmen des FSAP nunmehr, dass die Umsetzung rechtlich verpflichtend ist? Für einkommensschwache Entwicklungsländer könnte es eine zumindest mittelbare Pflicht zur Umsetzung geben. Kann ein einkommensschwaches Land aufgrund abnehmender Einnahmen seinen ausstehenden Zahlungsverpflichtungen nicht mehr nachkommen, so wendet es sich an den IWF. Der IWF vergibt befristete Kredite unter Auflagen an diese Staaten (sogenannte „Konditionalität").[1757] Bei fast allen dieser Kredite wird die Umsetzung international anerkannter Standards und Codes in nationales Recht als Bedingung in den Kreditvertrag aufgenommen.[1758] Die Entwicklungsländer haben demnach die Wahl entweder zahlungsunfähig zu werden, zu versuchen einen Kredit mit wesentlich schlechteren Konditionen von der Privatwirtschaft zu bekommen oder die Konditionen für den Kredit zu akzeptieren und die Baseler Grundsätze umzusetzen. Auch in der Privatwirtschaft wird die Umsetzung der Baseler

1755 Rechtliche Grundlage für die Artikel IV-Konsultationen ist Artikel IV Section 3 des IWF-Übereinkommens. Bei den Artikel IV-Konsultationen findet zunächst ein Besuch im jeweiligen Land statt, um sich vor Ort über die Finanz- und Wirtschaftslage zu informieren. Auf dieser Grundlage wird ein Bericht verfasst, den die IWF-Exekutivdirektoren erörtern. Der IWF veröffentlicht danach auf freiwilliger Basis eine Presseerklärung, die sogenannte „Public Information Notice" (PIN), die die Ergebnisse öffentlich zugänglich macht. Dadurch soll die Transparenz gefördert werden.

1756 *IWF*, IMF Executive Board Discusses Integrating Stability Assessments into Article IV Surveillance, Public Information Notice (PIN) No. 10/135, 27. September 2010.

1757 Seit Januar 2010 gibt es drei Arten von Kreditfazilitäten für einkommensschwache Länder, die speziell entwickelt wurden, um ihnen über die Finanzkrise der Jahre 2007–2009 hinwegzuhelfen: (1) Extended Credit Facility (ECF), Rapid Credit Facility (RCF) und die Standby Credit Facility (SCF). Unterschiede zwischen den drei Fazilitäten sind die Laufzeiten. Siehe *IWF*, Factsheet, Financing the Fund's Concessional Lending to Low-Income Countries, 30. September 2013, S. 1. Online verfügbar unter www.imf.org/external/np/exr/facts/pdf/concesslending.pdf, zuletzt geprüft am 16.02.2016.

1758 *Delonis*, International Financial Standards and Codes: Mandatory Regulation without Representation, 36 N.Y.U. J. Int'l L. & Pol. 563, 597 (2004), der verschiedene Beispiele für Kreditverträge mit einer solchen Klausel auflistet.

Grundsätze und der Baseler Eigenkapitalvereinbarungen jedoch oft vorausgesetzt. Es besteht daher eine faktische Pflicht zur Umsetzung.[1759]

Die Baseler Grundsätze im Jahre 1997 wurden von den Präsidenten der G10-Zentralbanken gutgeheißen[1760] und auf dem Gipfeltreffen der G7-Länder in Denver im Jahre 1997 rief man die nationalen Aufsichtsbehörden dazu auf, die Baseler Grundsätze umzusetzen.[1761] Die überarbeiteten Grundsätze im Jahre 2012 wurden auf der 17. internationalen Konferenz der Bankaufsichtsbehörden in Istanbul von den mehr als 100 dort anwesenden Vertretern der Bankaufsichtsbehörden und Zentralbanken gebilligt.[1762] Daran wird der Wille deutlich, die Baseler Grundsätze in verbindliches nationales Recht umzusetzen.

Aufgrund der faktisch zumindest mittelbar bestehenden Verpflichtung der Entwicklungsländer, die Baseler Grundsätze umzusetzen, sowie durch die öffentliche Billigung der Industrieländer und ihre Kundgebung der Umsetzung, kann man dieses Dokument als *Soft Law* einordnen.

cc. Baseler Eigenkapitalvereinbarungen

Die Baseler Eigenkapitalvereinbarungen stehen insbesondere in den Versionen Basel II und Basel III nationalen bindenden Rechtsnormen in Bezug auf die Bestimmtheit in nichts nach. Die Regelungen sind sehr komplex und detailliert. Wie man an der Beschreibung der Entstehung der Baseler Eigenkapitalvereinbarungen feststellen konnte,[1763] haben die Mitglieder des BCBS die Regelungen mit der Erwartung diskutiert, dass sie, zumindest für internationale Banken, in bindendes nationales und supranationales Recht umgesetzt werden. Aufgrund der Tatsache, dass die Regelungen von den meisten Mitgliedern verpflichtend für alle Banken eingeführt wurden und eine große Anzahl von Ländern außerhalb des Mitgliederkreises sie auch umgesetzt hat, werden die Baseler Eigenkapitalvereinbarungen mittlerweile als weltweiter Standard für die Beurteilung aller Banken anerkannt. Aufgrund dieser Erwartungshaltung werden die einzelnen Regelungen intensiv und lange diskutiert. Eine Einordnung als *Soft Law* kann hier eindeutig bejaht werden.

1759 So auch *Búrca*, Developing Democracy Beyond the State, 46 Colum. J. Transnat'l L. 221, 235 (2008): "[...] the International Monetary Fund and the World Bank have made compliance with core Basel standards compulsory for heavily indebted countries that are entirely dependent on the international financial institutions for development aid and loans.".

1760 Baseler Grundsätze 1997, S. 1, Punkt 2.

1761 *G8*, Final Report to the G7 Heads of State and Government on Promoting Financial Stability, Denver, June 21, 1997.

1762 *BIZ*, Pressemitteilung vom 14. September 2012, "Core principles for effective banking supervision - revised version endorsed by global bank supervisors". Online verfügbar unter http://www.bis.org/press/p120914.htm, zuletzt geprüft am 16.02.2016.

1763 Siehe zu der Entstehungsgeschichte der Baseler Eigenkapitalvereinbarungen die Ausführungen auf Seite 219 ff..

Um der Bedeutung der Baseler Eigenkapitalvereinbarungen als weltweit anerkannter Standard gerecht zu werden, hat man ein Konsultationsverfahren mit öffentlicher Beteiligung eingeführt.[1764] Dieses ist jedoch noch nicht perfektioniert. Insbesondere hilft es nicht über die Tatsache hinweg, dass die Regeln im BCBS von den dort anwesenden Mitgliedern entwickelt werden und auf diese entwickelten Finanzmärkte zugeschnitten sind. Der IWF legt auch die Umsetzung der Baseler Eigenkapitalvereinbarungen immer öfter als Bedingung für den Erhalt eines Kredites fest, wie dies auch mit den Baseler Grundsätzen gemacht wird.[1765] Entwicklungsländer sind demnach auch hier faktisch gezwungen die Vereinbarungen umsetzen, jedoch haben sie weder ein Entscheidungsrecht bei der Entwicklung der Grundsätze, noch haben sie die Ressourcen und Erfahrung die komplexen Regelungen umzusetzen. Das BCBS leistet zwar Hilfestellung, jedoch ändert dies nichts an der Tatsache, dass die Regeln für Entwicklungsländer oft zu komplex sind.[1766]

dd. IOSCOs Objectives and Principles of Securities Regulation

Das Vorwort sowie die Einleitung zu IOSCOs Grundsätzen betonen, dass, obwohl die Mitglieder durch die Billigung dieses Dokuments ausdrücken, dass sie sich verpflichtet fühlen die Grundsätze zu befolgen, sie sie dennoch zur Wirksamkeit in nationales Recht umsetzen müssen.[1767] Genau wie die Baseler Grundsätze bilden auch die IOSCO Grundsätze Teil der Finanzsektorbetrachtung, die der IWF und die Weltbank im Rahmen des FSAP durchführen. Kritisch ist jedoch auch hier wieder die faktisch bestehende Verpflichtung der Entwicklungsländer zu betrachten. Dazu wird auf die Ausführungen zu den Baseler Grundsätzen verwiesen. Eine Einordnung der Grundsätze von IOSCO in die hier definierte *Soft Law*-Kategorie ist aufgrund dieser zwei Aspekte jedoch unproblematisch.

ee. IOSCOs Multilateral Memorandum of Understanding (MMoU)

Memoranda of Understanding sind schriftliche Vereinbarungen, durch die die Unterzeichner ihren Willen ausdrücken sich gegenseitig Amtshilfe dabei zu leisten, Information zu erlangen und diese zu teilen. Sie enthalten grundsätzlich detaillierte

---

1764 Siehe dazu die Ausführungen auf Seite 203.

1765 Dazu schon auf Seite 268.

1766 *Gottschalk*, Introduction: Why Basel Matters, in: ders. (Hrsg.), The Basel Capital Accord in Developing Countries, 2010, S. 4. Zu den Problemen, welche die faktische Pflicht zur Umsetzung für Entwicklungsländer aufwerfen, umfassend *Delonis*, S. 563 ff.; *Ward*, The New Basel Accord and Developing Countries: Problems and Alternatives, The Cambridge Endowment for Research in Finance, Working Paper No. 4 (2002), online verfügbar unter http://www.cfap.jbs.cam.ac.uk/publications/downloads/wp04.pdf, zuletzt geprüft am 16.02.2016.

1767 IOSCO Grundsätze 1998, S. i und S. 4.

Bestimmungen in Bezug auf die Verwendung und die Vertraulichkeit der Informationen.[1768]

IOSCOs *Multilateral Memorandum of Understanding* aus dem Jahre 2002 soll ein Rahmenwerk für Wertpapieraufsichtsbehörden zur Kooperation bei der Durchsetzung und beim Informationsaustausch bieten und eine Standardisierung für bilaterale *Memoranda of Understanding* darstellen. Das *Multilateral Memorandum of Understanding* tritt nicht an die Stelle von existierenden bilateral abgeschlossenen *Memoranda of Understanding*, sondern ergänzt diese. Laut den allgemeinen Bestimmungen im *Multilateral Memorandum of Understanding* soll dieses zudem keine verbindlichen rechtlichen Verpflichtungen begründen oder nationales Recht verdrängen.[1769] Die Parteien des *Multilateral Memorandum of Understanding* können es so umsetzen, wie es mit ihrem nationalen Recht am ehesten vereinbar ist. Das *Multilateral Memorandum of Understanding* ist also mit einer Richtlinie der EU vergleichbar, die noch der Umsetzung in nationales Recht bedarf, bei der den nationalen Behörden jedoch ein Spielraum bei der Art und Weise der Umsetzung gelassen wird. Bei einer EU-Richtlinie ist jedoch die Umsetzung an sich verpflichtend, während die Unterzeichnung und Umsetzung des *Multilateral Memorandum of Understanding* freiwillig erfolgen.

Die Frage, ob die Unterzeichnung des *Multilateral Memorandum of Understanding* jedoch wirklich freiwillig ist, muss im Hinblick auf einige Punkte genauer untersucht werden. Oberflächlich betrachtet, ist der Beitritt zum *Multilateral Memorandum of Understanding* freiwillig, da die IOSCO die Mitglieder und insbesondere Nichtmitglieder nicht zwingen kann zu unterschreiben. Wie bereits erwähnt, wird eine Durchsetzung mit Zwang in den wenigsten Fällen im Völkerrecht eingesetzt.[1770] Wie ist dies im Fall von IOSCOs *Multilateral Memorandum of Understanding*?

Seit 2005 kann nur noch Vollmitglied und assoziiertes Mitglied bei der IOSCO werden, wer die Voraussetzungen zur Umsetzung der im *Multilateral Memorandum of Understanding* enthaltenen Verpflichtungen erfüllt oder bereit und in der Lage ist die Voraussetzungen zur Erfüllung zu schaffen.[1771] Die IOSCO stellt gegenwärtig das einzige multilaterale Forum dar, in dem sich Wertpapieraufsichtsbehörden austauschen können. Eine Wertpapieraufsichtsbehörde kann es sich daher kaum leisten nicht Mitglied zu werden und nicht über Entwicklungen informiert zu sein.[1772] Die IOSCO hat seit dem Jahre 2005 zudem stetig den Druck auf bestehende Mitglieder

---

1768 *Friedman/Jacobs/Macel*, Taking Stock of Information Sharing in Securities Enforcement Matters, 10 J.F.C. 37, 41 (2002).

1769 IOSCO MMoU, Punkt 6(a).

1770 Siehe dazu Seite 264.

1771 *Porter*, International Regulatory Regimes, in: Baker/Riddick (Hrsg.), International Finance: A Survey, 2013, S. 278.

1772 *Dreyling*, Bedeutung internationaler Gremien für die Fortentwicklung des Finanzplatzes Deutschland, ILF Working Paper No. 04 (2002), S. 20; *Brummer*, Post-American Securities Regulation, 98 Cal. L. Rev. 327, 373 (2010).

erhöht, das *Multilateral Memorandum of Understanding* zu unterschreiben.[1773] 2013 wurde auf der Homepage von IOSCO die Beobachtungsliste der Mitglieder, die noch nicht unterschrieben haben, veröffentlicht.[1774] Dieser als „*Naming and Shaming*" bekannte Ansatz,[1775] erzeugt Druck auf die dort genannten Länder, da ihr Ansehen durch die öffentliche Hervorhebung ihrer Nichtunterzeichnung geschädigt wird.

Die Resolutionen aus den Jahren 2012 und 2013 riefen zudem die Aufsichtsbehörden explizit dazu auf, bei eventuellen Kooperationen miteinzubeziehen, ob das entsprechende Land unterschrieben hat.[1776] Aufsichtsbehörden werden es sich genau überlegen, ob sie in Zukunft den Aufsichtsbehörden dieser Länder Amtshilfe leisten. Unternehmen aus diesen Ländern können eventuell keine grenzüberschreitenden Transaktionen tätigen und werden Druck auf die Legislative ausüben. Dadurch wird auch die inländische Effektivität und Autorität der Aufsichtsbehörde, die nicht unterschrieben oder sich nicht an die Vorhaben des *Multilateral Memorandum of Understanding* hält, untergraben. Zudem steigen auch die Kosten für die dort ansässigen Unternehmen und das Land selber wird eventuell auch weniger Investoren und Institute anziehen.[1777]

Interessant ist weiterhin, dass auch andere Institutionen das *Multilateral Memorandum of Understanding* als wichtig anerkennen und die Unterschrift als Voraussetzung in anderen Abkommen verpflichtend machen. Die Europäische Union (EU) beispielsweise hat die Unterzeichnung des *Multilateral Memorandum of Understanding* als Bedingung dafür in die Währungsvereinbarung mit Andorra aufgenommen, dass Andorra ab Juli 2013 den Euro einführen kann.[1778]

Somit ist die Implementierung verpflichtend, wenn man international und national keine Nachteile erleiden möchte. Die Wahlmöglichkeiten der Länder sind nur noch theoretisch vorhanden.

Zudem setzt die Unterzeichnung des *Multilateral Memorandum of Understanding* eine Angleichung der Rechtsvorschriften voraus. Dass der Zweck des MMoU über

---

1773 Siehe dazu Seite 254 ff..

1774 IOSCO, 2013 List of Non-signatories to the MMoU, online verfügbar unter http://www.iosco.org/about/?subSection=mmou&subSection1=2013_list, zuletzt geprüft am 16.02.2016.

1775 *Brummer*, How International Financial Law Works (and How It Doesn't), 99 Geo. L. J. 257, 289 (2011); *Greene/Boehm*, The Limits of "Name and Shame" in International Financial Regulation, 97 Cornell L. Rev. 1083 (2012); *Whitehead*, S. 709–10.

1776 IOSCO 2012 Resolution on MMoU, S. 2; IOSCO Press Release 2013.

1777 *Brummer*, 99 Geo. L. J. 257, 286 und 289 et seq. (2011).

1778 Währungsvereinbarung zwischen der Europäischen Union und dem Fürstentum Andorra, ABl. 2011/C 369/01, Artikel 2 (2)(b): „Das Recht, ab dem 1. Juli 2013 Euro-Münzen auszugeben, unterliegt folgenden Bedingungen: [...] das Fürstentum Andorra unterzeichnet spätestens innerhalb von 18 Monaten nach Inkrafttreten dieser Vereinbarung die multilaterale Vereinbarung der Internationalen Organisation der Börsenaufsichtsbehörden über Konsultation und Kooperation sowie den Austausch von Informationen.".

einen reinen standardisierten Informationsaustauschmechanismus hinausgeht, wurde von der IOSCO anerkannt.[1779] Die IOSCO setzt das *Multilateral Memorandum of Understanding* unter anderem dazu ein, die Mitglieder dazu zu bewegen, harmonisierte Gesetzgebung zu verabschieden, die die IOSCO Grundsätze widerspiegelt.[1780] Der intensive Screening und Verifizierungsprozess vor Unterzeichnung stellt sicher, dass das nationale Recht die Vorgaben des *Multilateral Memorandum of Understanding* angemessen umsetzt. Die Umsetzung dieser *Soft-Law*-Vereinbarung hat damit einen größeren Einfluss auf die nationale Gesetzgebung als die Ratifizierung eines völkerrechtlichen Vertrages, bei dem es jedem Land überlassen ist dafür zu sorgen, dass sie die Vorgaben umsetzen können oder zumindest nicht dem Ziel des Vertrages zuwiderhandeln.[1781]

2. Klassifizierung von internationalen Übereinkommen gemäß U.S.-Recht

Wie in den vorangegangenen Ausführungen dargelegt, handelt es sich bei den meisten im Rahmen vom BCBS und der IOSCO verfassten Dokumenten nach der völkerrechtlichen Terminologie um *Soft Law*-Vereinbarungen, die zu ihrer Wirksamkeit in nationales Recht umgesetzt werden müssen. Eine Einordnung der Dokumente nach U.S.-Recht kann zu anderen Ergebnissen führen. Insbesondere ist zu bedenken, dass die USA die Wiener Vertragsrechtskonvention zwar 1970 unterzeichnet haben,[1782] sie bisher jedoch nicht ratifiziert wurde. Trotz dieser Tatsache befolgen die USA viele der in der Wiener Vertragsrechtskonvention niedergelegten Regeln beim Abschluss von völkerrechtlichen Verträgen, insbesondere aufgrund der Tatsache, dass es sich bei vielen Bestimmungen um die Kodifizierung von Völkergewohnheitsrecht handelt.[1783]

1779 *Technical Committee*, Strengthening Capital Markets, S. 30: "However, the IOSCO Multilateral MOU is more than just an information-sharing mechanism. Signing the agreement involves a review process through which prospective signatories must demonstrate they have the legal authority to provide the kinds of assistance the Multilateral MOU describes. Signing the IOSCO Multilateral MOU necessarily entails an extensive assessment of the prospective signatory's implementation of IOSCO's Core Principles in this area.".

1780 *Janet Austin*, 23 Criminal Law Forum 393, 410 (2012).

1781 Zu der Frage, ob dadurch das Demokratieprinzip ausgehebelt wird, siehe die Diskussion im Abschnitt V beginnend auf Seite 315.

1782 Die Wiener Vertragsrechtskonvention wurde für die USA vom U.S.-Außenminister William P. Rogers am 24. April 1970 unterzeichnet und an den Senat weitergeleitet. Siehe *Rogers (Secretary of State)*, Vienna Convention on the Law of Treaties Transmitted to the Senate, 65 Dep't. St. Bull. 684 (1971).

1783 Dies wird von den Gerichten und der Exekutive auch so anerkannt. Siehe zum Beispiel Chubb & Son, Inc. v. Asian Airlines, 214 F.3d 301, 308 (2d Cir. 2000): „The United States recognizes the Vienna Convention as a codification of customary international law. The United States Department of State considers the Vienna

Der rechtliche Status von Dokumenten wie den Baseler Eigenkapitalvereinbarungen sorgt auch innerhalb der USA oft für Verwirrung. Beispielsweise sei hier auf eine Klage hingewiesen, bei der eine Verletzung von Pflichten aus der Basel III-Vereinbarung geltend gemacht wurde.[1784] Obwohl das Gericht die Klage in diesem Punkt abwies, da der Kläger nicht dargelegt habe, warum oder ob Basel III in den USA anwendbar sei oder Effekt habe, so erklärte es weiterhin, dass das Gericht nach eigener Recherche herausgefunden habe, dass die USA kein Unterzeichner von Basel III seien.[1785] Dies lässt darauf schließen, dass das Gericht Basel III als völkerrechtlichen Vertrag oder als anderweitig bindendes internationales Übereinkommen eingeordnet hat. Nach der vorab vorgenommenen völkerrechtlichen Klassifizierung kann diese Aussage abgelehnt werden. Wie verhält es sich jedoch nach U.S.-Recht?

Die Terminologie im U.S.-Recht unterscheidet bei internationalen Übereinkommen zwischen völkerrechtlichen Verträgen (*treaties*) und internationalen Übereinkommen, die keine völkerrechtlichen Verträge sind (*executive agreements*). Das Verfahren für den Abschluss von völkerrechtlichen Verträgen (*treaties*) und von internationalen Übereinkommen, die keine völkerrechtlichen Verträge sind, ist ansich das gleiche. Der Unterschied besteht darin, dass Übereinkommen, die in die zweite Kategorie fallen, nicht zur Beratung und Zustimmung an den Senat weitergeleitet werden.[1786] Alle anderen internationalen Vereinbarungen, die nicht in eine dieser beiden Kategorien fallen, sind nicht bindend und unterliegen keinem speziellen Verfahren. Bei ihnen müssen nur verwaltungsrechtliche Vorgaben bei der Umsetzung beachtet werden.

Convention "in dealing with day-to-day treaty problems" and recognizes the Vienna Convention as in large part "the authoritative guide to current treaty law and practice." [...] In addition, the Department of State has stated that where it has not recognized the Vienna Convention as codifying customary international law, it has adopted it as customary law going forward."; *Carter/Weiner*, International Law, 2011, S. 87; *Rogers* (*Secretary of State*), Vienna Convention on the Law of Treaties Transmitted to the Senate, 65 Dep't. St. Bull. 684, 685 (1971): "[...] the Convention is already generally recognized as the authoritative guide to current treaty law and practice."; *Dalton*, The Vienna Convention on the Law of Treaties: Consequences for the United States, 78 Am. Soc'y Int'l Proc. 276, 277 et seq. (1984); *Frankowska*, The Vienna Convention on the Law of Treaties before United States Courts, 28 Va. J. Intl. L. 281, 289 et seq. (1988); *Congressional Research Service*, Treaties and Other International Agreements: The Role of the United States Senate, A Study Prepared for the Committee on Foreign Relations of the United States Senate (Comm. Print 2001), S. 45; *Koh*, Remarks: Twenty-First-Century International Lawmaking, 101 Geo. L. J. 725, 738 (2013).

1784 Feller v. Indymac Mortgage Services, 2010 WL 342187 (W. D. Wash. Jan. 26, 2010).

1785 Feller v. Indymac Mortgage Services, 2010 WL 342187 (W. D. Wash. Jan. 26, 2010), S. 3.

1786 Zu dieser zweiten Kategorie von internationalen Übereinkommen siehe Seite 278 ff..

a. *Definition von völkerrechtlichen Verträgen (treaties) im U.S.-Recht*

Die Bezeichnung „völkerrechtlicher Vertrag" (*treaty*) wird in den USA nur für ganz bestimmte internationale Übereinkommen verwendet und unterscheidet sich von der völkerrechtlichen Definition. Vorab sei schon angemerkt, dass die Tatsache, dass ein internationales Übereinkommen nicht als „*treaty*" bezeichnet wird, keine Aussage über die Bindungswirkung für die USA trifft.

aa. Bestimmungen in der U.S.-Verfassung

Article II, *Section* 2, *Clause* 2 der U.S.-Verfassung besagt, dass der Präsident:

> „[...] shall have Power, by and with the Advice and Consent of the Senate, to make Treaties, provided two thirds of the Senators present concur."

Die Autoren der U.S.-Verfassung hatten dem Senat in dieser Bestimmung ursprünglich eine wichtige beratende Rolle schon vor und während der Verhandlungen des völkerrechtlichen Vertrages zugestanden.[1787] Hierbei ist zu beachten, dass nur der **Senat** und nicht der gesamte Kongress beim Abschluss von völkerrechtlichen Verträgen involviert ist. Der Senat agiert hier nicht als Teil der Legislative, sondern nimmt eine spezielle exekutive Funktion wahr.[1788] In der heutigen Praxis präsentiert der Präsident dem Senat einen fertig diskutierten Entwurf des Vertrages und die Beratung vorher und während der Verhandlungen findet kaum stattfindet. Um die beratende Rolle des Senats nicht völlig leerlaufen zu lassen, werden Senatoren teilweise als Mitglieder der Delegation eingesetzt, die den Vertrag verhandelt.[1789] Die Rolle des Senats beschränkt sich heutzutage im Großen und Ganzen darauf, zu entscheiden, ob ein völkerrechtlicher Vertrag durch die USA abgeschlossen werden soll (*consent*).[1790] Dies kann dazu führen, dass der Senat einen lange ausgehandelten völkerrechtlichen Vertrag ablehnt; sehr zum Missfallen des Präsidenten und der ausländischen Vertragspartei.[1791] Auch eine solche Ablehnung soll durch den

---

1787 *Congressional Research Service*, Treaties and Other International Agreements: The Role of the United States Senate, S. 27.

1788 *Hayden*, The Senate and Treaties: 1789–1817, 1920, S. 2: "[...] the Senate was faced with the executive duties laid upon it by the treaty clause of the Constitution."; *Hamilton*, The Works of Alexander Hamilton, Vol. 7, 1851, S. 81: "The general doctrine of our Constitution then is, that the *executive power* of the nation is vested in the President; subject to the *exceptions* and *qualifications*, which are expressed in the instrument. Two of these have already been noticed; the participation of the senate in the appointment of officers, and in the making of treaties."

1789 *Henkin*, Foreign Affairs and the United States Constitution, 1996, S. 178; *Congressional Research Service*, Treaties and Other International Agreements: The Role of the United States Senate, S. 109.

1790 *Congressional Research Service*, Treaties and Other International Agreements: The Role of the United States Senate, S. 3.

1791 *Henkin*, Constitutionalism, Democracy, and Foreign Affairs, 1990, S. 51 f..

Einsatz von Senatoren als Mitglieder der Delegation, die den Vertrag verhandelt, vermieden werden.

bb. Ratifikation

Ratifikation bezeichnet den Prozess, durch den ein Staat im internationalen Bereich seine Zustimmung bekundet, durch einen Vertrag gebunden zu sein.[1792] *Article* II, *Section* 2, *Clause* 2 der U.S.-Verfassung enthält keine Aussage über den Ratifizierungsprozess von völkerrechtlichen Verträgen in den USA. Seit Inkrafttreten der U.S.-Verfassung ist es jedoch Praxis, dass der formale Ratifizierungsakt für völkerrechtliche Verträge in den USA nach Beratung und Zustimmung einer Zweidrittelmehrheit im Senat nur durch den Präsidenten vorgenommen wird.[1793] Sobald der Senat dem völkerrechtlichen Vertrag zugestimmt hat, ist dessen Aufgabe erfüllt, und die Entscheidung, ob der Vertrag ratifiziert wird oder nicht, obliegt allein dem Präsidenten.[1794] Hat der Senat dem von der Exekutive verhandelten Vertrag zugestimmt, so wird die Ratifizierung durch den Austausch der Ratifizierungsurkunden mit dem anderen Staat/Staaten vollendet.[1795] Der Ratifizierungsprozess in den USA ist somit anders ausgestaltet als das deutsche Verfahren gemäß Artikel 58 GG. Es bedarf keines formalen Zustimmungsgesetzes der Legislative nach Unterzeichnung durch den Vertreter des Bundes.

Wenn im U.S.-Recht von völkerrechtlichen Verträgen (*treaties*) die Rede ist, so sind dies **nur** solche völkerrechtlichen Übereinkommen, die nach diesem Verfahren abgeschlossen wurden und danach für die USA bindend sind.[1796] Die Definition ist damit enger als im Völkerrecht.[1797] Aufgrund ihrer Rechtsgrundlage werden sie gelegentlich auch als *Article-II-Treaties* bezeichnet. Andere internationale Übereinkommen mögen zwar auch für die USA bindend sein, jedoch werden sie nicht als „völkerrechtlicher Vertrag (*treaty*)“ bezeichnet. Diese anderen internationalen Übereinkommen werden im Abschnitt b genauer untersucht.[1798]

1792 *Congressional Research Service*, Treaties and Other International Agreements: The Role of the United States Senate, S. 2.

1793 *Congressional Research Service*, Treaties and Other International Agreements: The Role of the United States Senate, S. 2.

1794 *Henkin*, Foreign Affairs and the United States Constitution, S. 184.

1795 *Congressional Research Service*, Treaties and Other International Agreements: The Role of the United States Senate, S. 12.

1796 Siehe auch *U.S. Department of State*, 11 FAM § 723.2-1.

1797 *Majak*, International Agreements: An Analysis of Executive Regulations and Practices, 1977, S. 1.

1798 Zu diesen anderen bindenden internationalen Übereinkommen siehe Seite 278 ff.

cc. *Unterscheidung zwischen selbstausführenden und nichtselbstausführenden völkerrechtlichen Verträgen*

Wurde das Verfahren der U.S.-Verfassung für das internationale Übereinkommen befolgt, so liegt ein völkerrechtlicher Vertrag vor. In einem nächsten Schritt muss bestimmt werden, ob er selbstausführend (*self-executing*) und damit unmittelbar in den USA anwendbar ist, oder nicht-selbstausführend (*non-self-executing*), so dass Gesetzgebung zur Umsetzung notwendig ist. Die Unterscheidung zwischen selbstausführenden und nicht-selbstausführenden völkerrechtlichen Verträgen als Ausnahme zur *Supremacy Clause*[1799] wurde zum ersten Mal von Richter John Marshall vorgenommen in dem Fall „Foster v. Nelson".[1800] Diese Frage hat aber nichts mit der internationalen Bindungswirkung für die USA zu tun oder mit der Frage, ob der völkerrechtliche Vertrag oberstes Gesetz des Landes ist (*supreme law of the land*).[1801] Dabei geht es nur um die Umsetzung in nationales Recht und um ein eventuelles Recht von Bürgern, Rechte daraus einzuklagen. Die Legislative und die Exekutive sind bei nicht-selbstausführenden Verträgen verpflichtet, alles zu tun, um die Bestimmungen umzusetzen und auszuführen.

dd. *Subsumtion und Zwischenergebnis*

Die im Rahmen von BCBS verabschiedeten Dokumente wurden von Vertretern der Bankaufsichtsbehörden des Bundes der USA beschlossen, während im Rahmen der IOSCO Vertreter der SEC und CFTC und von diversen *Self-Regulatory Organizations* tätig wurden. Die Mitarbeiter der Bankaufsicht, der Wertpapieraufsicht und der Terminbörsenaufsicht sind Angestellte von unabhängigen Regulierungsbehörden (*independent regulatory agencies*).[1802] Diese Behörden werden zwar verfassungsrechtlich als Teil der Exekutive angesehen. Sie genießen jedoch einen hohen Grad an Unabhängigkeit, sind unabhängig von politischer Einflussnahme und werden als „vierte Gewalt" bezeichnet.[1803] Die *Self-Regulatory Organizations* sind private Organisationen und somit eindeutig nicht Teil der Exekutive.[1804] In den USA ist es Praxis, dass nur bei Vertragsverhandlungen zu völkerrechtlichen Verträgen schriftliche Ermächtigungen, die USA zu binden, erteilt werden.[1805] Eine Ermächtigung die USA international in diesen Gremien zu binden, wurde ihnen nicht erteilt. Ausschlaggebend für die Einordnung der Dokumente ist zudem, dass die im BCBS und bei der

1799 U.S. CONST., art. VI, cl. 2.
1800 Foster v. Neilson, 27 U.S. 253, 314 (1829).
1801 *Henkin*, Foreign Affairs and the United States Constitution, S. 203.
1802 Zum Begriff der unabhängigen Regulierungsbehörde siehe 44 U.S.C. § 3502(5) (2012), sowie Fn. 825.
1803 Zum Begriff der "vierten Gewalt" siehe Fn. 825.
1804 Zum rechtlichen Status der SROs siehe S. 135 ff.
1805 *U.S. Department of State*, 11 FAM §§ 733 11, 731.3(a); *Congressional Research Service*, Treaties and Other International Agreements: The Role of the United States Senate, S. 97.

IOSCO beschlossenen Texte in den USA nicht an den Senat weitergeleitet wurden. Erst die Beteiligung und Zustimmung durch eine Zweidrittelmehrheit im Senat machen ein von der Exekutive verhandeltes Dokument nach der U.S.-Terminologie zu einem völkerrechtlichen Vertrag. Die Dokumente sind damit nach U.S.-Recht keine völkerrechtlichen Verträge.

b. *Internationale Übereinkommen, die keine völkerrechtlichen Verträge sind (executive agreements)*

Internationale Übereinkommen, die für die USA aufgrund einer anderen Grundlage als *Article* II, *Section* 2, *Clause* 2 der U.S.-Verfassung verbindlich werden,[1806] bezeichnet man als „internationale Übereinkommen, die keine völkerrechtlichen Verträge sind" (*international agreements other than treaties*).[1807] Zuweilen werden sie auch schlicht als „exekutive Übereinkommen" (*executive agreements*) bezeichnet.[1808] Diese internationalen Übereinkommen werden, ebenso wie völkerrechtliche Verträge, von der Exekutive verhandelt und abgeschlossen, aber **nicht** an den Senat zur Beratung und Zustimmung weitergeleitet. Nach der völkerrechtlichen Terminologie handelt es sich auch bei *executive agreements* um „völkerrechtliche Verträge (*treaties*)".[1809]

aa. Erwähnung in der U.S.-Verfassung und tatsächliche Praxis

Die U.S.-Verfassung schweigt zu „internationalen Übereinkommen, die keine völkerrechtlichen Verträge sind", während „völkerrechtliche Verträge" viermal erwähnt werden.[1810] Lediglich *Article* I, *Section* 10, *Clause* 3 der U.S.-Verfassung scheint

1806 Im den Fall B. Altman & Company v. United States, 224 U.S. 583, 601 (1912) machte der U.S.-Supreme Court folgende Aussage zu der Bindungswirkung solcher internationaler Übereinkommen für die USA: „While it may be true that this commercial agreement, made under authority of the tariff act of 1897, § 3, was not a treaty possessing the dignity of one requiring ratification by the Senate of the United States, it was an international compact, negotiated between the representatives of two sovereign nations, and made in the name and on behalf of the contracting countries, and dealing with important commercial relations between the two countries, and was proclaimed by the President. [...]We think such a compact is a treaty under the circuit court of appeals act, and, where its construction is directly involved, as it is here, there is a right of review by direct appeal to this court.".

1807 1 U.S.C. § 112a (2012).

1808 *H. Miller* (Hrsg.), Treaties and Other International Acts of the United States of America, Vol. 1 (Short Print), 1931, S. 9.

1809 Siehe dazu die Definition in Artikel 2 Abs. 1(a) des Wiener Übereinkommen über das Recht der Verträge und die Ausführungen auf Seite 260.

1810 Völkerrechtliche Verträge (treaties) werden in den folgenden Vorschriften erwähnt: U.S. CONST. art. I, § 10, cl. 1; U.S. CONST. art. II, § 2, cl. 2; U.S. CONST. art. III, § 2, cl. 1 und U.S. CONST. art. VI, cl. 2.

indirekt anzuerkennen, dass es außer völkerrechtlichen Verträgen, die unter Mitwirkung des Senats abgeschlossen werden, noch andere Arten von internationalen Übereinkommen gibt. In dieser Bestimmung heißt es, dass den Einzelstaaten ohne Genehmigung durch den Kongress verboten ist, ein „*Agreement or Compact*" mit einem ausländischen Souverän abzuschließen.[1811]

Trotz der Tatsache, dass die U.S.-Verfassung mehr oder weniger schweigt, schließen die USA in der Praxis mehr „internationale Übereinkommen, die keine völkerrechtlichen Verträge sind" ab, als Übereinkommen, die nach der U.S.-Terminologie als „völkerrechtliche Verträge" bezeichnet werden.[1812] In der Zeit von 1939 bis 2014 schlossen die USA ungefähr 17.300 *executive agreements* im Vergleich zu ungefähr 1.100 völkerrechtlichen Verträgen ab.[1813] Ihre internationale Bindungswirkung für die USA wird nicht angezweifelt.[1814]

bb. Arten von Executive Agreements

Für den Abschluss von *executive agreements* gibt es drei verschiedene Rechtsgrundlagen: (i) völkerrechtlicher Vertrag (*agreements pursuant to a treaty*), (ii) Gesetz (*Congressional-executive agreements*) und (iii) die verfassungsrechtliche Kompetenz des Präsidenten (*sole-executive agreements*).[1815]

Executive agreements, welche auf der Basis eines für die USA bindenden völkerrechtlichen Vertrags oder aufgrund von Gesetzgebung des Kongresses abgeschlossen werden, sind neben den in der U.S.-Verfassung erwähnten völkerrechtlichen Verträgen als gleichwertige Methode anerkannt, internationale Übereinkommen

---

1811 U.S. CONST. art. I, § 10, cl. 3: "No State shall, without the Consent of Congress, lay any Duty of Tonnage, keep Troops, or Ships of War in time of Peace, **enter into any Agreement or Compact** with another State, or **with a foreign Power**, or engage in War, unless actually invaded, or in such imminent Danger as will not admit of delay." [mit eigener Hervorhebung].

1812 *Congressional Research Service*, Treaties and Other International Agreements: The Role of the United States Senate, S. 58.

1813 Zahlen zusammengestellt aus mehreren Quellen. Die Übersicht ist verfügbar bei *Garcia, Cong. Research Serv.*, CRS RL32528, International Law and Agreements: Their Effect Upon U.S. Law (2015), S. 5. Online verfügbar unter http://fas.org/sgp/crs/misc/RL32528.pdf, zuletzt geprüft am 16.02.2016.

1814 Sie wird vorausgesetzt in 1 U.S.C. §§ 112a, 112b (2012). Siehe auch United States v. Belmont, 301 U.S. 324, 330 (1937): "But an international compact [...] is not always a treaty which requires the participation of the Senate"; Weinberger v. Rossi, 456 U.S. 25, 31 (1982): "In the case of a statute such as § 106, that does touch upon the United States' foreign policy, there is even more reason to construe Congress' use of "treaty" to include international agreements as well as Art. II treaties."; *Henkin*, Foreign Affairs and the United States Constitution, S. 217.

1815 *H. Miller*, S. 9–10.

abzuschließen.[1816] Die Grenzen oder Themenbereiche sind jedoch unklar und teilweise umstritten.

Executive agreements, die auf der Basis eines vom Senat abgesegneten *Article II-Treaty* vom Präsidenten abgeschlossen werden, stellen grundsätzlich kein Problem dar. In den meisten Fällen handelt es sich nur um eine Ausweitung der verfassungsrechtlichen *Article* II Prozedur. Lediglich in einzelnen Fällen ist fraglich, ob das *executive agreement* über die Ermächtigung des völkerrechtlichen Vertrages hinausgeht. Dies ist insbesondere der Fall, wenn es sich um eine implizite Ermächtigung handelt.[1817]

Bei *Congressional-executive agreements* wird der Präsident entweder vorab (*ex-ante*) oder nachträglich (*ex-post*) durch den Gesetzgeber ermächtigt, ein *executive agreement* abzuschließen. Sie werden hauptsächlich im Bereich Handel, Finanzen, Energie, Fischerei, Postangelegenheiten und bilaterale Beziehungen eingesetzt.[1818] Ein Beispiel für eine *ex-ante* Ermächtigung ist der Beitritt zum IWF und zur Weltbank.[1819] Als Beispiel für eine *ex-post* Ermächtigung ist der Abschluss des *North American Free Trade Agreement* (NAFTA) zu nennen.[1820] Ein Reibungspunkt war anfänglich die Frage, ob dem Präsidenten in verfassungswidriger Weise legislative Befugnisse übertragen worden waren.[1821] Teilweise ist fraglich, ob dieser

---

1816 *Henkin*, Foreign Affairs and the United States Constitution, S. 217; *Tribe*, S. 648.

1817 *Congressional Research Service*, Treaties and Other International Agreements: The Role of the United States Senate, S. 5; *Garcia*, S. 6.

1818 *Carter/Weiner*, S. 204.

1819 Bretton Woods Agreements Act, Pub. L. No. 79-171, § 2, 59 Stat. 512 (1945): "The President is hereby authorized to accept membership for the United States in the International Monetary Fund (hereinafter referred to as the "Fund"), and in the International Bank for Reconstruction and Development (hereinafter referred to as the "Bank"), provided for by the Articles of Agreement of the Fund and the Articles of the Bank as set forth in the Final Act of the United Nations Monetary and Financial Conference and dated July 23, 1944, and deposited in the archives of the Department of State.".

1820 North American Free Trade Agreement Implementation Act, Pub. L. No. 103-182, § 101, 107 Stat. 2057, 2061 (1993). Das Gesetz zur Implementierung von NAFTA ist kodifiziert in 19 U.S.C. §§ 3301–3473 (2012). Die Bestimmung, welche NAFTA genehmigt, ist kodifiziert in 19 U.S.C. § 3311 (2012).

1821 Ein Fall, in dem der Supreme Court eine verfassungswidrige Delegation von legislativen Befugnissen feststellte, war Panama Refining Company v. Ryan, 293 U.S. 388 (1935). In dem Fall ging es um eine Klage gegen eine Executive Order des Präsidenten und Ausführungsverordnungen dazu, welche er aufgrund einer Ermächtigung in § 9(c) National Industrial Recovery Act of 1933 (NIRA), Pub. L. No. 73-67, 48 Stat. 195 (1933), erließ. Die Bestimmung erteilte dem Präsidenten die Befugnis: [...] to prohibit the transportation in interstate and foreign commerce of petroleum and the products thereof produced or withdrawn from storage in excess of the amount permitted to be produced or withdrawn from storage by any State law [...]." Das Gericht führte auf S. 252 et seq. aus: "Thus, in every case in which

Themenbereich statt durch ein *Congressional-executive agreement* durch einen völkerrechtlichen Vertrag hätte geregelt werden müssen.[1822]

Die Tatsache, dass der Senat fertig ausgehandelte Verträge teilweise ablehnt oder sie „im Komitee sterben" lässt,[1823] hat zum vermehrten Einsatz von *Congressional-executive agreements* und *sole executive agreements* geführt.[1824] Vorteil des *Congressional-executive agreement* ist, dass jeweils eine einfache Mehrheit im Senat und im Repräsentantenhaus genügt, um ein Gesetz zu verabschieden.[1825] Dadurch umgeht

---

the question has been raised, the Court has recognized that there are limits of delegation which there is no constitutional authority to transcend. We think that section 9(c) goes beyond those limits. As to the transportation of oil production in excess of state permission, the Congress has declared no policy, has established no standard, has laid down no rule. There is no requirement, no definition of circumstances and conditions in which the transportation is to be allowed or prohibited." Ab 1937 war der Supreme Court jedoch in Bezug auf die Delegation von Befugnissen an den Präsidenten zum Abschluss von executive agreements nachsichtiger eingestellt und wies solche Klagen ab. Siehe *Hathaway*, Presidential Power over International Law: Restoring the Balance, 119 Yale L. J. 140, 177 (2009).

1822 *Congressional Research Service*, Treaties and Other International Agreements: The Role of the United States Senate, S. 25. Zu den Themenbereichen für executive agreements siehe auch die Ausführungen im Abschnitt cc auf Seite 283.

1823 Die Redewendung, dass ein Gesetzesentwurf "im Komitee stirbt" (to die in committee) bedeutet, dass der Entwurf nicht die nächste Stufe des Gesetzgebungsprozesses erreicht, indem das Komitee keine Entscheidung trifft. Somit verbleibt der Gesetzesentwurf im Komitee und kann nicht im ganzen Senat oder Repräsentantenhaus gelesen und diskutiert werden. Siehe *Rosenthal*, The Decline of Representative Democracy, 1998, S. 142.

1824 *Congressional Research Service*, Treaties and Other International Agreements: The Role of the United States Senate, S. 22; *Henkin*, Foreign Affairs and the United States Constitution, S. 217.

1825 Laut U.S. CONST. art. I, § 5, cl. 2 kann sich jede Kammer des Kongress eine Geschäftsordnung (House and Senate Rules) geben. Für das Repräsentantenhaus ist in § 508 Jefferson's Manual, welches durch Rule XXIX, cl. 1 in die House Rules inkorporiert wurde, festgelegt, dass eine einfache Mehrheit entscheidet, es sei denn es ist ausdrücklich anders festgelegt. Für den Senat ist die Mehrheitsregel für die Annahme eines Gesetzesentwurfs nicht ausdrücklich festgeschrieben, sondern nur die Ausnahmefälle, in denen eine 2/3 oder eine 3/5-Mehrheit notwendig ist. Es ist anerkannt, dass eine einfache Mehrheit der Regelfall ist. Siehe United States v. Ballin, 144 U.S. 1, 6 (1892): „The other branch of the question is whether, a quorum being present, the bill received a sufficient number of votes; and here the general rule of all parliamentary bodies is that, when a quorum is present, the act of a majority of the quorum is the act of the body. This has been the rule for all time, except so far as in any given case the terms of the organic act under which the body is assembled have prescribed specific limitations." Die U.S.-Verfassung listet weitere Fälle auf, in denen statt einer einfachen Mehrheit eine 2/3-Mehrheit notwendig ist.

man das Problem, dass eine Minderheit im Senat einen wichtigen völkerrechtlichen Vertrag blockieren kann. Zudem wird eine eventuelle spätere Umsetzung der internationalen Verpflichtung in nationales Recht oder eine Bereitstellung von Geldern erleichtert.

Die sogenannten *sole-executive agreements* wurden nicht vorab oder nachträglich durch einen völkerrechtlichen Vertrag oder ein Gesetz genehmigt, sondern haben als Rechtsgrundlage allein die verfassungsrechtlichen Befugnisse des Präsidenten. Dafür kommen unter anderem folgende (außenpolitische) Bestimmungen der U.S.-Verfassung in Betracht: (i) die allgemeine Exekutivgewalt des Präsidenten gemäß *Article* II, *Section* 1,[1826] (ii) die Befugnisse als Oberbefehlshaber der Army und Navy gemäß *Article* II, *Section* 2, *Clause* 1,[1827] (iii) die *Treaty*-Klausel selbst für Übereinkommen, die Teil der Verhandlungen für den völkerrechtlichen Vertrag sind oder zur Unterstützung (*Article* II, *Section* 2, *Clause* 2),[1828] (iv) die Befugnis, Botschafter und Minister zu empfangen (*Article* II, *Section* 3)[1829] und (v) seine Pflicht darauf zu achten,

---

1826 Erstmalig anerkannt in Watts v. United States, 1 Wash. Terr. 288 (1870). Dabei handelte es sich um ein Übereinkommen zwischen den USA und GB aus dem Jahre 1859, in dem man sich auf eine gemeinsame Besetzung der San Juan Insel einigte, bis eine endgültige Entscheidung über die internationalen Grenzen durch die Parteien getroffen wird. Das Gericht führte zur Befugnis des Präsidenten zum Abschluss dieses Übereinkommen auf S. 294 aus, dass: "The power to make and enforce such a temporary convention respecting its own territory is a necessary incident to every national government, and adheres where the executive power is vested.".

1827 Tucker v. Alexandroff, 183 U.S. 424, 435 (1902): „While no act of Congress authorized the Executive Department to permit the introduction of foreign troops, the power to give such permission without legislative assent was probably assumed to exist from the authority of the President as commander in chief of the military and naval forces of the United States.".

1828 Wilson v. Girard, 354 U.S. 524, 528 et seq. (1957): "In light of the Senate's ratification of the Security Treaty after consideration of the Administrative Agreement, which had already been signed, and its subsequent ratification of the NATO Agreement, with knowledge of the commitment to Japan under the Administrative Agreement, we are satisfied that the approval of Article II of the Security Treaty authorized the making of the Administrative Agreement and the subsequent Protocol embodying the NATO Agreement provisions governing jurisdiction to try criminal offenses.".

1829 United States v. Belmont, 301 U.S. 324, 330 et seq. (1937): "We take judicial notice of the fact that coincident with the assignment set forth in the complaint, the President recognized the Soviet government, and normal diplomatic relations were established between that government and the government of the United States, followed by an exchange of ambassadors. [...] The recognition, establishment of diplomatic relations, the assignment, and agreements with respect thereto, were all parts of one transaction, resulting in an international compact between the two governments. That the negotiations, acceptance of the assignment and agreements and understandings in respect thereof were within the competence of the President may not be doubted. [...] Governmental power over external affairs is not distributed, but is vested exclusively in the national government. And in respect

dass die Gesetze pflichtgetreu umgesetzt werden (*Article* II, *Section* 3).[1830] Die grundsätzliche Befugnis des Präsidenten zum Abschluss und einige dieser Bestimmungen wurden von den Gerichten als Rechtsgrundlage bestätigt,[1831] andere nicht, und die Grenzen sind alles andere als klar.[1832] Bei Unsicherheiten, bei besonders wichtigen Übereinkommen, und auch um eine gerichtliche Klärung zu vermeiden, haben die U.S.-Präsidenten generell nicht den Weg des *sole-executive agreements* gewählt, um ein wichtiges internationales Übereinkommen abzuschließen, sondern haben das Übereinkommen an den Senat zur Zustimmung übersandt.[1833]

cc. Themenbereiche für Executive Agreement

Welche Themenbereiche durch internationale Übereinkommen, die keine völkerrechtlichen Verträge sind, geregelt werden dürfen, ist nicht legaldefiniert. Diese

---

of what was done here, the Executive had authority to speak as the sole organ of that government. The assignment and the agreements in connection therewith did not, as in the case of treaties, as that term is used in the treaty making clause of the Constitution (article 2, s 2), require the advice and consent of the Senate.".

1830 Diese Bestimmung ist als Grundlage für sole-executive agreements ist nicht allgemein anerkannt. Der U.S. Supreme Court scheint es in einem obiter dictum anzudeuten. Siehe Cunningham v. Neagle, 135 U.S. 1, 63 et seq. (1890): "The constitution, § 3, art. 2, declares that the president 'shall take care that the laws be faithfully executed [...].Is this duty limited to the enforcement of acts of congress or of treaties of the United States according to their express terms; or does it include the rights, duties, and obligations growing out of the constitution itself, our international relations, and all the protection implied by the nature of the government under the constitution? [...]; Siehe weiterhin *Congressional Research Service*, Treaties and Other International Agreements: The Role of the United States Senate, S. 77; *McDougal/Lans*, Treaties and Congressional-Executive or Presidential Agreements: Interchangeable Instruments of National Policy, 54 Yale L. J. 181, 248 (1945); *Mathews*, The constitutional power of the President to conclude international agreements, 64 Yale L. J. 345, 367 (1955).

1831 American Insurance Association v. Garamendi, 539 U.S. 396, 415 (2003): "[...] our cases have recognized that the President has authority to make "executive agreements" with other countries, requiring no ratification by the Senate or approval by Congress, this power having been exercised since the early years of the Republic." Zu spezifischen Beispielen siehe die Nachweise in den vorangegangenen Fußnoten.

1832 Eine tiefergehende Diskussion der Arten von executive agreements und der Reichweite dieser Kompetenz des Präsidenten kann hier nicht vorgenommen werden, da es den Rahmen der Darstellung sprengen würde. Für einen kurzen Überblick siehe *Garcia*, S 4–6. Siehe auch *Henkin*, Foreign Affairs and the United States Constitution, S. 175–230. Für eine ausführliche Diskussion und historischen Überblick siehe *Congressional Research Service*, Treaties and Other International Agreements: The Role of the United States Senate.

1833 *Henkin*, Foreign Affairs and the United States Constitution, S. 224.

Unsicherheit beruht auch auf der Tatsache, dass die U.S.-Verfassung nicht bestimmt, welche Themenbereiche durch völkerrechtliche Verträge geregelt werden können oder sollen. Grenzen sind jedoch durch die Verfassung selbst gesetzt. Ein Themenbereich, der verfassungswidrig ist, der den grundlegenden Charakter des Bundesstaates oder den der Einzelstaaten berührt, oder die Grenzen der Einzelstaaten verändert, kann nicht durch einen völkerrechtlichen Vertrag geregelt werden.[1834] Da zumindest *Congressional-executive agreements* und auf völkerrechtlichem Vertrag basierende *executive agreements* als dem völkerrechtlichen Vertrag gleichwertig anerkannt werden, müssen die gleichen Überlegungen gelten. Dies hilft jedoch nicht bei der Frage, ob ein Themenbereich statt durch ein *executive agreement* durch einen völkerrechtlichen Vertrag und somit durch eine Zweidrittelmehrheit des Senats gutgeheißen werden muss, wie es die U.S.-Verfassung zur Kontrolle vorsieht.

Versuche des Senats, die verfassungsrechtliche Kompetenz des Präsidenten zum Abschluss von *sole-executive agreements* zu definieren, haben nicht in bindender Gesetzgebung resultiert; zudem wäre ein solches Gesetz wohl auch verfassungswidrig. Stattdessen hat der Senat in der sogenannten „*Commitments Resolution*“[1835] seine Mehrheitsmeinung zu der Reichweite von *sole-executive agreements* ausgedrückt. Eine solche „Sense-Resolution“ hat jedoch keine rechtliche Wirkung.[1836]

dd. Verfahren bei Executive Agreements

Wie im vorangegangenen Abschnitt ausgeführt, sind die Themenbereiche für *executive agreements* und insbesondere *sole-executive agreements* unklar. Um eine Umgehung der verfassungsrechtlichen Bestimmungen zu vermeiden, hat der Kongress die Exekutive verpflichtet, ihm jedes bindende internationale Übereinkommen

1834 *U.S. Department of State*, 11 FAM § 723.2-1; De Geofroy v. Riggs, 133 U.S. 258, 267 (1890): “The treaty power, as expressed in the Constitution, is in terms unlimited except by those restraints which are found in that instrument against the action of the government or of its departments, and those arising from the nature of the government itself and of that of the States. It would not be contended that it extends so far as to authorize what the Constitution forbids, or a change in the character of the government or in that of one of the States, or a cession of any portion of the territory of the latter, without its consent. [...] But with these exceptions, it is not perceived that there is any limit to the questions which can be adjusted touching any matter which is properly the subject of negotiation with a foreign country.”; *Henkin*, Foreign Affairs and the United States Constitution, S. 188.

1835 S. RES. 91-85 (1969): „That it is the sense of the Senate that a national commitment by the United States results only from affirmative action taken by the Legislative and Executive Branches of the United States Government by means of a treaty, statute, or concurrent resolution of both houses of Congress specifically providing for such commitment.” Abgedruckt mit Hintergrundinformationen in Congressional Quarterly Almanac, Vol. XXV, 1969, S. 177–181.

1836 Zu solchen “Sense of” Resolutionen des Senats, des Repräsentantenhauses oder des gesamten Kongresses siehe den Nachweis in Fn. 412.

zuzuleiten.[1837] Die Voraussetzungen für das Verfahren bei bindenden internationalen Vereinbarungen, die keine völkerrechtlichen Verträge sind, sind im *Case-Zablocki Act*[1838] enthalten. Gemäß 1 U.S.C. *Section* 112b(a) (2012) muss der Text jedes für die USA bindenden internationalen Übereinkommens spätestens 60 Tage nach Inkrafttreten dem Kongress durch den Außenminister weitergeleitet werden.

Das sogenannte Rundschreiben 175 (*Circular 175*) zur Umsetzung und Konkretisierung der Voraussetzungen des *Case-Zablocki Act* wurde ursprünglich im Jahre 1955 vom U.S.-Außenministerium herausgegeben. Es ist in der jetzigen Fassung in 22 C.F.R. *Part* 181 (2014) kodifiziert. Diese Bestimmungen konkretisieren die gesetzlichen Vorgaben und fassen die verfahrensrechtlichen Aspekte zusammen, die beim Abschluss von bindenden internationalen Übereinkommen befolgt werden müssen. Zudem werden Kriterien für die Bestimmung der Bindungswirkung von Übereinkommen kodifiziert. Es wird allgemein von der „*Circular 175 Procedure*" gesprochen.[1839]

Gemäß 1 U.S.C. *Section* 112b(c) (2012), 22 C.F.R. *Section* 181.4(a) (2014) darf ein internationales Übereinkommen mit bindender Wirkung für die USA nur nach vorheriger Konsultation mit dem U.S.-Außenminister abgeschlossen werden.[1840] Für diese Konsultation verlangt 22 C.F.R. *Section* 181.4(d) (2014), dass jede Behörde, die ein internationales Übereinkommen abschließen möchte, zunächst einen Entwurf oder eine Zusammenfassung des Übereinkommens, die genaue Rechtsgrundlage zum Abschluss, sowie weitere Hintergrundinformationen an die zuständige Abteilung des Außenministeriums übermittelt. Diese Informationen sollen möglichst vor Beginn der Verhandlungen eingereicht werden, aber grundsätzlich nicht später als 50 Tage vor dem geplanten Inkrafttreten des Übereinkommens.

22 C.F.R. *Section* 181.2(a) (2014) zählt mehrere Kriterien auf, die ausschlaggebend für die Bindungswirkung eines internationalen Übereinkommens sind. Diese Voraussetzungen prüft das Außenministerium, wenn ihm ein Entwurf übermittelt wird, damit das weitere Verfahren festgelegt werden kann. Ein Übereinkommen ist zum einen bindend, wenn die Vertragsparteien Staaten, staatliche Behörden, oder intergouvernementale Organisationen sind, welche beabsichtigen, ein rechtlich bindendes und vom Völkerrecht bestimmtes internationales Übereinkommen abzuschließen. Weiterhin gibt es die sehr vage Voraussetzung, dass das Abkommen „bedeutend" sein muss. Dabei handelt es sich um eine Einzelfallentscheidung.

1837 *Henkin*, Foreign Affairs and the United States Constitution, S. 224. Siehe auch *Congressional Research Service*, Treaties and Other International Agreements: The Role of the United States Senate, S. 22.

1838 Case-Zablocki Act, Pub. L. No. 92-403, 86 Stat. 619 (1972). Der Case-Zablocki Act ist in 1 U.S.C. § 112b (2012) kodifiziert.

1839 *Department of State*, Circular No. 175, 13. Dezember 1955, kodifiziert in U.S. Department of State Foreign Affairs Manual (FAM), Vol. 11, Subchapter 720 et seq. sowie in 22 C.F.R. § 181.4 (2014).

1840 1 U.S.C. § 112b(c) (2012):"Notwithstanding any other provision of law, an international agreement may not be signed or otherwise concluded on behalf of the United States without prior consultation with the Secretary of State.".

Zudem wird verlangt, dass die Formulierungen des Übereinkommens präzise und spezifisch genug sind, um die Verpflichtungen der Parteien zu bestimmen. Schließlich muss es sich um ein Übereinkommen zwischen zwei oder mehr Parteien handeln.

22 C.F.R. *Section* 181.2(b) (2014) befasst sich speziell mit sogenannten Übereinkommen auf Behördenebene (*agency-level agreements*). Solche Übereinkommen sind internationale Übereinkommen im Sinne des *Case-Zablocki Act*, wenn sie die soeben dargelegten Voraussetzungen für die Bindungswirkung erfüllen. Die Tatsache, dass das Übereinkommen im Namen der Behörde und nicht im Namen der USA abgeschlossen wird, hat keine Auswirkung auf die Frage, ob es sich um ein bindendes Übereinkommen handelt. Nur der Inhalt und der Parteiwille sind ausschlaggebend.

22 C.F.R. *Section* 181.2(c) (2014) legt dar, was unter "Umsetzungsübereinkommen" (*implementing agreements*) zu verstehen ist. Dabei handelt es sich um ein internationales Übereinkommen im Sinne des *Case-Zablocki Act*, wenn es die vorab genannten Voraussetzungen für die Bindungswirkung erfüllt und je nachdem wie präzise genug es im zugrundeliegenden Übereinkommen antizipiert und identifiziert wurde. Wenn das zugrundeliegende Übereinkommen sehr generell und vage gehalten wurde, so kann das umsetzende Übereinkommen ein internationales Übereinkommen im Sinne des Gesetzes darstellen. Wurde es jedoch schon sehr detailliert beschrieben, so ist nur das zugrundeliegende Übereinkommen ein internationales Übereinkommen im Sinne des Gesetzes.

Zusammenfassend ist festzuhalten, dass internationale Übereinkommen, die keine völkerrechtlichen Verträge sind, nur von der Exekutive oder mit Ermächtigung der Exekutive abgeschlossen werden können. Dies kann der Präsident selbst sein, das Außenministerium oder eine andere Abteilung der Exekutive. Internationale Übereinkommen sind demnach nur bindend für die USA, wenn die Exekutive handelt. Umgekehrt heißt dies aber nicht, dass jedes Mal, wenn die Exekutive handelt, das Übereinkommen auch für die USA bindend ist. Auch die Exekutive kann nichtbindende Übereinkommen abschließen, wenn dies dem übereinstimmenden Willen der beteiligten Parteien entspricht. Dies machen die Kriterien in 22 C.F.R. *Section* 181.2(a) (2014) deutlich.

ee. Subsumtion und Zwischenergebnis

Es könnte sich bei den Vereinbarungen, auf die sich die Aufsichtsbehörden im Rahmen des BCBS und der IOSCO geeinigt haben, um „Übereinkommen auf Behördenebene" (*agency-level agreements*) im Sinne von 22 C.F.R. *Section* 181.2(b) (2014) handeln. Zwar sind sowohl das FRB, das OCC und die FDIC als auch die SEC und die CFTC Behörden. Jedoch ist die ausschlaggebende Voraussetzung, dass das Übereinkommen die Kriterien für die Bindungswirkung erfüllt. Zwar sind insbesondere die Basel II und Basel III Übereinkommen sehr detailliert, jedoch beabsichtigten die Parteien nicht ein rechtlich bindendes und vom Völkerrecht bestimmtes internationales Übereinkommen abzuschließen. In Basel I wird darauf hingewiesen, dass die im Ausschuss vertretenen nationalen Aufsichtsbehörden beabsichtigen, die

Vereinbarung in ihrem jeweiligen Land umzusetzen.[1841] Basel II enthält einen ähnlichen Wortlaut. Dort heißt es, dass die Aufsichtsbehörden die Standards in ihrem jeweiligen Land zur Annahme vorschlagen werden.[1842] Im *Multilateral Memorandum of Understanding* der IOSCO wird eindeutig festgelegt, dass keine rechtliche Bindung gewollt ist.[1843] Diese Formulierungen zeigen zum einen, dass keine rechtliche Bindung gewollt ist und zum anderen, dass die Übereinkommen nicht vom Völkerrecht bestimmt sein sollen. Es handelt sich damit nicht um Übereinkommen auf Behördenebene im Sinne des *Case-Zablocki Act*.

Es könnte sich bei den Vereinbarungen jedoch um „Umsetzungsübereinkommen" (*implementing agreements*) im Sinne von 22 C.F.R. *Section* 181.2(c) (2014) handeln. Obwohl den Aufsichtsbehörden bei der Umsetzung der Dokumente Spielraum gegeben wird, sind die Übereinkommen schon sehr präzise und detailliert in den zugrundeliegenden Dokumenten antizipiert. Dies ist Sinn und Zweck der internationalen Koordinierung. Allein dieser Punkt würde die Umsetzungsübereinkommen nicht zu international bindenden Übereinkommen im Sinne des U.S.-Rechts machen. Das ausschlaggebende Argument ist jedoch auch hier, dass von den Aufsichtsbehörden sowohl für die Basel-Dokumente als auch für die IOSCO-Dokumente keine rechtliche Bindung und Bestimmung durch das Völkerrecht gewollt sind. Es handelt sich damit auch nicht um Umsetzungsübereinkommen im Sinne des *Case-Zablocki Act*.

Somit können die Dokumente nicht unter „internationale Übereinkommen, die keine völkerrechtlichen Verträge sind" subsumiert werden. Das *Circular 175*-Verfahren muss daher nicht befolgt und die Übereinkommen müssen nicht an den Kongress weitergeleitet werden. Für die relevanten Dokumente des BCBS und der IOSCO heißt dies, dass sie nach U.S.-Recht nicht bindend sind und erst in nationales Recht umgesetzt werden müssen, um verbindlich zu werden.

c. Übereinkommen, die weder in die Kategorie „völkerrechtlicher Vertrag" noch in die Kategorie „Internationale Übereinkommen, die keine völkerrechtlichen Verträge sind", fallen

Wie festgestellt, handelt es sich bei den vom BCBS und von der IOSCO herausgegebenen Dokumenten auch aus Sicht des U.S.-Rechts um nicht-bindende internationale Vereinbarungen. Solche Übereinkommen unterfallen daher auch nicht den Meldepflichten des *Case-Zablocki Act*.[1844] Genau wie im Völkerrecht bedeutet die Tatsache, dass es sich um rechtlich unverbindliche internationale Übereinkommen handelt jedoch nicht, dass die USA so handeln könnten, als ob das Übereinkommen

1841 Basel I, S. 1, Punkt 1.

1842 Basel II, S. 1, Punkt 1.

1843 IOSCO MMoU, Punkt 6(a): "[...] The provisions of this Memorandum of Understanding are not intended to create legally binding obligations or supersede domestic laws.".

1844 22 C.F.R. § 181.2(a)(1) (2014).

nicht existiere. Die USA erkennt an, dass solche Übereinkommen Ausdruck von diplomatischen Verpflichtungen sind und eine Zuwiderhandlung gegen Treu und Glauben verstoßen kann.[1845]

aa. Gesetzliche Ermächtigung der U.S.-Aufsichtsbehörden

Wie bereits gesehen, wurden die jeweiligen U.S.-Bank- und Wertpapieraufsichtsbehörden vom Kongress nur dazu ermächtigt, sich mit Aufsichtsbehörden aus anderen Ländern in Bezug auf internationale Standards zu **koordinieren** und zu **beraten**.[1846] Diese Formulierungen im *International Lending Supervision Act* und im *Dodd-Frank Act* machen deutlich, dass die Aufsichtsbehörden die USA nicht international binden können. Die Bestimmungen sind keine Ermächtigung „Abkommen auf Behördenebene“ (*agency-level agreements*) abzuschließen.

Kommt es jedoch zu einer Einigung mit anderen Aufsichtsbehörden in diesen Bereichen mit internationalem Bezug, sind die Aufsichtsbehörden nach den bestehenden Gesetzen dazu ermächtigt, die nichtverbindlichen Vereinbarungen, die in ihren Kompetenzbereich fallen, umzusetzen, ohne dass der Kongress erneut involviert werden muss. Für die Festlegung von Eigenkapitalvorschriften ist dies in 12 U.S.C. *Section* 3907 (2012) kodifiziert. Diese Vorschrift macht keinen Unterschied danach, ob der Anstoß zu den Regelungen national oder international erfolgte. Zudem muss diese Vorschrift im Gesamtzusammenhang des *International Lending Supervision Act* gesehen werden, welcher auf eine internationale Koordinierung gerichtet ist.

12 U.S.C. *Section* 3907 (2012) lautet:

> „Each appropriate Federal banking agency shall have the authority to establish such minimum level of capital for a banking institution as the appropriate Federal banking agency, in its discretion, deems to be necessary or appropriate in light of the particular circumstances of the banking institution.“

Der *Bank Holding Company Act* enthält eine entsprechende Rechtsgrundlage noch einmal speziell für vom FRB beaufsichtigte Bankholdinggesellschaften. Dort heißt es in 12 U.S.C. *Section* 1844(b) (2012):

1845 So auch eine Aussage des ehemaligen Außenministers KISSINGER vor dem Senate Foreign Relations Committee im Zusammenhang mit den „Sinai Disengagement Agreements of 1975“. Er erklärt, dass es internationale Übereinkommen gebe, die nichtbindend seien, dass dies jedoch nicht bedeute, „that the United States is morally or politically free to act as if they did not exist. On the contrary, they are important statements of diplomatic policy and engage the good faith of the United States so long as the circumstances that gave rise to them continue. But they are not binding commitments of the United States.“ Siehe *Department of State*, Secretary Kissinger Discusses Egypt-Israel Agreement, Statement Before the Senate Committee on Foreign Relations, 73 Dep’t. St. Bull. 609, 613 (1975).

1846 Für die Bankaufsicht siehe Seite 201. Für die Wertpapieraufsicht siehe Seite 207.

„The Board is authorized to issue such regulations and orders, including regulations and orders relating to the capital requirements for bank holding companies, as may be necessary to enable it to administer and carry out the purposes of this chapter and prevent evasions thereof."

Für die SEC und die CFTC ist die Befugnis zum Abschluss von *Memoranda of Understanding* zum Informationsaustausch, wie sie bei der IOSCO oder generell bilateral mit anderen Aufsichtsbehörden abgeschlossen werden, in Section 752 *Dodd-Frank Act* kodifiziert.[1847] Dort heißt es am Ende:

"(a) In order to promote effective and consistent global regulation of swaps and security-based swaps, the Commodity Futures Trading Commission, the Securities and Exchange Commission, and the prudential regulators as appropriate, [...] **may agree to such information-sharing arrangements** as may be deemed to be necessary or appropriate in the public interest or for the protection of investors, swap counterparties, and security-based swap counterparties.

(b) In order to promote effective and consistent global regulation of contracts of sale of a commodity for future delivery and options on such contracts, the Commodity Futures Trading Commission [...] **may agree to such information-sharing arrangements** as may be deemed necessary or appropriate in the public interest for the protection of users of contracts of sale of a commodity for future delivery.

Die rechtlichen Befugnissen der SEC und der CFTC zur Erfüllung der in den *Memoranda of Understanding* festgehaltenen Anforderungen, werden im nächsten Abschnitt (IV) noch genauer dargelegt.[1848]

bb. Verwaltungsrechtliche Vorgaben bei der Umsetzung

Die Aufsichtsbehörden sind bei der Umsetzung in nationales Recht grundsätzlich an die Vorgaben des Verwaltungsrechts, insbesondere die Vorgaben des *Administrative Procedure Act* (APA),[1849] gebunden.[1850] Zwar enthält der APA eine Ausnahme für auswärtige Angelegenheiten (*foreign affairs*).[1851] Diese Ausnahme ist jedoch hier nicht anwendbar. Der Begriff "auswärtige Angelegenheiten" ist nicht eindeutig definiert. Die Entstehungsgeschichte des APA lässt jedoch vermuten, dass die

1847 15 U.S.C. § 8325(2012).

1848 Siehe zu den Memoranda of Understanding und IOSCOs MMoU in den USA die Ausführungen auf Seite 313 ff.

1849 Administrative Procedure Act, Pub.L. No. 79-404, 60 Stat. 237 (1946), kodifiziert in der aktuellen Fassung in 5 U.S.C. §§ 500 et seq..

1850 *Verdier*, US Implementation of Basel II, in: Pauwelyn/Wessel/Wouters (Hrsg.), Informal International Lawmaking, 2012, S. 442.

1851 5 U.S.C. § 553(a)(1) (2012).

Ausnahme eng definiert werden sollte.[1852] Sie ist laut der Rechtsprechung nur anwendbar, wenn die Befolgung der verwaltungsrechtlichen Vorgaben zur öffentlichen Bekanntmachung und Stellungnahme „erhebliche negative internationale Auswirkungen" haben würde. Die Beweislast liegt dabei bei der Behörde.[1853] Da es sich jedoch, wie in den vorangegangenen Abschnitten festgestellt, nicht um bindende internationale Übereinkommen handelt und eine nationale Umsetzung erfolgen muss, kann dies keine negativen internationalen Auswirkungen haben. Es wird vorausgesetzt, dass jede Behörde die Vereinbarungen gemäß ihren nationalen Vorgaben umsetzt. Dies beinhaltet in den USA grundsätzlich eine öffentliche Bekanntmachung und Stellungnahme gemäß dem APA. Zudem ist den Behörden Beurteilungsspielraum bei der Umsetzung gegeben. Selbst eine Nichtumsetzung der unverbindlichen Vereinbarungen würde höchstens das internationale Ansehen der USA schädigen. Darüberhinausgehende Auswirkungen sind nicht denkbar. Die Ausnahme ist damit nicht anwendbar.

Gemäß dem APA müssen Behörden, bevor sie neue Regelungen erlassen, eine Bekanntmachung im *Federal Register* veröffentlichen, welche den vorgeschlagenen Wortlaut oder eine Beschreibung der Themen und Fragen enthält.[1854] Die Behörde muss sodann Personen, die von so einer Regelung betroffen sein können (*interested persons*), die Möglichkeit geben, die Entwürfe schriftlich zu kommentieren, bevor die endgültigen Regelungen erlassen werden.[1855] Die endgültigen Regelungen müssen dann nochmal eine gedrängte Darstellung der rechtlichen Grundlage und der verfolgten Ziele enthalten.[1856] Eine solche Begründung ist grundsätzlich gerichtlich nachprüfbar.[1857]

Wenn eine U.S.-Behörde Verordnungen oder Regeln auf der Basis der ihr vom Gesetzgeber übertragenen Befugnisse erlässt, sind diese Verordnungen und Regeln grundsätzlich Recht, es sei denn sie sind willkürlich, offensichtlich unbegründet oder stellen einen Missbrauch des ihr eingeräumten Ermessens dar.[1858] Der Gesetzgeber

---

1852 Siehe S. REP. No. 79-752 (1945), S. 13: „[...] The phrase „foreign affairs functions", used here and in some other provisions of the bill, is not to be loosely interpreted to mean any function extending beyond the borders of the United States but only those "affairs" which so affect relations with other governments that, for example, **public rule making provisions would clearly provoke definitely undesirable international consequences**". [mit eigener Hervorhebung].

1853 Siehe Hou Ching Chow v. Attorney General, 362 F.Supp. 1288 (D.D.C.1973); Yassini v. Crosland, 618 F.2d 1356, 1360 (9th Cir.1980); Zhang v. Slattery, 55 F.3d 732, 744–45 (2d Cir. 1995).

1854 5 U.S.C. § 553(b) (2012).

1855 5 U.S.C. § 553(c), cl. 1 (2012).

1856 5 U.S.C. § 553(c), cl. 2 (2012).

1857 5 U.S.C. §§ 704, 706 (2012).

1858 5 U.S.C. § 706(2)(A) (2012); Chevron, U.S.A., Inc. v. Natural Resources Defense Council, Inc., 467 U.S. 837, 843–44 (1984): "If Congress has explicitly left a gap for the agency to fill, there is an express delegation of authority to the agency to elucidate a

hat den Aufsichtsbehörden den Auftrag gegeben, international koordinierte Lösungen zu finden. Fraglich ist demnach nur, ob die Umsetzung einer international im BCBS oder bei der IOSCO beschlossenen Vereinbarung willkürlich oder offensichtlich unbegründet ist oder einen Ermessensmissbrauch darstellt.

Eine von einer Behörde erlassene Regelung ist willkürlich oder offensichtlich unbegründet, wenn die Behörde die Regelung auf Gründe stützt, die der Gesetzgeber ausschließen wollte, wenn ein wichtiger Aspekt des Problems überhaupt nicht bedacht wurde, wenn die Begründung nicht mit der Beweislage vereinbar ist, oder wenn die Begründung so unglaubwürdig ist, dass sie nicht einer unterschiedlichen Sichtweise der Behörde zugeschrieben werden kann oder ein Produkt der besonderen Sachkenntnis der Behörde sein kann.[1859] Dieser Standard, an dem die Rechtsprechung die Begründung der Behörde misst, wird als *hard-look doctrine* bezeichnet.[1860] Diese Voraussetzungen werden dahingehend interpretiert, dass eine Behörde ausführliche Begründungen geben muss, machbare Alternativen zu prüfen hat, Abweichungen von der gängigen Verwaltungspraxis erklärungsbedürftig sind, und dass verständige Strategien festgelegt werden müssen.[1861]

Stimmen in der Literatur kritisieren zum einen, dass eine Vereinbarung im BCBS oder bei der IOSCO keinen ausreichenden Grund für den Erlass einer nationalen Regel darstelle. Darauf aufbauend wird kritisiert, dass die Aufsichtsbehörden bei der Umsetzung die international beschlossenen Regelungen als *fait accompli* ansehen und Kommentare und die aufgeworfenen Probleme nur scheinbar beachten.[1862] Diese Kritiker scheinen davon auszugehen, dass Aufsichtsbehörden, sobald sie international tätig werden, ihr Ermessen nicht mehr nach ihrer Expertise ausüben, sondern sich entweder von anderen Ländern beeinflussen lassen oder plötzlich

---

specific provision of the statute by regulation. Such legislative regulations are given controlling weight unless they are arbitrary, capricious, or manifestly contrary to the statute.".

1859 Motor Vehicle Manufacturers Association v. State Farm Mutual Automobile Insurance Company, 463 U.S. 29, 42–43 (1983): "[A]n agency rule would be arbitrary and capricious if the agency has relied on factors which Congress has not intended it to consider, entirely failed to consider an important aspect of the problem, offered an explanation for its decision that runs counter to the evidence before the agency, or is so implausible that it could not be ascribed to a difference in view or the product of agency expertise.".

1860 *Sunstein*, Deregulation and the Hard-Look Doctrine, 1983 Sup. Ct. Rev. 177, 181 et seq., 210 (1983), der die prozeduralen und materiell-rechtlichen Voraussetzungen der „hard-look doctrine" ausführlich erläutert; *o.V.*, Note, Rationalizing Hard Look Review after the Fact, 122 Harv. L. Rev. 1909, 1913 (2009).

1861 *o.V.*, 122 Harv. L. Rev. 1909, 1914 (2009).

1862 *Tarbert*, S. 782, der die Umsetzung in nationales Recht als bloße "Formalität" bezeichnet; *Stewart*, The Global Regulatory Challenge to U.S. Administrative Law, 37 N.Y.U. J. Int'l L. & Pol. 695, 698 (2005); *Zaring*, 5 Chi. J. Int'l L. 547, 574 et seq. (2005).

keinen Gedanken an ihren nationalen Auftrag mehr verschwenden und machen was sie wollen.[1863]

Bei der Umsetzung der ersten Baseler Eigenkapitalvereinbarung in nationales Recht haben die Bankaufsichtsbehörden sich als Begründung hauptsächlich auf die im vorangegangenen Abschnitt besprochenen Bestimmungen des *International Lending Supervision Act* (ILSA)[1864] gestützt sowie die Tatsache, dass die im BCBS beschlossenen Vereinbarungen umgesetzt werden sollen.[1865] Die *Federal Register*-Veröffentlichungen zur Umsetzung von Basel II, Basel 2.5 und Basel III zählen noch zusätzliche Rechtsgrundlagen neben denen des ILSA auf[1866] und erläutern die Verhandlungen im BCBS ausführlich. Die Rechtsgrundlagen für die Setzung von Eigenkapitalstandards sind sehr weit gefasst und die Aufsichtsbehörden haben dementsprechend sehr viel Spielraum bei der Umsetzung. Einige Gerichte vertreten daher die Auffassung, dass eine gerichtliche Überprüfung nicht möglich sei.[1867] Die Entstehungsgeschichte der betreffenden Normen des *International Lending Supervision Act* lässt ebenfalls darauf schließen, dass der Kongress keine oder nur eine geringe gerichtliche Überprüfung der Setzung von Eigenkapitalstandards beabsichtigte. In der Gesetzesbegründung wird ausgeführt, dass die Behörden aufgrund ihres Spezialwissens besser geeignet seien als Gerichte die angemessene Höhe der Eigenkapitalanforderungen zu beurteilen.[1868] Gerade international koordinierte

---

1863 In dem Zusammenhang wird auch von „agencies on the loose“ gesprochen. Siehe *Slaughter*, The Accountability of Government Networks, 8 Ind. J. Global Legal Stud. 347, 358 et seq. (2001).

1864 Siehe dazu die Ausführungen aus Seite 288 ff..

1865 Die Rechtsgrundlagen sind auf folgenden Seiten der Federal Register Veröffentlichungen zu finden: 54 Fed. Reg. 4168, 4177 (Jan. 27, 1989) für das OCC, 54 Fed. Reg. 4186, 4197 (Jan. 27, 1989) für das FRB und 54 Fed. Reg. 11500, 11509 (March 21, 1989) für die FDIC.

1866 Für Basel II siehe 72 Fed. Reg. 69288, 69429 (OCC), 72 Fed. Reg. 69288, 69430–69431 (FRB) und 72 Fed. Reg. 69288, 69437 (FDIC); für Basel 2.5 siehe 77 Fed. Reg. 53059, 53112 (OCC), 77 Fed. Reg. 53059, 53112–53113 (FRB) und 77 Fed. Reg. 53059, 53114 (FDIC); für Basel III siehe 78 Fed. Reg. 62017, 62269 (OCC), 78 Fed. Reg. 62017, 62281 und 62285 (FRB) und 79 Fed. Reg. 20754, 20758 (FDIC). Insbesondere bei der Umsetzung von Basel III wurden auch Anforderungen des Dodd-Frank Act umgesetzt, so dass weitere Rechtsgrundlagen notwendig waren.

1867 Heckler v. Chaney, 470 U.S. 821, 830 (1985); Webster v. Doe, 486 U.S. 592, 601 (1988); Federal Insurance Deposit Corporation v. Bank of Coushatta, 930 F.2d 1122, 1129 (5th Cir. 1991): "The legislative history and language of the statute do not leave a court with a meaningful standard against which to judge the agency's exercise of its discretion. Accordingly, we conclude that even if review is not prohibited [...], it is precluded [...], because issuance of a directive is committed to the FDIC's discretion."; *Feldman*, The Domestic Implementation of International Regulations, 88 N.Y.U. L. Rev. 401, 430 (2013).

1868 Bretton Woods Agreements Act Amendments and international lending supervision: report of the Committee on Banking, Housing, and Urban Affairs, United

Eigenkapitalstandards stellen sicher, dass die Stabilität des Finanzsystems weltweit bewahrt wird. Der *International Lending Supervision Act* stellte mehrfach den Zusammenhang zwischen der nationalen und der internationalen Ebene heraus und war auf eine internationale Koordinierung ausgerichtet. Dies spricht dafür, dass die Umsetzung einer internationalen Vereinbarung, bei der Experten sich auf einen Eigenkapitalstandard geeinigt haben, nicht willkürlich oder offensichtlich unbegründet ist.

Als weiteres Argument für die Rechtmäßigkeit der Begründung spricht, dass Vergleiche der endgültig erlassenen Regelungen zur Umsetzung der Basel II-Vorgaben in den USA ergeben haben, dass die Bankaufsichtsbehörden sich mit den Kommentaren auseinandergesetzt und daraufhin Veränderungen gegenüber der endgültigen Fassung vorgenommen haben.[1869] Die international erarbeiteten Vereinbarungen wurden demnach nicht als *fait accompli* behandelt.

Zusammenfassend kann daher festgestellt werden, dass die Aufsichtsbehörden bei der Umsetzung in nationales Recht die Vorgaben des *Administrative Procedure Act* erfüllt haben.

IV. Anwendung und Umsetzung von internationalen Vorgaben in den USA

Nach den im vorangegangenen Abschnitt erläuterten Arten von internationalen Übereinkommen im U.S.-Recht, den rechtlichen Grundlagen für ihren Abschluss und den Ausführungen zur Befugnis der U.S.-Aufsichtsbehörden sich in Gremien wie dem BCBS und der IOSCO zu betätigen, wird der nachfolgende Abschnitt diese Ergebnisse anwenden und untersuchen, ob und wie die Dokumente in den USA angewendet und umgesetzt wurden.

1. Baseler Eigenkapitalvereinbarungen

a. *Basel I*

Basel I wurde im Juli 1988 vom BCBS beschlossen und es war vorgesehen, dass die Regelungen in den USA bis zum Ende des Jahres 1992 vollständig umgesetzt

---

States Senate, to accompany S. 695, S. REP. No. 98-122, S. 16: "The Committee believes that establishing adequate levels of capital is properly left to the expertise and discretion of the agencies. Therefore, in order to clarify the authority of the banking agencies to establish adequate levels of capital requirements, to require the maintenance of those levels, and to prevent the courts from disturbing such capital, the Committee has provided a specific grant of authority to the banking agencies to establish levels of capital [...]".

1869 *Verdier*, S. 459 f.; *Feldman*, S. 409.

werden.[1870] Die USA wichen in ihrer Umsetzung jedoch in einigen Punkten von Basel I ab oder gingen darüber hinaus.[1871] Anzumerken ist zudem, dass die bundesrechtlichen Bankaufsichtsbehörden aufgrund ihrer festgestellten weiten Befugnis Eigenkapitalstandards festzulegen schon frühzeitig mit der Umsetzung von Basel I begannen und die Banken per Verordnung dazu verpflichteten die Regelungen zu befolgen.[1872] Eine Aufnahme in die Bankgesetze durch den Kongress erfolgte jedoch erst 1991 durch den *Federal Deposit Insurance Corporation Improvement Act of 1991* (FDICIA).[1873] Dort wird in *Section* 131 FDICIA die Einführung eines risikobasierten Eigenkapitalstandards gefordert.[1874]

Zu beachten ist ferner, dass keine gemeinsame Verordnung zur Umsetzung von Basel I erlassen wurde, sondern dass sowohl das OCC, das FRB als auch die FDIC (und damals noch das nunmehr abgeschaffte OTS) eigene Verordnungen, die FDIC etwas zeitlich versetzt, erließen.[1875] Zuvor erfolgte jedoch eine Koordinierung zwischen den einzelnen Bankaufsichtsbehörden, so dass die Standards grundsätzlich die gleichen waren. Man einigte sich auf den 31. Dezember 1990 als Stichtag für das Inkrafttreten der Übergangsvorschriften für die Mindesteigenkapitalanforderungen. Die endgültigen Regelungen sollten Ende 1992 in Kraft treten; ebenso wie es in Basel I vorgesehen war.

aa. Abweichende Umsetzung in den USA

Abweichend von Basel I wurden in den USA folgende Regelungen erlassen:

Zum einen beschlossen die Bankaufsichtsbehörden in den USA, wie auch die Aufsichtsbehörden in vielen anderen Ländern, die Basel I Regelungen auf alle Banken sowie auf Bankholdinggesellschaften anzuwenden. Die Möglichkeit, die Basel I Regelungen auch auf einen erweiterten Kreis von *Commercial Banks* anzuwenden, hatte man in der Vereinbarung in das Ermessen der nationalen Aufsichtsbehörden gestellt, obwohl die Regeln grundsätzlich für internationale Banken entwickelt wurden.

Abweichend von der Definition des Kernkapitals in Basel I erlaubte das FRB den BHCs sowohl kumulative als auch nicht kumulative unkündbare Vorzugsaktien als Kernkapital zu zählen. Diese Ausnahme wurde jedoch auf 25 Prozent des

1870 *Keeton*, The New Risk-Based Capital Plan For Commercial Banks, 74 Fed. Reserve Bank Kansas City Econ. Rev. 40, 43 (1989).

1871 *Norton*, S. 212.

1872 Siehe Fn. 1875 für den Nachweis der Quelle.

1873 Federal Deposit Insurance Corporation Improvement Act of 1991, Pub. L. No. 102–242, 105 Stat. 2236 (1991).

1874 Kodifiziert in 12 U.S.C. § 1831o(c)(1)(A) (2012).

1875 OCC Final Rule on Risk-Based Capital Guidelines (Basel I), 54 Fed. Reg. 4168 (Jan. 27, 1989); FRB Final Rule on Minimum Capital Ratios (Basel I), 54 Fed. Reg. 4186 (Jan. 27, 1989); FDIC Final Rule on Risk-Based Capital Ratios (Basel I), 54 Fed. Reg. 11500 (March 21, 1989).

Kernkapitals begrenzt.[1876] Für *State Member Banks* hingegen beließ es das FRB bei der in Basel I vorgesehenen Regelung, dass unkündbare kumulative Vorzugsaktien nur im Rahmen des ergänzenden Kapitals (Tier 2) zulässig sind.[1877] Das OCC erlaubte *National Banks* ebenso nur die Aufnahme von nicht kumulativen unkündbaren Vorzugsaktien als Kernkapital[1878] und auch die FDIC stellte die gleiche Regel auf für *State Non-Member Banks*.[1879]

Basel I behandelte explizit nur das Kreditrisiko und das Transferrisiko, welches eine besondere Ausprägung des Kreditrisikos darstellt. In dem Text erkannte man jedoch an, dass Aufsichtsbehörden auch andere Arten von Risiken mit in ihre Betrachtung des Institutes einbeziehen sollten.[1880] Anfang der 90er Jahre schlugen die Bankaufsichtsbehörden in den USA daher vor, auch das Zinsrisiko zu berücksichtigen. Diesen Vorschlag griff der Kongress beim Erlass des *Federal Deposit Insurance Corporation Improvement Act* im Jahre 1991 auf. Gemäß *Section* 305(b) FDICIA sollten die Bankaufsichtsbehörden ihre risikobasierten Eigenkapitalstandards so überarbeiten, dass diese das Zinsrisiko, die Konzentration des Kreditrisikos und das Risiko von unkonventionellen Aktivitäten ausreichend berücksichtigten, sowie die tatsächliche Leistung und das zu erwartende Verlustrisiko von grundpfandrechtlich abgesicherten Krediten auf Mehrfamilienhäuser reflektierten.[1881] Diesem Auftrag kamen sie Ende 1994 nach.[1882] Zudem wurde ihnen durch *Section* 305(b)(2) FDICIA auch hier wieder der Auftrag erteilt, die Entwicklung vergleichbarer Standards mit den Mitgliedern des BCBS zu diskutieren. Das BCBS integrierte das Zinsrisiko dann auch im Rahmen des Marktrisikopapiers im Jahre 1996 als Ergänzung zu Basel I. Die Regelungen des Marktrisikopapiers wurden von den U.S.-Aufsichtsbehörden umgehend umgesetzt und zum 1. Januar 1997 verbindlich.[1883]

bb. Ergänzende Regelungen zu Basel I in den USA

Zusätzlich zu den in Basel I beschlossenen Mindesteigenkapitalstandards für Banken führten die USA eine nicht risikobasierte Höchstverschuldungsquote (*Leverage Ratio*) ein. Da Basel I nur Mindestanforderungen postulierte, stellte diese zusätzliche Anforderung kein Problem dar. Die U.S.-Höchstverschuldungsquote wird definiert als das Kernkapital (Tier 1) einer Bank (Zähler) geteilt durch ihre konsolidierten

1876 54 Fed. Reg. 4186, 4195.
1877 54 Fed. Reg. 4186, 4188.
1878 54 Fed. Reg. 4168, 4176.
1879 54 Fed. Reg. 11500, 11502.
1880 Siehe dazu schon auf Seite 229.
1881 Kodifiziert in 12 U.S.C. § 1828 note (2012).
1882 Final Joint Rule to Implement Section 305(b) FDICIA, 59 Fed. Reg. 64561 (Dec. 15, 1994).
1883 Implementation of Basel Market Risk Capital Rule, 61 Fed. Reg. 47358 (Sept. 6, 1996).

Gesamtaktiva (Nenner).[1884] Sie wird in Prozent ausgedrückt. Wichtig ist dabei herauszustellen, dass der Nenner nur Bilanzaktiva einbezieht und keine außerbilanziellen Geschäfte oder Derivatepositionen.

Das OCC erließ als erste Aufsichtsbehörde im September 1990 eine endgültige Vorschrift, die die *Leverage Ratio* in ihre Eigenkapitalverordnungen integrierte.[1885] Für das Kernkapital (Tier 1) legte man eine *Leverage Ratio* von drei Prozent fest, das heißt, dass das Institut pro $ 100 Bilanzsumme jeweils $ 3 zusätzliches Eigenkapital vorhalten musste.[1886] Jedoch galt diese Grenze von drei Prozent nur für Institute, die gewisse strenge Voraussetzungen erfüllten.[1887] Die meisten Banken mussten daher strengere Anforderungen an die Eigenkapitalausstattung erfüllen. Bei diesen Instituten mussten vier bis fünf Prozent der Bilanzsumme aus Kernkapital bestehen, oder anders ausgedrückt: Aktiva durften nur zu 95–96 Prozent durch Fremdkapital finanziert sein.[1888]

cc. Kritik an der Umsetzung in den USA

Obwohl die USA sich anfänglich bei der Umsetzung von Basel I sehr strikt an die international beschlossenen Anforderungen hielten und teilweise über diese Mindeststandards hinausgingen, gaben die Bankaufsichtsbehörden ab dem Jahre 1993 dem Druck des Kreditgewerbes immer mehr nach und lockerten die Anforderungen wieder. Das FRB, das OCC und die FDIC erweiterten die Definition des Kernkapitals, veränderten die Risikogewichtung bei bestimmten Aktiva und hielten sich bei der Durchsetzung der Eigenkapitalverordnungen zurück.[1889]

(1) Risikogewichtung für grundpfandrechtlich abgesicherte Kredite

Bei der Verhandlung von Basel I waren die U.S.-Bankaufsichtsbehörden noch vehement für eine 100-prozentige Risikogewichtung von durch Wohngrundstücke gesicherten Krediten eingetreten und hatten, nur um endlich eine Einigung zu erzielen, eine 50-prozentige Gewichtung in der endgültigen Basel I Fassung akzeptiert. Bei der Umsetzung der Anforderungen hatten sie in ihrem Entwurf zunächst generell eine 100-prozentige Risikogewichtung abweichend von der Basel I Regelung vorgesehen. Die endgültige Regelung enthielt dann aber aufgrund des Drucks

---

1884 12 C.F.R. 217.10(b)(4) (2014).

1885 Amendment of OCC Capital Regulation to Include a Leverage Ratio, 55 Fed. Reg. 38797 (Sept. 21, 1990).

1886 *Norton*, S. 212 f.

1887 Diese Voraussetzungen sind diversifiziertes Risiko, exzellente Kontrollsysteme, gute Erträge, hohe Qualität der Aktiva, hohe Liquidität, gut organisierte bilanzwirksame und außerbilanzielle Transaktionen und ein gutes CAMELS-Rating von 1.

1888 Report to Congress Regarding Differences in Capital and Accounting Standards Among the Federal Banking Agencies, 59 Fed. Reg. 1548, 1549 (Jan. 11, 1994).

1889 *Quillin*, International Financial Co-operation – Political economics of compliance with the 1988 Basel Accord, 2008, S. 114.

der Kommentatoren, die Wettbewerbsnachteile befürchteten, eine 50-prozentige Risikogewichtung für Kredite, die durch Grundpfandrechte an Ein- oder Mehrfamilienhäuser gesichert waren (*residential mortgages*). Dies erfolgte allerdings unter folgenden Einschränkungen: Eine 50-prozentige Risikogewichtung wurde nur für erstrangige Belastungen (*first lien*) von Ein- oder Mehrfamilienhäuser mit bis zu vier Einheiten (*one to- four-family residential property*) gewährt und nur bei Erfüllung zusätzlicher Bedingungen.[1890] Mehrfamilienhäuser mit fünf oder mehr Einheiten wurden in die 100-prozentige Risikokategorie eingeordnet.

Die OTS wich von den anderen drei Bankaufsichtsbehörden ab und erlaubte auch bei Mehrfamilienhäusern mit fünf oder mehr Einheiten eine 50-prozentige Risikogewichtung für Kredite, die durch Grundpfandrechte gesichert waren.[1891]

Der Druck der Politik und der Banken, diese Risikogewichtung zu verändern, wuchs jedoch zunehmend, insbesondere aufgrund der im Jahre 1992 anstehenden Wahlen. Der Kongress rief die Bankaufsichtsbehörden in *Section* 618(b) des *Resolution Trust Corporation Refinancing, Restructuring, and Improvement Act of 1991* (RTCRRIA)[1892] explizit dazu auf, die risikobasierten Eigenkapitalstandards anzugleichen, so dass generell alle grundpfandrechtlich gesicherten Kredite für Mehrfamilienhäuser in die 50 Prozent Risikokategorie fallen würden.[1893] In Section 618(b) RTCRRIA war zwar eine Frist von 120 Tagen zur Umsetzung vorgesehen, jedoch gaben die Bankaufsichtsbehörden dem Druck erst Ende 1993/Anfang 1994 nach und legten die 50-prozentige Risikogewichtung fest.[1894] Durch die veränderte Risikoeinordnung glichen die USA ihren Standard denen der anderen G10 Staaten an.[1895] Die Entscheidung zeigt den enormen Einfluss, welche Lobbygruppen auf die Politik, und durch diese auf die Aufsichtsbehörden, ausüben. Im Vordergrund stand nicht mehr die langfristige Stabilität des Finanzsystems, sondern die kurzfristige Befriedigung von Wählerinteressen.[1896]

(2) Veränderung der Kernkapitaldefinition

Im Jahre 1994 begannen Nichtbanken in den USA sich kostengünstig zu refinanzieren, indem sie steuerabzugsfähige *Preference Shares* ausgaben. Die *Commercial Banks* übten deswegen erneut Druck auf die Bankaufsichtsbehörden aus, da sie sich

1890 54 Fed. Reg. 4168, 4172 et seq.; 54 Fed. Reg. 4186, 4191; 54 Fed. Reg. 11500, 11506.

1891 59 Fed. Reg. 1548, 1550.

1892 Resolution Trust Corporation Refinancing, Restructuring, and Improvement Act of 1991, Pub. L. No. 102-233, 105 Stat. 1761 (1991).

1893 Dies wurde auch schon implizit in § 305(b)(2) FDICIA gefordert.

1894 FRB's Final Rule on Risk Weight for Multifamily Housing Loans, 58 Fed. Reg. 68735 (Dec. 29, 1993); FDIC's Final Rule on Risk Weight for Multifamily Housing Loans, 59 Fed. Reg. 3779 (Jan. 27, 1994); OCC's Final Rule on Risk Weight for Multifamily Housing Loans, 59 Fed. Reg. 10946 (March 9, 1994).

1895 *Quillin*, S. 115.

1896 *Quillin*, S. 115.

aufgrund des bestehenden Trennbankensystems bei der Eigenkapitalbeschaffung gegenüber den Nichtbank-Kreditinstituten benachteiligt fühlten. Im Jahre 1996 gaben die Bankaufsichtsbehörden dem Druck der *Commercial Banks* nach und veränderten die Definition des Eigenkapitals. Nachrangige Kreditinstrumente in Form von steuerabzugsfähigen *Preference Shares*, die von Zweckgesellschaften (*Special Purpose Vehicles* (SPVs)) emittiert wurden, durften nunmehr als Kernkapital gezählt werden. Dieses Vorgehen löste bei den Bankaufsichtsbehörden aus anderen Ländern keine Begeisterung aus. Man befürchtete, zu Recht, eine Aufweichung des Kernkapitals.[1897]

Im Oktober 1998 teilte das BCBS in einer Pressemitteilung jedoch mit, dass man auf dem BCBS Treffen dieses und andere innovative Kapitalinstrumente unter bestimmten Voraussetzungen als Kernkapital gebilligt habe.[1898] Andere Länder folgten schnell dem Beispiel der USA. Damit trieben die USA die erweiterte Definition des Eigenkapitals, die in Basel II aufgenommen wurde, voran.[1899]

(3) Veränderung der Definition des ergänzenden Kapitals (Tier 2)

Auch die Elemente des Tier 2 Eigenkapitals wurden mit der Zeit erweitert. Obwohl Basel I die Einbeziehung von latenten Bewertungsreserven als Tier 2 Kapital erlaubte, hatten die USA sich bei der Umsetzung ursprünglich dagegen entschieden. 1998 änderten die U.S.-Bankaufsichtsbehörden jedoch auch ihre Meinung dazu und erlaubten den Banken bis zu 45 Prozent der latenten Bewertungsreserven als ergänzendes Kapital zu zählen. Dies war jedoch nur möglich, wenn sie ordnungsgemäß nach U.S.-GAAP bilanziert wurden.[1900]

Druck von der Politik und der Bankindustrie, die generelle Sorge um die Wettbewerbsgleichheit und der Glaube, dass die Banken genügend Eigenkapital vorhielten, führten demnach dazu, dass die U.S.-Bankaufsichtsbehörden ihre anfänglich sehr strikte Umsetzung der Basel I Regelungen mit der Zeit abschwächten und zunehmend die Spielräume, welche die Basel I Regeln ließen, zu Gunsten der Banken und zu Lasten der Finanzstabilität ausübten.

b. Basel II

Aufgrund von Defiziten, insbesondere in Bezug auf das Risikogewichtungssystem, wurde Basel II entwickelt.[1901] Den nationalen Behörden war ein weiter Spielraum bei der Umsetzung und Interpretation von Basel II eingeräumt worden.

1897 *Quillin*, S. 117; *Alford*, S. 203.

1898 *BCBS*, Pressemitteilung, "Instruments eligible for inclusion in Tier 1 capital", 27. Oktober 1998. In dieser Pressmitteilung wurden auch stille Einlagen anerkannt. Online verfügbar unter http://www.bis.org/press/p981027.htm, zuletzt geprüft am 16.02.2016.

1899 Basel II legte ein Limit von 15 Prozent für innovative Kernkapitalinstrumente fest.

1900 Unrealized Holding Gains on Certain Equity Securities, 63 Fed. Reg. 46518 (Sept. 1, 1998).

1901 Siehe zu diesem Punkt Seite 229 ff..

aa. Gesteigertes öffentliches Interesse

Im Gegensatz zu der Umsetzung von Basel I, die in den USA ohne größeres Aufsehen in der Öffentlichkeit durchgeführt worden war, interessierten sich die Öffentlichkeit und die Banken bei der Verhandlung und Umsetzung von Basel II sehr viel mehr. Die Bundesaufsichtsbehörden trugen diesem Interesse Rechnung, indem sie sowohl einen Vorabregelungsentwurf (*Advanced Notice of Proposed Rulemaking* (ANPR)) als auch einen Regelungsentwurf (*Notice of Proposed Rulemaking* (NPR)) herausgaben. Die ANPR wurde sogar schon vor Verabschiedung des endgültigen Basel II-Dokumentes im August 2003 veröffentlicht.[1902] Dadurch konnte sichergestellt werden, dass eventuelle nationale Bedenken noch in das endgültig verabschiedete Basel-Dokument eingearbeitet werden konnten.

bb. Uneinigkeit der Bankaufsichtsbehörden bei der Umsetzung

Die Umsetzung der Vorgaben von Basel II ging in den USA nicht so problemlos und schnell vonstatten wie bei Basel I. Ein Punkt, der zu der Verzögerung beitrug, war die Uneinigkeit der Bankaufsichtsbehörden in den USA. Insbesondere das OCC äußerte mehrfach öffentlich Bedenken, ob die neuen Regelungen nicht zu komplex für die meisten Banken in den USA seien und ob die Aufsichtsbehörden die ansteigende Belastung bewältigen könnten. Die FDIC stellte sich auf den Standpunkt, dass die Basel II-Regelungen zu einer Unterkapitalisierung bei großen Banken führen könnten und dass kleinere Banken Wettbewerbsnachteile erleiden würden.[1903] Selbst nach Herausgabe der gemeinsamen ANPR veröffentlichten der *Comptroller* Hawke und der Vorsitzende der FDIC Powell Mitteilungen, in denen sie den gesamten IRB-Ansatz in Frage stellten.[1904] Der Ausbruch der Finanzkrise im Jahre 2007 zeigte, dass diese Bedenken zu Recht geäußert worden waren.

cc. Inhalt der „Notice of Proposed Rulemaking (NPR)" zur Umsetzung der Basel II Vorgaben

Im September 2006 veröffentlichten die Bankaufsichtsbehörden eine gemeinsame NPR zur Umsetzung des fortgeschrittenen IRB-Ansatzes von Basel II.[1905] Kommentare wurden bis zum 23. Januar 2007 erbeten. Die großen Spielräume bei der nationalen Umsetzung und die Bedenken der kleinen Banken, dass die Basel II Regeln für sie zu anspruchsvoll seien, führten dazu, dass die USA in der NPR vorschlugen, den fortgeschrittenen IRB-Ansatz von Basel II[1906] zunächst nur für die 19 größten

1902 Joint ANPR on Basel II, 68 Fed. Reg. 45900 (Aug. 4, 2003).
1903 *Tarullo*, Banking on Basel, S. 119 f..
1904 *Tarullo*, Banking on Basel, S. 120.
1905 Joint NPR to implement Basel II for large, internationally active banks, 71 Fed. Reg. 55830 (Sept. 25, 2006).
1906 Zum fortgeschritten IRB-Ansatz von Basel II siehe Seite 234.

Banken verpflichtend anzuwenden (sogenannte „Kernbanken“ (*core banks*)).[1907] Es handelte sich dabei um Banken mit mindestens $ 250 Milliarden an konsolidierten Gesamtaktiva oder mit mindestens $ 10 Milliarden bilanzwirksamen Risiken, die im Zusammenhang mit Auslandsanteilen in den Portfolios auftraten.[1908] Anderen Banken wurde die Möglichkeit gegeben, ebenfalls den fortgeschrittenen IRB-Ansatz zu wählen (*opt-in*), falls sie die in Basel II dafür festgesetzten Voraussetzungen erfüllten.

Abweichend von den im BCBS beschlossenen Regeln versuchte man in den USA jedoch erweiterte Schutzmaßnahmen bei der Verwendung des fortgeschrittenen IRB-Ansatzes einzubauen. Dadurch sollte verhindert werden, dass das Eigenkapital der Banken durch die neuen Regeln, wie von den Aufsichtsbehörden befürchtet, erheblich sinken konnte. Es wurde ein Überprüfungsverfahren entwickelt, um sicherzustellen, dass das von der Bank entwickelte System zur Umsetzung des fortgeschrittenen IRB-Ansatzes geeignet war. Abweichend von Basel II wurden für die Kernbanken Untergrenzen der Eigenmittel für die ersten drei Jahre eingeführt mit Anpassungsfaktoren von zuerst 95, dann 90 und dann 85 Prozent des Eigenkapitals.[1909] Weiterhin schlugen die Aufsichtsbehörden vor, den Umsetzungsentwurf wieder abzuändern, wenn sich aufgrund der Einführung von Basel II das Gesamtkapital der betroffenen Banken um mehr als zehn Prozent reduziere.[1910] Schließlich behielt man die zu Zeiten von Basel I eingeführte *Leverage Ratio* und die zu ihrer Durchsetzung im *Federal Deposit Insurance Corporation Improvement Act of 1991* eingeführten sofort korrigierenden Abhilfemaßnahmen (*prompt corrective action* (PCA)) bei.[1911]

dd. "Basel IA" für Nicht-Kernbanken

Zusätzlich untersuchte man die Möglichkeit, für alle anderen Banken, die keine Kernbanken waren, entweder weiterhin Basel I gelten zu lassen oder sie nach ihrer Wahl einer modifizierten Form von Basel I („Basel IA“) zu unterwerfen. Dadurch sollte wieder Wettbewerbsgleichheit hergestellt werden, ohne den Nicht-Kernbanken die

---

1907 *Getter, Cong. Research Serv.*, CRS R42744, U.S. Implementation of the Basel Capital Regulatory Framework (2012), S. 3, online verfügbar unter http://fpc.state.gov/documents/organization/201108.pdf, zuletzt geprüft am 16.02.2016.

1908 71 Fed. Reg. 55830, 55841.

1909 71 Fed. Reg. 55830, 55842 et seq..

1910 71 Fed. Reg. 55830, 55839.

1911 71 Fed. Reg. 55830, 55836. Institute, die unter das Mindestlevel von – je nach Art der Bank - drei oder vier Prozent fallen, müssen verpflichtend Eigenkapital aufbauen. Kommen sie dem nicht nach, so können die Aufsichtsbehörden gemäß 12 U.S.C. § 1831o(h)(3) (2012) Strafmaßnahmen ergreifen oder das Institut sogar unter Zwangsverwaltung stellen. Es gibt fünf verschiedene PCA Level: (1) gut kapitalisiert, (2) ausreichend kapitalisiert, (3) unterkapitalisiert, (4) erheblich unterkapitalisiert und (5) kritisch unterkapitalisiert. Banken die die Baseler Vorgaben umsetzen werden als „ausreichend kapitalisiert“ eingeordnet.

zusätzlichen Kosten für den IRB-Ansatz zuzumuten. Diese Möglichkeit wurde in einer zusätzlichen NPR veröffentlicht.[1912] Damit betroffene Institute beide Ansätze besser vergleichen konnten, wurde im Dezember 2006 die Kommentierungsphase für Basel II bis zum 26. März 2007 verlängert.[1913] Basel IA ähnelte dem Standardansatz von Basel II, jedoch schlug man für die in den USA besonders intensiv diskutierten Bereiche eine niedrigere Risikogewichtung vor und führte keine Eigenkapitalunterlegung für das operationelle Risiko ein. Laut der NPR hätte Basel IA die Anzahl der Risikokategorien von fünf auf acht erhöht und die Verwendung von externen Ratings erlaubt.[1914] Eine niedrigere Risikogewichtung als in Basel I wurde beispielsweise für Darlehensnehmer mit guter Bonität (*A rated*)[1915] und für grundpfandrechtlich gesicherte Kredite mit einer Beleihungsquote von 80 Prozent oder weniger festgelegt.[1916]

ee. Inhalt der endgültigen Regelungen zur Umsetzung der fortgeschrittenen Basel II Ansätze für Kernbanken

Am 7. Dezember 2007 veröffentlichten das FRB, das OCC und die FDIC schließlich die endgültigen Regelungen zur Umsetzung des fortgeschrittenen IRB-Ansatzes und der fortgeschrittenen Messansätze (AMA) für das operationelle Risiko von Basel II für die Kernbanken.[1917] Das Datum für das Inkrafttreten dieser Regeln wurde auf den 1. April 2008 festgesetzt. Man erlaubte den Kernbanken nicht, den Standardansatz einzuführen wie es von vielen Kommentatoren gefordert wurde, sondern beließ es bei der verpflichtenden Einführung des fortgeschrittenen IRB-Ansatzes. Ihnen wurde jedoch die Möglichkeit eingeräumt, eine Befreiung vom fortgeschrittenen IRB-Ansatz zu beantragen.[1918] Der Vorschlag, den Umsetzungsentwurf abzuändern, sobald das Gesamtkapital der betroffenen Banken sich um mehr als zehn Prozent reduziere, wurde nicht eingeführt. Stattdessen legte man fest, dass man eine quantitative Auswirkungsstudie am Ende des zweiten Übergangsjahres durchführen werde, um zu ermitteln, ob die vorgeschlagene Basel II-Rahmenvereinbarung erhebliche Mängel aufweist.[1919] Die *Leverage Ratio* und PCA behielt man jedoch - wie

1912 Joint NPR on Basel IA, 71 Fed. Reg. 77446 (Dec. 26, 2006).
1913 Joint NPR; extension of comment period, 71 Fed. Reg. 77518 (Dec. 26, 2006).
1914 71 Fed. Reg. 77446, 77450. Als zusätzliche Risikokategorien wurden 35, 75 und 150 Prozent vorgeschlagen.
1915 71 Fed. Reg. 77446, 77452.
1916 71 Fed. Reg. 77446, 77455.
1917 Joint final rule on Basel II, 72 Fed. Reg. 69288 (Dec. 7, 2007).
1918 *FRB/OCC/FDIC/OTS*, Interagency Statement – U.S. Implementation of Basel II Advanced Approaches Framework, SR letter 0804a1, S. 7. In dem Supervisory Letter geben die Bundesbankaufsichtsbehörden eine Orientierung für die Implementierung von Basel II für die Kernbanken und die Banken, die den fortgeschrittenen IRB-Ansatz wählen (opt-in). Der Leitfaden ist online verfügbar unter http://www.federalreserve.gov/boarddocs/srletters/2008/SR0804a1.pdf, zuletzt geprüft am 16.02.2016 [Im Folgenden bezeichnet als „SR letter 0804a1“].
1919 72 Fed. Reg. 69288, 69296.

in der NPR angekündigt - bei. Die Regeln zur Umsetzung der Untergrenzen und der parallelen Bewertung wurden ebenfalls beibehalten.

Die Kernbanken wurden verpflichtet, den Aufsichtsbehörden einen Plan zur Umsetzung der fortgeschrittenen Ansätze zur Genehmigung zukommen zu lassen. Bis spätestens zum 1. Oktober 2008 sollten die von dem Vorstand der Bank genehmigten Pläne von den Banken umgesetzt werden. Die parallele Bewertung sollte von den Kernbanken für mindestens vier aufeinanderfolgende Vierteljahre zur Zufriedenheit der Aufsichtsbehörde vorgenommen werden. War die Aufsichtsbehörde nicht zufrieden, so konnte die Beobachtungsphase um ein weiteres Vierteljahr verlängert werden.[1920] Jede Untergrenze musste zur Zufriedenheit der Aufsichtsbehörde für mindestens vier aufeinanderfolgende Vierteljahre parallel zu Basel I eingehalten werden, bevor die Bank dann nur noch den Basel II fortgeschrittenen IRB-Ansatz anwenden durfte.[1921] Die im Rahmen des FSAF vom IWF geprüfte Umsetzung der Basel II Regelungen in den USA im Mai 2010 ergab jedoch, dass zu dem Zeitpunkt der Überprüfung erst eine einzige der Kernbanken mit der Umsetzung des Planes und damit der parallelen Berechnung gemäß Basel I und dem fortgeschrittenen IRB-Ansatz begonnen hatte.[1922] Im Oktober 2013 gab das BCBS seinen periodisch aktualisierten Bericht über die Fortschritte bei der Umsetzung der Baseler Rahmenregelungen heraus.[1923] Dort wurde für die USA in Bezug auf die Umsetzung von Basel II festgestellt, dass die endgültige Regelung zwar in Kraft, die Umsetzung jedoch immer noch nicht abgeschlossen sei und dass die Beobachtungsphase für die Kernbanken noch laufe. Zwar wird betont, dass die Institute große Vorschritte bei der Umsetzung gemacht hätten, ohne diese Aussage jedoch näher zu begründen.[1924]

ff. Regelungen für Nicht-Kernbanken

In Bezug auf Basel IA entschied man sich nach ausführlicher Diskussion doch gegen die Einführung einer solchen modifizierten Version von Basel I.[1925] Am 29. Juli 2008 veröffentlichten die Bankaufsichtsbehörden stattdessen gemeinsam eine *Notice of Proposed Rulemaking* zur Umsetzung des Basel II-Standardansatzes und des

1920 SR letter 0804a1, S. 4 f..

1921 72 Fed. Reg. 69288, 69301.

1922 *IWF*, IMF Country Report No. 10/124, United States: Publication of Financial Sector Assessment Documentation – Technical Note on Basel II Implementation Preparedness in the United States, Mai 2010, S. 8, Punkt 25. Online verfügbar unter www.imf.org/external/pubs/ft/scr/2010/cr10124.pdf, zuletzt geprüft am 16.02.2016.

1923 *BCBS*, Bericht über die Fortschritte bei der Umsetzung der Basler Rahmenregelungen, Oktober 2013 [Im Folgenden zitiert als „Basel Umsetzungsbericht 2013"].

1924 Basel Umsetzungsbericht 2013, Tabelle, S. 12 f..

1925 72 Fed. Reg. 69288, 69297. Sowohl Banken, die verpflichtend den fortgeschrittenen IRB-Ansatz einführen sollten, als auch kleine Banken argumentierten mit Wettbewerbsgleichheit und zusätzlichen Kosten.

IRB-Basisansatzes für Banken, die nicht die fortgeschrittenen Ansätze anwenden mussten.[1926] Eine endgültige Regel dazu wurde jedoch bisher nicht erlassen.

gg. *Prognose für die vollständige Einführung von Basel II in den USA*

Mit Veröffentlichung der Basel 2.5 und Basel III Regeln erscheint es eher unwahrscheinlich, dass noch eine endgültige Regelung für Banken, die nicht die fortgeschrittenen Ansätze anwenden, erlassen wird. Zudem kollidieren die Vorschriften von Basel II, die die Verwendung von externen Ratings zur Risikogewichtung erlauben, mit den Vorschriften des *Dodd-Frank Act*.[1927] Auch Basel III verweist weiterhin auf externe Ratings. *Section* 939A *Dodd-Frank Act* schreibt den Bundesaufsichtsbehörden jedoch vor, die Verweise auf die Verwendung von externen Ratings in ihren Verordnungen zu überarbeiten und zu ersetzen.

c. *Basel 2.5 und Basel III*

Bei der Umsetzung von Basel 2.5 und Basel III in den USA müssen die Aufsichtsbehörden immer noch zusätzlich die Vorgaben des *Dodd-Frank Act*, insbesondere die Vorgaben des *Collins-Amendment* (*Section* 171) und von *Section* 939A *Dodd-Frank Act*, beachten. Sie wurden verabschiedet, bevor die internationalen Verhandlungen im BCBS abgeschlossen waren, so dass einige internationale Vorschriften bei der Umsetzung in den USA erst auf ihre Kompatibilität mit der nationalen Gesetzgebung hin untersucht werden müssen.

aa. *Umsetzung der Regeln für das Marktrisiko*

Die Verordnungsentwürfe zur Umsetzung der Basel 2.5-Regeln für das Marktrisiko in den USA wurden von den bundesrechtlichen Bankaufsichtsbehörden am 11. Januar 2011 veröffentlicht.[1928] Diese Entwürfe wurden nach Ablauf der Kommentierungsfrist geändert und die geänderten Versionen am 21. Dezember 2011 bekanntgegeben.[1929] Die endgültige Verordnung für die Umsetzung von Basel 2.5 wurde am 30. August 2012 veröffentlicht und trat zum 1. Januar 2013 in Kraft.[1930]

Bei der Umsetzung der verschärften Regelungen von Basel 2.5 halten sich die U.S.-Aufsichtsbehörden eng an die international beschlossenen Vorgaben und setzen diese vollständig um. Die Regelungen sind nur anwendbar auf Institute mit

---

1926 Joint NPR Implementing the Basel II Standardized Risk-Based Capital Framework, 73 Fed. Reg. 43982 (July 29, 2008).

1927 *Verdier*, S. 453.

1928 Joint NPR on Risk-Based Capital Guidelines – Market Risk (Basel 2.5), 76 Fed. Reg. 1890 (Jan. 11, 2011).

1929 Joint Amended NPR on Market Risk Capital Rules (Basel 2.5), 76 Fed. Reg. 79379 (Dec. 21, 2011).

1930 Joint Final Rule on Risk-Based Capital Standards - Market Risk (Basel 2.5), 77 Fed. Reg. 53059 (Aug. 30, 2012).

zusammengefassten Handelsaktiva und zu Handelszwecken gehaltenen Verbindlichkeiten, die zehn oder mehr Prozent ihrer Gesamtaktiva ausmachen oder einen Wert von $ 1 Milliarde oder mehr aufweisen.[1931] Im Unterschied zu Basel 2.5 mussten die U.S.-Aufsichtsbehörden aufgrund der Vorgaben von *Section* 939A *Dodd-Frank Act* alle Verweise auf externe Ratings, die für die Stress-VaR Anforderung herangezogen werden, mit anderen Ansätzen ersetzen. Unter anderem wird die OECD-Methodik zur Risikoklassifizierung von Forderungen an Staaten (*Country Risk Classifications*) mit kleinen Abwandlungen eingesetzt.[1932]

bb. Umsetzung der restlichen Basel III Regelungen

Am 7. Juni 2012 veröffentlichten die bundesrechtlichen Bankaufsichtsbehörden gemeinsam drei Entwürfe zur Umsetzung von Basel III in den USA.[1933] Teil der Basel-III NPR sind weitere in Basel 2.5 vorgeschlagene Änderungen, die von der endgültigen U.S.- Basel 2.5 Regel nicht erfasst wurden. Am 9. November 2012 gaben die Aufsichtsbehörden jedoch bekannt, dass die vorgeschlagenen Basel III Umsetzungsverordnungen nicht wie geplant am 1. Januar 2013 in Kraft treten würden.[1934] Dies ist wohl auf den Druck zahlreicher U.S.-Banken zurückzuführen, die Bedenken gegen die vorgeschlagenen Regeln äußerten und eine spätere Umsetzung forderten.[1935]

Am 11. Oktober 2013 veröffentlichten das FRB, das OCC und die FDIC gemeinsame endgültige Verordnungen zur Umsetzung von Basel III und den relevanten Bestimmungen des *Dodd-Frank Act* im *Federal Register*.[1936] Es wurden einige Veränderungen zu der NPR von Juli 2012 vorgenommen. Die zwingenden Frist zur Einhaltung der neuen Regelungen ist für Kernbanken (mit Ausnahme von Thrift-Holdinggesellschaften) der 1. Januar 2014, und für alle anderen betroffenen Banken der 1. Januar 2015.[1937] Zur Durchsetzung der veränderten Eigenkapitalanforderungen

---

1931 77 Fed. Reg. 53059, 53063.

1932 77 Fed. Reg. 53059, 53075.

1933 Joint Proposed rule on Implementation of Basel III, 77 Fed. Reg. 52792 (Aug. 30, 2012); Joint Proposed Rule on Regulatory Capital Rules, 77 Fed. Reg. 52888 (Aug. 30, 2012); Joint Proposed Rule on Regulatory Capital Rules, 77 Fed. Reg. 52978 (Aug. 30, 2012).

1934 *FRB/OCC/FDIC*, Joint Press Release, Agencies Provide Guidance on Regulatory Capital Rulemakings 7. Juni 2012, online verfügbar unter http://www.federalreserve.gov/newsevents/press/bcreg/20121109a.htm, zuletzt geprüft am 16.02.2016.

1935 *Borak*, Big Banks Press for Basel III Revisions, Am. Banker, Oct. 29, 2012.

1936 Final joint rule on risk-based and leverage capital requirements (Basel III), 78 Fed. Reg. 62017 (Oct. 11, 2013). Die FDIC veröffentlichte zusätzlich zeitlich versetzt eine weitere Verordnung, da sie die Bestimmungen der gemeinsamen Verordnung nur vorläufig auf die ihrer Aufsicht unterfallene Banken angewendet hatte. Siehe FDIC Final Rule on Revised Risk-based and Leverage Capital Requirements (Basel III), 79 Fed. Reg. 20754 (April 14, 2014).

1937 78 Fed. Reg. 62017.

und der *Leverage Ratio* behält man das bestehende PCA Rahmenwerk bei, jedoch wurden die Kategorien an die erhöhten Eigenkapitallevel angepasst.[1938]

cc. Grundsätzliche Anwendung der Basel III Regeln

Grundsätzlich sind die U.S.-Basel III Regeln auf alle Banken anzuwenden, jedoch werden ähnlich wie bereits bei der Umsetzung von Basel II, je nach Größe der Aktiva und Komplexität der Bank, unterschiedlich hohe Anforderungen aufgestellt. Ganz ausgenommen von den Basel III Regeln sind kleine BHCs, definiert als BHCs mit weniger als $ 500 Millionen an konsolidierten Gesamtaktiva.[1939] Diese unterfallen weiterhin dem *„Small Bank Holding Company Policy Statement“*[1940] des FRB. Diese Ausnahme für kleine BHCs steht auch im Einklang mit *Section* 171(b)(5)(C) *Dodd-Frank Act*. Ebenfalls ausgenommen von den Basel III Regeln sind Thrift-Holdinggesellschaften mit erheblichen wirtschaftlichen Aktivitäten oder erheblichen Aktivitäten im Bereich des Versicherungsgeschäfts.[1941]

dd. Anforderungen an das Eigenkapital

Generell übernehmen die U.S.-Aufsichtsbehörden die in Basel III vorgesehenen Definitionen und Quoten für hartes Kernkapital, zusätzliches Kernkapital und Ergänzungskapital. Es wird in das Ermessen (*discretion*) der jeweiligen Aufsichtsbehörde gelegt, ob die Bank über diese Minimalanforderungen hinaus zusätzliches Eigenkapital vorhalten muss.[1942] Für *Community Banks*[1943] und *Mutual Holding Companies*

1938 78 Fed. Reg. 62017, 62041.

1939 78 Fed. Reg. 62017, 62021.

1940 Kodifiziert in 12 C.F.R. part 225, appendix C (2014).

1941 78 Fed. Reg 62017, 62027 et seq.

1942 78 Fed. Reg. 62017, 62030. Die Möglichkeit die Eigenkapitalanforderungen anzupassen, war auch schon vor Erlass des Dodd-Frank Act für alle bundesrechtlichen Bankaufsichtsbehörden in 12 U.S.C. § 3907(a)(2) (2012) kodifiziert. Dort heißt es: „Each appropriate Federal banking agency shall have the authority to establish such minimum level of capital for a banking institution as the appropriate Federal banking agency, **in its discretion**, deems to be necessary or appropriate in light of the particular circumstances of the banking institution." [mit eigener Hervorhebung]. Speziell für das Vorhalten von zusätzlichem Eigenkapital sind die Bestimmungen für das OCC in12 U.S.C. § 1464(s)(2) (2012), 12 C.F.R. § 3.401 (2014) zu finden; für das FRB in 12 C.F.R. § 217.1(d) (2014) und für die FDIC in 12 C.F.R. Part 390, Subpart Z, Appendix A, § 1(c) (2014) und 12 C.F.R. Part 324 (2014).

1943 In der endgültigen Basel III-Regel werden „Community Banks“ definiert als Einlagenkreditinstitute die zum 31. Dezember 2009 konsolidierte Gesamtaktiva von weniger als $ 15 Milliarden hatten. Generell werden „Community Banks“ nur nach ihrer Größe definiert als Banken mit weniger als $ 1 Milliarde an Aktiva. Einige Banken mit Aktiva, die diese Grenze übersteigen, können dennoch unter den Begriff "Community Bank" subsumiert werden, wenn sie einen begrenzten geographischen Einzugsbereich haben und eine große Anzahl von Krediten und

(MHCs)[1944] gelten einige Besonderheiten, so dass gewisse hybride Kapitalinstrumente und unkündbare kumulative Vorzugsaktien, die vor dem 15. Mai 2010 emittiert wurden, weiterhin auf Dauer zum Kernkapital (Tier 1) gerechnet werden dürfen, jedoch nur bis zu 25 Prozent. Diese „*Grandfather*" –Klausel wurde eingefügt, da solche Banken oft einen erschwerten Zugang zum Kapitalmarkt haben und eine wichtige Rolle bei der Kreditvergabe im lokalen Bereich spielen. Zudem dürfen alle Nicht-Kernbanken mit mehr als $ 15 Milliarden in konsolidierten Gesamtaktiva solche hybriden Kapitalinstrumente, welche schrittweise als Kernkapital auslaufen, als Ergänzungskapital (Tier 2) zählen.[1945] Kernbanken müssen solche hybriden Kapitalinstrumente bis Ende 2015 schrittweise ganz auslaufen lassen und dürfen sie auch nicht zum Tier 2 rechnen. Der Übergangszeitraum für hybride Kapitalinstrumente ist aufgrund der Anforderungen von *Section* 171(b)(4) *Dodd-Frank Act* wesentlich kürzer als der in Basel III vorgesehene Zeitraum von neun Jahren.

Im Einklang mit Basel III nehmen die U.S.-Bankaufsichtsbehörden kumulierte sonstige dem Gesamtergebnis zugerechnete Erträge (*accumulated other comprehensive income* (AOCI)) als ein Element zur Berechnung des harten Kernkapitals auf. In der Bilanz ausgewiesene nicht realisierte Gewinne und Verluste von zur Veräußerung verfügbaren Wertpapieren sind Teil des AOCI. In der endgültigen Regel wurde keine Anpassung dafür vorgesehen, obwohl dies bisher der Fall war und die Beibehaltung von den Kommentatoren gefordert worden war. Die einzige Ausnahme, abweichend zu Basel III, die für Nicht-Kernbanken zugelassen wird, ist, dass diese einmalig bis zum ersten Bericht an die Bankaufsichtsbehörden im Jahre 2015 wählen können, AOCI nicht im hartem Kernkapital aufzunehmen (*AOCI opt-out election*).[1946]

Zudem wurde bei der Risikogewichtung die 50-prozentige Risikogewichtung für erstrangige Belastungen von Ein- und Mehrfamilienhäusern mit bis zu vier Einheiten beibehalten, sowie eine 100-prozentige Risikogewichtung für alle anderen Belastungen.[1947]

Kernbanken müssen ihre risikobasierte Eigenkapitalquote aufgrund des *Collins-Amendment* zum einen einmal nach dem fortgeschrittenen Ansatz berechnen und

---

Kerneinlagen aufweisen können. Die FDIC beschreibt in ihrer Studie zu „Community Banks" die verschiedenen Definitionsansätze, hat aber selbst eine erweiterte Definition gewählt. Siehe *FDIC*, FDIC Community Banking Study, Dezember 2012, Chapter 1, online verfügbar unter www.fdic.gov/regulations/resources/cbi/report/cbi-full.pdf, zuletzt geprüft am 16.02.2016.

1944 Es gibt zwei Arten von MHCs. Zum einen sind dies MHCs von einzelstaatlich zugelassenen Savings Banks, die vom FRB wie eine BHC gemäß § 3(g) des BHC Acts von 1956 beaufsichtigt werden. Zum anderen sind dies MHCs, die Muttergesellschaft einer bundes- oder einzelstaatlich zugelassenen Savings Association sind, und vom FRB gemäß § 10(o) HOLA beaufsichtigt werden.

1945 78 Fed. Reg 62017, 62052.

1946 78 Fed. Reg 62017, 62027.

1947 78 Fed. Reg 62017, 62087 et seq..

zum anderen nach dem Standardansatz. Der jeweils niedrigere Wert ist derjenige, der für die Einhaltung der Eigenkapitalquoten relevant ist.

ee. Zusätzlicher und antizyklischer Kapitalpuffer

Die U.S.-Aufsichtsbehörden führen den in hartem Kernkapital zu haltenden zusätzlichen Kapitalpuffer von mehr als 2,5 Prozent verpflichtend für alle Banken ein.[1948] Der *Dodd-Frank Act* gibt den Aufsichtsbehörden in *Section* 616[1949] weiterhin vor, ihre Eigenkapitalvorschriften antizyklisch auszugestalten. Zur Umsetzung dieser Vorgaben und des in Basel III vorgesehenen antizyklischen Kapitalpuffers haben die Bankaufsichtsbehörden in ihrer endgültigen Verordnung eine Regelung begrenzt auf Kernbanken eingeführt.[1950] Die Höhe des antizyklischen Kapitalpuffers wird zunächst auf null Prozent festgelegt, kann aber bis auf 2,5 Prozent erhöht werden, wenn die Aufsichtsbehörden feststellen, dass es zu einem erheblichen Anstieg des systemweiten Kreditrisikos kommen kann.[1951] Die Verpflichtung einen antizyklischen Kapitalpuffer einzurichten, wird jedoch nicht vor 2016 in Kraft treten. Aufgrund der Tatsache, dass noch viele Ausführungsbestimmungen zu *Dodd-Frank Act* vor 2016 erlassen werden müssen, gab es bisher noch keine Grundsatzerklärung oder anderweitige Leitlinien zum antizyklischen Kapitalpuffer.[1952]

ff. Verschuldungsobergrenze (Leverage Ratio)

Eine der Neuerungen von Basel III ist die Einführung einer Verschuldungsobergrenze (*Leverage Ratio*). Die bundesrechtlichen Bankaufsichtsbehörden in den USA haben die *Leverage Ratio* schon seit Basel I als Mittel der Aufsicht eingesetzt und auch unter Basel II beibehalten.[1953] Unterschiede bestehen jedoch dahingehend, dass die in Basel III eingeführte Verschuldungsobergrenze einige außerbilanzielle Risiken miteinbezieht, während dies bei der bisherigen U.S.-Version nicht beachtet wurde.

Die U.S.-Aufsichtsbehörden behalten ihre bisherige *Leverage Ratio* von vier Prozent und die bisherige Definition für alle Banken bei.[1954] Zusätzlich wird für Kernbanken jedoch die unter Basel III beschlossene nicht-risikobasierte *Leverage Ratio* von drei Prozent eingeführt, da Kernbanken grundsätzlich mehr außerbilanzielle Risiken in ihrem Portfolio haben, die von der U.S.-*Leverage Ratio* nicht erfasst

---

1948 78 Fed. Reg. 62017, 62034.

1949 Kodifiziert in 12 U.S.C. §§ 1844(b), 1467a(g)(1), 3907(a)(1) (2012).

1950 78 Fed. Reg. 62017, 62038.

1951 78 Fed. Reg. 62017, 62040.

1952 *Tarullo,* “Macroprudential Regulation”, Remarks at the Yale Law School Conference on Challenges in Global Financial Services, New Haven, Conn, 20. September 2013, S. 20. Online verfügbar unter www.federalreserve.gov/newsevents/speech/tarullo20130920a.pdf, zuletzt geprüft am 16.02.2016.

1953 Zu der Leverage Ratio als Aufsichtsmittel schon auf Seite 295.

1954 Die Quote von drei Prozent für Banken, die besonders gute CAMELS Rating hatten, wird abgeschafft. Siehe 78 Fed. Reg. 62017, 62031.

werden.[1955] Es wurde angemerkt, dass die Aufsichtsbehörden sich eine Anpassung der *Leverage Ratio* vorbehielten, in Anbetracht der Tatsache, dass das BCBS die Regeln für die Verschuldungsobergrenzen weiterhin überarbeitete.[1956] Im Mai 2014 wurde daraufhin ein Entwurf zur Anpassung des Nenners zur Berechnung der zusätzlichen *Leverage Ratio* veröffentlicht.[1957] Nach Auswertung der Stellungnahmen wurde die endgültige Regel am 26. September 2014 im *Federal Register* bekanntgegeben.[1958] Die Meldung der Höchstverschuldungsquote gemäß Basel III beginnt am 1. Januar 2015.

Zudem haben die Bankaufsichtsbehörden eine zusätzliche höhere *Leverage Ratio* für G-SIBs[1959] und ihre Tochtergesellschaften, welche bei der FDIC versicherte Einlagenkreditinstitute sind, vorgeschlagen. Die Vorschläge wurden in einer separaten NPR erläutert.[1960] Eine endgültige Regelung wurde am 1. Mai 2014 herausgegeben und tritt am 1. Januar 2018 in Kraft.[1961] Die zusätzliche Höchstverschuldungsquote für G-SIBs wurde auf fünf Prozent festgelegt. Diese fünf Prozent setzen sich aus einer zusätzlichen dreiprozentigen Höchstverschuldungsquote und einem zusätzlichen zweiprozentigen Höchstverschuldungsquotenpolster (*leverage buffer*) zusammen.[1962] Für Tochtergesellschaften der G-SIBs, die bei der FDIC versicherte Einlagenkreditinstitute sind, gilt eine zusätzliche *Leverage Ratio* von sechs Prozent, damit sie als "gut kapitalisiert" im Sinne der *Prompt Corrective Action* gelten.[1963] Diese unterschiedliche Quote beruht auf den unterschiedlichen Zielrichtungen der PCA und des *leverage buffer*. Die PCA soll sicherstellen, dass Probleme bei Einlagenkreditinstituten umgehend und mit dem geringsten Kostenaufwand für den Einlagensicherungsfond angegangen werden können. Der *leverage buffer* wurde entwickelt, damit Bankorganisationen Anreize haben, genug Eigenkapital vorzuhalten, um das Risiko zu verringern, dass ihr Eigenkapital während wirtschaftlich schlechter Zeiten unter die vorgeschriebenen Mindestquoten fällt.[1964]

1955 78 Fed. Reg. 62017, 62032.

1956 78 Fed. Reg. 62017, 62033.

1957 Proposed Revisions to the Supplementary Leverage Ratio, 79 Fed. Reg. 24596 (May 1, 2014).

1958 Final Rule on Revisions to the Supplementary Leverage Ratio, 79 Fed. Reg. 57725 (Sep. 26, 2014).

1959 G-SIBs werden definiert als Banken mit mehr als $ 700 Milliarden in konsolidierten Gesamtaktiva oder $ 10 Billionen in verwaltetem Depotvermögen sowie jede ihrer Tochtergesellschaften, die ein bei der FDIC versichertes Einlagenkreditinstitut ist.

1960 NPR on a supplementary leverage ratio for top-tier G-SIBs and their subsidiaries, 78 Fed. Reg. 51101 (Aug. 20, 2013).

1961 Final Joint Rule on a Supplementary Leverage Ratio for Large, Interconnected U.S. Banking Organizations, 79 Fed. Reg. 24528 (May 1, 2014).

1962 79 Fed. Reg. 24528, 24528 und 24534.

1963 79 Fed. Reg. 24528, 24528 und 24533.

1964 79 Fed. Reg. 24528, 24533.

gg. *Mindestliquiditätsquote und Strukturelle Liquiditätsquote*

Ein Entwurf zur kurzfristigen Mindestliquiditätsquote (LCR) wurde von den Bankaufsichtsbehörden der USA im Oktober 2013 erarbeitet und veröffentlicht.[1965] Die Kommentierungsphase lief bis zum 31 Januar 2014. Eine endgültige Regel wurde im Oktober 2014 herausgegeben.[1966] Die LCR soll wie in Basel III vorgesehen am 1. Januar 2015 verbindlich werden, jedoch ist die Übergangszeit auf zwei Jahre verkürzt (1. Januar 2017).[1967]

Eine LCR ist eine Neuerung für das U.S.-Aufsichtswesen. Liquidität wurde bisher nur im Rahmen des CAMELS-Ratings von den Aufsichtsbehörden als einer von mehreren Faktoren von Fall zu Fall miteinbezogen. Zudem wurden, wie bereits für FBOs erörtert, zur Umsetzung von *Section* 165 des *Dodd-Frank Act* vom FRB erhöhte Liquiditätsanforderungen für große U.S.-Banken, für bestimmte FBOs und große vom FSOC bestimmte Nonbank-SIFIs vorgeschlagen.[1968] Die endgültige Regel modifiziert die in dem Entwurf vorgeschlagene Anwendbarkeit und nimmt vom FSOC als systemrelevant eingestufte Nonbank-SIFIs sowie *Foreign Banking Organizations* und U.S.-Zwischenholdings von den erhöhten Liquiditätsanforderungen aus.[1969] Es wird die eventuelle spätere Einführung einer LCR für vom FSOC als systemrelevant eingestufte und daher vom FRB beaufsichtigte Nonbank-SIFIs in Aussicht gestellt.[1970]

Die USA führen ähnlich wie bei der Umsetzung von Basel II zwei verschiedene Formen der LCR ein; eine „Vollversion" und eine abgeschwächte „Light-Version". Die Vollversion der LCR gilt für alle international aktiven Kernbanken (*advanced approaches banking organization*) mit mehr als $ 250 Milliarden in Gesamtaktiva oder mehr als $ 10 Milliarden an bilanzwirksamem Auslandsengagement, sowie für ihre konsolidierten Tochtergesellschaften mit mehr als $ 10 Milliarden an Aktiva.[1971] Die Light-Version soll für vom FRB beaufsichtigte BHCs und Thrift-Holdinggesellschaften gelten, die mindestens $ 50 Milliarden in konsolidierten Gesamtaktiva haben, nicht international tätig sind und keine wesentlichen Versicherungsaktivitäten betreiben.[1972] Sie ist im Gegensatz zu der Vollversion nicht auf Tochtergesellschaften anwendbar. Abweichend vom Regelentwurf soll für die Light-Version ebenfalls ein Zeitrahmen von 30 Tagen für den Stresstest verwendet werden.[1973] Der Entwurf sah noch einen verkürzten Zeitrahmen von 21 Tagen vor.[1974]

1965 Joint proposed rule on a Liquidity Coverage Ratio (LCR), 78 Fed. Reg. 71817 (Nov. 29, 2013).

1966 Joint Final Rule on a Liquidity Coverage Ratio (LCR), 79 Fed. Reg. 61439 (Oct. 10, 2014).

1967 79 Fed. Reg. 61439, 61444.

1968 Siehe die Ausführungen für FBOs auf Seite 101.

1969 79 Fed. Reg. 61439, 61443.

1970 79 Fed. Reg. 61439, 61446.

1971 79 Fed. Reg. 61439, 61445 et seq..

1972 79 Fed. Reg. 61439, 61520.

1973 79 Fed. Reg. 61439, 61521.

1974 78 Fed. Reg. 71817, 71846 et seq..

Im Unterschied zu Basel III dient die U.S.-LCR jedoch nicht nur der Umsetzung der internationalen Regelung, sondern auch der Umsetzung der Voraussetzungen von *Section* 165 *Dodd-Frank Act.* Die endgültige Regel berücksichtigt daher einige für den U.S.-Finanzmarkt und das U.S.-Aufsichtssystem spezifische Charakteristiken und Risiken. Die Aktiva, die als lastenfreie erstklassige liquide Aktiva (HQLA) gelten, werden enger definiert und auch die Übergangsfristen sind, wie bereits erwähnt, verkürzt, um sicherzustellen, dass die U.S.-Firmen ihre nach der Finanzkrise aufgebauten verbesserten Liquiditätspositionen beibehalten.[1975] Aufgrund von *Section* 939A *Dodd-Frank Act* wurde für die Definition bestimmter lastenfreier erstklassiger liquider Aktiva entgegen Basel III darauf verzichtet externe Ratings zu verwenden.[1976]

Die U.S.- Bankaufsichtsbehörden planen einen Regelungsentwurf zur Umsetzung der *Net Stable Funding Ratio* (NSFR) bekanntzugeben, nachdem die Diskussionen im BCBS abgeschlossen sind.[1977]

hh. Rahmenregelung für global systemrelevante Banken (G-SIBs)

Zur Umsetzung der Rahmenregelung für G-SIBs[1978] haben die U.S.-Bankaufsichtsbehörden am 1. Mai 2014 eine endgültige Regelung herausgegeben, welche am 1. Januar 2018 in Kraft tritt.[1979] Wie bereits im Rahmen der *Leverage Ratio* diskutiert, haben die U.S.-Bankaufsichtsbehörden eine für G-SIBs erhöhte Höchstverschuldungsquote von mindestens fünf Prozent festgelegt. Für Tochtergesellschaften der G-SIBs, die als Einlagenkreditinstitute bei der FDIC versichert sind, gilt eine zusätzliche Höchstverschuldungsquote von sechs Prozent, damit sie als "gut kapitalisiert" im Sinne der *Prompt Corrective Action* (PCA) gelten.[1980]

Das im Zusammenhang mit dem *Dodd-Frank Act* erwähnte *Large Institution Supervision Coordinating Committee* (LISCC)[1981] ist auch für die Aufsicht über die acht U.S.-Banken, die als G-SIBs eingestuft worden, verantwortlich. Folgende U.S.-Banken wurden vom *Financial Stability Board* als G-SIBs kategorisiert: BANK OF AMERICA CORPORATION, THE BANK OF NEW YORK MELLON CORPORATION, CITIGROUP INC., THE GOLDMAN SACHS GROUP, INC., JP MORGAN CHASE & CO., MORGAN STANLEY, STATE STREET CORPORATION und WELLS FARGO & COMPANY.[1982]

1975 79 Fed. Reg. 61439, 61519.

1976 79 Fed. Reg. 61439, 61451.

1977 78 Fed. Reg. 71817, 71821; 79 Fed. Reg. 61439, 61445.

1978 G-SIBs werden definiert als Banken mit mehr als $ 700 Milliarden in konsolidierten Gesamtaktiva oder $ 10 Billionen in verwaltetem Depotvermögen sowie jede ihrer Tochtergesellschaften, die ein bei der FDIC versichertes Einlagenkreditinstitut ist.

1979 Final Joint Rule on a Supplementary Leverage Ratio for Large, Interconnected U.S. Banking Organizations, 79 Fed. Reg. 24528 (May 1, 2014).

1980 79 Fed. Reg. 24528, 24528 und 24533.

1981 Für Informationen zum LISCC siehe Seite 77.

1982 Die jeweils aktuelle Liste ist verfügbar auf der Internetseite des Financial Stability Board, online verfügbar unter http://www.fsb.org/wp-content/uploads/2015-

2. Baseler Konkordat und Baseler Grundsätze

Bei der Umsetzung der Vorgaben und Empfehlungen des Baseler Konkordates und der Baseler Grundsätze ist den nationalen Aufsichtsbehörden ein weiter Spielraum gegeben. Die Bestimmungen sind zudem sehr vage gehalten und weit gefasst, so dass verschiedene Aufsichtsstrukturen die Vorgaben erfüllen können.

Die Einhaltung der Mindeststandards des Baseler Konkordates wird in den USA grundsätzlich durch den Abschluss von bilateralen MoUs mit ausländischen Aufsichtsbehörden sichergestellt. Dort werden insbesondere Regelungen zum Abbau von Hindernissen durch Geheimhaltungsgesetze und generell für den Austausch von Informationen getroffen.

Die Einhaltung der Baseler Grundsätze für eine wirksame Bankenaufsicht wurde anfänglich vom IWF und der Weltbank im Rahmen des vorab erwähnten *Financial Sector Assessment Program* (FSAP) nur für Entwicklungsländer bindend vorgesehen.[1983] Mittlerweile müssen sich die 25 wichtigsten Industrieländer einer Überprüfung ihres Finanzsektors im Rahmen der Artikel IV-Konsultationen des IWFs unterwerfen.[1984] Der IWF hat im Mai 2010 eine solche Studie zu den USA veröffentlicht und kommt zu dem Ergebnis, dass die USA bis auf den Bereich des Risikomanagements (Grundsatz 7), entweder konform (*compliant* (C)) oder zum größten Teil konform (*largely compliant* (LC)) die Vorgaben umgesetzt haben. Für den Bereich des Risikomanagements bekommt die USA vom IWF die Note „wesentlich nicht konform" (*materially noncompliant* (MNC)).[1985]

Das U.S.-Finanzministerium hat zuvor schon am 31. Juli 2009 das Ergebnis einer Selbstevaluierung der Einhaltung der Baseler Grundsätze herausgegeben.[1986] Dazu hat sich das U.S-Finanzministerium an der vom BCBS herausgegebenen Methodik von 2006 zur Durchführung einer Selbstevaluierung und an vom BCBS und vom IWF und der Weltbank herausgegebenen Handbüchern zur Selbstevaluierung orientiert.[1987] Diese Selbstevaluierung kam zu dem Ergebnis, dass die USA die Vorgaben

update-of-list-of-global-systemically-important-banks-G-SIBs.pdf, zuletzt geprüft am 16.02.2016.

1983 Zum FSAP siehe die Ausführungen auf Seite 267 f..

1984 Dazu ausführlicher schon auf Seite 268.

1985 *IWF*, IMF Country Report No. 10/121, United States: Publication of Financial Sector Assessment Program Documentation—Detailed Assessment of Observance of Basel Core Principles for Effective Banking Supervision, Mai 2010. Online verfügbar unter http://www.imf.org/external/pubs/ft/scr/2010/cr10121.pdf, zuletzt geprüft am 16.02.2016.

1986 *Department of the Treasury*, Assessment of Compliance with the Basel Core Principles for Effective Banking Supervision, 31. Juli 2009, online verfügbar unter http://www.treasury.gov/resource-center/international/standards-codes/Documents/Banking%20Self-Assessment%207-31-09.pdf, zuletzt geprüft am 16.02.2016. [Im Folgenden bezeichnet als "*Department of the Treasury*, Selbstevaluierung"].

1987 Diese Handbücher sind das vom BCBS herausgegebene Buch „Conducting a Supervisory Self-Assessment: Practical Application" (April 2001) und das von der

der Baseler Grundsätze grundsätzlich vollständig umsetzt (Note „C"). Nur für die Bereiche des Risikomanagements, der Limits für Großkredite, des Liquiditätsrisikos und des Aufsichtsverfahrens geben sie sich die Note "LC". Die Note „LC" für den Bereich des Aufsichtsverfahrens hängt insbesondere mit den Defiziten und Lücken in der Aufsicht und der Koordinierung zusammen, die durch die im Jahre 2007 begonnene Finanzkrise aufgedeckt wurden. Dies sind unter anderem eine nur geringe Aufsicht über Kreditvermittler und Kreditgeber auf dem U.S.- Subprime Hypotheken/-Grundschuldenmarkt, die nicht mit einem Einlagenkreditinstitut verbunden waren und ungenügende Mechanismen um systemrelevante Nichtbanken zu unterstützen oder aufzulösen. Durch den *Dodd-Frank Act* versuchte man diese Probleme einer Lösung zuzuführen.[1988]

3. IOSCO Grundsätze

Die IOSCO-Grundsätze stellen Best-Practices für den Wertpapierbereich dar und sind so gefasst, dass nicht nur ein spezielles Aufsichtssystem die Kriterien erfüllt. Je nachdem wie entwickelt ein nationales System ist, müssen zur Erfüllung einiger Grundsätze Änderungen an nationalen Gesetzen vorgenommen werden. Die IOSCO Grundsätze beruhen jedoch insbesondere auf dem Prinzip der vollen Offenlegung von wesentlichen Informationen, die es den Investoren ermöglichen gute Anlageentscheidungen zu treffen.[1989] Wie im Rahmen der U.S.-Wertpapieraufsicht erörtert, ist die Offenlegungspflicht zur Investoreninformation auch ein tragendes Prinzip des amerikanischen Wertpapieraufsichtsrechts.[1990] In diesem Punkt ähneln sich die Grundsätze und das amerikanische System sehr.

Im Rahmen der FSAP-Dokumentation des IWFs zu den USA wurde im Mai 2010 eine Überprüfung des Finanzsektors hinsichtlich der Einhaltung der IOSCO Grundsätze vorgenommen. Die Studie wurde ebenso wie die Studie zu den Baseler Grundsätzen auf der Homepage des IWFs veröffentlicht.[1991] Sie kommt zu dem Ergebnis, dass in den USA die IOSCO Grundsätze entweder vollständig implementiert (*fully implemented* (FI)) oder weitestgehend implementiert (*broadly implemented* (BI)) wurden. Änderungen seien demnach nicht notwendig. Es wird jedoch empfohlen,

---

World Bank und dem *IWF* im Jahre 2005 veröffentlichte Buch „The Financial Sector Assessment: A Handbook".

1988 *Department of the Treasury*, Selbstevaluierung, Principle 19: Supervisory approach, S. 1.

1989 Siehe zu diesem Punkt die Ausführungen auf Seite 250.

1990 Siehe zu den Zielen der U.S.-Wertpapieraufsicht die einleitenden Bemerkungen auf Seite 117.

1991 *IWF*, IMF Country Report No. 10/125, United States: Publication of Financial Sector Assessment Program Documentation - Detailed Assessment of Implementation of the IOSCO Objectives and Principles of Securities Regulation, Mai 2010. Online verfügbar unter http://www.imf.org/external/pubs/ft/scr/2010/cr10125.pdf, zuletzt geprüft am 16.02.2016.

das überaus komplexe System zu vereinfachen. Aufgrund der festgestellten Ähnlichkeit zwischen den IOSCO Grundsätzen und dem U.S.-System ist es das Ergebnis der Studie nicht weiter verwunderlich.

4. IOSCOs multilaterales Memorandum of Understanding (MMoU)

In den 1980er Jahren kam es zu einer großen Anzahl von Fusionen und Übernahmen auf dem U.S.-Markt. In dem Zusammenhang untersuchte die SEC mehrere Fälle von möglichem Insiderhandel. Davon betroffen waren auch ausländische Konten.[1992] Die Probleme, die die Erlangung von Informationen aus dem Ausland insbesondere aufgrund von Geheimhaltungs- und Verbotsgesetzen mit sich brachten, veranlassten die SEC dazu, eine Grundsatzerklärung herauszugeben, in der sie die Bedeutung der internationalen Kooperation, insbesondere im Rahmen von IOSCO, betonten und die Gründung von Netzwerken zur Informationsteilung anregten.[1993] Diese Erklärung nutzte sie auch dazu, um andere Wertpapierbehörden im Rahmen von IOSCO von dem Nutzen solcher Kooperationen zu überzeugen. Dies führte schließlich zur Verabschiedung der Resolution über Kooperation im Jahre 1989.[1994]

Vor dem Erlass von IOSCOs *Multilateral Memorandum of Understanding* schloss die SEC eine ganze Reihe an bilateralen *Memoranda of Understanding* ab. Insgesamt waren dies über 30 Stück mit 20 verschiedenen Jurisdiktionen. Das erste bilaterale *Memorandum of Understanding* wurde schon im Jahre 1982 mit der Schweiz abgeschlossen.[1995] Da anfänglich Unklarheiten darüber bestanden, ob die SEC die notwendigen rechtlichen Befugnisse hatte, um Beweise für ausländische Behörden zu sammeln, wurde zunächst im Jahre 1988 *Section* 21(a)(2) zum *Securities Exchange Act* hinzugefügt[1996] und im Jahre 1996 der *International Securities Enforcement Cooperation Act* erlassen.[1997] Das Gesetz aus dem Jahre 1996 gewährte zudem eine Vertraulichkeitsausnahme vom *Freedom of Information Act* (FOIA) für Informationen,

---

1992 *Friedman/Jacobs/Macel*, S. 37.

1993 SEC Policy Statement on Regulation of International Securities Markets, 53 Fed. Reg. 46963 (Nov. 21, 1988).

1994 *Friedman/Jacobs/Macel*, S. 39. Zu der „Resolution über Kooperation" aus dem Jahre 1989 siehe Seite 251.

1995 Siehe die Auflistung von Kooperationsabkommen auf der Homepage des Office of International Affairs (OIA) der SEC, Cooperative Arrangements with Foreign Regulators, online verfügbar unter http://www.sec.gov/about/offices/oia/oia_cooparrangements.shtml#enforce, zuletzt geprüft am 16.02.2016.

1996 Die neue § 21(a)(2) SEA war Teil des Insider Trading and Securities Fraud Enforcement Act of 1988, Pub. L. No. 100-704, 102 Stat. 4677 (1988). § 21(a)(2) SEA ist kodifiziert in 15 U.S.C. § 78u(a)(2) (2012).

1997 International Securities Enforcement Cooperation Act of 1990, Pub. L. No. 101-550, 104 Stat. 2713, 2714 (1990).

die die SEC von ausländischen Aufsichtsbehörden erhalten hat.[1998] Eine solche Ausnahme war notwendig, da ausländische Behörden aus Angst, dass die Informationen öffentlich werden könnten, keine nichtöffentlichen Informationen im Rahmen der Amtshilfe teilen wollten.[1999] Wichtig ist dabei, dass die Gesetzesverletzung, derentwegen die ausländische Behörde Amtshilfe verlangt, nicht auch gleichzeitig eine Verletzung der U.S.-Wertpapiergesetze darstellen muss. Würde man die doppelte Strafbarkeit verlangen, so würde das insbesondere die Möglichkeiten der SEC einschränken Informationen von ausländischen Behörden zu erlangen, da die U.S.-Wertpapiergesetze weiter gefasst sind als die meisten ausländischen Gesetze.[2000]

Das *Multilateral Memorandum of Understanding* von IOSCO hat die SEC als eine der ersten Behörden im Herbst des Jahres 2002 unterzeichnet.[2001] Auch die CFTC hat das MMoU im Jahre 2002 unterzeichnet.[2002] Durch den Abschluss der diversen bilateralen *Memoranda of Understanding*, besaßen die Aufsichtsbehörden schon die notwendigen rechtlichen Befugnisse, um das *Multilateral Memorandum of Understanding* umzusetzen, so dass keine weitere Gesetzgebung notwendig war. Der *Dodd-Frank Act* kodifiziert in *Section* 752 jedoch trotzdem noch einmal explizit die Befugnis der SEC und der CFTC zum Abschluss von *Memoranda of Understanding*, insbesondere im Bereich der Swaps.[2003]

Die bilateralen *Memoranda of Understanding* bestehen weiterhin fort und ergänzen das *Multilateral Memorandum of Understanding*.[2004] Mittlerweile schließt die SEC

1998 Freedom of Information Act, Pub. L. No. 89-487, 80 Stat. 250 (1966). Die hier relevante Ausnahme ist kodifiziert in 15 U.S.C. § 78x(d) (2012). Der FOIA ermöglicht der Öffentlichkeit grundsätzlich größtmöglichen und umfassenden Zugang zu den Informationen der Exekutive. Aufzeichnungen müssen vorgelegt werden, es sei denn, sie fallen unter eine Ausnahme wie in diesem Fall.

1999 *Friedman/Jacobs/Macel*, S. 41.

2000 *Mann/Barry*, 39 Int'l Law. 667, 671 (2005).

2001 *SEC*, Annual Report 2002, S. 16 f..

2002 *CFTC*, Annual Performance Report, Fiscal Year 2012, S. 53.

2003 Dodd-Frank Act, § 752 lautet:
"(a) In order to promote effective and consistent global regulation of swaps and security-based swaps, the **Commodity Futures Trading Commission, the Securities and Exchange Commission**, and the prudential regulators as appropriate, [...] may agree to such **information-sharing arrangements** as may be deemed to be necessary or appropriate in the public interest or for the protection of investors, swap counterparties, and security-based swap counterparties.
(b) In order to promote effective and consistent global regulation of contracts of sale of a commodity for future delivery and options on such contracts, the **Commodity Futures Trading Commission** [...] may agree to such **information-sharing arrangements** as may be deemed necessary or appropriate in the public interest for the protection of users of contracts of sale of a commodity for future delivery." [mit eigener Hervorhebung].

2004 Eine Liste der bilateralen Memoranda of Understanding, die die SEC abgeschlossen hat, ist verfügbar auf ihrer Homepage unter http://www.sec.gov/about/offices/oia/oia_cooparrangements.shtml, zuletzt geprüft am 16.02.2016.

neue bilaterale *Memoranda of Understanding* in dem Bereich nur noch ab, sofern sie über das *Multilateral Memorandum of Understanding* von IOSCO hinausgehen. Dies ist der Fall, wenn es darum geht jemanden zu einer Aussage zu zwingen, oder bei der Herausgabe von Daten von Internetprovidern, Telefonanbietern und andere sensible Daten von Banken, Brokern oder wirtschaftlichen Berechtigten an die SEC.[2005]

V. Konsultation, Transparenz und Demokratiedefizit bei der Verhandlung von Standards in internationalen Gremien

Die zunehmende Kooperation zwischen Behörden in Form der Amtshilfe und der Standardsetzung auf internationaler Ebene, hat das Augenmerk der Wissenschaft und der Öffentlichkeit auf diese Entwicklungen und eventuelle Probleme gelenkt. Obwohl internationale Gremien Fortschritte bei der Beteiligung der Öffentlichkeit und der Transparenz gemacht haben, ist der Prozess nicht mit den nationalen verwaltungsrechtlichen Prozessen zu vergleichen. Nationale Behörden unterliegen gesetzlichen Verpflichtungen hinsichtlich der Beteiligung der Öffentlichkeit und der Begründung von Erlassen, während die internationalen Gremien dies freiwillig vornehmen.[2006] Gerade deswegen werden immer häufiger Bedenken im Hinblick auf das Demokratie- und das Rechtsstaatsprinzip geäußert.[2007] Auch Transparenz und Inklusivität werden problematisiert.[2008] Die Literatur erörtert daher die Entstehung oder die Notwendigkeit eines „Internationalen Verwaltungsrechts"[2009] oder eines „Global Administrative Law".[2010]

2005 Informationen abrufbar auf der Internetseite der SEC, verfügbar unter http://www.sec.gov/about/offices/oia/oia_coopfactsheet.htm, zuletzt geprüft am 16.02.2016.

2006 *Bradley*, Consultation and Legitimacy in Transnational Standard-Setting, 20 Minn. J. Int'l L. 480, 486 (2011).

2007 Siehe dazu auch schon die Nachweise in Fn. 1354. Siehe weiterhin *Reinicke*, Global Public Policy, 2008, S. 114; *Höfling*, S. F33; *Zeitler*, S. 1400; *Brummer*, 13 J. Int'l Econ. L. 623, 642 (2010); *Ohler*, Finanzkrisen als Herausforderung der internationalen, europäischen und nationalen Rechtsetzung, DVBl 2011, 1061 (1067); *Dreyling*, S. 35 f..

2008 *Höfling*, S. F38; *Barr/Miller*, Global Administrative Law: The View from Basel, EJIL 17 (2006), S. 15 (24); *Bradley*, S. 485.

2009 Siehe dazu insbesondere *Tietje*, Internationalisiertes Verwaltungshandeln, 2001; die Erörterung anhand von Referenzgebieten bei *Möllers/Voßkuhle/Walter* (Hrsg.), Internationales Verwaltungsrecht, 2007; *Kment*, Grenzüberschreitendes Verwaltungshandeln: Transnationale Elemente deutschen Verwaltungsrechts, 2010; *Schmidt-Aßmann*, Die Herausforderung der Verwaltungsrechtswissenschaft durch die Internationalisierung der Verwaltungsbeziehungen, Der Staat 45 (2006), 315 ff.; *Classen*, Die Entwicklung eines Internationalen Verwaltungsrechts als Aufgabe der Rechtswissenschaft, VVDStRL 67 (2008), 365 ff..

2010 Siehe dazu die Beiträge des Global Administrative Law Forschungsprojekts an der NYU School of Law, online verfügbar unter http://www.iilj.org/gal/, zuletzt

1. Vereinbarkeit mit U.S.-Verfassungs- und Verwaltungsrecht

Im Folgenden werden die für das U.S.-Recht spezifischen Probleme bei der Verhandlung von Standards in internationalen Gremien kurz dargelegt. Auffällig ist, dass die Diskussion in den USA zum größten Teil eine juristische Auseinandersetzung mit den verfassungs- und verwaltungsrechtlichen Problemen des nationalen Rechts vermissen lässt.[2011] Die meisten Beiträge beschäftigen sich generell mit der Bewahrung des Demokratieprinzips auf der internationalen Ebene.[2012] Zu bedenken ist jedoch zusätzlich, dass die hier angesprochenen Probleme nicht auf den internationalen Bereich beschränkt sind, sondern sich generell bei der Aufgabenübertragung auf Behörden auch im nationalen Recht stellen. Fraglich ist nur, ob diese Probleme durch die Verlagerung auf die internationale Ebene verstärkt werden.[2013] Eine ausführliche Diskussion kann jedoch nicht erfolgen, da dies den Rahmen der Darstellung sprengen würde.

Folgende Problemkreise sind im U.S.-Kontext relevant: (a) die *nondelegation doctrine* (b) die *Appointments Clause* der U.S.-Verfassung, (c) *due process* und (d) die Einhaltung von prozeduralen Vorgaben des *Administrative Procedure Act* (APA).

a. Nondelegation Doctrine

Die "Lehre von der Nichtübertragbarkeit von legislativen Funktionen" (*nondelegation doctrine*) soll den Verzicht der Gesetzgebungsbefugnisse durch den Kongress verhindern und beschränkt daher dessen Befugnisse.[2014] Eine Weiterübertragung von

---

geprüft am 16.02.2016 m.w.N., sowie aus der Literatur *Barr/Miller*, S. 15 ff.; *Dann/Engelhardt*, Legal Approaches to Global Governance and Accountability: Informal Lawmaking, International Public Authority, and Global Administrative Law Compared, in: Pauwelyn/Wessel/Wouters (Hrsg.), Informal International Lawmaking, 2012, S. 106–124.

2011 Siehe aber neuerdings die Diskussion der Vereinbarkeit mit U.S.-Verfassungs- und Verwaltungsrecht bei *Zaring*, Sovereignty Mismatch and the New Administrative Law, 91 Wash. U. L. Rev. 59, 84 (2013). Für eine Vereinbarkeit der Entwicklung von Standards im BCBS mit U.S.-Verwaltungsrecht siehe *Feldman*, S. 401–409. Für eine Vereinbarkeit mit U.S-Verwaltungsrecht für die Teilnahme von U.S.-Behörden in internationalen Organisationen und in informellen Netzwerken allgemein siehe *Stewart*, 37 N.Y.U. J. Int'l L. & Pol. 695, 717 et seq. (2005). Für eine Vereinbarkeit von U.S.-Verwaltungsrecht mit der Harmonisierung von Standards im Rahmen der International Conference on Harmonization (ICH) siehe *Berman*, The Role of Domestic Administrative Law in the Accountability of Transnational Regulatory Networks: The Case of the ICH, IRPA Working Paper GAL Series No. 1-2012.

2012 Siehe für viele *Búrca*, S. 221.

2013 *Berman*, S. 28. Für eine Diskussion der Probleme, die sich im nationalen Kontext bei der Übertragung von Aufgaben auf Behörden stellen, siehe *Stewart*, The Reformation of American Administrative Law, 88 Harv. L. Rev. 1667 (1975).

2014 Field v. Clark, 143 U.S. 649, 692–694 (1892): "That congress cannot delegate legislative power to the president is a principle universally recognized as vital to the integrity

delegierten Befugnissen durch die Behörde (*agency subdelegation*) ist zum Schutze des Gesetzgebers nur insoweit rechtmäßig, als sie keinen Missbrauch der an die Behörde delegierten Rechte darstellt.[2015] Dabei ist zu beachten, dass die U.S.-Verfassung keine Vorgaben zur Übertragung von legislativen Funktionen und zur Ermächtigung zum Verordnungserlass enthält wie Artikel 80 Abs. 1 GG. Die *nondelegation doctrine* wird nur in die allgemeine Bestimmung des *Article* I, *Section* 1 der U.S.-Verfassung, dass die legislative Gewalt vom Kongress ausgeübt wird, hineingelesen.[2016]

Die Frage einer unrechtmäßigen (Weiter-)Übertragung von Gesetzgebungsbefugnissen ist kein auf den internationalen Kontext beschränktes Problem, sondern stellt sich auch allgemein im nationalen Kontext bei der Übertragung von Aufgaben auf Behörden. Solange der Gesetzgeber eine Richtschnur zur Ausübung der übertragenen Funktionen und des Ermessens bereitstellt (*intelligible principle*), handelt es sich um eine rechtmäßige Übertragung der Entscheidungsbefugnis und nicht um eine unrechtmäßige Übertragung von legislativen Kompetenzen.[2017]

Im internationalen Kontext ist insbesondere eine eventuell unrechtmäßige Weiterübertragung (*subdelegation*) von Entscheidungsbefugnissen durch die Behörde relevant. Bei einer Weiterübertragung an einen außenstehenden nichtstaatlichen Akteur muss die Behörde zeigen, dass der Gesetzgeber eine solche Weiterübertragung gewollt hat (*affirmative showing*).[2018] Wie bereits erwähnt, hat der Gesetzgeber die Bankaufsichtsbehörden schon im Jahre 1983 dazu ermächtigt, sich in Bezug auf Eigenkapitalstandards und die internationale Kreditvergabe international zu beraten und zu koordinieren.[2019] Der *Dodd-Frank Act* hat diese Befugnisse noch erweitert

---

and maintenance of the system of government ordained by the constitution. [...] 'The true distinction [...] is between the delegation of power to make the law, which necessarily involves a discretion as to what it shall be, and conferring authority or discretion as to its execution, to be exercised under and in pursuance of the law. The first cannot be done; to the latter no valid objection can be made'" (citing Railroad Co. v. Commissioners, 1 Ohio St. 77, 88 (1852)); *Chemerinsky*, Constitutional Law, 2011, S. 334; *Sunstein*, Nondelegation Canons, 67 U. Chi. L. Rev. 315 (2000).

2015 Industrial Union Department v. American Petroleum Institute, 448 U.S. 607, 685 (1980): "the nondelegation doctrine [...] ensures to the extent consistent with orderly governmental administration that important choices of social policy are made by Congress, the branch of our Government most responsive to the popular will."; *Zaring*, 91 Wash. U. L. Rev. 59, 84 (2013).

2016 U.S. CONST. art. I, § 1 lautet: "All legislative Powers herein granted shall be vested in a Congress of the United States, which shall consist of a Senate and House of Representatives.".

2017 Whitman v. American Trucking Associations, 531 U.S. 457, 472 (2001).

2018 United States Telecom Association v. Federal Communications Commission, 359 F.3d 554, 565 (D.C. Cir. 2004); Defenders of Wildlife v. Gutierrez, 532 F.3d 913, 927 (D.C. Cir. 2008).

2019 Siehe zu diesem Punkt die Ausführungen auf Seite 201.

und auch eine explizite Ermächtigung für die SEC und die CFTC kodifiziert.[2020] Der Wille des Gesetzgebers kann hier daher eindeutig bestimmt werden.

Zudem ist zu bedenken, dass die Probleme der *nondelegation doctrine,* insbesondere der Weiterübertragung, sich auch eher im Rahmen von internationalen Organisationen stellen als bei Gremien wie dem BCBS und der IOSCO. Die Vereinbarungen im BCBS und bei der IOSCO sind rechtlich unverbindlich, so dass die endgültige Entscheidungsbefugnis bei den nationalen Behörden verbleibt. Die Aufsichtsbehörden delegieren daher auch keine Befugnis zum Verordnungserlass an diese Gremien. Die *nondelegation doctrine* ist daher nicht verletzt.

b. Appointments Clause

Die Ernennungsklausel (*Appointments Clause*) ist in *Article* II, *Section* 2, *Clause* 2 der U.S.-Verfassung kodifiziert.[2021] Laut dieser Bestimmung ist es grundsätzlich dem Präsidenten vorbehalten Bundesbeamte (*Officers of the United States*) zu ernennen. Diese Ernennung muss dann noch abschließend durch den Senat bestätigt werden. Eine Ausnahme ist vorgesehen, wenn es sich nicht um leitende Beamte handelt. Der U.S.-Supreme Court sieht die *Appointments Clause* verletzt, wenn die Ernennung des Bundesbeamten für ein bestimmtes Amt durch jemand anderes als den Präsidenten diese Kernkompetenz der Exekutive verletzt.[2022] Die *Appointments Clause* soll sicherstellen, dass jeder Beamte, der Bundesgesetze ausführt und durchsetzt, gegenüber dem Präsidenten verantwortlich ist, da dieser wiederum gegenüber dem Volk rechenschaftspflichtig ist. Die Befugnis Beamte zu ernennen, beinhaltet daher auch die Befugnis sie abzusetzen.[2023]

2020 In § 175(c) Dodd-Frank Act wurden die Beratungsbefugnisse des FRB und des U.S.-Außenministers für systemisch wichtige Finanzinstitute (SIFIs) kodifiziert. § 752 Dodd-Frank Act kodifiziert die Befugnisse der SEC und CFTC zur internationalen Beratung und Koordinierung und zum Abschluss von MoUs zur Regulierung von Swaps.

2021 U.S. CONST. art. II, § 2, cl. 2 lautet: "[...] [the President] shall nominate, and by and with the Advice and Consent of the Senate, shall appoint Ambassadors, other public Ministers and Consuls, Judges of the supreme Court, and all other Officers of the United States, whose Appointments are not herein otherwise provided for, and which shall be established by Law: but the Congress may by Law vest the Appointment of such inferior Officers, as they think proper, in the President alone, in the Courts of Law, or in the Heads of Departments.".

2022 Morrison v. Olson, 487 U.S. 654, 670–671 (1988): ""Principal officers are selected by the President with the advice and consent of the Senate. Inferior officers Congress may allow to be appointed by the President alone, by the heads of departments, or by the Judiciary." (citing Buckley v. Valeo, 424 U.S. 1, 132 (1976)) The initial question is, accordingly, whether appellant is an "inferior" or a "principal" officer. If she is the latter [...] then the Act is in violation of the Appointments Clause.".

2023 Myers v. United States, 272 U.S. 52, 163–164 (1926): "[...] article 2 grants to the President the executive power of the government- i.e., the general administrative

Die *Appointments Clause* ist daher nur verletzt, wenn die Mitglieder des BCBS und bei der IOSCO für die USA bindende Verpflichtungen erlassen können, die dann in den USA unmittelbar anwendbar sind, oder wenn sie bestehende Verpflichtungen abändern können und sie die Ausführung und Durchsetzung dieser Verpflichtungen im Folgenden überwachen. Der U.S.-Präsident hat keine Möglichkeit Einfluss auf die Ernennung von Mitgliedern oder des Vorsitzenden dieser Gremien zu nehmen.

Eine Verletzung der *Appointments Clause* scheint hier jedoch abwegig. Zum einen sind die Vereinbarungen rechtlich nicht verbindlich. Zum anderen handelt es sich auch nicht um den Erlass von Bundesgesetzen, sondern um den Verordnungserlass. Es muss erst eine Umsetzung in nationales Recht stattfinden. Für diese Umsetzung und Ausführung sind die Aufsichtsbehörden nach den für das nationale Recht geltenden Bestimmungen verantwortlich. Weiterhin ist anzumerken, dass die Gerichte auch bei dem Erlass von bindenden Verpflichtungen in internationalen Organisationen oder anderen internationalen Gremien, in denen die USA teilnimmt, noch nie die Verletzung der *Appointments Clause* festgestellt haben.[2024] Eine andere Interpretation der U.S.-Verfassung würde die Teilnahme der USA in internationalen Organisationen im Wesentlichen unmöglich machen.[2025]

c. Due Process

Die *due process* Bestimmung ist in der 14. Zusatzbestimmung der U.S.-Verfassung (14th *amendment*) kodifiziert.[2026] Demnach dürfen die Einzelstaaten niemandem ohne eine Anhörung im Rahmen eines ordentlichen Verfahrens Leben, Freiheit oder Eigentum nehmen. Ein *due process* Schutz ist bei verwaltungsrechtlichen Maßnahmen nur vorgesehen, wenn diese Maßnahmen eine geringe Anzahl an Personen in besonderem Maße persönlich betreffen.[2027] Allgemeinverfügungen, die eine unbestimmbare große Anzahl an Personen betreffen ohne auf Einzelfälle gerichtet

---

control of those executing the laws, including the power of appointment and removal of executive officers-a conclusion confirmed by his obligation to take care that the laws be faithfully executed; [...] article 2 excludes the exercise of legislative power by Congress to provide for appointments and removals, except only as granted therein to Congress in the matter of inferior offices [...]".

2024 *Henkin*, Foreign Affairs and the United States Constitution, S. 141, Fn. ‡.

2025 *Henkin*, Foreign Affairs and the United States Constitution, S. 254; *Zaring*, 91 Wash. U. L. Rev. 59, 105 (2013). Siehe jedoch für eine entgegengesetzte Auffassung und einen Aufruf zu mehr gerichtlicher Kontrolle bei der Aufgabenübertragung auf internationale Organisationen *Ku*, The Delegation of Federal Power to International Organizations: New Problems with Old Solutions, 85 Minn. L. Rev. 71, 77 (2000).

2026 U.S. CONST. amend. XIV, § 1: "No state shall [...] deprive any person of life, liberty, or property, without due process of law."

2027 Bi-Metallic Investment Company v. State Board of Equalization, 239 U.S. 441, 446 (1915): "A relatively small number of persons was concerned, who were exceptionally affected, in each case upon individual grounds, and it was held that they had a right to a hearing.".

zu sein, unterliegen nicht dem *due process* Schutz, da individuelle Anhörungen das ordnungsgemäße Funktionieren des Staates behindern würden. Ein Schutz ist durch die demokratische Verantwortlichkeit der Amtsträger gegeben.[2028]

Sowohl das BCBS als auch die IOSCO erarbeiten nur allgemein anwendbare Regeln.[2029] Zwar gibt es kein oberstes demokratisch verantwortliches Organ auf internationaler Ebene. Jedoch müssen die Vereinbarungen, wie schon mehrfach herausgehoben wurde, noch national umgesetzt werden. Die Aufsichtsbehörden sind demokratisch verantwortlich und es ist im Rahmen dieser Umsetzung, dass ein eventueller *due process* Schutz eingreifen würde. Dieser ist aber ohnehin, wie besprochen, im Rahmen der Verwaltungstätigkeit begrenzt.

d. Prozedurale Vorgaben des Administrative Procedure Act

Sowohl das BCBS als auch die IOSCO haben große Fortschritte bei der Beteiligung der Öffentlichkeit gemacht. Dies geschieht durch die Veröffentlichung der Entwürfe und die Möglichkeit der Kommentierung und deren Berücksichtigung bei der Erarbeitung der endgültigen Regeln.[2030] Im nationalen Kontext ist jedoch nur relevant, ob die U.S.-Aufsichtsbehörden durch die Verhandlung der Regeln im internationalen Rahmen und die folgende Umsetzung ins nationale Recht, die Vorgaben des *Administrative Procedure Act* erfüllen. Es findet keine Verlagerung des Prozesses auf die internationale Ebene statt.

Die verwaltungsrechtlichen Vorgaben, die die U.S.-Aufsichtsbehörden bei der Umsetzung der Vereinbarungen in nationales Recht erfüllen müssen, wurden schon bei der Rechtsnatur der Vereinbarungen gemäß U.S.-Recht erläutert.[2031] Dort wurde festgestellt, dass die Umsetzung die nationalen verwaltungsrechtlichen Vorgaben erfüllt, da die Tatsache, dass eine nationale Regel aufgrund einer international im BCBS oder bei der IOSCO beschlossenen Vereinbarung erlassen wird, nicht willkürlich oder offensichtlich unbegründet ist.[2032]

2028 Bi-Metallic Investment Company v. State Board of Equalization, 239 U.S. 441, 445 (1915): "Where a rule of conduct applies to more than a few people, it is impracticable that everyone should have a direct voice in its adoption. The Constitution does not require all public acts to be done in town meeting or an assembly of the whole. General statutes within the state power are passed that affect the person or property of individuals, sometimes to the point of ruin, without giving them a chance to be heard. Their rights are protected in the only way that they can be in a complex society, by their power, immediate or remote, over those who make the rule.".

2029 *Zaring*, 91 Wash. U. L. Rev. 59, 105 (2013).

2030 Siehe zur verstärkten Beteiligung der Öffentlichkeit die Ausführungen auf Seite 203 und 210.

2031 Siehe dazu die Ausführungen auf Seite 289 ff..

2032 Siehe dazu Seite 290 ff..

2. Bewertung und mögliche Lösungsvorschläge

Die Entwicklung von **verpflichtenden internationalen** verwaltungsrechtlichen Regelungen zur Transparenz und Beteiligung bei der Verhandlung von Standards scheint nicht sehr wahrscheinlich, da gerade der informelle Charakter und die Flexibilität den Anreiz dieser Gremien ausmachen. Umso wichtiger ist daher, dass diese Defizite durch den nationalen Prozess, zumindest ansatzweise, kompensiert werden.[2033]

Die Aufsichtsbehörden in den USA müssen der Öffentlichkeit bei der Umsetzung der internationalen Vorgaben in nationales Recht gemäß den Vorgaben des *Administrative Procedure Act* die Möglichkeit geben, die Vorschläge zu kommentieren.[2034] Die Möglichkeit die Entwürfe zu kommentieren, findet jedoch **nach** Abschluss der Verhandlungen in den internationalen Gremien statt. Obwohl den Mitgliedern meist Spielraum bei der Umsetzung gegeben wird, kann sich die Ausnutzung dieses Spielraums negativ auf das Ansehen des Staates international auswirken.

Eine bessere Möglichkeit ist daher, die nationale Öffentlichkeit schon während der internationalen Verhandlungen mit einzubinden.[2035] Die U.S.-Aufsichtsbehörden haben dies beispielsweise bei den Verhandlungen zu Basel II mit der Veröffentlichung der *Advanced Notice of Proposed Rulemaking* (ANPR) gemacht.[2036] Eine solche Verpflichtung der Aufsichtsbehörden könnte bei internationalen Verhandlungen verbindlich in den APA aufgenommen werden. Für andere Behörden und Ministerien wie die *Food and Drug Administration* (FDA) und das *United States Department of Agriculture* (USDA) ist eine solche Verpflichtung im Rahmen von formellen Verhandlungen für bindende Übereinkommen schon kodifiziert.[2037] So kann sichergestellt werden, dass die Kommentare in die endgültigen Regelungen

2033 *Slaughter*, A New World Order, S. 241; *Aman*, The Democracy Deficit, 2004, S. 132 ff.; *Zaring*, 91 Wash. U. L. Rev. 59, 110 (2013); *Boey*, Regulating "Bankerspace": Challenging the Legitimacy of the Basel Accords as Soft Law, 87 S. Cal. L. Rev. Postscript 74, 111 (2014), online verfügbar unter http://lawreview.usc.edu/wp-content/uploads/Boey-Postscript.pdf, zuletzt geprüft am 16.02.2016.

2034 Der APA macht nur die Veröffentlichung im Federal Register verpflichtend, stellt jedoch keine weiteren Vorgaben zur Art und Weise der Beteiligung der Öffentlichkeit auf. Zusätzlich zu der Veröffentlichung im Federal Register veröffentlichen die meisten Aufsichtsbehörden heutzutage aktuell zur Diskussion stehende Entwürfe oder Entwürfe, die von besonderem Interesse sind, auch auf ihrer Homepage. Für das FRB siehe http://www.federalreserve.gov/apps/foia/proposedregs.aspx, für das OCC siehe http://www.occ.treas.gov/topics/laws-regulations/occ-regulations/for-public-comment.html, für die FDIC siehe https://www.fdic.gov/regulations/laws/federal/index.html, für die SEC siehe http://www.sec.gov/rules/proposed.shtml und für die CFTC siehe http://comments.cftc.gov/FederalRegister/OpenForComment.aspx, alle zuletzt geprüft am 16.02.2016.

2035 So auch *Stewart*, 37 N.Y.U. J. Int'l L. & Pol. 695, 748 (2005).

2036 Siehe für den Nachweis der ANPR zu Basel II Fn. 1902.

2037 19 U.S.C. § 2578 (2012).

bei den internationalen Verhandlungen eingearbeitet werden können. Vorschläge, die in diese Richtung gehen, wurden auch schon von der *American Bar Association* (ABA) und der *Administrative Conference of the United States*[2038] vorgebracht.[2039] Für die Behörden wäre der Aufwand zu bewältigen, während die Beteiligung der Öffentlichkeit und die Rechtmäßigkeit einer Verordnung gestärkt wären.

Zudem kann die demokratische Verantwortlichkeit der Behörden auch durch Anhörungen im Kongress gestärkt werden. Im Rahmen der Umsetzung von Basel II in den USA wurden mehrfach Anhörungen durchgeführt, bei denen die Vertreter der Aufsichtsbehörden ihre Positionen und Maßnahmen erklären mussten. In Folge dessen wurden zusätzliche Änderungen vor der endgültigen Umsetzung in nationales Recht vorgenommen.[2040]

Weiterhin sollte in Betracht gezogen werden, ob das Demokratieprinzip wirklich der richtige Maßstab für das Handeln der Aufsichtsbehörden bei der Standardsetzung auf internationaler Ebene darstellt.[2041] Eine solche Aussage muss jedoch für jedes nationale Recht gesondert geprüft werden. Im Falle der U.S.-Aufsichtsbehörden ist auffällig, dass sie als weisungsunabhängige Regulierungsbehörden (*independent regulatory agencies*) national einen sehr hohen Grad an Unabhängigkeit genießen.[2042] Es soll ihnen ermöglicht werden auf neue Situationen schnell und aufgrund ihrer Expertise zu reagieren.[2043] Zudem gestehen die Gesetze ihnen ein großes Ermessen bei der Ausführung der ihnen übertragenen Aufgaben zu. Dies wird beispielsweise bei der bereits erwähnten Setzung von Eigenkapitalstandards deutlich. Die Forderungen nach einer größeren demokratischen Verantwortlichkeit für die Aufsichtsbehörden, wenn sie international tätig werden, würde ihr Handeln demnach mehr einschränken, als dies national vorgesehen ist.[2044]

2038 Die "Administrative Conference of the United States" ist eine unabhängige Bundesbehörde, welche Empfehlungen zur Verbesserung der Fairness und Effektivität der Abläufe und Verfahren von Bundesbehörden entwickeln soll. Siehe *Office of the Federal Register, National Archives and Records Administration,* United States Government Manual 2013, Juli 2013, S. 321 ff..

2039 Recommendations of the Administrative Conference of the United States, 56 Fed. Reg. 33841, 33842 (July 24, 1991); *ABA*, Recommendation by the Section of Administrative Law and Regulatory Practice, the Section of International Law and Practice Government and the Public Sector Lawyers Division, August 2001, online verfügbar unter http://www.americanbar.org/content/dam/aba/migrated/adminlaw/harmonization.authcheckdam.pdf, zuletzt geprüft am 16.02.2016.

2040 *Verdier*, S. 461.

2041 So auch *Hubble*, U.S. Agency Independence and the Global Democracy Deficit, 88 N.Y.U. L. Rev. 1802, 1806 (2013).

2042 *Slaughter*, A New World Order, S. 220, die darauf hinweist, dass Zentralbanker in den meisten nationalen Systemen einen hohen Grad an Unabhängigkeit genießen und es daher widersinnig erscheint, sie international mehr zu beschränken.

2043 *Aman*, Administrative Law in a Global Era, 1992, S. 15.

2044 *Stewart*, 37 N.Y.U. J. Int'l L. & Pol. 695, 728 et seq. (2005), der dies als "parity plus" Ansatz bezeichnet.

E. Zusammenfassende Schlussbemerkungen

Die vorliegende Untersuchung der Aufsicht über die Finanzmärkte in den USA hat die Entwicklung des Aufsichtssystems im Banken- und Wertpapierbereich bis zu den jüngsten Reformen dargelegt und diese mit der Entwicklung der internationalen Vorgaben für die Finanzmärkte kontrastiert, Parallelen aufgezeigt und die Umsetzung in den USA beschrieben. Erst durch diese historische Betrachtung kann man die Reformen durch den *Dodd-Frank Act* verstehen und in das Gesamtsystem einordnen. Der historische Abriss erklärt auch die Komplexität des heute bestehenden Systems. Die teilweise von anderen Industriestaaten abweichende oder verzögerte Umsetzung internationaler Vorgaben, wird erst vor dem Hintergrund der nationalen Besonderheiten des Aufsichtssystems in den USA verständlich.

Die heute bestehende Komplexität der Bankenaufsicht in den USA und das duale System entstanden als ein unbeabsichtigtes Nebenprodukt der Entscheidung des Bundes im Jahre 1863 *National Banks* einzuführen, um den Bürgerkrieg zu finanzieren. Auch heutzutage gibt es noch sowohl *National Banks* als auch *State Banks* und eine Vielzahl von kompetenten Aufsichtsbehörden mit sich teilweise überschneidenden Zuständigkeiten. Selbst die letzten umfassenden Reformen durch den *Dodd-Frank Act* im Jahre 2010 haben diese historisch gewachsene Struktur nur minimal verändert.

Die Aufsichtsbehörden sollen sicherstellen, dass Banken *safe and sound* wirtschaften. Dies wird insbesondere durch die Setzung von Eigenkapitalstandards erreicht; ein Aufsichtsinstrument, welches die Aufsichtsbehörden schon seit dem Erlass des *International Lending Supervision Act* im Jahre 1983 verwenden. Der Gesetzgeber hat den Bankaufsichtsbehörden aufgrund ihrer Expertise bei der Setzung der Eigenkapitallevel großes Ermessen zugestanden, so dass eine gerichtliche Überprüfung nur im Rahmen einer Willkürkontrolle möglich ist.

Die Aufsicht über grenzüberschreitende Aktivitäten im Bankenbereich hat sich in den USA schon frühzeitig entwickelt. Rechtliche Grundlage für die Aufsicht über ausländische Institute ist auch heutzutage hauptsächlich der im Jahre 1978 erlassene *International Banking Act of 1978*. Seitdem war die Aufsicht über ausländische Institute in den USA von den Prinzipen der „Inländergleichbehandlung" (*national treatment*) und der Wettbewerbsgleichheit geprägt. Ausländischen Instituten wurde zudem sehr viel Spielraum bei der Strukturierung ihrer Geschäfte in den USA zugestanden. Diese Haltung der U.S.-Aufsichtsbehörden hat sich seit dem Erlass des *Dodd-Frank Act* im Jahre 2010 geändert. Die neusten Regelungen des FRB behandeln alle FBOs pauschal gleich, ohne durch den *Dodd-Frank Act* vorgegebene Unterscheidungskriterien wie eine vergleichbare Aufsicht durch die Aufsichtsbehörde im Herkunftsland zu berücksichtigen. Die Rahmenbedingungen für die Geschäftsaufnahme von ausländischen Instituten in den USA haben sich dadurch erschwert. Dies kann dazu führen, dass ausländische Institute ihre Betätigung in den USA verringern oder umstrukturieren, aber es kann eventuell auch zu

Vergeltungsmaßnahmen aus der EU oder dem sonstigen Ausland kommen. Das Ziel einer internationalen Harmonisierung von Aufsichtsvorschriften ist durch solche Maßnahmen gefährdet.

Die Gesetzgebung im Wertpapierbereich entwickelte sich auf Bundesebene erst als Reaktion auf die Weltwirtschaftskrise des Jahres 1929. Zuvor regelten lediglich einige Einzelstaaten durch ihre *Blue Sky Laws* die Aufsicht über Wertpapiere. Beide Systeme bestehen heutzutage parallel. Die Bundesgesetzgebung im Wertpapierbereich basiert auf einem Konzept der „Selbstregulierung". Sie wird einerseits von der SEC durchgeführt, andererseits unter der Oberaufsicht der SEC durch FINRA; eine private „selbstregulierende Organisation" (*self-regulatory organization*). Als Besonderheit des U.S.-Systems gibt es eine Aufsichtsbehörde, die nur für Termingeschäfte zuständig ist, die *Commodity Futures Trading Commission.* Auch in diesem Bereich gibt es eine *Self-Regulatory Organization*; die *National Futures Association.* Die Abgrenzung der Zuständigkeitsbereiche der beiden Aufsichtsbehörden hat aufgrund der Zunahme der Komplexität der zu beaufsichtigten Produkte immer wieder zu Konflikten geführt und wird durch den *Dodd-Frank Act* und die neuen Kompetenzen bei der Aufsicht über Swaps nicht zufriedenstellend klargestellt.

Ebenso wie im Bankenbereich haben auch im Wertpapiersektor aufgrund der Bedeutung des U.S.-Marktes viele Transaktionen mittlerweile einen Bezug zum Ausland. Diese Entwicklung wurde insbesondere durch das Internet und elektronische Handelsplätze vorangetrieben. Solche Transaktionen mit Auslandsbezug können amerikanische Investoren oder den amerikanischen Markt negativ beeinflussen. In einigen Fällen wendet die SEC die U.S.-Wertpapiergesetze daher extraterritorial an. Der U.S.-*Supreme Court* hat in seiner für ausländische Marktteilnehmer sehr wichtigen Entscheidung „Morrison v. National Australia Bank" im Jahre 2010 zum ersten Mal eine klare Regel für die extraterritoriale Anwendung der U.S.-Wertpapiergesetze abweichend von der Rechtsprechung der unteren Gerichte aufgestellt. Das Gericht entschied, dass *Section* 10(b) aufgrund des Fokus des *Securities Exchange Act* nur extraterritorial anwendbar sei, wenn die Aktien des Emittenten an einer U.S.-Börse gelistet sind und die Transaktion auch an dieser Börse oder woanders in den USA stattgefunden habe. Zudem wurde klargestellt, dass es sich bei der extraterritorialen Anwendung um eine Frage der Begründetheit und nicht der sachlichen Zuständigkeit der Gerichte handele. Diese Entscheidung beseitigte die bestehende Rechtsunsicherheit und die für ausländische Marktteilnehmer mit hohen Kosten verbundene Möglichkeit im Rahmen einer *foreign cubed securities class action* verklagt zu werden.

Die misslungene Reaktion des Gesetzgebers im *Dodd-Frank Act* auf diese Entscheidung, schuf jedoch neue Rechtsunsicherheit bei Verfahren der SEC und des U.S.-Justizministeriums, da nur die laut dem U.S.-*Supreme Court* bereits bestehende sachliche Zuständigkeit der U.S.-Gerichte bei Klagen nach *Section* 10(b) *Securities Exchange Act* kodifiziert wurde. Ungeklärt ist weiterhin, ob die Norm die Wiederherstellung der „*conduct and effects*"-Tests der unteren Gerichte und die Aufhebung der in der Entscheidung „Morrison v. NAB" aufgestellten Richtschnur bewirkt und

somit eine Rechtsgrundlage für die SEC und das Justizministerium in Verfahren nach *Section* 10(b) *Securities Exchange Act* mit Auslandsbezug schafft.

Die Entstehung von internationalen Vorgaben für die Finanzaufsicht erfolgte am Beispiel des BCBS und der IOSCO und den im Rahmen dieser Gremien entstandenen Dokumente. Aufgrund der in den vorangegangenen Abschnitten zunächst erfolgten Beschreibung der nationalen Entwicklung in den USA, konnten diese Erkenntnisse im Folgenden dazu genutzt werden, festzustellen, wie nationale Interessen die internationalen Verhandlungen beeinflussen. Obwohl die USA die Mitglieder im BCBS durch den Abschluss des bilateralen Abkommens mit Großbritannien sehr unter Druck gesetzt haben, hat sich diese Einflussnahme nicht negativ ausgewirkt. Trotz allem fanden richtige Verhandlungen statt. Die USA übernehmen zwar oft eine Führungsrolle, jedoch sind sie sich bewusst, dass langfristige Lösungen für globale Probleme wie Systemstabilität nur durch einen international ausgearbeiteten Konsens erfolgen können. Der U.S.-Gesetzgeber hat den Auftrag für die U.S.-Aufsichtsbehörden sich international zu koordinieren und Harmonisierung anzustreben demnach auch mehrfach kodifiziert; nicht zuletzt im *Dodd-Frank Act.* Die festgestellte Bedeutung und faktische Pflicht zur Umsetzung der Baseler Eigenkapitalvereinbarungen und von IOSCOs *Multilateral Memorandum of Understanding* für alle Länder verdeutlichen, warum eine Kooperation und Koordinierung erfolgen muss und ein internationaler Konsens gesucht werden sollte.

Die Rechtsnatur der Vereinbarungen im internationalen Bereich wurde zunächst nach Völkerrecht und danach nach U.S.-Recht beurteilt. Bei der völkerrechtlichen Einordnung wurden die Dokumente auf ihre *Soft Law*-Qualität hin geprüft. *Soft Law* wurde definiert als Dokumente, die eine potentielle oder faktische Bindungswirkung aufweisen, da die Erwartungshaltung besteht, dass sie anschließend in bindendes Recht umgesetzt werden. Bei dem Baseler Konkordat konnte in keiner Version eine wie auch immer geartete Bindungswirkung festgestellt werden, während die Baseler Grundsätze, die Baseler Eigenkapitalvereinbarungen, die IOSCO Grundsätze und das IOSCO *Multilateral Memorandum of Understanding* unter die Definition von *Soft Law* subsumiert werden konnten.

Bei der Einordnung nach U.S.-Recht wurde festgestellt, dass das U.S.-Recht eine vom Völkerrecht abweichende Terminologie verwendet. Die Vereinbarungen konnten nach U.S.-Recht als nicht-bindende internationale Vereinbarungen klassifiziert werden. Die jeweiligen U.S.-Bank- und Wertpapieraufsichtsbehörden wurden vom Kongress im *International Lending Supervision Act* und im *Dodd-Frank Act* dazu ermächtigt, sich mit Aufsichtsbehörden aus anderen Ländern in Bezug auf internationale Standards zu koordinieren und zu beraten. In diesen Gesetzen wurde ihnen auch die Befugnis erteilt, die nichtverbindlichen internationalen Vereinbarungen, die in ihren Bereich fallen, umzusetzen. Insbesondere bei der Aufstellung von Eigenkapitalstandards wurde den Bankaufsichtsbehörden aufgrund ihrer Expertise ein großer Ermessensspielraum zugestanden. Die SEC und die CFTC wurden durch den *Dodd-Frank Act* zum Abschluss von *Memoranda of Understanding* ermächtigt, wie sie bilateral und im Rahmen von IOSCO abgeschlossen werden.

Bei der Umsetzung von Basel I in den USA erließen die U.S.-Bankaufsichtsbehörden teilweise abweichende Regeln und teilweise ergänzten sie die international beschlossenen Regeln. Abweichend von Basel I wurden die Regelungen auf alle Banken sowie auf Bankholdinggesellschaften angewendet, das FRB erlaubte den Bankholdinggesellschaften sowohl kumulative als auch nicht kumulative unkündbare Vorzugsaktien für 25 Prozent des Kernkapitals gelten zu lassen, und die Aufsichtsbehörden berücksichtigten das Zinsrisiko bei ihrer Betrachtung des Institutes. Zusätzlich zu den Basel I Regeln wurde eine nicht risikobasierte Höchstverschuldungsquote (*Leverage Ratio*) in Höhe von generell vier Prozent eingeführt, deren Nenner nur Bilanzaktiva einbezog. Kritisch anzumerken war, dass obwohl die U.S.-Aufsichtsbehörden sich anfänglich strikt an die internationalen Vorgaben hielten und bei der Umsetzung von Basel I teilweise über die Mindeststandards hinausgingen, sie ab dem Jahre 1993 dem Druck des Kreditgewerbes immer mehr nachgaben und die Anforderungen für die Definition des Kernkapitals und die Risikogewichtung bei bestimmten Aktiva lockerten und sich bei der Durchsetzung der Eigenkapitalverordnungen zurückhielten.

Basel II wurde von den U.S.-Aufsichtsbehörden nur für „Kernbanken" umgesetzt. Diese müssen verpflichtend den fortgeschrittenen IRB-Ansatz und die fortgeschrittenen Messansätze (AMA) für das operationelle Risiko von Basel II verwenden. Für alle anderen Banken entschied man sich nach ausführlicher Diskussion gegen die Einführung einer modifizierten Version von Basel I (Basel IA). Für diese Banken ist demnach weiterhin Basel I der Maßstab, jedoch haben sie die Möglichkeit den fortgeschrittenen IRB-Ansatz freiwillig zu wählen (*opt-in*). Bisher wurde im Jahre 2008 nur ein Entwurf zur Umsetzung des Basel II-Standardansatzes und des IRB-Basisansatzes für Banken, die nicht die fortgeschrittenen Ansätze anwenden müssen, veröffentlicht. Mit der Veröffentlichung von Basel III erscheint es eher unwahrscheinlich, dass noch eine endgültige Regelung für diese Banken erlassen wird. Zudem kollidieren die Vorschriften von Basel II und Basel III, die die Verwendung von externen Ratings zur Risikogewichtung erlauben, mit den Vorschriften des *Dodd-Frank Act.*

Für Basel 2.5 und Basel III hingegen wurden von den U.S.-Aufsichtsbehörden bereits Regeln zur Umsetzung erlassen. Bei der Umsetzung halten sie sich generell streng an die im BCBS beschlossenen Vorgaben. Zusätzlich müssen jedoch die Vorgaben des *Dodd-Frank Act*, insbesondere die Vorgaben des *Collins-Amendment* (*Section* 171) und zu der Verwendung von externem Ratings (*Section* 939A), beachtet werden. In einigen Fällen weichen die U.S.-Aufsichtsbehörden daher von den internationalen Vorschriften ab. Unter anderem wird die OECD-Methodik zur Risikoklassifizierung von Forderungen an Staaten (*Country Risk Classifications*) mit kleinen Abwandlungen eingesetzt. Ausgenommen von den Basel III Regeln sind kleine BHCs mit weniger als $ 500 Millionen an konsolidierten Gesamtaktiva und Thrift-Holdinggesellschaften mit erheblichen wirtschaftlichen Aktivitäten oder erheblichen Aktivitäten im Bereich des Versicherungsgeschäfts. Die unter Basel III beschlossene nicht-risikobasierte *Leverage Ratio* wird zusätzlich für Kernbanken eingeführt, da diese grundsätzlich mehr außerbilanzielle Risiken in ihrem Portfolio haben. Die

bisherige *Leverage Ratio* von vier Prozent und deren Definition wird für alle Banken beibehalten. Für G-SIBs wurde eine erhöhte *Leverage Ratio* von mindestens fünf Prozent festgelegt. Die Mindestliquiditätsquote wird von den U.S.-Aufsichtsbehörden als „Vollversion" für alle international aktiven Kernbanken und als abgeschwächte „Light-Version" für alle anderen Banken eingeführt.

Die Einhaltung der Mindeststandards des Baseler Konkordates wird in den USA grundsätzlich durch den Abschluss von bilateralen MoUs mit ausländischen Aufsichtsbehörden sichergestellt. Die Einhaltung der Baseler Grundsätze wurde vom IWF im Mai 2010 für die USA überprüft und es wurde festgestellt, dass die USA, bis auf den Bereich des Risikomanagements, entweder konform oder zum größten Teil konform die Vorgaben umgesetzt haben. Eine Selbstevaluierung des U.S.-Finanzministeriums aus dem Jahre 2009 kam grundsätzlich zu dem gleichen Ergebnis. Im Rahmen der FSAP-Dokumentation des IWFs zu den USA wurde im Mai 2010 zusätzlich die Einhaltung der IOSCO Grundsätze geprüft. Der IWF legte dar, dass in den USA die IOSCO Grundsätze entweder vollständig oder weitestgehend vollständig umgesetzt wurden. Er regte jedoch eine Vereinfachung des komplexen Systems an. Das *Multilateral Memorandum of Understanding* von IOSCO haben sowohl die SEC als auch die CFTC im Jahre 2002 unterzeichnet.

Die Verhandlung von Standards in internationalen Gremien unterliegt nicht den gleichen Anforderungen wie nationale verwaltungsrechtliche Prozesse und wirft daher Fragen in den Bereichen Demokratie, Rechtsstaatsprinzip, Transparenz und Konsultation auf. Die Entwicklung von verpflichtenden internationalen verwaltungsrechtlichen Vorgaben für die Verhandlung von internationalen Standards scheint, zumindest in nächster Zukunft, unwahrscheinlich. Ein Ausgleich durch den nationalen verwaltungsrechtlichen Prozess könnte in den USA durch die verpflichtende Veröffentlichung einer *Advanced Notice of Proposed Rulemaking* während der internationalen Verhandlungen erreicht werden. So kann sichergestellt werden, dass die Stellungnahmen schon bei den internationalen Verhandlungen mit in die Betrachtung miteinbezogen werden können, und nicht erst nachträglich im Rahmen der nationalen Umsetzung.

Abschließend ist anzumerken, dass Krisen, auch wenn sie definitionsgemäß schwierige Situationen sind und schwerwiegende negative Folgen haben können, auch die Möglichkeit für Reformen bieten. Diese Chance wurde in den USA durch den Erlass des *Dodd-Frank Act* und international durch die Basel III Regeln genutzt. Leider wird schnell wieder vergessen, warum Krisen ausgebrochen sind und welche Folgen sie hatten. Dieses Phänomen, was Professor Michael S. Barr als „Amnesie" (ob absichtlich oder ungewollt) bezeichnet,[2045] führt dazu, dass versucht wird, Reformen wieder rückgängig zu machen. Solche Vorschläge werden im U.S.-Kongress diskutiert. Ein Blick in die Geschichte der Aufsicht über die Finanzmärkte zeigt

2045 Auszüge aus dem demnächst erscheinenden Buch "Five Ways the Financial System Will Fail Next Time" von Professor Barr werden zitiert bei *Norris*, Financial Crisis, Over and Already Forgotten, N.Y. Times, 22. Mai 2014, S. B1.

jedoch, dass viele Probleme sich wiederholen, da sie sich nur verlagert haben, und eher mehr als weniger Reformen notwendig sind. Ganz können Krisen zwar nie vermieden werden, jedoch sollte man ihre Entstehung nicht durch die Rückgängigmachung von Reformen beschleunigen.

Literaturverzeichnis

Abbott, Kenneth W./ Keohane, Robert O./ Moravcsik, Andrew/ Slaughter, Anne-Marie/ Snidal, Duncan, The Concept of Legalization, in: 54 Int'l Org. 401 (2000).

Abbott, Kenneth W./ Snidal, Duncan, Hard and Soft Law in International Governance, 54 Int'l Org. 421 (2000).

Adams, Edward S., Corporate Counselor's Business Handbook. New York 2012 Supplement.

Alexander, Kern/ Dhumale, Rahul/ Eatwell, John, Global Governance of Financial Systems. The International Regulation of Systemic Risk. New York 2006.

Alford, Duncan E., Basle Committee International Capital Adequacy Standards - Analysis and Implications for the Banking Industry, in: 10 Dick. J. Int'l L. 189 (1992).

Altendorfer, Christian, Die US-amerikanische Kapitalmarktaufsicht (SEC). Ein Modell für Österreich? Wien 1995.

Aman, Alfred C., Administrative Law in a Global Era. Ithaca, N.Y. 1992.

–The Democracy Deficit. Taming Globalization through Law Reform. New York and London 2004.

American Bar Association (ABA), Recommendation by the Section of Administrative Law and Regulatory Practice, the Section of International Law and Practice Government and the Public Sector Lawyers Division, August 2001. Online verfügbar unter http://www.americanbar.org/content/dam/aba/migrated/adminlaw/harmonization.authcheckdam.pdf, zuletzt geprüft am 16.02.2016.

Anderson, M. D., A Note on Elasticity of the Currency, in: 16 Am. Econ. Rev. 47 (1926).

Arnold, Wolfgang/ Boos, Karl-Heinz, Basel II - Einzel- und gesamtwirtschaftliche Aspekte, in: Die Bank 2001, S. 712–715.

Atik, Jeffery, Basel II: A Post-Crisis Post Mortem, in: 19 Transnat'l L. & Contemp. Probs. 731 (2011).

Austin, Janet, IOSCO's Multilateral Memorandum of Understanding Concerning Consultation, Cooperation and the Exchange of Information. A Model for International Regulatory Convergence, in: 23 Criminal Law Forum 393 (2012).

Austin, John, Lectures on Jurisprudence or The Philosophy of Positive Law, 5. Auflage. London 1911.

Bank für internationalen Zahlungsausgleich (BIZ), Pressemitteilung vom 12. Februar 1975. Online verfügbar unter www.bis.org/press/p19750212.pdf, zuletzt geprüft am 16.02.2016.

–Expansion of membership announced by the Basel Committee, 13. März 2009. Online verfügbar unter http://www.bis.org/press/p090313.htm, zuletzt geprüft am 16.02.2016.

–Basel Committee broadens its membership, 10. Juni 2009. Online verfügbar unter http://www.bis.org/press/p090610.htm, zuletzt geprüft am 16.02.2016.

–OTC derivatives market activity in the second half of 2009. Online verfügbar unter http://www.bis.org/publ/otc_hy1005.pdf, zuletzt geprüft am 16.02.2016.

–Pressemitteilung, "Core principles for effective banking supervision - revised version endorsed by global bank supervisors", 14. September 2012. Online verfügbar unter http://www.bis.org/press/p120914.htm, zuletzt geprüft am 16.02.2016.

Bankenverband, Comments of the Association of German banks on Enhanced Prudential Standards and Early Remediation Requirements for Foreign Banking Organizations and Foreign Nonbank Financial Companies. Online verfügbar unter http://www.federalreserve.gov/SECRS/2013/May/20130515/R-1438/R-1438_042613_111091_571489724316_1.pdf, zuletzt geprüft am 16.02.2016. (zitiert als „Bankenverband Kritik").

Banking Department of the State of New York, 1858 Annual Report of the Superintendent of the Banking Department. New York 1859.

Barnier, Michel, Brief des EU Kommissars an Ben Bernanke, Vorsitzender des FRB, vom 18.04.2013. Online verfügbar unter www.federalreserve.gov/SECRS/2013/April/20130422/R-1438/R-1438_041913_111076_515131431183_1.pdf, zuletzt geprüft am 16.0.2016.

Barr, Michael S./ Miller, Geoffrey P., Global Administrative Law: The View from Basel, in: EJIL 17 (2006), S. 15–46.

Basel Committee on Banking Supervision (BCBS), Report to the Governors on the supervision of banks' foreign establishments, Nr. BS/75/44e, 28. September 1975. (zitiert als als "Baseler Konkordat 1975").

–Steuerung des Internationalen Kreditgeschäfts der Banken: Analyse des Länderrisikos sowie Messung und Kontrolle des Länderengagements, März 1982. (zitiert als „*BCBS*, Länderrisiko").

–Principles for the Supervision of Banks' Foreign Establishments, Mai 1983. (zitiert als „Baseler Konkordat 1983").

–Proposals for International Convergence of capital measurement and standards - Consultative Document, Dezember 1987. (zitiert als "Konsultationspapier 1987").

–International Convergence of Capital Measurement and Capital Standards, Juli 1988. (zitiert als "Basel I").

–Minimum Standards for the Supervision of International Banking Groups and their Cross-border Establishments, Juli 1992. (zitiert als „Baseler Konkordat 1992").

–Amendment to the Capital Accord to Incorporate Market Risks, Januar 1996. (zitiert als „BCBS, Market risk amendment 1996").

–Core Principles for Effective Banking Supervision, September 1997. (zitiert als „Baseler Grundsätze 1997").

–Pressemitteilung, "Instruments eligible for inclusion in Tier 1 capital", 27. Oktober 1998. Online verfügbar unter http://www.bis.org/press/p981027.htm, zuletzt geprüft am 16.02.2016.

–A New Capital Adequacy Framework - Consultative paper, Juni 1999. (zitiert als „CP-1").

–Core Principles Methodology, Oktober 1999. (zitiert als "BCBS, Methodik 1999").

–Basel II: The New Basel Capital Accord - second consultative paper, Januar 2001. (zitiert als „CP-2").

–Conducting a Supervisory Self-Assessment: Practical Application. Basel 2001.

–Basel II: The New Basel Capital Accord - third consultative paper, April 2003.

–Basel II: International Convergence of Capital Measurement and Capital Standards: a Revised Framework, Juni 2004. (zitiert als „Basel II").

–Core Principles for Effective Banking Supervision, Oktober 2006. (zitiert als „Baseler Grundsätze 2006").

–Core Principles Methodology, Oktober 2006.

–Principles for Sound Liquidity Risk Management and Supervision, September 2008.

–Enhancements to the Basel II framework, Juli 2009. (zitiert als "Basel II Enhancements 2009").

–Revisions to the Basel II market risk framework, Juli 2009. (zitiert als "Market risk revisions 2009").

–Guidelines for computing capital for incremental risk in the trading book, Juli 2009.

–Basel III: A global regulatory framework for more resilient banks and banking systems, Dezember 2010.

–Basel III: International framework for liquidity risk measurement, standards and monitoring, Dezember 2010. (zitiert als "Basel III Liquiditätsbestimmung 2010").

–Basel III: A global regulatory framework for more resilient banks and banking systems, Juni 2011. (zitiert als "Basel III Eigenkapitalbestimmung").

–Core Principles for Effective Banking Supervision, September 2012. (zitiert als "Baseler Grundsätze 2012").

–A Framework for Dealing with Domestic Systemically Important Banks, Oktober 2012. (zitiert als "BCBS, D-SIB Rahmenregelung").

–Basel III: The Liquidity Coverage Ratio and liquidity risk monitoring tools, Januar 2013. (zitiert als "Basel III Liquiditätsbestimmung 2013").

–Global Systemically Important Banks: Updated Assessment Methodology and the Higher Loss Absorbency Requirement, Juli 2013. (zitiert als "BCBS, G-SIB Rahmenregelung 2013").

–Bericht über die Fortschritte bei der Umsetzung der Basler Rahmenregelungen, Oktober 2013. (zitiert als "Basel Umsetzungsbericht 2013").

Bauer, Klaus-Albert, Das Recht der internationalen Bankenaufsicht. Bankauslandsniederlassungen im Aufsichtsrecht der USA und der Bundesrepublik Deutschland. Baden-Baden 1985.

Baums, Theodor, Reform des amerikanischen Bankrechts, in: ZBB 1991, S. 73–82.

–Verbindungen von Banken und Unternehmen im amerikanischen Wirtschaftsrecht. Tübingen 1992.

Baxter, Lawrence G., Internationalisation of law - the 'complex' case of bank regulation in: Hiscock, Mary/ van Caenegem, William (Hrsg.): The Internationalisation of Law. Legislating, Decision-Making, Practice and Education. Cheltenham [u.a.] 2010, S. 3–37.

Bench, Robert R./ Sable, Dorothy A., International Lending Supervision, in: 11 N.C.J. Int'l L. & Com. Reg. 427 (1986).

Bennetts, Louise C./ Long, Arthur S., The New Autarky? How U.S. and UK Domestic and Foreign Banking Proposals Threaten Global Growth, in: Cato Institute, Policy Analysis No. 743 (November 21, 2013). Online verfügbar unter http://object.cato.org/sites/cato.org/files/pubs/pdf/pa743_web.pdf, zuletzt geprüft am 16.02.2016.

Berman, Ayelet, The Role of Domestic Administrative Law in the Accountability of Transnational Regulatory Networks: The Case of the ICH, in: IRPA Working Paper GAL Series No. 1-2012.

Bestmann, Uwe, Börsen- und Finanzlexikon. Rund 4000 Begriffe für Studium und Praxis, 6. Auflage. München 2013.

Bismuth, Régis, La coopération internationale des autorités de régulation du secteur financier et le droit international public. Brüssel 2011.

Blair, Christine E./ Kushmeider, Rose Marie, Challenges to the Dual Banking System: The Funding of Bank Supervision, in: 18 FDIC Bank. Rev., No. 1 (2006), S. 1.

Board of Governors of the Federal Reserve System (FRB), SR letter 12–17 on Consolidated Supervision Framework for Large Financial Institutions, 17. Dezember 2012. Online verfügbar unter http://www.federalreserve.gov/bankinforeg/srletters/sr1217.pdf, zuletzt geprüft am 16.02.2016.

–Order Approving Applications to Engage in Limited Underwriting and Dealing in Certain Securities (Citicorp, J.P. Morgan & Co. Inc., Bankers Trust New York Corporation), in: 73 Fed. Res. Bull. 473 (1987).

–Modifications to Section 20 Orders, in: 75 Fed. Res. Bull. 751 (1989).

–Order Conditionally Approving Applications to Engage, to a Limited Extent, in Underwriting and Dealing in Certain Securities (J.P. Morgan & Co., The Chase Manhattan Corp., Bankers Trust New York Corp., Citicorp, and Security Pacific Corp.), in: 75 Fed. Res. Bull. 192 (1989).

–Order Approving Formation of a Bank Holding Company and Notice to Engage in Non-banking Activities (Travelers Group Inc., Citicorp), in: 84 Fed. Res. Bull. 985 (1998).

–SR Letter 01–1 (SUB) on application of the Board's capital adequacy guidelines to BHCs owned by Foreign Bank Organizations. 5. Januar 2001. Online verfügbar unter http://www.federalreserve.gov/boarddocs/srletters/2001/sr0101.htm, zuletzt geprüft am 16.02.2016.

–The Federal Reserve System. Purposes and Functions, 9. Auflage. Washington, D.C. 2005. (zitiert als "*FRB*, Purposes and Functions").

–100th Annual Report. Washington, D.C. 2013 (zitiert als "*FRB*, Annual Report 2013").

Bodenhorn, Howard, State Banking in Early America. A New Economic History. New York 2003.

Boey, Melissa, Regulating "Bankerspace": Challenging the Legitimacy of the Basel Accords as Soft Law, in: 87 S. Cal. L. Rev. Postscript 74 (2014). Online verfügbar unter http://lawreview.usc.edu/wp-content/uploads/Boey-Postscript.pdf, zuletzt geprüft am 16.02.2016.

Böning, Daniela, Grundpfandrechte in Deutschland und den USA: unter besonderer Berücksichtigung des Rechts des Bundesstaates Kalifornien. Tübingen 2011.

Boos, Karl-Heinz/ Fischer, Reinfrid/ Schulte-Mattler, Hermann (Hrsg.), Kreditwesengesetz. Kommentar zu KWG und Ausführungsvorschriften, 4. Auflage. München 2012.

Booth, Richard A., The Uncertain Case for Regulating Program Trading, in: 1994 Colum. Bus. L. Rev. 1 (1994).

Borak, Donna, Big Banks Press for Basel III Revisions, in: Am. Banker, Okt. 29, 2012.

Bossy, George H., Edge Act and Agreement Corporations in International Banking and Finances, in: 46 New York Fed. Monthly Rev. 88 (1964).

Boston Consulting Group, U.S. Securities and Exchange Commission - Organizational Study and Reform, March 10, 2011. Online verfügbar unter http://www.sec.gov/news/studies/2011/967study.pdf, zuletzt geprüft am 16.02.2016.

Bothe, Michael, Legal and Non-Legal Norms – a meaningful distinction in international relations?, in: 11 NYIL 65 (1980).

Bradley, Caroline, Consultation and Legitimacy in Transnational Standard-Setting, in: 20 Minn. J. Int'l L. 480 (2011).

Brown, William J., The Dual Banking System in the United States. New York, N.Y. 1968.

Brownlie, Ian, The Reality and Efficacy of International Law, in: 52 Brit. Y.B. Int'l L. 1 (1981).

Brummer, Chris, Post-American Securities Regulation, in: 98 Cal. L. Rev. 327 (2010).

–Why Soft Law Dominates International Finance -and not Trade, in: 13 J. Int'l Econ. L. 623 (2010).

–How International Financial Law Works (and How It Doesn't), in: 99 Geo. L.J. 257 (2011).

Buckley, John W./ Buckley, Marlene H./ Plank, Tom M., SEC Accounting. New York 1980.

Búrca, Gráinne de, Developing Democracy beyond the State, in: 46 Colum. J. Transnat'l L. 221 (2008).

Carnell, Richard Scott/ Macey, Jonathan R./ Miller, Geoffrey P., The Law of Banking and Financial Institutions, 4. Auflage. Austin, New York 2009.

Carpenter, David H., Cong. Research Serv., CRS R42572, The Consumer Financial Protection Bureau (CFPB): A Legal Analysis (2014). Online verfügbar unter http://fas.org/sgp/crs/misc/R42572.pdf, zuletzt geprüft am 16.02.2016.

Carter, Barry E./ Weiner, Allen S., International Law, 6. Auflage. New York 2011.

Casey, Kathleen L./ Paredes, Troy A., Statement by SEC Commissioners: Statement Regarding Study On Investment Advisers And Broker-Dealers. Washington, D.C., 21. Januar 2011. Online verfügbar unter http://www.sec.gov/news/speech/2011/spch012211klctap.htm, zuletzt geprüft am 16.02.2016.

Catterall, Ralph C. H, The Second Bank of the United States. Chicago 1902.

Chaddock, Robert Emmet, The Safety-Fund Banking System in New York State, 1829–1866 in: Dewey, Davis Rich/ Chaddock, Robert Emmet/ National Monetary Commission (Hrsg.): State Banking before the Civil War and The Safety-Fund Banking System in New York State, 1829–1866. Washington, D.C. 1910, S. 227–388.

Charney, Jonathan I., Universal International Law, in: 87 Am. J. Int'l L. 529 (1993).

Chemerinsky, Erwin, Constitutional Law. Principles and Policies, 4. Auflage. New York 2011.

Chernow, Ron, Alexander Hamilton. New York 2004.

Cho, Kang Rae/ Krishnan, Suresh/ Nigh, Douglas, The State of Foreign Banking Presence in the United States, in: 5(2) IJBM 59 (1979).

Claessens, Stijn/ Embrechts, Geert, Basel II, Sovereign Ratings and Transfer Risk. External versus Internal Ratings, Workshop "Basel II: An Economic Assessment", 17./18. Mai 2002. Online verfügbar unter http://www.bis.org/bcbs/events/b2eacla.pdf, zuletzt geprüft am 16.02.2016.

Classen, Claus Dieter, Die Entwicklung eines Internationalen Verwaltungsrechts als Aufgabe der Rechtswissenschaft, in: VVDStRL 67 (2008), S. 365–412.

Coffee, John C., Jr./ Sale, Hillary A., Redesigning the SEC: Does the Treasury Have a Better Idea?, in: 95 Va. L. Rev. 707 (2009).

Cole, Christopher W., Financial Industry Regulatory Authority (FINRA): Is the Consolidation of NASD and the Regulatory Arm of NYSE a Bull or a Bear for U.S. Capital Markets?, in: 76 UMKC L. Rev. 251 (2007).

Commodity Futures Trading Association (CFTC)/ Securities and Exchange Commission (SEC), Joint Report on International Swap Regulation Required by Section 719(c) of the Dodd-Frank Wall Street Reform and Consumer Protection Act, 31. Januar 2013. Online verfügbar unter www.sec.gov/news/studies/2012/sec-cftc-intlswapreg.pdf, zuletzt geprüft am 16.02.2016. (zitiert als "CFTC/SEC, Section 719(c) Study").

Commodity Futures Trading Association (CFTC), Annual Performance Report, Fiscal Year 2012. Washington, D.C. 2012.

–The FY 2014 President's Budget and Performance Plan. Washington, D.C. 2013.

Comptroller of the Currency, Annual Report 1979. Washington, D.C. 1979.

–Interagency Examination Coordination Guidelines, Banking Bulletin 1993-38, 25. Juni 1993. Online verfügbar unter http://www.occ.gov/static/news-issuances/bulletins/pre-1994/banking-bulletins/bb-1993-38.pdf, zuletzt geprüft am 16.02.2016.

Conference of State Bank Supervisors (CSBS), Comment Letter of April 30, 2013. Online verfügbar unter www.federalreserve.gov/SECRS/2013/April/20130430/R-1438/R-1438_043013_111098_460292945145_1.pdf, zuletzt geprüft am 16.02.2016.

Congressional Research Service, Treaties and Other International Agreements: The Role of the United States Senate, A Study Prepared for the Committee on Foreign Relations of the United States Senate. Washington, D.C. 2001.

Cooke, W. Peter, Developments in Co-operation Among Banking Supervisory Authorities, in: 3 J. Comp. Corp. L. & Sec. Reg. 253 (1981).

Cooley, T. M., The Limits to Legislative Power in the Passage of Curative Laws, in: 12 Cent. L. J. 2 (1881).

Cox, James D./ Hillman, Robert W./ Langevoort, Donald C., Securities regulation. Cases and materials, 6. Auflage. New York 2009.

Cudahy, Richard D./ Henderson, William D., From Insull to Enron: Corporate (Re)Regulation after the Rise and Fall of Two Energy Icons, in: 26 Energy L.J. 35 (2005).

Dalton, Robert E., The Vienna Convention on the Law of Treaties: Consequences for the United States, in: 78 Am. Soc'y Int'l Proc. 276 (1984).

Dam, Kenneth, The Subprime Crisis and Financial Regulation: International and Comparative Perspectives, in: 10 Chi. J. Int'l L. 581 (2010).

D'Amato, Anthony, Is International Law Really "Law"?, in: 79 Nw. U. L. Rev. 1293 (1985).

Dann, Philipp/ Engelhardt, Marie von, Legal Approaches to Global Governance and Accountability: Informal Lawmaking, International Public Authority, and Global Administrative Law Compared in: Pauwelyn, Joost/ Wessel, Ramses/ Wouters, Jan (Hrsg.): Informal International Lawmaking. Oxford 2012, S. 106–124.

Davies, Howard, The Financial Crisis. Who is to Blame? Cambridge 2010.

Davies, Howard/ Green, David, Global Financial Regulation. The Essential Guide. Cambridge 2008.

Davis, Christopher M., Cong. Research Serv., CRS 98-825, "Sense of" Resolutions and Provisions (2013). Online verfügbar unter http://fas.org/sgp/crs/misc/98-825.pdf, zuletzt geprüft am 16.02.2016.

Davis Polk, Dodd-Frank Progress Report, September 2014. Online verfügbar unter www.davispolk.com/sites/default/files/September2014_Dodd.Frank_.Progress.Report.pdf, zuletzt geprüft am 16.02.2016.

Deak, Nicholas L., Mechanismus der Bankenaufsicht in den Vereinigten Staaten, in: ÖBA 25 (1977), S. 34–46.

Delonis, Robert P., International Financial Standards and Codes: Mandatory Regulation without Representation, in: 36 N.Y.U. J. Int'l L. & Pol. 563 (2004).

Department of State, Secretary Kissinger Discusses Egypt-Israel Agreement, Statement Before the Senate Committee on Foreign Relations, in: 73 Dep't. St. Bull. 609 (1975).

Department of the Treasury/ Federal Reserve Bank of New York/ Board of Governors of the Federal Reserve System, "Foreign Portfolio Holdings of U.S. Securities as of June 30, 2012", April 2013. Online verfügbar unter www.treasury.gov/resource-center/data-chart-center/tic/Documents/shla2012r.pdf, zuletzt geprüft am 16.02.2016.

Department of the Treasury, Blueprint for a Modernized Financial Regulatory Structure, März 2008.

–Financial Regulatory Reform: A New Foundation, 17. Juni 2009. Washington, D.C. 2009. (zitiert als "*Department of the Treasury,* White Paper on Regulatory Reform").

–Assessment of Compliance with the Basel Core Principles for Effective Banking Supervision, 31. Juli 2009. Online verfügbar unter http://www.treasury.gov/resource-center/international/standards-codes/Documents/Banking%20Self-Assessment%207-31-09.pdf, zuletzt geprüft am 16.02.2016. (zitiert als "*Department of the Treasury,* Selbstevaluierung").

Deutsch, Klaus, Atlantisches Fragment? Finanzmarktregulierung, die G20 und TTIP, in: EU Monitor (03.07.2014), DB Research, S. 1–27.

Deutsche Bank, Re: Enhanced Prudential Standards and Early Remediation Requirements for Foreign Banking Organizations and Foreign Non-bank Financial Companies, 29. April 2013. Online verfügbar unter http://www.federalreserve.gov/SECRS/2013/July/20130705/R-1438/R-1438_042913_111104_460291695185_1.pdf, zuletzt geprüft am 16.02.2016. (zitiert als „Deutsche Bank Kritik").

Deutsche Bundesbank, Basel III – Leitfaden zu den neuen Eigenkapital- und Liquiditätsregeln für Banken. Frankfurt am Main 2011. (zitiert als „*Deutsche Bundesbank*, Basel III Leitfaden").

–*Fachgremium Kredit*, Unterlegung von Transferrisiken, 21. Dezember 2007. Online verfügbar unter http://www.bundesbank.de/Redaktion/DE/Downloads/Kerngeschaeftsfelder/Bankenaufsicht/Gremien_Protokolle_Empfehlungen/fachgremium_kredit_unterlegung_von_transferrisiken.pdf?__blob=publicationFile, zuletzt geprüft am 16.02.2016.

Deutsche Bundesbank/ Bundesanstalt für Finanzdienstleistungsaufsicht (BaFin), Comment on Enhanced Prudential Standards and Early Remediation Requirements for Foreign Banking Organizations and Foreign Nonbank Financial Companies, 26. April 2013. Online verfügbar unter www.federalreserve.gov/SECRS/2013/May/20130522/R-1438/R-1438_042613_111089_571489255536_1.pdf, zuletzt geprüft am 16.02.2016. (zitiert als „Bundesbank/BaFin Kritik).

Deutscher Bundestag, Schlussbericht der Enquete-Kommission: Globalisierung der Weltwirtschaft - Herausforderungen und Antworten, BT-Drs. 14/9200 (2002).

D'Hulster, Katia, The Leverage Ratio: A New Binding Limit on Banks, Crisis Response, Note No. 11, Dezember 2009. Online verfügbar unter https://openknowledge.worldbank.org/handle/10986/10224, zuletzt geprüft am 16.02.2016.

Doehring, Karl, Völkerrecht, 2. Auflage. Heidelberg 2004.

Dorman, Mark (Hrsg.), Dodd-Frank Wall Street Reform and Consumer Protection Act. Law, explanation and analysis. Chicago, IL 2010.

Douglas, William O., Democracy and finance. The addresses and public statements of William O. Douglas, as member and chairman of the Securities and Exchange Commission. Edited, with an introduction and notes, by James Allen. New Haven 1940.

Dreyling, Georg, Bedeutung internationaler Gremien für die Fortentwicklung des Finanzplatzes Deutschland, in: ILF Working Paper No. 04 (2002).

Dugan, John C./ Plotkin, Mark E./ Noreika, Keith A./ Nonaka, Michael, Chapter 8 - FDIC Insurance and Regulation of U.S. Branches of Foreign Banks in: Guynn, Randall D./ Plotkin, Mark E./ Reisner, Ralph (Hrsg.): Regulation of foreign banks and affiliates in the United States. 6. Auflage. Eagan, MN 2012.

Dupuy, René Jean, Declaratory Law and Programmatory Law: From Revolutionary Custom to „Soft Law" in: Akkerman, Robert J./ Krieken, Peter J. van/ Pannenborg, Charles O. (Hrsg.): Declarations on Principles. A Quest for Universal Peace. Leyden 1977, S. 247–257.

Eidgenössische Bankenkommission (EBK), EBK und Grossbanken einigen sich auf höhere Eigenmittelziele und die Einführung einer Leverage Ratio, Dezember 2008. Online verfügbar unter http://www.finma.ch/archiv/ebk/d/publik/medienmit/20081204/mm-em-leverageratio-20081204-d.pdf, zuletzt geprüft am 16.02.2016.

Emmenegger, Susan, The Basle Committee on Banking Supervision – a secretive club of giants? in: Grote, Rainer/ Marauhn, Thilo (Hrsg.): The Regulation of International Financial Markets. Perspectives for Reform. Cambridge, New York 2006, S. 224–236.

Europäische Kommission, MEMO/13/682, The European Commission and the CFTC reach a Common Path Forward on Derivatives, 11. Juli 2013. Online verfügbar unter europa.eu/rapid/press-release_MEMO-13-682_en.pdf, zuletzt geprüft am 16.02.2016.

Executive Committee of IOSCO, A Resolution Concerning Mutual Assistance ("Rio Declaration"), November 1986.

–A Resolution on Cooperation, Juni 1989.

–IOSCO Consultation Policy And Procedure, April 2005. Online verfügbar unter http://www.iosco.org/library/pubdocs/pdf/IOSCOPD197.pdf, zuletzt geprüft am 16.02.2016.

Farrand, Max (Hrsg.), The Records of the Federal Convention of 1787, Vol. II. New Haven 1966.

Fastenrath, Ulrich, Lücken im Völkerrecht. Zu Rechtscharakter, Quellen, Systemzusammenhang, Methodenlehre und Funktionen des Völkerrechts. Berlin 1991.

Federal Deposit Insurance Corporation (FDIC), The First Fifty Years. A History of the FDIC 1933–1983. Washington, D.C. 1984.

–DSC Risk Management Manual of Examination Policies. Online verfügbar unter www.fdic.gov/regulations/safety/manual/manual_examinations_full.pdf, zuletzt geprüft am 16.02.2016.

–FDIC Community Banking Study, Dezember 2012. Online verfügbar unter www.fdic.gov/regulations/resources/cbi/report/cbi-full.pdf, zuletzt geprüft am 16.02.2016.

Federal Deposit Insurance Corporation (FDIC) Staff, A Unified Federal Charter for Banks and Savings Associations, in: 10 FDIC Banking Rev., No. 1 (1997), S. 1.

Federal Financial Institutions Examination Council (FFIEC), E.16 Country Exposure Lending Survey June 1982. Online verfügbar unter http://fraser.stlouisfed.org/docs/releases/e16/e16_ffiec_19821206.pdf, zuletzt geprüft am 16.02.2016.

–Annual Report 2012. Online verfügbar unter http://www.ffiec.gov/PDF/annrpt12.pdf, zuletzt geprüft am 16.02.2016.

Federal Reserve Bank of New York, Quarterly Report on Household Debt and Credit, August 2014. Online verfügbar unter https://www.newyorkfed.org/medialibrary/interactives/householdcredit/data/pdf/HHDC_2014Q2.pdf, zuletzt geprüft am 16.02.2016.

Federal Reserve Bank of Philadelphia, The First Bank of the United States: A Chapter in the History of Central Banking. Online verfügbar unter http://philadelphiafed.org/publications/economic-education/first-bank.pdf, zuletzt geprüft am 16.02.2016.

–The Second Bank of the United States: A Chapter in the History of Central Banking. Online verfügbar unter http://www.philadelphiafed.org/publications/economic-education/second-bank.pdf, zuletzt geprüft am 16.02.2016.

Feldman, Maximillian L., The Domestic Implementation of International Regulations, in: 88 N.Y.U. L. Rev. 401 (2013).

Financial Crisis Inquiry Commission, The Financial Crisis Inquiry Report. Final Report of the National Commission on the Causes of the Financial and Economic Crisis in the United States. Washington, D.C. 2011.

Financial Industry Regulatory Authority (FINRA), FINRA 2012 Year in Review and Annual Financial Report. Online verfügbar unter http://www.finra.org/sites/default/files/Corporate/p291721.pdf, zuletzt geprüft am 16.02.2016.

Financial Policy Committee, The Financial Policy Committee's review of the leverage ratio - A Consultation Paper, Juli 2014. Online verfügbar unter http://www.bankofengland.co.uk/financialstability/Documents/fpc/fs_cp.pdf, zuletzt geprüft am 16.02.2016.

Financial Stability Board (FSB), Principles for Reducing Reliance on CRA Ratings, Okt. 2010. Online verfügbar unter http://www.fsb.org/wp-content/uploads/r_101027.pdf, zuletzt geprüft am 16.02.2016.

–Roadmap and workshop for reducing reliance on CRA ratings. FSB report to G20 Finance Ministers and Central Bank Governors, November 2012. Online verfügbar unter http://www.fsb.org/wp-content/uploads/r_121105b.pdf, zuletzt geprüft am 16.02.2016.

Financial Stability Institute (FSI), 2010 FSI Survey on the Implementation of the New Capital Adequacy Framework, in: Occasional Paper No. 9 (2010).

Fisch, Jill E., Top Cop or Regulatory Flop? The SEC at 75, in: 95 Va. L. Rev. 785 (2009).

Fleischman, Edward H., Toward Neutral Principles: The SEC's Discharge of Its Tri-Functional Administrative Responsibilities, in: 42 Cath. U. L. Rev. 251 (1993).

Fleming, Rick A., 100 Years of Securities Law: Examining a Foundation Laid in the Kansas Blue Sky, in: 50 Washburn L.J. 583 (2011).

Frankowska, Maria, The Vienna Convention on the Law of Treaties before United States Courts, in: 28 Va. J. Intl. L. 281 (1988).

FRB/OCC/FDIC, Guide to the Interagency Country Exposure Review Committee Process, November 2008. Online verfügbar unter www.fdic.gov/regulations/safety/guide/Icerc.pdf, zuletzt geprüft am 16.02.2016. (zitiert als „*FRB/OCC/FDIC*, ICERC Guide 2008").

–Joint Press Release, Agencies Provide Guidance on Regulatory Capital Rulemakings 7. Juni 2012. Online verfügbar unter http://www.federalreserve.gov/newsevents/press/bcreg/20121109a.htm, zuletzt geprüft am 16.02.2016.

FRB/OCC/FDIC/OTS, Interagency Statement on U.S. Implementation of Basel II Advanced Approaches Framework: Qualification Process, SR letter 0804a1. Online

verfügbar unter http://www.federalreserve.gov/boarddocs/srletters/2008/SR0804a1.pdf, zuletzt geprüft am 16.02.2016. (zitiert als „SR letter 0804a1").

Freeland, Charles, The Work of the Basle Committee in: Effros, Robert C. (Hrsg.): Current Legal Issues Affecting Central Banks. Volume II. Washington, D.C. 1994, S. 231–240.

Frey, Alexander Hamilton, Federal Regulation of the Over-the-Counter Securities Market, in: 106 U. Pa. L. Rev. 1 (1957).

Friedman, Felice B./ Jacobs, Elizabeth/ Macel, Stanley C., IV., Taking Stock of Information Sharing in Securities Enforcement Matters, in: 10 J.F.C. 37 (2002).

Friedman, Milton/ Schwartz, Anna Jacobson, A Monetary History of the United States: 1867–1960. Princeton, NJ 1963.

Funk, Wilfried/ Rossmanith, Jonas, Internationalisierung der Rechnungslegung und des Controllings in: dies. (Hrsg.): Internationale Rechnungslegung und internationales Controlling. Herausforderungen, Handlungsfelder, Erfolgspotenziale. Wiesbaden 2008, S. 3–76.

G8, Final Report to the G7 Heads of State and Government on Promoting Financial Stability, Denver, June 21, 1997.

G20, Declaration on Strengthening the Financial System, London Summit, 2. April 2009.

–G20-Gipfeltreffen in Seoul, Erklärung der Staats- und Regierungschefs, 11./12. November 2010.

Galati, Gabriele, Das Erfüllungsrisiko im Devisenhandel und die CLS Bank, in: BIZ-Quartalsbericht, Dez. 2002, S. 63–74. Online verfügbar unter http://www.bis.org/publ/qtrpdf/r_qt0212ger_f.pdf, zuletzt geprüft am 16.02.2016.

Garcia, Michael John, Cong. Research Serv., CRS RL32528, International Law and Agreements: Their Effect Upon U.S. Law (2015). Online verfügbar unter http://fas.org/sgp/crs/misc/RL32528.pdf, zuletzt geprüft am 16.02.2016.

Garner, Bryan A. (Hrsg.), Black's Law Dictionary, 9. Auflage. St. Paul, MN 2009.

Getter, Darryl E., Cong. Research Serv., CRS R42744, U.S. Implementation of the Basel Capital Regulatory Framework (2012). Online verfügbar unter http://fpc.state.gov/documents/organization/201108.pdf, zuletzt geprüft am 16.02.2016.

Gibson Dunn, Comment Letter on Federal Reserve Board FBO Proposal, 30. April 2013. Online verfügbar unter www.gibsondunn.com/publications/Documents/GDC-CommentLetter-on-FederalReserveBoard-ForeignBankingOrganization-Proposal.pdf, zuletzt geprüft am 16.02.2016. (zitiert als "Gibson Dunn Kritik").

Glaser, Markus A., Internationale Verwaltungsbeziehungen. Tübingen 2010.

Gleeson, Simon, International Regulation of Banking. Capital and Risk Requirements, 2. Auflage. Oxford 2012.

Global Financial Markets Association (GFMA), GFMA Submits Comments to the US Federal Reserve on Enhanced Prudential Standards for Foreign Banking Organizations and Foreign Nonbank Financial Companies, 26. April 2013. Online verfügbar unter www.gfma.org/Initiatives/Basel-III/GFMA-Submits-Comments-to-the-US-Federal-Reserve-on-Enhanced-Prudential-Standards-for-Foreign-Banking-Organizations-and-Foreign-Nonbank-Financial-Companies/, zuletzt geprüft am 16.02.2016. (zitiert als „GFMA Kritik“).

Goldsmith, Jack L./ Posner, Eric A., International Agreements: A Rational Choice Approach, in: 44 Va. J. Int'l L. 113 (2004).

Goodhart, Charles, The Basel Committee on Banking Supervision. A History of the Early Years, 1974–1997. Cambridge, UK, New York 2011.

Gottschalk, Ricardo, Introduction: Why Basel Matters in: ders. (Hrsg.): The Basel Capital Accords in Developing Countries. Challenges for Development Finance. Basingstoke [England], New York 2010, S. 1–15.

Goulding, William/ Nolle, Daniel E., Foreign Banks in the U.S.: A Primer, in: IFDP Number 1064r (2012).

Graf Vitzthum, Wolfgang (Hrsg.), Völkerrecht, 5. Auflage. Berlin, New York 2010.

Gramlich, Ludwig, Eine neue internationale „Finanzarchitektur“ oder: Der IMF in der Krise?, in: AVR 38 (2000), S. 399–454.

Greene, Edward F./ Boehm, Joshua L., The Limits of “Name and Shame” in International Financial Regulation, in: 97 Cornell L. Rev. 1083.

Greenlee, Mark B., Historical Review of “Umbrella Supervision” by the Board of Governors of the Federal Reserve System, in: Federal Reserve Bank of Cleveland, Working Paper 08-07 (2008).

Grey, George B., Federal Reserve System. Background, analyses and bibliography. Huntington, NY 2002.

Gruchalla-Wesierski, Tadeusz, A Framework for Understanding “Soft Law”, in: 30 McGill L. J. 37 (1984).

Gruson, Michael/ Reisner, Ralph, Regulation of Foreign Banks - United States and International, Vol. 1, 4. Auflage. New York [u.a.] 2003.

Gualandri, Elisabetta, Basel III, Pillar 2: The Role of Banks' Internal Control System in: Fernández de Guevara Radoselovics, Juan/ Pastor Monsálvez, José Manuel (Hrsg.): Crisis, Risk and Stability in Financial Markets. Basingstoke, New York 2013, S. 71–95.

Guzman, Andrew T., How International Law Works. A Rational Choice Theory. New York 2008.

Guzman, Andrew T./ Meyer, Timothy L., International Soft Law, in: 2 J. Legal Analysis 171 (2010).

Hablutzel, Philip/ Lutz, Carol Richards, Foreign Banks in the United States after the International Banking Act of 1978. The New Dual System, in: 96 Banking L.J. 133 (1979).

Hackley, Howard H., Our Baffling Banking System, in: 52 Va. L. Rev. 565 (1966).

Hailbronner, Kay, Völkerrechtliche und staatsrechtliche Überlegungen zu Verhaltenskodizes für transnationale Unternehmen in: Münch, Ingo von (Hrsg.): Staatsrecht-Völkerrecht-Europarecht. Festschrift für Hans-Jürgen Schlochauer zum 75. Geburtstag am 28. März 1981. Berlin, New York 1981, S. 329–362.

Hamilton, Alexander, The works of Alexander Hamilton: comprising his correspondence and his political and official writings, exclusive of the Federalist, civil and military. Vol. 7. New York 1851.

Hammond, Bray, Jackson, Biddle, and the Bank of the United States, in: 7 J. Econ. Hist. 1 (1947).

–Sovereignty and an Empty Purse. Banks and Politics in the Civil War. Princeton, NJ 1970.

Hannemann, Ralf/ Schneider, Andreas/ Weigl, Thomas, Mindestanforderungen an das Risikomanagement (MaRisk). Kommentar unter Berücksichtigung der Instituts-Vergütungsverordnung (InstitutsVergV), 4. Auflage. Stuttgart 2013.

Haseltine, William B., International Regulation of Securities Markets: Interaction between United States and Foreign Laws, in: 36 Int'l & Comp. L.Q. 307 (1987).

Hathaway, Oona A., Do Human Rights Treaties Make a Difference?, in: 111 Yale L. J. 1935 (2002).

–Presidential Power over International Law: Restoring the Balance, in: 119 Yale L. J. 140 (2009).

Haverkate, Görg, Verfassungslehre. Verfassung als Gegenseitigkeitsordnung. München 1992.

Hayden, Ralston, The Senate and Treaties: 1789–1817. The Development of the Treaty-making Functions of the United States Senate during their Formative Period. New York 1920.

Hazen, Thomas Lee (2009), Securities Regulation in a Nutshell, 10. Auflage. St. Paul, MN 2009.

–Treatise on the Law of Securities Regulation, 6. Auflage 2013.

Henkin, Louis, How Nations Behave. Law and Foreign Policy, 2. Auflage. New York 1979.

–Constitutionalism, Democracy, and Foreign Affairs. New York 1990.

–Foreign Affairs and the United States Constitution, 2. Auflage. Oxford, New York 1996.

Heusel, Wolfgang, „Weiches" Völkerrecht. Eine vergleichende Untersuchung typischer Erscheinungsformen. Baden-Baden 1991.

Hew, Florian, Entwicklungstendenzen im amerikanischen Bankensystem. Eine Untersuchung über die Entstehung, den gegenwärtigen Stand und die mögliche Entwicklung des amerikanischen Finanzsystems, unter besonderer Berücksichtigung der Handelsbanken. Bern, Stuttgart 1976.

Hilbers, Paul, The IMF/World Bank Financial Sector Assessment Program. Online verfügbar unter http://www.imf.org/external/np/vc/2001/022301.htm, zuletzt geprüft am 16.02.2016.

Hillen, Karl-Heinz, Anforderungen der Bankenaufsicht in: Hofmann, Gerhard (Hrsg.): Basel II und MaRisk. Regulatorische Vorgaben, bankinterne Verfahren, Risikomanagement. Frankfurt am Main 2007, S. 397–428.

Hillgenberg, Hartmut, A Fresh Look at Soft Law, in: EJIL 10 (1999), S. 499–515.

Hillmann, Richard J., Chapter 8 - SEC Operations: Increased Workload Creates Challenges in: Wilder, Brian J. (Hrsg.): The Securities and Exchange Commission (SEC). Background, issues, bibliography. New York 2003, S. 55–87.

Ho, Daniel E., Compliance and International Soft Law: Why Do Countries Implement the Basle Accord?, in: 5 J. Int'l Econ. L. 647 (2002).

Hobbes, Thomas, The Elements of Law Natural & Politic. Edited with a preface and critical notes by Ferdinand Tönnies, Ph.D. to which are subjoined selected extracts from unprinted mss. of Thomas Hobbes. Cambridge 1928.

–Leviathan. Reprinted from the edition of 1651 with an essay by the late W. G. Pogson-Smith. Oxford 1965.

Hobe, Stephan, Einführung in das Völkerrecht, 9. Auflage. Tübingen 2008.

Hochman, Charles B., The Supreme Court and the Constitutionality of Retroactive Legislation, in: 73 Harv. L. Rev. 692 (1960).

Hoffmann, Jochen, Das Ende des amerikanischen Trennbankensystems, in: WM 2000, S. 1773–1820.

Höfling, Wolfram, Finanzmarktregulierung - Welche Regelungen empfehlen sich für den deutschen und europäischen Finanzsektor?, Verhandlungen des 68. Deutschen Juristentages, Bd. I Gutachten, Teil F, S. F1–F64. München 2010.

Holdsworth, John Thom/ Dewey, Davis R./ National Monetary Commission, The First and Second Banks of the United States. Washington, D.C. 1910.

Holman, John, A Flawed Solution: The Difficulties of Mandating a Leverage Ratio in the United States, in: 84 S. Cal. L. Rev. 713 (2011).

Hubble, Paul E., U.S. Agency Independence and the Global Democracy Deficit, in: 88 N. Y. U. L. Rev. 1802 (2013).

International Organization of Securities Commissions (IOSCO), Objectives and Principles of Securities Regulation, September 1998. (zitiert als "IOSCO Grundsätze 1998").

–Pressemitteilung, “Creation of a Special Project Team”, 12. Oktober 2001. Online verfügbar unter http://www.iosco.org/news/pdf/IOSCONEWS14-English.pdf, zuletzt geprüft am 16.02.2016.

–Multilateral Memorandum of Understanding Concerning Consultation and Cooperation and the Exchange of Information, Mai 2002 (zitiert als “IOSCO MMoU”).

–Final Communiqué of the XXVIIIth Annual Conference of the International Organization of Securities Commissions, Oktober 2003.

–Methodology For Assessing Implementation of the IOSCO Objectives and Principles of Securities Regulation, Oktober 2003.

–Annual Report 2004. Madrid 2004.

–Objectives and Principles of Securities Regulation, Juni 2010.

–Methodology For Assessing Implementation of the IOSCO Objectives and Principles of Securities Regulation, September 2011.

–Memorandum of Understanding Concerning Consultation and Cooperation and the Exchange of Information, version revised Mai 2012.

–Pressemitteilung, “IOSCO Reinforces Standard on Cross-Border Cooperation”, 18. September 2013. Online verfügbar unter www.iosco.org/news/pdf/IOSCONEWS299.pdf, zuletzt geprüft am 16.02.2016. (zitiert als “IOSCO Press Release 2013”).

Internationaler Währungsfond (IWF), IMF Country Report No. 10/121, United States: Publication of Financial Sector Assessment Program Documentation—Detailed Assessment of Observance of Basel Core Principles for Effective Banking Supervision, Mai 2010. Online verfügbar unter http://www.imf.org/external/pubs/ft/scr/2010/cr10121.pdf, zuletzt geprüft am 16.02.2016.

–IMF Country Report No. 10/124, United States: Publication of Financial Sector Assessment Program Documentation—Technical Note on Basel II Implementation Preparedness in the United States; Mai 2010. Online verfügbar unter www.imf.org/external/pubs/ft/scr/2010/cr10124.pdf, zuletzt geprüft am 16.02.2016.

–IMF Country Report No. 10/125, United States: Publication of Financial Sector Assessment Program Documentation - Detailed Assessment of Implementation of the IOSCO Objectives and Principles of Securities Regulation, Mai 2010. Online verfügbar unter http://www.imf.org/external/pubs/ft/scr/2010/cr10125.pdf, zuletzt geprüft am 16.02.2016.

–IMF Country Report No. 10/377, Canada: 2010 Article IV Consultation, Dezember 2010. Online verfügbar unter http://www.imf.org/external/pubs/ft/scr/2010/cr10377.pdf, zuletzt geprüft am 16.02.2016.

–Factsheet, Financing the Fund’s Concessional Lending to Low-Income Countries. Online verfügbar unter www.imf.org/external/np/exr/facts/pdf/concesslending.pdf, zuletzt geprüft am 16.02.2016.

Investor Advisory Committee, Recommendation of the Investor Advisory Committee: Broker-Dealer Fiduciary Duty. Online verfügbar unter http://www.sec.gov/spotlight/investor-advisory-committee-2012/fiduciary-duty-recommendation-2013.pdf, zuletzt geprüft am 16.02.2016.

Irwin, Steven/ Lane, Scott/ Mendelson, Carolyn/ Tighe, Tara, Self-Regulation of the American Retail Securities Markets - An Oxymoron for What Is Best for Investors?, in: 14 U. Pa. J. Bus. L. 1055 (2012).

James, John A., Money and Capital Markets in Postbellum America. Princeton, NJ 1978.

Jennings, Richard W., Self-regulation in the Securities Industry: The Role of the Securities and Exchange Commission, in: 29 Law & Contemp. Probs. 663 (1964).

Jickling, Mark/ Murphy, Edward V., Cong. Research Serv., CRS R40249, Who Regulates Whom? An Overview of U.S. Financial Supervision (2010). Online verfügbar unter https://www.fas.org/sgp/crs/misc/R40249.pdf, zuletzt geprüft am 16.02.2016.

Johnson, Henry F., The 'Forgotten' Securities Statute: Problems in the Trust Indenture Act, in: 13 U. Tol. L. Rev. 92 (1981).

Johnson, Philip McBride, Different Beasts. Why There is No Need for Joint Regulation of Securities, Commodities and Futures, in: 25 Int'l Fin. L. Rev. 52 (2006).

Jungmichel, Tim, Basel II und die möglichen Folgen, in: WM 2003, S. 1201–1209.

Kaal, Wulf A., Hedge Fund Regulation via Basel III, in: 44 Vand. J. Transnat'l L. 389 (2011).

Kapstein, Ethan B., Supervising International Banks. Origins and Implications of the Basle Accord. Princeton, NJ 1991.

–Between Power and Purpose: Central Bankers and the Politics of Regulatory Convergence, in: 46 Int'l Org. 265 (1992).

–Governing the Global Economy. International Finance and the State. Cambridge, Massachusetts 1994.

Karmel, Roberta S./ Kelly, Claire R., The Hardening of Soft Law in Securities Regulation, in: 34 Brook. J. Int'l L. 883 (2009).

Karmel, Roberta S., Creating Law at the Securities and Exchange Commission - The Lawyer as Prosecutor, in: 61 Law and Contemp. Probs. 33 (1998).

–Reconciling Federal and State Interests in Securities Regulation in the United States and Europe, in: 28 Brook. J. Int'l L. 495 (2002).

–Should Securities Industry Self-Regulatory Organizations be Considered Government Agencies?, in: 14 Stan. J.L. Bus. & Fin. 151 (2008).

–IOSCO's Response to the Financial Crisis, in: 37 J. Corp. L. 849 (2012).

Kaserer, Christoph, Der Fall der Herstatt-Bank 25 Jahre danach. Überlegungen zur Rationalität regulierungspolitischer Reaktionen unter besonderer Berücksichtigung der Einlagensicherung, in: VSWG 87 (2000), S. 166–192.

Kashyap, Anil K./ Stein, Jeremy C., Cyclical implications of the Basel II capital standards, in: 28 Econ. Perspect., No. 1 (2004), S. 18.

Keeton, William R., The New Risk-Based Capital Plan For Commercial Banks, in: 74 Fed. Reserve Bank Kansas City Econ. Rev. 40 (1989).

Kelsen, Hans, Reine Rechtslehre. Einleitung in die rechtswissenschaftliche Problematik, 1. Auflage. Leipzig, Wien 1934.

Kent, Calvin A./ Energy Information Administration (E.I.A.), Public Utility Holding Company Act of 1935: 1935–1992. Washington, D.C. 1993.

Kern, Steffen, US-Finanzmarktreform. Die Ökonomie des Dodd-Frank Acts, in: EU Monitor (06.12.2010), DB Research, S. 1–26.

Kerwer, Dieter, Rules that Many Use: Standards and Global Regulation, in: 18 Governance 616 (2005).

Kindler, Peter, Finanzkrise und Finanzmarktregulierung - Ein Zwischenruf zum 68. Deutschen Juristentag, in: NJW 2010, S. 2465–2469.

King, Peter/ Tarbert, Heath, Basel III: An Overview, in: 30 Banking & Fin. Services Pol'y Rep. 1 (May 2011).

Kini, Satish M./ Lyons, Gregory J./ Lee, Paul L./ Luigs, David A./ Patton, Paul D./ Schneider, Lee A./ Proctor, Samuel E., The Federal Reserve's Proposal and the Foreign Banking Community: A Practical Guide for Foreign Banks, in: 32 Banking & Fin. Services Pol'y Rep. 21 (2013).

Kinley, David/ National Monetary Commission, The Independent Treasury of the United States and its Relations to the Banks of the Country. Washington, D.C. 1910.

Klabbers, Jan, The Concept of Treaty in International Law. Leiden, Boston 1996, 2006.

–The Redundancy of Soft Law, in: 65 Nordic J. Int'l L. 167 (1996).

Klebaner, Benjamin J., American commercial banking. Boston, MA 1990.

Klein, Eckart/ Schmahl, Stefanie, Die Internationalen und die Supranationalen Organisationen in: Graf Vitzthum, Wolfgang (Hrsg.): Völkerrecht. 5. Auflage. Berlin, New York 2010, S. 271–398.

Kleinert, Jens, Einlagensicherungssysteme nach deutschem und U.S.-amerikanischem Recht. Baden-Baden 1999.

Kment, Martin, Grenzüberschreitendes Verwaltungshandeln. Transnationale Elemente deutschen Verwaltungsrechts. Tübingen 2010.

Koh, Harold Hongju, Remarks: Twenty-First-Century International Lawmaking, in: 101 Geo. L. J. 725 (2013).

Kokott, Juliane, Soft Law Standards under Public International Law in: Nobel, Peter (Hrsg.), International Standards and the Law. Berne 2005, S. 15–43.

Koslow, Philip, The Securities and Exchange Commission. New York 1990.

Kraft, Joseph, The Mexican Rescue. New York 1984.

Krug, Anita K., Escaping Entity-Centrism in Financial Services Regulation, in: 113 Colum. L. Rev. 2039 (2013).

Ku, Julian G., The Delegation of Federal Power to International Organizations: New Problems with Old Solutions, in: 85 Minn. L. Rev. 71 (2000).

Kushmeider, Rose Marie, The U.S. Federal Financial Regulatory System: Restructuring Federal Bank Regulation, in: 17 FDIC Banking Rev., No. 4 (2005), S. 1.

Lamden, Charles William, The Securities and Exchange Commission. A Case Study in the Use of Accounting as an Instrument of Public Policy. New York 1978.

Landy, Douglas/ Ashley, Julian/ Smith, Rebecca, Fortress America: The Federal Reserve's Proposal to Impose U.S. Territorial Restrictions on Large Foreign Banks, in: 130 Banking L.J. 195 (2013).

Lichtenstein, Cynthia A., The U.S. Response to the International Debt Crisis: The International Lending Supervision Act of 1983, in: 25 Va. J. Int'l L. 401 (1985).

Loss, Louis/ Seligman, Joel/ Paredes, Troy, Securities Regulation, Vol. I, 5. Auflage. New York 2014.

Lütz, Susanne, Der Staat und die Globalisierung von Finanzmärkten. Regulative Politik in Deutschland, Großbritannien und den USA. Frankfurt, New York 2002.

Lybeck, Johan A., A Global History of the Financial Crash of 2007–2010. Cambridge, UK, New York 2011.

Macey, Jonathan R./ Miller, Geoffrey P., Origin of the Blue Sky Laws, in: 70 Tex. L. Rev. 347 (1991).

MacGibbon, I.C, Estoppel in International Law, in: 7 Int'l & Comp. L.Q. 468 (1958).

Macht, Christian, Der Baseler Ausschuss für Bankenaufsicht und Basel II. Bankenregulierung auf einem internationalen level playing field. Baden-Baden 2007.

Mahoney, Paul G., The Origins of the Blue-Sky Laws: A Test of Competing Hypotheses, in: 46 J.L. & Econ. 229 (2003).

Majak, R. Roger, International Agreements: An Analysis of Executive Regulations and Practices. Washington, D.C. 1977.

Mankowski, Peter, Extraterritoriale Reichweite des US-Wertpapierrechts? Die Entscheidung des US Supreme Court in Morrison v. National Australia Bank und der 2010 Wall Street Reform and Consumer Protection Act, in: NZG 2010, S. 961–967.

Mann, Michael M./ Barry, William P., Developments in the Internationalization of Securities Enforcement, in: 39 Int'l Law. 667 (2005).

Marcacci, Antonio, The EU and IOSCO: An Ever Closer Cooperation?, in: EUI Working Paper LAW 2013/02 (2013).

Markham, Jerry W., Banking Regulation: Its History and Future, in: 4 N. C. Banking Inst. 221 (2000).

–A financial history of the United States. Vol. 1.: From Christopher Columbus to the robber barons (1492 - 1900). Armonk, N.Y 2002. (zitiert als *Markham*, A Financial History of the U.S.).

–Merging the SEC and CFTC - A Clash of Cultures, in: 78 U. Cin. L. Rev. 537 (2009).

Mathews, Craig, The Constitutional Power of the President to Conclude International Agreements, in: 64 Yale L. J. 345 (1955).

Matthews, Barbara C., Capital Adequacy, Netting, and Derivatives, in: 2 Stan. J. L. Bus. & Fin. 167 (1995).

Mattingly, J. Virgil, Statement by J. Virgil Mattingly, Jr., General Counsel, Board of Governors of the Federal Reserve System, before the Subcommittee on Consumer and Regulatory Affairs of the Committee on Banking, Housing, and Urban Affairs, U.S. Senate, May 23, 1991, in: 77 Fed. Res. Bull. 539 (1991).

McCauley, Robert/ McGuire, Patrick/ Peter, Goetz von, The architecture of global banking: from international to multinational?, in: BIS Quarterly Review, part 3, March 2010, S. 25- 37.

McClain, Emlin, Constitutional Law in the United States, 2. Auflage. New York [u.a.] 1910.

McDougal, Myers S./ Lans, Asher, Treaties and Congressional-Executive or Presidential Agreements - Interchangeable Instruments of National Policy, in: 54 Yale L. J. 181 (1945).

McPheters, Douglas R., Formation of Edge Act Corporations by Foreign Banks, in: 37 Bus. Law. 593 (1982).

Meltzer, Allan H., A history of the Federal Reserve. Volume I, 1913–1951. Chicago 2003.

Mendelson, Robert C., Investment Securities Review, in: 46 Bus. Law. 1697 (1991).

Meyer, Timothy, Soft Law as Delegation, in: 32 Fordham Int'l L.J. 888 (2009).

Miller, Hunter (Hrsg.), Treaties and Other International Acts of the United States of America, Vol. 1 (Short print). Plan of the Edition, Lists, and Tables. Washington, D.C. 1931.

Miller, Sam Scott, Self-regulation of the Securities Markets: A Critical Examination, in: 42 Wash. & Lee L. Rev. 853 (1985).

Misback, Ann E., Foreign Bank Supervision Enhancement Act of 1991, in: 79 Fed. Res. Bull. 1 (1993).

Möllers, Christian, Transnationale Behördenkooperation. Verfassungs- und völkerrechtliche Probleme transnationaler administrativer Standardsetzung, in: ZaöRV 65 (2005), S. 351–389.

Möllers, Christoph/ Voßkuhle, Andreas/ Walter, Christian (Hrsg.), Internationales Verwaltungsrecht. Eine Analyse anhand von Referenzgebieten. Tübingen 2007.

Molony, Thomas J., Still Floating: Security-Based Swap Agreements After Dodd-Frank, in: 42 Seton Hall L. Rev. 953 (2012).

Moravcsik, Andrew, Taking Preferences Seriously: A Liberal Theory of International Politics, in: 51 Int'l Org. 513 (1997).

Morrissey, Daniel J., Shareholder Litigation after the Meltdown, in: 114 W. Va. L. Rev. 531 (2012).

Morschbach, Marcel, Struktur des Bankwesens in den USA. Frankfurt am Main 1981.

Möschel, Wernhard, Das Trennsystem in der U.S.-amerikanischen Bankwirtschaft. Eine normative und faktische Analyse. Baden-Baden 1978.

Müller, Andreas Johannes, Bankenzulassung und -aufsicht in der Europäischen Union und den Vereinigten Staaten von Amerika. Berlin 1996.

Münchener Kommentar zum Aktiengesetz. Band 2, §§ 76–117, 4. Auflage. München 2014.

Nafday, Rohit A., From Sense to Nonsense and Back Again: SRO Immunity, Doctrinal Bait-and-Switch, and a Call for Coherence, in: 77 U. Chi. L. Rev. 847 (2010).

Natelson, Robert G., Paper Money and the Original Understanding of the Coinage Clause, in: 31 Harv. J. L. & Pub. Pol'y 1017 (2008).

Nelson, Grant S./ Whitman, Dale A., Real Estate Finance Law, 5. Auflage. St. Paul, MN 2007.

Norris, Floyd, Financial Crisis, Over and Already Forgotten, in: N.Y. Times, 22. Mai 2014, S. B1–B2.

Norton, Joseph Jude, Devising International Bank Supervisory Standards. London [u.a.] 1995.

Nuxoll, Daniel A., Internal Risk-Management Models as a Basis for Capital Requirements, in: 12 FDIC Banking Rev., No. 1 (1999), S. 18.

Office of Inspector General, Securities and Exchange Commission (SEC), SEC's Oversight of Bear Stearns and Related Entities: The Consolidated Entity Program, Report No. 446-A, September 25, 2008. Washington, D.C. 2008.

Office of the Federal Register, National Archives and Records Administration, The United States Government Manual 2013. Washington, D.C. 2013.

Ohler, Christoph, Finanzkrisen als Herausforderung der internationalen, europäischen und nationalen Rechtsetzung, in: DVBl 2011, S. 1061–1068.

–Internationale Regulierung im Bereich der Finanzmarktaufsicht in: Möllers, Christoph/ Voßkuhle, Andreas/ Walter, Christian (Hrsg.): Internationales Verwaltungsrecht. Eine Analyse anhand von Referenzgebieten. Tübingen 2007, S. 259–278.

Ohne Verfasser (o.V.), IOSCO Technical Committee Considers Enforcement Proposal, in: 21 Sec. Reg. & L. Rep. 427 (1989).

–Note, Rationalizing Hard Look Review after the Fact, in: 122 Harv. L. Rev. 1909 (2009).

–USA bringen Europa gegen sich auf - Scharfe Auflagen für Auslandsbanken, in: Börsen-Zeitung, 20. Februar 2014, S. 1.

Omarova, Saule T., Rethinking the Future of Self-Regulation in the Financial Industry, in: 35 Brook. J. Int'l L. 665 (2010).

Ordower, Henry, Demystifying Hedge Funds - A Design Primer, in: 7 U.C. Davis Bus. L. J. 323 (2007) (zugleich IMFS Working Paper Nr. 9, 2007).

Pahlow, Louis, Bankenregulierung zur Stärkung der Krisenprävention? Die staatliche Aufsicht über die Kreditwirtschaft im 19. und 20. Jahrhundert, in: Der Staat 50 (2008), S. 621–636.

Painter, Richard, The Dodd-Frank Extraterritorial Jurisdiction Provision: Was it Effective, Needed or Sufficient?, in: 1 Harv. Bus. L. Rev. 195 (2011).

Painter, Richard/ Dunham, Douglas/ Quackenbos, Ellen, When Courts and Congress Don't Say What They Mean: Initial Reactions to Morrison v. National Australia Bank and to the Extraterritorial Jurisdiction Provisions of the Dodd-Frank Act, in: 20 Minn. J. Int'l L. 1 (2011).

Palmiter, Alan R., Securities regulation. Examples and explanations, 2. Auflage. New York 2002.

Panetta, Fabio/ Angelini, Paolo, Financial Sector Pro-cyclicality. Lessons from the Crisis, in: Bank of Italy Occasional Papers No. 44 (2009).

Perino, Michael A., The Hellhound of Wall Street. How Ferdinand Pecora's Investigation of the Great Crash Forever Changed American Finance. New York 2010.

Peters, Aulana L., Independent Agencies: Government's Scourge Or Salvation, in: 1988 Duke L. J. 286 (1988).

Pfordten, Dietmar von der, Zur Differenzierung von Recht, Moral und Ethik in: Sandkühler, Hans Jörg (Hrsg.): Recht und Moral. Hamburg 2010, S. 33–48.

Phillips, Susan M./ Zecher, J. Richard, The SEC and the Public Interest. Cambridge, MA 1981.

Piasio, Charles A., It's Complicated: Why the Volcker Rule Is Unworkable, in: 43 Seton Hall. L. Rev. 737 (2013).

Pollard, Alfred M./ Daly, Joseph P. (Hrsg.), Banking law in the United States, 3. Auflage. Huntington, NY 2011.

Porter, Tony, Globalization and Finance. Cambridge, Malden, MA 2005.

–International Regulatory Regimes in: Baker, H. Kent/ Riddick, Leigh A. (Hrsg.): International finance. A Survey. Oxford, New York 2013.

Powell, Catherine, United States Human Rights Policy in the 21st Century in an Age of Multilateralism, in: 46 St. Louis U. L. J. 421 (2002).

President's Committee on Administrative Management, Report of the Committee with Studies of Administrative Management in the Federal Government. The Independent Regulatory Commissions, 74th Cong. (1937). Washington, D.C. 1937.

Presidential Task Force on Market Mechanisms, Report of the Presidential Task Force on Market Mechanisms: submitted to The President of the United States, The Secretary of the Treasury, and The Chairman of the Federal Reserve Board, January 1988. Washington, D.C. 1988. (zitiert als "Brady Commission Report").

President's Committee of IOSCO, A Resolution on the Relocation of the IOSCO General Secretariat to Madrid, Mai 1999.

–A Resolution on Delinquents of the President's Committee, Mai 2002.

–A Resolution on the IOSCO MOU, Mai 2002.

–Resolution on the International Benchmark for Enforcement Related Cooperation and Exchange of Information, April 2005.

–Resolution on IOSCO Bylaws - Comparison of current wording with proposed new wording, Juli 2010.

–Resolution on IOSCO Multilateral Memorandum of Understanding Concerning Consultation and Cooperation and the Exchange of Information, Juli 2010.

–Resolution on IOSCO Multilateral Memorandum of Understanding Concerning Consultation and Cooperation and the Exchange of Information, Mai 2012. (zitiert als "IOSCO 2012 Resolution on MMoU").

–Resolution on IOSCO Multilateral Memorandum of Understanding Concerning Consultation and Cooperation and the Exchange of Information, September 2013.

–Resolution on Amendment to IOSCO's By-laws regarding Membership and Voting Rights, September 2013.

–Resolution on Amendment to IOSCO's By-laws regarding renaming the Emerging Markets Committee as Growth and Emerging Markets (GEM) Committee and the GEM Committee Chair becoming ex-officio Vice-Chairman of the IOSCO Board, September 2013.

–Resolution on the composition of the IOSCO Board, September 2013. (zitiert als „Resolution über die Zusammensetzung des IOSCO Rates 2013").

Pushaw, Robert J., JR./ Nelson, Grant S., The Likely Impact of National Federation on Commerce Clause Jurisprudence, in: 40 Pepp. L. Rev. 975 (2013).

Quillin, Bryce, International financial co-operation. Political economics of compliance with the 1988 Basel accord. London, New York 2008.

Raustiala, Kal, Form and Substance in International Agreements, in: 99 Am. J. Int'l L. 581 (2005).

Reichert, Ramón, Das Wissen der Börse. Medien und Praktiken des Finanzmarktes. Bielefeld 2009.

Reinicke, H. Wolfgang/ Witte, Jan Martin, Challenges to the International Legal System Interdependence, Globalization, and Sovereignty: The Role of Non-binding International Legal Accords in: Shelton, Dinah (Hrsg.): Commitment and Compliance: The Role of Non-binding Norms in the International Legal System. Oxford, New York 2007, S. 75–114.

Reinicke, Wolfgang H., Global Public Policy. Governing Without Government? Washington, D.C. 1998.

Reisen, Helmut, Ratings Since the Asian Crisis, in: OECD Development Centre Working Paper No. 214.

Reisen, Helmut/ Maltzan, Julia von, Boom and Bust and Sovereign Ratings, in: OECD Development Centre Working Paper No. 148.

Repullo, Rafael/ Saurina, Jesús/ Trucharte, Carlos, Mitigating the procyclicality of Basel II, in: 25 Econ. Pol. 661 (2010).

Reserve Bank Organization Committee, Decision of the Reserve Bank Organization Committee determining the Federal Reserve Districts and the location of Federal Reserve Banks under Federal Reserve Act approved December 23, 1913, April 2, 1914 with Statement of the Committee in relation thereto, April 10, 1914. Washington, D.C. Online verfügbar unter http://fraser.stlouisfed.org/docs/historical/Misc/ReserveBankDecision1914.pdf, zuletzt geprüft am 16.02.2016.

Richardson, Matthew, Regulating Wall Street: The Dodd–Frank Act, in: 36 Econ. Perspect., No. 3 (2012), S. 85.

Robertson, Ross M., The Comptroller and Bank Supervision. Washington, D.C. 1995.

Roessler, Frieder, Law, De Facto Agreements and Declarations of Principle in International Economic Relations, in: 21 GYIL 27 (1978).

Rogers, Williams P. (Secretary of State), Vienna Convention on the Law of Treaties Transmitted to the Senate, in: 65 Dep't St. Bull. 684 (1971).

Ropiequet, John L./ Naveja, Christopher S./ Hirsh, Jason B., An Introduction to the Dodd-Frank Act - The New Regulatory Structure for Consumer Finance Emerges, in: 9 Banking & Fin. Services Pol'y Rep. 1 (Aug. 2010).

Rosenthal, Alan, The Decline of Representative Democracy. Process, Participation, and Power in State Legislatures. Washington, D.C. 1998.

Rost, Birgit, Die Herausbildung transnationalen Wirtschaftsrechts auf dem Gebiet der internationalen Finanz- und Kapitalmärkte. Konsequenzen für die normative Struktur der internationalen Rechtsordnung. Berlin 2007.

Rubin, Robert E./ Weisberg, Jacob, In einer unsicheren Welt. Überleben an der Wall Street und in Washington : Erinnerungen eines US-Finanzministers, München 2007.

Schapiro, Mary L.,"Testimony Concerning Regulation of Systemic Risk", Mary L. Schapiro, Chairman, U.S. Securities and Exchange Commission Before the Committee on Banking, Housing and Urban Affairs, United States Senate, 23. Juli 2009,

2009. Online verfügbar unter http://www.banking.senate.gov/public/?a=Files.Serve&File_id=364C598A-6634-45F7-89EB-B99C9745DC2C, zuletzt geprüft am 16.02.2016.

Schimansky, Herbert/ Bunte, Hermann-Josef/ Lwowski, Hans Jürgen (Hrsg.), Bankrechts-Handbuch, 4. Auflage. München 2011.

Schmidt-Aßmann, Eberhard, Die Herausforderung der Verwaltungsrechtswissenschaft durch die Internationalisierung der Verwaltungsbeziehungen, in: Der Staat 45 (2006), S. 315–338.

Schooner, Heidi M./ Taylor, Michael, Global Bank Regulation. Principles and Policies. Burlington, MA 2010.

–Convergence and Competition: The Case of Bank Regulation in Britain and the United States, in: 20 Mich. J. Int'l L. 595 (1999).

Schulte-Mattler, Hermann/ Kenne, Ulrich von, Meilenstein der Bankenaufsicht, in: Die Bank 2004, S. 37–43.

Schur, Leon M., The Second Bank of the United States and the Inflation after the War of 1812, in: 68 J. Polit. Econ. 118 (1960).

Schwelb, Egon, Neue Etappen der Fortentwicklung des Völkerrechts durch die Vereinten Nationen, in: AVR 13 (1966/1967), S. 1–52.

Scott, Kathleen A., Enhanced Prudential Standards for Non-U.S. Banks, in: 67 Consumer Fin. L. Q. Rep. 356 (2013).

Scott, Kenneth E., The Dual Banking System: A Model of Competition in Regulation, in: 30 Stan. L. Rev. 1 (1977).

–Never Again. The Savings and Loan Bailout Bill. Stanford, California 1990.

Securities and Exchange Commission (SEC)/ Commodity Futures Trading Association (CFTC), Memorandum of Understanding Between the U.S. Securities and Exchange Commission and the U.S. Commodity Futures Trading Commission Regarding Coordination in Areas of Common Regulatory Interest, 11. März 2008. Online verfügbar unter http://www.sec.gov/news/press/2008/2008-40_mou.pdf, zuletzt geprüft am 16.02.2016.

Securities and Exchange Commission (SEC), Report on the study and investigation of the work, activities, personnel and functions of protective and reorganization committees pursuant to Section 211 of the Securities Exchange Act of 1934. Part VI: Trustees under Indentures, June 18, 1936. Washington, D.C. 1936.

–Report of Special Study of Securities Markets, H.R. DOC. NO. 95, Part 4, 88th Cong. Washington, D.C. 1963 (zitiert als "SEC Special Study 1963").

–Report Pursuant to Section 21(a) of the Securities Exchange Act of 1934 Regarding the NASD and the NASDAQ Market. Washington, D.C. 1996.

–Annual Report 2002. Washington, D.C. 2002.

–Pressemitteilung 2008–48, Chairman Cox Letter to Basel Committee in Support of New Guidance on Liquidity Management, 20. März 2008. Online verfügbar unter http://www.sec.gov/news/press/2008/2008-48.htm, zuletzt geprüft am 16.02.2016.

–Pressemitteilung 2008–230, Chairman Cox Announces End of Consolidated Supervised Entities Program, 26. September 2008. Online verfügbar unter http://www.sec.gov/news/press/2008/2008-230.htm, zuletzt geprüft am 16.02.2016.

–Guide to Broker-Dealer Registration. Online verfügbar unter http://www.sec.gov/divisions/marketreg/bdguide.htm#III, zuletzt geprüft am 16.02.2016.

–Report on the Implementation of SEC Organizational Reform Recommendations, September 2011. Online verfügbar unter http://www.sec.gov/news/studies/2011/secorgreformreport-df967.pdf, zuletzt geprüft am 16.02.2016.

–Agency Financial Report. Washington, D.C. 2012.

–Fourth Report on the Implementation of SEC Organizational Reform Recommendations. Online verfügbar unter http://www.sec.gov/reportspubs/special-studies/sec-organizational-reform-recommendations-043013.pdf, zuletzt geprüft am 16.02.2016.

–Investor Bulletin - Understanding Margin Accounts. August 1, 2013. Online verfügbar unter http://www.sec.gov/investor/alerts/ib_marginaccounts.pdf, zuletzt geprüft am 16.02.2016.

Securities and Exchange Commission (SEC) Staff, Study on Enhancing Investment Adviser Examinations As Required by Section 914 of the Dodd-Frank Wall Street Reform and Consumer Protection Act, January 2011. Online verfügbar unter http://www.sec.gov/news/studies/2011/914studyfinal.pdf, zuletzt geprüft am 16.02.2016.

–Study on Investment Advisers and Broker-Dealers As required by Section 913 of the Dodd-Frank Wall Street Reform and Consumer Protection Act, January 2011. Online verfügbar unter www.sec.gov/news/studies/2011/913studyfinal.pdf, zuletzt geprüft am 16.02.2016. (zitiert als "SEC Study on Investment Advisers and Broker-Dealers 2011").

–FY 2017 Congressional Budget Justification, FY 2017 Annual Performance Plan, FY 2015 Annual Performance Report. Online verfügbar unter https://www.sec.gov/news/testimony/chair-white-testimony-sec-agenda-operations-2017-budget.html, zuletzt geprüft am 16.02.2016.

Securities Investor Protection Corporation (SIPC), How SIPC Protects You. Understanding the Securities Investor Protection Corporation. Online verfügbar unter http://www.sipc.org/Content/media/brochures/HowSIPCProtectsYou-English-Web.pdf, zuletzt geprüft am 16.02.2016.

Segala, John P., A Summary of the International Banking Act of 1976, in: 65 Fed. Reserve Bank Richmond Econ. Rev. 16 (1979).

Seidl-Hohenveldern, Ignaz, International Economic "Soft Law", in: RdC 163 (1979), S. 165–246.

–(Hrsg.), Lexikon des Rechts Völkerrecht. Neuwied [u.a.] 1985.

–International Economic Law, 3. Auflage. Dordrecht, Boston, London 1999.

Seligman, Joel, The New Uniform Securities Act, in: 81 Wash. U. L.Q. 243 (2003).

–The Transformation of Wall Street. A History of the Securities and Exchange Commission and Modern Corporate Finance, 3. Auflage. New York 2003.

Sessler, Anke/ Reichert, Maximilian, Zwei Jahre nach Morrison v. NAB - Wird der Arm der US-Justiz kürzer?, in: WM 2012, S. 678–688.

Shapiro, Martin, APA: Past, Present, Future, in: 72 Va. L. Rev. 447 (1986).

Shelton, Dinah (Hrsg.), Commitment and Compliance: The Role of Non-binding Norms in the International Legal System. Oxford, New York 2007.

Simpson, Scott V., The Proposed Federal Securities Code: Time to Recognize that Financial Information Becomes Stale, in: 9 Fordham Urb. L.J. 719 (1980).

Singer, David Andrew, Capital Rules: The Domestic Politics of International Regulatory Harmonization, in: 58 Int'l Org. 531 (2004).

Skeel, David A., The New Financial Deal. Understanding the Dodd-Frank Act and its (unintended) consequences. Hoboken, NJ 2011.

Skousen, K. Fred, An Introduction to the SEC, 5. Auflage. Cincinnati, OH 1991.

Slaughter, Anne-Marie, The Accountability of Government Networks, in: 8 Ind. J. Global Legal Stud. 347 (2001).

–A New World Order. Princeton 2004.

Sloan, John/ Fitzpatrick, Gerard, The Structure of International Markets Regulation in: Blair, Michael C./ Walker, George Alexander (Hrsg.): Financial Markets and Exchanges Law. Oxford 2007, S. 455–500.

Sloss, David/ Ramsey, Michael D./ Dodge, William S. (Hrsg.), International law in the U.S. Supreme Court. Continuity and Change. Cambridge, New York 2011.

Smead, Elmer E., The Rule against Retroactive Legislation: A Basic Principle of Jurisprudence, in: 20 Minn. L. Rev. 775 (1936).

Smith, Dimity Kingsford, Norms and the Nation State: Thoughts on Pluralism and Globalized Securities Regulation in: Dauvergne, Catherine (Hrsg.): Jurisprudence for an Interconnected Globe. Aldershot, Hampshire, England, Burlington, VT 2003, S. 93–126.

Sommer, A.A, IOSCO: Its Mission and Achievement, in: 17 Nw. J. Int'l L. & Bus. 15 (1996).

Sowards, Hugh L./ Mofsky, James S., The Securities Investor Protection Act of 1970, in: 26 Bus. Law. 1271 (1971).

Spero, Joan Edelman, The Failure of the Franklin National Bank. Challenge to the International Banking System. New York 1980.

Spinoza, Benedictus de, Political treatise (Tractatus politicus). Übersetzt von Samuel Shirley. Indianapolis, Cambridge 2000 (orig.: 1677).

Spong, Kenneth, Banking Regulation: Its Purposes, Implementation, and Effects, 5. Auflage, Kansas City 2000. Online verfügbar unter http://www.kansascityfed.org/publicat/bankingregulation/RegsBook2000.pdf, zuletzt geprüft am 16.02.2016.

Steil, Benn/ Litan, Robert E., Financial statecraft. Role of Financial Markets in American Foreign Policy. New Haven, Conn. [u.a.] 2006.

Stewart, Richard B., The Reformation of American Administrative Law, in: 88 Harv. L. Rev. 1667 (1975).

–The Global Regulatory Challenge to U.S. Administrative Law, in: 37 N.Y.U. J. Int'l L. & Pol. 695 (2005).

Studenski, Paul/ Krooss, Herman Edward, Financial History of the United States. Fiscal, monetary, banking, and tariff, including financial administration and state and local finance, 2. Auflage. New York [u.a.] 1963.

Sullivan, Kathleen M./ Gunther, Gerald, Constitutional Law, 16. Auflage. New York 2007.

Sumner, William Graham, A History of Banking in all the Leading Nations. Comprising the United States, Great Britain, Germany, Austro-Hungary, France, Italy, Belgium, Spain, Switzerland, Portugal, Roumania, Russia, Holland, the Scandinavian Nations, Canada, China, Japan. Vol. I: A History of Banking in the United States. New York [u.a.] 1896.

Sunstein, Cass R., Deregulation and the Hard-Look Doctrine, in: 1983 Sup. Ct. Rev. 177 (1983).

–Nondelegation Canons, in: 67 U. Chi. L. Rev. 315 (2000).

Symons, Edward L., Jr., The "Business of Banking" in Historical Perspective, in: 51 Geo. Wash. L. Rev. 676 (1983).

Tarbert, Heath Price, Rethinking Capital Adequacy: The Basle Accord and the New Framework, in: 56 Bus. Law. 767 (2001).

Tarullo, Daniel K., Banking on Basel. The Future of International Financial Regulation. Washington, D.C. 2008.

–"Regulation of Foreign Banking Organizations". Remarks by Daniel K. Tarullo, Member of the Board of Governors of the Federal Reserve System at the Yale School of Management Leaders Forum, New Haven; Conn., 28. November 2012, 2012. Online verfügbar unter www.federalreserve.gov/newsevents/speech/tarullo20121128a.pdf, zuletzt geprüft am 16.02.2016.

–"Macroprudential Regulation", Remarks by Daniel K. Tarullo, Member of the Board of Governors of the Federal Reserve System at the Yale Law School Conference on Challenges in Global Financial Services, New Haven, Conn., 20. September

2013, 2013. Online verfügbar unter www.federalreserve.gov/newsevents/speech/tarullo20130920a.pdf, zuletzt geprüft am 16.02.2016.

Technical Committee of IOSCO, Principles for Memoranda of Understanding, September 1991 (zitiert als "*Technical Committee*, Principles for MoUs").

–Strengthening Capital Markets against Financial Fraud, Februar 2005. (zitiert als "*Technical Committee*, Strengthening Capital Markets").

–Mitigating Systemic Risk - A Role for Securities Regulators, Discussion Paper, Februar 2011. (zitiert als "*Technical Committee*, Mitigating Systemic Risk").

Telpner, Joel S., Lurking around the Corner: The Unknowns in Dodd-Frank, in: 16 Journal of Structured Finance, No. 3 (2010), S. 10.

Thakar, Nidhi, The Urge to Merge: A Look at the Repeal of the Public Utility Holding Company Act of 1935, in: 12 Lewis & Clark L. Rev. 903 (2008).

Thürer, Daniel, „Soft Law" - eine neue Form von Völkerrecht?, in: ZSR 104 (1985), S. 429–453.

Tietje, Christian, Internationalisiertes Verwaltungshandeln. Berlin 2001.

–Transnationales Wirtschaftsrecht aus öffentlich-rechtlicher Perspektive, in: ZVglRWiss. 101 (2002), S. 404–420.

Todd, Tim, The Balance of Power. The Political Fight for an Independent Central Bank, 1790-Present. Kansas City, MO 2009.

Tomuschat, Christian, Die Charta der wirtschaftlichen Rechte und Pflichten der Staaten. Zur Geltungskraft von Deklarationen der UN-Generalversammlung, in: ZaöRV 36 (1976), S. 444–490.

Trachsel, Herman H., Public Utility Regulation. Chicago, IL 1947.

Träm, Michael, Neue Entwicklungen der staatlichen Bankenaufsicht in Deutschland und den USA sowie der Einfluss von Basel II. Frankfurt am Main 2006.

Tribe, Laurence H., American Constitutional Law, Volume One, 3. Auflage. New York 2000.

Troy, Daniel E., Retroactive Legislation. Washington D.C. 1998.

Trute, Hans-Heinrich, Zur Entwicklung des Föderalismus in den Vereinigten Staaten von Amerika, in: ZaöRV 49 (1989), S. 191–256.

U.S. Census Bureau, Statistical Abstract of the United States: 2012. Washington, D.C. 2012.

U.S. Government Accountability Office, GAO/NSIAD-86-93, International Banking: U.S. Banking Supervision and International Supervisory Principles (1986). Online verfügbar unter http://archive.gao.gov/d4t4/130515.pdf, zuletzt geprüft am 16.02.2016.

–GAO/NSIAD-91-80, International Banking: Implementation of Risk-Based Capital Adequacy Standards (1991). Online verfügbar unter http://archive.gao.gov/d21t9/143022.pdf, zuletzt geprüft am 16.02.2016.

–GAO 95-153, Financial Market Regulation: Benefits and Risks of Merging SEC and CFTC (1995). Online verfügbar unter www.gao.gov/assets/110/105982.pdf, zuletzt geprüft am 16.02.2016.

–GAO 96-27, Administrative Law Judges: Comparison of SEC and CFTC Programs (1995). Online verfügbar unter www.gao.gov/assets/230/221858.pdf, zuletzt geprüft am 16.02.2016.

–GAO/GGD-00-3, Long-Term Capital Management: Regulators Need to Focus Greater Attention on Systemic Risk (1999). Online verfügbar unter http://www.gao.gov/assets/230/228446.pdf, zuletzt geprüft am 16.02.2016.

–GAO-00-89, CFTC and SEC: Issues Related to the Shad-Johnson Jurisdictional Accord (2000). Online verfügbar unter www.gao.gov/assets/230/228932.pdf, zuletzt geprüft am 16.02.2016.

–GAO-05-61, Financial Regulation: Industry Changes Prompt Need to Reconsider U.S. Regulatory Structure (2004). Online verfügbar unter www.gao.gov/assets/160/157565.pdf, zuletzt geprüft am 16.02.2016.

–GAO-09-739, Financial Markets Regulation: Financial Crisis Highlights Need to Improve Oversight of Leverage at Financial Institutions and across System (2009). Online verfügbar unter www.gao.gov/assets/300/292757.pdf, zuletzt geprüft am 16.02.2016.

–GAO-12-625, Securities Regulation: Opportunities Exist to Improve SEC's Oversight of the Financial Industry Regulatory Authority (2012). Online verfügbar unter http://gao.gov/assets/600/591222.pdf, zuletzt geprüft am 16.02.2016.

–GAO-14-621, Large Bank Holding Companies: Expectations of Government Support. Online verfügbar unter http://gao.gov/assets/670/665162.pdf, zuletzt geprüft am 16.02.2016.

Vento, Gianfranco A./ La Ganga, Pasquale, Shadow Banking and Systemic Risk: In Search of Regulatory Solutions in: Fernández de Guevara Radoselovics, Juan/ Pastor Monsálvez, José Manuel (Hrsg.): Crisis, Risk and Stability in Financial Markets. Basingstoke, New York 2013, S. 96–115.

Verdier, Pierre-Hugues, US Implementation of Basel II: Lessons for Informal International Lawmaking in: Pauwelyn, Joost/ Wessel, Ramses/ Wouters, Jan (Hrsg.): Informal International Lawmaking. Oxford 2012, S. 436–467.

Vermeule, Adrian, Conventions of Agency Independence, in: 113 Colum. L. Rev. 1163 (2013).

Volkenner, Thomas/ Walter, Karl-Friedrich, Die Endfassung der Neuen Baseler Eigenkapitalvereinbarung (Basel II), in: DStR 2004, S. 1399–1404.

Vöneky, Silja, Recht, Moral und Ethik. Grundlagen und Grenzen demokratischer Legitimation für Ethikgremien. Tübingen 2010.

Walz, Gustav Adolf, Wesen des Völkerrechts und Kritik der Völkerrechtsleugner. Stuttgart 1930.

Ward, Jonathan, The New Basel Accord and Developing Countries: Problems and Alternatives, in: The Cambridge Endowment for Research in Finance, Working Paper No. 4 (2002). Online verfügbar unter http://www.cfap.jbs.cam.ac.uk/publications/downloads/wp04.pdf, zuletzt geprüft am 16.02.2016.

Weide, Mark Van der, Implementing Dodd–Frank: Identifying and mitigating systemic risk, in: 36 Econ. Perspect., No. 3 (2012), S. 108.

Weidmann, Jens, Herausforderungen für Bankenregulierung und -aufsicht in der Währungsunion. Rede beim Deutschen Sparkassentag 2013, 24. April 2013, 2013. Online verfügbar unter http://www.bundesbank.de/Redaktion/DE/Reden/2013/2013_04_24_weidmann.html, zuletzt geprüft am 16.02.2016.

Weil, Prosper, Towards Relative Normativity in International Law?, in: 77 Am. J. Int'l L. 413 (1983).

Wengler, Wilhelm, Rechtsvertrag, Konsensus und Absichtserklärung im Völkerrecht, in: JZ 1976, S. 193–197.

Wertheim, Frederick, Broker-Dealer and Associated Person Registration in: Kirsch, Clifford E. (Hrsg.): Broker-dealer regulation. 2. Auflage. New York 2011.

Wheatley, Steven, The Democratic Legitimacy of International Law. Oxford, Portland, OR 2010.

White, Eugene Nelson, The Regulation and Reform of the American Banking System. 1900–1929. New Jersey 1983.

Whitehead, Charles K., What's Your Sign? - International Norms, Signals, and Compliance, in: 27 Mich. J. Int'l L. 695 (2006).

Wilder, Brian J., Introduction in: ders. (Hrsg.): The Securities and Exchange Commission (SEC). Background, issues, bibliography. New York 2003.

Wilmarth, Arthur E., Jr., The Dodd-Frank Act - A Flawed and Inadequate Response to the Too-Big-to-Fail Problem, in: 89 Or. L. Rev. 951 (2011).

Wilson, Thomas Frederick, The power "to coin" money. The exercise of monetary powers by the Congress. Armonk, NY 1992.

Wolfson, Martin H., Financial Crises. Understanding the Postwar U.S. Experience. Armonk, NY 1986.

Wood, Duncan R., Governing global banking. The Basel Committee and the politics of financial globalisation. Aldershot, Hants, England, Burlington, VT 2005.

World Bank, World debt tables: external debt of developing countries 1984–85 edition. Online verfügbar unter http://www-wds.worldbank.org/external/default/WDSContentServer/IW3P/IB/2002/11/15/000178830_98101901521447/Rendered/PDF/multi0page.pdf, zuletzt geprüft am 16.02.2016.

World Bank/ Internationaler Währungsfond (IWF), Financial Sector Assessment: A Handbook. Washington, D.C. 2005.

Wyatt, Edward/ Protess, Ben (2011), Foes Revise Plan to Curb New Agency, in: N.Y. Times, 06. Mai 2011, S. B1.

Zaring, David, International Law by Other Means: The Twilight Existence of International Financial Regulatory Organizations, in: 33 Tex. Int'l L. J. 281 (1998).

–Informal Procedure, Hard and Soft, in International Administration, in: 5 Chi. J. Int'l L. 547 (2005).

–Sovereignty Mismatch and the New Administrative Law, in: 91 Wash. U. L. Rev. 59 (2013).

Zeitler, Franz-Christoph, Internationale Entwicklungslinien der Bankenaufsicht - Praktische Auswirkungen und rechtliche Funktion der Baseler Eigenkapitalübereinkunft -, in: WM 2001, S. 1397–1401.

U.S. Gesetzesmaterialien

House of Representatives

H.R. REP. 73-85, Federal Supervision of Traffic in Investment Securities in Interstate Commerce: Report to Accompany H.R. 5480, 73rd Cong. Washington, D.C. 1933.

H.R. REP. 73-150, Banking Act of 1933: Report, To Accompany H.R. 5661, 73rd Cong. Washington, D.C. 1933.

H.R. REP. 77-2245, Tort Claims Against the United States: Report to Accompany S. 2221, 77th Cong. Washington, D.C. 1942.

H.R. REP. 91-1613, Securities Investor Protection Act of 1970: Report of the Committee on Interstate and Foreign Commerce, To Accompany H.R. 19333, 91st Cong. Washington, D.C. 1970.

International bank lending. Hearings before the Subcommittee on Financial Institutions Supervision, Regulation and Insurance of the Committee on Banking, Finance, and Urban Affairs, House of Representatives, 98th Cong. Washington, D.C. 1983.

International Financial Markets and Related Problems: Hearings before the Committee on Banking, Finance and Urban Affairs, House of Representatives, 98th Cong. Washington, D.C. 1983. (zitiert als "House Hearings 1983).

Public Utility Holding Company Act: Hearing before the Subcommittee on Energy Conservation and Power of the Committee on Energy and Commerce, House of Representatives, on H.R. 5220, H.R. 5645, and H.R. 6134, 97th Cong. Washington, D.C. 1982.

Study of Operations Pursuant to the Public Utility Holding Company Act of 1935: Hearings before the Securities Subcommittee of the Committee on Interstate and Foreign Commerce, House of Representatives, Part 3, 79th Cong. Washington, D.C. 1945.

Senate

Proposed Solutions to International Debt Problems: Hearings before the Senate Committee on Banking, Housing and Urban Affairs, 98th Cong. Washington, D.C. 1983. (zitiert als "Senate Hearings 1983").

S. REP. No. 73-792, Federal Securities Exchange Act: Report to Accompany S. 3420, 73rd Cong. Washington, D.C. 1934.

S. REP. No. 79-752, Administrative Procedure: Report of the Committee on the Judiciary on S. 7, a bill to improve the administration of justice by prescribing fair administrative procedure, 79th Cong. Washington, D.C. 1945.

S. REP. No. 94-75, Securities Acts Amendments of 1975: Report of the Committee on Banking, Housing and Urban Affairs, to Accompany S. 249, 94th Cong. Washington, D.C. 1975.

S. REP. No. 95-114, Foreign Corrupt Practices Act of 1977: Report of the Committee on Banking, Housing and Urban Affairs, To accompany S. 305, 95th Cong. Washington, D.C. 1977.

S. REP. No. 95-1073, International Banking Act of 1978: Report of the Committee on Banking, Housing and Urban Affairs, United States Senate, to Accompany H.R. 10899, 95th Cong. Washington, D.C. 1978.

S. REP. No. 98-122, Bretton Woods Agreements Act Amendments and international lending supervision: report of the Committee on Banking, Housing, and Urban Affairs, United States Senate, To Accompany S. 695, 98th Cong. Washington, D.C. 1983.

S. REP. No. 105-182, The Securities Litigation Uniform Standards Act of 1998: Report of the Committee on Banking, Housing and Urban Affairs, United States Senate, to Accompany S. 1260 together with Additional Views, 105th Cong. Washington, D.C. 1998.

S. REP. No. 111-176, The Restoring Financial Stability Act of 2010: Report together with Minority Views, To Accompany S. 3217, 111th Cong. Washington, D.C. 2010.

Frankfurter wirtschaftsrechtliche Studien

Herausgegeben von
Theodor Baums, Andreas Cahn, Brigitte Haar, Katja Langenbucher,
Tobias Tröger, Manfred Wandt, Peter von Wilmowsky

Band 1 Tomas Brinkmann: Unternehmensinteresse und Unternehmensrechtsstruktur. Aufgaben und Grenzen eines normativen Regulativs unternehmenspolitischer Prozesse. 1983.

Band 2 Rüdiger Hahn: Behinderungsmißbräuche marktbeherrschender Unternehmen. Eine Untersuchung der Beeinträchtigung von Wettbewerb und Marktstruktur durch horizontalen Nichtleistungswettbewerb als Gegenstand der Mißbrauchaufsicht nach § 22 Abs. 4 S. 2 Nr. 1 GWB. 1984.

Band 3 Peter Buchmann: Registerpublizität und Gläubigerschutz bei der Einmann-Gesellschaft. 1984.

Band 4 Christian Joerges/Eugen Hiller/Knut Holzscheck/Hans-W. Micklitz: Vertriebspraktiken im Automobilersatzteilsektor. Ihre Auswirkungen auf die Interessen der Verbraucher. 1985.

Band 5 Annette Boerner: Die Haftung des herrschenden Kommanditisten. 1985.

Band 6 Dirk H. Mahler: Rechtsmißbrauch und einstweiliger Rechtsschutz bei Dokumentenakkreditiven und "Akkreditiven auf erstes Anfordern": Eine rechtsvergleichende Untersuchung. 1986.

Band 7 Brigitte Kratz: Ausländische Eingriffsnorm und inländischer Privatrechtsvertrag. 1986.

Band 8 Dimitris Tsibanoulis: Die genossenschaftliche Gründungsprüfung. 1987.

Band 9 Jürgen Braun: Rechtsfragen des Transport-Unfall-Informations- und Hilfeleistungs-Systems der deutschen chemischen Industrie. 1987.

Band 10 Thomas Pfeiffer: Die Bedeutung des privatrechtlichen Immissionsschutzes. Eine Untersuchung zu §§ 1004, 906 BGB. 1987.

Band 11 Michael Bothe/Josef Brink/Christian Kirchner/Albrecht Stockmayer: Rechtsfragen der internationalen Verschuldungskrise. Voraussetzungen, Formen und Verfahren internationaler Umschuldungsmaßnahmen und Umschuldungsvereinbarungen. 1988.

Band 12 Felix Dörr: Die fehlerhafte GmbH. 1989.

Band 13 Rolf Trittmann: Anwendungsprobleme des Haager Beweisübereinkommens im Rechtshilfeverkehr zwischen der Bundesrepublik und den Vereinigten Staaten von Amerika. Exklusive Regelung zur Überbrückung der Unterschiede zwischen dem kontinental-europäischen und anglo-amerikanischen Zivilprozeßrechtssystem? 1989.

Band 14 Margaretha Sudhof: Dreieckige Rechtsverhältnisse im Wirtschaftsverwaltungsrecht - Am Beispiel von Konkurrentenklagen. 1989.

Band 15 Michael Weigel: Schriftformklauseln in Allgemeinen Geschäftsbedingungen. 1989.

Band 16 Hans-Peter Schröder: Der sichere Weg bei der Vertragsgestaltung. 1990.

Band 17 Matthias Haas: Haftungsfreizeichnungsklauseln in Allgemeinen Geschäftsbedingungen. Eine rechtsdogmatische und ökonomische Analyse. 1991.

Band 18 Andreas Hahn: Instandhaltungsverträge. Begriffe, Einordnung, Rechtsfolgenbestimmung, Auswirkung auf die Kautelarpraxis. 1991.

Band 19 Jürgen Götz: Der Entherrschungsvertrag im Aktienrecht. 1991.

Band 20 Friedrich Wächtershäuser: Das Gesellschaftsrecht des internationalen Joint Ventures. 1992.

Band 21 Christina Escher-Weingart: Nutzungsausfall als Schaden und sein Ersatz. 1993.

Band 22 Jean-Claude Zerey: Rechtliche Probleme der Finanzierung von *Leveraged Buyouts* und *Tender Offers* durch Banken in den USA und in der Bundesrepublik Deutschland. Eine rechtsvergleichende Studie über die Rolle der Banken bei Unternehmenskontrolltransaktionen in den USA und in der Bundesrepublik Deutschland. 1994.

Band 23 Markus Bauer: Gläubigerschutz durch eine formelle Nennkapitalziffer - Kapitalgesellschaftsrechtliche Notwendigkeit oder überholtes Konzept? Eine rechtsvergleichende Untersuchung der Gläubigerschutzkonzepte des amerikanischen und deutschen Kapitalgesellschaftsrechts. 1995.

Band 24 Marion Vollmann: Minderheitenschutz im aktienrechtlichen Beschlußmängelrecht. Eine Bestandsaufnahme und Vorschläge zu einer rechtspolitischen Reform. 1997.

Band 25 Lydia Klose-Mokroß: Gläubigerschutz im Kapitalgesellschaftsrecht am Beispiel der Lehre von der verdeckten Sacheinlage. 1997.

Band 26 Stephan Aubel: Der vereinfachte Bezugsrechtsausschluß. Aktionärs- und Gesellschaftsinteressen beim vereinfachten Bezugsrechtsausschluß nach Maßgabe des § 186 Absatz 3 Satz 4 AktG. 1998.

Band 27 Kurt Peter Dittrich: Die Privatplazierung im deutschen Kapitalmarktrecht. Eine Untersuchung der Vorschriften des Auslandinvestmentgesetzes, des Wertpapier-Verkaufsprospektgesetzes und des Gesetzes über Kapitalanlage-Gesellschaften unter Berücksichtigung des Rechts der Vereinigten Staaten von Amerika und des Vereinigten Königreichs. 1998.

Band 28 Viola Sailer: Aktienrechtliche Minderheitskompetenzen zwischen Mißbrauch und unternehmerischer Entscheidungsfreiheit. 1999.

Band 29 Marc Zimmerling: Kapitalerhaltung und Konzernfinanzierung. Eine Untersuchung der kapitalerhaltungsrechtlichen Problematik aufsteigender Sicherheiten im Konzern. 1998.

Band 30 Joachim Wichert: Die Finanzen der Kommanditgesellschaft auf Aktien. 1999.

Band 31 Kerstin Andrea Müller: Produktverantwortung und ihre Durchsetzung. Eine kartellrechtliche Beurteilung von Selbstverpflichtungen im Umweltrecht aus deutscher und europäischer Sicht unter besonderer Berücksichtigung der Altautoentsorgung. 1999.

Band 32 Bettina Friedrich: Konvergenzen im Gesellschaftsrecht. Recht-Fertigung durch Status- und Befundsicherung. 2000.

Band 33 Rudolf Lemke: Haftungsrechtliche Fragen des Ratingwesens – ein Regelungsproblem? 2000.

Band 34 Klaus R. Roller: Die Vergütung des Aufsichtsrats in Abhängigkeit vom Aktienkurs. 2000.

Band 35 Bettina Bokelmann: Personelle Verflechtungen über Aufsichtsräte. Aufsichtsratsmitglieder mit hauptberuflicher Vorstandsfunktion. 2000.

Band 36 Kai-Uwe Steck: Regulierung von US-amerikanischen Investmentgesellschaften (Investment Companies). Unter besonderer Berücksichtigung des National Securities Markets Improvement Act of 1996 (NSMIA) und anderer aktueller Rechtsanpassungen. 2000.

Band 37 Kristofer Bott: Wissenszurechnung bei Organisationen. 2000.

Band 38 Ursula Lenzen: Unerlaubte Eingriffe in die Börsenkursbildung. 2000.

Band 39 Martin Schulz: Verfassungsrechtliche Vorgaben für das Kollisionsrecht in einem Gemeinsamen Markt. Eine rechtsvergleichende Untersuchung zu den Grenzen einzelstaatlicher Anknüpfungsmethoden im internationalen Vertrags-, Delikts- und Gesellschaftsrecht am Beispiel der Vereinigten Staaten von Amerika. 2000.

Band 40 Maximilian Koch: Diversifizierung und Vorstandskompetenzen. 2001.

Band 41 Corrado Wohlwend: Die Hauptversammlung im Wandel der Kommunikationsformen. 2001.

Band 42 Michael Rozijn: Der Unternehmensmaklervertrag. Zur Anwendung des allgemeinen Maklervertragsrechts auf Mergers & Acquisitions-Dienstleistungen. 2001.

Band 43 Konstantinos N. Kyriakakis: Die Überwachung einer US-amerikanischen Aktiengesellschaft durch institutionelle Anleger. 2002.

Band 44 Uta Fredebeil: Aktienemissionen. Das underwriting agreement (der Übernahmevertrag) und seine spezifischen Klauseln. 2002.

Band 45 Michaela G. Döbler: Die Einführung des WTO-weiten Erschöpfungsgrundsatzes in das Markenrecht der EU und der USA. 2002.

Band 46 Jan Liersch: Regulierung des Blockhandels an den organisierten Aktienmärkten der Vereinigten Staaten, Großbritanniens und Deutschlands. 2002.

Band 47 Sascha Lotze: US-amerikanisches Kapitalmarktrecht und Internet. Aufsichts- und haftungsrechtliche Fragen des Internet-Einsatzes bei Wertpapieremissionen und im Wertpapierhandel. 2002.

Band 48 Boris Trautmann: Die Konkurrenz von Haftpflicht- und Versicherungsanspruch. Ein Beitrag zur ökonomischen Analyse des Rechts unter Berücksichtigung von Unsicherheit und Verhaltensanomalien. 2002.

Band 49 Matthias Möller: Rechtsformen der Wagnisfinanzierung. Eine rechtsvergleichende Studie zu den USA und zu Deutschland. 2003.

Band 50 Heiner Feldhaus: Die Eignung zur erheblichen Kursbeeinflussung bei der Ad-hoc-Publizität. Eine rechtsvergleichende und interdisziplinäre Untersuchung unter Berücksichtigung der europarechtlichen Vorgaben. 2003.

Band 51 Matthias Janke: Gesellschaftsrechtliche Treuepflicht. Neubewertung der richterrechtlichen Generalklausel im Rahmen einer rechtsvergleichenden und ökonomischen Analyse. 2003.

Band 52 Katrin Thoma: Eigengeschäfte des Vorstands mit der Aktiengesellschaft. Eine vergleichende Untersuchung zum englischen, U.S.-amerikanischen und deutschen Recht. 2003.

Band 53 Mathias Stöcker: Rechtsfragen grenzüberschreitender Unternehmenszusammenschlüsse – unter besonderer Berücksichtigung des Falles Daimler/Chrysler – 2003.

Band 54 Otto Korte: Zur mißbräuchlichen Wahrnehmung der aktienrechtlichen Anfechtungsbefugnis. 2003.

Band 55 Wilhelm Wilderink: Die Auflösung, die Übertragung und die Verschmelzung von In vestmentfonds. 2003.

Band 56 Anja Birkenkämper: Rechtsfragen feindlicher Übernahmen. Jurisitische Nachlese zum Fall Krupp/Thyssen. 2003.

Band 57 Manuel Lorenzo Alonso: Die Neuausrichtung der Zwischenstaatlichkeitsklausel der Art. 81, 82 EG. Folgen der neuesten Entwicklungen des Gemeinschaftsrechts für die Zwischenstaatlichkeitsklausel – unter besonderer Berücksichtigung des Bankenbereichs. 2003.

Band 58 Dirk Kocher: Kapitalgesellschaft & Co. KG in Finnland. Eine Untersuchung zur Frage der Übertragbarkeit der deutschen Grundtypenvermischung auf das finnische Recht. 2003.

Band 59 Ruiting Qin: Parteiautonomie: Eine rechtsvergleichende Untersuchung. Versuch zur Entwicklung einer Gerechtigkeitsjurisprudenz im IPR. 2003.

Band 60 René Runte: Walter Julius Derenberg – Leben und Werk. 2004.

Band 61 Udo Prinz: Umstrukturierung durch *Schemes of Arrangement* mit Gesellschaftern im englischen Recht. – Ein Vorbild? 2004.

Band 62 Rainer Schmitz: Die Haftung des Vorstands gegenüber den Aktionären. Eine rechtsvergleichende Untersuchung nach deutschem und US-amerikanischem Recht. 2004.

Band 63 York Oehlschläger: Die typische und atypische stille Beteiligung an einer Aktiengesellschaft. Möglichkeiten und Grenzen der Gestaltung für die stille Gesellschaft zwischen Personengesellschaftsrecht, Aktienrecht, Konzernrecht und Umwandlungsrecht. 2004.

Band 64 Stefan Klein: Die Rechtsstellung auswärtiger Gesellschaften im deutschen und US-amerikanischen Recht. Ein Beitrag zur Neuausrichtung des deutschen internationalen Gesellschaftsrechts unter besonderer Berücksichtigung des Europäischen Gemeinschaftsrechts. 2004.

Band 65 Knut Sauer: Haftung für Falschinformation des Sekundärmarktes. 2004.

Band 66 Michael Senger: Bankenaufsicht, Unternehmensverbindungen und Bankengruppen. 2004.

Band 67 Maximilian Rittmeister: Gewährleistung beim Unternehmenskauf. Die Gewährleistungshaftung des Verkäufers bei einem Unternehmenskauf seit In-Kraft-Treten des Schuldrechtsmodernisierungsgesetzes. 2005.

Band 68 Ole Ziegler: Der Anteilserwerb am Kapitalmarkt nach der Schuldrechtsreform. 2005.

Band 69 Maia Tacheva: Rechtsbehelfe des Käufers im Warenkaufrecht. Eine rechtsvergleichende Untersuchung des Übereinkommens der Vereinten Nationen über Verträge über den internationalen Warenkauf (CISG), des englischen Sale of Goods Act, des bulgarischen Kaufrechts und des deutschen Kaufrechts vor und nach dem Schuldrechtsmodernisierungsgesetz. 2005.

Band 70 Michael Lange: Rechtsfragen der Finanzierung eines feindlichen Übernahmeangebotes. Am Beispiel der großen Publikumsgesellschaft nach US-amerikanischem und deutschem Recht. 2005.

Band 71 Niklas Dieterich: Outsourcing bei Kapitalanlagegesellschaften. 2005.

Band 72 Julia Sernetz: Derivate und Corporate Governance. Kompetenzen und Pflichten des Vorstands von Aktiengesellschaften beim Einsatz von Derivaten. 2006.

Band 73 Marcel Polte: Aktiengattungen. Eine rechtsvergleichende Untersuchung zum deutschen, US-amerikanischen und englischen Recht. 2005.

Band 74 Jens Bornscheid: Stapled Stock (Verbundaktien). 2006.

Band 75 Robert F. Thoma: Der Wettbewerb um Stimmen im US-amerikanischen und deutschen Aktienrecht. 2006.

Band 76 Markus Lauer: Gemeinsam geführte Unternehmen im Bilanz- und Gesellschaftsrecht. 2006.

Band 77 Arne Christian Lawall: Die virtuelle Holding nach deutschem Aktienrecht. 2006.

Band 78 Marcel Barth: Schadensberechnung bei fehlerhafter Kapitalmarktinformation. 2006.

Band 79 Dirk Reidenbach: Aktienanalysten und Ratingagenturen – Wer überwacht die Überwacher? 2006.

Band 80 Jochen Herr: Neue EU-Wettbewerbsregeln für Technologietransfer-Vereinbarungen. 2006.

Band 81 Simon Markus Beck: Kritik des Eigenkapitalersatzrechts. Zugleich ein Beitrag zur Stärkung des insolvenzrechtlichen Gläubigerschutzes. 2006.

Band 82 Emrullah Kervankiran: Haftungsbeschränkung im türkischen Gesellschaftsrecht. Ein Rechtsvergleich. 2007.

Band 83 David C. Donald: Der Einfluss der Wertpapierabwicklung auf die Ausübung von Aktionärsrechten. Eine Untersuchung der Entstehungsgeschichte und Auswirkungen des U.S.-amerikanischen „Indirect Holding System". 2008.

Band 84 Mathias Eisen: Haftung und Regulierung internationaler Rating-Agenturen. 2007.

Band 85 Nina Bogenschütz: Neuausrichtung des Eigenkapitalbegriffs. Dogmatische Überlegungen im Lichte hybrider Finanzierungen. 2008.

Band 86 Hans-Jürgen Schmitt: Das Geldwäsche-Risikomanagement der Kreditinstitute. 2008.

Band 87 Daniel Komo: Grenzüberschreitende Zusammenschlüsse britischer und deutscher Unternehmen. 2008.

Band 88 Stefan Rothweiler: Der Informationsfluss vom beherrschten zum herrschenden Unternehmen im Gesellschafts- und Kapitalmarktrecht. 2008.

Band 89 Stefan Berg: Kreditderivate im deutschen Privatrecht. 2008.

Band 90 Christian Fischer: Rechtsfragen grenzüberschreitender Übernahmeangebote. 2008.

Band 91 Volker Konopatzki: Funktionsauslagerung bei Kreditinstituten. Gesellschaftsrechtlicher und bankenaufsichtsrechtlicher Rahmen. 2008.

Band 92 Nicolas A. Ostler: Stimmrecht ohne Beteiligungsinteresse. Erwerb und Ausübung des Aktienstimmrechts ohne das Vermögensinteresse an der Beteiligung. 2010.

Band 93 Stefan Brass: Hedgefonds als aktive Investoren. Rechtliche Schranken und rechtspolitische Vorschläge. 2010.

Band 94 Ulrike Blömer: Grenzüberschreitende Sachverhalte im Bankenaufsichtsrecht. 2010.

Band 95 Emanuel H. F. Ballo: Die AGB-Kontrolle von Kreditverträgen in der Akquisitionsfinanzierung. Eine Untersuchung am Beispiel des *Senior Multicurrency Term and Revolving Facilities Agreement*. 2010.

Band 96 Mathias Neumann: Gerüchte als Kapitalmarktinformationen. Die kapitalmarktrechtliche Behandlung von Informationen mit unsicherem Wahrheitsgehalt. 2011.

Band 97 Maren Gräfe: Squeeze-outs nach deutschem, französischem und spanischem Gesellschaftsrecht. Eine ökonomische und rechtsvergleichende Analyse unter Berücksichtigung der europäischen Rechtsentwicklung. 2011.

Band 98 Carsten Lammers: Der Prüfungsausschuss des Aufsichtsrats nach dem Sarbanes-Oxley Act und dem BilMoG. Zum Spannungsverhältnis zwischen US-amerikanischem Kapitalmarktrecht, europäischen Vorgaben und deutschem Aktienrecht. 2011.

Band 99 Andreas Wieland: Inhaberkontrollverfahren. Die Anteilseignerkontrolle beim Erwerb bedeutender Beteiligungen an Unternehmen des Finanzsektors. 2012.

Band 100 Henny Müchler: Die Investmentaktiengesellschaft mit veränderlichem Kapital. 2014.

Band 101 Nikolaus Bunting: Die Gründung von Kapitalgesellschaften in Deutschland, dem Vereinigten Königreich und den USA. Eine rechtsvergleichende und rechtspolitische Studie. 2015.

Band 102 Daniel Gajek: Umstrukturierungen und Finanzinstrumente. Die Bedeutung der Umstrukturierung der Emittentin für die von ihr ausgegebenen Finanzinstrumente. 2015.

Band 103 Jenny W. Gesley: Die Aufsicht über die Finanzmärkte in den USA. Nationale Entwicklungen und internationale Vorgaben. 2016.

www.ingramcontent.com/pod-product-compliance
Ingram Content Group UK Ltd.
Pitfield, Milton Keynes, MK11 3LW, UK
UKHW021829290926
8980IPUK00004B/344

9 783631 672402